（第3版）

史 记

你应该读的中国历史名著

(西汉)司马迁◎原撰

殷涵　尹红卿◎编译

 当代世界出版社
THE CONTEMPORARY WORLD PRESS

图书在版编目（CIP）数据

史记／殷涵，尹红卿编译. —3版. —北京：当代世界出版社，2019.1
ISBN 978-7-5090-1401-1

Ⅰ.①史… Ⅱ.①殷…②尹… Ⅲ.①中国历史-古代史-纪传体-通俗读物 Ⅳ.①K204.2-49

中国版本图书馆CIP数据核字（2018）第149823号

原　　撰：	（西汉）司马迁
编　　译：	殷　涵　尹红卿
插　　图：	邢　旻
出版发行：	当代世界出版社
地　　址：	北京市复兴路4号（100860）
网　　址：	http：//www.worldpress.org.cn
编务电话：	（010）83907528
发行电话：	（010）83908409
	（010）83908377
	（010）83908423（邮购）
	（010）83908410（传真）
经　　销：	全国新华书店
印　　刷：	北京毅峰迅捷印刷有限公司
开　　本：	710毫米×1000毫米　1/16
印　　张：	31
字　　数：	656千字
版　　次：	2019年1月第3版
印　　次：	2019年1月第1次
书　　号：	ISBN 978-7-5090-1401-1
定　　价：	48.00元

如发现印装质量问题，请与承印厂联系调换。
版权所有，翻印必究，未经许可，不得转载！

前 言

英国哲学家培根在《论学问》一文中说："有些书可供一赏，有些书可以吞下，有不多的几部书则应当咀嚼消化。这就是说，有些书只要读读它的一部分就够了，有些书可以全读，但是不必过于细心地读；还有不多的几部书则应当全读、勤读，而且用心地读。……因为，史鉴使人明智；诗歌使人颖慧；数学使人精细；博物使人深沉；伦理之学使人庄重；逻辑与修辞使人善辩。"《史记》应该属于后一种，当可全读、勤读，且用心地读。因为《史记》是"史家之绝唱，无韵之《离骚》"。这是近代文学巨擘鲁迅先生对《史记》的评价。

当你走进《史记》展示的历史画面以后，你会发现：许多成语、典故、脍炙人口的古人轶事原来都出自于《史记》，如黄帝的传说，冯骧弹剑的故事、完璧归赵、将相和的典故等。至于"明礼"的起源，《史记》说："礼是由人产生的。人生来就有欲望，欲望得不到满足，那么不能没有怨恨，怨恨到没有分寸限度时就争斗，有争斗就混乱了。古代圣贤厌恶这种混乱局面，因此制订礼仪用来调养人的欲望，满足人的要求，使人的欲望不在企图占有物质方面没有穷尽，物质也不因为满足了欲望显得缺少，物质和欲望二者相互协调才能长久共享，这就是礼产生的缘由。"至于谈到"音乐"，《史记》说："音乐是人的心理活动，声音是音乐的形象，文采节奏是声音的修饰。致力学习音乐用来调治心性，那么平易、正直、慈爱、诚实的情操就会油然而生。"

这样的例子是举不胜举，读过《史记》的人无不为之拍案叫绝，自司马迁以后的史学家和文学家，都以《史记》为写作的"偶像"。说它具有史鉴的明智，诗歌的颖慧，数学的精细，博物的深沉，伦理的庄重，逻辑与修辞的善辩，一点也不为过。

然而，《史记》毕竟是长篇巨著，洋洋53万言，全是字斟句酌的文言文。130篇中包括：本纪12篇，表10篇，书8篇，世家30篇，列传70篇。"纪"是年代的排序，"传"是人物的动态，"世家"是纪、传合体的国别史，"表"和"书"则是贯穿人物、事件的总线索。叙述了上起黄帝，下迄汉武帝太初年间3000年来的政治、军事、经济、文化多方面历史动态，以及帝王将相、儒林侠士，以及各种雅士名人的事迹。

如此宏大的巨著，让读者真要做到全读、勤读和用心地读，的确勉为其难。当然，又不可不读、少读，因为读者要在各个领域施展自己的才华，在各种岗位担当重任，在"与时俱进"的竞争中始终保持思想的先进性。怎么办？根据经验和当今时代的特点，我们认为：可以精读、速读。

何谓精读、速读？其一，将文言文演变为白话文，扫除了阅读的障碍，依循了现代的叙述习惯，读起来必然快捷。其二，剔除糟粕和一般性的人物和事迹，精心选取其中的精华和重要的历史人物和事迹，其份量自然得到了大幅度的"减负"。这就是精读。其三，保持原文的基本结构——本纪、书、世家、列传（其中的表未编入），以及语言风格，能使读者在阅读中，既能获得历史知识，又能感受到司马迁这位文学、史学大师的思维脉络和文学风采。

《史记》的语言丰富多彩，具有辞赋的洗炼，散文的晓畅，杂文的警策。为了尽可能地保留原著的语言特色，撰写时，不敢妄自添枝加叶，我们认为：那些添枝加叶，任意铺陈的写法固然能让读者读懂原意，却难读出原汁原味，这既是对原作者的不尊重，也是对读者的包办代替。真正的精华还是让读者自己去体悟为好。

至此，我想该介绍一下《史记》的作者司马迁其人。

司马迁，于公元前145年生于西汉时期的夏阳（今陕西韩城南）城，因城北有龙门山，故有书记载曰："迁生龙门。"司马迁的父亲司马谈在汉武帝时任太史令（管理历史档案的官员），司马迁自幼深受父亲的影响和熏陶，20岁就开始漫游全国，考察历史遗迹，了解风土人情，后又随汉武帝巡狩封禅，游历各地，这些经历都为司马迁日后撰写《史记》积累了大量的素材。在他47岁时，因上书替投降匈奴的西汉将军李陵辩解（出于公心），获罪被施以宫刑并被投入监狱，三年后才出狱。出狱后继续撰写《史记》。在他55岁（公元前91年）时，《史记》已基本完成。

《史记》传留后世，不仅是一部经典的历史巨著，而且是一部光芒四射的文学作品。如今，西方流行的英文、俄文、法文、德文版《史记》译本亦层现迭出，日本学者还精心编纂了《史记会注考证》一书。

司马迁被称为我国古代的史学家和文学家。今天，我们能读到他的恢宏巨著，并且能做到精读、速读，当是一大幸事。

编撰时谬误之处，当望读者批评指正！

目录

前言 … 1

本纪

五帝本纪第一 … 1
 黄帝 … 1
 颛顼 … 3
 尧 … 3
 舜 … 4

夏本纪第二 … 5
 禹 … 5
 大禹巡行九州 … 5
 九韶乐章 … 8

殷本纪第三 … 10
 伊尹摄政 … 10
 纣王宠幸败国 … 11
 比干剖心 … 12

周本纪第四 … 13
 后稷的出生 … 13
 西伯 … 13
 文王兴周 … 15
 孟津之誓 … 16
 牧野之战 … 16
 马放南山 … 17
 周公摄政 … 18
 周召共和 … 19

· 1 ·

镐京地震	20
千金一笑	21
秦本纪第五	22
秦国祖先和传承	22
五羊大夫	23
蹇叔的担忧	25
秦始皇本纪第六	26
秦始皇的故事	26
深居简出	27
广纳贤才	28
焚书坑儒	30
修筑长城	31
指鹿为马的赵高	32
赵高逼宫	32
项羽本纪第七	34
项羽取而代之	34
安阳夺帅	35
破釜沉舟	38
鸿门宴	38
四面楚歌	39
高祖本纪第八	40
天子之相	40
刘氏冠	42
随妇遁逃	43
计得成皋	44
礼贤下士	45
真假汉王	46
起舞吟诗	47
赵王如意	48
吕太后本纪第九	50
吕氏阴谋破产	50
孝文本纪第十	52
汉文帝孜孜求治	52
功劳有五等	55

目录

书

礼书第一 — 56
  明礼第一 — 56
  调节人的保养 — 56
  涵养人的行为 — 57
  调和人际关系 — 58

乐书第二 — 59
  音乐的起源 — 59
  调节人的喜怒哀乐 — 60
  与天地万物相和 — 61
  与国家安定相和 — 62
  美德的彰显 — 63
  德性的光华 — 64
  子夏对音乐的描述 — 67
  孔子对音乐的描述 — 68
  师乙对音乐的描述 — 69
  师涓、师旷抚琴 — 70
  太史公对音乐的感慨 — 71

律书第三 — 72
  六律的来历 — 72
  八风的描述 — 73

封禅书第六 — 76
  五德传承 — 76

河渠书第七 — 78
  古代的河渠 — 78

平准书第八 — 81
  卜式牧羊 — 81
  卜式为官 — 83

世家

吴太伯世家第一 — 85
  季札出访 — 85

史 记

齐太公世家第二	87
襄公乱伦害亲	87
管仲相齐	89
三小乱国	90
崔杼跋扈	91
鲁周公世家第三	92
周公姬旦	92
燕召公世家第四	94
燕王哙即位	94
昭王纳贤	95
将渠哭谏燕王	95
管蔡世家第五	97
管蔡世家	97
陈杞世家第六	98
征舒雪耻	98
名臣的后代	99
卫康叔世家第七	99
兄弟情深	99
先发制人	100
宋微子世家第八	101
微子的逃亡	101
箕子的宏论	102
晋世家第九	104
骊姬下毒	104
假道伐虢	107
重耳返都	108
灵公残害赵盾	109
泛舟之役	111
退避三舍	112
红包离间大国	113
先礼后兵	113
楚世家第十	114
楚国世家	114
画蛇添足	115
楚灵王	116
一鸣惊人	117

目录

　　费无忌的谗言　　　　117
　　问鼎轻重　　　　　　118
　　张仪说楚　　　　　　119
　　齐楚联合　　　　　　121
　　楚立新主　　　　　　121
　　擅长弩弓细箭的人　　123
　　昭子的比喻　　　　　124

越王勾践世家第十一　125
　　卧薪尝胆　　　　　　125
　　文种之死　　　　　　128
　　范　蠡　　　　　　　128
　　因小失大　　　　　　129

郑世家第十二　　　　130
　　郑桓公任司徒时　　　130
　　两下不误　　　　　　131
　　黄泉见母　　　　　　132

赵世家第十三　　　　133
　　赵氏托孤　　　　　　133
　　武灵王胡服骑射　　　135
　　赵武灵王　　　　　　136
　　触龙说赵太后　　　　137

魏世家第十四　　　　137
　　魏文侯选相　　　　　137
　　中旗倚琴论天下　　　138

韩世家第十五　　　　139
　　金蝉脱壳　　　　　　139

田敬仲完世家第十六　141
　　有所为,有所不为　　141
　　威王弹琴　　　　　　141
　　苏代的说服术　　　　142

孔子世家第十七　　　144
　　孔子志于学　　　　　144
　　三十而立　　　　　　145
　　四十而不惑　　　　　146
　　五十而知天命　　　　146

　　　　六十而耳顺　　　　　　　　148
　　　　七十而从心所欲　　　　　　151
陈涉世家第十八　　　　　　　　154
　　　　燕雀安知鸿鹄之志　　　　　154
　　　　王侯将相宁有种乎　　　　　155
　　　　陈胜王　　　　　　　　　　156
外戚世家第十九　　　　　　　　158
　　　　兴也外戚，败也外戚　　　　158
　　　　窦姬阴错阳差　　　　　　　159
　　　　尹夫人与钩弋夫人　　　　　161
萧相国世家第二十三　　　　　　162
　　　　刘邦的后勤部长　　　　　　162
　　　　功不震主　　　　　　　　　163
曹相国世家第二十四　　　　　　164
　　　　刘邦的马前卒　　　　　　　164
留侯世家第二十五　　　　　　　166
　　　　博浪一椎　　　　　　　　　166
　　　　道遇沛公　　　　　　　　　167
　　　　苦谏刘邦　　　　　　　　　167
　　　　火烧栈道　　　　　　　　　168
　　　　助汉灭楚　　　　　　　　　168
　　　　张良受封　　　　　　　　　169
　　　　商山四皓　　　　　　　　　170
陈丞相世家第二十六　　　　　　172
　　　　陈平家世　　　　　　　　　172
　　　　陈平归汉　　　　　　　　　173
　　　　反间范增　　　　　　　　　174
　　　　计擒韩信　　　　　　　　　175
　　　　陈平让相位　　　　　　　　176
绛侯周勃世家第二十七　　　　　177
　　　　绛侯周勃　　　　　　　　　177
　　　　周亚夫用兵　　　　　　　　179
梁孝王世家第二十八　　　　　　181
　　　　梁孝王受宠　　　　　　　　181
　　　　君无戏言　　　　　　　　　182

三王世家第三十	183
五色土	183
民风教化	184
兰根和白芷	185

列 传

伯夷列传第一	187
伯夷、叔齐	187
管晏列传第二	188
管鲍之交	188
春秋首霸	188
晏子的故事	190
老子韩非列传第三	191
老　子	191
庄　子	193
申不害	194
韩非子	195
说　难	196
巧妙的比喻	197
司马穰苴列传第四	198
司马穰苴	198
孙子吴起列传第五	200
孙子教战宫姬	200
刑余之人	201
围魏救赵	202
增兵减灶	202
求仕与游学	204
施展才华	205
将星殒落	205
伍子胥列传第六	206
伍子胥父兄被害	206
伯嚭进谗	209
仲尼弟子列传第七	211
孔子的弟子	211

商君列传第八 … 221
　　公叔痤的"胡话" … 221
　　宣讲王道和霸道 … 222
　　商鞅新法 … 223
　　立木为信 … 224

苏秦列传第九 … 225
　　苏秦衣锦回乡 … 225
　　苏秦北说燕王 … 226
　　说赵王合纵 … 227
　　游说韩王 … 229
　　游说魏王 … 229
　　游说齐王 … 230
　　游说楚王 … 231

张仪列传第十 … 231
　　张仪初出茅庐 … 231
　　张仪入秦 … 232
　　恐吓魏王 … 234
　　离间齐楚 … 235
　　脱身有术 … 236
　　说韩封君 … 237
　　出使齐国 … 239
　　游说赵王 … 240
　　北说燕王 … 240
　　陈轸智斗张仪 … 241
　　卞庄刺虎 … 242

樗里子甘茂列传第十一 … 242
　　智谋高的数樗里 … 242
　　博学百家的甘茂 … 243
　　十二岁的丞相 … 244

白起王翦列传第十三 … 246
　　白　起 … 246
　　王翦之意不在田 … 246

孟子荀卿列传第十四 … 248
　　孟　子 … 248
　　荀　子 … 249
　　三邹子 … 249

孟尝君列传第十五 251
    相门有相 251
    鸡鸣狗盗 252
    狡兔三窟 254

平原君虞卿列传第十六 257
    平原君杀姬留士 257
    毛遂自荐 257
    解邯郸之围 259
    虞卿游说 259

魏公子列传第十七 262
    博弈论警 262
    侯嬴朱亥 263
    窃符救赵 264

春申君列传第十八 265
    出使秦国 265
    智归太子 266
    当断不断,反受其乱 267

范雎蔡泽列传第十九 268
    范雎出使遭祸 268
    入　秦 269
    远交近攻 271
    范雎请客 272
    秦昭王为范雎报仇 273
    弘辩智士蔡泽 274

乐毅列传第二十 278
    乐毅牛刀小试 278
    君臣笔谈 279

廉颇蔺相如列传第二十一 281
    完璧归赵 281
    鼓瑟击缶 282
    将相和 283
    赵奢斗勇 283
    廉颇不老 285
    李代桃僵 285

田单列传第二十二 287
    田单的离间计 287

鲁仲连邹阳列传第二十三　289
- 鲁仲连一言退万兵　289
- 书取聊城　291
- 邹阳狱中上书　292

屈原贾生列传第二十四　294
- 屈原被罢免　294
- 屈原投江　296
- 贾生吊祭　299
- 赋诗自慰　300

吕不韦列传第二十五　301
- 奇货可居　301
- 号称"仲父"　302

刺客列传第二十六　303
- 专诸刺王僚　303
- 豫让报智伯　304
- 聂政为知己者死　305
- 荆轲刺秦王　307

李斯列传第二十七　312
- 初为客卿　312
- 李斯上书　313
- 李斯篡改遗诏　315
- 人人自危　316
- 李斯死于赵高之手　318

蒙恬列传第二十八　319
- 蒙氏兄弟　319
- 二蒙受害　320

张耳、陈馀列传第二十九　323
- 张耳、陈馀　323
- 贯高守信　324

魏豹彭越列传第三十　325
- 魏　豹　325
- 彭　越　326

黥布列传第三十一　327
- 黥布与随何　327
- 黥布造反　330

淮阴侯列传第三十二　332
　　胯下之辱　332
　　萧何月下追韩信　333
　　登坛拜将定三军　334
　　背水一战　335
　　不忍背汉　336

韩信卢绾列传第三十三　338
　　狡兔死，走狗烹　338
　　卢　绾　340
　　陈豨心怀不轨　342

田儋列传第三十四　343
　　田儋·田荣·田横　343

樊郦滕灌列传第三十五　345
　　宰狗出身的樊哙　345
　　郦商其人　347
　　夏侯婴　347
　　商人灌婴　348

张丞相列传第三十六　351
　　丞相张苍　351
　　周昌其人　352
　　强弩射手申屠嘉　353

郦生陆贾列传第三十七　355
　　高阳酒徒　355
　　郦生说齐　355
　　陆贾出使南越　357
　　密谋诛吕　358

刘敬叔孙通列传第三十九　359
　　肝脑涂地　359
　　何足挂齿　359
　　叔孙通制礼　361

袁盎晁错列传第四十一　362
　　袁盎智谏　362
　　袁盎的恩恩怨怨　364
　　晁错的聪明　365

张释之冯唐列传第四十二　366
　　张释之主持公正　366
　　冯唐的逆耳之言　368

田叔列传第四十四　　370
　　田叔的贤能　　370
扁鹊仓公列传第四十五　　372
　　起死回生的扁鹊　　372
　　不治之症　　373
　　太仓公答疑难病症　　374
　　太仓公答诊治辩证　　382
吴王濞列传第四十六　　384
　　吴王刘濞的得势　　384
　　暗地勾结　　386
　　七国反叛文书　　387
　　袁盎献计　　388
　　反叛的下场　　389
　　各怀异心　　391

魏其武安侯列传第四十七　　393
　　魏其侯窦婴　　393
　　武安侯田蚡　　394
　　灌夫将军　　396
　　三角人事债　　397
　　醉酒风波　　398
韩长孺列传第四十八　　400
　　韩安国的稳重　　400
　　韩安国的韬略　　402
李将军列传第四十九　　404
　　飞将军李广　　404
　　李广射"虎"　　406
匈奴列传第五十　　407
　　一泻千里　　407
卫将军骠骑列传第五十一　　409
　　从奴隶到将军　　409
　　数度出击　　411
平津侯主父列传第五十二　　412
　　公孙弘为官之道　　412
　　主父偃上书　　414
　　徐乐、严安上书　　415
　　主父偃的威信　　418

目录

南越列传第五十三 419
 南越王尉佗 419
 三朝元老吕嘉 421
东越列传第五十四 422
 闽越王、东越王 422
西南夷列传第五十六 425
 夜郎国 425
司马相如列传第五十七 427
 文君当垆卖酒 427
 子虚赋 428
淮南衡山列传第五十八 430
 淮南王刘安 430
 伍被答淮南王 431
 后院起火 433
 谋叛未遂 435
循吏列传第五十九 438
 贤能之士孙叔敖 438
汲郑列传第六十 439
 汲黯为官 439
 汲黯为人 440
儒林列传第六十一 441
 申培公 441
 儒者伏生 441
 大儒董仲舒 442
酷吏列传第六十二 443
 "苍鹰"郅都 443
 张汤审鼠 444
大宛列传第六十三 445
 张骞出使西域 445
 张骞描述西域 446
 张骞的再次建议 447
 张骞二次出使西域 449
 丝绸之路 450
游侠列传第六十四 451
 侠士郭解 451

滑稽列传第六十六 452
    诙谐善辩的淳于髡 452
    马的葬礼 453
    优孟衣冠 454
    优旃的幽默 455
    东方朔传奇 455
    东郭先生 457
    西门豹治邺 458

日者列传第六十七 460
    司马季主所说 460

货殖列传第六十九 463
    陶朱公 463

太史公自序第七十 465
    司马迁自传 465

附：《史记》序论 468

本 纪

五帝本纪第一

黄 帝

有文字记载的历史,从华胥氏开始,她是中华民族的始祖母。华胥氏生太昊,太昊生伏羲、女娲,伏羲、女娲生少典,少典生炎帝、黄帝。因黄帝以前文字记载不详,司马迁著《史记》时,对历史考证非常严谨,所以,从黄帝开篇。

黄帝,是少典族的儿子,姓公孙,名轩辕。生下来就神异,几个月大就能说话,幼年心智周遍、聪明伶俐,长大后敦厚勤勉,成年时就见识广博,通晓天下大事。

轩辕时代,炎帝神农氏已经没落,各部落之间互相侵伐,残害百姓,可是神农氏却没有能力征讨他们。于是轩辕就操练军队、动用武力,去征讨那些不来朝贡的部落,使四方族长都来归顺。而蚩尤最为残暴,还没有谁能去征讨他。

炎帝试图侵犯各部落,各部落纷纷归附轩辕。轩辕推行德政,强化军队,顺应四时五方的自然气象,播种五谷,安抚百姓,丈量和规划四方土地,训练勇猛威武的军旅,与炎帝在阪泉之野展开激战,经过几番战斗,终于取得胜利。

蚩尤发动叛乱,不服从黄帝的命令。于是黄帝就征调军队,与蚩尤在涿鹿之野展开决战,擒获并杀死了蚩尤。各方部落都公推轩辕为天子,取代了神农氏炎帝,他就是黄帝。天下有不归顺的,黄帝随即就去讨伐。平定以后,就离开这个地方。披荆斩棘,开山凿路,未曾过过一天安逸的日子。

向东来到大海之滨,先后登上了丸山和泰山;往西到达崆峒,登上了鸡头山;往南到达长江,登上了熊山和湘山;向北驱逐了荤粥部落,在釜山与西方族长验合符瑞,在涿鹿山下的旷野建起了都城。迁移往来,没有固定的住处,只是在营地四周布置军队作为护卫的屏障。所设官职都用云瑞来命名,军队也叫做"云师"。设置左右大监,负责监察各地族长。四方族长和睦相处,因此对鬼神山川的祭祀封禅,比以往任何年代都多。黄帝又得到了宝鼎,用通灵蓍草来推算历数,预测节气时辰。推选风后、力牧、常先、大鸿四人来治理民众。顺应天地四时的规则,预测阴阳五行的变化,制定出养生送死的仪制礼则,研究国家存亡的道理。遵循时令节气,

种植百谷草木，驯化鸟兽昆虫，其所关注的旁及日月星辰的运行、水波土石金玉的性能等各项事务，烦扰辛苦自己的心力耳目，有节制地利用山林川泽的物产资源。因为有"土德"的瑞兆出现，所以人们称他为"黄帝"。

黄帝以战争的手段，制止了各部落联盟之间长期的混战，建立了国家制度的雏形，使中国原始社会的发展产生了历史性的飞跃变化，从野蛮时代，步入了初步文明的时代，揭开了华夏文明历史的第一页，成为了中华民族的文明始祖。

颛 顼

颛顼帝高阳，是黄帝的孙子、昌意的儿子。他宁静深沉而有智谋，疏旷通达而明晓事理，养材育物以便充分开发利用土地，依照四时季节办事以顺应自然规律，凭借对鬼神的尽心敬事来制定礼仪法度，治理四时五行逆顺来教化百姓，洁心诚意进行祭祀。他为帝时，疆域北到幽陵，南到交阯，西到流沙，东到蟠木。动物植物，大神小神，凡是日月光芒能够照射的地方，没有不归属于他的。

颛顼出生在若水之滨，他是在他的叔父少昊的岛国里长大的，他很喜爱音乐。那里一年四季花木烂漫，溪水潺潺，百鸟鸣啭，大自然中到处都有美妙的音乐，使他的性情受到了良好的陶冶。他还跟叔父学会了弹琴鼓瑟。在他离开叔父的岛国之后，他更加孜孜不倦地学习音乐，成为了一个很有才华的音乐家。

颛顼登上帝位后，热爱人民，广施仁政，他高尚的道德正与天意相符。国家到处呈现出一派清明祥和的景象，微风缓缓吹来，或大或小，或多或少，或紧或慢，发出悦耳的声音，时而如丝管嘤嘤，时而如钟鼓锵锵。他被这美妙的声音陶醉了，高兴得手舞足蹈，于是命令臣子飞龙效仿风的声音，创作了一首题目叫《承云》的乐曲，献给曾祖黄帝，受到了黄帝的称赞。他还叫飞龙铸了一口声音洪亮的大钟，那悠扬的钟声可以传到千里之外。

尧

尧是继炎帝、黄帝之后又一个最有威望的部落首领。尧勤于政事，认认真真地治理着国家。尧住的是茅草屋，刮大风的时候，屋里嗖嗖地漏风；下雨的时候，屋里就淅淅沥沥地漏雨。尧吃的也很简单，糙米饭、野菜汤是他的主要食物。尧穿的也很俭朴，衣服不到破烂不堪绝不肯换，冬天的时候，只披一张鹿皮来抵御严寒。

尧日理万机，勤勤恳恳地为人们办事。人们看见他如此辛劳、俭朴，都纷纷劝他，"尧啊，您是我们的首领，穿的、住的、吃的都应该是最好的。您这个样子，让我们心疼啊！"

尧却回答道，"天下那么大，我不知道还有没有人在挨饿挨冻。我之所以这样，是想让天下人都能够吃得饱穿得暖。天下只要有一个人忍饥挨饿，就是我的无能!"

从此,人们更加拥戴他、敬仰他,相信他。尧虽然是至高无上的首领,但尧办事并不独断,他经常召开部落会议,大小事宜都要征求大家的意见,同大家商量,最后综合大家的看法行动。尧非常善于发现和使用人才,他建立了很有效率的行政机构,是中国政治制度的萌芽。他手下的名臣很多,管民政的舜,管军政的契,管农业的弃,管教育的夔,管司法的皋陶以及很多有能力又负责任的人。

在尧老了的时候,尧按惯例召开了部落会议,商议确立自己的继承人,人们都舍不得让尧退位,但又不忍让尧一辈子操劳。大家通过商量一致推举尧的儿子丹朱继承首领的位置。

尧并不放心丹朱继位,但又不好违背大家的意见。于是,尧开始教育丹朱怎样来治理国家。可是,丹朱和尧大不一样,成天游手好闲,东游西逛,尽管尧想尽办法试图使儿子走上正道,但最终无法改变丹朱的本性。

等到尧退位的时候,他没有把首领之位传给儿子丹朱,而是让位给了德才兼备的舜,这就是所谓"尧舜禅让"。

舜

相传舜的父亲名叫瞽叟,是个瞎子。舜的母亲很早就去世了,后来瞽叟又娶了个妻子,又生了一个儿子名叫象,象狂傲骄纵。

舜的父亲是个老糊涂虫,只宠爱后妻和后妻为他生的子女。后母把舜看成眼中钉,容不下舜。弟弟象是个粗野傲慢、自私自利的家伙。只有小妹妹多少还有点善良之心,舜在这样的家庭中生活,不但得不到温暖,还常常遭到父亲的打骂。心肠狠毒的后母,总想找机会杀死舜。舜在家中实在待不下去了,只好一个人搬到了历山脚下,盖一间草屋,开垦一片荒地,一个人过起了日子。

尽管父亲打骂他,狠毒的后母也想害死他,弟弟也总是欺负他,可是他却有一片真诚的孝心,非常孝敬自己的父母,爱护弟妹。他独身一人在历山耕种田地,每遇荒年,他总是暗中拿些粮食去接济他的父母。舜是个品德高尚、富于谦让的人,他在历山耕作没有多久,在他德行的感化下,那些过去争夺地界的农民,就都能够和睦相处。后来舜又到雷泽去打鱼,那些为争夺渔场而打得头破血流的人也都能和睦相处了。舜走到哪里,他崇高德行都能感化他周围的人,大家都愿意跟他住在一块儿。大家都喜欢他,围绕着他住了七年。过了一年,他住的地方便成了村庄;到了第三年,那里就成了一个小镇。

当时,尧的年纪已大,正在天下寻找贤人,准备把帝位禅让给舜;各地的族长们也都推荐舜,说他既孝顺又有才干,可以做继承人。于是尧就把自己的两个女儿娥皇和女英嫁给舜做妻子,把自己的帝位禅让给了他。舜做了国君以后,心里时刻关心百姓的疾苦,国家治理得非常好。

夏本纪第二

禹

　　大禹,因受封为夏伯,所以又称为夏禹(夏地在今河南阳翟)。他本姓姒,相传为黄帝的玄孙,鲧之子。夏后氏部落领袖,奉舜命治理洪水。他采用疏导的方式治理住了泛滥的洪水,被舜选为了继承人,在舜死后担任部落联盟首领,舜死后,他的儿子启继承了首领的位置,建立了中国历史上第一个奴隶制国家,即夏朝。

　　尧在位时,黄河流域发生了罕见的水灾,洪水滔天,包围了高山,没过了丘陵,平原地带到处是一片汪洋,庄稼被淹,房屋被冲毁,老百姓生计艰难,生死难保。为了战胜洪水,尧派鲧去治理水患。但鲧只知道水来土挡,造堤筑坝,堵截洪水,结果洪水冲毁了堤坝,"九年而水不息,功用不成"。于是,尧杀掉了鲧。到了尧年老的时候,他将部落联盟首领的位置禅让给了舜,舜又让鲧的儿子禹去治理泛滥的洪水。

　　大禹身负治水重任,跋山涉水,历尽千辛万苦,走遍黄河上下,西抵戎狄,东达黄海、东海之滨。他和老百姓一起劳动,戴着箬帽,拿着锹子,带头挖土、挑土,累得脚掌生了老茧,小腿上的毛也磨光了,"劳身焦思,居外十三年,过家门不敢入"。有一天,禹的妻子涂山氏生下了儿子启,禹正从门外经过,听见婴儿正哇哇地哭,他多想看一眼他那刚刚出生的儿子呀!可是他没有回家去,狠了狠心,又急匆匆地奔向了被水淹没的河滩。

　　在治理洪水的过程中,大禹吸取了父亲治水失败的教训,先是动员九州的百姓调查地势的高低,"左准绳,右规矩",立"表木"为记,然后根据地形的变化,采用"开"、"通"、"疏"、"凿"、"引"等办法,让高处积水流往低处,使小河的水注入大江,最后流入东海。当时,黄河中游有一座大山叫龙门山,堵住了河水的去路,把河水挤得十分狭窄。奔腾东下的河水受到龙门山的阻挡,常常溢出河道,酿成水患。禹带领人们凿开龙门,使流往东海的三江五河畅通无阻。

　　大禹终于治理好了泛滥的洪水,他的威望也大大提高,舜便把部落首领的位置禅让给他。大禹受禅为帝以后,实行善政养民,为人"敏给克勤,其德不违,其仁可亲,其言可信",继续保持着高尚的情操和优良的作风,更加博得了人们的尊敬和爱戴。

　　从黄帝到舜、禹,都出自同姓,只是国号更替,以显扬各自的德行。所以黄帝号有熊,帝颛顼号高阳,帝喾号高辛,帝尧号陶唐,帝舜号有虞,帝禹号夏后,帝禹又另取姓氏,姓姒。这就是《史记》中记载的关于五帝的传说。

大禹巡行九州

　　夏禹,名文命。禹的父亲叫鲧,鲧的父亲是帝颛顼,颛顼的父亲叫昌意,昌意的

史　记

父亲就是黄帝。禹是黄帝的玄孙,帝颛顼的孙子。禹的曾祖昌意和父亲鲧都没能称帝,都只是天子的臣民。

禹的巡行从冀州开始。在冀州治理完壶口,再治理梁山和岐山;治理完太原地区,又到达太岳山的南面;治理好覃怀,又治理到横流入河的漳水。冀州的土壤呈现白色而细柔,贡赋属上上等级,有时也交错上中等级,田地的等级为中中等。常水、卫水疏通以后,大陆水泽也整治好了。鸟夷的贡品是皮衣。冀州的贡赋从海中绕过右边的碣石山,运入黄河。

兖州在济水和黄河之间:黄河下游的九条支流已经疏通,雷夏泽也已汇成湖泊了,雍、沮两条河水汇合流入湖中,种有桑树的土地已经能够养蚕,民众都从山丘上搬下来,居住在平原上。这里的土壤呈黑色而肥沃,因而草木长得繁茂高大。田地属中下等,贡赋的等级与此相同。兖州治理了十三年,才和其它的州相同。兖州的进贡品是漆、丝,以及用筐子盛着的绣着花纹的丝织品。这些贡赋先经过济水、进入漯水,再转入黄河。

东海和泰山之间是青州:堣夷治理完毕,潍水、淄水也已疏通。土壤颜色白而肥美,滨海一带广阔而含有盐质,这里的田土就是盐碱地。田地属于上下等级,赋税为中上等。青州的贡品是盐和细葛布,各种各样的海产品,还有泰山谷地出产的丝、麻、铅、松、怪石。莱夷地区可以放牧牲畜,贡品是用竹筐装着的柞蚕丝。贡品先经过汶水,再转入济水。

东海、泰山和淮水之间是徐州:淮水、沂水治理完毕,蒙山、羽山也已开始开发种植。大野泽已经汇聚水成湖,东原地区也平定了。这里的土壤呈红色,有黏性而且肥美,草木逐渐茂盛。田地为上中等级,田赋为中中等。贡品是五色土、羽山山谷所产的野鸡、峄山南面的独生桐木、泗水边用浮石制成的磬、淮水下游地区所产的蚌珠和鱼,及用圆筐装的黑色丝绸。贡品经过淮水,进入泗水,再通入黄河。

北至淮水、东至大海的地区是扬州:彭蠡已经会聚成湖,是大雁冬天居住的地方。三条江水疏通入海,震泽地区也已安定。竹箭遍野,野草繁茂,树木高大,土壤湿润。田地为下下等,贡赋为下上等,有时也有中下等。这里的贡品有三色铜、美玉、玉石、竹箭、象牙、兽皮、鸟羽、牦牛尾、岛夷人的草编衣服,竹筐盛着由贝壳缀成的贝锦,以及包起来进贡的橘子和柚子。这些贡品都先沿着长江、大海,再进入淮水、泗水。

从荆山到衡山南边这一带地区是荆州:长江、汉水都经此地汇入大海,九条江由此汇入长江,处于全州的中部,沱水、涔水已被疏通,云土泽、梦泽也得到治理。这里土壤湿润,田地属下中等级,田赋居上下等。贡品是鸟羽、牦牛尾、象牙、兽皮、三色铜、椿木、柘木、桧木、柏木、粗磨石、细磨石、砮石和丹砂,箘簬、楛木来自三个诸侯国,是当地最著名的贡品,还有包捆起来进贡的菁茅,用筐子装着的绛色锦缎和串起来的珍珠,有时还需进贡九江的大龟。这些贡品先由长江、沱水、涔水、汉水北运,再经过一段陆路运到洛水,之后进入南河。

南至荆山、北到黄河的地区是豫州:伊水、洛水、瀍水、涧水已经疏通进入黄河,荥播泽已汇聚成湖泊,疏通了菏泽,治理了明都泽。这里土壤柔细,低洼地区是很肥厚的黑色硬土。田地属中上等级,赋税属上中等级,有时偶然有上上等级。贡品有漆、丝、细葛布、麻,用圆筐装的细丝絮,有时候还要进贡磨磬的错石。这些贡品先经洛水,再进入黄河。

东到华山南面、西到黑水之滨的地区为梁州:汶山、嶓冢山已进行开发,沱水、涔水也已疏通,蔡山、蒙山开凿完毕,和夷地区也收到了治理的效果。这里的土壤呈青黑色,田地为下上等,赋税属下中等,有时也有下上等和下下等。进贡品有美玉、铁、银、钢、砮、磬、熊、罴、狐狸及地毯。西倾山的贡品经桓水运出,其它贡赋由潜水运送,转一段陆路到达沔水,再进入渭水,然后横渡黄河。

黑水以东、西河以西的地区为雍州:弱水已经西流,泾水流入渭水,漆水、沮水已经疏通,沣水已汇入渭水。荆山、岐山已经治理好,终南山、敦物山一直到鸟鼠山都治理完毕。高原和低洼地区的治理效果显著,又治理到都野泽。三危山一带可以居住,三苗族也已秩序安定。这里的土质颜色黄而细柔,田地属上上等,赋税为中下等。贡品有璆玉、琳玉、珠宝。这些贡品都在积石山下装船运输,到达龙门地段的西河,汇入渭水湾里。进贡毛呢的有昆仑、析支、渠搜三国,西戎各部族也已归服。

禹开凿了九大山脉的道路:由汧山和岐山直到荆山,并越过黄河;从壶口山、雷首山直到太岳山;由砥柱山、析城山直达王屋山;由太行山、常山直达碣石山,之后入海;经理西倾山,由朱圉山、鸟鼠山直至太华山;从熊耳山、外方山、桐柏山直至负尾山;开凿嶓冢山,直至荆山;由内方山,直达大别山;从汶山以南直抵衡山,经过九江,到达敷浅原山。

又疏通九条河流:疏通弱水流到合黎山,使其下游注入流沙河;疏通黑水,流至三危山,进入南海;从积石山开始疏通黄河,直到龙门山,向南流到华山北面,往东流过砥柱山,再往东流至孟津,从东进入洛水,至大邳山,向北流过降水,到达大陆泽,再向北分成九条支流,汇合为逆河,东流入大海;从嶓冢山开始疏导漾水,往东流的形成汉水,再往东形成苍浪水,经过三澨水,流至大别山,向南流入长江,再往东汇成彭蠡泽,继续向东流成为北江,最后流入大海;从岷山开始疏导长江,往东另外分出交流沱水,再向东到澧水,经九江,到达东陵,向东偏北方向汇成彭蠡泽,再往东流形成中江,注入大海;疏导沇水,向东海为济水,汇入黄河,从黄河溢出的水形成荥泽,向东流经陶丘北面,再往东至菏泽,又往东北流,与汶水汇合,再往东转北流至大海;从桐柏山开始疏通淮河,向东汇合泗水、沂水,再往东流入海;从鸟鼠同穴山开始疏导渭水,向东汇合沣水,往东北流到达泾水,再向东经过漆水、沮水,注入黄河;自熊耳山开始疏导洛水,向东北汇合涧水、瀍水,又向东汇合伊水,再向东北流入黄河。

于是九州和睦安定,四方土地均可以安居,九大山脉都开出了路,九大河流都疏通,九大湖泊也已修筑好堤防,四海之内进贡的路线畅通无阻。各种物资异常齐备,各州土地交相被评定了等级,使财赋的征收更加严谨慎重,根据三等田地来确定赋税的标准。在中原地区帝舜向诸侯赏赐土地和姓氏,告诫说:"务必敬业,以德为先,不要违背我的政令。"

他规定天子国都以外的五百里地区为甸服:百里之内,老百姓赋税缴纳带禾秸的谷物;距离国都二百里以内的地区,缴纳用镰刀割下的禾;距离国都三百里内的地区,缴纳谷实;距离国都四百里内的地区缴纳粗米;距离国都五百里内的地区交纳精米。甸服以外方圆五百里区域为侯服:靠近甸服的一百里内地区是卿大夫的采邑,二百里以内的地区是给天子做事的小国,另外三百里的地区用来分封诸侯。侯服以外的五百里地区为绥服:距离侯服一百至三百里以内的地区根据当地情况施行教化,另外二百里的地区振兴武力,保卫领土。绥服以外方圆五百里区域为要服:靠近绥服三百里内的地区为夷人居住地,另外二百里为遵守王法的人居住。要服以外的五百里区域为荒服:靠近要服的三百里区域给蛮人居住,另外二百里是犯人流放的地方。

九韶乐章

东临大海,西到流沙,北方和南方也都为政令教化所及的地区,禹的恩威遍于四海。于是帝舜赏赐给禹黑色的圭玉,并昭告天下,治水成功。天下于是太平兴旺。

皋陶担任大理卿,治理人民。帝舜上朝时,禹、伯夷和皋陶在帝舜面前讨论。皋陶陈述他的建议说:"如果能够切实遵照诚信道德行事,谋划就会高明,辅佐的大臣就会和谐相处。"

禹说:"是的,怎样去做呢?"

皋陶说:"啊!要严于律己,深谋远虑,要使九族和睦相亲,会有众多贤人辅助自己,政令由近及远,主要在于自身的德行修养。"

禹拜谢他的美言,说:"是啊!"皋陶说:"呵!而且还在于知人善任,安抚民心。"

禹说:"唉!能像这样去做,就是帝尧也会为难的。知人善任才能明智,才能任官得人;能够安民济世才算是仁爱之心,黎民百姓才会怀念感戴恩德。做到既明智又仁爱,还担心什么驩兜!还放逐什么有苗?还害怕什么巧言令色、阿谀奉迎之徒呢?"

皋陶说:"是呀!总体说行为要有九方面的道德,言论也要有道德的依据。"

于是接着说:"考查一个人的品德要从他做的事情开始,为人宽厚而能严谨,柔顺而能独立,诚信而能办事,有治理才能而能认真负责,性情和顺而做事刚毅,正直而能温和,简易而不草率,刚健而能笃实,勇敢而能合乎道义。经常修明彰显这九德,就非常好了。每天宣明三种品德,早晚庄谨努力,就可以保有自己的领地。每天恭敬地实行六德,认真处理各项事务,就能保持他们的封国。天子综合九德并加以运用,使才能出众的人都担任官职,百官就会严肃谨慎。不要让人走歪道。如果不具备一定素质的人身居重要的官位,这就会扰乱上天交付的政事。上天要讨伐这种有罪的人,用五刑中相应的刑罚来惩罚他。我听说的这些能够得以实施吗?"

禹说:"你的言论可行,而且将能取得成效。"

皋陶说:"我并没有什么才智,只是想辅导天子履行天道罢了。"

帝舜对禹说:"你也说说你的高见。"

禹拜跪作揖道:"啊,我有什么可说的呢!我只想每天努力不懈地做事。"

皋陶向禹质问道:"什么叫努力不懈呢?"

禹说:"洪水泛滥,浩浩荡荡,包围高山,淹没丘陵,老百姓都深受其害。我陆上乘车,遇水坐船,穿越泥地乘橇,翻山越岭则穿带齿的木屐,在山中前进立木桩为标记。与益一道分给百姓粮食和新鲜肉食。进而疏通九条河道使之汇流入大海,又疏浚小沟大渠归入河流。与后稷一起发给百姓短缺的粮食。粮食少了,就从有余的地区调来补充给不足的地区,并且把百姓转移到适合居住的地区。于是百姓得以生活安定,各诸侯国也得到了治理。"

皋陶说:"是啊,这确是您的美德。"

禹说:"啊,帝!您在位一定要谨慎,冷静思考您的行为举止,用德行高尚的人辅佐您,这样天下百姓都会拥护您。用美好的德行来等待上天的旨意,上天就会不断赐福给您。"

舜说:"啊,臣子啊,臣子啊!臣子要做我的大腿、胳臂和耳目,我想帮助民众百姓,你们来辅佐我。我想研究古人衣服上的图案,依照日、月、星辰的形象做成文绣五彩的服装,你们要替我明确规定服装的等级。我想听六律、五声、八音,以考察治乱的情形,宣讲和采纳符合五德的言论,你们要认真倾听并帮助我作出判断。一旦我有邪僻的行为,你们要纠正我、帮助我。你们不要当面逢迎恭维我,背后却说我的坏话。要尊重前后左右的大臣。而对奸佞谗言惑众的小人,只要君主真能任用贤良,就都会被清除的。"

禹说:"对,帝如果不这样做,而不分善恶,那就不会有任何功绩。"

帝舜说:"不要像丹朱那样狂妄放纵,只喜欢偷懒游玩,在无水的陆上行船,在家中成群地淫乱,因此我取消他的世袭继承权,我不能容忍他这样子。"

禹说:"我娶了涂山氏的女子,结婚四天就外出治水了,儿子启出生后,我也没能抚养教育他,所以才能完成平治水土的大业。并设置了五服制度来拱卫京师,使国土扩大至五千里,全国十二个州都设置了官长,京师以外管辖到四方荒远的边境,每五国建立伍长制度,所以他们都能尽忠职守、建功立业。只有三苗冥顽而不肯服从职守,帝可要时刻关注这个问题啊。"

帝舜说:"为我推行德政,教导民众,都是你的功绩。"

皋陶于是很敬重禹的德行,命令百姓都效法禹。对不遵守命令执行的,就用刑罚严加惩处。因此舜的德教彰显于天下。

于是夔奏起了乐曲助兴,祖先的神灵也降临了,各国诸侯相互礼让,许多鸟兽飞翔起舞,当《箫韶》的乐曲演奏了九章,连凤凰也飞来朝仪配乐,百兽相拥起舞,百官团结和谐。

舜帝因此作了首歌道："我奉了上天的旨意来治理人民,关键在顺应时势,重在谨言慎行。"

于是他唱道："辅佐大臣们欣喜尽职啊!君王的治理才能振兴啊!各项事业才能鼎盛啊!"

皋陶作揖叩头大声说道："大家要时刻记住天子的训诫呀!都要恪尽职守,遵守法度,不能倦怠啊!"

又继续作歌道："君王英明睿智啊!大臣贤良忠心啊!各项事业兴旺发达啊!"

又唱道："君王细碎无谋略啊!大臣就会懈怠懒散啊!各项事业就将败坏啊!"

舜帝拜谢说："是啊,以后大家继续尽心尽力吧!"于是天下人都遵从大禹提倡的九韶声乐,做祭祀山川神灵的主乐章。

帝舜向上天推举禹做天子的继承人。十七年后帝舜去世。三年丧期结束后,禹谦让舜的儿子商均而居住在阳城。天下诸侯都离开商均而去朝拜大禹。禹于是继天子位,坐北向南接受了诸侯的朝拜。国号为夏后,姓姒氏。

殷本纪第三

伊尹摄政

伊尹名叫阿衡。阿衡想求见汤却一直没有机会,就去做有莘氏女儿的陪嫁男仆,背着做饭用的鼎俎来见汤,用如何烹调的例子向汤游说,使汤致力于推行王道政治。也有人说伊尹是个隐士,汤命人以礼迎接,请了五次,伊尹才决定出来跟从汤,向他讲述关于太素上皇、三皇五帝和夏禹的事情。于是汤推荐伊尹管理国政。伊尹曾经离开汤到夏朝去。当他看到夏桀的残暴统治后,又回到了亳都。从城北门进亳都,遇到女鸠、女房,于是写下了《女鸠》、《女房》。

商汤原来有三个儿子,大儿子太丁很早就病死了,二儿子外丙在汤死后由伊尹扶持继位,外丙即位四年英年早逝,伊尹又扶持太丁的儿子太甲为帝。

太甲从小生在帝王之家,只知歌舞玩乐,因此他即位后,也改不了玩兴,政务民事从不过问,一味嬉戏玩乐。大臣们对此感到忧心忡忡,却又束手无策。伊尹也一再劝导太甲要向祖父汤学习,勤政爱民,刻苦耐劳,成就一番作为,而不可沉湎于游乐。最终像夏桀一样亡身亡国。但太甲已沉溺其中,这些劝诫根本听不进,十分反感。可因为伊尹是开国功臣,连祖父、父亲、叔父们都让他三分,太甲也不好发作,只把规谏当做耳边风,依旧我行我素。

伊尹看见太甲执迷不悟,且越来越放纵,劝诫也毫不起作用,担心太甲会成为夏桀第二,伊尹和其他大臣就联合起来把太甲送到汤墓附近的桐宫(今河南偃师县西南),软禁起来,让他静心思过。

太甲开始住在桐宫里,感到非常愤恨不平,后来想想自己花天酒地的过去,看看眼前的处境,十分想不开。伊尹这段时间代理太甲处理商王朝的一切事务,各方面很快又都重新上了轨道。每有闲暇,他就来到桐宫教育太甲,向他讲述商汤建立商朝的艰辛。久而久之,太甲也认识到自己过去是非常荒唐的,屡次三番地向伊尹表示愿意悔过自新。

时光飞逝,一晃三年。在这三年里,伊尹和大臣们也暗地观察太甲的一举一动,渐渐地看他稚气尽脱,行为循规蹈矩,常沉思默想,一副忧国忧民的样子,与三年前相比真是判若两人。伊尹便亲自携带商王的冠冕衣服到桐宫,迎接太甲返回都亳再登王位,把国政交还太甲自理。

太甲重新登上了王位,果然,早朝晏罢,宵衣旰食,勤政爱民,成为一个贤明的君王。

纣王宠幸败国

帝纣小时候天资聪颖,反应机敏,能说会道;膂力过人,能赤手空拳跟猛兽搏斗。他的智慧足以拒绝他人的劝谏,口才足以掩饰自己的过错。他常在大臣面前炫耀才能,向整个天下吹嘘名声,目中无人,喜欢酗酒淫乐,宠幸妇人。他尤其宠爱妲己,妲己说什么,他就听什么。他让师涓创作新的淫荡的音乐,还有鄙俗的北里之舞,成日沉溺于颓废柔靡声乐之中,他横征暴敛增加赋税用来充实鹿台的钱财、增加巨桥的存粮,又搜寻狗马珍玩,充塞宫廷之中。进一步扩大沙丘的园林楼台,养了大量的野兽飞鸟。对鬼神倨傲无礼。整天在沙丘游玩戏乐,以酒为池,挂肉成林,让男男女女赤裸着身体在其中追逐嬉戏,通宵达旦地吃喝玩乐。老百姓怨声载道,有的诸侯已经开始背叛了他,于是纣就加重刑罚,发明炮烙的酷刑。

他任命西伯昌、九侯和鄂侯为三公。九侯有个绝色的女儿,献给了纣王。九侯的女儿不喜欢淫荡,纣王一怒之下,把她杀了,又把九侯剁成肉酱,鄂侯跟他争论过,激纣把他杀掉后做成肉干。西伯昌听说这事后,私下叹息。崇侯虎将西伯一事,向纣王告发,纣就把西伯囚禁在羑里。西伯的臣子闳夭等人,连忙到各处搜寻美女、奇珍异物及良马,进献给纣王,纣王这才宽赦了西伯。

西伯出狱后就献上洛河西岸的大片土地,并请求废除炮烙之刑。纣王答应了他并赐给他弓矢斧钺,让他征伐其他诸侯,从而使他成为西方诸侯的首领。又任用费仲主持政务。费仲善于阿谀逢迎,为人贪财好利,殷朝人都不喜欢他。纣又重用恶来。恶来擅长搬弄是非、毁谤他人,因此使诸侯对其更加疏远。

西伯回去后,就暗中修德行善,实行仁政。诸侯多背叛纣王,归附西伯,西伯的势力日益强大,纣王的威严也就逐渐削弱。王子比干劝谏纣王,纣王不听。商容是受人尊敬的贤良之人,百姓们都喜欢他,纣王却废掉他不予以任用。等到西伯灭了饥国,纣王的大臣祖伊听说后心中责备周人,同时深感恐怖,便去报告纣王说:"上天已经快要终止我们殷朝的国运,派人用灵龟占卜的结果也不是吉兆,这不是先王不帮助我们这些后人,而是大王暴虐无道自绝于天,所以上天抛弃我们,大家寝食难安,你自己不在意上天的意旨,做事又不遵循国家的常法,如今民众没有一个不希望你早点灭亡的,说:'上天为什么不降下威严惩罚他?天命为什么不早日到来?'现在你该怎么办呢?"纣说:"我不是生下来就有命在天嘛!"祖伊回去后说:"纣是没法劝谏的了。"

西伯去世后,其子周武王率军东征,来到盟津,诸侯中背叛殷朝而与周会盟的有八百多个。诸侯都说:"可以讨伐纣了!"武王说:"你们不知道天命。"于是又率军返回。

纣王愈加淫乱不止。微子启数次劝谏他,他都不听。微子启便跟太师、少师计议,然后逃走了。比干说:"作为臣子的,不能不以死劝谏国君。"于是强行劝谏纣王,纣王发怒道:"我听说圣人的心有七个窍。"于是就剖开比干的胸膛,挖出他的心脏来观看。箕子大为恐惧,于是装疯癫去做奴隶,纣便把他囚禁起来。殷朝的太师、少师都携带着祭器乐器逃奔周国。周武王于是率领诸侯讨伐纣王。纣王也出兵在牧野与周武王的军队相抵抗。甲子那天,纣王兵败。纣王逃回城里,登上鹿台,穿上他那装饰着珍珠宝玉的衣服,跳到火中自焚而亡。周武王斩下纣王的头颅,悬挂在太白旗杆上,又杀死妲己,把箕子从监狱里放出来,为比干修整坟墓,并且表彰了商容居住的闾巷。封纣的儿子武庚禄父,让他继承殷朝的祭祀,并以盘庚的德政为榜样。殷人都欢欣鼓舞。于是周武王做了天子。可能是因为后世贬低帝的称号,所以不称帝而称王。并封殷的后代为诸侯,隶属于周朝。

比干剖心

商纣王淫乱不止,他的叔父比干多次进谏,可是他不听。比干看到他越发不像样子,一次,对他说:"天是为了人民,才安排一个君王来替大众做主,并不是做了君王便可随意虐待人民。现在你无休止地横征暴敛,压迫人民,人民已经受不住了。你整天住在深宫,哪里知道人民的痛苦!现在国家已经到了十分危险的地步,怎么还可以随随便便地杀人?人心失尽了,国家也就要跟着死亡了。我们的先祖当年是怎样地艰难创业,才造成商今日的地位。现在轻易地把国家葬送了,这能对得起祖先吗?"谁知纣王一听,恼羞成怒,斥责比干退出去。

可是忠心耿耿的比干不肯退出,继续说:"你要是不肯改过,国家必然灭亡。我不能坐等国亡,非得你决心改过,我才能退出。"纣王一见比干这样倔强,更加动气,便大骂道:"照你这样说来,我是一个昏君,只有你才是圣人。我听说圣人的心是七窍玲珑的,我倒要把你的心挖出来,看看是不是这样。"说罢,便喝令左右将比干拉出去动刑,当一颗血淋淋的还在跳动的心献到商纣王面前时,宫奴们见了都把脸捂起来,而他却大笑不止。这一来,谁还敢再劝谏呢!大臣中有的装病,有的在朝堂上一言不发,有的干脆抱着宗庙里的祭器和乐器投奔了周武王。

商纣王众叛亲离,商王朝奄奄一息。周武王见灭商时机已到,便于公元前1027年率领大军伐纣,四方诸侯群起响应,伐商大军浩浩荡荡,渡过黄河,在殷都附近的牧野,举行了誓师大会。当时,商朝的军队主力正与东夷作战,纣王只好下令把大批的奴隶武装起来,凑集了七十多万人,开赴牧野。说起来纣王的军队人数远远超过了周人的军队，但纣王的军队军心涣散，与纣王"离心离德"，早就盼望周人快点打过来解救他们。因此，两军稍一接触，商纣王的军队便纷纷倒戈，杀向纣王。纣王见大势已去，急忙逃回朝歌，躲到了鹿台之上。他眼睁睁地看着周人的军队冲入了都城，无计可施。在当天晚上，纣王把宝库里的名贵玉石围在身边，放了一把火，结束了自己罪恶的一生。历时六百年之久的商王朝就这样被推翻。

周本纪第四

后稷的出生

周的始祖后稷，名弃。他的母亲是有邰氏的女儿，名叫姜原，是帝喾的正妃。

姜原出门去野外，看到地上有巨人的足迹，心中异常兴奋欢悦，便去踩巨人的足迹，一踏上便感到身子一震，好像怀孕了似的。一周年以后果然生下一个儿子。

姜原认为不吉利，就把婴儿抛弃在狭小的巷子里，但经过那里的马、牛都避开而不践踏他。又把他移放到树林里，刚好林子里有许多人，于是又换了个地方，丢在结冰的沟渠上，而鸟群却用翅膀为他遮盖和做铺垫。

姜原觉得很神奇，就将他抱回并且养大。由于最初想抛弃他，所以给他取名为"弃"。

弃在幼年，就有着大人物样的远大志向。他在做游戏时，喜欢种植麻、豆，麻、豆长得都很好。等到成年时，他喜欢农耕劳作，勘测土地所宜，适合谷物生长的就种植谷物，老百姓都效法他。

帝尧听说后，便任用他担任农师，百姓都因此而受益，他的工作做得很有成效。

帝舜说："弃，老百姓中开始有饥荒了，你作为农官要适时地播种百谷。"

弃被封在邰，称为后稷，另外赐姓为姬。后稷这一族的兴起，正值陶唐、虞、夏的时代，一直有美好的德行。

后稷去世，儿子不窋晚年，夏后氏政治昏庸，废除了农官，不再注重农业，不窋就丢了官职，逃奔到戎狄的地方去了。不窋去世，儿子鞠继位。鞠去世，儿子公刘继位。

公刘虽然居住在戎狄地区，却又开始重新治后稷的事业，致力于农耕观，观察土地的性能，自漆水、沮水渡过渭水，砍伐木材以供应用，暂无定居的人拥有资财，定居下来的人拥有积蓄，老百姓依靠他而获得了幸福。

老百姓感戴他的恩惠，大多迁过来归附他。周室日渐兴旺，而且诗人创作诗歌乐章来歌颂他的德行。

西　伯

西伯即后来的文王，他遵照后稷、公刘的志业，效法古公、公季的成规，笃行仁政，

史 记

敬重老者，爱护晚辈。对有才德的人以礼相待，为了接待贤德的人，常常日过了正午还无空闲吃饭，德才兼备者因此多归顺于他。伯夷、叔齐在孤竹国，听说西伯善于敬奉长老，都前来归附他。太颠、闳夭、散宜生、鬻子、辛甲大夫等人，也都来投靠西伯。

崇侯虎在殷纣面前诽谤西伯道："西伯积累善名和德业，诸侯都归顺他，这对于您来说很不利啊。"帝纣就把西伯囚禁在羑里。闳夭等人十分担心，于是搜寻有莘氏的美女、骊戎的骏马、有熊氏的九辆驷车以及其它奇珍异宝，通过殷朝的宠臣费仲统统进献给纣。纣非常高兴，说："有一个美女就足以释放西伯，何况有这么多好东西！"于是宽赦西伯，并赐给他弓矢斧钺，使他能够征讨其他诸侯，纣说："说西伯坏话的，是崇侯虎。"

西伯继而又献出洛水以西的大片土地，并请求殷纣废除炮烙之刑。殷纣答应了他。

西伯暗中推行仁政，诸侯若有争讼都来请他裁决。当时虞、芮两国人有了纷争不能解决，就到周国来。进入周国的地界，只见耕地的农夫都互让田界，习俗都是尊重年长的人。虞、芮两国的人还没见到西伯，就自感惭愧，互相商议道："我们所争执的，正是周人所耻的，还去干什么？不过是自取羞辱罢了。"于是他们返回了，并都互相谦让着离去。诸侯听说这件事后，说："西伯大概会成为接受天命、得到天下的君主吧？"

第二年，西伯征伐犬戎。后一年，征讨密须。又下年，打败耆国。殷朝的祖伊听说此事后，十分恐惧，便向纣王汇报。纣说："我不是生而有天命吗？他这样做能有什么作为！"

下一年，征伐邘国。又下一年，纣伐崇侯虎。又修建了丰邑，从岐山下将国都迁到丰邑。

下一年，西伯逝世，太子姬发继位，这就是武王。

西伯几乎在位五十年。当他被囚禁在羑里，据说将《易》的八卦演绎成六十四卦。诗人称道西伯，认为他在受命专擅征伐那年称王，因正确裁决虞、芮两国人的争讼而受到诸侯的拥护。十年后西伯去世，谥号为文王。文王在位时，改变了殷的法令制度，制定了自己的历法。他追尊古公亶父为太王、公季为王季。大概因为周朝的王业是从古公的时代奠基。

武王继位，以太公望为太师，以周公旦为宰相，任用召公、毕公等人为辅政大臣，继续发扬光大文王开创的基业。

九年，武王祭祀毕星，然后率领大军东征，抵达盟津。用木头做了文王的神主，用车载着，供奉在中军大帐内。武王自称太子姬发，表示奉文王的命令进行征伐，不敢自己专擅做主。于是昭告司马、司徒、司空和各位接受符节的官员："要恭敬严谨，虔诚守信啊！我没有智慧，只是为先祖是有德行的藩臣，所以我不过是承袭了先人的功业罢了，现在明确赏罚制度，以便保证完成祖先的功业。"于是开始起兵。太师尚父发布号令说："迅速集合你们所有的人和船只，迟到者斩首！"武王渡黄河，船到中流，有条白鱼跳入武王的船中，武王俯身拾起用来祭祀上天。渡河完毕，一团火自上覆盖而下,到达武王所居的屋顶上,继而化成一只乌鸦,颜色火红,发出魄魄的鸣叫。这时,诸侯虽未曾相约而在盟津会聚的有八百多个。诸侯都说:"纣可以讨伐了。"武王说:"你们不知道天命,现在还不行呢!"于是又率军返回。

文王兴周

纣王是商王朝的末代君主,他和夏桀一样,是一个暴虐淫侈的君王。他自恃智勇才高,好酒淫逸,擅权专制,排除异己,贵族内部的矛盾日益尖锐起来。殷纣的刑罚酷虐,政治腐败,连年对外用兵,这些并没使国稳业实,反而加重了人民的负担和痛苦,使得整个社会动荡不安。

周文王姬昌之父季历,是当时显赫的奴隶主贵族大家族的首领。被商王文丁封为"牧师",即商朝在西方的方伯。由于周族势力的日渐强大,加剧了他们和商王朝的矛盾。商王文丁为了遏制周族的势力,杀了季历。其子姬昌继位后,曾出兵伐商,没有取得胜利,遂变公开反商为臣服事商,周名义上仍然是商的一个属国,可是暗中却发展扩大自己的势力,为灭商作积极准备。姬昌这种策略,被商纣王识破,视为一种潜在的威胁,因此,把姬昌囚于羑里(今河南汤阴北),后以珍奇异物奉献给纣王,纣王才释放了姬昌。

姬昌由羑里释放回国后,任用熟悉商朝内部情况的贤士吕望,即姜太公为谋臣,以协助自己更加积极作推翻商朝的准备工作。

吕望是一个懂得文韬武略的人。他根据商强周弱的形势,制定图商谋略,认为要想图商,先恭顺事之,以免引起对方的警惕。然后待羽翼已成,把握有利的时机,再行征伐。吕望建议文王要推翻殷纣,必须在开始行动之前,装作无所作为的样子,以免引起对方的注意。太公望说:"因其所喜,以顺其志。彼将生骄,必有奸事。苟能因之,必能击之。"

周文王采纳了太公望的建议,在表面上对纣王采取恭顺的态度,率叛商的诸侯朝觐纣王,并在国都建玉门,筑灵台,列侍女,撞钟击鼓,假作享乐腐化的样子,以瞒过纣王。纣王果然对文王放松了警惕,并认为"西伯改过易行,吾无忧矣"。

文王知道要推翻强大的商朝,必须利用大众的支持。他为了使纣王直接控制的人民倾斜于自己这面,于被释放时即以洛西之地献给殷纣王,请求废去炮烙之刑以此收服人心。归国后,又效法古公、季历的作风,礼贤下士,广罗人才,加之,纣王荒淫暴虐,许多有才干的贵族大臣,如太颠、闳夭、散宜生等,也都相继投奔周朝,成为文王的得力辅佐。

文王在准备武力征伐的同时,还大力开展政治攻势,扩大自己影响,分化瓦解商朝的附庸,争取更多的参与国。许多小国纷纷来归附,诸侯都把文王看做是足以取代商王纣的"受命之君"。

翦除商朝羽翼,进逼朝歌,是文王第二步进攻战略,首先向西北和西南用兵,消灭与周敌对的方国使沿途通畅,以消除后顾之忧。接着组织军事力量,东渡黄河,进入河东、河内地区。不久,周军又进攻纣王经常去田猎的邘(今河南沁阳西北),剪除商之右翼,以构成对商都朝歌的直接威胁。当周攻黎、邘获胜后,文王与吕望又亲自率军进攻商王朝的腹心大国——崇。一举攻克崇城,除去周军东进的一个重要障碍,打开进攻商都——朝歌的进路。

孟津之誓

武王姬发即位后,拜太公吕望为武师,以周公姬旦为辅,继续完成文王未竟的大业。九年,武王向东巡视,测看各方国部落对讨伐商纣的态度,以及检阅军队作战准备完成的程度,武王祭祀文王姬昌后,利用文王在诸侯中的崇高威信,表示自己要继承文王遗志,即位后的第二年,就载文王"灵牌"于车中,与太公吕望一起,率军东下,举行了历史上有名的"孟津之誓",观兵于孟津(今河南孟津东北),有八百诸侯前来参加此次会盟。这即是一次外交盟会,又是一次军事大演习、大检阅。武王赢得如此众多的盟军,充分说明周在政治上、军事上都取得了对商的优势。

纣王对东夷连年作战,劳师远征,消耗了国内大量的财力物力,加剧了人民大众的反抗和斗争态势,军队的损失伤亡也很大,并被陷在东夷不能撤回。同时商朝奴隶主贵族内部比干的被杀,箕子被囚为奴,并且许多大臣逃跑或叛投西周,微子见势不妙也隐居起来。使纣王的专制暴虐陷于自己内外夹击,众叛亲离的境地。

自武王"观兵"西归后,为了进一步了解商朝情况,确定发动战争的有利时机,不断派出间谍到朝歌进行刺探收集多方面情报。当纣王更残酷迫害反对他的贵族时,间谍回报说:"谗慝胜良。"武王认为时机不太成熟。后来又得到"贤者出走矣"的报告,还是认为时机不成熟。最后,得到"百姓不敢怨诽矣"的报告,武王这才确认纣王已众叛亲离,是讨伐纣王的时机,在"孟津之誓"以后不到两年(约为公元前1027年)的十二月,起兵袭击朝歌。

牧野之战

武王十一年,商纣与统治集团的核心产生了激烈冲突和分裂,大贵族王子比干被杀,箕子被囚为奴,微子启惧祸出逃,太师疵、少师强怀抱礼乐重器投奔周。国人见商纣王无药可救,均侧目而视,三缄其口,以免惹祸上身。商朝面临土崩瓦解的绝境。

这一年,恰逢周境遭遇饥荒,民众争相外出作战,借机掠取敌国粮食物资,以渡灾年。眼望灭商时机业已成熟,周武王赶快询问姜尚:"殷大臣或死或逃,纣王是否可伐?"姜尚已知兼得天时、地利、人和,毅然答道:"知天者不怨天,知己者不怨人。先谋后事(行)者昌,先事(行)后谋者亡。且天与不取,反受其咎;时至不行,反受其殃。"武王闻言,知道兴兵伐纣的时机到了。

武王出师前占卜吉凶,结果得兆不祥,一向迷信的人们开始有些动摇。姜尚偏重人事,而轻枯草朽骨(指占卜用的蓍草和龟甲)之验,力劝武王勿失良机。他说:

"顺天之道未必吉,逆之未必凶。若失人事,则三军败亡。且天道鬼神,视之不见,听之不闻。智者将不以为法,愚者将拘泥之。若乃好贤而能用,举贤而得时,则不看时日而事利,不假(借)卜筮而事吉,不祷祀而福从。"武王奋然而起,遍告诸侯:"商纣犯下滔天大罪,天地共诛!"遂以姜尚为主帅,统领兵车三百乘、虎贲(猛士)三千员、甲士四万五千人,出兵东征。

周军行至中途,屡遇暴雨狂风、雷电交加的天气,甚至拔树发屋,折旗毁乘。姜尚见上下交互不安,就把这肃杀之征巧释为对殷商的天怒之象,借助虚无缥缈的天地鬼神,来推行人事,理直气壮地打出吊民伐罪的旗号。

在这一方有难,八方响应的鼎沸之际,周军的东进使各地诸侯纷纷前来会师,诸如庸(今湖北竹山)、蜀(在今川西、陕西)、羌(散居甘肃等地)、髳(今山西平陆)、微(今陕西眉县)、纑(今湖北襄樊西南)、彭(今湖北房县)、濮(在今川东、鄂西)等族的部众,也都随机加入其中。周军前歌后舞,士气高涨。十二月,就从孟津渡过黄河,直扑商都朝歌。

正月甲子日清晨,周军与诸侯兵到达商郊牧野(今河南汲县),离朝歌七十里。在这里,武王召开了被史册称之为"牧誓"的誓师大会,历数纣王听信妇言、不祭祖宗、不任亲族、招集四方罪人和逃亡奴隶等罪行,此举意在激起人神共愤,号召从征各国同仇敌忾。

会后,周及各路诸侯陈兵于牧野,引商军出都决战。此时,商纣王的大军却陷于侵略东南方的夷人之地,无法分身。骤闻大敌压境,商纣只得临时驱使十七万(一说七十万)奴隶和战俘仓促应战。姜尚亲自为前锋,率虎贲和兵车冲击商军。商军虽多,却无斗志,居然阵前倒戈,引导周军杀向朝歌。纣王见大势已去,惶然登上鹿台,蒙衣自焚而死。在中国历史上存在五百余年(一说六百年)的奴隶制国家,至此灭亡。这一战就是历史上著名的"牧野之战"。

纣王死后的第二天,周武王与姜尚等就召集众人庆祝成功,并将伐纣义举上告天神。然后,散发鹿台所积之钱,发放钜桥所囤之粟,来赈济民众;封比干之墓,释箕子之囚,表商容之闾(巷门),用以取悦殷商贵族;斩纣王宠妃妲己,遣散后宫妇女,来表示体恤民情,安抚民心。在取得军事上的决定性胜利之后,又接着展开这般强大的政治攻势,足令殷商臣民心悦诚服地归顺周王。人们欣喜地称颂说:"周王对于仁人,死者尚能封树其墓,何况对于生者!周王对于贤人,逃者尚能表彰其闾,何况对于存者!周王对于财物,早先积聚起来的还要散发下去,岂能重行征敛!周王对于女色,已入宫的都要归送于父母,岂能再事搜选!"

周军在占领朝歌后继续四处出击,征伐殷商的盟邦,基本上控制了原先商王朝统治的主要地区。同年四月,正式建立了周王朝。

马放南山

为了追念先圣先王的功德,武王颁布赐封文告,褒扬并封神农的后人于焦,封黄帝的后人于祝,封帝尧的后人于蓟,封帝舜的后人于陈,封大禹的后人于杞。然后封功臣谋士,而姜太公功劳最大,得到最高的封赐。封姜太公于营丘,国号齐;封弟周公旦于曲阜,国号鲁;封召公奭于燕,封弟叔鲜于管,封弟叔度于蔡。其他的各依次受封。

武王召集九州的州牧,登上豳的土山,以遥望着商朝的国都旧邑。

武王回到了周,自己一个人忧虑着,夜里难以入睡。周公旦到王住的地方,问道:"为什么不睡呢?"

王回答说:"我告诉你吧:上天不受殷的享祭,从我还没出生起到现在,已经六十年了,麋鹿小人在朝,而君子却被放弃,就好像山里的麋鹿聚在近郊,飞鸿遍布山野。上天不照顾殷人,所以今天我们能成就王业。想想上天建立了殷朝,登用的名贤有三百六十人,而殷王不能显扬他们,也不能礼遇他们,所以到现在灭亡了。而我对上天的眷顾还没能全部完成,以负所望,哪有工夫睡呢?"

武王又说:"我一定要达成上天的眷望,要依近天帝的住处;要访求所有不顺天命的恶人,贬责他们,与殷王受同罪。我要日夜慰劳安抚人民,彻底安定我们西方的领土,发扬我周的功业与德惠,使它们同样地昭明。从雒水边上一直到伊水边,平易而无险阻,将作为我们周国的都城;我曾在南边看过三涂山,北边看过太行山麓的都邑,也看过黄河,看过雒水、伊水,就是这里和天帝的居处相距不远,可以作为都城。"于是就规划了周的都城于雒邑,然后才离开。

武王将战马纵放在华山的南面,拉车的牛也放牧在桃林的丘墟上;戢藏干戈,收兵并解散军队,以昭示天下:不再用兵了。这就是"马放南山"典故的来历。

武王克了殷以后,经过两年,向箕子询问殷灭亡的原因。箕子不忍说殷的缺失,只是以存亡之道与国事所宜相告。武王也觉得不好意思,所以就只以天道询问他。

武王病了,而天下尚未安定,太公、召公等都很忧惧,敬慎地占卜着。于是周公就被洁斋戒,要以自己作为质押,替代武王的死,武王的病就痊愈了。过几年武王崩逝,太子诵代立,那就是成王。

周公摄政

成王年少,加上周朝刚刚平定天下,周公恐怕诸侯背叛,就摄理国事,主持政务。管叔、蔡叔等诸弟怀疑周公别有所图,就会同武庚作乱,背叛了周室。周公奉了成王的命令,讨伐他们,诛杀了武庚、管叔,并放逐蔡叔,以微子启代殷后,立国于宋。又收服了一些剩余的殷人,用来封给武王的幼弟封,以为卫康叔。晋唐叔得到一种代表祥瑞的谷子,献给成王,成王就送给了尚在军中的周公。周公在东方接受了嘉禾,颂扬天子的美赐。

当初管叔、蔡叔反叛周室,周公讨伐他们,费了三年才完全平定,所以起初先作《大诰》,其次作《微子之命》,其次作《归禾》,其次作《嘉禾》,再次又作《康诰》、《酒诰》、《梓材》等篇,这些事迹都记载在《鲁周公世家》。

周公代行政事七年,成王长大了,周公将政权交还成王,自己面朝北而回到群臣的位置中。

成王在丰，依照武王的规划，命令召公继续营造洛邑。周公又再卜择，反复视察，终于建造完成，就将九鼎迁置在那里。说："这里位于天下的中央，四方来入贡的，道途都一样长。"作《召诰》、《洛诰》。

成王将殷的遗民迁到洛邑后，周公就以王命告诫他们，作《多士》、《无佚》。成王以召公为保，以周公为师，东伐淮夷，歼灭奄国，将他们的国君迁到薄姑。成王从奄回来，在宗周，作《多方》。废黜殷祀以后，袭击淮夷，回到丰，作《周官》。兴作并考正礼乐，各种制度到这时就改定了，而人民和睦，兴起了太平歌颂之声。成王征伐东夷以后，息慎来贺，王赐号荣伯，作《贿息慎之命》。

周召共和

成王去世后，先后又有康王、昭王、穆王、直至夷王。周夷王死后，其子姬胡即位，史称周厉王。这个厉王姬胡特别贪婪，他宠信一个精于搜刮的大臣荣夷公，君臣俩人臭味相投，勾结在一起聚敛财物。荣夷公让周厉王宣布：全国一切山林水泊归周所有，不准人民无偿地到这些地方打柴捕猎。周厉王还派出许多如狼似虎的官吏，去催收赋税，勒索人民。

大夫芮良夫求见周厉王，规劝他说："山林水泊是上天赐给万民的资源，自古以来百姓就利用它们谋生。一个人如果强占了别人的一件东西，人们会把他当作强盗；大王如今强占了全国的山林水泊，人们又怎样看待您呢？荣夷公目光短浅，不用仁义道德辅助大王，一味教唆大王盘剥百姓。这样的人若加以重用，我周朝的江山就会动摇了。"

而内心贪婪的周厉王，一意孤行。他根本不知道怎么去对待人民，只知道盘剥人民，势必会造成人民对他的反对。周厉王只知道荣夷公敛财有方，弄来了堆积如山的财宝，哪里听得进芮良夫的话，反而把荣夷公提升为卿士。

那时，农民被称为"野人"，住在都城镐京的平民则被称为"国人"。国人对周厉王的搜刮政策十分不满，都城中到处都能听见怨愤的声音。

怨恨之声已起，而周厉王认为这是老百姓在诽谤朝政。大臣召公虎见此情景，十分担忧，就进宫规劝周厉王："城中的百姓似乎已无法再忍受大王的政策了，如不立即改弦易辙，恐怕会发生暴乱。"

周厉王不以为意，说："普天之下的土地都属于本王所有，我想怎样就怎样，谁能奈何我？现在，国人竟敢胡乱议论，我自有办法让他们三缄其口。"

召公虎只好失望地回去了。

随后，周厉王颁布"止谤"的命令，禁止国人批评朝政。周厉王又从卫国找来一个装神弄鬼的巫师，不让他为国家、为收成祈福，而让他监视城中的国人。周厉王对他说："谁敢在背后诽谤我，只要你把他们抓来，我都严惩不贷。"

卫巫为了讨好周厉王，便派出一大批爪牙到处刺探。这些人狐假虎威，趁机敲诈国人，谁不服，就诬告谁对周厉王不满。

周厉王偏听偏信，只要听到卫巫的报告，就抓人、杀人，许多国人受了冤枉送了性命。卫巫的爪牙到处都是，几乎无孔不入，国人们在公开场合不敢贸然议论朝政；熟人相遇，甚至不愿开口打招呼，只是彼此交换一个眼色就匆匆离去。卫巫反而得意洋洋地向周厉王表功说，批评朝政的人已渐渐减少了。周厉王闻言十分满意。

对此召公虎焦急万分，他清楚地知道，国人们对周厉王的不满日益加剧，沉默的表面下很可能正酝酿着一场大风暴。他再次去见周厉王。

周厉王看到召公虎忧心忡忡的样子，感到很好笑，说："你还有什么不放心的，你看，城中不是没什么人敢议论我了吗？"

召公虎长叹一声，说："防民之口甚于防川！要治水就必须疏通河道，让河水畅通地流向大海；治国也一样，要让人民自由发表意见，再由大王善加引导，吸取其中正确的部分，这样，人民的不满就会渐渐平息。如果硬堵住河道，河水会更加凶猛，终究会破堤而出，泛滥成灾；强行堵住人民的嘴，人民的不满只会越来越炽烈，最后会像火山一样爆发。"

周厉王不听劝告。召公虎呆立了一会儿，只好黯然退出。

三年后，召公虎的预言应验了。镐京中的国人忍无可忍，终于引起了大规模的暴动。愤怒的国人们手持武器，攻进王宫，指名要杀祸国殃民的周厉王。周厉王吓得魂飞魄散，带着少数亲信狼狈逃出王宫，一直逃到黄河边才摆脱了国人的追击。

周厉王虽然保住了性命，却丢了王位。国人们恨他入骨，不但要杀他，事后还要杀他的太子姬静。都城中的大臣们商议后，决定由召公虎和另一个大臣周公共同主持政务，行使周王的权力，历史上称为"周召共和"。

镐京地震

幽王即位的第二年，即公元前780年，王都镐京发生了一场大地震。据《诗经·十月之交》记载，这次地震的情况是"百川沸腾，山冢崒崩，高岸为谷，深谷为陵"，地震之后，紧接着是大旱，"三川皆竭"。这一系列天灾，使本来就困苦不堪的人民生活更是雪上加霜。地震、天旱本是自然现象，但在古代社会里，人们一致认为是上天对人间的警告和惩罚。人们应该好好地检查自己的过失，加以改正，以获得上天的原谅和庇护，否则，必致亡国。

在漫长的古代社会里，几乎每一次大的天灾或异象出现，如地震、台风、旱涝、日食、彗星等，都会引起当朝统治者的恐慌，因这些现象出现而招致朝廷内阁大臣引咎辞职的事，真是数不胜数。这次镐京地震，周幽王的大夫赵叔带正好借此上书劝谏幽王，赵叔带说："地震、山崩、地陷、旱灾是上天对人的惩罚，天王应当找正直而有才能的人来矫正国家的失误，以求上天的原谅。在这多灾多难的时候，怎么能派人到处去找美女呢？"周幽王恼羞成怒，把赵叔带革去官职，轰出门去。大臣褒珦十分气愤，对周幽王说："大王不问天灾，不问国事，反倒亲小人、远贤臣，如此下去，这国家肯定是保不住啦。"周幽王不分青红皂白,就把他关进了监狱。从此,无人敢劝周幽王了。

千金一笑

公元前781年,周宣王死后,他儿子即位,就是周幽王。这位天王即了位,什么国事也不管,光讲究吃、喝、玩、乐。整天除了酒肉,就是女人。他打发人到各处去找美人。谁奉承他,他就喜欢。谁劝告他,他就头痛。顶叫他头痛的是大夫赵叔带。因为他大胆上了一本,说:"这时正是国家有难的时候,地震、山崩、饥荒都有。天王应当想法子找些能干的人来办事,才是正理,怎么能在这时去找美人呢?"

周幽王不但不听,反而恼羞成怒,革去了赵叔带的官职,把他撵出去了。周幽王本想"杀鸡给猴看",封住大臣们的口,但却惹发了一位名叫褒珦(xiàng)的大臣。他怀着一颗忠心去见大王。说:"天王不怕天灾,不问国事,反而亲近小人,轰走大臣,您这么下去,我们的国也要保不住了。"周幽王很生气,也不乐意与他争,吆喝了一声,当时就把他关起来了。

褒珦在监狱里关了三年,眼看没有放出来的希望了。幸亏他儿子一直给他想办法,上各处去找美人,花钱从乡下买一个很漂亮的年轻姑娘,把她献给周幽王,算是来赎褒珦的。这位姑娘就是中国历史上挺有名的美人褒姒。

周幽王一见褒姒,喜欢得不得了,连骨头都酥了,他当时就放了褒珦,还叫他当原来的官。从那时候起,天王日日夜夜陪着这位天仙,把她看成心肝宝贝,恨不得时刻含在嘴里,还怕她不舒服。褒姒却不喜欢他。她是一个苦命的女子,被人家买了来听人家摆布,天天想着爹妈。从她一进王宫,就老皱着眉头,连笑都没笑过一回。周幽王想尽法子逗她开个笑脸,她却怎么也笑不出来。天王就出了个赏格:"有谁能叫娘娘笑一下,赏他一千两金子。"

这个赏格一出去,有好些人赶着来想发财。可是他们都只能叫褒姒生气。有的简直给她骂出去了。有一个顶能奉承天王的小人,叫虢石父,很有点小聪明,还真给他想出了一个"好"法子来。他对周幽王说:"从前的魁王为了防备西戎侵犯我们的京城,在骊山一带建造了二十多座烽火台。万一敌人打进来,就一连串地放起烽火来,让邻近的诸侯瞧见,好出兵来救。这时候天下太平,烽火台早没用了。我想请天王和娘娘到骊山去玩几天。到晚上,我们把烽火点着,叫诸侯们上个大当。娘娘见了这些个兵马一会儿跑过来,一会儿跑过去,没有不笑的。您说我这个办法好不好?"

周幽王眯着眼睛,拍着手,说:"那还不好,就这么办吧。"

他们说走就走,带着褒姒到了骊山。有一位诸侯郑伯友,是周宣王的兄弟,周幽王的叔叔,得了这个信,怕他们出乱子,赶紧跑到骊山,劝天王别这么干。周幽王正在兴头上,根本听不进去,生气地说:"我在宫里闷得慌,难得和娘娘出来一趟,放放烟火,解解闷,这也用得着你管吗?"

真的,烽火一点起来,半夜里满天全是火光,一眼瞧过去,不论远近,全是火柱子,像一幅壮观、漂亮的活动画!邻近的诸侯看见了烽火,赶紧带着兵马跑到京城。

听说天王在骊山,又急忙赶到骊山。没想到了那里,一个敌人也没看见,也不像打仗的样子,只听见奏乐和唱歌的声音。大家我看你,你看我,都不知道是怎么回事。周幽王去叫人对他们说:"辛苦了,各位,没有敌人,你们回去吧!"诸侯们这才知道上了天王的当,一个个气得肚子都快破了。

褒姒根本不知道他们搞什么鬼名堂,瞧见这样多兵马忙来忙去,跟掐了脑袋的苍蝇似地在那里瞎撞,一点意思也没有。她问周幽王:"这是怎么回事?"周幽王很得意地告诉了她,还歪着脖子,带笑地问她:"好看吗?"褒姒觉得又好气又好笑,不由得冷笑了一声,说:"呵呵,真好看!亏您想得出这玩意!"这位糊涂透顶的天王还当褒姒真笑了呢,乐得浑身发痒,把一千两金子赏给了那个小人虢石父。虢石父很高兴地回来了。

隔了没有多久,西戎真的打到京城来了。周幽王和虢石父赶紧叫把烽火点起来。那些诸侯上回上了当,这回又当天王在开玩笑,全都不理他。烽火黑天白日地点着,也没有一个救兵来,京城里的兵马本来不多,只有一个郑伯友算是大将,出去抵挡了一阵。可是他的人马太少,最后给敌人围住,被乱箭射死了。周幽王和虢石父都被西戎杀了,连那个老在宫里受人欺负、没有真正笑过一次的美人褒姒,也被他们抢去了。

秦本纪第五

秦国祖先和传承

秦国的祖先是颛顼帝的远代孙女,名叫女修。女修织布时,有只燕子落下一颗蛋,女修吞吃了这颗蛋,生下了儿子大业。大业娶了少典氏的女儿为妻,名叫女华。女华生了大费,大费曾跟随大禹一起治理过水土。治水成功以后,帝舜赐给大禹黑色的玉圭。

大禹收下玉圭后说:"这不是我一个人的功劳,也是靠了大费的协助。"

舜帝说:"费啊,你帮助禹完成了治水大业,我决定赐给你黑色的旌旗。你的后代将会建立巨大的功业。"于是把一个姓姚的美女嫁给他为妻。

大费跪拜谢恩接受,又辅佐帝舜调理和驯养鸟兽,鸟兽大多被驯得服服帖帖,他就是伯翳。舜帝赐给他姓嬴。

大费生了两个儿子:一个名叫大廉,就是鸟俗氏;另一个叫若木,就是费氏。若木的玄孙名叫费昌。子孙们有的住在中原地区,也有的住在夷狄地区。

费昌在夏桀的时代,背叛夏朝,归附了商族,为成汤驾车,在鸣条打败了夏桀。大廉的玄孙孟戏和中衍,他们身形像鸟,会说人话。帝太戊听说后想让他们来驾车,先进行占卜,结果是大吉,于是把他们弄来驾车,还给他们娶了妻子。从帝太戊以后,中衍的子孙每代都建功立业,辅佐殷朝,所以嬴姓的人大多地位显贵,均成为诸侯。中衍的玄孙名叫中潏,在西戎保卫西部边疆,生下儿子名蜚廉。

蜚廉生儿子恶来。恶来天生力气很大,蜚廉善于奔走,父子俩都凭特殊的能力侍奉殷纣王。周武王讨伐殷纣王,一块杀了恶来。

当时蜚廉正替殷纣出使北方,回来后无人汇报,便在霍太山设坛祭告纣王,并得到一具石棺,上面刻有铭文说:"上天诏告处父不要参与殷商之乱,现赐给你石棺来光大你的氏族。"蜚廉死后,就葬在霍太山。

蜚廉还有一个儿子名叫季胜。季胜生下孟增。孟增受到周成王的宠幸,赐他住在皋狼。生下衡父,衡父生下儿子造父。造父因为擅长驾车而受到周穆王的宠幸,得到骥、温骊、骅骝、骤耳四匹名驹,并载着穆王到西方巡游,乐而忘返。徐偃王发动叛乱时,造父给穆王驾车,长途奔驰赶回周国平定了叛乱。穆王就把赵城封给造父,造父这一族人从此姓赵。

从蜚廉生季胜,经五代传至造父,就分居在赵城。赵衰就是他的后代。

恶来革也是蜚廉的儿子,但很早就死了。他的儿子,名叫女防。女防生旁皋,旁皋生太几,太几生大骆,大骆生非子。由于造父得宠,这些人都蒙恩住在赵城,姓赵氏。

非子住在犬丘,喜欢马和其它牲口,很擅长喂养和繁殖牲口。犬丘人把这事告诉了周孝王,孝王便把他召来,派他在汧水和渭水之间负责养马,马匹得到非常好的繁殖。

孝王想让非子作为大骆的嫡子。但申侯的女儿嫁给大骆,生下儿子成,成已是大骆的嫡子。

申侯便对孝王说道:"从前我的祖先娶了郦山氏,生下一个女儿,嫁给戎胥轩为妻,生下中潏,因为和周亲近的缘故而归附周朝,保卫西土,西部边防因此和睦安宁。如今我又将女儿嫁给大骆,生下嫡子成。申、骆再次联姻,西戎都来归顺,所以你才能称王。大王你要再三考虑这件事。"孝王听后说:"从前伯翳为舜帝管理畜牧,牲畜繁衍得很好,所以得到封地,赐他姓嬴。现在他的后代也为我养马,我就分封他一块土地作为附属国吧。"

于是将秦地赐给非子做封邑,让他在此地接续嬴氏的庙祀,号称秦嬴。孝王也不废除掉申侯女儿所生儿子的嫡子地位,以便安抚西戎。

秦嬴的儿子是秦侯。秦侯在位十年,去世。其儿子是公伯。公伯在位三年,去世。儿子秦仲。

秦仲继位三年时,周厉王施行暴政,一些诸侯背叛了。西戎也反叛周朝,灭了犬丘的大骆家族。周宣王即位后,任命秦仲为大夫,征讨西戎。被西戎杀死。

秦仲在位二十三年,死在西戎。他有五个儿子,长子名叫庄公。周宣王把庄公五兄弟召来,拨给他们七千士兵,让他们讨伐西戎,并打败了西戎。于是宣王又赏赐秦仲的后代,把他们祖先大骆的领地犬丘都给他们所有,任命庄公做西垂大夫。

五羊大夫

百里奚是虞国人,家境很贫苦,到了中年的时候才外出谋事。他先到齐国游说,可是没有人用他,常常困苦到靠讨饭度日。后来,他到了宋国,遇见隐居僻壤的

蹇叔，两人很是投机，成为至交。他们一起来到王室，帮王子颓养了一段时间的牛，后见王室纷乱，便离开了王室，回到故乡。晋国灭虞后，百里奚成了晋国的俘虏，后被晋献公作为女儿的陪嫁奴隶送往秦国。在往秦途中，百里奚逃到楚国的宛地，靠养牛看马为生。

秦穆公发现晋国送来的陪嫁奴隶中少了百里奚，追问中，得知他是一个有才德的老人，正在楚国放养牛马。穆公想，如果向楚人说明百里奚的才德，这样楚人肯定不会放人。于是，穆公指示大臣向楚人说百里奚是一个在逃的老奴隶，以当时一个奴隶的身价（五张羊皮）赎回百里奚。这时候百里奚已经七十多岁了。

穆公释放了他，并跟他讨论国家大事。百里奚推辞说："我是亡国之臣，有什么值得询问呢？"

穆公说："虞国国君不能任用你，所以亡国，这并不是你的过错。"坚持要向他请教，谈了三天，穆公非常高兴，授予他主管国家大政的权力，并称为"五羖大夫"。

百里奚谦让道："我的才能比不上我的朋友蹇叔，蹇叔很有才华，可世人并不知道。我在齐国游历时曾穷困得向当地人讨饭，是蹇叔收留了我。我原想侍奉齐国国君无知，但蹇叔劝阻了我，我得以逃脱齐国的祸乱，后来到了周朝。周王子颓喜欢牛，我就想以养牛术来求得进用。等到王子颓想任用我，蹇叔又劝阻了我，我离开了周朝，这才免于被诛戮。侍奉虞国国君，蹇叔又阻止我，我虽知道虞君不可能重用我，但心中贪图官位和俸禄，暂且先留了下来。我两次听从了蹇叔的意见，得以免除灾难；一旦没有听从他的意见，就赶上了灾难。因此我知道蹇叔的贤能。"

于是穆公派人以重礼迎接蹇叔，并任命他为上大夫。因为他当初是用五张羊皮赎来的，所以后人称他"五羊大夫"。

蹇叔的担忧

秦国自穆公即位以后，重用贤能，国势逐渐强盛，于是觉得自己的领土太狭小，常想扩张。

周襄王二十四年，秦国驻郑国的大夫杞子派人回国向秦穆公报告一个好消息。杞子在信中写道："郑国将都城北门的钥匙交给我管了。如果大王派兵秘密来郑，就可以得到郑国。"

秦穆公暗想：晋、郑两国国君近日相继去世，如乘发丧之机兴兵击郑，从此可进入中原。秦穆公征询上大夫蹇叔的意见。

蹇叔说："郑是小国，远在千里之外。我军长途远征，岂能保守秘密？欲攻有备之敌，很难取胜；即使获胜，亦无利可图；万一失败，则损失惨重。"

秦穆公热衷于扩张地盘，不听蹇叔的意见，派百里奚的儿子孟明视、蹇叔的儿子西乞术和白乙丙三人为将，领兵向东远征。

蹇叔十分担忧，在军队出发那天，他哭着对两个儿子和孟明视说："我看着你们出发，再也看不到你们回来了。这次远征，晋国必然出兵到崤山来堵击。崤山有二陵,地势险恶。我得去那里收你们的尸骨了。"

秦军出发后,过崤山,经洛邑抵达滑国国境。

这时,有个郑国的贩牛商人弦高,获知秦军将偷袭郑国的消息,冒充郑国使臣来求见孟明视。弦高对孟明视说:"郑国的国君听说贵军要来郑国,特派我献上薄礼熟牛皮四张,牛十二头,以助犒赏。"同时,弦高急派人赶赴郑都报告郑国国君,秦军将偷袭郑国,请速作迎战准备。

孟明视考虑到郑国已经获得消息,必然做好准备,知道偷袭已不可能,如进军去围攻,孤军深入,又无后援,亦难以成功。遂下令停止前进,驻军于滑国境内。秦军在进退两难之际,孟明视为了不虚此行,下令夜袭滑国,将滑国的财物掳掠一空,满载于兵车之上,撤兵回国。

晋国正在筹办晋文公的丧事,忽然获悉秦军经过桃林、崤函地区东征的消息,晋襄公立即召文武官员议论。

大夫先轸说:"秦穆公不听蹇叔的忠告,兴师伐郑,贪婪之极。贪婪之敌不可纵,纵则生变。我军应予拦击。"晋大将栾枝说:"秦穆公曾有厚恩于晋文公,所以文公曾避其三舍,今去拦袭,恐怕有违于刚去世的晋文公之意……"

先轸说:"一日纵敌,将为后世之患。我今为后世考虑,亦无愧于先君。"

晋襄公于是决定击秦。晋军抵达崤山,在东崤、西崤之间及崤陵关裂谷两侧高地设伏,以待秦军进入伏击区后,分段堵击。

秦军自滑国回秦,因兵车重载,行动迟缓。进入崤山后,道路崎岖狭窄,队伍拉得很长。白乙丙对孟明视说:"我父亲再三嘱咐,过崤山要多加小心,军队不能过于分散。"

孟明视叹了口气说:"过了崤山,就是秦国地界,我去前边开路,你们带兵跟上,快走。"

又走了一段路,发现前边的路被乱木堵死了,没法通过。孟明视知道危难临头,只得故作镇静,吩咐士兵搬开乱木,开路前进。

秦军正在搬动乱木,忽听四周鼓声大作,山谷中旌旗闪动,不知有多少兵马包围过来,前有堵截,后有追兵,都高举晋军旗号,很快就把秦军切成几段。

不多久,秦军或被俘,或被杀,全军覆灭,孟明视、西乙术、白乙丙三个将领都成了晋军的俘虏。

秦始皇本纪第六

秦始皇的故事

秦始皇帝,是秦庄襄王的儿子。庄襄王替秦国到赵国当质子的时候,见到吕不韦的一个姬妾,非常喜欢,就娶了她,生下始皇。始皇出生在秦昭王四十八年正月的邯郸。生下来后取名叫政,姓赵。

始皇十三岁时,庄襄王去世,政继位为秦王。这时,秦国的疆土已经兼并了巴、蜀、汉中,越过宛地而占有郢都,并设置了南郡;在北方攻取了上郡以东的地区,拥有河东、太原、上党三郡;东到荥阳,灭了东、西二周,设置了三川郡。吕不韦做丞相时,封给食邑十万户,封号文信侯。招揽宾客游士,想要吞并天下。封李斯为舍人,蒙骜、王龁、麃公等人为将军。秦王政年纪还轻,又刚刚即位,国家大事就委托给大臣处理。

秦国刚刚平定天下,秦王命令丞相、御史说:"前些天韩王进献土地、奉上国玺,请求臣服,但不久就撕毁诺言,与赵国、魏国联合反叛我国,所以兴兵讨伐韩国,俘虏了韩王。寡人认为这件事已圆满解决,大概可以暂时停止用兵了。赵王派他的丞相李牧来缔结盟约,所以归还了他在我国做人质的儿子。不久赵王背弃誓言,在太原起兵反对我,所以兴兵讨伐,俘获了赵王。赵国的公子嘉又自立为代王,所以我也派兵出击灭了他。魏王开始时约定臣服于我国,但不久又跟韩国、赵国合谋突袭我国,便派将士前去讨伐,击灭了他。楚王进献青阳以西的土地,不久背叛约定,进攻我国南郡,所以我发兵讨伐,俘获楚王,也就平定了楚国。燕王昏庸至极,他的太子丹竟暗中派荆轲来刺杀我,我军将士前去征伐,并灭亡了燕国。齐王采用相国后胜的计策,断绝与我国的通使往来,想要发动叛乱,我军将士前去征讨,俘虏了齐王,平定了齐地。寡人凭借微不足道之身,兴兵讨伐各种暴乱,仰仗祖宗的神灵,六国的君王如今全都臣服认罪,天下至此已得到完全平定。如今要是再不改名号,就无法显示我的成功业绩,将它流传后世。希望你们议定帝号。"

丞相王绾、御史大夫冯劫、廷尉李斯几人都说:"从前五帝的疆域纵横千里,这以外的侯服、夷服地区的诸侯,有的称臣纳贡,有的却不表示臣服,天子对此不能加以控制。如今陛下大兴正义之军,诛杀作乱的逆贼,统一了天下,在各国设置郡县,法律政令由此统一,这是自上古以来从未有过的功绩,连五帝也比不上。臣等谨慎地与博士商讨结果是:古代有天皇、地皇、泰皇,泰皇最为尊贵。臣等冒死向陛下呈上尊号,大王应称为'泰皇',天子之命称为'制',天子之令称为'诏',天子自称为'朕'。"秦王说:"去掉'泰'字,留用'皇'字,采用上古'帝'的名号,称为皇帝。"因为他是第一个称为皇帝的,所以后世又称他秦始皇。

深居简出

秦昭襄王五十年即公元前257年,秦军围困邯郸,赵国处境危急。于是一面向楚国、魏国求救,另一方面准备向秦国的人质子楚开刀。在这危急的情况下,吕不韦以重金买通了看守,让子楚逃归秦国。秦始皇母子虽然仍留在邯郸,但由于子楚夫人是赵国富豪之女,才能够隐匿起来,未遭到赵国杀害。

子楚回到秦国以后,不久秦昭襄王病死,安国君即位,即秦孝文王,子楚被立为太子。赵国为了讨好秦国,迫不得已将子楚夫人与赵政送回。曾为人质的赵政,在邯郸度过了八个春秋,终于回到了秦国。在赵政十三岁那年,由于安国君以及秦庄襄王子楚相继去世,他便即位当了秦王,从此结束了坎坷多劫的童年生活。

但这一段童年生活,使秦王赵政从小就形成了深居简出、沉默寡言、乖僻多疑的性格。尤其是在赵国邯郸的隐居生活,他随时都有被人告发的危险,因此遇事就只能忍让迁就,受人欺凌。后来当秦国灭了赵国的时候,秦王赵政做的第一件大事,就是把当年欺压他们母子的人全部坑杀,以泄多年的积愤,可以想见当年受苦之深。坎坷的遭遇与残酷的战争,使秦王赵政少恩寡义,残暴无情。他这种性格是与以武力消灭六国、统一天下的时代背景相吻合的。

对秦王赵政的性格和思想影响最深的另一件事,是吕不韦暗中指使嫪毐与其母私通。赵政本来就是吕不韦的私生子,其母楚夫人也原是吕不韦的姬妾,早在嫁给子楚之前就怀有身孕。赵政当秦王时年仅十三岁,朝政大权也就掌握在其母太后与号称"仲父"的吕不韦手中。吕不韦与太后的暧昧关系,随着秦王赵政年龄的增长,随时都有被揭发的危险。吕不韦唯恐祸及于己,于是将嫪毐进献给太后。按照古代的礼法,男子在进宫之前,必须用药将生殖器腐烂掉,当时称为"宫刑"或"腐刑"。吕不韦与太后买通主持腐刑的官吏,使嫪毐得免。这样,嫪毐拔去胡须眉毛,乔装成宦官混进了宫中。太后与嫪毐私通后,大权也就慢慢地落到了嫪毐的手里。有一次,嫪毐酒醉与人争执,竟怒目大呼:"我是皇帝的假父,你怎么敢与我抗争!"此人就去向秦王赵政告发。此时秦王赵政已是二十一岁的青年,按照古代观念,已是"弱冠"之年,可以亲理朝政了。他当即下令进行调查,发现嫪毐并非宦官,常与太后私通,并已生有二子,计划等赵政死后,由其子来继承王位。嫪毐见事败露,于是乘秦王赵政在雍地蕲年宫举行加冕之礼时,假用秦王和太后的玉玺,发兵作乱。秦王赵政立即派兵镇压,结果嫪毐兵败被杀,参与叛乱的二十人都被斩首、车裂示众。因嫪毐叛乱事件牵连到太后与吕不韦,秦王赵政就把太后迁出首都咸阳,放逐到雍地居住,而吕不韦也因此被罢官免职,不久自杀身亡。秦王赵政的家庭悲剧,使他不可能再以血缘关系和传统道德来作为维持政治统治的思想基础,而一切以法为断,不分亲疏,不分贵贱的法家思想,也就成为他所奉行的行为准则。

广纳贤才

秦王赵政在平定嫪毐叛乱和处理了太后与吕不韦的事件后,开始进行统一六国的宏图伟业。

经过了商鞅变法,当时的秦国,国力已十分强盛。它西并吞巴蜀、汉中;南进入楚国郢都,置南郡;北已占据韩、赵旧地上郡以东,拥有河东、上党、太原三郡;东达荥阳、成皋,建立三川郡。秦国在经济上、军事上占有强大的优势,成了东方六国韩、赵、魏、燕、楚、齐的劲敌。为了抵御秦国的侵犯,东方六国多次联合起来,互相救援,共同抗秦。因此,秦军经常被六国联军打败,无法东进。

针对以上情况,年轻的秦王赵政亲政以后,便采取了相应的对策。

首先是广泛招纳人才。在战事纷争的年代,要取得胜利,人才是十分重要的。但秦王赵政对这一问题的认识,有一个曲折的过程。事情是这样的:与秦国邻近的韩国,迫于秦军的威胁,昏庸无能的韩王听说秦国特别喜欢大兴土木工程,于是派一个名叫郑国的人入秦,劝说秦国修筑水渠,企图以此来消耗秦国的经济实力,使其无力东进。当这个工程正在进行之际,韩国的"弱秦之计"被秦王赵政发觉了,而秦国的宗室大臣也在一边煽动说:"诸侯各国来秦的客卿,都是为了他们自己的国家而来的,应将他们统统赶走。"秦王赵政听从了这些意见,便下令"逐客"。当时的长史李斯是由楚入秦的,也在被驱逐之列,于是他就向秦王赵政历数了秦国用外人而使秦富国强兵的事实,例如秦穆公用了由余、百里奚、蹇叔、丕豹、公孙支而称霸西戎;秦孝公用商鞅变法,而使国富兵强;秦惠王时用张仪之计,使六国西面事秦;秦昭王时用范雎,使秦成就帝业。这些人都非出自秦国,但都给秦国立了大功。因此秦国要想天下无敌,就必须广纳人才;如果把这些有才干的人逐出,这无异于帮了敌人的忙。秦王赵政听了李斯的进谏,就决定废除"逐客令",并重用李斯。诸侯各国的一些谋士和人才,也都纷纷投奔秦国,从而壮大了秦国的力量。

其次,秦王赵政听从尉缭的建议,用重金拆散六国的联合。尉缭,原名为缭,魏国大梁人,在秦王废"逐客令"后到秦国为客卿。他向秦王进言:当前,以秦国力量之强,是东方诸侯各国所不能比拟的,但若各诸侯国联合起来,合纵抗击秦国,结果就很难预料了。因此,他主张秦王赵政用重金买通各国掌权的大臣,离间六国之间的关系,以拆散他们的联盟。秦王赵政采纳了尉缭的意见,并把他升为国尉,掌握全国的军队。

第三,在离间六国联盟的基础上,秦王赵政还制定了"远交近攻"的战略方针,先后对六国实施各个击破的政策。具体方法是:先拉拢收买与秦国相距较远的楚、燕、齐三国,从而使与秦国相邻的韩、赵、魏三国腹背受敌,且处于孤立无援之地。在攻占韩、赵、魏三国之后,随着战线的东移,再一一吞并楚、燕、齐国。秦王赵政就是按照这个步骤统一了六国。

秦王赵政十七年(公元前230年),秦派内史腾率兵去攻打势力较弱的韩国,俘虏了韩王,韩亡。在韩、赵、魏三国之中,赵国国力最强。赵将李牧曾屡败秦军。秦灭韩后,赵国也就成为秦国的最大劲敌。秦王赵政运用尉缭的离间之计,用重金贿赂赵王宠臣郭开,让他诬告李牧。李牧被赵王赐死后,秦军则得以长驱直入,攻占赵都邯郸,赵王迁被俘,赵国灭亡。

韩、赵被灭亡以后,秦军兵临易水,直接威胁着燕国。燕国的国君名喜,人很平庸,无甚才干。燕太子丹过去曾与赵政在赵国同为人质,交往非同一般。后来太子丹又成为秦国人质,秦王赵政忘却旧情,对他非常不好。太子丹逃回燕国后,怀恨在心,一直想报仇。当秦军压境之际,太子丹便派刺客荆轲去行刺秦王。为了取得秦王的信任,荆轲带着燕国的督亢(今河北涿县东南)地图和秦国叛将樊于期的首级去见秦王。秦王缓缓展开图,图穷而匕首现。荆轲左手抓住秦王袖子,右手握匕首,向秦王扑来。秦王绕着柱子跑,最后在手下人的提醒下,拔剑刺死了荆轲。"风萧萧兮易水寒,壮士一去兮不复还",荆轲慷慨悲歌,为国捐躯的牺牲精神,虽一直为人们所推崇,但不可逆改秦统一六国的历史趋势。秦王赵政二十五年(公元前222年),秦将王贲灭燕,俘燕王喜,燕亡。

韩、赵被灭,与秦相邻的魏国危在旦夕。秦王赵政二十二年(公元前225年),秦将王贲率兵攻魏,挖开黄河,水淹魏都大梁,魏王假请降,魏亡。灭魏以后,秦国乘胜向楚国开进。秦王赵政二十四年(公元前223年),秦将王翦攻入楚都寿春,楚王负刍被俘,楚亡。秦王赵政二十六年(公元前221年),秦将王贲攻齐。齐国佞臣后胜接受秦的贿赂,齐王建对他却一味轻信,秦军一到,齐王建被俘,齐亡。

从公元前238年秦王亲政时起,到公元前221年,在这短短的十七年间,具有雄才大略的秦王赵政,终于统一了六国,结束了春秋战国以来长期分裂割据的局面,出现了封建统一的中央集权制的秦王朝。

焚书坑儒

始皇在咸阳宫设置酒宴,七十个博士上前为始皇祝寿。仆射周青臣颂扬道:"从前秦国的土地不超过千里,仰仗陛下的神灵圣明,平定天下,驱赶蛮夷,日月光辉所照临的地方,没有不称臣顺从的。把诸侯国变成郡县,使每个人都能安居乐业,不必担心战争的隐患,这样伟大的功业可以流传万世,自上古以来没有人能与陛下的威德相比。"始皇十分高兴。博士齐人淳于越进言说:"臣听说殷、周两朝统治天下一千多年,分封亲族子弟及功臣,作为自己的辅翼。如今陛下拥有天下,而亲族子弟却是平民,万一突然出现像田常六卿那样的乱臣,没有辅翼,该如何挽救呢?做事不取法古制而能长久不败,至今还没听说过。如今周青臣又当面阿谀奉承,来加深些陛下的过失,这实在不是忠臣的行为。"

始皇把他们的意见让群臣商讨。丞相李斯说:"五帝的制度没有重复,三代的举措也不相因袭,各自按自己的方法来治理国家,并非故意要跟前代相反,而是因为时代变化了。现在陛下开创伟业,建立了万世不灭的功勋,这本来就不是愚儒们所能理解的。而且淳于越所说的是三代的事情,有什么可以取法呢?以前诸侯纷争,所以才用优厚的待遇招揽游说之士。如今天下已经安定,政令出于一统,老百姓就应努力从事农业生产,士人就应该学习法律刑禁。现在这些儒生提议不效法当今而要推崇古代,用来否定当今,惑乱百姓的思想。臣李斯冒死进言:古代天下纷争,无法实现统一,所以群雄并起,说起话来都是称道古代而非难当世,矫饰虚言,搅乱名实,各人都认为自己私下所学是正确完美的,而毁谤皇上所建立的制度。如今皇帝一统天下,分别是非,一切取决于至尊至上的皇帝。而那些私家之学或率群结党,非议法令教化,他们一听到朝廷的举措,就凭各自所学的主张来妄加评论。入朝时表面不以为然,实则心中不悦。出朝后就在街头巷尾议论纷纷,用大言欺骗君王来盗取名誉,用奇谈怪论来标榜自己的贤明,率领追随者造谣生事。这样下去再不禁止,就会使君主威势下降,朋党之风渐渐形成,应当及时加以制止。"并提出了焚书的建议：

一、史书方面除《秦记》之外，其它六国的史书一律烧掉；

二、《诗》、《书》、百家语除博士官收藏的以外，其他人的藏书，也都集中到郡，由郡守、尉监督烧掉；

三、医药、卜筮、种树等科技文化方面的书不在禁止之列；

四、如有人敢相互谈论《诗》、《书》的，判处"弃市"的死刑。"借古讽今者将被灭门"（灭族）；"其他人或官吏见到而不举报的与他们同罪，令下三十日后不执行的，即面额刺花，服四年筑城劳役"。

秦始皇看后立即批准了这个建议。于是，全国各地烟尘弥漫，大批古代文献、典籍焚毁于大火之中。

坑儒事件，发生在焚书之后第二年。由于大量焚书，引起不少读书人和方士的不满，他们继续大造舆论，谩骂、攻击秦始皇，说他像一个专职杀人的狱吏，并以处罚削斩人为乐以此逞威等等。秦始皇对于这些敢于反抗、继续散布"妖言"，"以乱黔首"的儒生采取了坚决镇压的手段，先后逮捕了四百六十多个儒生，并把他们全部坑杀在咸阳。

焚书坑儒，对于巩固国家的统一，消除割据的意识，虽起到了一定的作用，但秦始皇所采取这种野蛮的、残酷的手段，对中国古代的文化无疑是一次非常严重的摧残。

修筑长城

战国时代，在北方的蒙古高原上，分布着一支匈奴人。当时他们仍处于原始社会末期，以游牧为生，抢掠为荣。经常南下，抢掠粮食和财物，还捕捉俘虏作为他们的奴隶。

在秦始皇统一天下之后，北部的匈奴势力仍旧对秦王朝是一个严重的威胁。为了保证中原地区的安定，秦始皇派遣大将蒙恬率兵三十万，镇守于北疆。经过几次战斗，终于攻取了河南（今内蒙古河套地区）、"高阙"（今内蒙古乌拉特中后旗西南）、阴山（今内蒙古狼山）、北假（阴山以南）等地方，在这里设置了三十四个县，分别筑构有县城。公元前211年，又从中原地区迁移三万多户人家，到这里安家落户垦荒种植。

接着，秦始皇便开始大范围地修筑长城，在秦、赵、燕三国长城原有的基础上，加以连接、修补，构筑了西起陇西临洮（今甘肃岷县）、沿黄河内蒙临河，北依阴山，南到山西雁门关等地，向东经张家口，至燕山一直至鸭绿江，长度达一万余里的长城。这就是至今仍举世闻名的万里长城。

长城构造复杂，有城墙、城关、城台、姻烟（烽火台）等建筑，组成了完整的防御工程体系。墙高平均十米，下厚六米，上宽五米，城墙上外砌垛口，内砌女墙。城上可容五马并骑、十人并行。根据地形变化，每隔半里到一里，设一"城台"，每隔一到二里，建有"敌台"，全部砖砌，上有垛口，用以瞭望和防御敌军。下层可以储备军粮、军需及守城居住。在险要处建有"烽火台"，五里一墩、十里一台，用以传递敌情。

史 记

万里长城,是古代世界历史上最伟大的建筑工程之一,也是中华民族勤劳勇敢和高度智慧的结晶。它的建成,对于防范匈奴,保卫中原地区经济、文化的发展,起到了非常巨大的作用。几千年来,她一直是中华民族的象征,华夏儿女的骄傲。而这些,都不禁让人想起当年秦始皇的功绩。

指鹿为马的赵高

在秦朝秦二世的时候,赵高做丞相,他想篡位作乱,但恐怕其他大臣反对,就想了一个主意,测验他们一下。有一天,他牵来一只鹿,献给秦二世,说:"我送给您一匹马。"秦二世笑着说:"丞相,你弄错了,把鹿说成马了。"赵高就问大臣们:"你们说这是鹿,还是马?"大臣们有的不作声,有的说是鹿,那些顺从、巴结赵高的,就说是马。后来,赵高就把不跟着自己说马的大臣,借个口实法办了。

对于二世,赵高极力怂恿他肆意玩乐,从不加谏阻。譬如有一次二世对他说:"人生在世,就像乘着六匹骏马驾着车子越过垤隙那么快,现在我既然已经君临天下,那就应该悉耳目之所好,穷心志之所乐,这样终吾年寿,你看可以吗?"赵高迎合他说:"这正是贤明的君主所喜欢做的,愚蠢的君主所加以反对的。"这样,既博得了二世对他的好感,又使二世荒于政事,一切由他赵高去处理。在赵高的引导、教唆之下,二世不但继承了秦始皇的一切暴政,而且变本加厉,更加暴虐无道。如大修阿房宫,赋敛愈重,戍徭不已,耗尽天下财力物力。

赵高自知杀人太多,积怨遍于朝野上下,怕群臣揭发参劾他。为了堵塞众议,隔断二世与外朝的接触,以便于架空二世,把他牢牢操纵在自己手里,他又欺骗二世说:"天子所以称贵,就在于深居九重,高高在上,只让群臣听到他的声音,不让他们见到面孔。从前先皇在位的时间长,群臣无不敬畏,所以即使每天与群臣见面,他们也不敢胡作非为,妄进邪说。现在陛下还很年轻,又刚刚即位,对各种事情未必样样精通。这样,如果在朝廷中当场处理政务,万一言语有误,处置失当,就在群臣面前暴露了您的弱点,这岂不有损于陛下的圣明吗?天子称'朕','朕'就是有声无形,使人可望不可近,所以,希望陛下从今日起,不必再临朝和臣下见面,只管深居宫禁,有什么事情由我和侍中习法的人来批答处理一下就行了。这样大臣们就不敢用疑难的事情来试陛下,天下也就会称颂陛下为圣主了。"心无主见、耽于淫乐的秦二世本来厌于机务缠身,这正是他求之不得的。从此,他很少临朝听政,整天和宦官宫妾在一起寻欢作乐,所有内外政事均由赵高处理。二世成为一个彻头彻尾的傀儡皇帝。

赵高逼宫

赵高骗取二世的信任后,一手遮天,朝野上下,人人缄口,个个看赵高眼色行事,任他为所欲为,从而为正式篡帝夺位准备了条件。然而,这时关外早已烽火连天,农民起义的熊熊烈火,燃遍了关东大地。陈胜、吴广揭竿而起,在不到半年的时间里,屡屡打败秦军,从淮河流域起而横扫黄河南北,摇撼着秦室的根基。以项羽、刘邦为领导的反秦义军,更是所向披靡,在巨鹿一战中,秦军被打得落花流水,精锐丧失殆尽,大将王离被虏。被打得溃不成军的章邯,急急派人向朝廷请求军事支援,而专权的赵高却不予接见,想把一切罪责转嫁于他。章邯心里十分明白:要是打了败仗,赵高会不分青红皂白地处斩他,要是打了胜仗,赵高也会嫉妒他的功劳而陷害他。与其将来被赵高处斩,不如率卒投诚,与诸侯一道举起反秦的义旗来。

章邯的倒戈,又给摇摇欲坠的秦王朝一个沉重的打击。此时的赵高既想苟延残喘,又想火中取栗。他一面派人暗中与刘邦联系,要同起义军讲和,求吴中之地自立为王;一面又对玩腻了的傀儡——秦二世,采取断然措施。

首先,他把弟弟赵成和女婿阎乐找来,进行策划。赵成身居郎中令要职,可以自由出入宫廷,可以充当内应。阎乐是咸阳县令,手下有一部分兵力,由他率领士兵假扮成山东农民军攻打望夷宫。赵高亲自指挥全局。

接着,赵成便在望夷宫内散布谣言,说什么山东强盗打过来了,搅得人心惶惑不安,并命令阎乐召集士兵保卫望夷宫。与此同时,阎乐还派出部分亲信,化装成农民军,把阎乐的母亲抓了起来,暗中送到赵高家中。一些不明真相的人,以为县令的老母都被抓走了,自然十分担心害怕,于是,阎乐便以追贼为名,直逼望夷宫而来。他们冲到宫门前,大声吼问守门的士卒道:"强盗进了宫门,你们为什么不抵挡?"

守门将士莫名其妙,反问:"宫内外禁卫森严,日夜有人看守卫戍,哪有强盗敢进宫来呢?"

阎乐不容分辩,命令士兵将守门将士砍倒,蜂拥而入,冲进了望夷宫,逢人就砍,到处放箭。一时宫中上下血肉横飞,令人惨不忍睹。被蒙在鼓里的胡亥,这时才听到赵高派来送信的人说:"山东强盗打进宫来了。"他带着疑惑的心情登高远望,只见那些身着白衣的强盗,四处冲杀,直朝城楼而来,一箭射在他座后的帷幕上,他吓得目瞪口呆,瘫软在龙椅上。平时那些前呼后拥的侍从们早已溜之大吉,只有一个年少的太监,木鸡似地呆立在他的身后。他歇斯底里地吼叫着:"你怎么不早告诉我呢,现在弄成这个样,我该怎么办!"那个小太监鼓起勇气回答道:"正因为我平时不敢说话,才能活到今天啊,要是从前我多说了话,早就被害死了,还能活到今天吗?"

这时,阎乐冲到胡亥面前,气势汹汹地对他说:"你是一个无道的暴君,残杀了天下难以数计的无辜百姓,耗费了无数民脂民膏,现在全国的人都起来反对你,你自己拿个主意吧!"

胡亥胆战心惊:"我可以见一见丞相吗?"

"不行!"阎乐断然拒绝。

"那么,我不当皇帝,可以给我一个郡王当吗?"二世哀求着。

阎乐摇摇头。

胡亥哭泣着:"给我一个万户侯也行。"

阎乐吼道:"你还痴心妄想些什么!"

胡亥绝望地说:"只要保全我的性命,我情愿带着妻子去当老百姓,这总该可以了吧!"

阎乐不耐烦地冲他喊道:"我奉丞相之命来处死你,你说得再多也无济于事,快快自裁吧!"

此时的二世皇帝,才明白今天逼他自杀的正是他往日无比尊重和信赖的丞相赵高。他虽痛心疾首、悔怨交加,却已无可奈何。只得咬紧牙关,睁眼望了一下巍峨的宫殿和怒目逼视自己的阎乐后,拔出了宝剑,结束了那企图传之万代的皇帝梦。

阎乐向赵高汇报了胡亥已死的消息,赵高欣喜若狂,于是匆匆赶到现场,连忙摘下玉玺佩在身上,大步走上殿去,准备宣布登基。但是"左右百官莫从",以无声的反抗粉碎了赵高的皇帝梦。他顿时不知所措,头脑发晕,只觉得天旋地转,这时,他才感到自己的罪恶阴谋,达到了"天弗与,群臣弗许"的程度,只得无可奈何地取消了称帝的打算,采取了"召始皇弟,授之玺"的办法,结束了这场逼宫篡位的丑剧。

被赵高推上王位的子婴,心里十分明白赵高的险恶用心,于是,他同自己的两个儿子和贴身太监商定了铲除赵高的计划。

原来赵高要子婴斋戒五日后正式即王位,等到斋戒沐浴的期限到了,赵高便派人来请子婴接受王印,正式登基。可是,子婴推说有病,不肯前往。一连几次,子婴都是如此对付。赵高无奈,只得亲自去请。赵高一到,子婴的两个儿子和亲信宦官便一拥而上,宦官韩谈更是眼疾手快,一刀就把他砍死了。赵高企图发动宫廷政变,但最终以失败告终。

项羽本纪第七

项羽取而代之

项羽又叫项籍,他的先代都是楚国的名将,因为有战功而被楚王封在项城县,所以他们就姓项。

项羽少年时期,曾经去读书,结果读了一段时间,觉得没兴趣,又改去学剑术,结果也没有学成。他的叔父项梁为这件事情很恼火,骂他没有出息。可是项羽却说:"读书不过是记个名姓而已,剑术学得再好,也只能是一个人作战,不值得学习。我要学习率领一万人作战的本事!"项梁听了这话,心里挺高兴,就教给他兵法。

有一天,秦始皇出巡到会稽,渡钱塘江,项梁和项羽一块出来观看。项羽看见秦始皇的车驾浩浩荡荡、威仪非凡,便用手指着秦始皇,对项梁说:"我们可以代替他!"项梁听了这话,慌忙堵住他的嘴,说:"可不要胡说八道,这是要灭掉九族的大罪啊!"

从此，项梁心里特别喜爱项羽，以为他日后能够做成大事。项羽二十几岁以后，身体长得健壮、高大，力气过人，能把做饭用的大鼎举起来，当地青年人都非常畏惧他。

时机没用多久就到了。秦二世元年（公元前209年），陈胜、吴广大泽乡举义的消息，很快地传遍了吴中六国的旧地。项梁叔侄听到了这个消息，万分激动，便加紧了起兵的准备工作。他们明白，要想起兵，必须首先把驻守吴县的会稽郡守殷通除掉。

这年九月，会稽郡守突然派人把项梁请到官府里，同他悄声商议道："江西一带的郡县已经全造反了，我看秦朝已到灭亡的时候了。常言道：先发制人，后发受制于人。我们江东也不能单等着别人来吞灭自己呀！我想赶快起兵，扩大势力，打下一块地盘，我当首领，请你当将军，为我带兵，你看怎么样？"

项梁听了，觉得正是时机，便有了自己的主意，他假意说道："蒙您抬爱，我哪能不效力呢？可惜我只有个将门之后的虚名，说起用兵打仗，却是个门外汉。您要起兵，最好把原来楚国的大将桓楚请来。可是听说楚国灭亡之后，桓楚逃亡在外，我侄儿项籍大概知道他的隐身之处，您看是不是把项籍召来问问？"

郡守说："既然你侄儿知道桓楚的行踪，那就请他走一趟，去请桓楚。"项梁答应了，走出官府，找到项羽，说了自己的打算。然后让项羽带着佩剑，随他去见郡守殷通。项氏叔侄来到殷通跟前时，项梁递个眼色，意思说："可以动手了！"项羽会意，飞跨一步，抽出佩剑，只见寒光一闪，殷通便人头落地。项梁提起郡守的人头，摘下他的印绶，佩在自己身上。这时府中大乱，卫兵们各持兵器，一拥而上，项羽见拥上来不过百八十人，哪里放在眼里，他大吼一声，如同晴天霹雳，接着挥起宝剑，一口气砍倒几十人。侥幸未死的，见项羽简直和下山猛虎一样，吓得丢魂落魄，跪地求饶。

项梁拿到了郡守的兵权，首先到附近属县选拔了八千多精兵，然后安排手下的宾客和吴中的豪杰充任校尉、侯、司马等各级武官，并任命项羽为裨将（副将），协助自己率领八千子弟兵，征占各县，稳定住江东的局势。

到了这年冬天，陈胜伐秦的主力军被秦将章邯击攻，大将周文自尽，副王吴广被害。北方割据称王的武臣等人，只顾自己抢夺地盘，拒不发兵援救。陈胜手下的将领召平，听到这个消息，决定说服江东项梁这支义军西进抗秦，援救张楚政权。

项梁早就有此打算，便很高兴地同意了召平的建议，立刻率领江东八千子弟兵，渡过长江，向西方前线挺进。各路义军纷纷前来投靠，使这支部队迅速增加到六七万人。

不久，陈王被害的消息证实了。张楚政权失去了首领，严重地影响着楚地反秦的斗争形势。项梁当机立断，决定召集楚地各路义军首领在薛县开会，拥立新领袖。参加大会的义军首领中有一位杰出的人物，他就是沛公刘邦。

安阳夺帅

秦始皇统一全国之后，为政残暴，大兴土木，贼残民力。秦二世继位后变本加厉，倒行逆施，弄得海内民怨沸腾。公元前209年，陈胜、吴广大泽乡揭竿一呼，天

史 记

下大乱,群雄并起,被秦灭掉的各国贵族乘机复国,中土大战又出现了楚、魏、赵、燕、韩等名号的"国家"。其中拥立楚怀王的楚军是其中战斗力最强的一支队伍。这支队伍的核心是原楚国名将项燕之后项羽的八千江东子弟兵。

后来,由于一时失手,项梁被杀,在楚军中,项羽受到排挤。正在这时,秦将章邯,率精锐的秦关中军三十万北攻赵国,很快攻下邯郸,将赵王赵歇围在巨鹿,挥兵日夜攻打,赵王急向诸侯求救。就这样,燕、齐、魏、楚诸国救兵,齐集巨鹿之野,一场秦王朝与起义军的决战就要打响了。

楚怀王接受了赵使的求救恳求,派号称"知兵"的宋义为上将军,项羽副之,将兵十余万,前去救赵。可是队伍到了安阳,宋义见各路救援队伍都按兵不动,遂下令停止前进,心存观望。原来,章邯见各诸侯派来援兵,遂命王离、苏角、涉间三将继续围攻巨鹿,自己将主力摆在南边,扬言谁要去救赵,就先打谁。章邯之军,是秦朝最后一支看家的生力军,章邯又是善战之将,在此之前,许多义军吃了他的亏,项羽的叔父项梁就死于他的手。所以一时间,各路诸侯你望我,我看你,谁也不肯先动手。

宋义在安阳一待就是四十六天,既不前进也不后退,眼睁睁地看着对援兵望眼欲穿的赵国而无动于衷。终于惹恼了一位英雄,他就是项羽。前面说过,项羽是楚将项燕之后,生得身材魁伟,膂力惊人,人称有拔山举鼎之力。少年时,他叔父项梁教他学剑术,他才学了几天就不学了,认为剑术只是一人敌,要学万人敌。项梁改教他兵法,他也只学了几天仍旧卒而不学。当秦始皇南巡至会稽,他在路边看着威风凛凛的秦始皇,不禁言道:"这个皇帝我们可以取而代之呀!"

随项梁起义后,项羽英勇善战,勇略过人,所向披靡,常常对方数百人也战不过他一个。项梁死后,他大权旁落,心中本来早已不满,而眼见这个宋义又畏缩惧战,更令他怒火中烧,不由得向宋义抗议道:

"现在巨鹿形势已经很危急了,我们既来救援,就应当迅速北上渡过漳河,与巨鹿城内的赵军夹击秦军。否则,赵国一定坚持不住,赵国一灭,牵动全局,后果不堪设想!"

而宋义却端着酒杯,一边饮酒一边慢悠悠地说:

"现在秦军很强大,马上动手,我们要吃亏,待秦赵打得你死我活,秦兵纵使胜了也会很疲劳,那时我们再动手,就可坐收渔人之利。"

说完,宋义又带着教训的口吻补充道:

"要论冲锋陷阵,我不如你;可要论出谋划策,你可能就不如我了。"

项羽听完,气得浑身打战,走出了帐篷。不想宋义随后下令:

"将士尽管猛如虎,狠似狼,但有不听命令,擅自行动者,不论是谁,一律斩首。"

下了这道针对项羽的命令后,宋义就整日饮酒作乐,高卧安睡,把这个救赵之事置诸脑后。当时阴雨连绵,天气寒冷,楚军粮草不足,宿在野外,饥寒交加,怨声四起。项羽见状,因对将士们说:

"现在我们粮食快没了,待在这里不进不退何时是个了局。如果渡过河去,打败了秦兵,粮食自然会有的,何至于忍饥挨饿如此!"

将士们听了之后,深有同感。于是,项羽再次去见宋义,大声质问他:

"秦军如此之强,赵国初立,哪里是对手。秦灭赵之后,楚王只会更坐立不安。楚王把国内的军队全交给了将军,为的是早日灭秦报仇,现在将军却待在这里按兵不动,到底是何居心?"

宋义一听大怒,拍案叫道:"你要反吗?"项羽拔剑而出:"反就反了!"一剑砍掉宋义的脑袋,然后提着他的脑袋走出营帐,对将士们说:"宋义违背王命,按兵不动。我奉大王密旨,已经把他处死!"

将士们一起说,本来楚国就是将军一家开创的,现在将军为国家诛杀叛逆,理所应当。项羽遂派人将此事经过禀报楚怀王。楚怀王无奈,只好任命项羽为上将军,统帅楚军。

项羽接掌帅印之后,立即整顿兵马,抚慰士卒,尽散军中之财,犒赏三军,于是欢声满谷,即去断秦兵粮道。

章邯听说楚军渡河北上,马上派司马欣和董翳将兵数万前去堵截,不想两下一交手,秦军就被打了个落花流水,接连后退。英布和蒲将军兵锋一转,扑向秦兵粮道,几次三番截住秦军运粮队伍,弄得秦军人心惶惶。

这边先锋队一出发,项羽就开始准备全军出动,与敌决战。他令全军只带上三天的口粮,全部渡过漳河。渡河之后,将军队做饭的锅全砸了,把渡河的船也沉了,这就是著名的"破釜沉舟"成语的由来。从此"破釜沉舟"成为有进无退,不生则死孤注一掷拼命的代名词。

楚军渡河之后,直扑巨鹿城下,首遇围困巨鹿的秦将王离部,两下一照面,即刻交手。王离哪里是项羽的对手,顷刻间被打得大败,几乎是全军覆灭,王离仅以身免。

第二天,秦将章邯布下九路军马,一一投入战场,准备待楚军精疲力尽,最终歼灭之。计划已定,章邯布下重兵,自己率领一支人马前去迎战。

谁知楚军由项羽率领,两军一照面,二话没说,项羽就冲入秦阵,后面八千江东子弟紧随其后,项羽座下宝马乌锥风驰电掣,来去如风,一支画戟神出鬼没,碰到的死,沾着的伤,直搦章邯交手。章邯一见,哪里敢出头,缩在军中不敢吱声。楚将士见统帅如此英勇,也个个争先,无不以一当十,拼着命向秦兵冲杀。章邯军原来是想诱敌佯败,现在却变成了真败,因为阵式被冲得乱七八糟,每个人都只恨爹妈给少生两条腿,四散逃命。

秦军第一路人马见状,急忙出来接应,反而被自家奔逃之兵冲乱。随即项羽兵到,又是一阵猛砍猛杀,如快刀切瓜一般,秦兵这路人马就报销了大半。正杀着,第二路人马又到,楚将士连气都不喘,接着又是一顿猛打猛冲。项羽正好碰上了王离,那王离鼓足勇气上前对敌,项羽见他一枪刺来,手中画戟轻轻向上一磕,只听"当"的一声,王离的枪就脱手而去,王离虎口流血,双臂发麻,欲想逃跑,却被项羽两马一错蹬,一把抓过扔在地上。

史　记

　　就这样，九战九胜，秦兵的九路兵马都被项羽杀败，将士们死的死，伤的伤，被擒的被擒，剩下的由章邯率到漳河以北，筑垒挖堑据守不出。

　　当楚军在秦兵不战时，各路诸侯十几万兵马都挤在营垒，作壁上观，看到楚将士如猛虎下山一般在几十万秦兵中间如入无人之境，鼓声震天，杀声彻地，人人目瞪口呆。

　　项羽击破秦兵后，召见诸侯将领，这些人吓得一入辕门皆膝行而前（就是跪着向前蹭），谁也不敢抬头仰视一下这位叱咤风云、力破秦军的大将军。有人壮着胆子拍马道：

　　"上将军神威，旷古未有，我们愿意听从将军指挥，指到哪儿，打到哪儿。"

　　其余的人也忙不迭地说：

　　"愿惟命是从，惟命是从。"

　　从此后，项羽就成了各路联军的总指挥，主持灭秦大计。

破釜沉舟

　　秦朝末年，秦始皇死后，他的小儿子胡亥继位，历史上称他为秦二世。秦二世上台后，派他的大将章邯，率领大军打败了陈胜、吴广的起义队伍。然后又向北渡过黄河，进攻赵国。赵国不是对手，招架不住，赵王一边死守巨鹿，一边派人向各国求救。前来救赵的各国军队，在离巨鹿城很远的地方修筑十多个营垒，他们按兵不动，没有一个敢出来同秦军作战。楚怀王答应了赵国的请求，派宋义做上将军，项羽做副将，领兵救赵。楚国的兵马行到安阳，也就是现在的山东省曹县，就安营下寨，不肯前进，一连四十六天按兵不动，因为宋义害怕和秦军决战。项羽非常气愤，一怒之下杀了宋义，自己代理上将军。项羽夺了兵权，立即派黥布和蒲将军，率两万人马过漳河援救赵国，但是没有取得重大胜利。于是项羽就亲自统率部队作战。大军刚过漳河，他就命令全军凿沉全部渡船，砸破所有做饭的大锅，烧掉营房，每个人只带三天的干粮，以此向士卒表示不打胜仗决不回来，非决一死战不可的决心。项羽对部下声色俱厉地大声疾呼："我们这次行军，只能前进，不能后退。要和敌人血战到底，不获全胜誓不罢休！"士兵看到锅都砸了，船都沉了，一点退路也没有，因此都抱着死战到底的决心和秦军拼杀。结果，楚兵以一当十，喊声震天，锐不可当，大败秦军，救了赵国。

　　后来，人们就用"破釜沉舟"这句成语，来形容和表示只有前进、决不后退的决心，或是决不更改、决不动摇的坚定意向。

鸿门宴

　　项羽于巨鹿之战后听说刘邦已经进入关中，便立即引兵往关中而来。这天，部队在鸿门扎寨留宿。谋士范增对项羽说："沛公在家乡时贪财好色，入关后听说他却不取财物,不近女色,前后判若两人,这是有大志的表现,不可小瞧他!现在如果不把他除掉,将来后患无穷。"鸿门离刘邦驻扎的灞上没有多远,双方兵力又相差悬殊,如果项羽真要进攻,刘邦就危在旦夕了。

无巧不成书,项羽有个叔父叫项伯,他和刘邦的谋士张良是故交,张良还救过项伯。当项伯得知项羽要向刘邦进攻时,不免为老友担心。项伯连夜单骑出营,找到张良,要他快些离开。张良却找到刘邦,把此事紧急报告。在张良说合下,刘邦又以与项伯结为儿女亲家为名来拉拢项伯,项伯终于答应代为说情。

果然,项伯回来后便在项羽面前替刘邦说情。他说:"刘邦若不先入关,你也不可能这么顺利地到这里。人家是功臣,你要加害功臣,这是不义之举。况且,人家对财物妇女一律不取,连降王子婴也没有擅自发落,就等你前往共同处置呢!"然后又代刘邦向项羽打招呼:"刘邦明天当面前来谢罪,你不如就此与他修好。"

还没等项羽下攻击的命令,刘邦就带着张良、樊哙等人来到鸿门。刘邦十分恭谦,见了项羽便下拜:"未知将军入关,有失远迎,今天特上门谢罪。"并开诚布公地坦陈相告:"我不过是与你相约先入关而已。除了与民约法三章外一切照常,请将军不要听小人之言,明察实情。"

项羽是个粗人,本来还想要摆摆刘邦的"罪状",但见刘邦说的句句在理上,便不好说什么,只好起身与刘邦握手言和,并摆下酒宴加以款待。席间,范增多次示意项羽下手,项羽却毫无反应。无奈,范增又指使项羽的从弟项庄以舞剑助兴为名,伺机下手。项伯见此状,便与项庄对舞,暗中却保护刘邦。

在樊哙的护卫下,项羽终未下手。刘邦以上厕所为名,趁机离开了鸿门。

项羽见刘邦许久未回,便问张良。张良估计刘邦已回到灞上,才面告项羽:"沛公不胜酒力,不能面辞,特委托我献给将军白璧一对,献给范将军玉斗一对。"当项羽问起刘邦为何不辞而别时,张良说:"将军与沛公情同兄弟,大概不至于加害沛公。只是将军部下总与沛公过不去,总要设法猜忌加害。沛公若死,天下人必耻笑将军。为将军着想,沛公才不言而去。"

项羽无话可说,可是那范增却十分气恼。他拔剑砍破那对玉斗,狠狠地说:"将来夺取天下的定是沛公,你我就等着当俘虏吧。"

四面楚歌

公元前202年腊月,项羽兵至垓下(今安徽灵璧县东南)。刘邦、韩信、彭越大军把楚军团团围住。几天之后,项羽的十万军队粮食也要吃完了,楚军的士气逐渐低落。为瓦解军心斗志,刘邦派人在夜间唱起楚歌,歌声传到楚军大营,楚兵听到乡音,无不思归,不愿再战。项羽听了也大为吃惊。他想:"难道汉军已经把楚国占领了吗?为什么汉军里有这么多的楚国人呢?"他越想越焦急,心烦意乱,久久无法入睡,便披衣起身,和美人虞姬在帐中饮酒解闷。一会儿望着跟他形影不离的心爱的虞姬,一会儿抚摸着跟他南征北战的千里骓马,内心更加激动,情绪更加悲凉。

于是,情不自禁地唱道:"力拔山兮气盖世,时不利兮骓不逝。骓不逝兮可奈何?虞兮虞兮奈若何!"项羽一连唱了几遍,虞姬也和着唱。项羽泪下数行,左右的人也都低声哭泣,一个个哭得抬不起头来。

于是项王就想东渡乌江。乌江亭长停船等候,对项王说:"江东地方虽小,但也方圆千里,民众有数十万,也足以称为君王。希望大王迅速渡江。现在只有我有船,即使汉军追到,也无船渡江。"项王笑道:"上天要灭亡我,我为什么还渡江呢!况且我项籍带着八千江东子弟渡江西进,如今却没有一个人能够返回,即使江东父老兄弟怜爱我而拥立我为王,我又有什么面目再见他们呢? 即使他们不说什么,我项籍难道就不内心惭愧吗?"于是对亭长说:"我知道您是一位有德行的长者。我骑这匹马已经五年了,所向无敌,曾经一日行千里,我不忍心杀掉它,就把它送给您吧。"于是命令骑士们都下马步行,手持短兵器与汉军交战。项王独自一人就杀死了汉军士兵数百名。项王身上也受了十几处伤,回头看见汉军骑兵中的司马吕马童,说:"你不是我的老相识吗?"吕马童面对项王,对王翳说:"他就是项王。"项王就说:"我听说汉王为我的人头悬赏千金,封邑万户,我把这点好处送给你吧。"于是挥剑自刎而死。王翳割取了项羽的头颅,其余的汉军骑兵相互厮杀争夺项羽的尸体,自相残杀的有几十人。最后,郎中骑杨喜、骑司马吕马童、郎中吕胜、杨武各分到项羽的一部分尸身,将五个人所得的尸身合在一起,正好是项羽的全尸。 于是把悬赏的封地分为五份:封吕马童为中水侯,封王翳为杜衍侯,封杨喜为赤泉侯,封杨武为吴防侯,封吕胜为涅阳侯。

项王死后,楚地全都投降汉王,唯独鲁地不投降。汉王于是率领天下军队,准备血洗鲁地,因为鲁地人坚守礼义,誓为君主拼死守节,汉王于是拿着项王的头给鲁地人看,鲁地的百姓这才投降。当初,楚怀王封项羽为鲁公,等到项羽死后,鲁地又是最后投降,于是按鲁公的礼节把项王安葬在谷城。汉王亲自为他发丧致哀,哭祭一番后离去。

高祖本纪第八

天子之相

高祖这个人,高鼻子,长颈项,面貌有龙相,须髯特美,左大腿上有七十二颗黑痣。为人仁厚爱人,喜欢施与,意志豁达,胸襟开阔,常表现大度宽宏,不肯从事家人生产农作各业。到了壮年,试作官吏,做泗水亭长。

高祖为亭长,对其公所中吏人,无不加以轻侮。高祖好酒好女色,常常向王媪、武负二人的酒馆赊酒。有时,高祖喝醉,卧不能起。武负、王媪常看见高祖身体上面有龙出现,甚以为怪异。高祖每次来买酒,便留在酒馆中畅饮,二人按酒价数倍计价。等二人见高祖卧而有龙出现的怪事以后,到年底算账的时候,这两家酒馆经常撕了账单,不向高祖索债。

史 记

高祖常到秦都咸阳,当时恣意游观名胜,看到的秦皇帝的威仪盛势,他感慨长叹说:"啊!大丈夫应当像这个样子!"

单父县人吕公与沛县令相友善。吕公为了避仇人,迁到沛县来,随沛县令为客,因而在沛县落户。沛县中豪杰吏人,听说沛令有贵客来,都前往道贺,当时萧何为主吏,他向贵宾们说:"凡是致赠礼金,不满一千钱的,就请他坐在堂下。"

高祖当时做亭长,平日轻视沛县衙中吏人。于是他假写了一张礼帖,上写:贺钱一万。实际他连一钱都没有带去。这个礼帖送到吕公手上,吕公看了大惊,自己起身,迎接高祖于门前。吕公好给人相面。看见高祖的状貌特别敬重,引高祖入座。萧何向吕公说:"刘季这个人,常是说大话多,能做成的事很少。"高祖因吕公对他的敬重,便轻侮诸客,高坐上座,毫不谦让。

吕公因高祖状貌之奇,乃在席间以目示意,坚留高祖不要退席。于是高祖便留下来,在客人都散去之后,吕公对高祖说:"我从年少的时候,就好给人相面。我相过的人太多了,但是没有一位像刘季你的相貌这样高贵的。刘季,我希望你能多多自爱!"吕公稍停说:"我有一个女儿,愿意作你执箒的妻子。"

酒席宴罢,吕媪对吕公决定以女儿嫁高祖的事,非常生气。吕媪怒向吕公说:"你平素总是说:这个女儿是奇特不寻常的,应该嫁与贵人。沛县令和你相交极好,求我们女儿,你不肯。为什么自己胡乱的就把女儿许给刘季了?"吕公说:"这就不是孩童女子所能了解的事了!"吕公终于把女儿嫁给了刘季。吕公的女儿就是后来的吕后,生孝惠皇帝和鲁元公主。

高祖作亭长的时候,常常休假回家,到田里看看。有一次吕后带两个孩子在田中耕田,有一个老人由田中经过,求些水喝,吕后见老人饿,又给老人一些吃的,老人就给吕后相面。老人说:"夫人的相貌,是天下的贵人。"吕后又要老人相两个孩子,老人看看孝惠皇帝说:"夫人所以能够大贵,就因为这个男孩子的关系。"老人又相鲁元公主,也说是贵相。等老人走了之后,高祖正好从田舍来,吕后便将老人相面的事,说给高祖听,说客人路过此地,相孩子和我都是大贵之相。高祖便问,老人在哪里。吕后说:"刚走,不会走远。"高祖便追上。高祖问老人相吕后和孩子的事,老人说:"方才我相过的夫人和小孩,相貌的高贵都像你的状貌,贵不可言。"高祖便道谢说:"如果真如先生所言,这相面夸赞鼓励之德,绝不敢忘。"后来,高祖贵为天子,找寻这位老人,可是老人不知去向。

刘氏冠

汉高祖刘邦是沛县人,秦朝末年他当着亭长的小官。他爱戴一种用竹皮做的帽子,让人去薛地专为他定做。他日后显贵登上了帝王之位,仍旧喜欢这种帽子,后人称的"刘氏冠"就是这种竹皮帽子。

有一次,他奉命押送民工去骊山服劳役。路上,每天都有几个民工逃走。刘邦想,这样下去,到了骊山是无法交差的。于是他对大家说:"你们到骊山做苦工,不累死也得让人打死。就算不死,也不知哪个年月才能回家。现在你们都自己找活路去吧!"

民工们听了他的话都很感激,有十几个民工情愿和刘邦一起找活路。他们在芒砀山一带躲起来。过了几天,聚集了一百多人。

沛县县吏萧何、曹参知道刘邦是个好汉,都很同情他,暗中与他来往。

当时,由于秦二世的残暴统治,爆发了陈胜、吴广农民大起义。到了陈胜攻下陈县的时候,萧何和沛县城里的百姓就杀了县官,把刘邦接回来,请他当沛县的首领。

刘邦谦让地说:"现在天下大乱,各地纷纷起兵,如果推举的首领不好,指挥不善,一旦失败,就要肝脑涂地,请大家另选高明吧。"可是大家坚决推举他,立他为一县之长,尊称他为"沛公"。

刘邦在大家的帮助下,很快就聚集了几千人马,在沛县正式起义,举起了反举大旗,很快就攻占了他的家乡丰乡。

在秦末农民战争中,刘邦于公元前206年占领了都城咸阳。刘邦进入城内,看见宫殿雄伟壮丽,就想住进去享受一番。大将樊哙和谋臣张良都劝他不要贪图享乐,失去民心,误了大事。刘邦接受了他们的意见,下令封闭宫室、宝库,退兵灞上。

为了严明法纪,安定民心,刘邦把关中各县父老、豪杰召集起来,宣布废除秦二世时的严刑苛法,实行新法令。刘邦和大家约定三条法律:第一条,任意杀人的要判死刑;第二条,伤害人家的要治罪;第三条,对抢劫偷盗的人也要惩罚。这就是历史上的"约法三章"。

同时,刘邦还派人到各乡、各县宣传约法三章。老百姓非常拥护,非常欢喜。从此刘邦的声望更高了,人们爱屋及"乌",他喜欢戴的竹皮帽也流行起来。

随妇遁逃

楚汉双方转战于关东,汉军粮饷全靠萧何从关中运来。路远运粮难,常常不能随时接济。然而,天无绝人之路,秦朝在荥阳附近设有一个大粮仓——敖仓。为解决军粮不足的难题,汉军拿下了敖仓。

为了运送方便,刘邦便屯驻荥阳指挥战局。

此时,九江王英布刚被刘邦招降,项羽正为此事气得怒发冲冠,准备亲自率军进攻荥阳。谋士范增献计说:"汉王固守荥阳,无非是靠着敖仓取粮方便。如今要攻荥阳,只要截断敖仓,荥阳一断粮,顷刻便可攻倒。"

果然,粮道一断,荥阳城又被项军围困后,城内将士连日苦战,精疲力尽,加上粮绝乏食,朝不保夕,为此刘邦焦急万分。张良陈平本来足智多谋,此时也回天乏术。正在发愁时,中军帐中进来一将,他陈词慷慨情愿粉身碎骨,也要报答刘邦的知遇之恩。刘邦一看,来人是汉将纪信。

摒去左右他人之后,纪信小声说:"几个月来,大王困守荥阳!兵越战越少,粮越吃越空,眼看很难久守,最好能突围出去,现在四面受敌,没有空隙可突。不如由我出城代大王诈降,趁其不备,大王乘机突围。"

刘邦深知,纪信此去凶多吉少,便含着热泪说:"将军如此忠诚,但愿老天能护佑将军。"纪信表示:"臣死也值了。"

接着刘邦召入陈平,把纪信愿以死诈降一计告知。陈平听后,又在刘邦耳边添加了一计,刘邦连连称妙。

这边,项羽接到汉使送来的"降书"后,很是兴奋,忙问汉使:

"你家主公何时出降?"汉使答道:"今夜就会出降。"项羽赶紧命令手下战将钟离昧等人领兵把守,一等刘邦出来便开刀。

可是直到黄昏,荥阳城中动静全无。夜半时分,城东门突然洞开,出来一群身着甲胄的妇女,楚军正在狐疑,只听一阵娇滴滴的女声叫道:"我等妇道人家没衣没食,只好逃出求生,请将军们高抬贵手,赏我一线生机。"楚军对她们的服饰还有疑问,她们却说:"我等没衣可穿,只得穿汉兵的弃甲御寒,请勿见怪。"

自古以来,男不和女斗,已成为中国人的传统。项军见此,也不好怎么干涉。奇怪的是,那班妇女络绎不绝,走了一伙又来一伙。楚军那班兵,多时没闻女人味,如今在此看呆了。只见来围观的项军越来越多,其他几个城门的守军也到这里来看热闹。趁着这个机会,刘邦带着陈平、张良、夏侯婴、樊哙等人溜出了城。

天亮时分,妇女们已走得差不多了,城内来了一乘龙车,当中端坐一位王者。楚军一见,都以为是刘邦出降来了,赶紧入报项羽。项羽亲自出营,可车上却无人下车。走近细看,车上那人穿的是汉王衣服,容貌却不大像。

项羽厉声问道:"你是何人,敢来冒充汉王?"

车中人回答:"我乃汉将纪信。"

项羽知已上当,只得气呼呼地下令把纪信连人带车统统烧成灰。

计得成皋

汉高祖三年,历史上著名的楚汉之争已持续了三年。这年九月,楚霸王项羽在西面战场攻刘邦汉军的时候,背后的彭越却壮大起来,给项羽造成巨大的压力,使他烦躁不安。

彭越原与项羽一起参加过反秦战争,战功卓著。但在推翻秦朝后,项羽却没有封他为王,致使彭越怀恨在心。这时,他与刘邦的汉军联合,接连攻下了睢阳等十七个城,直接威胁项羽。

为了安定后方,项羽决定亲自率军东征彭越。他把留守成皋前线的任务交给大将曹咎,叮嘱说:"一定要守住成皋。如刘邦来挑战,千万谨慎,不要出战,只要阻止他东进就行了。"

成皋是险要地段,那里又设有军需粮库,战略上十分重要。项羽实在放心不下,临行又对曹咎说:"我在半个月内,一定击败彭越,回来与你共同出击刘邦。切勿轻率出战。"

可是，战势并非如项羽想的那样顺利，直到第二年十月，项羽仍未返回成皋。此时，刘邦就乘机率领汉军渡过黄河，向成皋的楚军发动进攻。

起初，曹咎还遵守项羽的军令，尽管汉军一次再次地挑战，他都谨慎地坚守城池，不准任何人出城与汉军交战。刘邦达不到正面交战的目的，便改变策略。他知道曹咎性情暴躁，有勇无谋，就针对这个弱点，设法把楚军引出城来，然后予以消灭。

于是，刘邦派一部分士卒到城边叫骂，嘲笑曹咎胆小如鼠，躲在城中做缩头乌龟。连续叫骂了数天，曹咎实在忍不住这口气，竟把项羽谨慎行事的嘱托忘得一干二净，一股怒气憋在心中实在难受，就下令楚军出城作战。

汉军已经养精蓄锐了数月，此时见楚军中计出城，稍一接触，就佯装战败，退向成皋附近的汜水对岸。曹咎见汉军不堪一击，更加骄横，指挥楚军渡汜水追击，在汜水沿岸以逸待劳的汉军乘楚军渡至河中心时，立即集中兵力向楚军发起了猛烈的攻击。楚军前进不得，后退不及，被杀得大败，几乎全军覆没。曹咎自知违反了军令，就在汜水上自杀身亡，刘邦乘胜得成皋。

礼贤下士

沛公引兵西进时，在昌邑遇到彭越，就与他一起攻打秦军，但作战不利。回师到栗县，又遇到刚武侯，当即夺取了他的军队，得到四千多人，两军合并到一起。领兵与魏国将领皇欣、申徒武蒲的军队合力攻打昌邑，但仍没有攻下。

向西路过高阳时。郦食其任监门，他对把守城门的官员说："各路将领经过这里的很多，我看只有沛公算是位心胸宽大仁厚的长者。"于是请求面见并游说沛公。沛公正坐在床边，让两个女子给他洗脚。郦食其没有跪拜，只是深深作了个揖，说："足下如果决计要诛灭无道的暴秦，就不应该坐着接见长者。"于是沛公连忙起身，整理衣服向他道歉，请他坐到上座。

郦食其劝说沛公袭击陈留，以夺取秦国的存粮。沛公于是封郦食其为广野君，任命他弟弟郦商为将，率领陈留的军队，跟沛公一起攻打开封，但没能攻下。沛公向西与秦将杨熊在白马交战，又在曲遇东面交战，大破秦军。杨熊逃到荥阳，秦二世派使者将他斩首示众。沛公又向南进攻秦颍阳，血洗该城，又借助张良的力量夺取了韩地轘辕。

这时候，赵国的将领司马卬正想渡过黄河进入函谷关，沛公于是向北出兵攻伐平阴，切断了黄河渡口。又南下，在洛阳东面与秦军作战，但战势不利，又撤兵回到阳城，收聚军中的车骑兵士，与南阳郡守吕齮在犨县东面交战，打败了秦军。

刘邦攻下南阳郡，郡守吕齮逃跑，退守宛城。沛公率军绕过宛城向西进军。张良劝谏说："沛公虽然急于入关，但秦国的军队兵士仍然很多，而且据守险要的地势。如果现在不攻下宛城，宛城士兵从后面攻击，前面又有强大的秦军拦阻，这可是很危险的啊。"

于是沛公就趁夜率军从另一条路返回,更换了旗帜,天快亮时,把宛城包围了三层。南阳郡守正准备自杀。

他的舍人陈恢说:"必要时死也不迟。"于是陈恢翻越城墙去见沛公,说:"我听说您跟各位将领有约定,先进入咸阳的人可以在关中称王。如今您停下来围攻宛城。而宛城是大郡的首府,连接着其它几十座城池,人口众多,积蓄也丰富,官民们认为投降一定会被杀死,所以都拼命坚守。如今您停在这里攻城,士兵伤亡一定惨重;率军退离宛城,宛城守军必会跟您后面追击。这样您在前面失去了先入咸阳的机会,后面又有强大的宛城兵马的威胁。我为您着想,不如明约城中守军投降,封赏它的郡守为侯,因而让他留守,率领他的军队一起西进。那些还没有降服的城池,听到这个消息后一定会争着打开城门等候您的到来,这样您就可以畅通无阻。"沛公说:"好。"

于是沛公封宛城中的南阳郡守为殷侯,封陈恢为千户侯。继续率军向西进攻,所到之处没有不归降的。到达丹水,高武侯戚鳃、襄阳侯王陵在西陵投降。沛公回师攻打胡阳,遇到番君的别将梅鋗,与他合力作战,降服了析城和郦城。又派遣魏人宁昌出使秦国关中,使者还没有归来。这时章邯已经带领全军在赵地向项羽投降了。

当初,项羽和宋义一起带兵向北救援赵国。等到项羽杀了宋义,取代他为上将军,黥布等人都归属项羽指挥,项羽打败秦将王离的军队,招降了章邯,诸侯也都归附项羽。赵高杀了秦二世以后,派人前来,要跟沛公订立誓约瓜分关中地区各自称王。沛公认为其中必有诈,就采用张良的计谋,派郦食其、陆贾前去说服秦国将领,以利相诱。进而袭击并攻打武关,击败了守关的秦军。又与秦军在蓝田南面交战,设置了大量旗帜作为疑兵,所到之处禁止掠抢。秦国的人非常喜悦,秦军纷纷瓦解,因而沛公大败了秦军。

真假汉王

公元前210年,汉王与项羽对峙了一年多时间。项羽多次侵夺汉军的甬道,汉军缺乏粮食,于是楚军包围了汉王。汉王请求与项羽讲和,割荥阳以西地区作为汉国的地盘。项王不肯。汉王很是忧虑,于是采取陈平的计谋,给了陈平四万斤黄金,用来离间和疏远楚国项羽和范增关系。结果项羽真对亚父范增产生怀疑。范增这时劝项羽趁势攻下荥阳,等到被项羽怀疑,很是愤怒,请求告老辞职,回到士卒的行列中去。但还没到达彭城,就病死了。

汉军粮食极为缺乏,于是在夜间由东门放出两千多个女子,都披着盔甲,楚军因而从四面围击她们。将军纪信乘坐汉王的车驾,假冒汉王,迷惑楚军,楚军误以为汉王投降都欢呼万岁,争着到城东面观看。因此汉王得以与数十名骑兵从西门逃出去。汉王临行命令御史大夫周苛、魏豹和枞公坚守荥阳。那些不能跟随汉王的兵士,都留在城中。周苛和枞公在一起商议说:"魏豹是叛国的国王,很难和他一起守城。"因此二人杀了魏豹。

汉王逃离了荥阳,进入函谷关,聚集兵马想再次向东进攻。袁生劝谏汉王道:"汉军与楚军在荥阳相互对峙了好几年,汉军经常受围困。希望君王由武关出兵,项羽必定会引兵向南转移,大王您挖沟筑垒,坚守不战,使荥阳和成皋之间的汉军暂时得到休整。派韩信等人去安抚河北赵地,联合燕国和齐国兵力,这时君王再去引兵荥阳,也为时不晚。这样一来,楚军要多处防御,力量分散,汉军得到休整调养,再跟他们交战,一定能够打败楚军。"汉王听从了他的计谋,出兵驻守在宛城和叶城之间的地区,与黥布在行军途中收聚逃散的士兵。项羽听说汉王在宛城,果然率兵南下。汉军坚守壁垒,不与楚军交战。

这时彭越渡过睢水,与项声、薛公在下邳作战,彭越大败楚军。项羽又挥兵东进攻打彭越。汉王也乘机引兵向北,驻扎在成皋。项羽击败并赶走彭越后,听说汉王又驻军成皋,于是又带兵西进,攻克荥阳,诛杀了周苛、枞公,俘获了韩王信,接着围攻成皋。

汉王逃出包围圈,只跟滕公同乘一辆车从成皋北面玉门逃出,向北渡过黄河,一路急奔,到修武住宿。汉王自称是汉王使者,早晨驰入韩信、张耳的营垒,强行夺取了他们的军队。于是派张耳向北进一步增收赵地的士兵,派韩信带兵向东进攻齐国。汉王取得了韩信的军队后,声势重新大振。汉王率兵来到黄河岸边,驻扎在小修武城的南面,犒劳士卒,计划再次与楚军作战。郎中郑忠此时劝阻了汉王,让他筑高壁垒、深挖沟堑,不要与楚军交战。汉王听信了他的计谋,派卢绾、刘贾率步兵二万人和骑兵几百人,渡过白马津,进入楚地,与彭越一起在燕城西面合力打败楚军,于是又攻下了梁地的十几座城邑。

淮阴侯韩信已接受汉王命向东攻齐,还没有渡过平原。汉王派郦食其去游说齐王田广,田广听信郦生背叛楚国,与汉军讲和,出兵共同攻打项羽。韩信采用蒯通的计谋,袭击并打败了齐国的军队。齐王烹杀了郦食其,向东逃到高密。项羽听说韩信已经率领河北军队接连攻破了齐国、赵国,而且即将攻打楚国,就派龙且、周兰带兵前去迎击韩信的军队。韩信与楚军展开大战,骑兵将领灌婴率军夹击,大破楚军,杀死了龙且。齐王田广投奔彭越。这时,彭越率兵驻扎在梁地,来回游击,困扰楚军,断绝了楚军的粮食供应。

起舞吟诗

高祖返回,经过沛县,停留下来。在沛宫中摆酒设宴,招来所有的父老子弟纵情畅饮,聚集了沛县的一百二十个小孩,教他们唱歌。唱到尽兴的时候,高祖击筑伴奏,自己作诗吟唱道:"大风起兮云飞扬,威加海内兮归故乡,安得猛士兮守四方!"他让孩子们都跟着学唱。高祖于是翩翩起舞,慷慨感伤,流下了几行热泪。他对沛县的父兄们说:"游子一想到故乡就感到伤悲。我虽然在关中定都,死后我的灵魂还是乐念沛县。而且我是由沛公的地位来诛暴讨逆,才得到了天下,因此要把沛地作为我的汤沐邑,免除沛地百姓的赋税徭役,大家世世代代不必纳税服役。"沛县的父兄和长辈妇女以及旧日朋友们每天痛饮尽欢,彼此讲述从前的旧事取笑作乐。十几天以后,高祖准备离去,沛地的父老兄弟坚决请求挽留高祖。高祖说:"我带的人马很多,百姓无法承担起对他们的供应。"最终离去。沛县人全体出动把县里所有的东西都拿到城西敬献。高祖又停留下来,在城外张开帷帐与大家饮酒三日。沛县的父老兄弟都叩头说:"沛县有幸得以免除赋税徭役,但丰邑还没能幸免,恳请陛下哀怜他们。"高祖说:"丰邑是我生长的地方,是我最不能忘怀的,只是因为他们随从雍齿反叛我而投靠魏国的缘故才不予以免除的。"沛县的父老们一再恳求,高祖于是一并免除了丰邑的赋税徭役,和沛县相同。

赵王如意

  在楚汉之争的时候,一次刘邦趁项羽率兵伐齐,彭城空虚之时攻占了彭城。项羽闻讯,率精兵三万人,星夜赶回夺城,结果把刘邦打得大败。

  刘邦单枪匹马逃出重围,来到一个小村庄,遇见一位老人戚公。刘邦饥肠辘辘,对老人说明身份,向老人乞食。老人邀刘邦至家中,命女儿戚姬准备酒饭。饮酒中间,戚公让女儿戚姬出来给刘邦敬酒,刘邦一见戚姬年方十八九岁,容貌美丽,体态轻盈,就问戚公女儿是否嫁人。

  戚公说:"我本是定陶县人,避乱来到此地。小女尚未嫁人,以前相面的人看见小女,说她很有贵相,今天大王到此,也许是前世有缘,我愿把女儿许配给您,不知大王意下如何?"

  刘邦一听十分高兴,马上解下玉带,作为聘礼。戚公又唤出女儿,与刘邦饮了合卺酒。

  当晚,戚公就命女儿与刘邦同宿,算是入了洞房。一宿欢爱,自不必说。

  第二天早晨,刘邦起床出来见戚公,说是要去收拾败军,再夺天下。

  戚公挽留他再住几天,刘邦坚决要走,并表示:"等到有大城市可以居住,就来接岳丈父女,绝不失约!"

  戚姬满眼含泪,为丈夫送别。刘邦拉着戚姬的手,也恋恋不舍,最后还是一狠心,说声珍重,上马扬鞭而去。

  刘邦打败项羽,建立了汉朝。他立吕雉为皇后,立吕雉所生的刘盈为太子,又派人去接戚姬。这边,戚姬生下一子,取名叫如意。于是戚姬带着如意来到京城长安。

  刘邦一见戚姬与儿子如意,久别重逢,又喜得贵子,欣喜非常,封戚姬为妃。

  从此,年轻貌美的戚姬就得到了刘邦的专房之宠,而年老色衰的吕后未免受到冷落。于是吕后便视戚姬为眼中钉,肉中刺,但又无可奈何。

  刘邦经常居住在洛阳,每次外出,一定让戚姬和如意相随,而令吕后与太子刘盈留居长安。吕后独守空房,更加怨恨戚姬,戚姬春风得意,也不把吕后放在眼里,两人矛盾日益加深。一天,性情刚直、遇事敢言的御史大夫周昌入宫汇报要事,听见宫殿中有男女嬉笑的声音,仔细一看,见刘邦把戚姬拥抱在怀里,两人正在调情说笑。周昌连忙转身就走,没想到刘邦已经看见了周昌,就招呼他停下,周昌只得跪下拜见皇帝。

刘邦放开戚姬,过来就势骑在周昌的脖子上,低头问他:"你看我是什么样的皇帝?"

周昌有些口吃,嘴唇动了几动,憋出一句话来:"我看陛下好像夏商朝的亡国之君桀纣哩!"

刘邦听了,不但没生气,反而仰头大笑,抬腿放周昌起来,从此事可见刘邦宠爱戚姬之一斑。

刘邦死后,太子刘盈即位,尊吕后为皇太后。因为刘盈只有十七岁,不能亲自处理政事,于是大权落到吕后手中。吕后首先对和她争宠的戚姬进行报复。她命人把戚姬的青丝发剃光,扒去宫装,给戚姬穿上犯人的衣服,赶到永巷内监禁,罚她做春米的苦役。

戚姬整日担心的事终于发生了,她面对吕后的疯狂报复无可奈何。一边春米一边哭,又自己编成一首歌,流着眼泪唱道:"儿子封为王,母亲做囚徒。整日春米苦,与死神为伍。相离三千里,谁能使告汝!"这是戚姬在怀念儿子赵王如意。

吕后听到这首歌大怒,愤恨地骂道:"贱奴还想倚靠儿子吗?"马上命人速召赵王如意到京。

汉惠帝刘盈为人仁慈,怕母亲吕后加害赵王如意,就亲自到灞上迎接赵王,和赵王一起入宫,吃饭睡觉总在一起,吕后想杀赵王,也不好下手。

一天早晨,刘盈出去打猎,赵王年龄小,不能早起,刘盈不忍心叫他,就自己走了。吕后就趁这个时机,派人用毒酒把赵王药死了。

等刘盈回宫一看,赵王已七窍流血,死在了床上。刘盈抱住弟弟的尸体,大哭了一场。可怜的赵王如意到京城后连母亲戚姬都没能看到,就悲惨地死了。

吕后害死赵王如意之后还不解恨,又砍断戚姬的手脚,挖去她的双眼,熏聋她的两耳,药哑她的喉咙,把她扔在厕所中,起名叫"人彘"。过了几天,吕后就召唤刘盈去看"人彘"。刘盈从未听说过"人彘"的名称,心中纳闷,只得随宦者前往。到了永巷的一间厕所中,只见里边有一个人身的东西,没有双手双脚,双眼处只剩下血肉模糊的两个窟窿,嘴张得很大,却发不出声音,又像人又像猪,样子十分吓人。

刘盈又惊又怕,忙问这是什么东西,宦者告诉他说这是戚姬,刘盈哇的一声大哭起来,回宫就病倒了,一年多不能起床。

刘盈派人对吕后说:"这不是人所能做出来的,我为太后的儿子,最终无法治理天下。"

从此他整日饮酒为乐,不问朝政,因此而病重,二十三岁时就死去了。

吕太后本纪第九

吕氏阴谋破产

　　吕禄、吕产想在关中起兵发动叛乱,但在朝内畏惧绛侯周勃、朱虚侯刘章等人,在外面又害怕齐、楚诸侯的军队,而且还害怕灌婴背叛他们,想等灌婴率领的军队和齐军交战后再发动叛乱,心中总是犹豫不决。

　　当时,济川王刘太、淮阳王刘武、名义上是少帝的弟弟的常山王刘朝,再加上吕后的外孙鲁元王张偃,都因为年龄小而没去自己的封国,住在长安。赵王吕禄、梁王吕产分别统率军队驻守在南、北二军,朝廷的列侯和群臣都感到自己的命运难以预料。

　　太尉绛侯周勃无法进入军中掌握兵权。曲周侯郦商年老多病,儿子郦寄与吕禄关系友好。

　　绛侯于是与丞相陈平合谋,派人劫持郦商,再让他的儿子郦寄前去骗吕禄说:"高祖皇帝与吕后共同平定天下,刘氏子弟中被封为王的有九人,吕家被封为王的有三人,这都是大臣们议定的结果。已经发布诏书告诉给天下诸侯,诸侯都认为很妥当。如今太后驾崩,皇帝年岁小,而您佩着赵王的大印,不赶紧去封国镇守封地,却在这里当上将军,率领着军队留守都城,这会引起大臣和诸侯猜疑。您何不归还将印,把军队大权交给太尉呢?同时也请梁王解下印信,与大臣们订立盟约回到自己的封国,若能这样齐国一定罢兵,大臣们得以安心,您也能高枕无忧而统治方圆千里的国土,这可是子孙万世长久的好处啊。"

　　吕禄听信了他的主意,准备归还将印,把兵权交给太尉周勃。并派人告诉吕产和吕家的各位老人,有的人认为这样做有利,有的人认为这样做不妥当,此事犹豫未决。

　　吕禄很信任郦寄,时常跟他一起外出游猎一次。经过他的姑姑吕嬃家时,吕嬃知情大怒,说:"你身为将军却放弃军队不管,吕家的人只怕要没有立足之地了。"就把所有的珠玉宝器丢到堂下,说:"我不再替别人守财了。"

　　左丞相审食其被免职。

　　八月庚申日早晨,平阳侯曹窋代理御史大夫的职务,与相国吕产商议政事。

　　郎中令贾寿从齐国出使回来,责备吕产说:"大王不早些前往封国,现在即使想去,也来不及了。"就把灌婴与齐、楚相约联合,要诛灭吕家人的事详细报告了吕产,又催促吕产赶快进宫。

　　平阳侯曹窋听到了他们的谈话,于是立即告知丞相和太尉。太尉想进入北军,但无法进去。襄平侯纪通掌管皇帝的符节印信,周勃就让他拿着符节谎称奉诏要太尉接管北军。

　　太尉又派郦寄和典客刘揭劝导吕禄说:"皇帝命太尉镇守北军,要您急速前往封国,您应该尽快归还将印,辞职离去,否则,灾祸就要降临了。"

吕禄以为郦寄不会欺骗自己,就归还将印交给典客,把兵权交给太尉。太尉佩带将印进入军门,在军中传令说:"效忠吕氏的人袒露右胸,效忠刘氏的人袒露左胸。"

军中将士都袒露左胸表示效忠刘氏。原来当太尉快到时,将军吕禄也已经解去上将军的印绶离去,于是太尉就统率了北军。

可是还有南军在吕氏手中。平阳侯听说这一消息后,就把吕产的阴谋告诉丞相陈平,丞相陈平就召朱虚侯去协助太尉。

太尉让朱虚侯监守军门。派平阳侯告诉卫尉说:"不准相国吕产进入殿门。"吕产不知道吕禄已经离开北军,就进入未央宫,企图作乱,但却进不了殿门,在门外徘徊不定。平阳侯担心不能取胜,急忙把情形报告太尉。太尉此时也忧虑不能战胜吕家的人,不敢公开说要诛杀吕氏,就派遣朱虚侯进宫,对他说:"赶快入宫保卫皇帝。"

朱虚侯请求拨给他兵卒,太尉拨给他一千多人。进入未央宫门,便看到吕产在宫门外徘徊。日落时分,朱虚侯发兵攻击吕产。

吕产逃跑。这时天空狂风大起,使得吕产的随从官员乱成一团,不能抵抗斗争。追击吕产,终于在郎中府的吏厕中把他杀死。

朱虚侯杀了吕产后,皇帝命令谒者带着符节慰劳他。朱虚侯要夺走皇帝的符节印信,谒者不肯给他,他就与谒者同坐一车,凭皇帝的符节印信飞驰行进,斩杀了长乐宫卫尉吕更始。回来后,又赶快进入北军,报告太尉。

太尉站起身来,向朱虚侯行拜礼祝贺道:"我们的最大担心的是吕产,如今他已被诛杀,天下可以平定了。"于是派人分率军队追捕所有吕姓男女,不论老少全部斩杀。

辛酉日,捕斩吕禄,又将吕嬃鞭笞处死。又派人去杀了燕王吕通,废黜鲁王张偃。

壬戌日,重新任命皇帝的太傅审食其为左丞相。戊辰日,改封济川王为梁王,立赵幽王的儿子刘遂为赵王,派遣朱虚侯刘章把诛杀诸吕的事告诉齐王,让他撤兵。灌婴的军队也从荥阳撤退回京。

朝廷各位大臣私下互相商议说:"少帝和梁王、淮阳王、常山王,都不是孝惠帝的亲生儿子。吕后用欺诈手段夺来别人的儿子假冒,然后杀掉他们的生母,在后宫中抚养他们,再让孝惠帝认他们做儿子,立他们做继嗣或诸侯王,以此来加强吕氏的势力。如今吕氏家族人都已经被诛灭了,却对吕家所立的人置而不管,等他们长大后掌握权力,我们就要灭种绝族了。不如现在就在诸侯王中挑选最贤明的人立为皇帝。"

有人说:"齐悼惠王是高祖皇帝的长子,如今他的嫡子为齐王,按此推理,他是高祖皇帝的嫡长孙,可以立他为皇帝。"

但大臣们都说:"吕氏是靠外戚的地位专权作恶,几乎毁灭刘氏的宗庙社稷,害尽了功臣名将。现在齐王的母家是姓驷的,有个驷钧,也是个恶人,如果立齐王为皇帝,那么又要重蹈吕氏的覆辙。"

众臣本打算立淮南王,但淮南王年幼,他母家的人也很凶恶,于是商定说:"代王是现在还活着的高祖的亲生儿子,年龄最长,为人仁孝宽厚。太后薄氏娘家恭谨善良。而且立年长者本来就合乎礼制,代王又以仁慈孝顺而闻名天下,立他做皇帝最合适。"

于是群臣共同商定暗中派人去召代王回来。代王派人表示辞谢。使者再次前往,代王才乘六辆传车前来。闰九月己酉日,代王到达长安,住在代王府邸。大臣们都前来拜见,把天子的印玺奉献给他,一致尊立他为天子。代王谦让再三,大臣们执意请求,才答应了。

东牟侯刘兴居说:"当初诛杀吕氏时,我没有什么功劳,现在请允许我去清理宫中。"

于是就与太仆汝阴侯滕公一起进宫,走到少帝面前对他说:"你不是刘氏子弟,不应立为皇帝。"随即回头示意左右持戟的侍卫放下兵器离开。

有几个人不肯放下,宦者令张泽将情况告谕他们,他们也放下了兵器。

滕公于是召来车子,载着少帝离开皇宫。少帝说:"你们准备把我拉到哪里去呢?"

滕公说:"出宫到私舍去住。"让少帝住在少府。于是按照天子的法驾,到府邸去迎接代王。

滕公报告代王说:"宫中已经很严谨地清理干净了。"代王当晚就进入了未央宫。有十个持戟的谒者在宫门前守卫,说:"天子在宫中,你为什么要进去?"代王就招呼太尉。

太尉前去告谕他们,这十个谒者都放下兵器离开了。代王于是进入宫庭处理政务。当天夜里,官府分别派兵在各自府邸中诛杀了梁王、淮阳王、常山王和少帝。

代王继位成为天子。在位二十三年后去世,谥号为孝文皇帝。

孝文本纪第十

汉文帝孜孜求治

公元前180年,汉朝的大臣周勃、陈平、灌婴、刘章等齐心合力,趁着吕后去世,清除了企图夺取政权的吕氏集团之后,迎立代王刘恒为皇帝,就是历史上有名的汉文帝。

汉文帝即位的当天晚上,就拜宋昌(汉文帝任代王时的中尉)为卫将军,统领南北军;拜张武(汉文帝当代王时的郎中令)为郎中令,巡行宫殿中。汉文帝除了宋昌、张武以外,只有舅舅薄昭是自己人。他知道自己确实没有势力,君位并不巩固。论辈分,楚王刘交是他的叔父;论地位,齐王刘襄是高祖的嫡长孙;就是兄弟刘长当初所封的淮南也比代地重要得多。他这么思前想后地一核计,要保持君位,治理天下,只能虚心尊重高祖时候的大臣,再就是减少百姓的痛苦,多多让步以换取他们的拥护。于是,他连夜下了诏书,大赦天下。接着,又废除了一人犯罪、株连父母妻子的连坐法。

公元前179年三月,文帝下了一道诏书,救济各地的鳏、寡、孤、独、穷困的人;

尊敬和照顾老人,规定八十岁以上的每人每月给米一石、肉二十斤、酒五斗,九十岁以上的每人每月再给布两匹、丝棉三斤。

有一个地方发现一匹千里马,这是无价之宝。当地老百姓凑了钱,公推那个主人把千里马献给文帝。文武百官见了千里马,一起向文帝道贺,文帝却对大臣们说:"我出去的时候,前面有旗车,后面有属车,平时巡游,每天也不过五十里;天子行车,每天只走三十里。我骑了千里马,一个人跑到哪里去?"他当即吩咐左右把千里马还给原来的主人,又给了他来回的路费。汉文帝恐怕以后还有人来贡献什么,就下了一道诏书,不准四方官民来奉献任何礼物。

汉文帝即位一年,就把国家治理得井井有条,老百姓也都安居乐业。

早在吕后当国的时候,南粤王赵佗自立为南粤武帝,还发兵侵犯长沙王国的边境。文帝即位后,派人到赵佗的老家,修葺好他父母的坟墓,妥善安排了他的从兄弟;又亲自写了一封很诚恳的信,派了使臣,带着礼物到南粤去。赵佗读了信,十分感动,当即宣告,从此取消帝号,归属汉朝。

汉文帝深深感到,要治理好国家,必须重用有才干的人。因此,他到处搜罗人才。他听说河南郡守吴公治理河南很有成绩,人们甚至夸奖他是全国第一,汉文帝把他调到京里来,任命为掌管全国刑狱的廷尉。吴公又推荐洛阳人贾谊很有才能,汉文帝就任命贾谊为博士,仅一年就把他升为太中大夫。

汉文帝重视贾谊,不但因为他有才能,而且因为他敢说话。多少年来,人们是不能谈论政治的,更不用说是批评朝廷了。汉文帝却颁发了一道诏书,让人们多提意见,议论政治的得失。下令举"贤良方正能极言直谏者",中选的授予官职。

汉文帝即位的时候,还沿用着一条法令,叫"诽谤妖言法"。犯了这个法的就定死罪,严重的还要满门抄斩。汉文帝在已经废除了"全家连坐法"的基础上,这时他又下了诏书废除"诽谤妖言法"。他下诏说:"法令中有诽谤妖言之罪,这是使大臣们不敢畅所欲言,使做皇帝的没有渠道听到自己的过失,又怎么能够招致远方的贤良之士呢?这种法令应当立刻废除。有人要咒骂皇帝,但没有成为事实,官吏们就认为大逆不道;说话不小心,官吏们又以为是诽谤。那简直是封了人们的嘴。我极不同意这种办法。从此以后,有犯所谓诽谤妖言的,一概不治罪。"

这么一来,上奏章的,当面规劝皇帝的人就多起来了。别说是在朝廷上,就是在路上有人上书的话,汉文帝也要停下车来把奏章接过去。他说:"可以采纳的就采纳,不能采纳的搁在一边,这有什么不好呢?"

公元前178年,贾谊上了一个奏章,请汉文帝提倡生产,厉行节约。大意说:

管仲曾经说过:"储蓄粮食的仓库满了,才能够讲究礼节。有吃的、有穿的了,才能够谈得上什么是光荣、什么是耻辱。"老百姓连饭都吃不上,要说能把天下治理得好,从古以来都没听说过。古人早就说过,一个男的不耕种,就有人挨饿;一个女的不纺织,就有人受冻。生产有一定的季节,要是消费没有限制,那么,财物一定不够用。古时候治理天下,着重节俭和积蓄,就是这个道理。现在呢,奢侈的习气越来越厉害。生产的人少,消耗的人多,天下的财物自然就缺少了。要知道积蓄是天

史　记

下的命根子。如果粮食多了,财物富裕了,什么事情不好办呢?因此,朝廷应当劝老百姓好好地种庄稼,使天下的人都能自食其力。好吃懒做的游民都该转到农村里去。只要多生产、多节约、多积蓄,老百姓就能安居乐业,天下就自然太平了。

汉文帝完全同意贾谊的话。他在春耕前下了诏书,劝老百姓多生产粮食。还规定:农民缺少五谷种子或者没有口粮的,由各县借给他们。这样,各地的长官也不得不下乡,进行农贷,劝告农民及时耕作。老百姓得到了帮助,男男女女干活的劲头就更大了。那年秋天,获得了普遍的丰收。

汉文帝还做了一件为后人称道的好事:废除肉刑。齐国太仓地方有个辞官行医的人名叫淳于意,被人告到官府,说是庸医杀人。当地官吏判处他肉刑,解到长安去执行。临走时,他五个女儿中的最小女儿缇萦,为了挽救父亲,不顾父亲的劝阻和解差的反对,寻死觅活地跟着到了长安。她上书汉文帝。汉文帝一看,才知道上书的是个小姑娘。虽字写得歪歪扭扭,可是很感动人。信上写着:

我叫缇萦,是太仓县令淳于意的小女儿。我父亲做官的时候,齐地的人都说他是个清官。这会儿犯了罪,应当受到肉刑的处罚。我不但替父亲伤心,也替所有受肉刑的人伤心。一个人死了,不能再活;割去了鼻子,不能再安上去。以后就是想改过自新,也没有办法了。我愿意给官府没收当奴婢替父亲赎罪,好让他有个改过自新的机会。恳求皇上开开恩!

汉文帝不但同情小姑娘这一番孝心,而且深深地觉得过去的肉刑实在太不合理。他召集大臣们讨论这件事说:"犯了罪,应当受到惩罚,这是没有话好说的。可是受了罚,就该让他好好地重新做人才是。现在惩办一个犯人,不但叫他受到痛苦,而且还在他脸上刺了字或者毁了他的肢体,这就太过分了。刺上字再也除不去,毁了肢体再也长不上,害得他一辈子没法再做好人。这样的刑罚怎么能劝人为善呢?我决定废除肉刑,你们再议一个代替肉刑的办法吧。"

丞相张苍和别的几位大臣拟定了几条办法:

一、废除脸上刺字的肉刑,改为服苦役;

二、废除割去鼻子的肉刑,改为打三百板子;

三、废除砍去左右足的肉刑,改为打五百板子。

汉文帝欣然同意,就下了一道诏书,正式废除了肉刑,缇萦不但解救了自己的父亲,也替天下的人做了一件好事。

汉文帝即位十几年,国内基本上是太平的,跟匈奴也没有发生过大的战争。没有战争,国家已经有了积蓄,再加上汉文帝一生节俭,不肯轻易动用国库,国家更加富足了。有一次,有人建议造一个露台。汉文帝召集工匠计算一下得花多少钱。工匠仔细一算,需一百金(汉朝以黄金一斤为一金),汉文帝说:"要这么多吗?十户中等人家的财产也不过一百金。我住在先帝的宫里已经觉得害臊,何必再造露台呢?"

为了给天下做个俭朴的榜样,他自己穿的衣服是黑色的厚帛做的。他最宠爱的夫人所穿的衣服也很朴素,衣服下摆不拖到地上。宫女们更不必说了。宫里的帐幕、帷子全不刺绣,也没有花边。

为了给天下做个勤劳的榜样，汉文帝制定了一种男耕女织的仪式。他在春耕的时候，亲自率领臣下耕种一块土地，生产一些供祭祀用的粮食。皇后亲自率领宫女采桑、养蚕，生产一些蚕丝，作为祭服的材料。

由于汉文帝采取了一系列长治久安的措施，并身体力行，终于创造了一个海晏河清、民富国强的局面。文帝去世后，太子刘启继位，是为景帝，他继承了文帝的业绩，励精图治。

功劳有五等

太史公说："古代臣下的功劳分成五等，用德行辅立宗庙、安定国家社稷的叫做'勋'，用言论的叫做'劳'，用武力的叫做'功'，明定国家等级制度的叫做'伐'，长年积累资历的叫做'阅'。封爵时的誓词说：'只要黄河像衣带一样没有断缺，泰山像磨刀石一样坚硬挺拔，国家就可以永远享受太平，恩泽就会施及你们的后代。'起初未尝不想巩固他们的根本，但以后这些枝叶就逐渐衰微变弱小了。"

我读高祖时给功臣封侯的记载，考察他们起先受封以及后来又失去爵位的原因，我所了解到的情况真是不寻常啊！《尚书》说"使万国同心和谐一致"，延续到了夏、商时候，有的侯国已经有几千年的历史了。周朝所封的诸侯大概有八百个，从幽王、厉王以后，还可以在《春秋》一书中看到。《尚书》中记载有唐、虞时代的侯伯，经历三代有一千多年时间，能够保全自己并藩卫天子，这难道不是由于他们能笃行仁义、奉公守法吗？汉朝兴起后，受封的功臣有一百多人。那时天下刚刚平定，大城名都的民众都散亡逃离了，能够统计的人口只是以前的十分之二三，所以大的诸侯不超过一万家，小的诸侯只有五六百户。经过了几代以后，民众都回到乡里，户口日益增多，萧何、曹参、绛侯、灌婴等人的封户有的能达到四万户，小的诸侯的封户也比以前增加了一倍，富裕丰厚的程度也是如此。诸侯的子孙们就开始骄纵自满，行事越轨，忘记了祖先创业的艰辛，放纵作恶，为非作歹。到了太初年间，前后不过经历了一百年的时间，现存的封侯只剩下五个，其余的那些都因为犯法而丧命、失去了封土，全都灭亡了。朝廷的法网稍稍严密了一些，但主要是因为自己没有兢兢业业地遵守当代的禁令。

处在当今的时代，记取古代的行事之道，目的是为了给自己作个借鉴，古今之事并非完全相同。不同帝王各自实行不同的礼法、处理不同的事务，总之要以事业的成功为目标，怎么可以套用一种模式来约束呢？观察人臣得到尊宠和遭受废贬的原因，也可以得知当代政治成败的许多事例，何必一定要假借古代的事迹呢？于是恭谨地考证记述事情的始终，列表说明他们的事迹文字，其中颇有一些本末不详的地方；事实清楚地表明，有疑问的就先空缺在那里。后来的君子如果想进一步钻研讨论，可以从本篇中作浏览参考。

礼书第一

明礼第一

　　太史公说："礼仪的美德是何等的盛大而崇高啊！主宰和控制天地万物，驱使和领导民众，哪里是人力所能作为的呢？我曾到过掌管礼仪的大行官署，考察夏、商、周三代沿袭礼制损益变革的情况，才知道要根据人情的实际需要来制订礼仪，根据人性来制定各种行为规范，这一事实由来已久了。"

　　人间的道理千头万绪，礼仪规矩处处存在，用仁义来劝导人们进步，用刑罚来约束人们的偏邪行为，所以德行深厚的人地位尊贵，禄位优厚的人备受荣宠，其目的是用来统一天下而使天下万民和谐一致。人的身体以乘坐车马为舒服，为此用黄金装饰车子，在衡木上画上彩纹并增添多种装饰；人的眼睛喜欢欣赏缤纷的颜色，为此在衣服上刺绣不同花纹图案，以满足人的视觉享受；人的耳朵爱听钟磬击打之声，为此调和八音以振荡人的心志；人的嘴喜欢品尝各种美味佳肴，为此调制酸甜咸辣各种滋味，用来达到多种美食的目的；人的常情喜欢珍贵收藏美好的东西，为此琢磨圭璧等各样玉器以满足人的心意。因此古代帝王祭天只用铺有蒲草编扎成席的大路车，戴鹿皮帽，穿粗布衣服，用底部有孔的红弦瑟演奏乐曲，用清肉汤、淡水酒祭祀，以此来防止淫逸奢侈，弥补过于讲求排场雕饰的弊病。所以上至朝廷君臣的礼仪、尊贵卑贱的次序，下及黎民百姓的车马、衣服、住房、饮食以及婚丧嫁娶制度的等级划分，万事都有适当的分寸，物物都有适当的节制。孔子曾说："鲁国的宗庙禘祭，从刚开始的献酒往后，我就不愿再看了。"

调节人的保养

　　礼仪是由人而产生的。人天生就有欲望，欲望不能满足时就不免感到怨恨，怨恨没有限度发展下去就会产生争斗，有了争斗，天下就混乱起来了。古代的圣王厌恶这种混乱纷争的局面，所以制定礼仪来调节人的欲望，满足人的合理要求，不让人们对物质财富的占有欲没有界限,物质财富也不会因为满足人的欲望而减少,物质和欲望这两者互相调和才能长久下去,这就是礼产生的原因。所以礼就是调节保养。稻米、高粱等五味食品,是用来调节人的口腹的;椒树兰花等芬芳的香味,是用来调养嗅觉的需要的;钟鼓管弦音乐,是用来调养耳朵听觉的需要的;雕镂出来的缤纷美丽纹彩,是用来调养眼睛视觉的需要的;宽敞明亮的房子和床笫几席,是用来调养身体的需求的。所以,礼仪就是一种调养。

涵养人的行为

人如果只知道保全自己的生命,则一定会死亡;人如果只重视自己的私利,则一定会遭受灾害;人如果安于懈怠懒惰,则一定会遭遇危险;人如果过分任性骄纵,则一定会毁情灭性。所以圣人用礼义来涵养人们的行为,使情与理二者都能兼顾;如果用性情来涵盖,那么情与理都会失去。所以儒家思想要使人两者都得到,墨家思想要使人两者都失掉。这就是儒家和墨家思想的区别。

礼是人际等级关系的最高准则,是国家强盛巩固的根本,是施行威严的必然途径,是功业声誉的集合总汇。帝王三公遵奉礼治,才能统治天下,使诸侯臣服。如果不遵循礼治,就会毁弃国家社稷。所以坚硬的铠甲、锋利的武器不足以保证胜利,高墙深池不足以保证坚固不破,严酷的法令、繁琐的刑律不足以保证威权。遵用礼治的道理就能畅行无阻,不遵循礼治的准则就会毁灭失败。楚人用鲛鱼皮、犀牛皮制作铠甲,坚固得像金石;用南阳宛城出产的铁打制长矛,刺人时就像蜂蝎螫人一样锋利迅疾,士兵们矫健轻捷,如同疾风一样突然而至。然而楚怀王在垂涉战争全军溃败,大将唐昧阵亡;不久庄跻起兵作乱,楚国被分裂为四个国家。由此看来,楚国难道没有坚固的铠甲、锋利的兵器吗?不是,而是因为统治者没有遵守礼治的缘故啊。楚国凭借汝水、颍水作为天险,将岷江、汉水作为护城河,靠邓地的山林阻挡敌人进攻,凭着方城山作为外围。然而秦军一到鄢城郢都,攻取楚国的都城非常容易。这难道是因为没有坚固的要塞和险要的防阻吗?而是因为统治者没有遵循礼治的原则啊。商纣王将比干剖腹挖心,囚禁起箕子,添置炮烙的酷刑,经常杀害无辜的人,当时臣下们心惊胆寒,谁也无法确保生命。但是西周的军队一到,商纣的命令就行不通了,百姓们再也不听从他的使唤。这难道是因为政令不严、刑罚不严重吗?也是因为统治者不遵循以礼义治国的原则啊。

古代的兵器,只有戈、矛、弓箭,然而有时对敌国根本不需要动用任何兵器就使它投降归附了。城郭不用勤勉修治,壕沟不用挖得很深,也不必建立坚固的险阻、不必设置各种机变措施,而国家却能平安无事,不怕外敌侵扰而能稳固,原因不是别的,正是因为统治者能懂得礼义之道而能协调各种人伦关系,顺应自然运用民力并且真诚地爱护百姓,那么臣民对君主的响应就像影子一样紧紧跟随。有不服从政令的,然后用刑罚处治他,那么百姓就会知罪并顺服。所以说适当惩罚一人而天下都会顺服。犯罪的人不会怨恨上级,因为知道自己确实有罪。因此刑罚简省而威令畅行无阻,没有别的原因,只是因为遵循礼义之道的缘故。所以遵行礼义之道就能使统治畅行无阻,不遵循礼义之道就会自身失败毁灭。古代尧帝治理天下,只不过杀了一个鲧,放逐了共工和驩兜两个人,天下就治理得非常好。书传上讲"威严虽然猛厉但是不要轻易采用,刑罚尽管设置了却尽量不去动用"。

天地是生命的本源。祖先是种族的根源。国君师长则是治国的基础。没有天地怎么会有生命?没有祖先怎么会有子孙后代?没有国君师长怎么会有国家的治理?这三者如有一项偏失,人民就无法安居乐业。所以,礼上可以尊敬天,下可以侍奉地,尊重先祖并推崇国君师长,这是礼的三条基本原则。

调和人际关系

大凡礼仪最初是很简略的,逐渐加以修饰完成,最后自然达到和悦人情的效果。所以最完备的礼制,应该是人情和形式二者尽善尽美;其次,是人情和形式其一为主;再次是人情和形式一概没有,回到了远古简约朴实的状态。由于礼的作用,使得天地调和,日月昭明,四季有秩,星辰运行,江河奔腾,万物兴盛,喜好厌恶都有节制,高兴愤怒处理适当。下面的百姓因循礼义就能和顺,上面的帝王遵循礼义就能明智。

太史公说:"真是太完美啦!建立隆重的礼制作为调和人际的最高准则,天下后世没有谁能加以增减改变。礼的根本内涵和形式相顺合,终结和初始相呼应,既有仪文又有等级区别,既能明辨事物又能和悦万民。天下人服从礼治就能太平安定,不服从礼治就会纷争混乱;服从礼治就能安居乐业,不服从礼治就有危险灾难。这些道理都是愚昧无知的小人所不能懂得的。"

礼的内涵确实深邃啊,即使是名家专门"坚白同异"的明辨,进入礼义中讨论问题也会显得苍白无力。礼的内涵确实恢宏壮大,擅自改创典章制度并坚持偏狭浅薄理论的人,一旦进入礼义范围来讨论问题就望而却步了。礼的内涵实在高深啊,那些粗暴傲慢、放任不拘、轻视礼俗而又自以为是的人,如果进入礼的范围来比较一下,也会感到自己竟如此渺小卑下。所以墨绳弹画以后,就不能在曲直方面进入蒙骗了;秤锤挂平后,就不能在轻重方面进行蒙骗了;圆规和曲尺设置陈列以后,就不能在方圆方面进行蒙骗了;有德君子谨慎地参照礼义办事,就不可能受到诡诈虚伪的蒙骗。所以,墨绳是直的最高标准,秤是平衡的最高标准,圆规、曲尺是方圆的最高标准,礼是为人处事的最高标准。然而那些不遵守礼制的人或者守礼不够的人,都可以称之为无道之民;遵守礼法并适应道礼要求的人,可称之为有道之士。符合礼仪,能够思考探求,可以说是能考虑问题了;能用心考虑问题同时不轻易地更改观点,可以说是能固守信义了。既能考虑问题又能固守笃信,再加上由衷的爱好,那就是圣人了。天,是高的极点;地,是低的极点;日月,是光明的极点;无边无际,是广大的极点;圣人,是遵守礼义之道的极点。

礼要用财物表现馈赠,用服饰纹色表现地位贵贱,用多少表现等级差别,用厚薄表现关系亲疏远近。礼仪形式丰富，人情欲望收敛，这是礼仪隆重的表现。礼仪内容简赅，人情欲望繁复，这是礼仪质朴的表现。礼仪形式和人情欲望互为表里而并重，二者并行不违背，有机结合起来，这是礼仪中和的表现。君子向上采用隆重盛大的大礼，向下采用质朴简约的小礼，在中间则采用中礼。轻重缓急都不超过礼仪的范畴，所以君子内心才能遵守礼义。普通人能够知道礼仪的界域，就可能成为士君子。行为背离或超出了礼义的范围，就只能是普通的庸人了。能在礼义范围徘徊周旋，即使是细枝末节也能顺应礼的秩序而不混乱，这就是圣人了。所以积德厚重的人，是平时不断积累礼义的结果；心胸气度广博豁达的人，是平时广施礼义的结果；道德崇高的人，是平时重视尊敬崇尚礼义的结果；对万物明察秋毫的人，是平时对礼义尽心竭力的结果。

乐书第二

音乐的起源

音乐的起源，基本是由人的内心感情而产生的。人心受到感动，是外界事物刺激的结果。

人心受到外在事物的刺激而感化，因而形成声音，声音相互应和，因而产生变化；各种变化加以组合，便形成好听的乐音；将不同的乐音进行排比编序，就组成曲调，再加上干、戚、羽、旄等道具，就形成完整的音乐。

音乐是由乐音拼凑组合而成的，其本源产生于人心受到外物的感发。

所以人心感到悲哀沮丧时，声音的表现便是急速而短促；人心感到快乐，声音的表现便是悠扬而缓慢；人心感到欢悦时，声音的表现便是轻盈而流畅；人心感到愤怒时，声音的表现便是粗犷而暴戾；人心感到恭敬时，声音的表现便是率直而端方；人心感到爱慕时，声音的表现便是温婉而柔顺。

这六种表现不是人的本性，而是受外物刺激后萌生出来的，因此先王应恭谨地处理那些能感动人心的事物。

所以用礼义来倡导人的心志，用音乐来调和人的声音，用政令来约束人的行为，用刑罚来防止人们作奸犯科。

礼义、音乐、刑罚、政令，它们的目的是一致的，都是用来使百姓思想行动一致而使天下最终达到大治。

音乐基本都是由人心所产生的。感情萌发于内心，因而表现出声的形式，声音和谐组合成美好的旋律就叫做音乐。

所以太平盛世的音乐安适而欢乐，政治也一定非常顺祥；动乱之世的音乐怨恨而愤怒，政治也一定动荡混乱；国家即将灭亡时，音乐悲伤而忧愁，民众也必定万分痛苦。声音的各种表现，是与政治息息相通的。宫声深沉稳重如同君主，商声刚直坚定好比臣子,角声高低适中好比百姓,徵声悠扬婉转好比繁杂的事物,羽声轻飘好比细小的物件。五音不发生错乱,就不会出现阻滞不前的音调。

如果宫声淆乱,音调就流于荒谬散乱,这是国君骄纵专横的表现;如果商声淆乱,则音调流于颓废邪僻,这是臣子败政误民的表现;如果角声淆乱,则音调流于忧郁伤愁,这是百姓忧愁怨愤的表现;如果徵声淆乱,则音调流于悲苦凄凉,这是百姓劳役勤苦艰辛的反映;如果羽声淆乱,则音调流于震颤高飘,这是赋税过重、百姓生活贫困的反映。

五音完全混淆,杂乱无章,这叫漫无条理。如果这种情况出现,则国家的灭亡就指日可待了。

郑国、卫国的音乐,都是乱世的音乐,接近于漫无章法了。桑间、濮上的靡靡之音,是亡国的音乐,表现了那里政治的涣散,百姓流离颠沛、臣下欺骗君主、徇私枉法,已经到了不可收拾的地步。

大体说来,音是从人心中萌发的;乐,则是与伦理相通的。因此,只知发出单声而不能调和音,就与禽兽差不多;只知道音而不知道乐的,就是普通百姓。只有君子才能懂得乐。

所以审察发声用来了解音调,审察音调用来了解音乐,审察音乐用来了解政治,这样治国之道就完整了。

所以不明晓发声的不能跟他谈音调,不知晓音调的不能跟他谈音乐。而懂得音乐就接近于明礼了。对礼乐两方面都很精通,即有德性。德,就是得,也就是掌握了礼乐的精神。因此隆重的音乐,并不是极尽钟鼓之声;宗庙祭祀的礼仪,并不是极尽美食之味。

演奏《清庙》乐曲的瑟,红色的丝弦,底部有个孔,发出的声音迟缓悠扬,一人领唱而三人和声咏叹,这样德音就能流传开来了。

盛大的祭祀礼仪,上面供奉着清水酒,俎上陈列着生鱼,骨肉汤不加任何佐料,这象征着祖先的清德流芳久远而有余味。

所以先王制定礼乐,并不是用来满足口腹耳目的需要,而是要用来教化百姓明辨善恶,让他们归于做人的正道。

调节人的喜怒哀乐

人刚刚出生时,情感原本是寂寞淡泊的,这是天生本性;当受外物刺激而内心萌动,这是自然本性有了动态变化。客观事物出现了,心中就有反应,接着,喜好与厌恶的情绪就会表现出来。

喜好与厌恶在内心若没有节制,那么就很容易受外物的影响和诱惑,不能回归到寂静淡泊的状态,这样人的天性就会泯灭。外物对人的刺激和感应是无穷尽的,而人的喜好厌恶又没有自我控制,这样外物一到,人就跟着受到影响,失去了自主的能力。

所谓人随着外物而变化，便是泯灭常理而只知满足人心的欲望。这样就会产生悖逆虚伪的心灵，出现淫乱佚乐、奸诈作歹的行为。因而强大的胁迫凌辱弱小的，人多势众的欺负人少的，聪明的蒙骗愚笨的，勇敢的折磨怯懦的，有病的人得不到疗养，孤寡老幼得不到妥善安置，这是天下大乱的道路啊。

所以先王修订礼乐，人们因此而懂得节制。办丧事时披麻戴孝、哭泣的礼仪，是为控制哀痛而设置的；敲钟打鼓、舞动斧盾的舞蹈，是为调和安乐而设置的；婚姻嫁娶、男冠女笄，是为了男女区分而设置的；乡射礼、乡饮酒礼和宴会宾客的礼节，是为正常交往、待人接物而设置的。礼仪能控制人的欲望，音乐能调和人的心志，通过政令推行礼乐，通过刑罚防范礼乐混乱。礼、乐、刑、政四者通达而不相悖逆，则治国之道就完备了。

音乐是为了调和人的喜怒情感，礼仪是为了区别人的贵贱等级。喜怒得到协调，人们就会相亲相爱，贵贱得到区分，人们就会相敬相重。如果乐的作用超过礼，就会泛滥流失，如果礼的作用超过乐，就会骨肉相离。

调和人的内心情绪并教导人的外表行为，是礼乐共同的职责。礼义确定，则等级贵贱就明确了；音乐和谐，那么君臣上下关系就协调了；爱憎分明，那么好人坏人就区别开来了；用刑罚防止暴乱，用爵禄选贤举能，那么政治就公正了，以仁慈的心爱护百姓，以道义来端正百姓言行，这样对百姓的治理就能顺利推行了。

与天地万物相和

音乐是从人的内心产生的，礼仪是从规范人的外在行为而兴起的。音乐从内心产生，所以寂静悠闲；礼仪从外在行为兴起，所以形式庄严肃穆。盛大的音乐一定要平易，盛大的礼仪一定要简约。

音乐的作用发挥出来能使人没有怨恨，礼仪的作用发挥出来能使人没有争斗。谦逊揖让而治理天下，说的都是礼乐。

强大的人不作乱，诸侯都能心悦诚服，兵刃铠甲抛弃不用，五种刑罚放置不施行，百姓没有祸患，天子不再动怒，这样就达到音乐的效果了。

和谐父子亲情，明确长幼秩序，以此教化天下百姓，如果天子能做到这些，那么礼义就可以顺利施行了。

盛大的音乐与天地万物相调和协同，盛大的礼仪与天地高下的节度相符合。能做到协调，所以万物才不失去生长繁殖的时机；能做到有节制，所以才进行祭祀天地仪式。

形式上有礼仪、音乐的倡导，精神上有超越现实的鬼神来约束，这样国家内就能和谐互敬、共同亲善了。礼，是用来区别事物等级、教导人们和合共敬的；乐，是用来调节不同的曲调、教导人们共同亲爱的。礼乐的功能完全相同，所以圣明的帝王将礼乐沿袭下来。

所以制定礼仪一定要合乎当时的局势，乐曲的名称一定要与功业相符合。

所以钟鼓、管弦、石磬、羽毛、籥管、盾牌、斧头等，都是乐器；或弯或伸、或俯或仰的舞姿，以及合聚、分散、缓慢、迅速等舞步，都是音乐的修饰。方簠、圆簋、俎豆、仪式制度、条文章法，都是礼器；升位下阶、时上时下、左右周旋、脱衣蔽体的行为，是礼仪的修饰。

所以只有了解礼乐内在本质的人才能制定礼乐，只有了解礼乐外在表现形式的人才能讲述礼乐的涵义。制定礼乐的人称作圣人，讲述礼乐涵义的人称作贤明。既明又圣，就是指能讲述或能制定礼乐的人。

音乐，是表现天地舒畅情态的；礼仪，是表现天地万物次序的。和畅，所以万物自然化育；有秩序，所以万物显然有区别。音乐是根据时局形势的运行变化制作出来的，礼仪是根据地形高低上下制作出来的。礼仪超过一定限度就会混乱，音乐超出一定限度会粗暴不畅顺。明白了天地的变化形势以后，才能制作礼仪、音乐。万物和畅，共同繁荣，不互相侵扰，这是音乐的内在精神作用；万民高兴欢悦，相亲相爱，这是音乐外在形式的作用。

中正端和，没有邪僻，这是礼仪的本质；庄重诚敬，谦恭顺从，这是礼仪的形式表现。至于礼乐用钟磬来演奏，发出和谐的声音，用于对宗庙社稷的祭祀和山川鬼神的奉祀，这样做都是依据当时百姓的需要。

与国家安定相和

帝王功成名就制作音乐，国家安定和谐而制作礼仪。功业伟大的音乐也就齐备，治迹遍及天下的礼仪也就全面。只用盾牌、斧头做道具的乐舞，并不是完备的乐典；只用煮熟的祭品祭祀，也不是通达的礼仪。五帝各自所处的时代不同，乐曲也不互相沿用；三王各自所处的社会不同，礼仪也不互相沿用。音乐发展到过分夸张的程度就将有忧患了，礼仪粗略简陋就会出现偏差。音乐厚重而没有忧患，礼仪完备而没有偏差，这种情况大概只有伟大的圣人才能做到吧！天高地低，万物分散在天地之间，都不相同，那么礼制就能施行了；天地阴阳二气流动循环不息，符合正常的自然规律，这样音乐就可以兴起了。春天耕作、夏天生长，这是大自然仁爱的表现；秋天收获、冬天储备，这是大自然严正明义的表现。仁爱接近音乐，严正接近礼仪。音乐宽厚和畅，遵循神灵气息而顺从上天；礼仪分明适宜，依据外在的类别而与地相匹配。所以圣人制作音乐以照应天时，制作礼仪以配合地利。礼、乐清晰完备，天地万物就各守其职了。

天尊地卑的观念自从明确以后，君臣上下的关系就可以确定了。尊卑上下的关系确定之后，贵贱等级也就分明了。阴阳动静都有常态，但万物的大小形态却各不相同。爬虫根据类别聚在一起，万物依据群类加以区分，它们的生命长短都不相同。在天上，日月星辰构成景观，在地下，山川河流构成形体，看来，礼仪是根据天地差别的状况制定的。地气上升，天气下降，阴阳二气相互摩擦，天地振荡，用响雷鼓舞生机，用风雨促进生长，用四时节气调节万物，用日月温暖来照耀生命，万物就化育生长了。由此可见,音乐是根据天地和谐的原理制定的。

天地变化若不符合正常的时序,则万物就不能生长,男女没有区别就会混乱而造成祸害,这是天地间的自然规律。至于礼乐的制作,上达于天而下接于地,伴随着阴阳二气运行并与鬼神相沟通,穷高极远,内涵深奥。音乐效法天,礼仪效法地,充分表现着生生不息的是天,充分表现出黯然不动的是地。一动一静,是天地间万物生长的原动力。所以圣人说:"这都是礼乐的功劳啊。"

从前虞舜作五弦琴,用来歌唱《南风》诗歌;夔开始制作音乐,用来赏赐诸侯。所以国君制作音乐,用来赏赐诸侯中有德行的贤人。诸侯的德行高,该国的教化就受到重视,五谷按时丰收,然后就赐给他音乐。所以诸侯治理的百姓过分劳苦,参加舞蹈的人就少,排列队伍的距离就远;诸侯治理的百民安居乐业,参加舞蹈的人就多,排列的队伍距离就短。所以观察诸侯国的舞蹈,就知道他的德行怎么样。听到他死后的谥号,就知道他生前的行为了。《大章》,就是德行彰明;《咸池》,就是广施德惠;《韶》,就是继承美德;《夏》,就是发扬光大。殷、周时代的音乐都是颂扬功业的啊。

天地变化有其一定的规律,如果寒暑没有确定的时间,百姓就会闹病;如果风雨没有得到节制,民间就会出现旱涝饥荒。音乐教化,就如百姓的寒暑。教化不按时就会伤风败俗。礼仪规范,就如百姓的风雨。礼仪无节度就不会取得成功。然而先王制作音乐是用来效法治国的,国家治理得好,那么音乐就会体现君王的美德。现在以养猪造酒为例,养猪造酒本义不是用来制造灾祸的,然而诉讼的案子越来越多,其实都是吃肉饮酒不加以节制造成的灾祸啊。因此先王制定喝酒的礼仪:进一次酒,宾主之间要多次祝拜。照这样整天都在饮酒也不会喝醉了。这就是先王用来防范酒后生灾祸的方法。所以喝酒饮食,是用来聚会欢乐的。

美德的彰显

音乐,是用来体现美德的;礼仪,是用来杜绝越轨行为的。所以古代先王遇有死丧大事,一定要用丧礼来表示哀悼的含意;遇有盛大喜庆,一定要用摆酒设宴来表达欢乐的情怀。哀悼和欢乐虽然各自有区别,但最终都归结到礼仪。

音乐,是给予;礼仪,是回报。音乐,是表现最终人们内心的欢乐;而礼仪,则是追念产生欢乐的原因。音乐彰显美德,礼仪感恩图报。所谓大路车,是天子的车舆;绣龙的旗边镶着九条飘带,是天子的旌旗;青绿色边的甲壳,是天子用来占卜的宝龟;后边跟着的牛羊群,是天子用来赠予诸侯的礼物。

音乐,用来显示平和的感情不可更改;礼仪,用来显示事物中正的准则不可改易。音乐统一共同的情感,礼仪区分不同的事理,礼乐贯通于人情之中。探寻自然本性、发现变化原因,这是音乐的性情;发扬诚信品德,除掉虚伪恶习,这是礼仪的常规。礼乐顺应天地的诚意,通达神明的恩泽,使天地神灵降临人间,凝聚成大大小小的礼仪、乐章,以此领导君臣父子的礼节。

所以圣人使用礼乐时,天地鬼神都帮他彰明教化。天地欣然和谐,阴阳相互协调,温和的阳光像母亲一样哺育万物,之后草木茂盛,初生的嫩芽长出地面,鸟儿振翅高飞,带角的兽类也生息繁育,蛰伏的虫类逐渐复苏,母鸟孵化生育,兽类繁殖后代,胎生的不会流产,卵生的不会蛋裂,这是音乐的主旨精神之所在。

音乐,并不是所说的黄钟大吕、丝弦弹唱、舞动斧盾,那些都是音乐的细枝末节,所以让儿童表演;布置筵席,设置酒樽俎器,排列笾豆食具,以升降揖让作为礼仪,这是礼仪的细枝末节,所以由专业部门主管。乐师只能分辨声音诗歌,所以坐在面向北的卑位上演奏;太祝等祠官只能分辨宗庙祭祀的礼仪,所以只能跟在代享尸的后面;学习商礼的司仪只会分辨下葬的仪式,所以只能跟在丧主后面。所以有德的人坐上面的尊位,技艺有成的人坐下面的卑位;行为有成的人走在前列,照章行事的人走在后面。所以先王制定制度有上有下,有先有后,然后才可以制作礼乐来治理天下。

德性的光华

德性,是人性内涵的根本。音乐,是德性外观的光华。金石丝竹,是演奏音乐的乐器。诗章,是用来表达人的心声的;歌唱,是咏叹人的声音;舞蹈,是人们行为活动的具体表现。诗、歌、舞三者都按照人的内在心性而表现出来,这样音乐的气息才会继而形成。所以感情深厚就能表现出明显的华采,气息盛大就能感化天地鬼神,和顺积于内心而光华萌发在外观。唯有音乐是不能虚伪做作的。

音乐,是人内心活动的反映;声音,是音乐的具体形象;文采节奏,是声音的美饰。君子内心萌动,用音乐来表现出,然后整理和谐音调节奏进行修饰。所以奏乐之前先击鼓意示警戒,舞者先往前走三步表示将要进行表演,奏乐时重复二次开头,表现了周武王第二次才正式讨伐殷纣的史实,乐曲结束之前,舞者要重新整队表示胜利凯旋,舞蹈动作矫健威武但不会倾倒,歌唱的节奏幽细异常而不含混。人们以这种音乐来欢娱心态,就不会对道德的主题感到厌倦了;完全体会了音乐的内涵以后,人们就不会再局限于自己的私欲了。所以情感得以体现,理义也随之明确,音乐演奏结束后,所表现的德性也就受到人们的推崇;君子因此会更多地做好事,小人因此而改邪归正。所以说,"在教化百姓的方法中,音乐的效果是最佳的"。

君子说,礼乐一刻也不可以离开自身。致力于音乐来陶冶心性,那么平易、正直、慈爱、诚信的情感就会油然而生。平易、正直、慈爱、诚信情感产生后人就会欢乐,欢乐就能安定,安定就能长久,长久就能合乎天意,合乎天意就能与神灵相通。上天虽不说话,但却代表着诚信,神灵虽不愤怒,但却威严无比。致力于音乐,目的在于调养内心;致力于礼仪,目的在于节制自身的行为。约束自身的行为就能庄重恭谨,庄重恭谨就能严肃而有威信。

心中有片刻的不和畅、不欢乐,则卑鄙阴晦的思想就会乘虚而入;外表形象有片刻不端重、不恭谨,则傲慢轻浮的思想就会乘虚直入。

史 记

所以音乐是由内心萌动而产生的;礼仪是由外在行为而形成的。音乐的最高境界是和悦,礼仪的最高境界是通畅。

内心和悦而外在行为通畅,那么别人看到他的脸色也就不会跟他发生争执,看到他的容貌就不会对他产生急慢的想法。

内心受到道德光辉的感动,百姓中没有谁不接受服从的;纯正的理性表现在外面,百姓没有谁不平和顺畅。所以说,"懂得礼乐之道并加以推广,那么天下就没有难办的事了"。

音乐,是由内心萌动而产生的;礼仪,是由外在行为而体现的。所以,礼的主旨在于谦辞,乐的主旨在于满足。礼仪使人谦让,同时也勉励上进,用勉励上进来表达追求尽善尽美;音乐使人欢欣满足,同时也要求能够节制,能够自我约束才能达到尽善尽美的境界。

如果礼仪只是一味使人谦让而不鼓励进取,礼仪的作用就会最终消失;如果音乐一味地满足人的欲望而没有节制,那么音乐的功能也会最终丧失,使人变得放肆无度。因此,礼有往来而乐有节制。礼得到往来回报,就快乐。音乐得到有效节制就会安宁。礼仪的往来回报,音乐的有效节制,二者意义是相同的。

音乐,就是喜悦欢乐的表示,是人的性情所不能避免的。欢乐的情感必定会用声音来表达,通过人体的动作来表现。声音和动作都包含了人们情感和习性的种种变化。所以人不可能没有快乐的情感,欢乐的情感又不可能没有表达的方式。表达的方式如果没有任何规定,不可能不产生混乱状态。

先王厌恶这种混乱,所以制作《雅》、《颂》等歌声来诱导百姓,使歌唱的声音既能表达欢乐之情又不导致放纵,使歌词完全能蕴含义理并且流传不息,使乐曲婉转、平直。简略的节奏能够催人从善,不让放纵的心志、邪僻的气息与他们接近,这就是先王制作音乐的用意。

所以,在宗庙里演奏音乐,君臣上下一起洗耳恭听,没有谁敢不和睦敬重;在同族乡里之中奏乐,男女老少一起聆听,没有谁不平和顺畅;在家庭里演奏,父子兄弟一块聆听,没有谁不相互亲爱。

所以,音乐通过审定人的歌唱来获得安定平和,依照乐器的声音来修饰节奏,节奏协调以便构成乐章。这样,就可以调和君臣父子间的人际关系,使万民亲近归顺,这就是先王建立音乐的用意。所以听到《雅》、《颂》的歌声,志向和意气就会得到扩展弘扬;手持斧盾,演练俯仰屈伸的动作,就可使容貌变得庄重严谨;走在舞蹈的行列中,按照音乐的节奏,就能在行列中摆正位置,前进后退也能合乎整齐的步伐。

所以,音乐是天地间纯美情感的总和,是中正和顺思想的纲要,也是人情无法避免的东西。

音乐,是古代帝王表示喜乐的工具;军旅斧钺,是古代帝王显示威怒的象征。所以古代帝王的喜怒哀乐表现都很完备。喜悦使天下之人都响应他,发怒就使实施暴乱的人恐惧他。古代帝王统治人民的方法、运用礼乐的效果,可以说是十分隆重盛大了。

子夏对音乐的描述

魏文侯问子夏说:"我端正冠服、服饰整齐地聆听古代的雅乐,唯恐倦厌而卧倒睡着,但一听到郑国、卫国的音乐就不知困倦。请问古代的雅乐为什么那样令人厌倦,郑、卫两国的新式流行音乐又为什么如此地吸引人?"

子夏回答说:"我们先谈古乐,进退同步,步调统一,应和之声纯正宽广,弦鲍笙簧的演奏全部遵守击鼓的声音,开始时击鼓,结束时鸣金,用相整理杂乱的行列,用雅指挥迅速前进的动作。君子们于是论述义理,讲述古代的史实和修养自身、保持家庭、平均天下的道理:这是古乐所要表达的意味。

"如今的新乐,进退的步伐杂乱不齐,奸邪声音使人淫逸放纵,沉溺在其中而不能自拔,加上侏儒优伶,男女混杂无章,不知父子尊卑秩序。

"乐曲终了,没什么义理可表现,也无法据此讨论任何古代的史事:这是新乐所要表达的内容。现在国君您问的是真正的音乐,而喜爱的却是单纯的音响。真正的音乐和单纯的音响,虽然有些相似之处但却有根本的不同。"

文侯说:"请问有什么不同?"

子夏回答说:"古代天地和顺、四季有序,人民有质朴的美德,五谷也很丰登,既无天灾,也无人祸,这就叫最太平最适当的年头。然后圣人规定君臣父子的等级制度作为纲纪。纲纪端正以后,天下就很安定,天下安定。

"以后又整理六律,协调五声,用弦管歌唱的方式演奏赞颂功德的诗篇,这就叫德音。德音才能称为音乐。

"《诗经》上说:'那平和清静的音调,真可以说是德音,它可以使美德昭彰显现。'美德昭扬四方,广泛施行,无偏无倚,足以当百姓的君长。统治这个大国,能使百姓和顺,能使万民归附。

"传到文王,这些美德全都具有,治理国家没有什么后悔的。'承受了上天的福赐,延及后世子孙',说的就是这个道理。现在国君所喜欢的,是一种沉迷贪溺的声音吧?"

文侯说:"请问沉迷贪溺的声音是从哪里产生出来的呢?"

子夏描述说:"郑国的音乐奢靡放荡,使人心志迷乱;宋国的音乐娇柔细弱,使人意志颓废、不能振作;卫国的音乐急促多变,使人心意烦躁;齐国的音乐高傲孤僻,使人心志骄逸专横。这四国的音乐都过度沉溺于色情,同时伤害了美好的德行,所以祭祀时都不能采取。

"《诗经》说:'肃穆、雍和、协调的音乐,祖先喜欢听。'肃,就是庄重恭敬;雍,就是雍容和谐。既庄敬又和谐,还有什么事行不通呢?为人君主的人,只要谨慎地注重自己的言行和好恶表情就行了。君主喜欢做的,臣子就会去做,上面推行的,民众就会跟着去干。

"《诗经》讲'诱导百姓前进是非常容易的',说的就是这个道理。之后圣人制作靴、鼓、椌、楬、埙、箎。这六种乐器的声音,都是用来表现德音的声音。然后再用钟、磬、竽、瑟伴奏,用盾牌、斧头、牦牛尾和翟羽伴舞。这样就可以用来奉祭先王的宗庙,用来宴请宾客、献礼酬谢,用来制定上下贵贱的等级、使人事各得其所,用来昭明后世必须有尊卑长幼的等级秩序观念。

"钟声铿锵,这坚强刚毅的声音可以用来建立号令来警戒群众,号令可以树立气势,而气势可以建立威信。君子听到钟声就会想起武臣。

"石磬的声音清晰有力,清脆有力可以建立辨别礼义的是非观念,辨别礼义是非可使人为守节全义而身死。君子听到磬声就思念那些节操坚贞、为戍守边疆而死的臣子。

"丝弦的声音哀婉悠扬,可以树立廉洁公正的思想,廉正的思想又可以用来确立人格所向。君子听到琴瑟的声音就想起来立志行义的臣子。

"竹管的声音洋溢浮泛,可以和其它声音相互融合,可以启发会合融汇的观念,继而可以聚集民众。君子听到竽笙箫管的声音,就想起那些善于积累聚集百姓的臣子。

"鼓的声音欢快奔放,可以调动人的观念,调动人的观念可以用来鼓动民众进取。君子听到鼓声就会想起身职将帅的臣子。

"君子听音乐,并不是听音乐的铿锵声音,而是在听音乐中符合自己心志的内容啊。"

孔子对音乐的描述

一天,宾牟贾陪坐在孔子身边。孔子与他谈话,谈到音乐时,孔问道:"周代的《武》乐,先击鼓表示训诫,但为什么需要那么长时间?"

宾牟贾回答说:"那是武王担心得不到群众的响应啊。"

"舞蹈以前长时间歌唱,并且曲调迟缓悠长,这是为什么呢?"

宾牟贾回答说:"那是将士们惟恐赶不上攻伐的时机。"

"舞蹈开始时,为什么扬手顿足的动作要那样猛烈而迅速呢?"

宾牟贾回答说:"那是表示已经到了开战的时候了。"

"《武》舞中坐的姿势,右膝着地,左膝抬起,为什么呢?"

宾牟贾回答说:"那不是坐的姿态,《武》舞中不应该有坐的动作。"

"歌声连续不断而带有商调,这是为什么呢?"

宾牟贾回答说:"这也不是《武》乐中应有的歌声。"

孔子说:"如果不是《武》乐中的歌声,那是什么歌声呢?"

宾牟贾回答说:"由于主管音乐的人失传了。如果不是主管音乐的人失传,那就是武王的心志荒废了。"

孔子说:"我曾听过苌弘的解释,也与你讲的一样。"

宾牟贾站起来,走下席位请教说:"在《武》乐中,击鼓以表示警戒群众,时间很长,这道理我已经明白了。但是很迟缓地站着,而且又要那么久时间,请问这是为什么呢?"

孔子描述说:坐下来,我告诉你。古代的音乐,是表现功业的。拿着巨大的盾牌,像山一样站着纹丝不动,这是表示武王等待各路诸侯会合时的神态;舞蹈开始时扬手顿足的姿态刚猛有力,这是表示太公的心意;《武》舞中有人步伐错乱时,就得采用坐的姿势,这是表示周公、召公随时督促修正军旅队伍错乱的意思。

而且《武》乐开始演奏时,舞者向北出场,表示武王在孟津检阅军队;再出场表演象征消灭殷商;第三次出场,舞者又回到南面,表示凯旋回到镐京;第四次出场表演,表明征服南方的荆蛮地区,扩展周朝的疆域;第五次出场,舞者分为两列,表示分陕治理,周公治理左边,召公治理右边;第六次出场,舞者回到原地不动,表示尊奉天子,两人敲着铎铃,中间站着一人向四面刺击,表示武王和将帅们统领军队,在中原振奋军威。

敲铎的人分别夹着舞者向前并进,表明齐心协力、功业早日成功。舞者在原位上静立很久,表示武王在等候诸侯们的到来。

你没听说过关于牧野之战的传说吗?武王打败纣王,到达商的都城,还没有下车就把黄帝的后代封在蓟地,把尧帝的后裔封在祝地,舜帝的后代封在陈地;下车后又封夏后氏的后代在杞地,封殷商的后代在宋地,给王子比干的墓培土,释放了被囚禁的箕子,并让他主持殷商的礼乐并恢复了他的职位。废除了压迫庶民的苛政,给士人增加了一倍的俸禄。

渡过黄河,回归镐京,把战马散放到华山南坡不再乘坐;把牛散放在桃林野外,不再奴役它们;把战车和铠甲都套起来封藏在府库里面不再使用;倒放干戈兵器,用虎皮包起来;封带兵的将领们为侯,称他们为"建橐";然后天下人都知道武王不再用兵了。解散军队兵士,让他们学习郊射礼仪,在东郊学习射礼时演奏《狸首》乐曲,在西郊学习射礼时演奏《驺虞》乐,那种贯穿皮革、颇具杀伤力的劲射停止不用了;穿上整齐的礼服,戴上冠冕,腰间别着笏板,那些像猛虎一样的军士也都解下了佩剑;在明堂举行祭祀祖先的仪式,使百姓懂得孝道;举行朝拜的礼仪,使诸侯们懂得应该如何臣服;举行亲耕藉田的仪式,收获并用来祭祀天地,诸侯们才知道虔诚恭顺。

这五项是天下最重要的教化。在太学设置奉养三老五更的礼仪,天子脱掉外衣宰割牛羊,手捧肉酱招待他们,捧着爵请他们漱口,戴着冠冕、手持盾牌。加入舞蹈的行列,其目的在于引导诸侯应当敬重老者尊敬贤人。能够做到这些,周朝的德政就在四方通行,礼乐在天下相互贯通,这样,《武》乐的慎重和迟缓,不也是很合适吗?

师乙对音乐的描述

子贡拜见师乙,向他请教说:"我听说声音歌曲的适应性都不相同,像我这样的人适合唱什么歌呢?"

师乙说:"我只是个卑贱的乐工,哪有资格来回答这个问题呢?就让我谈谈自己的见解,再由您自己来选择。德性宽宏、性情沉静、柔和正直的人,适宜唱《颂》诗;胸怀广博、性情沉稳、豁达诚信的人,适宜唱《大雅》;恭敬节俭、喜好礼仪的人,适宜唱《小雅》;公正清廉、性情谦逊的人,适宜唱《国风》;开朗质朴、慈祥友善的人,适宜唱《商》乐;温和善良、善于决断的人,适宜唱《齐》乐。

"所谓歌唱,就是依据自己的性情表现内在的美德,自己内心受到感化而与天地相应和,四时调和,星辰理顺,万物化育。

"《商》乐,是五帝时期流传下来的乐曲,商人记录下来,所以叫《商》乐;《齐》乐,是三代遗留下来的乐曲,齐人记录下来,所以叫《齐》乐。明了《商》乐诗的涵义,遇到事情能迅速地作出决断;明了《齐》乐诗的内涵,见到好处能够相互谦让。

"遇到事情而果断做出决策,是勇的美德;见到利益而能够谦让,是义的美德。

"人能够有勇有义,如果不是受歌曲的熏陶,谁能保持这种美德呢?所以,当歌声高亢向上时就像节节抗举,低沉时就像往下坠落,回转如同曲折,终止时像敲击枯木发出的声音,小的转折合乎矩尺,大的转折就像弯钩的弧度,一个个音节串连起来就像珠宝链。所以歌唱作为对语言的表达,就是语言的延长。内心喜悦,就要用语言来表达;语言表达不够,所以拖长声音,用咏唱的形式来表达;歌唱还不够,所以就吁嗟感叹;吁嗟感叹还不够,所以就无意识地手舞足蹈起来。"

这一段是《子贡问乐》中的记录。

凡是音乐都是产生于人的内心的。天与人有相通的地方,犹如影子跟从它的实体,回声与原来的声音相应和一样。所以从善的人,上天会用幸福来回报他;作恶的人,上天就会用灾祸来惩罚他,这是非常自然的事情。

所以舜弹奏五弦琴,歌唱《南风》诗后天下大治;商纣制作《朝歌》为北方边野的歌曲,结果身死国亡。

师涓、师旷抚琴

舜的治国之道为什么那样宏伟呢?商纣的治国方法为什么那样狭隘呢?大概是因为《南风》诗是生长壮大的音乐,舜非常喜好这种音乐,他的爱好与天地的意旨相同,得到天下各国的欢欣拥护,所以天下得到大治。

而《朝歌》就是一大清早就唱歌,时间上很不适合,"北"就是败北的意思,"鄙"就是鄙陋的意思,商纣喜好这样的音乐,就与天下万国的意志相违背,于是诸侯不归附他,百姓不亲和他,天下共同背叛他,所以最终身死国亡。

卫灵公的时候,要到晋国去,在濮水上游停驻下来。半夜里听到弹琴的声音,灵公就问左右侍从,都回答说:"没听到。"

于是召来师涓说:"我明明听到弹琴的声音,问左右侍从,却都说没听到。好像是鬼神在弹奏,你给我细细聆听并记录下来。"

师涓说:"遵命。"于是端正地坐在那里,手抚在琴上,一边听一边记录下来。

第二天,师涓说:"我已经都记下来了,但还没有练习演奏,请允许我用一晚上练习此曲。"

卫灵公说:"可以。"于是又住了一晚上。

第二天师涓回报说:"已经练习好了。"于是就离开这里去晋国,拜见晋平公。

晋平公在施惠台上设宴款待。饮到酣畅时,卫灵公说:"我这次来,听到了一曲新乐,请允许演奏一下。"

晋平公说:"可以。"就让师涓坐在师旷旁边,抚琴弹奏。

曲子还没有弹完,师旷就按住琴停止说:"这是亡国音乐,不能听。"

晋平公说:"为什么这样说?"

师旷说:"这是师延作的曲子,是进献给商纣王的靡靡之音,武王讨伐商纣,师延东逃,投进濮水自尽,所以肯定是在濮水上听到这首曲子的,先听到这首曲子的国家一定会被毁灭。"

晋平公说:"我喜欢的是音乐,希望能听完它。"师涓一直弹到曲终为止。

晋平公说:"没有比这首曲子更动人的了吧?"师旷说:"有。"晋平公说:"可以听听吗?"

师旷说:"您德义还较浅薄,不能听。"晋平公说:"我所喜欢的是音乐,希望能听一听。"

师旷无奈,只好抚琴弹奏。弹奏第一遍时,有十六只黑鹤聚集到回廊门前;弹奏第二遍时,黑鹤伸长脖子鸣叫,张开翅膀舞蹈起来。

晋平公极为高兴,站起来为师旷敬酒。平公回到座位上,问道:"没有比这种曲子更动人的了吧?"

师旷说:"有。以前黄帝有一种用来大举合祭祀鬼神的音乐,如今您德义还很浅薄,不配听这种音乐。听了以后就会败毁。"

晋平公说:"我已经老了,只是喜欢音乐,还是希望能够听一听。"

师旷无奈,只好抚琴弹奏。弹奏第一遍时,有白云从西北方的天空涌来。弹奏第二遍时,天空刮起了大风,大雨随之降下,掀飞了回廊顶上的瓦片,左右的侍从都连忙奔走逃命。晋平公很害怕,趴在廊屋的地面上。此后晋国发生大旱灾,三年之间,土地寸草不生。

欣赏音乐,有吉有凶。可见音乐并不是随便可以演奏的啊。

太史公对音乐的感慨

太史公说:"上古时代的圣明帝王,他们制作音乐,基本并非用来愉悦身心、使自己得到快乐,也不是为了使自己心情愉快、欲望得到满足,而是想用来治理国家。

"正确的教化都是从音乐开始的。音乐正常,人的行为也就正常。

"所以音乐是用来激荡血脉、畅通精神、调和并端正人心志的。

"所以宫声感动脾脏而调节端正诚信,商声感化肺脏而调和并端正道义,角声感化肝脏而调和端正仁德,徵声感动心脏而调和端正礼仪,羽声感化肾脏而调和端正智慧。

"所以音乐的功能,对内可以帮助端正心意,对外可以区分地位尊卑贵贱;上可以侍奉宗庙,下可以感召百姓。

"琴长八尺一寸,这是正规的尺度。粗弦发出宫声,居于中央,象征君王。发商声的弦张在右边,其余的弦按粗细大小排列次序以不发生混乱,这样君臣的地位就摆正了。

"所以听到宫声,使人温润舒畅、心胸宽阔;听到商声,使人端方正直、喜好义理;听到角声,使人恻隐悲怜、待人慈爱;听到徵声,使人乐善好施;听到羽声,使人庄重整齐、崇尚礼节。礼约束人的外观行为,乐调和人的内心情感。

"所以君子片刻也不能离开礼,否则就会使粗暴傲慢的行为在外表充分表现出来;片刻也不能离开乐,否则就会使内心充满奸邪怪僻的念头。

"所以音乐,是君子用来修养德义的。

"古代,天子诸侯听钟磬时从未离开过庭院,卿大夫听琴瑟之音从未离开过堂前,其目的在于修养行为义理、防止淫逸放荡。淫逸放荡之所以产生,是因为没有礼仪,所以英明的君王让人们耳听《雅》、《颂》音乐,目视威仪礼节,脚下走路姿态恭敬,口中说着仁义的道理。因此,君子整天满口仁义,奸邪怪僻念头无法侵入。"

律书第三

六律的来历

国家制定事理、确立法纪、度量物品、确定规范,全都秉承六律,六律是万事万物的本源。

对于兵家来说,六律尤为受到重视,所以说"观望敌阵上的云气就可以知道吉凶,窥听敌营中的声音就可以知道胜负",这是任何帝王都无法改变的原则。

武王讨伐商纣王,吹动律管细听军声,从孟春推算到季冬,杀气凝结,而声音则是宫声。同声的事物相互依从,这是万物的自然现象,有什么可值得奇怪的呢?

武力是圣人用来诛伐强暴、平定乱世、铲除险阻、解救危难的。连口长齿利、头顶犄角的兽类受到侵扰时都明白进行抵抗,何况是怀有喜怒好恶之气的人类呢?喜爱就会产生怜惜之心,愤怒就会施以暴力行为,这是人性的自然之理。

以前黄帝进行涿鹿战争,以平定五行中属火的灾难;颛顼与共工对阵作战,以平定五行中属水的灾难;成汤讨伐夏桀,夏桀逃奔到南巢,以此殄灭了夏朝的暴乱。兴盛与废败交相更替,胜利者执掌政权,都是承受上天的意志。

此后,著名的军事家不断涌现,晋国任用咎犯,齐国任用王子成父,吴国任用孙武,严肃申明军纪,赏罚必信,终于都称霸诸侯,兼并列国的领土,虽然比不上三代的封诰誓命,然而自身受宠幸,国君受尊敬,在当世名声显扬,能说不光荣吗?难道能够与当世的腐儒不明大法，不能权度轻重，空谈道德教化、不应当用兵，大到使国君受凌辱、国土失守，小到不断遭受侵犯、国家力量被削弱，却仍然固执己见、不知变通的情况相提并论吗！所以家庭中不能废弃教鞭，国家不能废弃刑罚，天下不能取消征讨。只不过使用起来有巧有拙、有顺有逆罢了。

夏桀、殷纣，能够空手与豺狼搏斗，走路快得能赶上四匹马拉的车，勇力一点也不算小；百战百胜，诸侯震慑降服，权势并不算轻。秦二世的军队多得只好驻扎在无用的地方，在边疆连年用兵，力量不算弱；与匈奴结怨成仇，与南越构成兵祸，威势一点也不算少。但等到威势穷尽时，街巷的百姓都成了敌人，这是因为他们穷兵黩武，不知满足，贪得无厌，不知停止收敛呵。

高祖拥有天下，三面的边境都发生外族作乱，大的诸侯国王，虽然名义上称为天子的藩辅，但并没有尽到做臣子的礼节职责。恰逢高祖对战争感到厌倦和苦闷，再加上萧何、张良等人的计策，所以停止武力征伐，专心于休养生息，对外族、诸侯采用羁縻笼络的政策，并没有使用军队防备。

八风的描述

古书上讲到"七正"。日、月、五星在二十八舍中运行，形成律历，这是上天用来疏畅五行八正之气的，也是上天用来使万物生长成熟的。舍，就是日月的舍止，是舒气的意思。

不周风

不周风居于西北，主管杀生。壁宿位于不周风的东面，主管开辟生气并逐渐往东移，到达营室。营室，主管孕育并产生阳气。向东到达危宿。危，就是垝，即毁坏的意思，阳气受到毁坏，所以叫做危。时间是在十月份。在律吕中与应钟对应。应钟，是阳气的应合，表示暂时藏起不发挥作用。在十二地支中属亥。亥，就是该，指闭藏。是说阳气闭藏起来，所以叫做该。

广莫风

广莫风居于北方。广莫，是说阳气藏在下面，阴气宽广，阳气阔大，所以叫做广莫。向东到达虚宿。虚，即能实能虚，意思是说阳气在冬天就蕴藏在空虚的地方。冬至日阴气开始下降，阳气开始上扬，所以叫做虚。

往东到达须女宿。是说万物将要改变居所，阴阳二气没有分离，还互相需求，所以叫做须女。时间是在十一月，在律吕上与黄钟相对应。黄钟，是指阳气跟从地下的泉水涌出。

在十二地支中属子。子，就是滋，意思是说万物在地下滋长。在十天干中属壬癸。壬的意思是任，是说阳气在地下孕育滋生万物；癸的意思是揆，是说万物可以权衡测度，所以叫做癸。

向东到达牵牛宿。牵牛，是阳气把万物牵引出来。牛，是说大地虽然冻冰，但万物还是抗拒寒冷生长。牛,还有耕地种植万物的意思。

向东到达建星。建星,就是形成各种生物。时间是在十二月,在律吕上与大吕相对应。大吕,在十二地支中属丑。

丑,就是纽。是说阳气在上面还没有降下,万物受到阻碍纽结在一起不敢冒出。

条风

条风居于东北,主管出生万物。条的意思是调理万物使它们生长,所以叫做条风。

向南到达箕宿。箕,说的是万物的根基,所以叫做箕。

时间是在正月,在律吕上与泰蔟相对应。泰蔟,是说万物丛生,所以叫做泰蔟。

在十二地支中属寅。寅,是说万物生长时像蚯蚓一样蠕动,所以叫做寅。

向南到达尾宿,是说万物初生时像尾巴一样微弱细小。向南到达心宿,是说万物初生时像花心一样娇嫩。

向南到达房宿。房,是指万物的门户,到达门户就可以出来了。

明庶风

明庶风居于东方。明庶,表示众多生物都要出来了。

时间是在二月,在律吕中与夹钟相应。夹钟,是讲阴阳二气夹持在两侧。

在十二地支中属卯。卯就是茂,讲的是万物茂盛的意思。

在十天干中属甲乙。甲,是说万物蜕开甲壳出来;乙,是说万物生长得齐齐整整。

向东到达氐宿。氐,是说万物全部都到达了。

向南到达亢宿。亢,是说万物高高地生长出现。

向南到达角宿。角,是说万物都有枝杈,就像兽角一样。

时间是在三月,在律吕上与姑洗相对应。姑洗,是说万物就像刚洗过似的以新鲜清洁的面貌生长出来。

在十二地支中属辰。辰,就是娠,是说万物已经怀胎。

清明风

清明风居于东南隅,掌管用风吹动万物,使它们向西到达轸宿。轸,是万物更加成长壮大,轸轸旺盛。

向西到达翼宿。翼,是说万物均有羽翼。

时间是在四月,在律吕上与仲吕相对应。仲吕,是说万物全都旅行往西行进。

在十二地支中属巳。巳,是指阳气已经用尽了。

向西到达七星宿。七星,表示阳数成于七,所以叫做七星。

向西到达张宿。张,是指万物都已张扬。

向西到达注宿。注,是表示万物开始衰落,阳气往下垂降,所以叫做注。

时间是在五月,在律吕中与蕤宾对应。蕤宾,是说阴气还很细微幼小,所以叫做蕤；阳气萎谢而不能发挥作用，所以叫做宾。

景风

景风居于南方。景，是指阳气运行已经到达尽头，所以叫做景风。

在十二地支中属于午。午，是指阴阳二气相互交错，即叫做午。

在十天干中属丙丁。

丙，是说阳气彪炳显著，所以叫做丙；丁，是说万物强壮，所以叫做丁。

向西到达弧宿。弧，表示万物凋谢将要死去。

向西到达狼宿。狼，是说万物可以度量，最后评定万物的成长状况，所以叫做狼。

凉风

凉风居于西南隅，主管地。地，可以沉陷侵扰万物的生气。

时间是在六月，在律吕上与林钟对应。林钟，是说万物成熟后即将走向死亡，生气已被大量掠夺的样子。

在十二地支中属未。未，是讲万物都已成熟，各有不同的滋味。

向北到达罚宿。罚，是讲万物的生气被侵夺，可以攻伐。向北到达参宿。参，是说万物可以参验，所以叫做参。

时间是在七月，在律吕上与夷则相对应。夷则，是说阴气伤害万物。

在十二地支中属申。申，是说阴气发挥作用，对万物申致毁坏，所以叫做申。

向北到达浊宿。浊，即触，是说万物都将触到死地，所以叫做浊。

向北到达留宿。留，是说阳气在此停留，所以叫做留。

时间是在八月，在律吕中与南吕对应。南吕，是说阳气已经游荡到闭藏的地方。

在十二地支中属酉。酉，是指万物衰老，所以叫做酉。

阊阖风

阊阖风居于西方。阊，就是倡导的意思；阖，就是闭藏的意思。是说阳气引导万物，闭藏到黄泉中去。

在十天干中属于庚辛。庚，是说阴气变易万物，所以叫做庚；辛，是讲万物将要再度生长，所以叫做辛。向北到达胃宿。胃，是说阳气走向闭藏，就像进入胃中一样。

向北到达娄宿。娄，是说招呼万物并加以容纳，如同装进笼子里一样。

向北到达奎宿。奎，掌管毒杀万物，包容并收藏起来。

时间是在九月，在律吕上与无射相对应。无射，是指阴气旺盛主管事物，阳气肃杀无余，所以叫做无射。

在十二地支中属戌。戌，是指万物全都灭亡，所以叫做戌。

封禅书第六

五德传承

秦始皇统一天下称帝以后,有人说:"黄帝得到土德,有黄龙像蚯蚓似的从地里显现。夏朝得到木德,有条青色的龙停留在郊野,草木生长得异常茂盛。殷朝得到金德,银从山上溢了下来。周朝得到火德,出现了赤鸟如同火一样从天而降的祥瑞。如今秦朝取代了周,正是处在水德的时候。从前秦文公外出打猎,获得一条黑龙,这就是水德的祥瑞。"于是秦朝将黄河改名叫"德水",以冬十月为岁首,服色崇尚黑色,度制以六命名,音律崇尚大吕,国家政事一律推崇法治。

以前夏、商、周三代都居住在黄河、洛水一带,所以嵩山成为中岳,其它四岳各处在所说的方位,四渎都在崤山以东。到了秦国称帝,定都咸阳,而五岳、四渎都在东方。从五帝时代到秦朝,时而兴隆时而衰败,名山大川有的在诸侯封国之内,有的在天子直接统辖的区域里,祭祀它们的礼仪略有增减,每个时代都不一样,这种情况数不胜数。等到秦国统一天下,命令祠官经常奉祭的天地名山大川鬼神才得以依次记述。

从崤山以东,有五座名山,要祭祀的大川有两条。五座名山是:嵩山,恒山,泰山,会稽山,湘山。两条大川其中一条叫济水,另一条叫淮水。春天用干肉和酒举行岁祠,之后就解冻了,到秋天又结冰,冬天为酬答神灵、祈求保佑而举行祭祀。祭祀用的牺牲各为一头小牛,其它珪币等祭品各有差异。

从华山以西,有七座名山,四条名川。名山分别为华山,薄山(即襄山),岳山,岐山,吴岳,鸿冢,渎山(即蜀地的汶山)。名川名为:黄河,在临晋祭祀;沔水,在汉中祭祀;湫渊,在朝那祭祀;长江,在蜀地祭祀。也都是在春秋季节解冻、冰冻时举行祭祀,并在冬季酬谢神灵、祈求保佑,与祭祀东方的名山大川一样;祭祀所用牺牲祭品为一头小牛,珪币等,其它祭品各有差异。而四座高大的山,鸿冢、岐山、吴岳、岳山,都出产新谷做祭品的尝祭。

陈宝祠的神灵应节前来享祭,同时用醪酒作为祭品对黄河进行尝祭。这些祭祀活动都在雍州一带,临近天子的都城,所以要加用一乘车,四匹赤身黑鬣的马驹。

霸水、产水、长水、沣水、涝水、泾水、渭水都不是大川,但因为靠近咸阳,都得以运用祭祀名山大川的礼仪规格进行祭祀,只是没有车马之类的附加祭品。

汧、洛两条河川,鸣泽、蒲山、岳嵋山等,是小山川,也都有岁祷、报神、解化冰冻等祭祀,礼仪不一定相同。

而雍州有日、月、参宿、辰宿、南斗北斗、火星、金星、木星、土星、二十八宿、风伯、雨师、四海、九臣、十四臣、诸布、诸严、诸逑等类,有一百多座庙。秦国的旧都西县也有几十处祠庙。湖县中有周天子祠。下邽县有天神之庙。沣水、滈水有昭明、天子辟池。杜地、亳亭有三座杜主祠、寿星祠；而雍菅庙里也有杜主。杜主，是当时周朝的右将军杜伯，他在秦地里面，是最小的鬼神。每年各自按时奉祭。

只有雍州四時祭祀上帝最为隆重，祭祀时的情况能感化人民的，只有陈宝。因此雍州四時的祭祀，春天举行岁祷，很快解冻，秋天又冻冰了，冬天举行酬谢报答神灵的赛祀，五月举行以马驹作为祭品的尝祭，以及在四季的仲月举行月祭，至于陈宝神应节而来也祭祀一次。春夏季用赤色的马祭祀，秋冬季用赤身黑鬣的马祭祀。四時的祭祀用四匹马，木偶龙驾的有铃车一辆，木偶马驾的车一辆，颜色与各自祭祀的青、黄、赤、白四帝相一致。黄色的牛犊、羔羊各四只，珪币各一定的数量，都使用生埋的方式，没有俎豆等器具盛放祭品。每三年举行一次郊祭。秦朝把冬十月作为岁首，所以经常在十月斋戒郊祭，燃烧柴火用来照明，在咸阳城附近拜祭，祭服的颜色为白色，仪式与通常所用的相同。西時、畦時的祭祀，方法与以前一样，皇帝不需要亲自前往。

秦始皇登上帝位的第三年，向东巡视郡县，在驺峄山举行祭祀典礼，来歌颂秦朝的功业。于是征集齐、鲁地区的儒生博士共七十人随他，来到泰山脚下。

这些儒生中有人议论道："古代举行封禅用的是以蒲草裹着车轮的车子，这是因为唯恐会伤害山上的草木土石；将地面打扫干净再进行祭祀，只用枯草和农作物的茎秆做垫席，说是这样容易遵循。"

秦始皇听到这些议论怪异，难以施用，从此罢黜儒生。继而就开辟车道，从泰山南面向上一直修至山顶，竖立石碑歌颂秦始皇帝的功德，表示他是能够举行封礼的。从泰山北面的道路下来，在梁父山举行禅礼。

封禅的礼仪多数采用太祝在雍邑祭祀上帝时使用的礼仪。然而都封藏隐秘起来，世人无法加以记录。

秦始皇登泰山的时候，在山坡中突遇暴风雨，在大树下歇息避雨。那些儒生已经被贬黜，就不能参与在泰山顶上祭天的典礼，听说秦始皇遇到了风雨，就讽刺他。

秦始皇接着就向东游览海上，举行典礼祭祀名山大川和八神，寻求羡门等类的仙人。

八神的名目很久以来就有了，有人说是自从姜太公以来形成的。齐国之所以称为齐，是因为它与天平齐。对它的祭祀早已断绝，没有人知道确切是从什么时候开始的。

八神：一叫天主，在天齐祭祀它。天齐有五眼泉水一同流出，就在临淄城南郊的山脚下面。二叫地主，在泰山地区的梁父山祭祀它。可能是因为天好阴，所以祭祀该神必须在高山的下面，小山的上面，取名叫"時"；又因为地贵在阳，所以祭祀该神必须在水泽中的圆丘上面。三叫兵主，在蚩尤山祭祀它。蚩尤山在东平郡的陆监乡，位于齐国的西部边地。四叫阴主，在参山祭祀它。五叫阳主，在之罘山祭祀它。六叫月主，在之莱山祭祀它。参山、之罘山、之莱山都处于齐国北部，靠近渤海。七叫日主，在成山祭祀它。成山陡峭直至大海，位处齐国的最东北角，可以在那里迎接日出。八叫四时主，在琅邪山祭它。琅邪山在齐国的东方，是表示一年开始的地方。八神都分别用一牢来祭祀,但分别主持祭祀的人对祭品有所增削,祭祀用的珪币就各自混杂不同了。

  自从齐威王、齐宣王的时候,驺衍这些人著书论述五德终始的学说,到了秦国称帝,就有齐人上奏这种学说,所以始皇帝就采纳了。而宋毋忌、正伯侨、充尚、羡门子高,说到底都是燕国地方的人,研究方术和仙道,主张人死后精神可以从形体中解脱而变成神仙,谈论的都是些关于鬼神的事情。驺衍以阴阳主运的学说在诸侯中闻名,而燕、齐一带近海地区的方士传授他们的主张却不能求得通畅,这样一来那些怪诞迂腐、阿谀逢迎、苟且偷安的人从此就兴隆起来,多得不可胜数。

  自齐威王、齐宣王、燕昭王开始,就派人入海寻找神仙居住的蓬莱、方丈、瀛洲这三座山。这三座神山,传说是在渤海中,离人们居住的地方并不远;当祸患就要来临时,就会有风将过来的船拉走。可能曾有人到过那里,各位仙人和长生不死药都在那里。那里的禽兽等物都是白色的,宫阙都是用黄金白银建筑的。还没到达的时候,看上去很像云;等到达时,这三座神山反而沉入了水里。临近它们时,就将有风把人拉走,所以最终没有谁能够到达。各国的国君都不甘心。到了秦始皇统一天下,到达海上,就有方士无数次地前来讲述这件事。始皇自以为到了海上恐怕又不能到达神山,就派人带上童男童女入海去寻求。船交错在海中,都以有风为借口,说无法到达,但已经看到了。第二年,始皇再次巡游海上,到达琅邪,又经过恒山,从上党返回。此后的第三年,巡游碣石山,考察入海的方士,从上郡返回。此后第五年,始皇南到达湘山,继而又登上会稽山,坐船沿海北上,指望能碰到海上三座神山的长生不死的奇药,但没能得到。回来的途中到了沙丘,就死了。

  秦二世元年,向东巡游碣石山,沿着海岸南行,经过泰山,到达会稽山,所到之处都设礼祭祀,又在秦始皇建立石碑的碑文旁边刻写,以显示秦始皇的功德。这年秋天,诸侯反叛秦朝。二世三年,秦二世被杀死。

  始皇举行封禅典礼后的第十二年,秦朝灭亡。每个儒生都痛恨秦朝焚毁《诗》、《书》,诛杀文学人士,百姓们也痛恨秦朝的严刑酷法,整个天下都背叛秦朝,都谣传说:"秦始皇上泰山,被暴风雨袭击,没能进行封禅。"这难道不正是所说的没有相当的德行却硬要进行封禅的那种情况吗?

河渠书第七

古代的河渠

  《夏书》上说,大禹治理洪水十三年期间,路过自己家而不进去;在陆地上行走坐车,在水中前进乘船,在泥沼里行走踩橇,在山路中行走就得乘轿(古称"檋")而行;划分九州的疆界,随着山势疏通河川,依据土地情况确定贡赋;开辟九州的道路,填堵九州的沼泽,度量九州的山脉。

然而黄河泛滥成灾,对中原地区的危害尤为严重。整治黄河成为当务之急。所以疏浚黄河,从积石山经过龙门,向南到达华阴,向东由砥柱山,以及孟津、洛汭,到达大邳山。

于是大禹认为,黄河的发源地地势较高,水流湍急凶险,难以在平地上通行,屡次造成灾害,于是开凿两条河渠引出黄河。向北通过高地,经过降水,到达大陆泽,分为九条河流,再汇同为逆河,流入渤海。

九州的河川已经疏浚,湖泽已经清理,华夏各地安定无事,功德一直延续至夏、商、周三代。

此后,从荥阳城下将黄河水引向东南形成鸿沟,流经宋、郑、陈、蔡、曹、卫等国,与济水、汝水、淮水、泗水相汇合。

在楚地,西部有水渠沟通汉水、云梦泽地区,东部则有邗沟接通江、淮一带。

在吴地,开渠连通三江、五湖。

在齐地,开渠接通淄水、济水之间地带。

在蜀地,蜀郡太守李冰开凿离碓,避开沫水的威胁,在成都中间开通二江。

这些水渠都可以行船,多余的水则用来灌溉,百姓都享受渠水带来的利益。至于水渠经过的地方,往往开通支流引水灌溉农田,这些小渠有数以万计,但太小以至于不值得计算。

西门豹引渠漳水灌溉邺县,使得魏国的河内地区富饶起来。

而韩国听说秦国喜爱兴举事功,想耗费秦国的实力,不让它向东攻打,于是派水利专家郑国伺机向秦王游说,让他凿穿泾水从中山西到瓠口为水渠,沿北山向东流入洛水,全长为三百多里,想用它浇灌田地。在施工过程中,秦国觉察到韩国的计谋,秦王想杀死郑国。

郑国说:"本来我是做间谍,不过渠修成以后对秦国也有好处啊。"

秦王认为他说的有道理,最终让他完成了修渠工程。水渠建成后,用来引入带有淤泥的水,灌溉了四万多顷低洼盐碱地,收成每亩都达到了一钟。使得关中地区变成了沃野,没有灾荒年岁,秦国因此富强起来,最后兼并了诸侯各国。这条渠被命名为郑国渠。

汉朝建立以后三十九年,孝文帝时期,黄河在酸枣决口,向东面冲垮了金堤,于是东郡大举发动兵士堵塞决口。

四十多年以后,当今天子元光年间,黄河又在瓠子决口,向东南方向流进巨野泽,与淮水、泗水相汇。于是天子派汲黯、郑当时发动民夫囚犯堵塞决口,但刚堵好又冲坏了。

这时武安侯田蚡做丞相,供奉他的食邑是鄃。鄃县位于黄河北岸,黄河决口向南发生泛滥,因此鄃并没遭水灾,食邑的收成丰厚。

田蚡对皇上说:"江河决口全是上天的安排,用人力来强行堵塞不容易,堵塞未必符合天意。"

那些望气和使用法术的人也都这么认为。于是天子在很长时间里不再主管堵塞决口的工作。

郑当时担任大农官职时,说道:"从前关东漕运粮食是顺渭水上来,大约六个月才能结束,漕运的水道有九百多里长,常常有很难通行的地段。如果引渭水从长安开始修渠,沿南山向下,到黄河才三百多里,道路直,容易漕运,预计可以让它三个月运完;并且渠下有一万多顷民田,又可以用渠水灌溉;这样将减少漕运的时间,节省人力,并且使关中土地更加肥沃富足,能使谷物获得丰收。"

皇上认为很有道理,就命令齐地的水利专家徐伯测量标记,征发几万名士卒去开凿水运渠道,历时三年就修成了。修成以后用来漕运,的确十分便利。这以后漕运逐渐增加,漕渠沿岸的百姓也能够大量用渠水浇灌田地了。

此后河东郡守番系说:"漕运从山东往西,每年要运一百多万石,再加上砥柱的险阻,消耗很大,而且花费也多。如果开渠引汾水灌溉皮氏、汾阴一带的土地,引黄河水灌溉汾阴、蒲坂地区的土地,预计可以得到五千顷田地。

这五千顷地原本都是河边荒地,百姓只是在那里打草放牧,若灌溉成良田,估计将得到二百万石以上的谷物。谷物从渭水向上运,跟关中没什么差别,而且砥柱以东可以不再进行漕运了。"天子认为很有道理,就发动几万名士卒修渠造田。

几年后,黄河改道,渠水不足,种田人连种子的费用也补不上。时间一长,河东的良田荒废,只好给了越地迁来的人,让少府从中赚得少量收入。

这以后,有人上书想凿通褒斜道来漕运,下发给御史大夫张汤来处理。

张汤询问这件事,便说:"到蜀地要从故道去,故道斜坡很多,弯曲遥远。现在要是凿通褒斜道,斜坡少,距离将缩短四百里;而且褒水和沔水相通,斜水和渭水相通,都可以行船漕运。漕运从南阳上经沔水进入褒水,从褒水的绝水处到达斜水,中间有一百多里,需使用车转运,再从斜水往下运到渭水。这样,汉中的谷物就可以到达,山东地区从沔水漕运没有障碍,比起从砥柱漕运来要方便。而且褒、斜地区木材竹箭的富饶,足以跟巴蜀相比。"

天子认为有道理,就命令汤子印为汉中郡守,带领几万人修筑褒斜道五百多里。道路的确既方便又近,但水流湍急,礁石又多,无法进行漕运。

此后庄熊罴说:"临晋的百姓希望凿渠引洛水灌溉重泉东面一万多顷的盐碱地。如果真能获得水,可以使亩产达到十石。"

皇上为此征发一万多名士卒开凿水渠,从徵县把洛水导引至商颜山下。渠岸容易塌崩,于是挖井,深的有四十多丈。沿途处处挖了井,井下流水相通。水在地下流动并穿过商颜山,向东到达山岭十多里之间。井渠便由此产生。开凿井渠时发现了龙骨,就取名为龙首渠。修了十几年以后,渠道十分通畅,但还是没有得到多大好处。

自从黄河在瓠子决堤以后二十多年,每年常常由此而没有好收成,梁地、楚地这种情况尤为严重。天子举行了封禅典礼并巡行祭祀山川。第二年,出现干旱天气,老天为要曝晒泰山封坛的土,因而很少下雨。天子便派汲仁、郭昌带领几万名士卒堵塞瓠子的黄河决口。天子在万里沙举行了祈求降雨的祭礼后,就返回并亲临黄河决口,将白马、玉璧沉入黄河来行祭礼,命令跟从的大臣官员自将军以下都背柴填堵黄河决口。正逢此时东郡烧草,所以柴薪缺少,就砍掉淇园的竹子来作为堵塞决口的楗桩。

天子已然亲临黄河决口,叹息堵塞决口的事没有成功,于是作歌吟道:

"瓠子决口了呵,该如何是好?汪洋浩荡呵,州闾全成了河!全成河了呵,土地不得安定,堵塞决口的工程没有停息的时候,但我的山已经挖平了。我的山挖平了啊,巨野泽又泛滥出来,满地都是鱼儿啊,大水已逼近天边。河道废弛了呵,离开了正常的流动渠路,蛟龙尽情驰骋啊,正打算远游,回归故道吧,请神灵保佑,不来巡行封禅啊,怎能知道外边的水患!替我告诉河伯吧,为什么这样狠心,泛滥不止啊,愁坏了我们啊?啮桑漂浮呵淮、泗的水都满了,长久不回正道啊,只希望水灾减免。"

另一首歌为:

"河水浩荡呵,激起滚滚波浪,北渡迁远呵,流急难以疏浚。用长茭竹索堵塞啊,沉下美玉祭拜,河伯即使答应啊,柴薪也不够用。薪柴不够用啊,都是卫人的罪过,把柴薪全烧没了呵,用什么来抵御水灾!砍下林中的竹子呵,打桩填石为填塞,宣房堵塞成功呵,万福才能到来。"

于是最终堵塞住瓠子决口,命令在上面修建了一座宫殿,取名为宣房宫。又修了两条渠道引导黄河向北流,恢复了大禹时的故道。梁、楚一带的土地重新获得安宁,没有水灾了。

自此以后,掌权的人争相探讨水利。朔方、西河、河西、酒泉各郡都将黄河和川谷的水引来灌溉农田;关中的辅渠、灵轵渠引堵水;汝南、九江引淮水;东海郡引巨定泽的水;泰山下面引汶水。全都开渠引水灌溉田地,各有一万多顷。其它的小渠以及开山凿通水道的,数不胜数。其中最著名的在宣房。

平准书第八

卜式牧羊

卜式是河南人,从事种田畜牧。父亲死后,卜式有个小弟弟,弟弟长大以后,卜式便与弟弟分家,只分到了蓄养的一百多只羊,而田宅和财物全部给了弟弟。

卜式进山牧羊十多年,羊繁殖到一千多头,置买了田地住宅。而他的弟弟却毁掉了所有的家产,卜式就又屡次把财产分给弟弟。当时汉朝正多次派遣将领攻打匈奴,卜式上书,愿意把一半家产献给官府作为辅助边境需要。

天子派使者问卜式:"你想当官吗?"

卜式说:"我自小放牧,没学习过做官,不想当官。"

使者问:"家中是否有冤屈,想申诉吗?"

卜式说:"我生来就跟任何人没有纷争。我的同乡人贫困的我就借贷给他,行为不善的就教育他,在我居住的地方人们都听从我的话,我怎会被人冤屈呢!没有什么可申诉的。"

使者说:"既然如此,你为什么要这样做呢?"

卜式说:"天子攻伐匈奴,我认为有贤能的人应该在边疆尽忠职守,有财产的人应该捐献给国家,这样匈奴才能被消灭掉。"使者把他的话都带回朝廷告诉天子。天子对丞相公孙弘说了。

公孙弘说:"这不合乎常人的情况。像这样不墨守成规的人,不可以作为榜样,否则会扰乱正常的法度,希望陛下不要准许他。"

于是皇上很久没有答复卜式,几年以后,这件事就作罢了。

卜式回到家乡,重新种田放牧。又过了一年多,正逢军队多次出兵,浑邪王等人归降,官府花销很大,粮仓钱库都虚空了。第二年,贫民大规模迁移,都需官府供给,但官府无法全部供养。

卜式将二十万钱给河南郡守,用来供养迁移的贫民。河南郡守上报富人救助穷人的名单,天子看到卜式的名字,又记起了他,说:"他就是以前要捐献一半家产资助边防的人。"

于是赏给卜式四百人戍边的费用,卜式又把钱全部还给官府。

当时富家们都争着隐瞒财产,只有卜式一再要捐献钱财资助国用。于是天子最终认为卜式是个很有德行的长者,所以尊崇并大力表彰他,以此来教化劝导百姓。

开始时,卜式并不愿意做郎官,天子说:"我有羊在上林苑里,想让你去牧养它们。"

卜式这才接受郎官职位,穿着布衣草鞋放羊。一年多以后,羊长得很肥壮,繁殖得很多。皇上路过时,看到他放的羊,大为赞赏。

卜式说:"不只是牧羊,治理百姓也是这样啊。按时让它们起居,有破坏分子就清除掉,不要让它毁坏整个群体。"

皇上认为卜式是个奇人,任命他为缑氏县令加以任用,缑氏的百姓都感到很便利。又调任成皋县令,负责管理漕运成绩最优。皇上认为卜式朴实忠厚,就任命他为齐王的太傅。

卜式为官

山东地区年收成不好,天子就大赦天下,利用南方楼船军队二十多万人攻打南越,调动几万人从三河以西用骑兵攻打西羌,又派遣几万人渡过黄河修筑令居城。

首次设置张掖、酒泉二郡,在上郡、朔方、西河、河西等郡设置田官,征调六十万兵卒在那里屯田戍守。中原地区修道运粮,远的有三千里,近的有一千多里,全都依靠大农供给。边地的兵器不足,就拿出武库工官打制的兵器来提供需要。战车骑兵用马不足,官府钱很少,买马难以办到,就制定法令,命令从上至诸侯下到三百石的官吏,按等差向天下驿亭缴纳母马。于是天下驿亭都牧养着母马,每年根据马匹繁殖的情况加以征发使用。

卜式上书说:"听说君王有忧患就是臣子的耻辱。南越起兵反叛,我希望我们父子俩与齐地熟习驾船的人一起去拼死力战。"

天子下诏说:"卜式虽然亲自种田放牧,却毫不谋求私利,一有剩余就捐助给政府使用。如今天下不幸有了危难,而卜式发奋自愿父子拼死战斗,虽然还没有亲自去参战,但可以说是忠义发自内心。赐给他关内侯的爵位,赏黄金六十斤,田地十顷。"诏告天下,但天下没有人响应。

当时的列侯有数百个,谁也不请求参军去攻打西羌、南越。等到诸侯朝见进献酎金时,少府检查金子的成色,因为进献的金子不合格而失去爵位的有一百多人。于是天子任命卜式为御史大夫。

卜式上任后,发现郡国大多认为官府制作的盐铁不便使用,铁器质量很差,价格又昂贵,有的甚至强迫百姓买卖。并且船只也要征收算钱,商人用船运货的情况就少了,物价昂贵,于是通过孔仅进言船只征收算钱的事。皇上由此就不喜欢卜式了。

汉朝连续三年出兵,打败了西羌,灭亡了南越。从番禺以西到蜀南地区共设置了十七个新郡,并且依照各地原来的风俗治理,不征收赋税。南阳、汉中以南各郡县,各自根据地理位置就近提供新郡官吏士兵的俸禄、粮食、货币和物资,以及驿传所用的车马和配件用具。

然而新郡常常发生叛乱,杀害汉朝官吏,汉朝征调南方的官兵前去讨伐,每隔一两年时间就要发动一万多人,费用开销都靠大农供应。大农用均输法调整盐铁收入来补充税赋,所以能够满足供应。然而军队所经过的各县,只要求根据需要供给不缺乏就行了,再也不敢说依据常规税法办事了。

第二年,即元封元年,卜式被降级为太子太傅。而桑弘羊担任治粟都尉,主管大农事务,完全取代孔仅管理全国盐铁事务。

吴太伯世家第一

季札出访

　　季札是吴王寿梦的第四个儿子,因为他英明、有节操和才华出众,故吴王去世前便想传位于他,立季札为王,但季札再三谦让没有接受,只好立长子诸樊,代行处理政务,掌管国家大权。

　　吴王诸樊元年。诸樊服丧期满脱去丧服后,想让位给季札。

　　季札推让说:"曹宣公去世的时期,诸侯与曹国人认为曹君杀死太子夺位不义,都准备拥立子臧,子臧逃离曹国,来成全曹君,君子们说他'能够严守节操'。您是合法的继承人,没有人敢冒犯您!为国君,不是我的志节。我季札虽然没有什么才能,只希望效法子臧的节操。"

　　吴国人坚决要立季札,季札就弃家耕田,大家这才不勉强他。秋天,吴国攻打楚国,楚军打败了吴国的军队。

　　四年,晋平公开始继位。

　　十三年,吴王诸樊去世,遗愿要把王位传给弟弟馀祭。想依照兄弟的排行次序往下传,非要传位给季札才算完事,以符合先王寿梦的意愿,而且大加赞美季札的节义,希望兄弟能够依次相传,以便能够逐渐将王位传给季札。季札被封在延陵,号称延陵季子。

　　吴王馀祭三年,齐相庆封犯罪,逃离齐国来投奔吴国。吴国把朱方县送给他,作为供给他的食邑,又将宗室的女子嫁给他,他比在齐国的时候还要富有。

　　四年,吴王派季札出访鲁国。季札请求观赏周朝的乐舞。鲁国为他演唱《周南》、《召南》。

　　季札说:"好美啊,已经奠定了牢固的基础,但还没有达到尽善尽美的程度,不过它唱出了百姓勤劳做事而没有怨言的情绪。"

　　鲁国又为他演唱《邶风》、《鄘风》、《卫风》。

　　季札说:"完美而深沉呵,体现了虽有忧患但并不迷惑的心情。我听说卫康叔、武公的德行就是这样的,这大概是《卫风》吧?"

又演唱《王风》。季札说:"美好啊,心怀忧虑但并不恐惧,这大概是表现周王室东迁的乐曲吧?"

演唱《郑风》。季札说:"格调太细弱了,表现了百姓不堪忍受严酷的政令,这可能是郑国首先灭亡的征兆吧?"

演唱《齐风》。季札听完说:"真美啊,这是泱泱大国的风度呵!象征着辽阔的东海,应该是表现太公的吧?齐国的前途不可估量。"

演唱《豳风》后,季札说:"美好呵,气势坦荡宽阔,欢乐而不过分,这大概是反映周公东征的乐曲吧?"

演唱《秦风》。季札说:"这就是所说的华夏之声。能够变成华夏之声的就必然弘伟,而且宏大到了极点,这大概是周朝故地的乐曲吧?"

演唱《魏风》。季札说:"真美呵,悠扬婉转,宏大而和缓,简约而易行,再用德教加以辅佐,这样就能够成为贤明的君主了。"

演唱《唐风》。季札说:"忧思深远呵,大概有陶唐氏的遗风吧?不然,忧患意识怎能如此深远呢?如果不是德行美好的先王的后代,谁能够像这样!"

演唱《陈风》。季札说:"国家没有贤明的君主,这个国家还能长久下去吗?从《郐风》以下,就没有什么评论了。"

演唱《小雅》。季札说:"好啊,有忧患意识但没有二心,有怨恨情绪但不敢说出,这大概是周德衰微的征兆吧?但还有先王遗民的流风余韵。"

演唱《大雅》。季札说:"宽广而宏大呵,和谐婉转但又正直刚强,大概象征了文王的盛德吧?"

演唱《颂》。季札说:"完美到了极致啦,正直而不傲慢,委婉而不卑屈,亲近而无强迫,疏远而不散漫,多变而不混乱,反复而不厌倦,哀伤而不幽怨,欢乐而不荒唐,使用而不匮乏,宏大而不张扬,施予而不浪费,获取而不贪婪,音乐停止而余韵缭绕环荡,音乐行进而不会溢荡泛滥。五声和谐,八音协调,节奏有度,旋律有序,这同美妙的盛德完全一致。"

欣赏了《象箾》、《南籥》的舞蹈后,季札说:"很美呀,但还有遗憾。"

观赏了《大武》的舞蹈后,季札说:"真美,周朝的盛德大概就是这样吧?"观赏了《韶护》的舞蹈后,季札说:"圣人已经那样伟大,却还在为自己的德行而惭愧,看来要成为圣人该多难呵!"

观赏了《大夏》舞蹈后,季札说:"美好啊,辛勤劳累却不居功自傲,除了大禹谁能做到这样呢?"

观赏了《招箾》舞蹈后,季札说:"德行伟大到了极点呀,像天一样无所不包,像地一样无所不载,这样的盛德已经无法复加了。我的观赏已经足够了,即使还有别的乐曲,我也不敢再观赏下去了。"

离开鲁国,接着出使齐国。季札劝晏平仲说:"您即刻交出封邑和权力。没有封邑也没有权力,才能免除灾难。齐国的政权即将有所归属;在没有归属以前,灾难不会停止。"所以晏子通过陈桓子把政权和封邑交了出来,因此避免了栾施、高强的灾难。

离开齐国,出使郑国。季札会见子产,一见如故。对子产说:"郑国的统治者荒淫奢侈,灾难就要来临了,政权必定归您。您执政后,要恭敬谨慎地以礼义治国。否则,郑国就将败亡。"

离开郑国后,来到卫国。对蘧瑗、史狗、史䲡、公子荆、公叔发、公子朝说:"卫国有很多君子,没有什么灾难。"

从卫国前往晋国,准备在宿地住下,听到钟声,说:"奇怪啊!我听说,反叛而不修德行,必定会遭到杀戮。孙文子得罪了国君却住在这里,畏惧还来不及,还能够敲钟奏乐吗?孙文子住在这里,如同燕子在帷幕上筑巢一样。国君还没有下葬,难道可以敲钟奏乐吗?"便离开了这里。孙文子听说后,终身不再听琴瑟之音。

来到晋国后,季札对赵文子、韩宣子、魏献子说:"晋国的政权就要归集到三家了吧!"正要离开时,对叔向说:"您要勤勉努力啊!国君骄奢淫逸但还有许多良臣,大夫们都很富有,政权将归属到三家。您为人正直,一定要想办法自救,使自己免于祸难。"

季札开始出使的时候,北上途中路过徐君那里。徐君喜欢季札的宝剑,口中却没敢说。季札心里明白,由于要出使中原大国,所以没有送给他。返回时到达徐国,徐君已经死去,于是季札就解下自己的宝剑,挂在徐君墓旁的树上离去。

跟从的人说:"徐君已经死了,宝剑还送给谁呢?"

季札说:"不对。当初我内心已经答应送给他了,怎么能因为他死了而违背我的誓言呢?"

齐太公世家第二

襄公乱伦害亲

春秋时期,齐国的釐公(也称僖公)去世,继位的就是齐襄公。齐襄公有两个同父异母的姊妹,都长得很美,一个叫宣姜,嫁给了卫宣公;一个叫文姜,长得更漂亮,从小兄妹俩亲昵无忌,逐步勾搭成奸。后来文姜嫁给了鲁桓公。

公元前694年,齐襄公继位四年的时候,鲁桓公要去齐国访问,齐国派使者去迎接,文姜听说了,便一再要求陪鲁桓公一块前往,也算回娘家探亲。鲁国的大臣们认为不妥,向桓公进谏:"女子出嫁后,父母在堂,可以归宁。现在夫人的父母都已去世,归宁探兄,实属非礼。"但鲁桓公溺爱文姜,在文姜的缠磨下还是答应了。走到泺水,齐襄公已在等候,相见十分欢畅。随即共同来到齐国首都临淄,盛宴接待。

同时,齐襄公派宫女把文姜接到宫中,说是文姜公主多年未回,宫中嫔妃,十分

史 记

想念。实际上齐襄公早准备了密室,把文姜接入,两人重叙旧情,寻欢作乐。第二天日上三竿,还没出来。鲁桓公心疑,派人去探听,回来报告说:宫内很少嫔妃,也没见他们兄妹。鲁桓公心中明白,气得七窍生烟。不久,文姜回来,桓公便问她为什么昨天不回来?文姜说:"同宫女饮酒小醉,夜深不便再走。"又问住在何处。答道:"这些事君侯何必多问,宫中难道还没有栖身之地!"桓公又追问:"夜里同谁相伴?你兄长睡在何处?"文姜虽然表面生气,答道:"这是什么话?岂有此理!"但心里还是又愧又怕,哭哭啼啼,表示委屈。

　　鲁桓公身在齐国,不便也不敢过分发作,只能含恨在心,隐而不发。齐襄公自知理亏,心中有鬼,还不知事态如何,便派心腹去打听。这时,文姜也偷偷派宫女密报,齐襄公听到以后,暗想事已至此,后果不妙,一则鲁侯会怀恨报复,二则宣扬起来自己声誉扫地,而且文姜难保,更难欢聚了。怎么办?只能消除隐患,斩草除根。这时恰好鲁桓公派人来辞行,齐襄公认为机不可失,便马上召来心腹大力士公子彭生,经过密谋,一个恶毒的诡计便有了眉目。

　　齐襄公装得十分亲热坦然,一再邀妹夫鲁桓公到附近牛山一游,同时为鲁桓公夫妇饯行送别。鲁桓公难却,勉强应命。宴席上,各国大臣纷纷向鲁桓公敬酒。桓公也正心愤难平,于是就借酒消愁解怒,不觉喝得酩酊大醉。齐襄公马上借机让公子彭生扶桓公上车回宾馆。到了车上,彭生便顺手把他面朝下放平,等到走出牛山不远,彭生就用腿压到桓公背上,再用双手猛拉桓公两臂。彭生力大无比,只听一声惨叫,桓公臂肋折断,血流满车而死。

　　车到宾馆,彭生报告说:鲁桓公饮酒过度,途中突然死亡。齐襄公听后,故作悲恸,大哭不止,遂命人厚殓入棺,并马上向鲁国报丧。这件事,自然是纸里包不住火,鲁国满朝文武,义愤填膺,但是国力贫弱,不是齐国对手,真打起来,很可能一败涂地,且丧国威。于是只好暂忍,仅提出要查找凶手,加以严惩,以平民愤。

　　齐襄公深感到此地步,必须机智审慎,如一旦决裂,胜败还只是一面,更难办的是如果彻底得罪了鲁国,自己身为一国之尊,乱伦通奸,害死妹夫的内幕会被鲁国宣扬出去,引起天下公愤。不如先杀了彭生,暂时稳住鲁国再说。

　　于是,立刻叫来彭生,当众怒叱:"鲁侯酒醉,不小心服侍,致鲁侯暴薨,罪该万死!"遂命左右将彭生拉出去斩首。彭生想到自己为齐侯卖命,今日却成了替罪羊,实在怒气难忍,便大喊:"齐侯淫妹又杀其夫,今委罪于我,天理难容!死后必为厉鬼,要你偿命!"众人听了,各处传扬,无不痛恨齐襄公人面兽心,必遭恶报。也巧,后来齐襄公去贝丘打猎,突然遇到一凶猛的野兽,随从人员便故意齐声大喊:"不好,彭生来了!"齐侯连射三矢,也没打中,自己反被吓得跌下马来,摔伤了左脚。

　　再说文姜:自从夫君鲁桓公被害,处境也十分尴尬。鲁桓公死后,他的儿子继位,即鲁庄公,派人去接生母文姜。文姜虽不愿离开齐襄公,但碍于国理人情,势不能久留齐国。但是如果回到鲁国,自己恶名在外,又有何面目?而且还会给儿子庄公带来难堪,因为虽为生身之母,却又参与杀父之谋,母子实难共处。所以想来想去,当车驾行到齐、鲁两国边境时,便坚决表示,此地不齐不鲁,正是我家!于是下车留下,又派人回复庄公:"未亡人今生就住在这里,要我回去,除非死后!"结果也就落得个不鲁不齐的下场。

至于齐襄公的最后结局,自不难想见,但其中还有个插曲。齐襄公干了些伤天害理的丑事恶行之后,便想如何压服人心。于是他出兵报复,派遣大夫连称和管至父带兵戍守葵丘。因为危机四伏,边防难守,他们请求齐襄公给个期限。当时襄公正在吃瓜,便顺口答复:明年吃瓜时叫人接替你们。可是到了第二年七月瓜熟时,却不见动静,连称就派人去打听,结果回说:主公带文姜外出游玩,已经一个月了,还没回来。连称气得大骂:"昏君正式娶了我的叔伯妹妹,他丢下不理,去勾搭文姜出游,又言而无信,干脆反了吧!"管至父说:"先别着急,也许他忘了,再去问问看。"于是派人带瓜前去。齐襄公一见,知道他们是在故意讥讽,便抓起瓜来,朝来人头上砸去,并怒道:"一切由我做主,回去告诉他们,等明年瓜熟再说!"

连称和管至父得知,气得无法忍受,便联合被齐襄公排挤的叔伯兄弟公孙无知,通过宫内连称的妹妹连妃,密报襄公行踪。得知襄公坠马伤脚,便乘机入宫,先杀了一个躺在床上假装襄公的宦官,又从帷幕后面找到襄公,拉出室外,大骂:"无道昏君!祸国殃民,不仁不义;兄妹勾奸,又狠心杀死妹夫;瓜期不换,无信无德。真罪该万死!"随即将其乱刀分身,淫乱无道的齐襄公终于得到了应有的下场。

管仲相齐

齐国的公子公孙无知被杀,君位没有人继承,公子纠和小白急忙从流亡地返国就任国君。

同时,鲁庄公听到公孙无知被弑的消息,也立刻亲自率兵护送公子纠回齐国,而派管仲带兵埋伏于莒国和齐国之间的路上拦截小白。这乃是管仲的计策,一箭双雕。

管仲于莒国和齐国间的路上依险埋伏,见小白临近,两边弓矢齐发,无不应弦而倒,小白幸而只被射中钩带,佯死藏于温凉车(载运尸体的车子,四面有窗子,可以随意启闭之,以防尸体的腐败)中,急行驰入齐国,高溪在内接应,小白于是轻而易举地当上国君,他就是"春秋五霸"首霸的齐桓公。

智者千虑,必有一失;愚者千虑,必有一得。聪明机智的管仲虽然机关算尽,仍被小白钻了空子。既以为使命告成,便先遣人报信道:"小白已经如计划除掉了。"

鲁庄公马上拥立公子纠,下令放慢了脚程,不慌不忙地向齐国走来,六天后,方才进入齐国境内。此时,小白事先已埋伏大军于路上。随后双方一阵大战,鲁军惨败,鲁庄公侥幸才逃得性命,但齐兵已经先行切断了鲁兵的退路,残留的鲁兵已是网中之鳖,这时,齐桓公遣人送信说道:

"家无二主,国无二君。寡人已经登上王位,公子纠竟然一心想争夺王位,实在没有道理。公子纠是我的亲兄弟,我不忍心亲手杀他,请贵国代我动手吧,管仲、召忽和我势不两立,请将他们送回敝国。不然,我将出兵去包围贵国首都。"鲁庄公就把管仲装在囚车内送回齐国,管仲归国后被齐桓公重用为宰相。

先前齐桓公被管仲射中带钩,虽佯死逃得性命,对管仲自是恨之入骨,发誓要报一箭之仇。鲍叔牙因此劝说道:"臣侥幸能跟随主公,主公对我十分礼遇,现在主公已登上王位,若只是打算将齐国治好,则有高溪和我也就够了。夷吾是具有王佐之才,有他主国政,那么,齐国的霸业就指日可待了!"

齐桓公气度恢宏、心胸博大,当下便答应了鲍的建议,假装让人要求鲁国捕送管仲,实在是想把他召回来重用。

鲁国按要求送管仲回齐国,鲍叔牙亲自到堂阜(今山东省蒙阴县西北三十里的地方,在两国交壤的附近)迎接,管仲随着鲍叔牙晋见齐桓公。齐桓公待之以礼,并任命为大夫。

当时齐国的贤大夫鲍叔牙、隰朋和高溪皆已先被齐桓公所重用,自此再加上治世良材的管仲,齐国因此蒸蒸日上。

三 小乱国

管仲病重之时,齐桓公十分焦虑,亲往探视之际,向管仲问道:"你老的病如此严重,万一一病不起,国家大事交给谁去管理呢?现在,齐国贤臣宁戚、宾须无已先后逝世了。"管仲叹息说:"可惜啊,宁戚不在了。"齐桓公说:"除宁戚以外,难道就没有人才了吗?我想推荐鲍叔牙,你看如何?"

管仲回答说:"鲍叔牙是位贤德的君子呀。但是要让他主政还是不合适的。这个人爱憎过于分明。好善固然是好事情,但对坏人坏事痛恨过度,连对一般性的错误处理也十分严厉,那谁能受得了呢?鲍叔牙看到别人的一点不足,就会念念不忘,这是他的不足啊!"

齐桓公又说:"隰朋呢?"

管仲说:"基本可以,隰朋善于虚心学习,不耻下问,即使人在家里,心也在想着国家的大事呀!"说着,长叹一声,接着又说:"天生隰朋,像是把他作为我管夷吾的舌头呀!身体已经死去,舌头又怎会独存呢?恐怕您任用隰朋是不能长久的!"

齐桓公又问:"既然如此,那么您看易牙如何?"

管仲答道:"君王就是不问,我也要说到他的。易牙、竖刁、开方三个人,是一定不能亲近的!"

齐桓公又说:"易牙曾烹煮自己的儿子,来满足我的口味,这是爱我胜过爱自己的儿子,难道还有什么怀疑的吗?"

管仲回答道:"人间之情没有比爱儿女的情更深了。易牙连儿子都能舍弃,又哪里会在乎舍弃君王您呢?"

齐桓公又说:"竖刁自愿接受宫刑,侍奉于我,这是爱我胜过爱自己,难道还有什么可怀疑的吗?"

管仲说:"人与人之间的情谊不会比自己的躯体更重要吧,连自己的躯体都能割舍,哪里又会在乎一个国君呢?"

齐桓公又说:"卫国公子开方,抛弃他的太子地位,甘愿做我的臣子,把我对他的垂爱当做他毕生的荣幸,就连他的父母去世都不去奔丧,这是爱戴我胜过爱他的父母。这是毫无疑问的。"

管仲回答说:"人间恩情没有比父母的养育之情更亲的了,他对父母的养育恩情尚能割舍,哪又在乎割舍一个君王呢?再说,拥有千乘之国已是人们极为向往的,而开方投奔于您,这说明,他的欲望已超过了拥有千乘之国的。君王您呀,千万要除去此人,否则,必然会导致国家大乱。"

管仲死后,齐桓公没有听取管仲临终前的谆谆奉告,而是重用了"三小"——竖刁、易牙、开方。结果,这"三小"在齐桓公死后果然兴风作浪,招致齐国大乱。

崔杼跋扈

齐庄公元年,庄公与权臣崔杼的妻子棠姜私通。事情败露后,崔杼乘机发动政变,杀了庄公,立庄公的弟弟杵臼为君,是为景公。崔杼自封为右丞相,独揽大权。

为了压服民众,事后,崔杼派人在国君祭祀祖先的太庙前,搭了一座两丈多高的土台。崔杼通知朝中文武百官前来饮血宣誓,迫使他们表示支持自己的政变。在前来的人群中,有一位个子不高、其貌不扬的官员,他就是历任齐国灵公、庄公、景公三朝宰相的晏婴。当时,宫廷内外和太庙四周,到处戒备森严,一群荷戟持剑的士兵,列队在祭台两旁。宣誓开始前,崔杼就威胁说:"哪个不肯宣誓或言语不畅,将被立即处死。"不一会儿,就有好几个不甘屈服的大臣被杀了。

轮到晏婴了,在场的人都为他捏了一把汗,崔杼也关切地注视着他。崔杼知道晏婴素来德高望重,对朝野都很有号召力,如果晏婴能支持自己,那一切不就好办多了?崔杼的心思,晏婴早就知晓。

晏婴从容地走到台前,双手捧起血杯,举过头顶,愤然地说:"崔杼无道,谋害国君,不忠于王室。追随他的人,没有好报。"说完一口气把杯中的血喝了。说时迟,那时快,晏婴话刚说完,两个士兵就逼了上来,一个用剑指着他的胸膛,一个将刀架在他的脖子上,只等崔杼下令将他处死。这时崔杼还不死心,上前规劝道:"晏丞相,你若能改变刚才的誓言,我愿与你共治齐国。不然的话……"

晏婴大义凛然地回答道:"你用武力胁迫我失去节志,这是不勇;以利益引诱我叛国,这是不义。"

崔杼见晏婴软硬不吃,气得大叫,盛怒之下,想把晏婴杀了。他刚要下令,只听身边有一人大声说:"慢着。"崔杼转身一看,原来是一位满头银丝的老臣。只见他不急不慢地走到崔杼身边,低声说:"崔丞相,你杀国君,是因其无道,而晏丞相可是有道之士啊!望三思。"这简单的几句话,正中崔杼的要害。崔杼就是怕人心难服,如果真的把晏婴杀了,那就要失去更多的人心,岂不是与原来的意愿背道而驰吗!为了保持自己的假面具,崔杼无可奈何地向士兵摆摆手,将晏婴给放了。

鲁周公世家第三

周公姬旦

周公姬旦,是周武王的弟弟。在文王健在的时候,姬旦做儿子就很讲究孝道,忠厚仁慈,跟文王别的儿子不同。等到武王即位以后,姬旦常常辅佐和保卫武王,承担和处理了许多政务。

武王九年,向东出兵讨伐到达盟津,周公辅佐随行。十一年,武王讨伐商纣,到达牧野,周公辅佐武王,写下了《牧誓》,攻破商朝的都城,攻入商宫。杀死商纣王以后,周公手持大斧,召公手拿小斧,在两侧保卫着武王,杀牲祭祀神社,向上天和商朝的百姓布告商纣的罪行,释放了被囚禁的箕子;分封纣王的儿子武庚禄父,让管叔、蔡叔做他的师傅,以承续殷商的祭祀。武王遍封功臣和同姓的亲属,把周公姬旦封在少昊的旧址曲阜,这就是鲁公。周公没有到封国去,而是留下来辅佐武王。

武王灭商朝后的第二年,天下还没有平定,武王生病,很不舒服,群臣都很恐惧,太公和召公就虔诚地进行占卜。

周公说:"不能让我们的先王担忧。"周公就自己做人质,设立三个祭坛,周公面向北站着,佩戴着璧玉,手里拿着圭,向太王、王季和文王祈祷。

史官宣读祝辞说:"你们的长孙武王姬发,辛勤劳苦而如今生了病。如果你们三王对上天负有保护子孙的责任,就请让我姬旦代替武王姬发的身子。我聪明能干、多才多艺,能够侍候鬼神。而武王姬发却不如我多才多艺,不能侍奉鬼神。他刚刚受命于上天,普遍地保有四方,因而能够在人世间安定你们的子孙,天下百姓无不敬佩他。请不要夺去上天降赐给他的宝贵生命,这样我们的先王才能永远有所依仗。现在我将听命于大龟,如果你们接受我的请求,我就把这些璧和圭带回去,来等待你们的命令。如果你们不答应我的请求,我只好把璧和圭珍藏起来。"

周公已经让史官把祝文告诉给太王、王季和文王,想自己代替武王姬发去死,于是到三王的神位前占卜。

占卜的人都说吉利,打开卜书一看,果然是吉利的。

周公很高兴,打开藏占兆书的管子,看到占兆书上的卜辞也都很吉利。周公于是进宫向武王祝贺道:"大王估计您没有什么灾难。我刚刚领受了三王的命令,您可以为周家作长远的打算,上天一定能眷恋我的诚心并长保天子的健康。"

周公将策书藏到金縢匣子里,告诫看管的人不许张扬出去。第二天,武王的病就好了。

后来武王去世,成王年还幼,处于襁褓之中。周公担心天下知道武王去世而发动叛乱,就登上王位代行成王的权力并主持国政。

管叔和其他弟弟就在国内散布传言说:"周公将对成王不利。"

周公便告诉太公望和召公奭说:"我之所以不逃避嫌疑而代行国政,是因为害怕天下反叛周朝,无法向我的先王太王、王季和文王交代。三王为天下忧愁已经很长时间了,直到今天才算获得成功。武王死得早,成王还年幼,为了完成周朝的大业,我才这么做。"于是终究辅佐成王,并让他的儿子伯禽代替他到鲁国就封。

周公教导伯禽说:"我是文王的儿子,武王的弟弟,成王的叔父,我在天下的地位也算不低了。可是我洗一次头就三次握住头发,吃一顿饭就三次吐出口中的食物,起身接待贤能之士,还是怕会失去天下的贤士。你到鲁国去以后,千万小心谨慎,不要凭借国君的身份而高傲看不起别人。"

管叔、蔡叔和武庚等人果然带领淮夷发动叛乱。周公于是遵奉成王的命令,发动军队向东讨伐,作了《大诰》。后来诛杀了管叔,处死了武庚,把蔡叔放逐了;收服殷商的遗民,并且把康叔封在卫地,把微子封在宋地,以便供奉殷家的祖宗祭祀;平定东部的淮夷,经过两年时间天下就全部安定了。诸侯都服从周室并把周王尊奉为宗主。

上天降下了福祉,唐叔得到了嘉禾,不同的茎杆合生成一穗,把它献给成王,成王命令唐叔到东方去送给周公,写下了《馈禾》。周公接到了嘉禾之后,极力赞扬天子的恩宠,写下了《嘉禾》。东部地区安定以后,周公回来向成王汇报,并作诗送给成王,为《鸱鸮》。成王也没有责备周公。

成王七年二月乙未日,成王从镐京步行去朝拜武王庙,到达丰邑,派太保召公先到洛邑去勘测地形。这年三月,周公前往洛邑规划营建成周,对建都的地点进行占卜,结果十分吉利,于是就将洛邑定为国都。

成王长大以后,能够处理国政。周公就把政权交还给成王,成王临朝执政。在周公代替成王主持国政时,周公面向南边背靠屏风接受诸侯的朝见。而七年以后,把政权交还给成王,周公面向北边站到臣子的位置,神态严谨而恭敬。

成王年幼时曾经得过病,周公亲自剪掉指甲丢入河里,向神祈祷说:"成王年幼还不懂事,违犯神灵命令的是我姬旦。"还把策文藏在内府。成王的病很快就好了。等到成王亲政,有人毁谤周公,周公被迫逃往楚地。成王打开内府,看到了周公祈祷的策文,感动得哭泣不止,把周公接了回来。

周公回来后,担忧成王年轻气盛,治国时会出现荒淫放纵的情况,就写下了《多士》,又创作了《毋逸》。

《毋逸》中说:"为人父母的,长时间艰苦创业,子孙骄纵奢侈,忘记了创业的艰苦,以致家境毁败,做儿子的能不谨慎吗!所以从前在殷王中宗的时候,严谨恭顺,敬畏天命,自己谨慎恪守法度,以此治理百姓,兢兢业业,丝毫不敢荒废自安,所以中宗时期当政长达七十五年。

"到了殷高宗时代,长期在民间辛劳艰苦,和百姓生活在一起,到他即位以后,遇上父丧,三年不言语以恪守孝道,一旦说话百姓都十分欢欣,不敢怠慢国事、贪图安逸,努力安定下殷朝,使得举国上下都没有怨言,所以高宗为政长达五十五年。

"到了祖甲时,他认为超越兄长做王不符合道义,因此逃亡在外做了很久的平民,深知老百姓的需要,所以能够安抚并向百姓施恩,不欺侮鳏寡孤独的人,所以祖甲当政长达三十三年。"

《多士》中说:"从商汤到商乙,殷朝的历代帝王全都虔诚地祭祀鬼神、修明德政,各个帝王都没有违抗天意的。后来到纣王继位时,骄奢淫逸,不再顾及上天的意志和民众的愿望。他的臣民都认为他有罪该杀。""文王勤勉国政,每天到了太阳偏西都没空暇吃饭,所以执政达五十年。"

周公用这些话来教导成王。

成王在丰京时,天下已经安定下来,但周朝的官制和政治还没有形成制度化,于是周公作《周官》,确定各种官职的职责范围;又作《立政》,来方便百姓,百姓们都很高兴。

周公在丰京时生了病,临终时说:"一定要把我葬在成周,来表明我不敢离开成王。"

周公去世后,成王也很是谦让,把周公安葬在毕邑,随从文王墓葬,表现出不敢把周公当做自己的臣下对待。

燕召公世家第四

燕王哙即位

燕王哙继位后,齐国人杀了苏秦。苏秦在燕国的时候,与燕相子之结为婚姻亲戚,他的弟弟苏代与子之交好。等到苏秦被杀,而齐宣王重新任用苏代。

燕王哙三年,与楚、三晋联合攻打秦国,没能取胜,就返回了。子之担任燕相,地位尊贵权势重,独断专行。

苏代替齐国出使燕国,燕王问道:"齐王怎么样?"回答说:"肯定不能称霸。"

燕王问:"为什么?"

回答说:"因为齐王不信任他的大臣。"

苏代想以此刺激燕王应尊重子之。于是燕王对子之信任起来。子之因而送给苏代一百镒黄金,供他随意支配。

鹿毛寿对燕王说:"大王不如把国家让给丞相子之。人们都说尧是贤君,因为他要把天下让给许由,许由不接受,这样既得到天下人的赞颂而实际上又不失去天下。如今大王把国家让给子之,子之一定不肯接受,这样大王就和尧行为一致了。"燕王便把国家托付给子之,子之极为尊贵。

有人说:"大禹推举益,接着又任用启的部属为官吏。等到年老以后,又认为启不能够担当治理天下的大任,就把君位传给益。随后启和他结交的党羽进攻益,最终夺取了君位。天下众人都说大禹名义上将天下传给益,实际上随即就让启自己去夺取。如今大王说把国家托付给子之,而官员中没有一个不是太子的人,这样名义上是让给子之而实际上还是太子当权。"

燕王于是把俸禄在三百石以上官吏的印信收回而交给子之。子之坐北朝南代理王权,而哙直到终老都不过问国政,反而成了臣子,国家大事全由子之决定。

过了三年以后,燕国发生大乱,百姓都很惊恐。将军市被与太子平谋划,准备进攻子之。

齐国的各位将领对齐湣王说:"现在趁机进攻燕国,一定能够攻破它。"

齐王于是派人对燕国太子平说:"我早听说太子深明大义,准备抛弃私情而树立公义,整顿君臣之间的关系,明确父子的地位。我的国家很小,不值得追随在你的左右。尽管如此,还是愿意听从太子之命。"

太子因而广泛联络党羽,聚集徒众。将军市被带兵围攻王宫,攻打子之,却没能攻克。将军市被和百姓反而攻打太子平,市被战死殉难。燕国因此造成好几个月的混乱,死者达到几万人,众人恐慌,百姓离心。

孟轲对齐王说:"现在攻打燕国,正和周文王、周武王的时期一样,机会不可丧失。"

齐王就命令章子率领五都的军队,并利用北部边境的军队进攻燕国。燕军士卒无心恋战,连城门也忘记关闭,燕王哙死去,齐军大获全胜。

昭王纳贤

燕昭王是在齐国攻破燕国之后即位的,他要放低身架以优厚的待遇招徕贤能的人才,便对谋士郭隗说:"齐国乘燕国混乱之机而偷袭成功。我深知燕国地域狭小国力衰弱,没有能力对齐国进行报复。但是我真心希望得到贤能之才帮助我治理燕国,以雪先王被杀之耻。这是我的愿望。你所知道的贤能人才,请你想方法让他们来和我共商大事。"

郭隗说:"大王一定要招贤纳士请先从我开始。这样一来,那些比我有本事的人,也就会不远千里而来投奔大王了。"

于是,昭王便为郭隗改修宫室,把他当老师看待。从此以后,乐毅、邹衍、剧辛等人分别从魏、齐、赵等国投奔燕国,一些有识之士也都争先恐后地来归。不仅如此,燕昭王对下属还凭吊死者慰藉遗孤,与燕国百姓也能同甘共苦。

这样过了二十八年,燕国人口繁多,生活富裕,军队将士也乐于作战。于是燕昭王便拜乐毅为上将军,联合秦、楚、韩、赵、魏五国共同攻打齐国。齐国被打得大败,齐湣王流亡他乡。燕国军队单独追向北方,直至齐国国都临淄,全部取走齐国财宝,烧毁齐国宫殿祖庙。

齐国只剩下聊、莒、即墨三城,其余均被燕国占领。这种局面一直维持了六年。

将渠哭谏燕王

燕王喜四年,秦昭王去世。燕王派丞相栗腹到赵国来相约结欢,带上五百镒黄金向赵王祝寿。

栗腹回来禀报燕王说:"赵国年轻力壮的人全死在了长平,国中剩下的孤儿还没有长大,可以出兵攻打。"

燕王召来昌国君乐间询问这件事。回答说:"赵国是能够四面作战的国家,它的百姓熟习作战,不可以攻伐。"

燕王说:"我们是用五个人来打他一个人。"仍回答说:"不可以。"

燕王很生气。群臣都认为赵国可以攻打。燕王终于调动两军,战车两千辆,由栗腹率领攻打鄗邑,由卿秦率领去攻打代地。

只有大夫将渠对燕王说:"我们与人家互通关卡,签约交好,又用五百镒黄金给人家的国王祝寿,使者回报以后就反过来攻打人家,这样做不吉利,军队不会取得胜利。"燕王不听从,亲自率领偏军追随。

将渠拉着燕王的绶带劝阻说:"大王一定不要亲自前往,去了肯定不会成功。"燕王用脚踢开他。

将渠哭道:"我这样做不是为自己,而是为了大王啊!"燕军到达宋子,赵国派廉颇为将军,在鄗邑击溃栗腹的军队。乐乘在代地打败了卿秦。乐间投奔到赵国。廉颇带兵追击燕军五百多里,包围了燕国都城。燕国人请求和解,赵国人不答应,一定要让将渠出面和谈。

燕王任命将渠为丞相处理和谈事情,赵国人接受将渠的请求,撤走了对燕国都城的包围。

管蔡世家第五

管蔡世家

管叔鲜、蔡叔度,都是周文王的儿子,周武王的弟弟。

武王的同母兄弟有十个人。母亲是太姒,即文王的正妃。她的长子名伯邑考,次子是武王姬发,三子是管叔鲜,四子是周公旦,五子是蔡叔度,六子是曹叔振铎,七子是成叔武,八子是霍叔处,九子是康叔封,十子是冉季载。冉季载年岁最小。在同母兄弟十个人当中,只有姬发和姬旦很贤明,作为左右辅佐文王,所以文王舍掉伯邑考而立姬发为太子。到文王去世以后,姬发即位,这就是周武王,伯邑考在这以前已经死了。

武王灭了殷纣王,平定天下,大力分封功臣和兄弟。于是将叔鲜封在管地,把叔度封在蔡地。两人辅助纣王的儿子武庚禄父,治理殷朝的遗民。把叔旦封在鲁地,并让他留在京师全力辅佐周天子,称为周公。把叔振铎封在曹地,叔武封在成地,叔处封在霍地。康叔封和冉季载年纪都太小,就没有受封。

武王去世后,成王年纪太幼,周公旦代理行使王室大权。管叔、蔡叔怀疑周公的行为会对成王不利,就劫持武庚发动叛乱。周公旦接受成王的命令,讨伐诛灭了武庚,杀了管叔,放逐了蔡叔,迁移他地,给了他十辆车、七十个随从的奴徒。又把殷朝的遗民分为两部分:一部分封给微子启在宋国,来延续殷家的祭祀;另一部分封给康叔,让他当卫国国君,这就是卫康叔。把季载封到冉地。冉季、康叔都有良好的德行,于是周公推举康叔担任周朝的司寇,冉季出任周朝的司空,来辅佐成王治理国家,在天下都有美好的名声。

蔡叔度被放逐他地后死去,他的儿子名叫胡。胡一改他父亲的行为,遵守道德规范,行为温顺善良。周公听说后,就举荐他担任鲁国的卿士,将鲁国治理得很好。于是周公向成王进言,重新把胡封在蔡地,来供奉蔡叔的祭祀。这就是蔡仲。其余的五个兄弟都各自去了自己的封国,没有担任天子的官员。

陈杞世家第六

征舒雪耻

公元前599年夏历三月初八的早晨,三辆华丽的马车,疾驰在从陈国国都通往株邑的大道上。

早餐时分,大汗淋漓的骏马在株邑内陈国大夫御叔的宫室前停了下来。马车上走下三位神态轻佻、兴致勃勃的贵人——陈国的国君灵公和两位大臣仪行父、孔宁。

一位美丽而又冶荡的贵妇人,听到马车声,急忙出来迎接,她,是郑穆公的女儿,已死的陈大夫御叔的妻子——夏姬。

室外,野花含露,春风和煦。室内,杯盘狼藉,履舄交错。丽人、美酒分外醉人,陈灵公和两位大臣很快就醉眼蒙眬而不能自持,淫秽的话语越来越不堪入耳。夏姬有个儿子,叫征舒,随着年龄的增长,对母亲的丑行已有所闻,他耻为其子。恰在这时,夏征舒的身影从户外经过。陈灵公乜斜双眼,对仪行父说:"夏征舒长的像你。"灵公又用手一指孔宁:"也像他。"仪行父笑道:"也像君。"三位贵人不由哈哈大笑起来。

户外的夏征舒停下了脚步,传到耳中的恶言秽语气得他脸色发白。这位早已心怀不满而图谋报复的年轻人,沉思片刻,奔入自己的屋子取出弓箭,又迅速躲进马厩之中。

陈灵公和大臣的侍从知道欢宴一时不会结束,早已溜出去歇息。偌大的庭院空无一人。

日已偏西,醉醺醺的陈灵公等人才辞别了夏姬,东倒西歪地迈出了房门。三人一边走,一边开着下流的玩笑。

"嗖"的一声,一枝利箭自马厩射出。陈灵公应声而倒,在地下翻滚了几下,就再也不动了。他一味追求享乐淫乱的生活,以致酿成杀身破国之祸。

名臣的后代

舜的后代,周武王将他们封在陈国,到楚惠王时灭掉了陈国,有《陈杞世家》记载。

对于禹的后代,周武王把他们封在杞国,楚惠王灭亡了杞国,有《陈杞世家》记载。

契的后代是殷,殷有《殷本纪》记载。殷商亡国后,周朝封其后代于宋地,后来又被齐湣王所灭,有《宋微子世家》记载。

后稷的后代是周朝,秦昭王后来灭了周朝,有《周本纪》记载。

皋陶的后代中,有的被封在英地,有的被封在六地,最后被楚穆王灭掉,没有谱系记载。

伯夷的后代,到周武王时又封在齐国,名叫太公望,陈氏灭亡了姜姓的齐国,有《齐太公世家》记载。

伯翳的后代,到周平王时被封在秦国,项羽灭了秦国,有《秦本纪》记载。

垂、益、夔、龙,他的后代都不知封在什么地方,没有记载。

以上十一人,都是唐尧、虞舜时代有功有德的名臣;其中五个人的后代都当了帝王,其余的都是功绩显赫的诸侯。滕、薛、驺等国,都是夏、商、周三代之间分封的,国家很微小,不值得说起,不值得与其它诸侯国相提并论,就不加论述了。

周武王时,被封为侯伯的还有一千多人。到周幽王、周厉王以后,诸侯尽力攻伐,互相兼并土地。江、黄、胡、沈之类的小国,多得数不胜数,所以没有采集著录在史传上。

司马迁说:"舜的德行可以说是达到极致了!把天子的位置禅让给夏禹,而后代享受祭祀、保住国家,经历了夏、商、周三代。楚国灭掉陈国以后,而田常又掌握了齐国的政权,最后建立了国家,百世未曾断绝。子孙后嗣众多,有封土的不乏其人。至于禹的后代,在周朝时就只剩杞国,太小了,不值得说起。楚惠王灭亡了杞国,夏禹的后代越王勾践又兴盛起来。"

卫康叔世家第七

兄弟情深

卫宣公十八年,卫宣公立伋子为继承人,为他聘了齐国的长女宣姜为妻。宣公听说未来媳妇很漂亮,想据为己有,乃在淇河上筑上新台,借故遣开了儿子伋子到宋国去,然后派人去齐国把宣姜迎过来,做了自己的妆侍,反叫伋子尊她为庶母。

三年后,宣姜生了两个儿子,长子名曰寿,次子名曰朔。母以子贵,此时宣公却嫌多了一个发妻所生的伋子了。

公子寿天性孝顺,和伋子的情感如同母生的一样;公子朔就不同,他经常在父亲面前说伋子坏话。因为公子寿和伋子关系很好,他竟连胞兄子寿都憎恨起来,又怂恿母亲宣姜告枕头状,说伋子想侮辱她,并说他怨恨父王宣公夺了自己的妻子。

这是宣公的丑闻,也是他最害怕和讨厌听到的议论,他当然气愤满腔。再加上宣公最听老婆话,按照宣姜的指示做事,设法借刀杀人,特派伋子到齐国去,授与一面白旗作为标志。宣公又叫公子朔派人到关卡埋伏,见了白旗便下手,把伋子杀害,拔去眼中钉。

公子寿得知这个奸谋,赶往告诉伋子,叫他逃往外国去,伋子不愿意离去。

公子寿哭谏不成,代死向父亲尸谏。他已下了必死的决心,于是转而请伋子赴宴,席间把伋子灌醉,自己穿了伋子衣服,给他留了张条子拿了白旗就走,过河后,被暗伏的歹徒杀了。伋子醒来,一见公子寿留下的字条,才知小弟弟苦心,便赶程追去,见公子寿已做了替死鬼,大哭一场,结果向歹徒说明原委,又自刎殉节了。

先发制人

公元前559年,有一天,卫献公邀请孙林父和宁惠子一同共进午餐。到时候,他们两个人穿上朝服到宫中等候。可是,等了很久,天色已晚了,还不见有人来召请他们。原来献公正在后花园里射鸿雁玩。孙林父和宁惠子两个人来到苑囿,献公没有脱下打猎时戴着的皮帽子就同他们谈话,这在当时是被认为很不客气的举动,并且,献公也没有说原来请二人进餐的事情。因此,两人非常生气,孙林父便回到了戚地,派他的儿子孙蒯到朝中听命。

一天,献公请孙蒯喝酒,并故意让乐师演唱《诗经·巧言》的最末一章,这章辞中写道:"彼何人斯,居河之麋,无拳无勇,职为乱阶!"献公借以暗指孙氏的跋扈不臣,又讥讽其没有能耐。主管音乐的太师拒绝演唱,但是太师手下的师曹却主动请求演唱。原来,当初献公有一宠妾,让师曹教她弹琴,师曹打了她,献公发怒后下令罚了师曹三百鞭子,师曹怀恨在心,想借此机会让献公与孙氏君臣结怨,激怒孙氏为自己报仇。他在演唱这章诗歌时,还怕孙蒯听不懂,又把歌词朗诵了一遍。

孙蒯听懂了诗歌的含义,非常害怕,回去告诉了其父孙林父。孙林父说:"主公已经忌恨我了,如果不先下手为强,肯定会死在他的手下。"

于是,孙林父决定先发制人。他把家属仆人都迁到戚地,然后准备攻打都城。在途中,他遇到遽伯玉,他说:"君主暴虐无道,您也知道。我很担心卫国会因此而灭亡,您看应该怎么办?"伯玉回答说:"君主统治整个国家,臣子怎么敢冒犯他?即使冒犯,谁知道将来的新君能不能比他强呢?"因而不赞成孙林父的行动。到了戚地,孙氏便开始发难。

这时,献公也有些恐惧,他指派他的三个公子去同孙林父讲和,都被孙林父杀掉了。献公跑到鄄邑,又叫庶子行去请和,又被孙氏所杀。无奈,献公逃往齐国,孙

世　家

氏进行追击,在阿泽把献公的追随者打败,多亏献公的驭夫保驾,献公才侥幸逃脱。

宋微子世家第八

微子的逃亡

微子启,是殷朝帝乙的长子,纣王的庶兄。纣即位以后,昏聩不明,荒淫暴虐,朝政混乱。

微子启多次给予进谏,纣王都不予理睬。到祖伊因为周西伯姬昌推行德政,灭了阢国,害怕灾难将至,就向纣王报告。纣王却说:"我生来不就是承受天命的吗?他能把我怎么样!"

微子启估计纣王最终也无法听进劝谏,就想一死了之,或者离开纣王,自己不能下决断,就去问太师、少师,说:"殷朝没有圣明的政治,不能治理天下百姓。我们的祖先以前建功立业,而纣王却沉湎于寻欢作乐,信任妇人,在后世败坏了汤的盛德。殷人无论老幼都爱干些草野盗贼犯法作乱的事情,卿士官员互相效仿违法犯罪的行为,人人都有罪恶,却个个逍遥法外,于是小民百姓竞相兴起,互为仇敌。现今殷朝的政令法典将要丧亡了!就好像要过河却没有找到渡口和岸边一样。殷朝即将灭亡,现在已经到时候了。"

接着又说:"太师、少师,我是离开出走呢?还是保卫国家免遭沦亡?现在如果你们不指点我,我就会陷入泥坑而不能自拔,这可怎么办呢?"

太师这样说道:"王子,上天已经把重灾降给殷朝,而纣王却不知畏惧,不听从前辈长者的劝谏。如今殷朝的百姓竟然也敢亵渎对神明的祭祀。现在如果真能治理好国家,国家大治,那么即使自己死了也没有什么遗憾。如果身死而国家最终还是无法治理好,那还不如离去。"微子启听过太师的话后便想到了逃亡。

箕子是纣王的亲戚。纣王最初用象牙做筷子时,箕子叹息说:"他现在用象牙做筷子,以后必定会用宝玉做杯子;做完玉杯,那么肯定还会想得到远方的奇珍异宝来供自己享用。车马、宫廷的日益讲究就会从此开始,再也无法振作起来了。"纣王荒淫放纵,箕子进谏,纣王仍旧不听。

有人说:"可以离开了。"

箕子说:"做人臣子由于进谏不听而离开,这是彰明君王的过失而自己取悦于民,我不忍心这样做。"

箕子便开始披头散发,假装疯癫,去做奴隶。接着便隐居起来,通过弹琴来抒发自己内心的悲愤,所以后世人把他传下来的琴曲叫做《箕子操》。

王子比干,也是纣王的亲戚。看到箕子由于劝谏不听而去当奴隶,就说:"君王有过错而不能以死谏诤,那么老百姓有什么错处呢!"于是直言劝谏。

纣王大怒,说:"我听说圣人的心有七个孔,果真如此吗?"于是就杀死了王子比干,挖出他的心脏来观看。

微子说:"父子有骨肉亲情,而君臣靠道义相连。所以父亲有过失,儿子再三劝谏都不听,就跟在父亲身后号哭;臣子再三劝谏而君王不听从,那么从道义上讲就可以离去了。"于是太师、少师都劝微子离去,微子就离开了。

周武王讨伐殷纣灭亡了殷朝,微子就拿着殷朝的祭器来到周武王的军营门前,袒露出上身,把双手捆在背后,左边的跟随人员牵着羊,右边的随从人员拿着茅,用膝盖跪在地上前行,求告武王。于是武王替他解开绳索,恢复了他的爵位,与从前一样。

箕子的宏论

武王灭了殷朝后,去访问箕子。

武王说:"唉!上天默默地安定世间的人们,使他们和睦安详,我不知道上天用来安定百姓的常法次序是什么。"

箕子回答说:"以前鲧堵塞洪水,搞乱了五行的次序,于是上帝极为震怒,不给他治理国家的九种大法,常道伦理从此败坏。鲧后来被处死,禹就继承父亲的事业而兴起。上天赐给了他治理国家的九种大法,常道伦理自此有序。

"第一叫五行,第二叫五事,第三叫八政,第四叫五纪,第五叫皇极,第六叫三德,第七叫稽疑,第八叫庶征,第九是向用五福,畏用六极。

"五行:一是水,二是火,三是木,四是金,五是土。水是向下滋养万物,火是向上燃烧,木的性能可弯可直,金属的性质可以通过熔化来改变最初形状,土的作用耕种庄稼。水向下滋润代表咸味,火往上燃烧代表苦味,木可弯可直代表酸味,金销熔变形代表辣味,土耕种五谷代表甜味。

"五事:一是仪容,二是言语,三是视觉,四是听觉,五是思考。容貌仪态要庄谨恭敬,言语要可以遵从,观察事物要明白清楚透彻,倾听意见要是非分明,思考问题要通达周密。仪容恭敬就能严肃认真,言语正确就能治理国家,观察事物明白透彻就能辨别善恶真伪,倾听意见就能谋略得当,思考问题通达周密就能做到处事圣明。

"八政:一是粮食生产,二是货物流通,三是祭祀神明,四是土木营建,五是教育,六是治安和刑事狱讼,七是接待诸侯宾客,八是军队和兵事。

"五纪:一是年,二是月,三是日,四是星辰,五是历法。

"皇极:帝王施行政教应该建立准则,及时聚集五福,用来广泛地赐给你的臣民,这样臣民才能拥护这些准则,跟你共同维护这些准则。凡是你的臣民,只要是有谋略、有作为、有节操,你都要仔细记住,以便任用,即使有人不太符合原则,只要没超越犯罪的界限,君主就应当宽容地接受他们。如果有人和颜悦色,说我所喜欢的是德行,你就应该赐福给他们。这样人们就会遵从你的法则。不要欺侮鳏寡孤独人士而畏惧有权势的贵族富人。有能力、有作为的人,就应让他们贡献出自己的才能,这样你的国家就会昌盛起来。凡是正直的人,应该赐给俸禄使他们富贵。如果你不能使他们有益于你的国家,他们就有可能走向犯罪极端。对于那些不喜欢你的准则的人,你即使赐给他们俸禄,他们的行为也会使你犯错误。不要偏激,要遵循圣王的准则;不要有所偏好,要遵循圣王的正道;不要有所偏恶,要遵循圣王的正路;不结党营私,圣王之道才能使人宽阔;不结党营私,圣王之道才能使政治平坦;不悖逆偏狭,圣王之道才能正直。只有团结那些遵守准则的百姓,百姓才会归顺君王的准则。所以说,对于这些准则要大力宣传,要用这些准则来引导百姓,这样帝王才能顺应天意。凡是你的百姓,要依据这些准则来发表自己的意见,由君王加以采纳和实施,以此来增添天子的光辉形象。所以说天子是百姓的父母,是天下百姓拥戴的圣王。

"三德:一是公平正直,二是以刚强取胜,三是以柔和克刚。世道太平安定就要做到公平正直,世道强横不驯就用刚强的政令来治理,世道温顺就用柔和的办法来治理,深沉隐匿的阴谋家要用刚强来对付,高洁英明的君子要用柔和来安抚。只有君王有权赏赐爵禄,只有君王有权施行刑罚,只有君王有权享受美食佳肴。做臣子的无权作威作福,无权享受锦衣玉食;如果做臣子的作威作福、享受锦衣玉食,就会危害你的家族,扰乱你的国家。这样臣子就会偏私邪僻,百姓就会越轨犯上作乱。

"稽疑:就是选择和重用精通卜筮的人。让他们占卜问筮,兆纹有的如下雨,有的如雨后天晴,有的像云气连绵不绝,有的像雾气迷蒙不清,有的像阴阳交错、相互攻击,有的堂堂正正,有的隐晦不明,卦象总共有七种。龟卜有五种,筮占有两种,加以推演变化来占卜吉凶、解除疑难。重用能够识别兆卦的人担任卜筮的官职,如果三个人占卜,就要遵守两个意见相同的说法。如果你有重大的疑难问题,先要在内心认真思考,然后是和卿士商议,跟百姓商量,最后用卜筮来决断。如果你赞成,龟卜赞成,占筮赞成,卿士赞成,百姓赞成,这就叫做大同,你的身体一定会健康强壮,你的子孙就会旺盛吉利;如果你赞成,龟卜赞成,占筮赞成,而卿士反对,百姓反对,也很吉利;如果卿士赞成,龟卜赞成,占筮赞成,你反对,百姓反对,这也吉利;如果百姓赞成,龟卜赞成,占筮赞成,你反对,卿士反对,这也还吉利;如果你赞成,龟卜赞成,占筮反对,卿士反对,百姓反对,那么在境内办事吉利,在境外办事危险;如果龟卜、占筮与人的谋划都悖逆,那么清静无为就吉利,有所举动就凶险。

"庶征:就是下雨、天晴、暖和、寒冷、刮风以及都合乎时令。五种自然气象齐全,各自按照它们的秩序发生,则各种草木都会茂盛。如果其中一种气象频繁发生,就会有灾凶;如果一种气象十分缺少,也会发生灾凶。至于美好的征验:如果君王庄谨肃穆,雨水就会按时滋润万物;如果君王政治清明,阳光就会适时普照大地;如果君王英明睿智,温暖就会按时到来;如果君王有谋有略,气候就会寒冷适中;如果君王圣明通达,那么就会惠风和畅、顺时吹拂。至于灾祸的征验:如果君王骄肆狂妄,就会霪雨不断;如果君王僭越不轨,就会久旱不雨;如果君王安于享乐,就会久热不散失;如果君王遇事急躁,就会长期寒冷;如果君王昏聩不明,就会刮风不停。君王职责重大,就像一年兼有四季;卿士大臣各有职责,好像每月都有分别;官吏分管事务,就像每天各不相同。年、月、日的时令都正常不变,百谷就会获得丰登,政治就会清明,有贤能的人就会显达,国家就会太平安康。日、月、年的时令颠倒混乱,百谷就不能成长,政治就会阴暗不明,有才能的人就会被埋没,国家就不得安宁。百姓如同天上的星辰,有的星喜欢风,有的星喜欢雨。日、月的运行,有冬有夏。如果月亮追随星辰运行,就会多风多雨。

"五福:一是长寿,二是富足,三是健康安宁,四是德行美好,五是长寿善终。

"六极:一是夭折,二是疾病,三是忧愁,四是贫穷,五是丑陋,六是愚蠢懦弱。"

于是武王就把箕子封在朝鲜,不把他当做臣子看待。

后来箕子朝见周王,经过殷朝的旧墟,看到宫室毁坏、禾黍丛生,箕子十分伤感,想放声大哭又觉得不可以,想抽泣又觉得像妇人,就作了一首《麦秀之诗》来咏叹伤怀。诗中说:"麦芒尖尖啊禾黍绿油油。那个狡诈的孩子呀,不跟我亲近啊!"其中的"狡诈的孩子",就是指纣王。殷朝的遗民听到后,都为之伤感流泪。

晋世家第九

骊姬下毒

春秋时期,晋献公征服骊戎,骊戎献出二女,年纪大的叫骊姬,年纪小的叫少姬。骊姬长得非常漂亮,机智多谋,把晋献公给迷住了,两人日夜形影不离。过了几年,骊姬生下一子,起名奚齐。时间相隔不久,少姬也生下一子,取名悼子。

晋献公因受惑于骊姬,爱妻及子,便想立奚齐为太子。他把此意对骊姬说了,她心里很高兴。她想到申生已立为太子,而且与另外两个兄弟重耳、夷吾又那样友爱,这三人虽然不是自己亲生的,但在名义上也是母子关系,今一旦无故变更,恐君臣不服。不仅自己的儿子当不成太子,还说不定会遭到不测之祸。乃跪在晋献公面前哭起来:"太子申生并无大过,据说诸侯没有一人说他的坏话,若是为了我母子而将他废了,人家必说我迷惑于你,我宁可死了也不负这个罪名!"晋献公听她说得通情达理,大赞其贤淑。

骊姬表面上做得光明磊落,暗地里却买通了佞臣梁五、关东五、优施等人,日夜商量着如何陷害申生等兄弟,夺取太子之位。

不久,由关东五出面启奏,把三位公子调开,相互远离,申生往曲沃,重耳往蒲城,夷吾往屈城,以便各个击破。接着又威胁一班老臣与申生等疏远。

孤立的政策做好之后,骊姬便对晋献公说:"申生是我挺心爱的儿子,他在曲沃几年了,我也挺惦念他的,还是把他请回来吧!"

晋献公是个色迷心窍的人,还以为骊姬是真心,便派人往曲沃叫太子立即回来。

申生是个知书达理的孝子,他回来拜见过父亲,又入宫参见骊姬。骊姬设宴摆酒招待,言谈甚欢。第二天,申生又入宫叩谢,骊姬又留他吃了顿饭。没想到,当晚她便跑到献公面前哭哭啼啼编起谎话来。

"怎么了,是谁侮辱了我的美人儿?"

"都是你的好儿子!"

"是申生?他怎么啦?"

"不是他能是谁?"她哭得声音更大了:"我一片好心叫他回来见见面,留他吃一顿饭。没想到他喝了几杯酒就开始调戏我,还说:'我爸年老了,你又年轻!'我当初很生气,本想教训他一顿,可他嬉皮笑脸地说:'这是我家祖传的先例了。我祖父去世的时候,我爸爸就接受了他的小老婆;现在我爸爸老了,不久就要归天了,按照常理你不归我又归谁呢?'说着还想把我搂住亲嘴,幸亏我躲得快,不然的话……我不想活了!"说罢,扑到晋献公怀里乱捶乱打撒起野来。

"岂有此理,这畜生竟如此无赖!"晋献公怒气不打一处来。

"唉!他还说明天约我去花园呢。如果你不相信的话,暗中看一下就明白了。"

第二天,骊姬又召申生入宫,带他去花园看花。她今天打扮得格外漂亮,全身香喷喷的,把香糖沾满头发,一路上引来许多蜜蜂、蝴蝶,在她头上飞绕。骊姬叫申生过来帮她赶散这些狂蜂浪蝶,申生从命,于是申生在她后面手挥袖舞。

此情此景,晋献公在楼上看得清清楚楚,他怒不可遏,立即叫人绑起申生推出斩首,吓得申生满头冷汗,莫名其妙。

骊姬又跪在晋献公面前说:"你明白真相就行,切不可处决他,因为他是我叫回来见面的,若杀了他,群臣定会说是我下的毒手。何况这是家事,家丑不可外扬,传出去多不好听。请您饶他这一回吧!"

晋献公无可奈何,下令:"赶这畜生回曲沃去!"还派人跟踪侦察他的所作所为。

没过多久,晋献公出城打猎去了,骊姬派人去给申生说:"我做了一个梦,梦见你妈妈齐姜向我哭诉,说她正在地府里挨冻受饿,十分凄凉,你做儿子的应该去给她祭祀一番。"

申生是位孝子,自然听话,齐姜的祀祠在曲沃,他前去拜祭。并且照例把胙肉和祀酒送给爸爸,以尽人子之礼。晋献公打猎还未回来,这些胙肉和祀酒只好留在宫中。

过了两天,晋献公才回来,骊姬在酒肉上加上毒药,送给晋献公,告诉他:"我曾梦齐姜在地府受苦,现在申生把胙肉、祀酒送来了,给你尝尝!"晋献公拿起酒要喝,骊姬却说:"酒肉是外来的,不可大意,试一试才可!"

"对!"晋献公顺手把酒泼在地上,地上顿时冒起一股白烟。

"咦!怎么回事?"骊姬诈言不信,又割了一块肉给狗吃,狗吃了都没哼声,就四脚朝天死了。又拉过来一个小内侍,要他喝酒,小内侍不肯,七手八脚强灌下去,顿时七窍流血而死。

"天呀!天呀!"骊姬呼起冤来。"谁料到太子这么狠心,要毒杀父亲。国君的位置早晚是要传给太子的。多等一两年都不行了。"说着说着,便"扑通"一声跪在

献公面前,泪流满面,呜咽着说:"太子此举,无非是针对我和奚齐,请把此酒给我吧,我宁可替你去死。"说完,一把抢过酒来,作出倒进口的姿势,晋献公立即把酒抢过来,愤然摔落在地上,气得说不出话来。

骊姬哭倒在地,痛恨地哭诉:"太子真狠毒,连父亲都想杀死,何况别人?当初君王想废了他,我不肯,后来他在花园调戏我,君王想杀他,还是我替他求情。今要杀君王,接着就要杀我了。天呀!这造的什么孽呀!……"

骊姬一把鼻涕一把泪,就这样要活要死地呼号着,把晋献公气得浑身发抖,用力把骊姬拉起:"你起来,我自有主张!"

即刻升殿,告诉群臣,大数申生罪状。群臣心知这是蓄谋已久的诡计,但慑于骊姬的淫威,谁也不敢说些什么。只有关东五说:"太子无道,臣请替君讨之。"晋献公立即批准。

于是以关东五为将,梁五为帅,率领大批军队,威风凛凛地杀奔曲沃。申生闻讯,不听群臣劝谏,既不拥兵抗拒,又不逃往外国,自己吊颈而死。接着,骊姬又向晋献公哭诉说,公子重耳、夷吾与申生同谋,唆使晋献公派人去捉拿两位公子。于是重耳、夷吾都跑到外国去了。至此,绊脚石已全部搬掉,于是,晋献公立骊姬所生的奚齐为太子。骊姬的阴谋终于得逞了。

假道伐虢

春秋时期,晋国想吞并邻近的两个小国:虞和虢。这两个国家之间的关系不错。晋如袭虞,虢会出兵救援;晋若攻虢,虞也会出兵相助,大臣荀息向晋献公献上一计。

他说,要想攻占这两个国家,必须要离间他们,使他们互不支持。虞国的国君贪得无厌,我们正好可以投其所好。

他建议晋献公拿出心爱的两件宝物,屈产良马和垂棘之璧,送给虞公。献公哪里舍得?荀息说:"大王放心,只不过让他暂时保管罢了,等灭了虞国;一切不都又回到了你的手中了吗?"献公依计而行,虞公得到良马美璧,高兴得嘴都合不拢了。

晋国故意在晋、虢边境制造事端,找到伐虢的借口。晋国要求虞国借道让晋国伐虢,虞公得到了晋国的好处,只能答应,虞国大臣宫子奇再三劝说虞公。这件事办不得,虞虢两国,唇齿相依,虢国一亡,则唇亡齿寒,晋国是不会放过虞国的。虞公却说:"交一个弱小的朋友却得罪一个强有力的朋友,那才是傻瓜哩!"

于是,晋国大军顺利地从虞国通过,攻打虢国,很快便取得了胜利。

在晋军班师回国时,把从虢国劫夺的财产分了许多送给虞公。虞公更是大喜过望。

晋军大将里克,这时装病,说是不能带兵回国,暂时把部队驻扎在虞国都城附近,虞公则毫不怀疑。

几天之后,晋献公亲自率大军去虞国,虞公出城相迎。献公约虞公前去打猎。没过多久,只见都城起火。当虞公得知后,赶到城外时,都城已被晋军里应外合地强占了。晋献公就这样使用"假道伐虢"之计,轻易地夺取了虞国都城。

重耳返都

春秋时候,晋国公子重耳流亡外国,在齐国待的时间很长,桓公将宗女嫁于他。渐渐地,追随他的那些人对于公子的醉生梦死的生活相当不满,而且有点担心。有一天他们聚在一起,在后宫的桑树林下讨论。

"现在齐国国事动荡不安,无法帮助公子回国,最好的办法,还是逃往他国。"

"是呀!我们正在想把这个想法向公子表明,无奈公子朝夕欢宴,不问外事,十天都见不着一面。"

"这可怎么办才好?"

众豪杰你一句我一语地讨论着。最后狐偃想出了一个办法,他说:

"我们目前先把各种远出行装准备好,只等公子一出来,我们就说邀他出去打猎。等到出了齐国的都城,我们就强行将他带出,不就可以了吗?"

"此计甚妙!"

大家讨论完了后,认为这个办法非常可行,便又商议了一些细节问题,过了很久才解散。

众英雄散去后,自以为很机密,想不到他们离去之后,桑树却微微地摇动了,从那上头跳下一个婢女来。她是奉命在桑树林中采桑,看到众英雄来了,觉得可疑,便躲在桑树叶中,英雄们计议的办法,一字不漏地都听进去了,回宫后就急忙禀告给公主知道。

公主却把她给杀了,这件事在《左传》和《史记》中都有记载。她之所以杀死婢女,是杀人灭口,以防她把秘密泄露出去,对公子重耳及其随从不利。

当天夜晚,公主对重耳说:

"听说您将要投奔到他国,这个计划不密,被我的婢女听到了,不过,我已杀死了她。你可以放心地离开了。"

"人生苦短,知足常乐,还有什么生活比现在更惬意的?我将在这里终此一生,永不考虑谋国的打算。"重耳如此回答。

"大丈夫应该以国家为重!"

公主不停地劝说重耳逃走,重耳却迷恋着公主,而不肯离去。

第二天,狐偃求见重耳,说是要邀他一同去打猎。公主就笑着对他说:

"这番出猎,不是猎到宋国,便是楚国吧!"

狐偃大惊,正要辩解,公主就把左右的人全部屏退,悄悄地对他说:

"你们想把公子骗出齐国,我都知道了,再也不必隐瞒。其实,昨夜我也曾经苦劝过公子,无奈他不肯听从。现在只有一个法子,我今晚将劝他喝酒,把他灌醉,你们就可以乘机将他载出去了。"

狐偃听完后,向夫人叩头说:

"夫人能够如此深明大义割舍房闱之爱,帮助公子成就大业。夫人的贤德,真是千古罕有！"

于是等告辞后，就急忙将此事告知赵衰等人，将车马衣裘收拾好。一切都准备停妥，然后驾着小车两乘，埋伏在宫门外，只等着公主下命令。

当天晚上，公主果然在宫中设宴摆酒。重耳满腹狐疑，就向公主问道：

"这个酒究竟是为谁而设？"

公主娇笑着，柔声地对他说：

"知道你将有'四方之志'，所以设宴为你饯行。"

重耳说：

"这是什么话，我并无离开此地的意思。"

公主认真地说：

"苟且偷安，不是大丈夫该做的事。公子的从人，都是忠心耿耿，具有远见卓识的。他们的谋略，公子应该言听计从才对。"

重耳听了，很生气，脸紧绷着，将酒杯搁在桌上，许久都不说一句话。

公主见他变了脸，不敢再劝下去，轻轻地问他，说：

"你真的不想走吗？"

"不走就是不走，难道骗你不成！"

重耳不高兴地说。

"好极了！"公主装出一副欣喜的模样，向重耳撒娇地说：

"其实刚才只是试探你一下，看你到底是爱国家，还是爱我。你走，表示有志气，不走是恋着夫妻之情。这个酒，本来是要替你饯行的，现在却是为了留下你而准备的。那么！就让我敬你一杯吧！"

重耳喜出望外，便一杯又一杯地痛饮着，公主频频在旁劝酒，又招来女乐歌舞助兴。把重耳公子灌得酩酊大醉，呼唤半天，叫不醒来。公主知道时机成熟，就亲自在他身上加上毛毯，吩咐狐偃等人，将重耳抱上车去，看着车子开动，她的珠泪不禁夺眶而出。

狐偃等人趁着天黑，急急忙忙地赶路，大约走了五六十里路，只听到鸡叫声四起，东方泛白，已是黎明时分了。重耳才在车上翻身，觉得睡榻动摇不定，自以为还是在宫中，就叫宫人说：

"来人呀！快扶我下床。"

狐偃觉得好笑，回答说：

"这是车，不是床！"

重耳睁眼一看，见是狐偃，知道自己"中计"。但他已是无可奈何了。

后来经过几年的时间，重耳回国做了国君，齐女受到了人们的尊敬。

灵公残害赵盾

晋灵公是春秋时的一位暴君。有一天，晋灵公让艺人在绛霄楼上演戏，他和屠

史 记

岸贾等坐在楼上一边饮酒,一边观看。锣鼓喧器,歌声缭绕。园外百姓见台上演戏,便纷纷围来观望,晋灵公见了,顿生邪念,他从侍者手中拿过弹弓,向人群不停射去。瞬时间,人们被这突如其来的袭击,打得懵头转向,惊慌失措,四处躲避,你冲我撞,乱作一团,中弹的人,哭嚎啼叫,其惨状目不忍睹。而晋灵公却在楼上哈哈大笑,并对屠岸贾等人说:"我整日在桃园游玩,唯有今天玩得最开心。"

晋灵公肆意残害百姓以取乐的荒诞行为,不仅激起了百姓的极大愤懑,加深了他与百姓之间的矛盾,同时,也使朝中的一些大夫忧心忡忡,为晋国的命运而担心。对晋灵公不理朝政、专事享乐的行为,赵盾等一些大夫曾多次劝谏,晋灵公不仅不听,反而变换各种手法残害人民。

有一次,赵盾和晋国的另一位大夫士季在朝中议事完毕,正准备离宫,忽然看见两个侍女抬着一个竹笼战战兢兢地从大殿走过,笼子里边隐隐约约可以看见一只人手。二人觉得蹊跷,便叫住侍女,让她们打开笼子,他们二人上前仔细一看,里面盛的竟是一具血淋淋的被肢解了的尸体,心中甚是惊疑,便问侍女是怎么回事,两个侍女支支吾吾不敢回答。

赵盾厉声说道:"如若你们二人不如实说来,我将先斩了你们!"两个侍女慌忙跪在地下,用颤抖的声音说:"竹笼里是主公的厨师。主公喝酒,命他煮熊掌下酒,没过多时,主公就命他将熊掌快快端上,厨师不敢违命,匆匆忙忙将熊掌送上,主公嫌熊掌焖得不烂,一下子将盘子掀翻在地,并拔出剑将厨师砍成几段,让我们速将他扔往野外,还不准我们讲出来。"赵盾和士季听了十分气愤。赵盾对士季说:"国君如此暴虐,视人命如草芥,我们如不尽力劝谏,晋国的灾祸即在旦夕。"说罢,赵盾便拉着士季去见晋灵公。

晋灵公对以前的错误根本没有悔改之意,而且又豢养了一条烈狗,起名灵獒。其狗凶猛无比,晋灵公每次上朝和出外游玩总带在身边,见者无不悚然。晋灵公随意纵狗行凶,并以烈狗噬人的惨状来取乐。面对晋灵公如此荒唐的做法,赵盾又多次劝谏,晋灵公均置若罔闻,反而觉得赵盾干涉了他的自由。因此,便预谋除掉赵盾。

赵盾是一位正直强干的政治家。其父赵衰,曾追随晋文公在国外流浪多年,为后来晋文公立国和成就霸业,做出了很大贡献,是晋国历史上举足轻重的人物。赵盾在晋襄公时已位列于正卿,其执法严峻,不徇私情,为当时的人所称道。

《左传·文公六年》载:赵盾"始为国政,制事典(制定国家章程),正法罪(修订国家法令),辟刑狱(清理诉讼积案),董逋逃(督察逃犯),由质要(使用契约),治成洿(清除政治上的污垢),本秩礼(恢复破坏了的等级制度),续常职(任用有贤能的人),出滞淹(举拔屈居下位的人才)"。由于他注重法制,所以当时有人曾说:"赵盾就像夏天的太阳那样令人可畏。"形象地描述了赵盾以严法治国的政治作风。

晋灵公想杀掉赵盾,可是又找不出正当理由,于是就派了一个名叫钼麑的武士,暗中刺杀赵盾。

一天夜晚五更时分,钼麑怀揣一把锋利的匕首,准备潜入赵盾府宅,待赵盾出来上朝时行刺。可是,他刚接近赵府,便见赵府重门洞开,车乘已经停在厅前,院内灯火通明,只见正堂之上,赵盾已穿好朝服,端坐在椅子上,闭目养神。原来赵盾惦记着朝中大事,夜不能寐,所以就早早起床,坐在这里等待天亮好立即上朝。面对这样一位堂堂正正、一心为国家和民众的大臣,钽麑满面羞愧,插在衣内紧握匕首的手,也慢慢松开了。望着隐隐发亮的长空,钽麑内心充满着矛盾。心想赵盾是晋国首屈一指的大臣,在家中还如此严肃恭敬,真不愧是当今百姓的好主帅,晋国的好栋梁。我怎么能杀掉他呢?如若杀了赵盾,怎么对得起天下的百姓,又有什么脸面再见自己的父老乡亲?无辜刺杀忠臣,乃是不忠义的行为;可是不杀赵盾又违背了君命,又是不信的行为。"不忠",不可;"不信",也不可。"怎么办呢?"钽麑辗转徘徊,最后决心以死来结束心中的矛盾和不安,于是一头撞在一棵硕大的槐树上,顿时脑浆迸裂。

钽麑出于良心的谴责,没有刺杀赵盾而触槐身死的事件,没有引起晋灵公的反悔。晋灵公反而又策划新的杀害赵盾的阴谋。

就在这一年的秋天,晋灵公布下酒宴邀赵盾饮酒,准备在宴席上伺机杀掉赵盾。赵盾感到疑惑,但又不好推辞,只好带着卫士亓眯明前往。当亓眯明随着赵盾正要进入宴会厅时,却被宫内卫兵挡在门外,说:"主公请相国饮酒,其他人不准入内。"亓眯明只好焦急地等在门外,警惕地注视着周围和宴会的情况。亓眯明发现幕帐后面和殿堂四周影影绰绰有不少手拿大刀和长矛的武士,知道情况不妙,更加不安地盼宴会马上结束。当赵盾饮过第三杯酒,晋灵公便拿出佩剑,说:"爱卿,我新近得到一柄宝剑,请你鉴赏一下。"

赵盾正欲接剑,亓眯明一个箭步冲了进去挡住赵盾,连忙说:"臣下陪国君饮酒,如果超过三杯,那便是越礼的行为,主上你已饮过三杯,为何还不快走!"经亓眯明这一说,赵盾顿时恍然大悟,原来晋灵公让他看剑,是要诬陷他杀君啊。亓眯明不由分说,扶起赵盾飞步冲出殿堂。晋灵公见状,知道阴谋已经败露,便气急败坏地唆使蹲在他身边的烈狗灵獒向赵盾扑去。赵盾和亓眯明一边同狗搏斗,一边高声向晋灵公喊道:"不用好人治国,却依仗烈狗行凶,狗尽管凶猛,又有什么用处呢?"赵盾这愤怒的呼声,正击中了晋灵公这个残暴昏君内心虚弱的本质。

当赵盾与亓眯明且战且退走到宫门的时候,凶狗灵獒死死咬住赵盾不放,亓眯明翻身抓住凶狗,用尽平生力气,一手提起凶狗的前爪,一手猛烈地向凶狗的额门击去,直打得凶狗口吐血沫,一头栽在地上。晋灵公见凶狗躺在地上,穷凶极恶地命令原来埋伏在殿堂左右的所有刀斧手,一起向赵盾他们杀来。亓眯明见势不好,央求赵盾一人先逃,经过一番激烈拼斗,亓眯明终因寡不敌众,周身多处受伤,最后倒在了血泊之中。赵盾侥幸逃生。

泛舟之役

晋惠公即位的第四年,晋国遇到天灾,粮食严重歉收。惠公派人到秦国求购粮食。秦穆公召集大臣们商议,他问子桑说:"我们是否卖粮食给他们?"子桑回答道:

史 记

"从前我们曾经帮助夷吾回国即位,这一次再帮助他们渡过危机,必将得到报答,主公还想要求什么呢?如果我们这一次帮助他们得不到报答,那么,百姓必然离弃他们。等百姓离弃了他们后我们再去攻打,他没有民众的帮助,必然失败。"接着,穆公又问百里奚:"卖不卖给他们粮食?"百里奚回答说:"天灾流行,总会在各国交替发生的。援救受灾的人,救济相邻之国,是合乎道义的。按照道义办事,一定会得到福禄。"于是,穆公听取了大臣的意见,没有计较晋惠公的失信,同意了晋国的购粮要求。

事有凑巧。第二年,秦国发生灾荒,而晋国却收成不错。秦国向晋国请求援助,晋国却坚决不准卖粮食给秦。晋大夫庆郑劝惠公应该报答秦人的恩惠,惠公始终不肯。这激怒了秦穆公,便起兵攻打晋国。晋惠公亲自率军迎战。由于晋惠公在国内诛杀大臣,又对秦国的恩义不报,失去了民心,军士们都无心应战;而秦国被晋国的背信弃义所激怒,个个勇猛向前。结果三战三胜晋军。晋军只得退回黄河内防守。秦军急追不舍,两军再次相战。惠公在临战前换乘了由郑国送来的马所驾的战车,刚一交战,郑国的马便乱跑乱奔,陷进泥潭之中,惠公大呼庆郑救驾,然而庆郑因惠公不听他的劝谏,赌气驾着自己的车跑开了,秦军就在泥坑里活捉了晋惠公,并用囚车装起送往秦国。穆公以德报怨赢得了胜利。

退避三舍

晋文公重耳在国外流亡时,辗转来到楚国,楚成王把他当做国君一样的贵宾对待。一天,成王在为重耳举行的宴会上问道:"公子要是回到晋国当国君以后,用什么来报答我呢?"晋文公当时答道:"玉石、美女和绫罗丝绸你们有的是,珍奇的鸟羽、名贵的象牙就产在你们国土上,流落到我们晋国去的,不过是你们剩余的物资,我不知道拿什么来报答你们。"楚成王还是抓住这一话题不放,继续说:"即使就像你说的那样,不过你总得给我们一点报答吧!"重耳考虑了一下说道:"如果我托您的福,能够返回晋国,有朝一日不幸两国军队在中原相遇,我将后退三舍回避您,以报答今日的盛情。若这样做还得不到您的谅解,我也就只有驱马搭箭与您周旋一番了。"

公元前632年,晋文公采纳中军元帅先轸的计谋,离间了楚国与齐、秦的关系后,又离间了曹、卫与楚的关系。楚国被激怒,楚令尹子玉立即率军北上,征伐晋国。

晋文公见楚军逼近,便下令晋军后撤九十里(古时一日行军三十里称为一舍,九十里即为三舍)。晋军一些将士对面临楚军来犯而自己后撤不大理解,他们认为,晋国之君躲避楚国之臣,这是一种耻辱的举动;何况楚军在外转战多时,攻宋国一直不能克,士气已经衰竭,晋军不应后退。晋臣狐偃向大家解释说,国君这样做,是为了报答当年楚国的恩惠,兑现"两国若交兵,退避三舍相报"的诺言。如果国君以前说的话不算数,我们就理屈了。

其实,晋文公下令退兵九十里,一方面是为了实现诺言,更重要的还是军事上的需要,想以此法来激励晋军将士,同时也使晋军避开楚军的锋芒,进一步养成楚令尹子玉的骄横情绪,然后选择有利的时机和地势同楚军会战。

果然,晋军撤到城濮后,宋、齐、秦等国也分别派来了军队,支持晋文公的行动。而在楚军中,一些将士见晋军撤退九十里,也主张就此撤军返楚。但是,子玉却坚决不同意,他认为,晋军的后撤是惧怕楚军的表现,于是率领楚军紧追不舍,一直到城濮的一个山头下驻扎下来。结果,城濮一战,楚军被晋文公率领的联军打得大败。

红包离间大国

公元前632年,晋文公率军攻伐曹、卫,原想以此为宋国解围。因为宋国已被楚国围攻多时,曹国和卫国都是楚国的友好盟国,晋文公想,如果晋军攻打曹、卫,楚国必然调围宋的军队相救。可是,当晋军攻下曹、卫后,楚国见二国已失,并不前来相救,而是更加加紧围攻宋国。

宋成公非常着急,派门尹般再次到晋国乞请援救。临行前,宋成公觉得空手求人不妥,便把国库中所藏的宝玉重器造成册籍,让门尹般带着献给晋侯,并表示,等楚军退后,再照册上所载一并进献晋侯。门尹般来到晋营,向晋文公作了陈述。然而,在是否南下与楚交战以解宋围的问题上,晋文公还有些为难。这是因为,楚国与齐、秦的关系此时较好,晋国虽然与齐国有剑盂之盟,但是齐国并未出兵参战帮助过晋国;秦国虽然也同晋国友好,但在当时抱的是观望态度。

正在晋文公犹豫不定时,晋中军元帅先轸提出了一个离间楚与齐、秦关系的谋略。先轸对文公说:"我们不能要宋国的贿赂。可让宋国使臣带着珠宝册籍分别去贿赂齐、秦,请齐、秦两国出面调解,求楚国退兵。楚国必定不肯退兵,这样,齐、秦便与楚国有了隔阂。我们也就好行动了。我们把曹国国君扣留起来,再割取曹、卫两国国土给宋国,那么,楚国就会更加憎恨宋国。这样,齐、秦再怎么求情,楚军也不会退去。而齐、秦接受了宋国的贿赂,楚要是不给他们面子,坚持不解宋围,齐、秦就会对楚不满,自然会与晋联合,共同抗楚。"文公听后连声称妙。

于是,先轸让门尹般把宝玉重器分作两籍,转献给齐、秦二国。同时把曹共公囚禁起来,将曹、卫的土地分给宋国。

先礼后兵

晋景公三年,楚国出兵攻打郑国。因为郑是晋的盟国,晋国便派荀林父率兵前往援救。荀林父率领大队人马,冒着六月的酷暑,向南进发。当晋军到达黄河口得知郑国已经降楚时,荀林父打算就此撤军返回。忽然,中军副将先谷站了出来,说:"不能撤兵!晋国之所以能称霸于诸侯,就因能扶倾救难,保护弱国不受侵犯。如今郑国不得已而降楚,我们如果击败楚国,郑必然再归晋;倘若我们现在弃郑而回,弱小国家还指望我们什么呢?元帅一定要撤,小将愿率本部前往与楚交战。"荀林父在部属的激励下,于是率晋军全部渡过黄河。

此时,楚庄王率领的楚国军队攻下郑国后,本想去看看黄河就回师,听到晋军渡河的消息,也就不想到黄河饮马了,把军队驻扎在营地,等待晋军的到来。然而,如何对付来势汹汹的晋军,楚庄王心中没有底数。楚臣孙叔敖建议说:"晋军内部有矛盾,好象没有决战的意向。我们不如派人去讲和。如果议和不成,再开战,理屈的是晋国。"庄王采纳了这一建议。

于是,楚庄王派蔡鸠居到晋军中去讲和。荀林父表示接受楚国的和议,但是,先谷等人大加反对。先谷还派赵括去追楚国使臣,对楚使说:"刚才是我们的元帅说错了话,我们的君侯命令我们这次不能讲和,要坚决与你们开战。"

蔡鸠居回到楚营,向庄王报告了出使的全部过程,楚庄王觉得晋军在战和问题上的不一致,仍可进一步利用。于是,他再次派人到晋军中去讲和,还约定了议和的日期。元帅荀林父没有主见,晋将魏锜和赵旃两人向荀林父要求去对楚国挑战,没有同意;二人又要求派他们去同楚国议和,荀林父只好同意了。

魏锜和赵旃并没有领命议和,他们违抗军令,擅自向楚军挑战。结果,被楚军打败逃了回来。楚庄王还率领着亲兵左广追击赵旃,赵旃狼狈而逃,连他所乘的战车和身上穿的盔甲也被楚兵抢走了。晋军元帅荀林父也预料到魏锜、赵旃可能会违反军令向楚挑战,便派出部分兵车去接应。正好与追赶魏、赵二人的楚军在邲相遇。荀林父本来没有同楚军作战的思想准备,见楚国大军突然冲杀过来,大为惊慌,忙击鼓下令道:"赶快渡河,谁先过者有赏。"实际上是下达了逃跑的命令。晋军即刻溃不成军,被楚军杀死和被河水淹死者无计其数。

楚世家第十

楚国世家

楚国的祖先出自于颛顼帝高阳。高阳,是黄帝的孙子,昌意的儿子。高阳生称,称生卷章,卷章生重黎。重黎曾担任喾帝高辛氏的火正,很有功劳,能够用明照耀天下,喾帝命名他叫祝融。共工氏发动叛乱时,喾帝派重黎去平定叛乱,但没有将叛乱者斩尽杀绝。喾帝于是在庚日杀了重黎,而让他的弟弟吴回做重黎的继承人,重新担保火正,也称为祝融。

吴回生了陆终。陆终生了六个儿子,都是剖腹产出。长子名昆吾;次子名参胡;三子名彭祖;四子名会人;五子名曹姓;六子叫季连,姓芈,楚国就是他的后代。昆吾氏,夏朝的时候曾被封为侯伯,夏桀的时候被汤灭掉。彭祖氏,殷朝的时候被封为侯伯,殷朝末年彭祖氏被灭掉。季连生附沮,附沮生了穴熊。此后家道衰微,有的在中原地区,有的在蛮夷地区,无法记载他们的世系传人。

周文王的时候,季连的后代子孙名叫鬻熊。鬻熊像儿子一样忠心侍奉文王,死得早。他的儿子叫熊丽。熊丽生熊狂,熊狂生熊绎。

熊绎处在周成王的时代,成王封举文王、武王时的功臣的后代,把熊绎封在楚蛮地区,赐给他子爵等级的田地,赐姓芈,居住在丹阳。楚子熊绎和鲁公伯禽、卫康叔子牟、晋侯燮、齐太公的儿子吕伋都侍奉过周成王。

熊绎生了熊艾,熊艾生熊䵣,熊䵣生熊胜。熊胜以弟弟熊杨为继承人。熊杨生了熊渠。熊渠生了三个儿子。

在周夷王时期,王室衰微,许多诸侯都不朝见周王,且彼此之间互相攻伐。熊渠得到江、汉一带百姓的拥护,于是兴兵讨伐庸国和杨粤,到达鄂地。熊渠说:"我是蛮夷之地的人,不必采用中原地区的封号。"于是自行封他的长子康为句亶王,中子红为鄂王,小儿子执疵为越章王,都封在长江中游的楚蛮地区。到周厉王的时候,厉王暴虐无道,熊渠害怕他讨伐楚国,也就自行取消了王号。

熊渠的继承人是熊毋康,熊毋康死得早。熊渠去世后,儿子熊挚红继位,熊挚红去世后,他的弟弟杀死他原定的继承人而夺取君位,名叫熊延。熊延生了熊勇。

熊勇六年,有诸侯作乱,攻打厉王,厉王逃到彘地。熊勇十年去世,弟弟熊严为继承人。

熊严在位十年,去世。他有四个儿子,长子名伯霜,次子名仲雪,三子名叔堪,小儿子名季徇。熊严去世,长子伯霜继位为君,这就是熊霜。

熊霜元年,正值周宣王刚即位。熊霜在位六年去世,三个弟弟互相争夺君位。仲雪死亡;叔堪逃亡,在濮地避难;小弟弟季徇继位,这就是熊徇。熊徇十六年,郑桓公开始被封郑地。二十二年,熊徇去世,儿子熊咢继位。熊咢在位九年,去世,儿子熊仪继位,这就是若敖。

到了若敖二十年,周幽王被犬戎部族杀死,周室东迁,此时秦襄公开始成为诸侯。

画蛇添足

公元前323年,楚国派昭阳率兵伐魏国,覆敌军,杀敌将,攻占了八座城池。昭阳携攻魏之余勇,要乘胜伐齐。陈轸为齐国担心,连忙拜见昭阳。

陈轸见到昭阳,先祝贺战功,然后问昭阳说:"按照楚国的法律,打败敌军杀死敌将,该如何封官赐爵呢?"

昭阳说:"给他做上柱国的官,封他上等的、执珪的爵位。"上柱国即大司马,为楚国家最高军职,是楚国仅次于令尹的官职。令尹相当于相国,执珪是楚国最高的爵位。

陈轸说:"比这二者更尊贵的还有吗?"

昭阳说:"只有令尹了。"

陈轸说:"令尹的确更尊贵,但大王不会同时任命两个令尹,您的上柱国一职已经封顶了,请允许我为您打一个比喻:楚国有一人祭祀,赐其舍人一杯酒。舍人们凑在一起,有人说:'几个人喝酒,酒显得太少,一个人喝,又有点太多,咱们干脆比

史 记

赛在地上画蛇,谁先画成谁先饮。'其中一个先画好了,左手端起酒杯,准备喝酒,看别人还未画好,就说:'我能给这条蛇添上足。'还没等他把足添好,另一个把蛇画好了,夺过酒杯说:'蛇本无足,你怎能给它添足呢?'说完一饮而尽。画蛇添足的人,最终也没喝上酒。如今您做楚国的宰相而攻打魏,破军杀将,占据八城,势如破竹,又要攻齐,齐国非常畏惧您,您以此成名亦足矣,官职上又不可能再升,况且战无不胜而不知适时而止者,必将身死沙场,功爵只能给后来者了,犹如画蛇添足一样。不如带兵离去,施德于齐国,这可是持盈保泰的上策啊!"

昭阳闻之深以之为然,于是收兵而还。陈轸为自己的祖国解了围。

楚灵王

公元前 527 年,楚灵王在乾溪乐不思返。楚国人深受劳苦。当初,灵王在申地与诸侯会师时,侮辱了越国大夫常寿过,并杀死蔡国大夫观起。

观起的儿子观从逃亡在吴国,多次劝吴王讨伐楚国,又挑拨越国大夫常寿过作乱,让他为吴国当间谍。派人假传公子弃疾的命令到晋国去召回公子比,到了蔡国,观从与吴、越两国的军队又想袭击蔡国。劝公子比会见公子弃疾,在邓邑订盟。然后进入郢都杀死灵王的太子禄,拥立公子比为楚王,任命公子子晳为令尹,公子弃疾为司马。

先清除王宫,观从随军到了乾溪,告知楚国官兵说:"楚国已经有新王了。谁先回去,可以恢复爵位和封邑、有田地和屋室;后回去的人,就迁移流放到偏远的地方。"楚国军队于是全都溃散,离开灵王回国了。

灵王听说太子禄被杀,自己心痛摔到车下,说:"难道别人爱自己的儿子也像我这样吗?"

侍者说:"比这更厉害。"

灵王说:"我杀别人的儿子太多了,能不遭到这样的报应吗?"

右尹说:"请君王在城外待命,以听从国人的处理。"

灵王说:"众人的愤怒是不可以触犯的。"

右尹说:"暂且到城市去而向诸侯乞求援军。"

灵王说:"他们都背叛我了。"

右尹又说:"暂时投奔一个诸侯,等别的大国帮助吧。"

灵王说:"大福不会再来的,只不过是自取其辱罢了。"

灵王乘船想进入鄢邑。右尹估计灵王不会采纳自己的计策,害怕跟他一起死,也离开灵王逃走了。

灵王于是独自在山中躲避,山野百姓没人敢收留他。有一天灵王在途中遇到他以前的卫士,对他说:"替我讨点吃的来,我已经三天没有吃东西了。"

卫士说:"新王颁下法令,有敢供应灵王和灵王的随从人员食物的,罪诛三族。况且又没有地方能找到食物。"

灵王疲劳已极,就枕着他的大腿睡着了。前卫士又用土块来代替自己的腿,逃走了。灵王醒后找不到那个卫士,饿得起不来。

芋尹申无宇的儿子申亥说:"我的父亲两次违犯君王的命令,君王却没有杀他,没有比这更大的恩德了!"

于是四处寻找灵王,在厘泽看到饿昏的灵王,就抱起他带回到家里。夏五月癸丑日,灵王在申亥家死去,申亥用两个女儿为灵王殉死,一并埋葬了他们。

这时楚国虽然已经立公子比为王,总害怕灵王重新回来,又没听到灵王的死讯,所以观从对新王比说:"不杀公子弃疾,即使得了君位,也还会遭受灾祸的。"

新王比说:"我实在不忍心。"

观从说:"那别人将会忍心害您。"新王比不听,于是观从离他而去。

弃疾回来后,都城中的人非常惊恐,都说:"灵王回来了!"一天夜里,弃疾派人乘船在江上边行边喊:"灵王来了!"都城中的人更加慌乱。

又派曼成然告诉新王比和令尹子皙说:"灵王来了!都城里的人将要杀死新君,军队将要到了!君王趁早为自己打算,不要自取其辱。众怒犹如水火,难以解救。"

新王比和子皙于是自杀。丙辰日,弃疾继位为王,改名为熊居,这就是平王。

一鸣惊人

楚庄王登上楚国国君宝座时,不理国政,每天只知田猎消遣,回到宫中就与宫女日夜饮酒作乐,还在朝堂门口悬挂一条命令:"有敢谏者,死无赦!"这样已经三年。

有一天,一个叫伍举的人去见庄王,庄王问道:"你来是要喝酒、听音乐呢?还是有什么话要对我说?"伍举回答说:"我不喝酒,也不听音乐,是来给你说说隐语解闷的。"

接着,伍举给庄王讲了这样一个隐语。他说:"刚才去郊外行走时,有人对我说了这样一个隐语,我不明白,想告诉大王。那隐语说:有只大鸟,身披五色花纹,栖息在楚国的高坡上已有三年,不见其飞,也不见其叫,不知这是什么鸟?"庄王回答说:"我明白了,这不是凡鸟。三年不动,是在决定志向;三年不飞,是在生长翅膀、积蓄力量;三年不叫,是在观察周围情况。此鸟不飞则已,一飞冲天;不鸣则已,一鸣惊人。"

第二天,庄王在上朝理政时,就提拔了五个有才德的官吏,还惩办了十名为非作歹的赃官,百姓无不为之高兴。随后,庄王又发布号令,派郑公子归伐宋,派苏贾进攻晋军,以解救郑国的危难。结果,都告捷而还。郑公子归战胜了宋人,抓获了宋国的执政华元,还打败了晋军,俘获了晋军将领解扬。

费无忌的谗言

公元前501年,楚平王派太子建到城父居住,去守卫边疆。费无忌却日夜在平王面前诋毁太子建说:"自从无忌把秦女送给君王,太子很怨恨我,从而也怨恨君王,君王应自加防备。况且太子住在城父,握有兵权,对外交结诸侯,很快要打进都城来了。"平王召来太子的师傅伍奢加以责备。

伍奢知道是费无忌进的谗言，就说："君王怎么能因为小人的几句谗言就疏远骨肉呢？"

费无忌又对平王说："现在对太子不加以控制，今后会后悔的。"

于是平王就囚禁了伍奢，然后命令司马奋扬去召太子建回京，想杀了他。太子听说后，逃奔到宋国。

费无忌说："伍奢有两个儿子，不杀他们也会成为楚国的祸患。以赦免他们的父亲为诱饵召他们回来，我想他们一定会回来的。"

平王派使者对伍奢说："如果能招回你的两个儿子就免你一死，否则就杀了你。"

伍奢说："伍尚会来，伍胥不会来。"

平王说："为什么？"

伍奢说："伍尚的为人很清廉正直，能为节义而死，生性慈孝而仁爱，若听说回来可以赦免父亲，一定会回来的，不会顾及自己的生死。伍胥的为人，机智而擅长于谋略，勇敢而喜欢功名，知道回来必死无疑，一定不会来的。能成为楚国忧患的一定是这个儿子。"

平王派人去召唤他们，说："回来，我就赦免你们的父亲。"

伍尚对伍胥说："听说父亲能够被赦免而不回去，这是不孝；父亲被杀而不能报仇，这是无谋；量自己的能力而做事，这是明智。你应该逃走，我应该回去受死。"伍尚于是归去。

伍胥弯弓搭箭，指向使者，说："父亲有罪，召他的儿子做什么？"将要射箭，使者转身逃走。于是伍胥逃奔吴国。

伍奢听说后，说："伍胥逃走，楚国就危险了！"楚国就杀死了伍奢和伍尚。

问鼎轻重

公元前606年，庄王领兵到伊河与洛河流域，攻打陆浑戎人。为了显示自己的力量，庄王把军队驻扎在周王室的地界上，还举行阅兵演习。

楚军来到王室的土地上，懦弱的天子不敢怠慢。于是，周定王派大夫王孙满去慰劳庄王。

楚庄王接见王孙满。一阵寒暄后，庄王便问："我听说大禹铸有九鼎，象征九州，是三代相传的国宝，现存于洛阳，不知鼎的大小轻重如何？"

当时，九鼎是王权的象征。王孙满知道庄王问鼎的轻重大小，其用心不善，便答道："三代相传的国宝是德而不是鼎。一个国家的兴亡在于德义的有无，不在乎鼎的大小轻重。"

庄王见王孙满拿话来挡他，就以夸耀楚国的军事实力相威胁，说："其实，鼎没有什么可稀罕的，我们楚国士兵在战场上折断敌人的戈尖矛头，就足够铸成九鼎。"

王孙满针锋相对毫不相让，说："大王您怎么忘记了这九个鼎的来历？从前夏朝实行德政的时候，远方各国把当地的风物绘制成图，进献给朝廷；九州的长官也都把青铜贡献出来。夏王用这些青铜铸造了九座鼎，鼎上分别铸上了各种风物，万物都被铸在上面，使百姓能从中认识各种鬼神妖怪的形状。因此，那时的百姓进入川泽、山林，不会遇到不顺利的事情，即使各种鬼怪妖魔也不会碰到。这些都是德政和上天的恩赐。后来，夏桀昏庸无道，九鼎便被商朝夺去，商朝保存了六百年。到商纣时暴虐无道，鼎又迁到我周人这里。如果德政美好，鼎虽然很小，也是很重的，别人无法轻易夺去；如果昏庸暴乱，即使鼎再大，也是轻的，别人很容易就夺走。上天保佑有德之君，不过也是有一定限度的。当初，我们的祖先成王把九鼎安置在郏鄏的时候，曾经占卜过周朝可以拥有多少年，上天命我周朝有三十代七百年的天下。如今周朝的德行虽然已经渐趋衰微，但是天意还没有改变。因此，关于九鼎的轻重大小，您就不必过问了。"

听了王孙满态度强硬的一席话，庄公打消了向周朝进攻的念头，带着军队回国去了。

张仪说楚

楚怀王十六年，秦国想要讨伐齐国，但楚国与齐国正有合纵联盟之约，秦惠王为此而忧虑，于是假称罢免了张仪的丞相职务，让张仪到南方去见楚王。

张仪到了楚国，对楚王说："秦国国王最喜欢的人莫过于大王，而我张仪最愿意为他做守门贱役的人也莫过于大王。秦国王最痛恨的人莫过于齐王，而奴下我张仪最憎恨的人也莫过于齐王。然而大王您却跟他联盟，所以秦国国王不能服从大王，而且也使得我张仪不能为您做守门的贱职。大王如果为我秦国打开关卡而与齐国断交，现在就可以派使者随我西去收回以前秦国所占楚国的六百里商于之地，这样齐国就削弱了。大王在北面可以削弱齐国，在西面可以施德于秦国，大王您自己又可以得到商于地区来增加财富，这是一举三得的好主意啊。"

怀王大为高兴，就把相印交给张仪，每天设宴跟他欢饮，宣称"我又可以重新得到我的商于地区了"。群臣都表示祝贺，只有陈轸前来表示吊唁。

怀王说："这是为什么？"陈轸说："秦国之所以看重大王，是因为大王有齐国的支持。现在商于的土地还没能得到却先跟齐国断绝了关系，这样楚国就孤立了。秦国又怎么会重视一个孤立无援的国家呢？一定会很轻视楚国。不如暂且先让秦国交出土地，然后再与齐国断交，这样秦国的诡计就无法实现。如果先与齐国断交，然后再向秦国索取土地，那么一定会被张仪欺骗而得不到六百里土地。受到张仪的欺骗，那么大王一定会怨恨他。怨恨张仪就会在西边挑起与秦国的战争，在北面断绝和齐国的邦交。有了这两面的危害，那么韩、魏两国的军队一定会趁机前来攻打楚国。所以我来吊唁。"

楚王不听此话，仍派一位将军到秦国去接受土地。

史 记

张仪回到秦国,假装喝醉从车上摔下来,托病不出面达三个月,而楚国想得到的商于之地无法得到。

楚王说:"是不是张仪认为我们跟齐国断交还不够彻底吗?"于是派勇士宋遗北上去当面侮辱齐王。齐王大怒,折断楚国的符节而与秦国联合。

秦国和齐国交好后,张仪才出来上朝,见了楚国将军说:"你怎么不接受土地呢?从某地到某地,我的封地纵横在六里。"

楚国将军说:"我奉命接受的是六百里,没听说六里。"只好回国把情况向怀王报告。

怀王大怒,兴兵将要讨伐秦国,要秦交出张仪。

陈轸又说:"讨伐秦国不是个办法。不如进一步用一座名城去贿赂秦国,和秦国一起联合攻打齐国,这样我们丢失给秦国的土地,将从齐国得到补偿,我国还可以保全。现在大王已经跟齐国断交而又去谴责秦国的欺骗行为,这等于是我们促使秦、齐两国交好而招来天下的兵祸,楚国一定会受到严重损失的。"

楚王不听,于是又跟秦国断交,发兵向西攻打秦国。秦国也发兵迎击楚军。

第二年春天,楚军与秦军在丹阳交战,秦军大败楚军,斩杀士兵八万人,俘虏了楚国大将军屈匄、裨将军逢侯丑等七十多个大小将领,进而夺取了汉中郡。楚怀王大怒,调动王国的军队再次攻击秦国。在蓝田交战,秦军又大败楚军。韩、魏两国听说楚军遭受严重挫折,也向南袭击楚国,到达邓地。楚王听说后,这才相信了陈轸的话是对的,遂率军回国。

第三年,秦国派使臣来,又要与楚国和好,并愿意把汉中的一半分给楚国。

楚王说:"我只希望得到张仪,并不愿意得到土地。"张仪听说后,请求去楚国。

秦王说:"楚王正想杀了你才甘心,怎么办?"

张仪说:"我以前跟楚王的亲信靳尚关系很好,靳尚又能侍奉楚王的宠姬郑袖,郑袖说的话楚王没有一句不听的。再说我以前出使时违背了把商于之地还给楚国的诺言,现在秦、楚两国大战,结了仇,如果我不亲自出面谢罪,楚王的怨恨永远不会消解。何况有大王撑腰,楚王大概还不敢贸然抓我。如果楚王真的杀了我,只要对秦国有利,这也符合我的心愿。"张仪于是出使楚国。

到了楚国,楚怀王不见,并且囚禁了张仪,想把他杀掉。

张仪私下跟靳尚取得了联系,靳尚替他向怀王说:"关押张仪,秦王必定大怒。天下诸侯看到楚国没有秦国做朋友,一定都会轻视大王。"又对夫人郑袖说:"秦王很喜爱张仪,而怀王却想杀了他,如今秦国将用上庸等六个县的土地贿赂楚国,又把美女嫁给楚王,把宫中能歌善舞的人送来当做侍女。怀王看重土地,秦国女子一定会受到宠信,而夫人会受到排斥的。夫人不如向怀王说,让怀王放了张仪。"

郑袖终于在怀王面前为张仪说情,把他放了。张仪被释放后,怀王又善待张仪,张仪趁机游说怀王背弃合纵盟约而与秦国和亲,并相约通婚。

张仪走后,屈原从齐国出使回来,向怀王进谏说:"为什么不杀掉张仪?"怀王后悔了,派人去追张仪,终于没有追上。

齐楚联合

楚怀王二十年,齐湣王想当纵约长,但又忌惮楚国与秦国联合,就派使臣给楚怀王送信说:"我担心楚国不重视名节的尊贵。如今秦惠王已死,秦武王继位,张仪逃到魏国,樗里疾、公孙衍受到重用,而楚国却还在侍奉秦国。樗里疾和韩国友好,公孙衍和魏国友好;如果楚国一定要服侍秦国,韩、魏就会恐惧,会通过樗里疾、公孙衍这两个人向秦国请求联合,这样燕、赵两国也会侍奉秦国。四个国家争着侍奉秦国,秦国全然纳下,楚国只会沦为秦国的一个郡县了。大王何不跟我一起合力收买韩、魏、燕、赵四国,同他们合纵设盟尊崇周室,以便罢兵安民,号令天下?没有敢不乐于从命的,这样大王就声名远扬了。大王率领众诸侯一起讨伐秦国,一定能够打败秦国。那时大王夺取武关和蜀、汉的土地,拥有吴、越的财富,并且独占江、海地区的利益,韩、魏两国向您割让上党的土地,向西临近函谷关,那么楚国就会比现在强大百万倍。况且大王被张仪欺骗,丢掉了汉中,军队在蓝田遭受挫败,天下人没有不替大王感到耻辱的。可如今您却想先侍奉秦国!希望大王三思。"

楚怀王本想跟秦国讲和,看到齐王的书信,又犹豫不决,就交给群臣讨论。群臣有的主张跟秦国讲和,有的主张听从齐王的意见。

昭雎说:"大王即使在东边得到越国的土地,也不足以洗刷耻辱;一定要从秦国夺取土地后才能在诸侯面前洗刷耻辱。大王不如和齐、韩两国友好交往以提高樗里疾的权威,这样大王就可以得到齐、韩两国的帮助去要回被秦国侵占的土地。秦国在宜阳打败了韩国,而韩国仍然侍奉秦国,这是因为韩国先王的坟墓在平阳,而秦国的武遂距离平阳只有七十里,所以韩国尤其害怕秦国,不敢违逆。要不然,秦国攻打三川,赵国攻打上党,楚国攻打河外,韩国一定灭亡。即使楚国去救韩国,也不能确保国不灭亡,然而能够保存韩国的只有楚国。由于楚国的关系,韩国已经得到秦国的武遂,以黄河、崤山为要塞,韩国想要报答恩德,没有比楚国更深厚的了,我认为韩国一定会很快来服侍大王。齐国之所以受到韩国的信任,是因为韩国的公子眛担任齐国的丞相,韩国已经从秦国得到了武遂,大王再亲善韩国,借助齐、韩两国的力量提高樗里疾的权威,樗里疾得到齐、韩两国的尊重,秦王就不敢抛弃樗里疾了。如今又加上楚国尊重他,樗里疾一定会在秦王面前进言,归还从楚国侵占的土地。"

于是楚怀王采纳了他的计谋,终于没跟秦国联合,而与齐国联合,并和韩国亲善。

楚立新主

楚怀王三十年,秦国再次讨伐楚国,并夺取了八座城邑。

秦昭王给楚怀王送信说:"开始时我跟大王相约结为兄弟,在黄棘会盟,大王送太子做人质,关系极为融洽。后来太子欺凌并杀死我的重臣,不认罪就逃走了,我实在压抑不住愤怒,派兵进犯大王的边境。如今听说大王竟让太子到齐国去做人质

以求跟齐国讲和。我与楚国边境接壤,所以结为婚姻,相互间的这种亲戚关系已经源远流长了。如今秦、楚两国关系不好,就无法号令诸侯。我愿意和大王在武关相会,当面签约并结盟然后离去,这是我的愿望。冒昧地把这种想法告诉您的臣子并转呈大王。"

楚怀王看到秦王的信,很是忧虑。去了,就怕被欺骗;不去,又怕秦王发怒。

昭雎说:"大王不要去,派兵防守好边境就是了。秦国如狼似虎,不可信任,有吞并天下诸侯的野心。"

怀王的儿子子兰劝怀王前去,说:"为什么要拒绝秦国的好意呢!"楚怀王果然前去会见秦昭王。

昭王欺骗怀王,让一位将军在武关埋下伏兵,又打着秦王的旗号。楚怀王刚到,就关闭了武关,劫持怀王向西来到咸阳,在章台朝见秦王,如同藩臣一样,不让他与秦王平坐。楚怀王大怒,后悔没听昭雎的话。秦国因此扣留了楚怀王,要挟他割让巫、黔中的郡县。楚怀王想跟秦国签订盟约,秦国却坚持要先得到土地。

楚怀王愤怒地说:"秦国一再欺骗我,今天又强迫我割让土地!"不再答应秦国。秦国因此扣留了他。

楚国的大臣非常忧虑,互相商议说:"我王在秦国不能回来,要挟他割让土地,而太子又在齐国做人质,现在如果齐、秦两国合谋,那么楚国就要灭亡了。"于是想拥立怀王在国内的儿子为王。

昭雎说:"大王和太子都受困于诸侯,如今再要违背王命而拥立庶子,不合适。"于是诈说楚王去世,而讣告齐国,到齐国报丧。

齐湣王对他的丞相说:"现在不如扣留太子以索取楚国淮河以北的土地。"

丞相说:"不可以,如果郢都另立新王,这样我们就是空抱着无用的人质而在天下人面前做了不仁不义的事情。"

有人说:"不是这样。如果郢都另立新王,就趁机跟楚国的新王做交易。说'给我下东国的土地,我可以为新王杀掉太子;否则将要和其他国共同拥立太子',这样下东国就一定能得到了。"

齐王最终还是采纳了丞相的计策,放回楚国太子。太子横回到楚国,继位为楚王,这就是顷襄王。派人告诉秦国说:"仰赖社稷神灵的保佑,楚国有新王了。"

擅长弩弓细箭的人

楚国有个擅长用弩弓细箭射中归雁的人,顷襄王听说后,就召来询问他。

这位擅弓箭的人回答说:"小民喜欢射雏雁、小鸟,这是小型利箭发挥的作用,哪里值得向大王讲述。再说以楚国的强大,凭借大王的贤能,所获得的东西绝非这一点点。从前三王获得道德的称号,五霸获得诸侯各国的拥护。所以秦、魏、燕、赵四国,是雏雁;齐、鲁、韩、卫四国,是小野鸭;驺、费、郯、邳四国,是小鸟。

"除此之外的小国都不值得一射。看到这六双小鸟,以您大王的想法将怎样猎取呢？大王何不以圣人之道为弓弩，以勇敢的武士为利箭，抓住时机张弓射取它们呢？这样，这六双小鸟，就可以用袋子一并装回来了。

"这种乐趣绝不是一朝一夕的短暂快乐，这种收获也绝不是小鸭小雁的小小猎物。大王先张弩射魏国大梁的南部，只要射伤它的右臂就会直接牵动韩国，这样中原的道路就断绝了，上蔡的郡县就不攻自破。回过身来射圉的东部，伤及魏国的左肘，再向外攻击定陶，这样魏国将会放弃东部地区，而大宋、方与两郡就可以拿到了。而且魏国断了左右两臂，就会变得动荡不安；再派兵攻击郯国，大梁就可以夺取并占有了。

"大王可以在兰台收拢箭绳，到黄河两岸饮马，平定魏都大梁，这是第一次放箭的快乐。如果大王对射箭一直有兴趣而且不厌倦，那么就拿出宝弩，换上新绳，到东海去射大鸟，回来修整长城作为防守阵地，早上射取东莒，晚上射取浿丘，夜里射取即墨，转身占据午道，那么长城以东、泰山以北的地区就能够收取了。西面与赵国交界而北面直到燕国，齐、赵、燕三国就像鸟儿张开了翅膀任凭飞翔。合纵的局面无需等待盟约就可以形成了。向北遨游远眺燕国的辽东地区，向南登高远望越国的会稽山，这好比第二次发箭的快乐。至于泗水流域的十二个诸侯国，左手一指，右手一挥，一个早上就可全部猎取。

"如今秦国打败韩国反而成了长久的忧患，占领了一批城邑却不敢长期据守；讨伐了魏国又劳而无功，攻击了赵国反而受害，这样秦国、魏国的勇气和力量就大大削弱了，楚国原有的土地汉中、析、郦就可以重新拥有。

"大王拿出宝弩，换上新绳，涉足郾塞，以此等待秦国的疲惫，那时山东、河内地区就能够统一了，也可以慰劳和安抚民众，南面称王了。

"所以说秦国是大鸟，背靠内陆地区居住，面向东方站立，左臂控制着赵国的西南，右臂挟制着楚国的鄢、郢，胸脯正对着韩、魏两国，俯瞰着中原各国，所处的位置已很方便，而占据的地势又十分有利，展翅一飞，纵横三千里，所以秦国不可能被单独捉住并一夜之间把它射死。"

他本想激怒顷襄王，所以用这番话来回答。

顷襄王于是又召他谈话，他就接着说："先王被秦国欺骗而客死异国他乡，仇恨深似海洋。如今一个平民百姓有仇恨，尚且能够向万乘之国的君王去报复，白公、伍子胥就是如此。现在楚国的土地纵横五千里，拥有百万军队，在战场上驰骋冲杀，然而却坐受困厄备受欺辱。我个人认为大王不应该如此。"

顷襄王听了这番话，便派使臣到各诸侯国，重新合纵，想联合讨伐秦国。秦国听说后，马上派兵前来攻打楚国。

昭子的比喻

楚国想和齐国、韩国联合讨伐秦国，并趁机谋取周室。周赧王派武公对楚国丞相昭子说："三国想用武力割取周郊区的土地以方便运输，并且把周的宝器运往南方以尊崇楚王,我认为这是不妥当的。凡是杀害天下共同的君主,奴役世代统治天下的周王,任何大国不会亲近它;依仗人多势众来欺凌弱小国家,小国也不会归附它。大国不亲近,小国不归附,就不可能获得威名和实利。得不到名和利,就不值得为此劳民伤财。如果有了图谋周室的名声,就无法号令天下。"

昭子说:"说图谋周室,确无此事。尽管如此,周室为什么不可以图谋呢?"

武公回答说:"军队不超过敌人五倍就不发动进攻,兵力不超过敌人十倍就不围攻城池。一个周朝相当于二十个晋国,这是你所知道的。韩国曾经以二十万的兵众,在晋国城下兵败受辱,精锐的士兵战死,普通的士卒受伤,而晋国的城邑却没有攻下。

"你没有超过韩国一百倍的兵力用来图谋周室,这是天下人都知道的。和东西二周结下怨仇,堵塞驺、鲁两国想归附楚国的心意,又和齐国断绝了邦交,在天下名声扫地,这样做事太危险了。而且危害东西二周以加强韩国,那么方城以外一定会被韩国侵占。凭什么知道会这样呢?西周的土地,截长补短,总共不超过一百里。名义上是天下共同的君主,实际上瓜分它的土地不足以使国家富庶,得到它的百姓不足以增强兵力。即使没有去攻打它,早已落得个杀害君主的恶名。然而好战的君王,喜欢攻伐的权臣,发号施令,调动军队,没有不以周室为最终的攻击目标的。这是为什么呢?因为看到王室的祭器在那里,想得到祭器却忘了弑君产生的祸乱。如今韩国要把祭器弄到楚国是嫁祸于人,我担心天下会因为祭器而仇恨楚国。

"我打个比方。老虎的肉腥臊,又有尖牙利爪防身,但人们还是要攻杀它。如果让树林中的麋鹿披上虎皮,人们对它的攻击一定会超过对老虎攻击的一万倍。因为瓜分楚国的土地,足以使国家富足;贬损楚国的声誉,足以使君主尊荣。如今你想以私欲诛杀天下共同的君主,占有三代的传国宝器,侵吞九鼎,以此来超越世间的诸侯,不是贪婪又是什么?《周书》说'要想有所作为,不可首先作乱',所以一旦宝器南迁,讨伐的大军就会跟着开过来。"

后来楚国的计谋废止了,没有实行。

越王勾践世家第十一

卧薪尝胆

吴越争锋,起初吴弱越强,吴王阖庐战败伤病未愈,不久死去,其子夫差即位。

吴王夫差怀国仇家恨,刻不能忘。他常置一人立于内宫庭院,每当夫差出入,此人必耳提面命,质问吴王:"你忘掉越王杀父之仇了吗?"夫差随口应道:"深仇大恨,岂敢忘怀!"在如此氛围中,即使稍有疏忽或懈怠,也能骤然警觉,重新振作。就这样经年累月砥励志气,又晨起夕归,演练战射,这就为越国的安全带来极大威胁。

越王勾践三年(公元前494年),听说夫差日夜部勒军旅,便要乘敌未发而击吴。范蠡知越王师胜而骄,难以抵敌,便极力劝阻说:"天道盈而不溢,胜而不骄,劳而不矜其功。圣人随时而行,是谓守时。天时不圣,人事不应,则隐忍不发。现今君王不盈而溢,未盛而骄,不劳而矜其功,实为逆于天而不和于人,若强行之,必危国家,害及己身。"勾践不听。

范蠡又劝谏说:"兵者凶器,勇者逆德,战者末事。阴谋背德,好用凶器,身事末端,为上无所忌,对所行者不利,宜慎之又慎,断然不可轻决。"

越王勾践决计出师,与吴王夫差战于夫椒(太湖中山名,一说即洞庭湖西山,又一说在浙江绍兴北)。结果,勾践大败,仅剩五千残兵,退保会稽山(今浙江中部,主峰在嵊县西北)被吴军团团包围。

勾践身陷绝境,眼望败鳞残甲,亡国之忧萦绕于怀。他凄然地对范蠡说:"我不听先生之言,故有此患。眼下如何收拾危局?"一个有作为的政治家,对成败之事并不看得那么绝对而不可改观。因此,范蠡冷静进谏说:"持满而不溢,则与天同道,可享天之佑;省事而节用,则与地同道,可受地之赐;抉危而定倾,则与人同道,可得人之助。目前,宜卑辞厚礼,贿赂吴国君臣;倘若不许,可屈身以事吴王,徐图转机。"勾践依议,派大夫文种前往吴军议和。

文种初次赴吴营,受到吴王夫差的忠正大臣伍子胥的极力阻挠,结果是徒劳一场。

勾践闻报,痛不欲生,想要杀妻子,焚宝器,与吴王冒死一战。文种、范蠡以为硬拼非计,便多方劝慰。他们通过冷静分析,以为吴王夫差好美色,权臣太宰伯嚭贪货财,这是可供利用的缝隙。于是,越国先暗用美女、宝器买通伯嚭,使之转献吴王夫差,然后再派文种前去乞和。

文种见到吴王,说道:"大王如能赦免勾践,越国情愿尽献宝器,举国上下降为臣妾;倘若不许,勾践将尽杀妻子,燔烧宝器,悉发五千壮士触死决斗。"这话析明了利害,软中带硬。逸臣伯嚭也在一旁帮腔说:"越已降服为臣,若能赦之,实为吴国大利。"吴王心软,便要许和。

大臣伍子胥谏阻说:"树德行善莫如使之滋蔓,袪病除害务必断根绝源。现今勾践为贤君,文种、范蠡为良臣,君臣同心,施德惠民,一旦返国,必为吴国大患。吴越两国水连土接,一旦结成世仇,兴亡成败不可不虑之深远。如今既克越国,倘使其复存,实在是违背天意,养寇遗患。"吴王不听,终与越国讲和,罢兵而去。

相传自从会稽解围之后,越王勾践打算让范蠡主持国政,自己亲自去吴王屈事夫差。范蠡说:"对于兵甲之事,文种不如我;至于镇抚国家、亲附百姓,我又不如文种。臣愿随大王同赴吴国。"勾践依议,委托文种暂理国政,自己携带妻子和大臣范蠡、诸稽郢前往吴国。

约在勾践四年(公元前493年),越王君臣数人见到吴王夫差,当即进献美女宝物,并低声下气地极力奉承;再经伯嚭在一旁美言数语,勉强取得夫差的谅解。夫差派人在阖庐墓侧筑一石室,把勾践夫妇、君臣驱入室中,脱去原先衣冠,换上罪衣罪裙,使其蓬头垢面地从事养马等贱役。每当夫差乘车出游,勾践手执鞭杖,徒步跟随在车左车右,任凭吴人恶语讥诮,只把羞恨深藏在心中。

勾践在石室一住两月,范蠡朝夕相伴,随时开导,并为之出谋划策。

一天,夫差召见勾践,范蠡随侍身后。夫差对范蠡说:"寡人曾闻:'贤妇不嫁破落之家,名士不仕灭绝之国。'如今勾践无道,国家将亡,君臣并为奴仆,羁于一室,先生不觉可鄙吗?先生如能改过自新,弃越归吴,寡人必当赦免先生之罪,委以重任。"勾践唯恐范蠡变节,伏在地上暗自坠泪。

却听范蠡委婉推辞说:"臣闻:亡国之臣不敢语政,败军之将不敢言勇。臣在越不能辅佐勾践行善政,以致得罪大王。如今侥幸不死,使备奔走扫除,臣已满足,岂敢贪求富贵?"

吴王夫差并不相强,仍使勾践、范蠡回到石室,并遣人暗地探察君臣、夫妇所作所为。但见他们竭力养马、洒扫,昼无怨恨之语,夜无嗟叹之声。夫差满以为他们诚心降服,无心复国还乡,便大意起来。

又一天,吴王夫差登姑苏台游嬉,远见勾践夫妇端坐在马粪堆边歇息,范蠡恭敬地守候在一旁。夫差说:"勾践不过小国之君,范蠡无非一介之士,身处危厄之地,不失君臣之礼,也觉可敬可怜。"伯嚭在一旁讲情说:"愿大王以圣人之心,哀怜穷困之士。"从此,夫差便有意释放勾践回国。

一次,夫差染病。范蠡知是寻常疾病,不久即愈,便与勾践商定一策,让他去尝粪卜疾,取悦于夫差。

勾践求见吴王,探规病情。他伸手蘸起夫差的一点大便,放在口里咂了咂,大声祝贺说:"大王之疾,近期即可痊愈。"夫差叩问缘故,勾践依照范蠡所嘱,回答说:"臣曾跟人学过医术,只要亲尝一下病人粪便,可知生死寿夭。大王粪便味酸而苦,与谷味相同,由此知道大王之病不可忧。"夫差明其言,见其行,心里十分高兴。吴国大臣伍子胥进谏说:"勾践尝大王的大便,实是食大王之心。"夫差不悟,反责伍子胥不如勾践那样尽忠。事后,吴王果然克期复原,遂决定释放勾践君臣回国。

越王勾践与范蠡等人在吴国拘役三年,约于勾践七年(公元前490年)回国。勾践问复兴越国之道,范蠡作了极其精辟的论述,其要义在于:尽人事、修政教、收地利。在这条方针指引下,越国渐渐富强起来,以后又开始了同吴国的争夺,越来越占居上风。

至勾践二十四年(公元前473年),吴王夫差势穷力尽,退保于姑苏孤城,再派公孙雄(一作王孙雄,另作王孙骆)袒身跪行至越国军前,乞求罢兵言和。勾践欲许议和,范蠡在一旁说道:"当年大王兵败会稽,天以越赐吴,吴国不取,致有今日。现在天又以吴赐越,越岂可逆天行事?况且,大王早朝晚罢,全是为了一个吴国,难道忘记昔日的困辱了吗?谋划二十年,一旦捐弃前功,伐柯者就在眼前!天与不取,反受其咎。"

勾践露出不忍之色,范蠡当机立断,对吴使公孙雄说:"越王已任政于我,使者如不尽快离开,我将失礼,有所得罪了!"说着,他击鼓传令,大张声势。公孙雄无可奈何,涕泣而出。

不久,越军灭吴。勾践玩弄假仁假义的小法术,封夫差于甬东(会稽以东的海中小洲)一隅之地,使其君临百家,为衣食之费。夫差难受此辱,惭恨交加。他深悔当初不听伍子胥之言,致使死后没有脸面在黄泉下再见忠良,于是以布蒙面,伏剑自杀。

随后,勾践诛杀佞臣伯嚭,吴国难免蒙受一番洗劫。

灭吴之后,越王勾践与齐、晋等诸侯会盟于徐州。当此之时,越军横行于江、淮,诸侯毕贺,号称霸王,成为春秋、战国之交争雄于天下的佼佼者。

文种之死

春秋时期,有个楚国人,名叫范蠡。范蠡是一位才能出众的人,他跟随越王勾践二十多年,尽力帮助越国强盛起来,最后终于灭掉了吴国。越王勾践因为范蠡功劳卓著,而拜他为上将军。可是范蠡不敢接受官位,又不便直说,便借故辞职,跑到齐国去。这是为什么呢?因为范蠡深知越王的底细,待在他的身边早晚要被他杀头的,所以必须尽早离开他。

范蠡虽然逃到了齐国,可是他还惦记着越国大夫文种,于是他就给文种写信,告诉他说:"越王这个人心胸狭窄脖子很长,嘴尖得像鸟喙一样,同他一起共患难可以,但不能同他一起共享富贵。现在越国强盛了,好像一个猎人因为没有飞禽和兔子可打,就用不着弓箭和猎狗一样,越王大概也不会再要我们了。"书信的原文是:"飞鸟尽,良弓藏;狡兔死,走狗烹。"范蠡劝文种早点离开越王,免得受害。文种看了书信,从此托病不再上朝。有人进谗言说文种将要作乱,越王于是赐给文种宝剑,说:"你教给我七种讨伐吴国的计谋,我用了其中三样就打败了吴国,还有四种在你那里没有使用,你为我到先王那里去试用这些计谋吧。"文种于是自杀。

这就是功成身退的典故,明代的刘伯温与范蠡一样,功成身退后,避免了"庆功楼"那场杀身之祸。

范　蠡

越王勾践灭吴之后,与齐、晋等诸侯会盟于徐州(今山东滕县南)。诸侯皆前来祝贺,勾践号称霸王,成为春秋、战国之交雄踞天下的佼佼者。范蠡也因谋划有功,官封上将军。

灭吴之后,越国君臣设宴庆功。群臣尽皆欢喜,独勾践皱眉不语。范蠡察言观色,立时明白。他想:越王勾践处心积虑为图霸业,不惜用群臣生命作代价;而大业已成,如愿以偿,就更不愿让大臣们把功劳分去。常言道:树大招风。更何况与越王深谋二十余年,既然功成名就,不如趁此急流勇退。想到这里,他果断向勾践告辞,请求退居山林。

勾践面对这个要求,不由得思前想后,迟迟说道:"先生假若留在我身边,我会与您共享越国,倘若不遵照我说的做,必将身死名裂,连带妻子儿女都会被杀!"政治头脑十分清醒的范蠡,对于宦海得失、世态炎凉,自然品味得格外透彻,明知"共分越国"纯系虚语,不敢对此心存奢望。他一语双关地说:"君行其法,我行其意。"

事后,范蠡不辞而别,带领家人奴仆,驾扁舟,渡东海,来到齐国。

范蠡早年曾做过账房会计之事,研究理财之道。他认为:一、由于供求关系的有余和不足,促使物价有贵、贱变化,因此要随时掌握社会余缺及需求。譬如:干旱则备车乘,水涝则备舟楫。二、农、工、商三业,均有各自的重要地位,又相互联系。比如米谷价格,谷贱挫伤农夫的生产兴趣,谷贵损害工商者的切身利益。损害工商则没有钱财出处,挫伤农夫的生产积极性则地就要荒芜。米谷价平,则农工商都有利。这就是治国理财的大道。三、积贮之理,务必妥善保管,还要及时周转。以物易物,勿使容易腐败的东西积压太久。四、倘知何物有余,何物不足,便知孰贵孰贱。物贵到极点必反贱,物贱到极点必反贵。物贵时,要及时卖出,要像弃粪土一样;物贱时,要及时买进,像收集珠玉一样的珍藏,一定要让钱财如流水一样通行无阻。

远在春秋时期,范蠡就具有如此完备的经济思想和商业理论,无疑是非常难能可贵的。正是由于此,他到齐国之后,便隐姓埋名,自称鸱夷子皮,务农为业。于是,他举家同心协力,躬耕于海畔。不久,家产累计数十万。

齐人见范蠡这么有才干,想委以大任。范蠡却叹惜说:"做官做到卿相,治家又能使家财千金,一直下去并不是好事。"于是,他散其家财,分予亲友乡邻,然后怀带重宝,悄然出走。范蠡辗转来到陶(今山东定陶西北),再次变易姓名,自称为朱公。他认为陶居天下中心,四通八达,便于交易,遂以经商为业,每日买贱卖贵,适时而动,十九年间,三致千金。时人凡论天下豪富,无不首推陶朱公。

因小失大

陶朱公范蠡住在陶时,家财万贯,这时小儿子出生了。等到小儿子长大成人之后,陶朱公的二子在楚国杀了人,被囚禁起来。

朱公知道后爱子心切,说:"杀人理应偿命,这是国法。但我听说家有千金的人可以不在市中被处死,活动活动看吧。"于是备足千金,准备让小儿子去楚国走一趟。

此时他的大儿子争着要去救弟弟,谁也说服不了他,真是一点办法也没有。他争吵着:"父亲不让我做长子的去,而让小弟去,一定是认为我是不孝之子,我还有什么脸面活下去?"说着就要自杀。众人赶忙拉住,孩子的母亲也在朱公面前为他说好话,再三劝朱公让长子去楚国。

朱公无奈,只好同意让老大去楚国,还写了一封信,让他到了楚国之后交给自己过去的好朋友庄生,而且再三地叮嘱大儿子:"你到了楚国,要想救你的弟弟,把这千金送到庄生家,一切听他的,他让你干什么你就遵命,千万不要与他争辩。"

朱公的大儿子到楚之后照其父所嘱去拜访庄生,并送上千金做礼。庄生对他讲:"你赶快回去吧,不要留在这里,即使你的弟弟放出来,你也不要问为什么,千万记住我的话。"朱公的大儿子听了,假装离开楚国,暗地里却住在了楚贵人的处所。

庄生是陶朱公的好友,他虽然很穷,却是一个具有廉洁美德的人,也很耿直,楚国的人都很敬佩他,楚王以下的人都把他当做老师那样,很尊重他。

这一次朱公长子送来了千金,他本不欲收,但又怕年轻人沉不住气,就想把钱放在这儿,等事情办成了再还给朱公,作为信守朋友承诺的凭据。但是朱公长子哪里能明白庄生的深谋远虑呢?

由于庄生的努力,楚王决定要大赦犯人。朱公的大儿子听说了以后,心里就开始合计了:"楚王要大赦犯人,弟弟也就自然而然地会放出来,千金送给了庄生,岂不是白白地丢掉了吗?太亏了。"于是就又去见庄生。

庄生大吃一惊问:"你怎么还没有离开楚国呢?"朱公长子说:"我一直放心不下,现在听说弟弟不久就要大赦出来了,我才放心,所以特地向您来辞行。"庄生十分明白朱公长子的意思,就让他自己进屋去取钱,那些金子还原封未动地放着。

这一来,庄生十分气愤,觉得被朱公长子戏弄了,感到万般恼恨,就又进见楚王说:"楚王您大赦是为了修德去凶象,可我听说世人纷纷传言是陶地朱公的儿子杀了人,被关在我们这里,因朱公家极为富有,他们拿了许多金钱来贿赂大王左右的人,所以说楚王大赦并不是为了楚国百姓,只不过是为了陶朱公的儿子罢了。"

楚王闻言大怒,下令杀掉朱公二儿子之后,第二天才下赦令。

自然朱公长子带着弟弟的亡命通知而还。家人都十分悲伤,只有朱公笑着说:"我早知道,你一定会害死你二弟。不是你不爱他,而是你从小和我一起创业,知其艰辛,看重财富,不肯轻易抛弃。我让你小弟去,他生在富贵之家,根本不知生活艰难,他能挥金如土,也能救你弟弟。最终还是你杀了二弟。"

朱公对自己的儿子了如指掌,知二子不能保,又怕害死长子,只好任他去,不与他争辩,知道只有他自己亲身经历,有血的教训,他才能明白道理,不是不教,而是教法不同。

郑世家第十二

郑桓公任司徒时

郑桓公友,是周厉王的小儿子,周宣王的同父异母弟弟。宣王即位二十二年,友被封在郑地。受封二十三年里,百姓都很爱戴他。幽王曾任命他做司徒。他安抚周室的百姓很有恩德,周室的百姓都很高兴,黄河、洛水之间,人人都思念他。

郑桓公曾当了一年司徒,幽王因为宠爱王后褒姒的缘故,王室的政事逐渐邪恶不正,诸侯有的就背叛了周王。

司徒友问太史伯说:"王室多有变故,我怎样才能逃脱死亡的威胁呢?"

太史伯回答说:"只有洛水以东的地区,黄河、济水以南的地区可以居住。"

友问:"你怎么知道?"

回答说:"那里的土地邻近虢国、郐国,虢国、郐国的国君贪婪而喜好财利,百姓并不亲附他们。如今您担任司徒,百姓都爱戴您,如果您请求居住在那里,虢国、郐国的国君看到您正在当权得势,就会轻易地把土地分给您。如果您居住在那里,虢国、郐国的百姓就慢慢地都会成为您的百姓了。"

友说:"我想南下到长江流域,怎么样?"

回答说:"从前祝融担任高辛氏的火正,功劳很大,但他的子孙在周朝却没有能够兴盛的,楚国是他的后代。周衰弱后,楚国必定兴起。楚国兴起就对郑国没有好处。"

友说:"如果去西方怎么样?"回答说:"那里的民众贪婪好利,难以长久共处。"

友说:"周朝衰落后,哪些国家会兴盛?"

回答说:"大概是齐、秦、晋、楚吧?齐国,是姜姓,是伯夷的后代,伯夷辅佐尧主管礼仪。秦国,是嬴姓,是伯翳的后代,伯翳辅佐舜驯服百物。楚国的祖先,都曾经有功于天下。周武王灭了商纣后,周成王把叔虞封在唐地,那里地势险阻,但凭借贤德的后代而与衰落的周王室并存,晋国也必定会兴盛了。"

友说:"好。"于是赶紧向周王请求,把他封地的百姓向东迁移到洛水东面,虢国、郐国果然献给他十座城邑,终于在那里建立了郑国,号桓公。

两下不误

郑襄公八年,楚庄王因为郑、晋结盟,前来讨伐,包围郑国都城达三个月,郑国只得献出都城向楚国投降。

楚王从皇门进城,郑襄公光着上身、牵着羊前来迎接,说:"我不能在我的边城侍奉君王,大王心怀愤怒来到我国国都,这是我的罪过。怎敢不唯命是从呢?君王即使让我迁到江南,贬为诸侯,也一样听命于天。如果君王不忘周厉王、周宣王、郑桓公、郑武公,哀怜我们,不忍心断绝我国社稷宗庙的祭祀,赐给我贫瘠的土地,使我能够重新侍奉君王,这是我的心愿,但我也不敢抱此奢望。只能大胆地向君王坦陈肺腑之言,以大王唯命是从。"

楚庄王因此后退三十里,然后安营扎寨。

楚国的大臣们说:"从郢都到这里,将士们也很疲劳了。如今夺得郑国却又要舍弃它,这是为什么?"

庄王说:"我之所以出兵讨伐,是因为它不服从我们。现在郑国已经降服,还有什么可求的呢!"终于撤军离去。

晋国听说楚国讨伐郑国,曾派兵救援郑国。因为来的时候犹豫不决出发较晚,所以迟到了;等到了黄河岸边时,楚军已经离去。晋国的将领有的想渡河前进,有的想返回,最后还是渡过黄河。楚庄王听说后,又回师进攻晋军。郑国反而帮助楚国并在黄河边上大败了晋军。郑襄公十年,晋国前来讨伐郑国,因为它背叛晋国而亲附楚国。

一次,楚国举兵进攻宋国,宋求助于晋国,请求援救。晋国清楚楚国不会把军队久驻在外,很快就会自动撤兵;但又顾虑,如不出兵援宋,可能会在诸侯中失去威信,有损其霸主形象。于是,想出一个两全其美的妙计:派遣大夫解扬去宋国传达晋君的命令,假说救宋的晋军已经开拔,即将来到,告诉宋人一定要坚守城池。

解扬衔命上路,不料中途为楚人抓获,做了楚人的俘虏。楚王威胁解扬,要他对宋人说晋国根本不能救宋,以此来断绝宋国等待救兵坚守不降的希望。解扬表面上答应了楚王的要求。于是楚王让解扬上楼车,向城内宋人喊话。等宋人听到他的喊声后,解扬却喊道:"我是晋国大臣解扬,我国大军正行进在途中,令我先来报信,不幸为楚所俘,并以死相威胁,让我出面劝诱你们投降。我假意应承,好借此机会传达我君的旨意,你们要坚守城池,一直到援军开到,切勿为谣言所动。"

楚王见状,怒不可遏,说:"你既然答应了我的要求,为何转脸又背叛?这可是你失信用,不能怪我无义了。"立刻命令手下的人把解扬推出去斩首,解扬面无惧色,理直气壮地对答道:"作为晋臣,我如果取信于你楚王,必然要失信于晋君,二者必居其一。假使楚有一位大臣,公然背叛自己的主子,取悦于他人,你说这是守信用,还是不守信用呢?好了!再没什么可说的了,我愿意立刻就死。以此来说明楚国对外信用,对内则无信用可讲。"

楚王听后怒气全消,感慨地说:"解扬真是个忠臣烈子呵!"于是,不但免死,还允许他返回晋国。

黄泉见母

郑庄公寤生的母亲姜氏生有两个儿子,老大是庄公,老二叫共叔段。生庄公时,姜氏难产受到了一些惊吓,所以取名寤生,并对其产生了讨厌之感;而对共叔段,姜氏则特别偏爱,几次请求郑武公立共叔段为世子,武公都没有同意。

武公死后,长子寤生继位,是为郑庄公。姜氏见扶植共叔段的计划失败,便替共叔段请求庄公将制邑作为段的封地。制邑在河南荥阳东北,北临黄河,地势险要,著名的虎牢关就在此处。庄公怕共叔段据险以后难以清除,没有同意。姜氏又要求把京邑封给叔段,庄公不好再推辞,只好答应。

郑大夫祭仲知道后,立即面见庄公说:"现在封叔段在京邑,不合法度,不是制度所允许的。这样下去恐怕您将控制不住他。"庄公答道:"姜氏喜欢这样,我怎么能避开这个祸害呢?"

叔段到了京邑后,将城进一步扩大,还把郑国的西部和北部的一些地方逐渐据为己有。他还聚集民众,修缮城郭,收集粮草,修整装备武器,编组战车,并与母亲姜氏约定日期作为内应,企图偷袭郑国,篡国夺权。

庄公对叔段的一举一动早已看在眼里,并有防备。当他得知叔段与姜氏约定的行动日期后,就命大将子封率领二百乘兵车提前进攻京邑,历数叔段叛君罪行,京邑的人民也起来响应,反攻叔段,叔段弃城而逃。先逃到鄢,后又逃到共邑。庄公引兵攻打共邑,叔段畏罪自杀。

庄公气愤之余,命人将姜氏送往颍地安置,并且发誓说:"不到黄泉,绝不再见!"其母也觉得无颜与儿子相见,即刻离开宫中,出居颍地。

在颍地镇守颍谷的大将颍考叔听说这件事后,觉得姜氏虽然没有尽到做母亲的责任,但庄公不能不尽做儿子的孝心。然而,庄公既为一国之尊,言语已出,如何收回呢?于是,颍考叔想出了一个权变之计。

一天,他捕捉了一些鸮鸟,以献野味为名来见庄公。并向庄公介绍说:"此鸟名鸮,能看见细小的东西,却看不见大的物体。在夜间能明察秋毫,但白天连泰山也看不见。小时候由母鸟哺育,长大以后,却又啄食其母,实在是一种不孝的鸟。所以在我们那里,只要见到这鸟,都会捕而食之。"庄公听了颍考叔的话,默然不语。

随后,庄公设宴招待颍考叔。吃饭时,考叔把好肉挑出来放在一边。庄公觉得奇怪,问考叔是什么意思。颍考叔回答说:"小臣家有老母,因家贫,每天只能猎取一些野味供养,从来没有尝过这种美味。今天君王赐给小臣佳肴,但老母不能享用,小臣思念老母,难以下咽。所以,想带点肉回去孝敬老母。"庄公听后感叹地说:"你有母亲奉养,能够尽人子之心,真是孝子;而我作为诸侯,反而不如你呀!"考叔假装不知,问道:"老夫人在堂,君王怎么说无母?"庄公于是把先前设誓的经过细说了一遍,并表示了追悔之意。考叔见机进言道:"臣有一计,可以成全这件事。主公可命人掘地见泉,建一地下室,先迎姜夫人在内居住,主公再往地室中相见。这于君王的誓言,并不相违。"庄公听后大喜,立即委派考叔去办理此事。

地下室建好后,考叔先侍奉姜氏到地下室,然后接庄公从长梯而下,母子相见,抱头痛哭,互诉思念之情。国人见庄公母子和好如初,无不称赞庄公的孝道。庄公也感谢考叔用智慧谋略成全他母子之爱,赐大夫爵位,并分掌郑国兵权。

赵世家第十三

赵氏托孤

春秋时代,晋国有个大臣屠岸贾,本是晋灵公的宠臣,灵公被赵家的人刺杀后,景公即位,升屠岸贾为大司寇,他要为灵公报仇,阴谋发动一次政变,夺赵氏之权,灭其族。

部将韩厥不知其所为,暗中把阴谋告知赵盾的儿子赵朔,促他趋避,赵朔不肯,说:"事至如今,跑也跑不了,如果你能为我们赵家保存一点血脉,我就是死了也没什么可遗恨的了!因为我的妻子正在怀孕,她是公主,是景公的姐姐。"

"那就赶紧送她入宫躲避吧！慢了只恐怕来不及了。"

韩厥秘密告诉门客程婴，叫他们护送公主进宫，并嘱咐说："倘若将来生女取名文，生男取名武，文人无用，武可报仇！"

次日清晨，屠岸贾亲率甲兵，将赵府围住，不问青红皂白，把赵朔、赵同、赵括、赵婴齐及一家男女老少统统杀掉，检查尸体时，发现少了赵朔的妻子庄姬公主。

有人告密，说公主入宫去了，屠岸贾便入宫奏知景公，要拉公主出来杀头，景公说，害怕伤了田后的心，屠岸贾又说公主已身怀有孕，一旦生下男孩，留下逆种，他日必定报仇，重演桃园杀君之事。景公却说，待生产了男孩后，再把他杀掉就是了。

屠岸贾于是就派人探听公主生产的消息。

没过多久，公主果然生下一男孩。屠岸贾得知这一消息后，立即带人进王宫搜索，公主不知如何是好，慌忙把孩子藏在裤子里，默默地祈祷着："姓赵的该绝种，你就哭吧！若不该绝种，你就不要出声！"果然，孩子一声也没响，屠岸贾没有搜出什么来，以为早把孩子运出宫去了，便到处悬赏缉拿。

赵盾生前一位忠实的门客，名叫公孙杵臼，在当日赵府被围的时候，便约同门客程婴一起殉难。程婴说道："赵夫人怀了孕，若生下男孩，我还得把他好好地抚养大；如果是女孩子，到时候再死也不迟。"公孙杵臼非常赞同程婴的见解。后来听说公主生的是女孩时，公孙杵臼大哭起来："天呀！你真的要灭绝赵家吗？"程婴却劝他说："未必可信，我先去打听一下！"于是，千方百计与公主取得联系，公主给他一张纸，上面只写了一个"武"字。这时，二人方知公主所生是个男孩，两人欢喜无限。等到屠岸贾搜宫一无所获时，二人又商谈起来。

程婴对公孙杵臼说："这次他们虽未搜出，以后必定还会再搜！那可怎么办呀！必须想想办法，把孩子偷出宫来，藏在远方才保安全。"

公孙杵臼想了许久，问程婴："保全孤儿和一死报恩，哪一件事更困难呢？"

程婴说："当然是一死报恩容易，保全孤儿更难了。"

"那好极了，兄为其难，弟为其容易，赵氏上代对你很好，那你就该勉为其难，担当起保全孤儿的责任吧！"

"此话何意？有何计策？"

"只要能找到一个最近出世的婴儿，冒充是赵氏的孤儿，由我抱往首阳山躲起来，你就去告密，屠贼搜到了假的，就不会再受威胁了。"

"那就再巧不过了，"程婴说："我的妻子也刚生下了一个男孩，和孤儿的生日相近，可以代替。但是，你犯下了藏孤之罪，必定处斩，那……"说到这里，眼泪禁不住簌簌地落下来。

公孙杵臼生气了，说："哭什么？这是件大事，也是好事。你立即去抱儿子过来，然后去找韩厥将军，把孤儿设法安置好！"

程婴收泪回家，在半夜里，悄悄地把自己的儿子交给公孙杵臼带往首阳山去，随即前往面见韩厥，给他看看掌上的"武"字，再把公孙杵臼的计划告诉了他。韩厥大喜，便对程婴说："恰巧赵夫人有病，叫我去请一个信实的医生，你只要能把屠贼骗到首阳山去,我就会设法把孤儿弄出来的。"

一切安排妥当,程婴就往屠岸贾处去告发:"只因自己和公孙杵臼是赵家门客,受赵夫人委托秘密带走赵氏孤儿,逃匿深山,恐日后事露,全家遭斩,因而,先行前来报告,可保全家性命,且可得到千金赏赐。"

"孤儿现在什么地方?"屠岸贾问,程婴视左右退出,然后悄悄地告诉他:"现藏匿居首阳山深处,务要迅速行动,否则将逃往秦国去了,还要大夫亲往,别人多与赵氏有交情,信赖不得!"

听罢所言,屠岸贾大喜,亲自率领三千甲兵,程婴带路,直奔首阳山去,山路崎岖,阴暗幽僻,好一会儿才见有一茅屋。程婴说:"在这里。"说罢敲门,公孙杵臼出迎,一见情形,回身便走。程婴高声喝道:"不要跑,屠大人已经知道了,特地亲自来取,快把孤儿献出来吧!"

甲士已把公孙杵臼捆绑起来,去见屠岸贾。屠问:"孤儿安在?"

公孙杵臼气愤愤地论:"没有!"屠岸贾不理会,下令:"搜!"搜到壁室里,见锁着,就冲进去,里边很暗,只听见有小孩子的哭声,抱起来,见用绵绣裹着。

公孙杵臼一见,就要扑过去抢,却被武士们揪住。他指着程婴大骂:"程婴,你真是混蛋,我和你同受赵氏之托,藏匿孤儿,想不到,你是个小人,居然出卖我,贪图千金,忍心断绝了赵氏的血脉,你真的良心丧尽……"把程婴骂得狗血喷头,满面羞愧。

"你死到临头还不知悔?"屠岸贾说,"把他干掉!"

"嚓"地一声,公孙杵臼已倒在了地下,身首异处。

屠岸贾接过孤儿,往地一摔,骂道:"去你妈的吧!你赵家也有今日!"

孤儿变成肉饼之后,屠岸贾得意忘形地收兵回京。

当屠岸贾往首阳山搜孤的时候,城里的检查也就松懈了。韩厥乘机托心腹之人扮成医生,入宫给赵夫人治病,在药箱上贴一个"武"字,赵夫人会意,诊脉完毕,乃将孩子暗放在药箱内,带出宫去。韩厥即藏于密室,雇心腹乳母喂养。

十五年过后,赵武长大了,景公要恢复赵氏的声誉,韩厥趁机把冤情经过说出来,景公大怒,特许赵武雪冤,于是屠岸贾全家又被赵武杀尽。

武灵王胡服骑射

赵国北面居住着各种胡人部落。赵武灵王从小就耳濡目染这些马背上的民族的风采,一个个差了点。赵武灵王由此想到,如果能学习胡人的长处,再加以中原的军事组织,岂不是兼有两者之利?想到这,他把这个想法告诉了恰在身边的大臣楼缓,楼缓当即表示同意。而后,他又召来相国肥义,向他讨教此事是否可行。肥义鼓励他说:

"凡事不能迟疑,首鼠两端必然一事无成。相传舜曾向有苗氏学习过舞氏,大禹治水经过'裸国',也随之裸身,因此改装易服也不是不可能的事,只要利国利民,就应该坚定地去做。"

肥义的一番话,坚定了赵武灵王的决心,他随即找来一套胡服穿上,发誓道:"我决心易服改装,骑射教民,就让世人都来笑话我吧!但是胡地和中山必归我属!"

于是,他派人告诉国中最有威望的王族重臣,也是他的叔父公子成,他要改着胡服。但是公子成却执意反对,认为如果这样一来,就会被中原诸国视为狄夷之邦,后果不堪设想。赵武灵王并不气馁,亲自登门拜访公子成,晓以利害,并告诉公子成,他这样做的目的是为了有朝一日平灭中山,以报先王之耻,希望叔父不要仅仅为了顺从风俗,就忘了先人之志,不帮他一把。一番话说通了公子成,接下了赵武灵王赐予的胡服。第二天,赵武灵王和公子成等着胡服上朝,众大臣见状,也纷纷效行。赵武灵王遂向全国下达"胡服令",自上而下地改易服装,教民骑射,推行尚武之风。

"胡服令"在推行过程中遭到一些贵族显官的激烈抑制,他们借口所谓"先王之法","先王之礼"等陈腐的谬谈,攻击赵武灵王效蛮夷之行,不像个国君。赵武灵王一方面进行劝服,一方面以刑罚相威胁,终于在全国推广了胡服。

赵武灵王

平灭中山之后,赵武灵王将王位传给儿子,自己号称"主父",专意开拓北疆,加固边防。长城也渐次竣工,赵国北疆至此无虞。在这期间,最令人惊异的事,是赵武灵王化装成使者进入秦国打探虚实。

赵国灭掉中山后,首先面对的强敌就是秦国,要想称霸中原,不搬掉秦国这块石头,是无论如何也不行的。尽管当时秦赵两国交情尚好,可是在国与国的政治中,私交是不能持久的,两国都在暗中较劲,伺机削弱对方。一次,赵武灵王化装混在赵国使臣中进入秦国,亲自勘察地形,深入街巷,了解世风民情,考察军情民心,几次进入王宫,与那位被他派兵护送回国的秦昭王数度长谈。秦昭王虽机敏过人,却一时没有识破这位"使者"的庐山真面目,反而为他不凡的谈吐和高贵的气质所折服,两下十分欢畅。及待明白过来,这位"使臣"早已离境回赵了。当秦昭王知道了赵武灵王曾与之他的王宫里侃侃而谈时,曾数日为之不怿。赵主父的过人胆气,一时广为人传诵。

赵武灵王在进攻中山之前,采取了十分审慎的布置。吸取上次进攻失败的教训,这次他采用分路进攻的作战方针。先遣两军由中山西部进攻,然后主力分成三路由中山南部正面突袭。这一仗,赵军铁骑大显威风,疾如闪电势若骤雨,很快就占领了中山国大片国土,而且险要尽得,中山国都灵秦处于赵军兵锋之下。中山国被迫请和,割让南部四邑,失去三分之一的国土。从公元前305年到前300年五年里,赵军先后五次进攻中山,次次以中山割地告终,最后终于把中山这一度名闻天下的小国从中国的版图上抹去了。从此,赵国东西南北合为一块,喉中无梗,眼中去钉,可以专心对外了,赵国在以后的日子里成为唯一可以与秦国抗衡的大国。

触龙说赵太后

战国时期,秦国攻打赵国,占领了三个城邑。越孝成王刚刚即位,太后掌权管事,派人向齐国求救。齐国人说:"必须用长安君做人质。"长安君是太后最疼爱的小儿子,太后当然不会同意。赵国的大臣们见齐国不出兵,都劝太后答应。太后听了,很不高兴,明确地对左右近臣说:"再有来谈长安君做人质的,老娘我一定啐他脸!"

左师触龙希望谒见太后,太后不好拒绝,满脸怒气地等着他来。触龙慢慢地跑来,请罪说:"老臣我腿脚有毛病,好久不能来谒见了,私下里自己宽恕自己。可我担心太后腰腿有什么不合适,所以想来看望太后。"太后说:"我依仗着辇车走路。"触龙说:"饮食没有减少吧?"太后说:"靠吃粥罢了。"这时,太后不愉快的脸色稍微缓解了些。触龙说:"老臣我的下贱儿子舒祺,最小,又不成材,可我衰老了,心里疼爱他。我希望他能补个黑衣卫士的缺额,来保卫王宫,故冒着死罪来向您禀告。"太后说:"嗯。他年纪多大了?"触龙回答说:"十五岁了。虽然小,我却盼望在我死以前把他托付给您。"太后问:"你们男人也疼爱小儿子吗?"触龙回答说:"比妇女还疼爱得厉害哩。"太后听了笑着说:"还是妇女疼爱得厉害些。"触龙说:"老臣我私下里以为您对燕后的疼爱,比对长安君强。"太后说:"您错啦!我疼燕后,不如疼长安君那么厉害哩。"触龙就说:"父母疼爱儿女,就为他们考虑得深远。您送燕后出嫁的时候,抱着她的脚哭,想着她要走远,心里挺难过。既已走了,您也不是不想她,可是祭祀的时候,却祷告说:'一定别让她回来呀!'难道不是为她考虑的长远,为了她的子孙相继当王吗?"太后说:"那是的。"于是,触龙又进一步开导说:"三代以前,赵王的子孙当时封侯的,现在还有没有当侯的?"太后回答:"没有。"触龙说:"这就是说,时间近点的,祸就临到本人身上;时间远点的,祸就临到子孙身上。难道是国君的子孙一当侯就不好了吗?问题在于他们地位高贵而没有功勋,俸禄优惠而没有劳绩,还拥有许多宝物。现在您将长安君的爵位提得很高,把肥沃的土地封给他,还送了许多宝物给他,却不让他趁现在为国立功,一旦您离开人世,长安君又凭什么自己立身呢!"太后听了触龙这一席话,顿时如梦方醒,高兴地说:"呃!任凭您来支使他吧!"于是为长安君备了一百辆车去齐国作人质。齐国这才出兵救赵,迫使秦国军队撤退了。

魏世家第十四

魏文侯选相

魏文侯时常向子夏学习经书,并以客礼对待段干木,经过他的乡里,没有一次不手扶车辕表示敬意。

秦国曾经想讨伐魏国,有人说:"魏国国君能以礼待人,魏国人都称道他的仁义,君臣上下和睦团结,现在不能打它的主意。"文侯从此在诸侯中享有很高声誉。

魏文侯任命西门豹为邺守,河内地区治理得很好。

魏文侯对李克说:"先生曾经教导我说,'家中贫困时就想得到贤妻,国家危乱时就想得到良相'。现在选用相国,不是魏成子就是翟璜,你看这两个人怎么样?"

李克回答说:"我听说,卑贱的人不能议论高贵者的事情,关系疏远的人也不能议论亲近者的事情。我是宫门以外的小小官吏,不敢承受君王的命令。"

文侯说:"先生还是不要推让。"

李克说:"这是国君平常不注意考察的缘故。平时看他亲近哪些人,富裕时看他去结交哪些人,显达时看他推举哪些人,困顿时看他不做哪些事,贫贱时看他不用哪些东西,有这五条足以确定一个人的好坏,哪里用得着我说呢!"

文侯说:"先生请回家去吧,我的相国已经选定了。"

李克快步走出,经过翟璜家。翟璜对李克说:"刚刚听说国君召见先生询问相国的人选,究竟是谁当相国呢?"

李克说:"魏成子担任相国了。"

翟璜气愤得脸色都变了,说:"如果凭借所见所闻,我哪点比不上魏成子?西河的守将吴起,是我推荐的。国君对内最担忧邺,是我推荐的西门豹。国君图谋要讨伐中山国,我推荐了乐羊。中山被攻克后,无人去镇守,我又推荐了先生你。国君的儿子没有师傅,我推荐了屈侯鲋。我哪点不如魏成子!"

李克说:"你把我推荐给你的国君,难道是为了结党营私将来好谋求高官吗?国君问我设置相国'不是魏成子就是翟璜,这两个人怎么样'?我回答说:'是国君不注意考察的缘故。平时看他亲近哪些人,富裕时看他结交哪些人,显达时看他推举哪些人,困顿时看他不做哪些事,贫贱时看他不用哪些东西,这五点就足以决定人选了,哪里用得着我说呢!'所以我知道魏成子当相国。况且你怎么能跟魏成子相比呢?魏成子的一千钟俸禄,十分之九用在别人身上,十分之一用在家里,所以从东方得到卜子夏、田子方、段干木。这三个人,国君都把他们当老师看待。你所推荐的五个人,国君只能把他们当臣下看待。你怎么能跟魏成子相比呢?"翟璜迟疑了一下,终于再拜说:"我翟璜,本是个粗鲁的人,回答得不对,愿意终身做你的学生。"

中旗倚琴论天下

秦昭王对左右侍臣说:"现在韩国、魏国和当初相比哪个时候更强大?"

回答说:"远不如开始的时候强大。"

秦昭王说:"当今的如耳、魏齐与当初的孟尝君、芒卯相比谁更贤能?"

回答说:"如耳、魏齐也远不如孟尝君、芒卯贤能。"

秦昭王说:"以孟尝君、芒卯的贤能,率领强大的韩国、魏国来攻打秦国,尚且不能把我怎么样。如今以无能的如耳、魏齐率领衰弱的韩国、魏国来攻打秦国,他们更不能把我怎么样了。"

大臣们都说:"很对。"

可是中旗却倚靠着琴回答说:"大王对天下的形势判断错了。当初晋国六卿并立时,知氏最为强大,灭了范氏、中行氏,又率领韩氏、魏氏的军队在晋阳围攻赵襄子,决开晋水淹灌晋阳城,只剩下三板宽的地方没被水淹没。知伯巡视大水,魏桓子为他驾车,韩康子给他当护卫。知伯说:'我开始时不知道水也可以亡别人的国家,到现在才知道。'用汾水可以灌淹安邑,用绛水可以灌淹平阳。于是魏桓子用肘碰了碰韩康子,韩康子用脚踩了踩魏桓子,在车上通过肘和脚达成默契,而知氏的封地后来被瓜分,自身被杀,封国灭亡,被天下人耻笑。如今秦军虽然强大,但还不能超过知氏;韩国、魏国虽然衰弱,但比起在晋阳城下时还是要强大。现在正是他们用肘和脚达成默契的时候,希望大王不要小看他们!"

于是秦王十分不安。

韩世家第十五

金蝉脱壳

战国时,秦国强大起来,齐、楚、燕、韩、赵、魏等六国在苏秦的游说下,决定合纵抗秦。

可是燕文公死,其子易王初立时,齐宣王却破坏联盟,乘机攻燕,一连夺了燕国十个城池。当时苏秦正在燕国,燕易王便要求苏秦去齐国,说服齐退还所占十城。苏秦只好到齐国去说齐宣王。

张仪得知此事,知道苏秦的合纵抗秦之策,不久就会失败,即辞秦入魏,动员魏国服从秦国,来破坏六国的合纵,魏襄王犹豫再三,没有同意。

秦惠文王大怒,立即出兵,一举占领了魏之曲沃(今山西闻喜东北)。接着又乘胜向韩进兵,大败韩师。在观泽(今河南浚县境内)活捉了韩将鲮(一说鲤)、申差。

消息传到韩的国都新郑(在今河南省中部),韩宣惠王十分惊慌,立即召集众大臣商议。

当时韩相国公仲侈献计道:"现在盟国不可依靠,如我们与楚国有盟约,但楚国就不一定肯出兵帮助我们攻打秦国。秦自商鞅变法以后,日益强盛,早就想攻打楚国。依我看,不如和秦讲和,送一个城市和一些兵器给秦国,让秦国向南出兵攻打楚国,把战祸转嫁给楚,这样,我们韩国之急就可迎刃而解了。"

韩宣惠王认为只好如此,就请公仲侈立即领命去办。

公仲侈带着韩宣惠王旨意去跟秦国议和,尚未成行,楚国已得知这一消息。楚

史 记

怀王想:如秦、韩和好,矛头就会指向楚国,当即召陈轸来商议对策。

陈轸,也是当时游说之士,原来与张仪共同辅佐秦惠王,因张仪忌其才,常在秦王面前说他的坏话,秦惠王信任张仪,拜为相国,于是陈轸离开秦国,投奔楚怀王。这时陈轸听说楚王要召见他,知为秦、韩和好之事,忙来见楚怀王。

陈轸说:"秦想攻打楚国,已经不是一朝一夕了,现在又得到韩国的一个名城和一些武器,听说韩国向秦国表示愿意出兵与秦联合攻楚,这正是秦国梦寐以求的事。现在秦的愿望实现,很快就会来攻打楚国。为今之计,请大王告示全国,说楚、韩曾参加合纵之约,联合抗秦,本是盟国,现在韩国受到秦国攻击,楚国自应前去援救。同时调兵遣将,把军队开到韩国的大路上,使人人都知道,楚在兴师救韩;同时派一使臣,携带贵重礼物和粮食、牛羊,去慰问韩国军队,使韩国相信楚国是来帮助它的,使他感激就不会再与秦国联合攻打我们,即使出兵也一定踌躇不前,敷衍了事。这样,楚国受到的威胁也就不大了。如果此计成功,秦国必然大怒,仇恨韩国。而韩国原来就瞧不起秦国,现在与我们楚国和好了,当然更加瞧不起秦国。到那时不但秦、韩合兵不成,恐怕还会互相对打呢!"

楚怀王听了陈轸的分析,连声说:"妙!妙!就照你的意见办。"

楚王告示全国,并开始调兵遣将,扬言去援救韩国。于是陈兵于去韩大道,仅是装礼物的车,就有好几十辆。这消息自然传到秦国去。

楚的使臣到了韩国,叩见韩宣惠王说:"我们楚国虽然还不强大,但已经动用了全国的物力、财力和兵力来援救韩国。希望贵国不要有什么顾虑去对付秦国,楚国决心冒灭亡的危险,全力以赴,援助贵国。"

韩宣惠王听了,非常高兴,又看到楚送来的礼物竟有几十辆车之多,果然相信楚国援韩是诚意的,于是告诉公仲侈,说楚愿意帮助韩国抗击秦国,叫他不用去秦国议和了。

公仲侈见韩宣惠王轻信楚使所言,改变了和秦的主张,知道韩国危在旦夕,就对韩宣惠王说道:"目前屯兵国境,要攻打我韩国的是秦国。楚国出兵说要救我,显然是虚情假意,不会真的与我联合抗秦。今大王轻信楚的虚假支援,而轻易与已经重兵压境的强秦绝交,天下识时务者,必笑大王不明事理。况且楚、韩又不是兄弟之国,又没有预先商量好共同对付秦国;楚国派使游说,是为形势所迫,感到自己有被攻打的危险。扬言发兵救韩,这一定是陈轸的计谋,我们不要上当。再说,我们已经派人告诉秦国要议和,至今又不行动,秦国一定会感到我们是在欺弄他们。一旦把强大的秦国得罪了,后果不堪设想,到那时,大王后悔也来不及了。"

尽管公仲侈分析得十分入理,韩宣惠王还是听不进去,终于拒绝了与秦议和。

再说秦惠文王在观泽活捉韩将鲠(一说鲤)和申差以后,本来是要乘胜向韩都新郑进兵的,因韩求和,并表示愿意与秦配合攻打楚国,才暂时停兵,专等韩使来秦议和。

但等了好几个月,秦惠文王不但未见韩使来到,却听到楚派使者去韩已说服韩宣惠王,不与秦和谈,于是大为震怒,挥师直向韩国而来。

韩宣惠王闻报，一方面派人向楚求援，一方面亲自调兵点将，准备迎击秦军。他以为有楚国的帮助，是完全有把握战胜强秦的。可是他上当了。楚国根本不派兵前来与韩联合抗秦。韩宣惠王这时才知公仲侈有先见之明，后悔没有听他的话，才铸成大错，落得如今这个"骑虎不敢下，攀龙忽堕天"的境地，于是孤注一掷，铤而走险，动员全国一切人力、物力，奋起抗秦。

这次秦、韩大战，一直打了三年。韩国打得很艰苦，直到韩宣惠王十九年（公元前314年），秦军攻下韩之岸门（今河南长葛西北十八里），韩才不得不向秦求和，与秦订了城下之盟，并送太子仓去秦做人质，战争才告结束。

田敬仲完世家第十六

有所为，有所不为

齐威王开始即位以来，不理政事，把政事都委托给卿大夫。九年的时间里，诸侯陆续前来讨伐，齐国人不得安宁。

一天威王召见即墨大夫，对他说："自从你治理即墨以来，每天都有诽谤你的话传来。但是我派人视察即墨，田野开辟，百姓丰足，官府没有积压不办的事务，东方得以安宁。这表明你没有讨好我的左右以求取赞誉。"于是封给他一万户的食邑。

又召来阿大夫，对他说："自从你治理阿地以来，每天都听到赞誉你的话。然而我派遣使者去视察阿地，田野荒芜，百姓贫苦。从前赵国攻打甄城，你不能援救；卫国夺取薛陵，你居然不知道。这说明你用丰厚的财物贿赂了我的左右来沽名钓誉。"当即下令，杀了阿大夫，并把下属中过去曾经称赞他的人都一并杀了。

于是起兵向西攻打赵国、卫国，在观泽打败魏军并包围了魏惠王。魏惠王请求献出观城来讲和，赵国人也归还了齐国的长城。

从此齐国人震惊恐惧，人人都不敢文过饰非，努力竭尽忠诚，齐国得到了很好的治理。

诸侯听说后，二十多年不敢对齐国用兵。

齐威王这种治国方法，就是一种有所为，有所不为，而为与不为的标准则是以"天下为公"。

威王弹琴

驺忌子凭借善于弹琴而进见威王，威王很高兴，让他住在右侧房里。没多久，威王弹琴，驺忌子推门进来说："弹得好呵！"威王勃然不悦，放下琴按着宝剑说："夫子只看到我弹琴的动作，并没有仔细考察琴声，怎么知道弹得好呢？"

驺忌子说："大弦浑厚而温和，象征国君；小弦明晰而清脆，象征丞相；弦摁得深,放得舒展,象征政令;琴声和谐响亮,大小声音相得益彰,回旋曲折的声音不相干扰,象征四时。我因此而知道弹得好。"

威王说:"你善于谈论音乐。"

驺忌子说:"何止是谈论音乐,治理国家、安抚百姓的道理都在里面。"

威王又勃然不悦说:"如果只是谈论五音的规律,确实没有比得上先生的。但如果说是治理国家、安抚百姓,又怎么会在弹琴之中呢?"

驺忌子说:"大弦浑厚而温和,象征国君;小弦明晰而清脆,代表丞相;按弦按得深,而且放得舒展,这象征政令;琴声和谐响亮,大小声音相得益彰,回旋曲折而不互相干扰,象征四时。声音循环往复而不混乱,是因为国家政治昌明;节奏紧凑相连而不迟滞深迷,是因为图存救亡。所以说琴声调和而天下大治。治理国家和安抚百姓的道理,再没有比调谐五音更相像的了。"

威王说:"讲得好啊。"

驺忌子见到威王三个月后就被授予相印。淳于髡见到他说:"你真会说话啊!我有些肤浅愚昧的想法,可否向您陈述。"

驺忌子:"恭谨地接受教诲。"

淳于髡说:"侍奉国君周到完全就可以身名两全,侍奉国君不周不全就会身败名裂。"

驺忌子说:"敬受指教,永远谨记。"

淳于髡说:"把猪油涂在棘木车轴上,是为了使它润滑,但却不能使方孔里的轴运转。"

驺忌子说:"敬受指教,我要谨慎地在国君左右侍奉。"

淳于髡说:"用胶粘旧弓干,为的是把它粘在一起,但却不能把裂缝完全弥合起来。"

驺忌子说:"敬受指教,我要使自己恭顺地服务于万民。"

淳于髡说:"狐皮衣虽然破旧,但却不能用黄狗皮来缝补。"

驺忌子说:"敬受指教,我要谨慎地选择君子,绝不让小人混杂在里面。"

淳于髡说:"大车不校正,就不能正常装载;琴瑟不调整,就不能演奏出完整和谐的五音。"

驺忌子说:"敬受指教,我要谨慎地修订法律,督察奸邪的官吏。"

淳于髡说完,快步走出,到了门口,对他的仆人说:"这个人,我对他说了五句隐语,他回答我就像回声响应一样,这个人不久一定会受到封赏的。"

过了一年,齐威王把下邳封给驺忌子,号称成侯。

苏代的说服术

齐湣王三十六年,齐湣王称为东帝,秦昭王称为西帝。苏代从燕国来到齐国,在章华东门拜见齐王。齐王说:"好啊,先生你来了!秦国派魏冉送来帝号,你认为怎么样？"

苏代回答说："大王对我的提问太仓促了，而祸患的到来总是隐微而不明显的，希望大王接受帝号但不要马上称帝。如果秦王称帝后，天下都不反对，大王这才称帝，也并不算晚。而且推让称帝，也没有什么影响。如果秦王称帝后，天下都很反感，大王就不要称帝，以此收买天下人心，这可是大资本啊。再说天下同时有两帝，大王认为天下是尊重齐国呢？还是尊重秦国？"

齐王说："尊重秦国。"

苏代说："如果放弃帝号，天下是喜欢齐国呢？还是喜欢秦国？"

齐王说："喜欢齐国而憎恨秦国。"

苏代说："两帝订立盟约攻打赵国，与讨伐宋国的暴君相比，哪个更有利？"

齐王说："讨伐宋国的暴君有利。"苏代又说："称帝的盟约是相同的，然而和秦王一起称帝，那么天下就只尊重秦国而轻视齐国；放弃帝号，那么天下就喜欢齐国而憎恨秦国，而且攻打赵国也不如讨伐宋国暴君有利，所以希望大王明确地放弃帝号以收买天下人心，背弃盟约而抛开秦国，不跟它争轻重高低，大王趁着这个时机攻打宋国。占有了宋国，卫国的阳地就唾手可得了；占有了济西，赵国的阿东就危险了；占有了淮北，楚国的东部就危险了；占有了陶地、平陆，大梁的城门就不敢打开了。放弃帝号而代之以讨伐宋国的暴君，国家就会受人重视，大王就会被人尊崇，燕国、楚国因此而被迫臣服，天下诸侯没有敢不听从齐国的，这是跟商汤、周武王一样的大业。名义上尊敬秦国称帝，暗中又让天下人憎恨它，这就是所谓由卑下变为尊贵的方法。希望大王仔细考虑一下。"

于是齐王取消帝号重新称王。秦国也随之取消了帝位。

三十八年，讨伐宋国。秦昭王发怒道："我爱宋国和爱新城、阳晋一样，韩聂跟我是朋友，却攻打我喜爱的国家，这是为什么？"

苏代为齐国对秦王说："韩聂攻打宋国，目的是为了大王。齐国强大，再加上宋国的帮助，楚国、魏国一定恐惧，恐惧就一定会向西侍奉秦国，这样，大王不费一兵，不伤一卒，轻而易举地就能割取魏国的安邑，这正是韩聂为大王祈求的啊。"

秦王说："我担心齐国多变难以捉摸。一会儿合纵，一会儿连横，这如何解释呢？"

苏代回答说："天下各国的事情能够让齐国知道吗？齐国攻打宋国，它知道要侍奉秦国必须用万乘的兵力装备自己，如果不向西侍奉秦国，那么对宋国的治理就不会安宁。中原各国老奸巨猾的游说之士都挖空心思想离间齐国和秦国的关系，驾车蜂拥向西疾驰的人，没有一个是说齐国好话的，驾车蜂拥向东疾驰的人，没有一人是说秦国好话的。为什么呢？因为都不希望齐、秦两国联合。为什么韩、赵、魏、楚这样聪明，而齐、秦两国这样愚蠢呢！三晋和楚国联合必定会商讨攻打齐、秦，齐、秦两国联合必定要图谋进攻三晋和楚国，请大王据此决断。"

秦王说："好的。"

于是齐国就讨伐宋国，宋王出逃，死在温地。齐国向南割取楚国的淮北地区，向西侵犯韩、赵、魏三晋,想乘机吞并周室,自立为天子。泗水流域的诸侯如邹、鲁等国国君都向齐国称臣,诸侯各国都很恐惧。

三年后,秦国前来讨伐齐国,并攻占了齐国的九座城邑。

孔子世家第十七

孔子志于学

孔子出生在鲁国的昌平乡陬邑。祖先是宋国人,名叫孔防叔。防叔生了伯夏,伯夏生了叔梁纥。叔梁纥与姓颜的女子未婚交合而生下了孔子,是在尼丘山向神灵祈祷后才得孔子的。鲁襄公二十二年,孔子出生。孔子生下来的时候头顶中间下凹,所以起名叫丘,字仲尼,姓孔。

孔丘刚出生不久,叔梁纥就去世了,葬在防山。防山在鲁国东部,孔子无法确知他父亲的墓在哪里,因母亲对他隐瞒了这件事。孔子小时候做游戏,常常摆设俎豆等祭器,模仿祭祀时的礼仪动作。孔子的母亲去世后,就把灵柩暂时停放在五父衢的路旁,大概是出于慎重而没有马上埋葬。陬邑人挽父的母亲告诉了孔子他父亲的墓地,然后他才把母亲的灵柩运往防山和父亲合葬在一起。

孔子腰间还系着孝带,季氏设宴款待名士,孔子前往赴宴,阳虎拒斥他说:"季氏款待的是名士,不能让你参加。"孔子于是退出去。

孔子十七岁的时候,鲁国大夫孟釐子病危,告诫他的儿子懿子说:"孔丘,是圣人的后代,祖先在宋国败落。他的先祖弗父何当初本来是宋国的继承人,让位给弟弟厉公。等到正考父时,辅佐戴公、武公、宣公,三次受命一次比一次恭敬,所以鼎上的铭文说:'第一次受命时曲身而受,第二次受命时弯腰而受,第三次受命时俯身而受,走路时靠着墙根走,也没有人敢侮辱我。用这个鼎煮面糊、煮稀饭,以此糊口度日。'他的恭谨节俭到了这种程度。我听说圣人的后代,虽然不一定当国执政,但必定会有显达的人出现。现在孔丘年少而喜好礼仪,大概就是要成为显达的人吧?我马上就要死了,你一定要拜他做老师。"等到孟釐子去世之后,懿子和鲁人南宫敬叔就去向孔子学礼。这一年,季武子去世,平子继位。

孔子家境贫寒而且地位低贱。等到成年后,他曾经做过季氏的门下小吏,负责管理仓库,出纳钱粮计算得清楚准确;又当过管理牧场的小吏,牲畜繁殖得很好。于是孔子被提升为管理营建的司空。不久他离开鲁国,在齐国受到排斥,在宋国、卫国遭到驱逐,在陈国、蔡国之间遭受厄困,于是又返回鲁国。孔子身高九尺六寸,人们都叫他"长人",觉得他跟常人不同。因为鲁国再次善待他,所以返回鲁国。

鲁人南宫敬叔对鲁君说:"请让我和孔子一起到周去。"鲁君给了他一辆车、两匹马、一个僮仆,随他出发到周去学礼,据说见到了老子。

告别离去时,老子送他说:"我听说富贵的人送别时赠送财物,仁德的人送别时赠送言辞。我不够富贵，就盗用仁德之人的名号，用言辞为你送行，这些言辞是说："聪明深察的人常常靠近死亡，这是因为他喜欢非议别人。博学善辩、见识广大的人常常危及自身，这是因为他喜欢揭发别人的罪恶。做子女的不应该只想到自己，应该一心想着父母，做臣子的不能够只顾及自己，而应该一心想着君主。'"

孔子从周室返回鲁国后，门下的弟子渐渐多起来。

三十而立

鲁昭公二十年，孔子大约已经三十岁了。齐景公和晏婴来到鲁国，景公问孔子说："从前秦穆公国家弱小而且地处偏僻，为什么能够称霸呢？"

孔子回答说："秦国，国家虽小，但志向远大；地方虽然偏僻，但施政却很公正。曾亲自推举用五张羊皮赎回来的百里奚，封给他大夫的爵位，把他从拘禁中解救出来，跟他交谈了三天，就让他主持国政。凭借这些而奋发进取，即使称王也是可以的，称霸还小了些。"景公听了很高兴。

孔子三十五岁时，季平子和郈昭伯因为斗鸡的缘故得罪了鲁昭公，昭公率军攻打季平子，季平子和孟氏、叔孙氏三家又共同攻打昭公，昭公的军队战败后，逃到齐国，齐国把昭公安置在乾侯。此后不久，鲁国发生内乱。孔子来到齐国，做了高昭子的家臣，想通过高昭子接近齐景公。和齐国的乐官谈论音乐，听到《韶》乐，就认真学习起来，三个月尝不出肉味，齐国人都称赞他。

齐景公向孔子询问为政之道，孔子说："国君要像个国君，臣子要像个臣子，父亲要像个父亲，儿子要像个儿子。"

景公说："好啊！真要是国君不像国君，臣子不像臣子，父亲不像父亲，儿子不像儿子，即使有很多粮食，我怎么能吃得着呢？"

另一天，又向孔子询问为政之道，孔子说："为政的要点在于节省财力。"

景公听了很高兴，打算把尼溪的田地封给孔子。晏婴劝阻说："儒者圆滑善辩，不能用法来约束他们；高傲而且自以为是，很难把他们作为臣下来驾驭；推重丧事，竭尽哀伤之能事，不惜破产来追求厚葬，不能使这种做法成为风气；到处游说求取官禄，不能让他们治理国家。自从大圣大贤去世以后，周室已经衰微，礼乐制度残毁坏也有很长时间了。如今孔子过分讲究仪容服饰，制定繁琐的朝会礼仪，刻意追求举止行走合乎规矩，这些繁文缛节几代人都学不完，一辈子也弄不清楚。国君想用这些东西来改变齐国的风俗，这不是引导百姓治理国家的好办法。"

此后景公只是很有礼貌地接见孔子，不再向他询问礼仪的事情。有一天，景公对孔子说："给你季氏那样高的待遇，我现在做不到。"他只用上下卿之间的礼节来对待孔子。

齐国的大夫想害孔子，孔子听说了。有一天齐景公说："我老了，不能任用你了。"孔子于是离开了齐国，回到鲁国。

四十而不惑

孔子四十二岁时,鲁昭公在乾侯去世,定公继位。定公继位后的第五年,夏天,季平子去世,桓子继承了他的职位。季桓子挖井时得到一个陶罐,里面有个像羊的东西,去问孔子,并且说"得到一只狗"。

孔子说:"据我所知,是羊。我听说,山林中的怪物是夔和罔阆,水中的怪物是龙和罔象,土中的怪物是雌雄不分的坟羊。"

吴国讨伐越国,摧毁了越国都城会稽,得到一节骨头,其长度就占满了一车。吴国派使者问孔子:"什么骨头最大?"孔子说:"大禹把群神召集到会稽山,防风氏来晚了,大禹就杀了他,暴尸示众,他的骨头一节就占满一车,这就是最大的骨头了。"

吴国使者问:"谁是神呢?"

孔子说:"山川的神灵能够兴云致雨造福天下,负责监守山川并按时祭祀的就是神,守卫社稷的是公侯,都隶属于王者。"

吴国使者说:"防风氏的职守是什么?"

孔子说:"汪罔氏的首领监守封山、禺山,是釐姓。在虞、夏、商时期叫汪罔,在周代叫长翟,现在叫做大人。"

吴国使者问:"人的身高是多少?"

孔子说:"僬侥氏身高三尺,是最矮的。不超过三尺高的,是最矮的。最高的也不会超过三丈。"

于是吴国使者说:"这真是了不起的圣人啊!"

季桓子有个名叫仲梁怀的宠臣,和阳虎有嫌隙。阳虎想驱逐仲梁怀,公山不狃阻止了他。这年秋天,仲梁怀更加骄横放肆,阳虎把他抓了起来。季桓子发怒,阳虎就把季桓子也囚禁起来,跟他订立盟约后才释放了他。阳虎从此更加轻视季氏。季氏凌驾于鲁国公室之上,他的家臣掌管了国家大权,所以鲁国从大夫以下的臣子都不守本分,背离了常道。所以孔子不愿意做官,退回来研究整理《诗》、《书》、《礼》、《乐》,弟子越来越多,乃至来自很远的地方,无不前来向他求教。

五十而知天命

孔子生在动乱的春秋战国时期,虽然各处奔波,也难于实现他的理想。在他五十六岁那年,当上了鲁国的大司寇,参与国政。可是只有三个月功夫,由于鲁王不听他的意见,他只好辞职。

接着孔子先后到卫国、陈国、宋国,但都容不下他。他在宋国与弟子练习礼节,宋国的司马对他的这套礼节很厌恶,想杀掉他,把孔子吓得慌忙逃出宋国。

孔子又来到郑国,他的弟子们都失散了,只剩子贡一个人还跟在他身边。孔子

心情十分忧郁,自己孤独地站在城东门下。有一个郑国人瞧见孔子的这副模样,便对子贡说:

"东城门底下站着一个人,我看他的脑门有点像尧帝,他的脖子很像皋陶,他的肩膀很像子产,他的个子虽然很高大,但是腰以下却比大禹短三寸。我看他那憔悴颓丧的样子,活像丧家之狗!"

子贡听了这个人的话,觉得这是侮辱孔子,就赶忙对孔子如实说了。孔子却毫不在意,欣然地笑着说:

"他说我像这个像那个,那倒未必。他说我像丧家之狗,可是说对了啊,说对了啊!"

孔夫子有一次到了卫国,住在蘧伯玉家。卫国卫灵公有个夫人,名叫南子,她听说孔子到了卫国,很想见见他,就派人去与孔子说:

"天下各方的君子,凡是愿意与我的君主以兄弟相称的,必定来见见我,而我也很高兴会见他们。"

孔子婉言谢绝了她的邀请,不想见南子。可是南子不肯,又派人去请,孔子没法,只好去拜见南子。孔子进了她的门,向她施了礼。南子隔着帷帐,向孔子答了礼,满身佩带的珠宝发出一阵叮当声。孔子说:"我一向没有来拜见你,今天见了,以礼作答吧!"

孔子在卫国住了一些天。有一次,卫灵公同夫人南子乘着一辆车,还有宦官陪侍。孔子坐在后面的一辆车上。他们张张扬扬地从街市上走过,引起许多人的注意。孔子看到卫灵公这个样子,很有感触地说:

"人们是这样喜好女人,而不喜好德行啊,我还没见过重视德行像重视女人这样的人呢!"

孔子对卫灵公的行为很厌恶,便很快离开卫国走了。

孔子又离开曹国来到宋国,和弟子们在大树下演习礼仪。宋国的司马桓魋想害死孔子,就先把大树砍了。孔子只好离去。弟子说:"快点走吧。"孔子说:"上天赋予我传播德行的使命,桓魋能把我怎么样?"

孔子到了郑国,和弟子们走散了,孔子独自站在外城的东门。郑国有人对子贡说:"东门那里有个人,他的额头像尧,脖子像皋陶,肩膀像子产,然而从腰部以下比禹短三寸,狼狈得像一只丧家之犬。"子贡据实告诉孔子。孔子高兴地笑道:"那人形容我的相貌,这无关紧要。但他说我像一只丧家之犬,说得真好呵!真是这样呵!"

孔子来到陈国,住在司城贞子家里。过了一年多,吴王夫差讨伐陈国,夺取三座城邑而后离去。赵鞅攻打朝歌。楚国围攻蔡国,蔡国把都城迁到靠近吴国的地方。吴王在会稽打败越王勾践。

有一只隼落在陈国宫廷死了,鸟身被楛木做的箭贯穿,箭头是用石头做的,箭长一尺八寸。陈湣公派使者询问孔子。

孔子说:"隼是从很远的地方飞来的,这是肃慎人的箭。从前周武王攻灭商纣后,沟通了跟九夷百蛮的联系,让他们各自进贡地方特产,让他们不要忘记自己的职责和义务。于是肃慎人进贡用楛木做箭杆、用石做箭头的箭,长一尺八寸。先王为了显示他臣服远方的盛德,就把肃慎箭分给长女太姬,把她嫁给虞胡公,并把虞胡公封在陈国。把珍宝玉器分赐给同姓诸侯,表示亲上加亲;把远方的贡品分赐给异姓诸侯,让他们不忘记服从王命。所以把肃慎箭分赐给陈国。"

陈湣公就派人试着到旧府库中去查找,果然找到了这种箭。

孔子在陈国住了三年,正逢晋、楚争霸,轮番讨伐陈国,加上吴国侵犯陈国,陈国经常受到侵掠。孔子说:"回去吧!回去吧!我们这批人中有些弟子志向远大,只是行事有些疏浅,他们有进取心,没有忘记自己的初衷。"于是孔子离开陈国。

经过蒲地,正遇上公孙氏凭借蒲地发动叛乱,蒲地人扣留了孔子。弟子中有个叫公良孺的,带了自己的五辆车跟随孔子。他身材高大,为人贤能,勇敢有力,对孔子说:"我以前跟随先生在匡地遇险,现在又在这里遇到危难,这是命中注定的。我和先生一再遭遇危难,宁愿搏斗而死。"

他跟蒲地人拼命搏斗。蒲地人很怕他,对孔子说:"如果你们不去卫国,我就放你们出去。"孔子和蒲地人订立了盟约,蒲地人放孔子他们从东门出去。

孔子于是前去卫国。子贡说:"怎么可以违背盟约呢?"孔子说:"这个盟约是在被胁迫的情况下订立的,神灵不会认可。"

卫灵公听说孔子来了,十分高兴,亲自到郊外迎接,问孔子:"可以讨伐蒲地吗?"

孔子回答说:"可以。"

灵公说:"我的大夫们认为不可以。如今蒲地是卫国抵御晋、楚的屏障,用卫国来讨伐它,恐怕不可以吧?"

孔子说:"蒲地的男子有誓死效忠卫国的信念,妇女有保卫西河这块土地的愿望。我们所要讨伐的,不过是四五个叛乱的首领。"

灵公说:"好的。"但是并没有去讨伐蒲地的叛乱。

卫灵公年迈,懒得处理政务,又不任用孔子。孔子慨叹说:"如果有人任用我,一年就可以扭转局面,三年就能大见成效。"孔子于是离开卫国。

六十而耳顺

孔子向乐师襄子学习弹琴,一连十天都没有学习新的内容。师襄子说:"可以学习新曲了。"孔子说:"我已经熟习曲子了,但还没有掌握弹奏的要领。"

过了一阵子,师襄子说:"你已经掌握了弹奏的技法要领,可以学习新曲了。"

孔子说:"我还没有领会乐曲的意蕴。"

又过了一阵子,师襄子说:"你已经领悟了乐曲的意蕴,可以学习新曲了。"

孔子说:"我还没有体会出作曲者是个什么样的人。"

又过了一段时间,孔子肃穆深思,心旷神怡,显现出视野宽广、志向高远的神情,说"我体会出作者是什么样的人了,这个人肤色黝黑,身材高大,目光明亮而远大,好像统治四方诸侯的王者,不是周文王谁又能够这样呢!"

师襄子离开座位向孔子再拜说道:"我的老师好像对我说过,这首曲子名叫《文王操》。"

孔子既然得不到卫国的任用,就打算向西去见赵简子。到达黄河边上,听到窦鸣犊、舜华被杀的消息,他对着黄河叹息说:"壮美啊黄河水,浩荡而盛大!我不能渡过黄河,也是命中注定的吧!"

子贡快步上前问道:"敢问这话是什么意思?"

孔子说:"窦鸣犊、舜华,是晋国贤能的大夫。赵简子没有得志的时候,靠着这两个人然后才得以掌握政权;等到他得志以后,竟然杀了他们才执掌政权。我听说,剖腹取胎,杀害幼兽,麒麟就不会到郊外来;把池塘水排干了捉鱼,蛟龙就不肯调和阴阳;倾覆鸟巢毁坏了鸟卵,凤凰就不愿飞翔起舞。为什么呢?君子忌讳作害他的同类。鸟兽对于不义的行为还知道躲避,更何况我孔丘呢!"

于是他回到家乡陬邑休养,创作《陬操》来哀悼窦鸣犊、舜华这两位贤能的大夫。然后又返回卫国,住在蘧伯玉家里。

有一天,灵公向他询问用兵打仗的事,孔子说:"祭祀方面的事情我倒是知道,打仗的事情我没有学过。"第二天,灵公和孔子交谈,看到飞行的雁阵,就抬头仰望,注意力不在孔子身上。孔子于是又离开卫国,再次来到陈国。

夏天,卫灵公去世,他的孙子辄继位,这就是卫出公。六月,赵鞅把卫灵公的太子蒯聩送到戚邑。阳虎让太子身穿孝服,让另外八个人披麻戴孝,假装从卫国前来迎接太子,哭着想回到卫国,因为卫国人阻挡,所以就住在戚邑。冬天,蔡国把都城迁到州来。这一年是鲁哀公三年,孔子已经六十岁了。因为卫国太子蒯聩在那里,齐国帮助卫国围攻戚邑。

夏天,鲁桓公、釐公的庙发生火灾,南宫敬叔前去救火。孔子在陈国,听到失火的消息,说:"着火的地方一定是在桓公、釐公的庙吧?"随后证实果然如此。

有一天,子路正在路上行走,遇到一个扛着除草工具的老农,说:"你看见我的老师了吗?"老农说:"你们这些人四体不勤,五谷不分,谁是你的老师我怎么知道。"说完,拄着拐杖除起草来。子路把这事告诉了孔子,孔子说:"这是位隐士啊。"再去找时,老农已经走了。

孔子移居蔡国后的第三年,吴国讨伐陈国。楚国救援陈国,军队驻扎在城父。听说孔子住在陈、蔡之间,楚国就派人去聘请孔子。

孔子准备前去答谢,陈、蔡两国的大夫谋划说:"孔子是个贤人,他所讥讽的都能切中诸侯的弊端。如今久居陈、蔡之间,大夫们的所作所为都不合孔子的意思。现在的楚国是个大国,前来聘请孔子。如果孔子受到楚国的重用,那么陈、蔡两国掌权的大夫就危险了。"于是就一起派遣服劳役的徒众把孔子围困在野外。

孔子无法前往,粮食又断绝,随从的弟子生病,个个无精打采。孔子却仍然不停地给他们讲学诵诗、弹琴唱歌。

子路面带窘色见孔子说:"君子也有窘困的时候吗?"

孔子说:"君子面对窘困仍能坚守节操,小人遇到窘困就会什么事都干得出来。"

子贡气得脸色都变了,孔子说:"子贡啊,你认为我是博学多识的人吗?"

子贡说:"是的。难道不是吗?"

孔子说:"不是的。我只是用一种基本原则来贯穿所有的知识。"

孔子知道弟子们心中恼怒,就召来子路问道:"《诗》中讲'不是犀牛也不是老虎,却在旷野上徘徊'。难道我的学说不对吗?我们为什么会落到这种境地呢?"

子路说:"想必是我们的仁德修炼不够吧?所以别人不相信我们。想必是我们的智谋掌握还不够吧?所以大家不放我们走。"

孔子说:"有这样的道理吗!仲由,假如有仁德的人必定受人信任,哪会有伯夷、叔齐饿死在首阳山呢?如果有智谋的人必定能畅行无阻,怎么会有比干被剖心呢?"

子路出来,子贡进去见孔子。孔子说:"子贡啊,《诗》中说'不是犀牛也不是老虎,却在旷野中徘徊'。难道我的学说不对吗?我们为什么会落到这种境地?"

子贡说:"因为先生的学说太博大了,所以天下诸侯没有哪个能容纳先生的。先生何不稍微降低迁就一点呢?"

孔子说:"子贡啊,好的农夫虽然善于播种庄稼,但却不能保证一定有收获,能工巧匠制造的器具也未必能使所有人都称心。君子能够研究并提出自己的学说,能用一定的方法规范社会,按照一定的次序管理国家,但不一定能被社会接纳。如今你不勤修自己的学说,却想降低标准、迁就别人以希求别人容纳。子贡啊,你的志向不远大啊!"

子贡出来,颜回进去见孔子。孔子说:"颜回啊,《诗》中说'不是犀牛也不是老虎,却在旷野中徘徊'。难道我的学说不对吗?我们为什么会落到这种境地?"

颜回说:"先生的学说极其博大,所以天下诸侯都不能容纳。尽管如此,先生还是坚持不懈地推行自己的学说,不被容纳又有什么关系呢?正因为不被流俗所容纳,所以才显示出不苟且、不迁就的高风亮节。不能研修和完善自己的学说,这才是我们的耻辱。博大精深的学说已经非常完备却不被采用,这是国家统治者的耻辱。不被容纳又有什么关系呢?不被容纳,更能显示出不随流俗的君子风范!"

孔子高兴地笑道:"是这样呵,颜家的后代!要是你有很多财产,我愿意做你的管家。"

于是派子贡前往楚国。楚昭王派军队来迎接孔子,然后才得以脱身。

昭王打算把有户籍登记的七百里土地封给孔子。楚国的令尹子西说:"大王派往诸侯国的使者有像子贡这样的吗?"

楚王说:"没有。"

子西问:"大王的辅相有像颜回这样的吗?"

楚王说:"没有。"

子西又问:"大王的将领有像子路这样的吗?"

楚王说:"没有。"

子西又问:"大王的主管官员有像宰予这样的吗?"

楚王说:"没有。"

子西说:"况且楚国的祖先受封于周朝,爵号只是子男,封地只有五十里。如今孔丘论述三皇五帝的治国之法,阐明周公、召公辅助周天子的功业,大王如果采用这些主张,那么楚国又怎能保证世世代代统治方圆几千里的土地呢?想当年文王在丰,武王在镐,从统治百里土地的君长最终称王天下。如今孔丘要是拥有了封地,再加上贤能弟子的辅佐,这对楚国来讲将来不是好事。"昭王于是作罢。这年秋天,楚昭王在城父去世。

楚国装疯的贤士接舆唱着歌从孔子旁边经过,说:"凤凰啊凤凰啊,你的德行为什么如此不受重视!过去的已经无法挽回,但未来的还可以补救!算了算了,如今从政的人都很危险啊!"孔子下车,想跟他交谈,他快步离去,没能跟他交谈上。

七十而从心所欲

孔子离开鲁国共计十四年才又返回鲁国。

鲁哀公询问为政之道,孔子回答说:"治理政事的重点在于选择大臣。"

季康子询问为政之道,孔子说:"推举正直的人,摒弃心术不正的人,这样心术不正的人也将会转变为正直的人。"

季康子忧虑盗贼,孔子说:"如果你自己没有贪欲,那么即使是给予奖赏也不会去偷盗。"然而鲁国最终没能重用孔子,孔子也不请求做官。

孔子的时期,周室衰微,礼乐废坏,《诗》、《书》残缺不全。孔子追溯夏、商、周三代的礼仪制度,重新编次《书传》,上起唐尧、虞舜之际,下至秦穆公时期,按顺序排列史事,说:"夏朝的礼制我还能讲述,只是杞国没有足够的文献资料来证实这些制度。殷朝的礼制我还能讲述,只是宋国没有留下足以证明这些制度的文献资料。如果文献充足的话,那么我就能很充分地验证实这些制度了。"考察了夏、殷以来礼制增减的情况后,孔子说:"从那以后即使经过了一百代,礼制增减的情况也是可以知道的,因为不外乎文采和质朴的相互交替。周朝借鉴夏、殷两朝的礼制而确定自己的礼仪制度,真是丰富多彩啊。我遵从周朝的礼制。"所以《书传》、《礼记》都是出自孔子的编定。

孔子对鲁国的乐官太师说:"音乐的规律应该是可以通晓的。刚开始演奏时,要协调五音,接下来节奏必须和谐,声音必须清晰,做到循环紧凑、连续不断,这样整首乐曲才能完成。""我从卫国返回鲁国,然后才订正了诗乐,使《雅》、《颂》都能和原来的曲调相配。"

古代留传下来的《诗》有三千多篇,到了孔子,删去重复的部分,选取可以用于礼义教化的篇章,上采自殷代的始祖契、周代的始祖后稷,中间述说殷、周两代的盛世,下至周幽王、周厉王时期的政治缺失,起始于叙述男女夫妇感情和家庭关系的诗篇,所以说"《关雎》是《风》的首篇,《鹿鸣》是《小雅》的首篇,《文王》是《大雅》的首

史 记

篇,《清庙》是《颂》的首篇"。三百零五篇诗,孔子都配上乐曲歌唱,以求符合《韶》、《武》、《雅》、《颂》等乐舞的音调。礼乐制度从此才得以称述,使得王道完备,六艺俱全。

孔子晚年喜好《易》经,对《彖》、《系》、《象》、《说卦》、《文言》等篇都添加叙说。他研读《易》的时候,把串联竹简的皮绳磨断了三次,说:"再让我多活几年,如果真能这样,我对《易》的文辞和义理就能充分掌握了。"

孔子用《诗》、《书》、《礼》、《乐》作为教学内容,弟子大约有三千人,精通六艺的有七十二人。像颜浊邹之类多方面受过孔子教诲但没有能够登堂入室的弟子也很多。

孔子注重从四个方面教育弟子:学问,行为,忠恕,信义。要求弟子严格执行四种禁律:不揣测,不武断,不固执,不自以为是。要求慎重对待的事情是:斋戒,战争,疾病。孔子很少谈利,即使谈利也是和命运、仁德联系起来论述的。孔子授教时,不到弟子实在弄不懂而发急时,不去启发开导他。如果弟子还不能做到举一反三,就不讲授新的内容。

孔子在自己家乡时,谦恭温厚得像个不善言谈的人。在宗庙祭祀和朝廷议政时,却言辞通达明辨,但又很恭谨小心。上朝时,和上大夫交谈,态度中正自然;和下大夫交谈,态度祥和轻松。进入国君的宫门时,低头弯腰态度恭敬;快到国君面前时,小步快行,态度端谨。国君命他接待宾客时,表情庄重认真。国君有令召唤他时,不等车驾备好就先出发了。

鱼不新鲜,肉已变质,或者切割得不端正,孔子都不吃。席位没有摆正,就不入座。在有丧事的人旁边吃饭,是从来不吃饱的。

在这一天里哭过,就不再唱歌。看见穿丧服的人和盲人,即使是小孩,也会为之动容。

孔子说:"三人同行,其中一定有可以做我老师的人。""不修明德行,不讲求学业,听到正义的事情而不能去学习,不能改正缺点错误,这些都是我忧虑的。"请人唱歌时,如果唱得好,就请他再唱,然后自己也跟着他一起唱。

孔子不谈论怪异、暴力、悖乱和鬼神之类的事情。

子贡说:"先生在文献典章方面成就卓著,我们是知道的。先生讲论天道和人生命运的深奥见解,我们就不曾听到了。"

颜渊慨叹说:"对先生的学问越仰慕,就越觉得无比崇高;对先生的学问越钻研,越是觉得坚实深厚。看到它就在眼前,忽然间又转到身后了。先生善于循序渐进地诱导人,用文献典籍丰富我的知识和见闻,用礼仪道德规范我的言论和行为,使我想停止学习都不可能。已经竭尽了我的才智和心力,好像有所收获,但先生的学问却依然高不可攀。虽然我总想追随上去,却总也无法达到那样的境界。"

达巷党人说:"孔子真伟大啊!博学多才而不专一名家。"

孔子听了这话说道:"我要专于什么呢?是专于赶车呢?还是专于射箭呢?我还是专于驾车吧。"

世 家

子牢说:"先生讲'因为没被任用,所以才有空闲学了许多技艺'。"

鲁哀公十四年春天,在大野之地打猎。叔孙氏的车夫鉏商猎获了一头异兽,认为不吉利。孔子看了说:"这是麒麟。"于是将它拿走了。

孔子说:"河图洛书不再出现,我的命就快完啦!"

颜渊去世,孔子说:"这是天要亡我啊!"

等到在西南打猎看到麒麟,说:"我的学说到头了!"又长叹一声说道:"没有人能理解我了!"

子贡说:"为什么没有人理解先生呢?"

孔子说:"我不抱怨上天,也不怪罪别人,下学人事而上达天理,知道我的大概只有上天了!"

孔子说:"不降低自己的志向,不辱没自己的人格,伯夷、叔齐就是这种人啊!"

又说"柳下惠、少连降低了自己的志向,辱没了自己的人格"。

又说"虞仲、夷逸隐居纵言,行为合于清高纯洁,自我废弃而合于随机应变。我就和他们不同了,既没有绝对的可以,也没有绝对的不可以"。

孔子说:"不行呵!不行呵!君子就怕死后不能流芳百世。我的学说和主张如果行不通了,我靠什么来名传后世呢?"

于是根据鲁国的历史记录写了《春秋》一书,上起鲁隐公,下至鲁哀公十四年,记载了鲁国的十二位国君。以鲁国的历史文献为依据,尊奉周室为正统,同时借鉴殷代的旧制,上推并继承三代的法统。文辞简约而蕴意广博。吴、楚的国君自称为王,而《春秋》却贬称他们为"子";践土会盟实际上是晋君召周天子去的,而《春秋》则隐讳地说"天子周王巡狩来到河阳"。以此类推,用来矫正当时的非礼和悖逆行为。这种褒贬的原则和大义,如果后代有英明的君王加以倡导推广,使《春秋》的义法重新通行于天下,那么天下的乱臣贼子就会感到恐惧了。

孔子任官审案期间,文辞上如果有可以跟别人商议的地方,绝不独自决断。至于写作《春秋》,那么该写就写,该删就删,连子夏等人都不能插手插嘴。弟子们学习《春秋》,孔子说:"后世人知道我孔丘的是因为《春秋》,而怪罪我孔丘的也是因为《春秋》。"

第二年,子路死在卫国。孔子患病,子贡请求拜见。孔子正拄着拐杖在门前悠闲散步,说:"子贡,你怎么来得这样晚啊?"然后孔子又叹息,口中唱道:"泰山就要崩塌了!梁柱就要折断了!哲人就要凋谢了!"唱着不由地落下了眼泪。

唱过后,孔子对子贡说:"天下失去常道已经很久了,没有人能遵循我的主张。夏人死后棺木停放在东面的台阶,周人死后棺木停放在西面的台阶,殷人死后棺木停放在厅堂的两柱之间。昨天傍晚我梦见自己坐在两柱之间受人祭奠,我本来就是殷人呵。"七天后,孔子去世。

孔子享年七十三年,于鲁哀公十六年四月己丑日去世。

哀公的悼辞说:"苍天太不公平,不肯留下这位老人,使他丢下我一个人在位,孤零零的我伤痛不已。啊!多么悲痛!尼父,我顾不得用礼法约束自己了!"

史 记

子贡说:"国君大概不能终老于鲁国了吧!先生的话说:'礼法丧失就会昏乱,名分丧失就会产生过失。丧失意志就会昏乱,失去所宜就会产生过失。'生前不能重用他,死后才来悼念他,这不符合礼法。身为诸侯,却自称'余一人',这也不符合名分。"

陈涉世家第十八

燕雀安知鸿鹄之志

陈胜又叫陈涉,是阳城(今河南省登封县东南)人。吴广又叫吴叔,是阳夏(今河南省大康县)地方人。陈涉年轻时,曾经受雇帮人耕田种地,做累了跑到田埂上休息,心头纳闷怨忿了好一阵,忽然激昂对大伙儿说:大家将来谁要是得了富贵,千万别忘了今天的穷朋友啊!大伙听他这么一说,都禁不住笑了,有人对陈胜说:"你现在给人家当雇农,穷得不得了,连锄头犁耙都不是自己的,哪来的富贵呀?"陈胜长长地叹一口气说:"躲在屋檐下的燕子麻雀,怎会懂得鸿雁和天鹅的远大志向呢?"

陈胜对自己的遭遇一直愤恨不平,可不幸的事情又落到了他的身上。秦二世皇帝元年七月,征调住在黑门左边的平民去屯守渔阳,他们一行一共是九百人。这九百人被征集到一起后,陈胜、吴广被指定为屯长,由两名身佩利剑的凶狠的军官押送,没日没夜地拼命向渔阳方向赶路,生怕耽误了规定的日期。

那时候正值夏日雨季。他们走到蕲县大泽乡(今安徽省宿县西南)的时候,正赶上连降暴雨。大泽乡靠近淮河的支流浍河,地势低洼,大水淹没了道,没法走了。他们只好停下来,等天晴了再走。按照秦朝的法律,误了日期,没有按时到达就要杀头。陈胜、吴广计算一下,估计无论如何也不能按期到达渔阳,杀头之罪已经犯下了。

陈胜、吴广商量怎么办。陈胜说:"如今要是逃走,给抓回来也是死;起来造反,夺天下,顶多也是死。与其这样等死,还不如为争夺天下而死呢!"吴广问:"怎么去争夺天下呢?"陈胜说:"天下的老百姓吃够秦朝的苦头。听说二世是秦始皇的小儿子,按理不该他做皇帝,应当做皇帝的是他的大哥公子扶苏。扶苏常常劝他老子不要杀人,他老子一生气,就把他派到蒙恬那里去带兵守城了。如今听说二世已经无缘无故地杀了公子扶苏,老百姓只听说扶苏是个贤人,并不知道他被害的消息。还有,楚国的大将项燕,曾经立下了不少汗马功劳,又很爱护士兵。有人说他已经死了,也有人说他在楚国灭亡的时候逃走了,咱们楚国人都很想念他。如今要是咱们假借公子扶苏和楚将项燕的名义,号召天下人,反对二世,一定会有许多人起来响应的。"

两个人商量了一阵子,吴广认为陈胜说得有道理。人们当时都非常迷信,想要号召群众起来造反,除了借助扶苏和项燕的名义以外,还得用装神弄鬼一类的办法,取得群众的信任。他们决定试试看。

第二天,伙夫上街买鱼回来,剖鱼的时候,在鱼肚子里发现一块绸子,绸子上用朱砂写着"陈胜王"三个大字。大伙儿一下子就传开了,都认为这是老天爷的旨意,原来陈胜是真命天子呀!

到了晚上,忽然有人看到破庙那边的草木丛中,忽明忽暗地闪烁着鬼火,并且还隐隐约约地听到狐狸的叫声:"大楚兴,陈胜王","大楚兴,陈胜王"。这事让大伙儿又害怕,又奇怪。狐狸怎么会说人话?莫非是狐仙,也知道陈胜是个真命天子,向人们来报信了!

第二天清早起来,大伙儿都跑来看陈胜,越看越觉得他长得的确与众不同,是个真命天子的相貌呢。

陈胜、吴广利用迷信,在群众中造成了成为领袖人物的舆论。

王侯将相宁有种乎

吴广平日的人缘最好,大伙儿都跟他合得来,愿意为他奔走效劳。他和陈胜带领了一批人,乘着押送他们的军官喝醉了酒,故意跑去要求释放他们回家。军官一听,大怒,先打了吴广几鞭子,接着又拔出剑要杀吴广。大伙儿一拥而上,抓住军官。吴广倚仗人多势众,一个箭步窜上前去,夺下军官手中的剑,把军官刺死了。陈胜也乘机把另一个军官打翻在地,一剑结束了他的性命。

陈胜、吴广杀死了军官,使大伙儿扬眉吐气,感到十分痛快。陈胜把大伙儿召集起来,大声地说:"弟兄们!咱们遇上了大雨,已经不能如期赶到渔阳了。按照法律,误期是要杀头的。即使万一能够饶了我们的命,可是屯驻边防的人,到头来十有八九都是要死的。反正是个死,死就得有个名堂。那些骑在咱们脖子上的王侯将相,难道都是生来有种的?"大伙儿听了陈胜的话,都大声说:"对!对!我们听您的!"

陈胜、吴广看到大伙儿都很心齐,就决定立即起义。他们派一部分人上山砍伐树木、竹竿作为武器;又派一部分人用泥土垒个平台,作为起义誓师的台子;还做了一面大旗,旗上绣了一个大大的"楚"字。

一切都准备妥当了,陈胜、吴广领导着大伙儿撕下一只衣袖,露出右臂宣誓。他们俩顺应了广大百姓拥护公子扶苏和楚将项燕的心理,假称奉了扶苏、项燕的号令起兵。大伙儿公推陈胜、吴广做首领。陈胜叫人把那两个军官的脑袋割下来祭旗,他宣布自己是将军,封吴为都尉。九百个人的起义队伍一下子就攻占了大泽乡。

陈胜、吴广在大泽乡揭竿而起的消息很快传开,周围穷苦的老百姓扛着锄头、铁耙、扁担,纷纷赶来加入起义军,起义军的队伍一下子壮大了好几倍。起义军又很快地占领了陈县。陈胜在陈县称了王,国号"张楚"。

陈胜王

　　陈胜称王共六个月,以陈县为都城。曾经和他一起受雇耕地的旧友听说后,来到陈县,敲着宫门说:"我要见陈涉。"宫门令要把他捆绑起来。他反复为自己申辩,这才放了他,但不肯为他通报。陈王出宫时,他拦路呼喊"陈涉"。陈王听到后,就召见他,坐着车一起回宫,看到宫殿房屋和帷帐后,客人说:"陈涉称了王,宫殿真是又大又深啊!"这客人进进出出,越来越随便放肆,又讲起陈王以前的事情。

　　有人对陈王说:"这个客人愚昧无知,专门胡言乱语,这样会有损你的威望。"陈涉就把客人斩杀了。那些陈王的故旧都私自离去,从此没人敢亲近陈王了。

　　陈王任命朱房为中正、胡武为司过,负责督察群臣。各位将领攻城略地,回来复命,稍有不符合命令的,就抓起来治罪,以苛刻仔细来显示对陈王的忠诚。对于他们所不喜欢的人,也不交有关官员审理,就擅自加以惩治。陈王却对他们非常信任。各位将领因此都不亲附陈王,这是陈王失败的原因。

　　陈胜虽已死去,但他所封立、派遣的侯王将相最终灭了秦朝,这是由于陈胜首先起义反秦的缘故。高祖时,在砀县为陈涉安置了三十户为他守墓,至今都按当时宰杀牲畜进行祭祀。

　　褚先生说:地形险要阻隔,这是用来固守的;军队和刑法,这是用来统治百姓的。但这些还不足以作为依靠。先王以仁义为根本,而以坚固的要塞和法令条文为细枝末叶,难道不是这样的吗?我听到贾谊的评论说:

　　"秦孝公占据着崤山、函谷关的牢固天险,拥有雍州地区,君臣上下牢固把守,以此凯觎周朝的政权。有着席卷天下、包揽海内、囊括全国的志向和吞并八方边远地区的野心。在这个时候,有商鞅辅佐他,对内建立法令制度,致力于耕织生产,修整和加强军备;对外实行连横的策略,挑动诸侯互相争斗。于是秦国轻而易举地获取了魏国的西河与上郡。

　　"孝公去世后,惠文王、武王、昭王继承旧业,遵循先王的遗策,向南夺取汉中,向西占有巴蜀,向东割取肥沃的土地,霸占地势险要的郡县。诸侯列国十分恐惧,互相结盟以谋求削弱秦国。不吝惜珍贵的宝器和肥沃的土地,以招揽天下的人才。相互合纵,缔结盟约,团结一致,对付秦国。在这个时候,齐国有孟尝君,赵国有平原君,楚国有春申君,魏国有信陵君。这四位公子,个个明智忠信,宽厚爱人,尊贤重才。他们以合纵的策略对抗秦国连横的阴谋,联合韩、魏、燕、赵、宋、卫、中山等国的军队。于是六国的能人志士有宁越、徐尚、苏秦、杜赫等为他们谋划,有齐明、周最、陈珍、邵滑、楼缓、翟景、苏厉、乐毅等为他们奔走联络、互通意见,有吴起、孙膑、带佗、倪良、王廖、田忌、廉颇、赵奢等统率他们的军队。曾经以十倍于秦国的土地,百万大军,向上进抵函谷关而攻打秦国。秦国人打开关门诱敌深入,九国的联军却逃遁而不敢进关。秦国没有花费一矢一镞,而天下诸侯就已经疲敝不堪了。

于是合纵瓦解，盟约毁坏，诸侯争相割让土地来贿赂秦国。秦国拥有充足的力量来控制疲敝的诸侯，追击逃亡败北的诸侯军队，杀敌百万，流的血把盾牌都漂浮起来，秦军趁着有利的时机，宰割天下，分裂诸侯各国的领土河山，使得强国请求归服，弱国朝拜称臣。

"传到孝文王、庄襄王，因为在位的时间很短，国家没有什么大的举措。

"等到始皇的时候，发扬六代先王的余威，挥动长鞭，驾驭海内，吞并东西二周，灭亡诸侯各国，登上至高无上的皇帝宝座，控制全国各地，手执刑杖鞭打天下的百姓，威势震动四海。向南夺取百越的土地，设置桂林和象郡，百越的君长低着头，用绳子系在脖子上，委身听命于秦朝的低级官吏。于是派蒙恬在北方修筑长城，作为防守边疆的屏障，把匈奴赶出七百多里，使胡人不敢南下牧马，他们的士兵也不敢弯弓报仇。又废弃先王的治国之道，焚烧诸子百家的著作，以推行愚民政策。拆毁名城大都，杀戮豪杰俊士，没收天下的兵器聚集到咸阳，熔化和销毁刀枪剑箭等金属兵器，铸造成十二个铜人，以削弱天下百姓的反抗力量。然后依托华山作为城墙，凭借黄河作为护城的壕沟，据守亿丈长的高城，下临深不见底的河溪作为坚固的屏障。派遣良将强弩，把守险要的地方；忠实的臣子和精锐的士卒，装备着锋利的兵器，盘问过往行人。天下已经平定，在始皇的心里，自以为关中的坚固有如千里金城，可以作为子子孙孙称王称帝的永固基业。

"始皇去世以后，余威仍然震慑着边远地区。然而陈涉只不过是一个以破瓮做窗户、用绳子穿门轴的农村贫民，受人雇佣耕田种地的佣役，发配守边的戍卒。才能不及中等人，既没有孔子、墨翟的贤能，也没有陶朱、猗顿的财富。置身于戍卒的行列之中，俯仰辛劳于阡陌之间，率领疲惫散乱的戍卒，只带着这几百个徒众，掉头转身攻打秦朝。砍削木头做兵器，举起竹竿做旗帜，使得天下百姓像风云会聚一样群起响应，挑担着粮食像影子随身一样追随其后，崤山以东的英雄豪杰于是同时起义而灭亡了秦朝。

"况且秦朝的天下并没有缩小变弱；雍州的土地，崤山、函谷关的险固还跟从前一样。陈涉的地位，并不比齐、楚、燕、赵、韩、魏、宋、卫、中山等国的国君尊贵；锄柄棍棒，并不比钩戟长矛锋利；发配戍边的几百戍卒，也不比九国的联军强大；深刻的谋划和长远的考虑，以及行军打仗的本领，也比不上从前的谋士和将帅。然而成功失败却迥然不同，功业成就也完全相反。试以崤山以东的诸侯国与陈涉比量长短大小，比较权势衡量实力，那简直是不可同日而语了。然而秦国当年凭借区区之地，取得万乘大国的权势地位，控制了其它八州而使本来地位相同的诸侯称臣朝拜，已经有一百多年了。然后把天下六合作为它的私有财产，把崤山、函谷关做了它的宫墙。可是一个匹夫发难就使它的历代祖庙被摧毁，它的统治者也死在他人之手，被天下人所耻笑，这是什么原因呢？是因为不施行仁义，而使得攻取和防守的形势全然不同了。"

外戚世家第十九

兴也外戚，败也外戚

自古以来，禀受天命开创基业的帝王和继承正统遵守成法的君主，不单是个人的德行高尚，大概也要得力于外戚的帮助。

夏朝的兴起是因为有涂山氏，而夏桀的被放逐也是因为有末喜。

殷朝的兴起是因为有有娀氏，而殷纣的被杀也是因为宠幸妲己。

周朝的兴起是因为有姜嫄和大任，而幽王的被擒也是因为跟褒姒淫乱。

所以《易经》以《乾》、《坤》两卦为基础，《诗经》以《关雎》为开篇，《书经》赞美尧把两个女儿嫁给舜，《春秋》讥讽娶妻不亲自迎接的失礼行为。

夫妇之间的关系，是人道中最主要的伦常关系。礼制的应用，唯独在婚姻上最为谨慎。音乐协调才能使四时和顺，阴阳的变化消长，是万物兴衰的统纪。难道可以不慎重吗？

人能够弘扬大道，但对天命却无可奈何。夫妇之爱是何等重要呵！这种配偶间特有的情感，国君不能从臣子那里得到，父亲不能从儿子那里得到，何况是地位卑下的人呢！

男女欢合以后，有的不能生育子孙；能生育子孙的，或许不能有好的结局。孔子很少谈论天命，大概是因为很难讲清楚吧。不通晓天地阴阳的变化，怎么能认识人性和天命的相互关系呢？

司马迁说："秦以前的情况有记录的太简略了，详细的情形没有能记载下来。汉朝兴起，吕娥姁是高祖的正宫皇后，她的儿子成为太子。等到她晚年姿色衰老而渐渐失去宠爱，戚夫人得宠，她的儿子如意有好几次几乎取代了太子的地位。等到高祖驾崩，吕后诛灭了戚氏，又杀了赵王如意，高祖的后宫中只有那些不受宠爱、被高祖疏远的人才得以幸免于死。"

吕后的长女是宣平侯张敖的妻子，张敖的女儿是孝惠帝的皇后。吕太后因为亲上加亲的缘故，千方百计想让她生儿子，但最终也没能生儿子，就骗取了后宫宫女的儿子假称是自己的儿子。等到孝惠帝驾崩，天下刚刚平定不久，继承人还没有确定。于是又重用外戚，封吕家人为王作为辅佐，而把吕禄的女儿作为少帝的皇后，想把根基连结得更加牢固，但却徒劳无益。

高后去世，和高祖合葬在长陵。吕禄、吕产等人害怕被杀，图谋作乱。大臣征讨他们，上天怜悯和延续汉家的皇统，终于灭掉吕氏。唯独把孝惠皇后安置在北宫居住。迎立代王，这就是孝文帝，供奉汉家的宗庙祭祀。这难道不是天意吗？不是天命谁能担当此任呢？

薄太后，父亲是吴地人，姓薄，秦朝时和原来魏王宗室的女子魏媪私通，生了薄姬，薄姬的父亲死在山阴，因此葬在那里。

等到诸侯背叛秦朝,魏豹即位为魏王,魏媪把她的女儿送进魏宫。魏媪到许负那里看相,为薄姬相面,许负说她将来会生下天子。这时项羽正和汉王在荥阳对峙,天下归谁还没有能够确定。魏豹起初与汉王一起抗击楚王,等听到许负的话,心中暗喜,因而背叛汉王,保持中立,后来又跟楚王联合。汉王派曹参等人攻打并俘虏了魏王豹,把他的封国划为郡县,而薄姬则被送进汉宫织室。

魏豹死后,汉王进入织室,看到薄姬有姿色,就下诏纳入后宫,但她一年多没有受到宠幸。

当初薄姬年少的时候,和管夫人、赵子儿关系亲密,相约说:"先富贵的不要忘记别人。"后来管夫人、赵子儿先受到汉王的宠幸。

汉王坐在河南宫成皋台,这两个美人嬉笑着互相谈起当初和薄姬所定的誓约。汉王听到后,询问缘故,两人把实情都告诉了汉王。汉王心中伤感,怜悯薄姬,当天就召她同床。

薄姬说:"昨天夜晚我梦见苍龙盘据在我腹上。"

高祖刘邦说:"这是显贵的征兆,我为你圆了此梦。"同了一次床,薄姬就生下一个男孩,这就是代王,此后薄姬很少能看到刘邦。

高祖刘邦驾崩后,那些受到宠幸的妃子如戚夫人等等,吕太后都很痛恨她们,将她们统统幽禁起来,不许出宫。而薄姬因为很少见到高祖的缘故,得以出宫,跟从儿子到了代国,做了代王的太后。太后的弟弟薄昭也跟随去了代国。

代王被封立以后十七年,高后去世。大臣们商议拥立新皇帝,痛恨外戚吕氏强横,都称赞薄氏仁慈善良,所以迎接代王,立为孝文皇帝,太后改尊号为皇太后,她的弟弟薄昭被封为轵侯。

薄太后的母亲也早过世了,葬在栎阳北面。于是就追尊薄太后的父亲为灵文侯,在会稽郡设置拥有三百户的园邑,长丞以下的官吏都被派去侍奉看守陵墓,寝庙上供的祭品和祭祀礼仪都按照礼法执行。在栎阳北也设置灵文侯夫人的陵园,一切礼仪都和灵文侯的陵园相同。薄太后认为自己母家是魏王的后代,父母又死得早,魏家扶持薄太后很尽力,于是下令免除魏氏宗族的赋税徭役,并根据关系的亲疏给予不同的赏赐。薄氏家族封侯的有一人。

窦姬阴错阳差

窦太后,是赵国清河观津人。吕太后的时候,窦姬作为良家女子被选进宫中服侍太后,太后把宫女遣出宫赏赐给诸侯王,每个诸侯王得到五个宫女,窦姬也在此次出宫的行列中。

窦姬家在清河,想去赵国以便离家近些,就向主管遣送的宦官请求说:"一定要把我的名册放在去赵国的行列中。"宦官后来忘记了,把她的名册误放在去代国的行列中。名册奏上去,太后下诏同意,应该启程了。

窦姬流泪哭泣,怨恨那个宦官,不想前往,几次强令她走,这才肯去。

到了代国,代王只宠幸窦姬,生了女儿嫖,后来又生了两个儿子。代王的王后

生了四个儿子。代王还没有进长安称帝以前,王后就去世了。等到代王登上帝位,原先王后所生的四个儿子都相继病死。

孝文帝即位几个月后,公卿大臣请求立太子,而窦姬的长子年龄最大,就被立为太子。立窦姬为皇后,女儿嫖为长公主。第二年,立小儿子武为代王,随后又迁到梁,这就是梁孝王。

窦皇后的双亲死得早,葬在观津。于是薄太后就诏令有关官员,追尊窦后的父亲为安成侯,母亲为安成夫人,命令在清河辟出二百户设置园邑,由当地的县长和县丞奉守,一切礼仪都参照灵文侯的陵园安排。

窦皇后的哥哥是窦长君,弟弟叫窦广国,字少君。少君四五岁时,家里穷困,被人抢去卖了,家里不知道他被卖到什么地方。广国被转卖了十几家,到了宜阳,为他的主人进山烧炭,夜晚一百多人都躺睡在崖上,山崖崩塌,睡在崖下的人都被压死了,唯独少君得以幸免,没被压死。自己占卜说几天后将被封为侯,就从主人家去了长安。

听说窦皇后刚刚被立,家在观津,姓窦。广国离开家乡时年纪虽然很小,但还记得县名和自己的姓,又曾经跟姐姐采桑曾从树上掉下来,以此为证据,上书陈述自己的家世。

窦皇后把这件事对文帝说了,就召见并询问他,他详细说明了事情的经过,果然没错。

又再问他有什么做凭证,他回答说:"姐姐离我西去时,和我在驿站客舍诀别时,要来洗澡水为我洗澡,又要来饭喂给我吃,然后才离去。"

窦后闻此拉着弟弟泣不成声,涕泪纵横而下。左右侍从也都伏在地上哭泣,以增加皇后姐弟相认的悲哀气氛。于是赐给他很多田宅和金钱,又分封皇后的同祖兄弟,定居在长安。

绛侯周勃和灌婴将军等人说:"我们这些人不死,命运就掌握在这两人手里。这两人出身低贱,不能不为他们挑选师傅和宾客,否则又会效法吕氏惹出大祸来。"

于是就挑选年长厚道、品行优良的读书人和他们住在一起。窦长君、少君从此为恭谨谦让的君子,不敢凭借尊贵的地位而对别人骄横傲慢。

尹夫人与钩弋夫人

司马迁《史记》原文中有十篇有目录而无文字,后由汉元成年间一位博士褚先生补缺。对于各代的外戚对朝政的影响一事,褚先生说:大丈夫像龙一样变化。《传》说:"蛇变化成龙,不会改变它身上的花纹;家变成国,不会改变他的姓氏。"大丈夫富贵的时候,所有的缺陷都被掩盖住了,只显得光耀荣华,贫贱时的事情何足以牵累他呢!

武帝的时候,宠幸夫人尹婕妤。邢夫人号称娙娥,大家都称他"娙何"。娙何的品级相当于中二千石,容华的品级相当于二千石,婕妤的品级相当于列侯。经常从婕妤中挑选皇后。

尹夫人和邢夫人同时受到宠幸，武帝有诏令不许她俩相见。尹夫人亲自请求武帝，希望见到邢夫人，武帝答应了她。就命令其他夫人乔装打扮，随从侍者几十人，冒充邢夫人前来。

尹夫人上前见她时，说："这不是邢夫人本人。"

武帝说："凭什么这样说？"

尹夫人回答说："看她的形体相貌姿态，不足以匹配皇帝。"于是武帝就下诏让邢夫人穿上旧衣服，独自前来。

尹夫人看到她，说："这才是真的邢夫人。"于是就低头俯身哭泣，自悲不如邢夫人。

谚语说："美女进了家室，就成了丑女的仇人。"

褚先生又说："洗澡不必非到江海中去，只要能洗去污垢就行了；骑马不必非得是骏马，只要善于奔跑就行了；士人不必是贤圣的后代，只要他懂得道理就行了；女子不必出身贵族，只要她本人贞洁美好就行了。《传》说：'女子不论美丑，一进家室就会被人嫉妒；士人不论贤与不肖，一入朝堂就会被人忌恨。'美女，是丑女的仇人。难道不是这样吗！"

钩弋夫人姓赵，是河间人，受到武帝宠幸，生下一个儿子，就是昭帝。武帝七十岁，昭帝即位时，只有五岁。

卫太子被废后，没有再立太子。燕王旦上书，愿意回到京师入宫值宿。武帝发怒，立即在北阙斩杀了燕王的使者。

武帝住在甘泉宫，召画工画周公背负成王图。于是左右大臣知道武帝想立小儿子为太子。几天以后，武帝谴责钩弋夫人。夫人摘下簪钗耳环，向武帝叩头。武帝说："把她拉出去，送到宫廷的牢狱中去。"夫人回头看，武帝说："赶快走，你不能活！"夫人死在云阳宫。当时狂风刮起尘土，百姓都为此伤感，侍者夜间抬着棺材去埋葬她，在埋葬的地方做了标记。

此后武帝闲居无事，问左右的侍臣说："人们说了些什么？"左右侍臣回答说："人们说既然要立她的儿子，为什么要除掉他的母亲呢？"武帝说："是啊。这不是小孩和愚人所能明白的。古往今来，国家之所以出现混乱，就是因为皇帝年幼而母亲年壮。女主独居守寡，骄横专断，淫乱放纵，没人能够阻止。你们没听说过吕后吗？"所以那些为武帝生过孩子的人，不论是生男还是生女，他们的母亲没有不被责罚处死的，这难道可以说不是圣贤之主吗！昭著显明的远见卓识，为后代深谋远虑，的确不是那些见识浅薄的愚儒们所能了解的。谥号为"武"，难道是虚名吗？

萧相国世家第二十三

刘邦的后勤部长

萧何原是沛县丰邑人，与刘邦是同乡。因为通晓法律，智谋无人能比，初始做沛县功曹掾。

刘邦还是一个普通平民时,萧何多次凭借自己的职权保护过他。刘邦做了亭长后,萧何也经常帮助他。刘邦作为一个小官的身份去咸阳服差事,县里各同仁都资助他三百钱,唯独萧何资助五百钱。

秦朝的御史到郡中检查工作时,与萧何共同处理一些政务,萧何往往把事情办得有条有理。因此萧何被升迁担任泗水郡的卒史,政绩考核名列第一。秦朝的御史想回朝进言征召萧何入朝做官,萧何坚决请求留下,才没被调走。

刘邦斩蛇起义以后,萧何一直跟随,刘邦差不多对他言听计从,楚汉相争乃至汉朝开国的大政方针,几乎无不出于萧何之手,萧何可谓劳苦功高。当然,刘邦对萧何也不是毫无防备之心,但他能较好地处理。在楚汉相争之时,刘邦离开汉中来到关东,与项羽展开了长达四年之久的战争,萧何留在汉中,替刘邦镇守根本之地,并兼供给粮草兵丁。萧何很善治理国家,不久就"汉中大定",百姓皆乐意为萧何奔走,萧何对刘邦的粮草供应也很充足及时。但如此下去,刘邦深恐人心归萧,于己不利,就托人捎信,慰问萧何,称赞他把汉中治理得很好。

楚汉相争的结果,刘项争雄霸王败。天下已定,各位功臣翘首以待,总希望能有个好结果。封赏结果,文臣优于武将。那些功臣多为武将,对此颇为不服,其中尤其对萧何封侯地位最高、食邑最多,最为不满。于是,他们不约而同,找到刘邦对此提出质疑:"臣等披坚执锐,亲临战场,多则百余战,少则数十战,九死一生,才得受赏得赐。而萧何并无汗马功劳,徒弄文墨,安坐议论,为何还封赏最多?"

刘邦打了个形象的比喻,说:"诸位总知道打猎吧!追杀猎物,要靠猎狗,给狗下指示的是猎人。诸位攻城克敌,却与猎狗相似,萧何却能给猎狗发指示,正与猎人相当。更何况萧何是整个家族都跟我起兵,诸位跟从我的能有几个族人?所以我要重赏萧何,诸位不要再疑神疑鬼。"

众功臣私下的议论当然免不了,但毕竟与萧何无仇,对此事再不满也就算了。

功不震主

汉高祖刘邦在楚汉战争中,亲自出兵征讨项王,而萧何却以丞相的身份留守关中。为了稳住萧何,刘邦数次派人送给萧何大量银两,同时也在暗中加以防范。萧何知道汉高祖刘邦的用意。他清楚,自己是不会叛变的。既然刘邦对自己心有疑虑,那就应该想方设法让他信任自己。鲍生献计说:"为了长远考虑,你如果能让你手下的统率和主公一起作战,这样,主公就会放心了。"这实际上是让他做人质,以信誉担保,只不过其表现形式比较特殊而已。萧何觉得有理,于是将自己的子弟遣送前线,参加战斗,汉高祖刘邦吃了定心丸,很高兴。由于大家同心协力,最后,刘邦终于打败了项羽,于公元前202年建立西汉王朝。

陈豨等人在西汉建立不久发动叛乱。汉高祖刘邦亲自率兵到邯郸去平定叛乱。与此同时,韩信却在关中谋反。吕后听从萧何的计谋诛杀韩信。刘邦闻之,愈加害怕萧何起兵,立即封萧何为相国,益封五千户,萧何手下五百人都封为相国卫。众人都向他表示祝贺。但召平却说:"当今皇上亲自在外征战,而你却手握大权坐守宫中,皇上给你益封,实际上是怀疑你;给你派士卒是防范你。依我看,这个益封你不要接受,反之,却应该将自己的家私拿出来支持前线的军队。"萧何听从召平,如法炮制,刘邦果然感到很高兴。他率兵全力出击,平定了这次叛乱。

不久,淮南王英布叛乱。汉高祖又决定亲自带兵前去平定,于是多次派人来问候萧何,萧何回答得很干脆:就像平定陈豨叛乱时一样,全力以赴地支持皇上出军。但有人却对萧何说:"你这样做,有灭族的危险。因为你身为相国,不可复加。你在关中十余年,深得民心,百姓都愿归附于你。皇上为什么多次派人来问你,就是怕你乘机谋反。我是这么想的,你应该买些田地,表示自己只求安宁。这样皇上就会安心了。"

萧何认为可行,于是真的忙着购置田地。皇上也真就放心了。

后来,萧何向皇上说:"陛下,我们应该让百姓去开垦城外上林苑中的空地,否则,这些地方只能作为禽兽的巢穴!"皇上大怒:"相国收了我这么多的财物,如今又要收我的苑囿,真是过分!"于是便下令将萧何打入牢中。

过了一些日子,王卫尉服侍皇上,便上前问道:"相国因何罪被陛下关押?"皇上说:"古代的时候,李斯是秦国的丞相,有功劳都归属主公,有错误便自己担下。可是,如今相国不但多收了我的财物,还来要我的苑林,以此来收买民心,我岂能忍受,才把他关押起来。"王卫尉接着说:"陛下,相国为民请地,是他应该做的事。陛下为什么怀疑他呢? 想一想,陛下拒楚数年,陈豨、英布谋反时,您带兵前线,而相国居守关中。如果相国当时在关中真的谋反了,那么关西也很难得到,但相国却始终和陛下保持一致,为平定叛乱,立下了大功劳。那样好的时机他不谋反,难道现在他还会谋反吗? 陛下有什么理由怀疑相国呢?"

刘邦明白其中的含义,马上赦免了萧何,萧何一直到年老,始终十分恭谨,出来后便光着双脚向汉高祖拜谢。刘邦见状,便说:"相国免礼! 相国为民请地我没允许,这是我的错,你才是真正的贤相。我应该将此事公布于众。"

曹相国世家第二十四

刘邦的马前卒

平阳侯曹参,是沛县人。秦朝时当过沛县的狱掾,而萧何担任主吏,在县里都很有势力。

刘邦做沛公而刚刚起事的时候,曹参很早就跟随他。率军攻打胡陵、方与,进攻秦朝郡监的军队,将敌军打得大败。又向东攻下薛县,在薛县外城的西边与泗水郡的守军作战。再次攻打胡陵,并占领了它。

方与反叛投降了魏王,曹参率军攻打方与。丰邑也反叛投降了魏王,曹参又率军攻打丰邑。因有功赐爵位为七大夫。

在砀县以东与秦朝司马㱳的军队作战,并打败了他,夺取砀县、狐父和祁县的善置等地方。又进攻下邑以西,打到虞县,进攻章邯的车骑部队。

攻打爰戚和亢父,率先登城,又被升为五大夫。

向北救援东阿,攻打章邯的军队,攻陷陈县,一直追击到濮阳。攻打定陶,夺取临济。

向南救援雍丘,之后率兵进攻李由的军队,打败了敌军,杀死李由,俘虏秦朝的一个军侯。

秦将章邯打败楚军,杀了项梁,沛公和项羽合而引兵向东。

楚怀王任命沛公为砀郡长官,统领砀郡的军队。于是就封曹参为执帛,号称建成君,又升为戚县县令,隶属于砀郡。

此后跟随沛公东打西杀,向东攻打东郡尉的军队,并在成武南面打败了敌军。在成阳南面攻打王离的军队,又在杠里大破王离的军队。追击败军,向西一直到达开封,攻打赵贲的军队,也打败了敌军,把赵贲包围在开封城中。

向西进军,在曲遇打败了秦将杨熊的军队,俘虏秦朝的司马和御史各一个。又升为执珪。

跟随沛公攻打阳武,打下轘辕、缑氏,封锁了黄河渡口,回师在尸乡以北进攻赵贲的军队,又打败了它。跟随沛公向南攻打犨县,在阳城的外城东面与南阳郡守齮交战,多次冲锋陷阵,夺取宛县,俘虏了齮,将南郡全部平定。

跟随沛公向西打武关、峣关,并占领了它们。遂继续向前推进,在蓝田以南进攻秦军,又趁夜间在蓝田北面突袭秦军,秦军大败,于是打进咸阳,灭了秦朝。

项羽到达关中后,封沛公为汉王。汉王封曹参为建成侯。又跟随汉王来到汉中,升为将军。

后来跟随汉王回师平定三秦,初次攻下辩、故道、雍、斄等地。在好畤以南攻打章平的军队,打败了敌军,包围好畤,夺取壤乡。在壤高和东栎攻打三秦的残余军队,并打败了他们。

向东攻取咸阳,改名为新城。曹参率兵在景陵把守了二十天,三秦派章平等人进攻曹参,曹参率军出城迎击,大败敌军。汉王把宁秦赐给他做封邑。曹参以将军的身份率军在废丘围攻章邯,又晋升中尉跟随汉王兵出临晋关。

到达河内,攻下修武,从围津渡过黄河,向东在定陶进攻龙且、项他,并打败了他们,又向东夺取砀县、萧县、彭城,汉王率军与项籍作战,失利汉军大败而逃。曹参包围并与夺取了雍丘。此时汉军中王武在外黄反叛,程处在燕地反叛,曹参率军前去讨伐,全都打败了他们。柱天侯在衍氏造反,曹参又进军攻破衍氏。

在昆阳攻打羽婴,并追到叶县,又回师攻打武强,进而到达荥阳被困。曹参自从在汉中被任命为将军中尉以后,跟随汉王攻打诸侯,和项羽历经百战,到项羽兵败。

留侯世家第二十五

博浪一椎

张良,字子房,其祖先为韩国公族,祖父名开地,先后为韩昭侯、宣惠王、襄哀王的相国;父名平,先后做了韩釐王、悼惠王的相国。父亲去世后二十年,秦国灭了韩国。当时,因为张良年纪还小,没有在韩国朝廷做事。可是韩国被秦国所灭的时候,张良家里还很富有,光是使唤侍候的家僮就有三百名。这时他的弟弟不幸死了,可是他拿出全部家财来招募刺客,要谋刺秦始皇,替韩国报仇,却不去料理弟弟的丧事。他之所以如此痛恨秦始皇,主要是因为他祖父、父亲做了韩国五代国君的相国的缘故。

张良曾经到淮阳去学礼,又到东夷去拜访仓海君,募得一位大力士,同时又替他订做了一个一百二十斤的铁锥准备一椎就要了秦王的命。

秦始皇东游,张良与这位力士于博浪沙袭击秦始皇,却误中副车。秦始皇大怒,大索天下,令急拿刺客,张良改名易姓,亡命逃跑躲藏在下邳。

张良逃匿下邳,曾于闲暇时步游一座桥上。有一老人,身穿褐衣,当张良至身边,故意弄丢一只鞋,掉在桥下,回过头对张良说:"小伙子,下去替我把鞋拾起来。"张良猛地一愣,看这老头粗鲁无礼,本想大骂他一顿,但看他年迈,就强忍怒火,下桥为他捡鞋。

张良捡了鞋上桥,老人又说:"给我穿上!"

张良心想,既然已经为他把鞋捡来,不如就给他穿上,于是便长跪为老人穿鞋。老人也不客气,伸出脚让他穿好。

老人穿好鞋后,大笑而去。张良大惊,不知所措,眼睛一直盯着这个老者。老人一会儿又回来,说:"孺子可教啊!五天之后的黎明,与我来此相会。"

张良感到奇怪,说:"好吧。"

五日之后的黎明,张良前往。老人已经在等着他,怒道:"与老人相约,却后到,怎么回事?"于是返身离去,说:"五天后再见。"

五日后,鸡鸣时分,张良就赶往桥上,没想到老人又先到了,又责备张良,让他五日后再来。

五日之后,张良夜半就往。一会儿,老人亦来,喜曰:"年轻人本当如此。"说着拿出一本书交给张良:"读此书则可为王师。后十年兴。十三年后孺子可见我于济北,谷城山下黄石即我。"说完便去,不复再见。

张良此时才知自己得遇良师。为老人捡鞋,乃是老师试探自己,为老人长跪穿鞋,原来是行拜师之礼。白天视老师所赠图书,乃《太公兵法》。经过秦始皇焚书的一把大火,这种书籍已经很难看到了。张良惊异不已,时常研习苦读。

道遇沛公

张良居下邳,为任侠。项伯曾杀人,和张良一起隐匿。

十年之后,陈涉起兵攻秦,张良也聚少年百余人起事,果应张良老师"后十年兴"的话。原楚国贵族景驹自立为楚王,占据留城。张良欲往投之,中途见遇沛公刘邦。刘邦率领数千人,略地下邳之西,张良便投奔刘邦,刘邦拜张良为将。张良多次依据《太公兵法》说刘邦,刘邦常用张良之策。张良把兵法讲给别人听,别人都听不懂。张良慨叹说:"沛公大概是天授之人。"于是便跟从刘邦,不再去见景驹。

刘邦到薛,见项梁。项梁立楚怀王。张良说项梁道:"君已立楚国之后,而韩国公子横阳君,名成,此人甚贤,可立为王,有利于树立亲善自己的势力。"项梁便派张良寻找韩成,立为韩王,以张良为韩国司徒,与韩王一起率千余人西略韩地,攻下数城,秦兵马上反攻,张良与韩王率兵与秦兵周旋于颍川一带。

刘邦从洛阳出兵,南出轩辕,张良便引兵跟从刘邦,一举攻下韩国十余城,击破杨熊之军。刘邦令韩王成留守阳翟,与张良一起向南,攻下宛,又西入武关。

刘邦一连得胜,便大意轻敌,欲派兵两万人击秦峣的秦军,张良劝道:"秦兵尚强,不可轻敌,应在诸山上大张旗帜,作为疑兵,令郦食其持重宝来劝降秦将。"

刘邦听张良之言,依计行事,秦将果然投降,又欲连兵一起,西袭秦都咸阳。刘邦欲听从秦将之言。张良又为刘邦献策说:"这是秦将欲叛秦,恐士卒不从,所以要和我们一起攻咸阳。士卒不从,秦将必危,不如任其兵将离心而懈怠,然后乘势攻击。"刘邦再次听从张良之计,引兵攻击,大破秦军,乘胜追击,又与秦兵战于蓝田,再次获胜,遂一举攻入咸阳,秦王子婴投降了刘邦。

苦谏刘邦

刘邦出身于一个小地主,入秦宫室之后,看到宫室帷帐狗马重宝及美女无数,便不肯出宫,要先享受一番。"咸阳城里,烧杀淫掠,已经闹得不成世界。"樊哙数谏刘邦,刘邦不听。张良也看不下去了,谏刘邦道:"秦人无道,故而沛公得至于此。为天下扫除残暴,当行事以俭。今刚刚入秦,就贪图安乐,这就成了助桀为虐。常言道:'忠言逆耳利于行,良药苦口利于病。'愿沛公听从樊哙之言。"刘邦只好仍驻军霸上。

项羽不久率四十万大军进了函谷关,两军相距四十里。刘邦欲以子婴为相,接管秦朝政权,在关中称王,结果部将曹无伤向项羽作了报告。项羽欲引兵攻伐沛公。项伯与张良相善,便连夜驰入汉营,面见张良,让张良与其离开。张良说:"臣为韩王送沛公,今事有急,亡去不义。"便俱告刘邦。

刘邦大惊,忙问张良怎么办。张良说:"沛公真的要背叛项羽吗?"

刘邦说:"鲰生教我据关勿纳诸侯,可尽以秦地为王,故而听之。"

张良说:"沛公自度能退项羽吗?"

刘邦默然良久,说:"实在不能。事到如今,你说该怎么办?"

张良便死拉硬拽地邀项伯见刘邦。刘邦与项伯饮酒,又为项伯祝寿,还在张良的说合下与项伯结儿女婚姻之好。拉拢完项伯之后，托项伯在项羽面前，言刘邦不敢背项羽，之所以把住关口，只是防备盗贼而已，等见项羽后当面解释。

火烧栈道

汉元年正月，沛公被封为汉王，在巴蜀地区称王。汉王赐给张良黄金一百镒，珍珠二斗，张良把这些东西全部送给了项伯。汉王也因此让张良代转厚赠项伯，并让项伯为他求取汉中之地。经项伯的劝说，项王就答应了，于是得到了汉中之地。

汉王前往封国，张良送行到褒中，汉王让张良返回韩国。张良因而劝说汉王道："大王何不烧断大军所经过的栈道，向天下表示没有返回的想法，以便稳住项王的心意。"于是请张良返回。大军西去行进途中，烧断了栈道。

张良到了韩国，韩王成因为派张良跟随汉王的缘故，项王不让韩成回自己的封国，只让他跟自己一起东归。张良劝说项王道："汉王烧断了栈道，没有回来的想法了。"于是把齐王田荣反叛的事情向项王作了汇报。项王从此不再注意西面的汉国，而是发兵向北攻打齐国。

项王最终不肯让韩王前往封国，把他贬为侯，后又在彭城杀了他。张良不得不再次逃走，抄小路去归附汉王。汉王也已经回师平定了三秦地区。又封张良为成信侯，跟随汉王向东攻打楚军。打到彭城，汉王兵败而归。来到下邑，汉王下马靠着马鞍说："我想舍去山东地区作为封赏的条件，但谁能与我共建功业呢？"

张良进言说："九江王黥布，是楚国的猛将，他跟项王有矛盾；彭越和齐王田荣在梁地背叛了楚国。这两个人可以尽快加以利用。汉王的将领唯独韩信可以成就大事，能独当一面。如果想捐出山东地区，就送给这三个人，那么就不愁打败楚国了。"

汉王于是派遣随何去游说九江王黥布，又派人与彭越联络。到魏王豹反叛，派韩信率兵去讨伐他，乘机攻占了燕、代、齐、赵等国。一直到最终打败楚国，都是这三个人的功劳。

张良体弱多病，从未独自领兵作战，而是一直作为谋臣，时时跟随刘邦。

助汉灭楚

汉三年，项羽急围汉王刘邦于荥阳，汉王恐忧，与郦食其合议削弱楚国之权。郦食其对汉王说："从前商汤伐夏桀，封夏的后代于杞地；武王伐殷纣，封殷人的后代于宋国。而今秦人抛弃道德仁义，侵占了诸侯各国，消灭了六国的后代，使无立锥之地。陛下如能复立六国后世的王位，给予他们印信，这样，他们的君臣百姓必皆感戴陛下之德，莫不向风慕义，愿为臣妾仆从。推行德义之后，陛下南向称霸，楚必敛衽而朝。"

刘邦说："好吧，赶快刻印，先生就顺便带去吧。"

郦食其还未行，张良从外面回来。刘邦正在吃饭，对张良说："子房过来！宾客有为我出计削弱楚权的人。"就以郦生之言告张良，然后问："您看如何？"

张良说："谁为陛下出的这个主意？陛下大事去矣！"

刘邦问:"怎么了?"

张良答道:"臣请借眼前的筷子为大王指画。从前商汤伐桀,而封其后于杞,是考虑到可以此制桀之死命。今陛下能制项羽之死命吗?"

刘邦说:"不能。"

张良说:"其不可一也。武王伐纣,封其后于宋,是觉着能获纣之头。今陛下能得项羽的头吗?"

刘邦说:"不能。"

张良说:"其不可二也。武王入殷,表纣时贤人商容之间,释箕子之拘,封比干墓。今陛下能封圣人之墓,表贤者之间,智者之门吗?"

刘邦说:"不能。"

张良又说道:"其不可三也。发钜桥之粟,散鹿台之钱,以赐贫穷。今陛下能散府库以赐贫穷吗?"

刘邦说:"不能。"

张良说道:"其不可四矣。商汤伐殷之后,改战车为乘车,倒置干戈,覆以虎皮,以示天下不复用兵。今陛下能偃武行文,不复用兵吗?"

刘邦说:"不能。"

张良说:"其不可五矣。休马华山之阳,示天下无所为。今陛下能休马无所用吗?"

刘邦还是说:"不能。"

张良又问道:"其不可六矣。放牛桃林之阴,以示不复输送积存的军粮。今陛下能放牛不复输积粮吗?"

刘邦说:"不能。"

张良说:"其不可七矣。况且天下游士离其亲戚,背井离乡而跟从陛下奔走四方,只是日夜盼望咫尺之地。如今恢复六国,立韩、魏、燕、赵、齐、楚之后,天下游士各归其主,从其亲戚,反其乡土,陛下与谁一起取天下呢? 其不可八矣。况且独可使楚国不强,若强,则六国会重新屈服而听从楚国,陛下哪能使他们臣服呢? 诚用宾客之谋,陛下大事必坏。"

张良一连八个不可以,说得刘邦茅塞顿开,忙辍食吐哺,骂郦食其道:"竖儒,几乎坏我大事!"刘邦急令销毁刻好的封印。

张良受封

汉六年正月,刘邦封赏功臣。张良未曾立有过战功,高帝说:"运筹帷幄之中,决胜千里之外,这就是子房的功劳。让他自行选择齐国的三万户作为食邑。"

张良说:"当初我在下邳起事,与皇上在留县相会,这是天意把我送给陛下的。陛下采用我的计策,侥幸地偶然料中,我希望把我封在留县就可以了,并不敢当三万户的封邑。"

于是封张良为留侯,萧何等人一起受封。

刘邦封完功高劳著的大臣二十余人之后,其余诸人日夜争功不决,排不出前后名次,未得行。刘邦问道:"这些人在说什么?"

张良说:"陛下不知道吗?这是在图谋造反。"

刘邦不解地问:"天下形势安定,何故造反呢?"

张良答道:"陛下起于布衣百姓,靠这些人取得天下,今陛下为天子,而所封皆萧何、曹参等故人中所亲爱者,而所诛者皆生平所仇怨。今军吏计功,天下不足以遍封,这些人畏陛下不能尽封,又提心见疑生平过失而被诛,故而相聚谋反。"

刘邦忧道:"这该怎么办呢?"

张良问:"陛下平生所憎的人中,群臣共知的,谁最为甚?"

刘邦说:"雍齿与我有积怨,曾数次窘辱我。我欲杀之,因为其功多,故而不忍。"

张良说:"今日赶忙先封雍齿,以示群臣。群臣见连雍齿这样得罪陛下的人都受封了,则人人意志坚定,不再有他心。"

于是刘邦忙设酒宴,慰劳群臣,封雍齿为什方侯,并令丞相、御史马上定功行封。散宴之后,群臣都高兴地说:"雍齿尚为侯,我们这些人就不用担忧了。"

商山四皓

汉朝建立以后,戚夫人的儿子刘如意被封为赵王,戚夫人也日见受宠。刘邦又经不住戚夫人的颦眉泪眼,同意考虑废太子刘盈(吕后之子),欲立刘如意为太子。当然,刘邦想重新废立太子,也并不完全是因夫人受宠之故,他对刘盈的性格柔弱不甚满意,而觉得刘如意较为聪颖,许多性格较像自己。吕后看出刘邦这个意思,虽心里着急,却无法可想。

这天,刘邦召集群臣,议论太子废立问题。没想到,首当其冲跳出来反对的,却是御史大夫周昌。刘邦要他摆摆理由,周昌是个结巴,急得面红耳赤也说不出几句话,但态度却极其坚决,认为不可立刘如意为太子。

周昌为什么反对?因为,在此前不久,他亲眼看到刘邦在内殿与戚夫人调情取乐,刘邦见他进来忙叫他,可是周昌头也不回就往外走。刘邦一把抓住他,把他按倒在地,骑在他的脖子上说:"你既然进来,为什么不愿与朕说话,眼中还有朕吗?"那周昌也不示弱地说:"陛下真像夏桀、殷纣呢!"夏桀、殷纣是夏、商末年的亡国之君,周昌以为废立太子也是亡国之举,当然死死不同意了。为此,吕后对周昌极为感激。

刘邦退朝,戚夫人大失所望,不免又为太子废立之事来纠缠刘邦,刘邦只好说:"我会慢慢想办法,决不让你母子吃亏。"为了朝议此事时方便,刘邦还罢了周昌的御史大夫之职,使之迁任赵邑相国,专门辅佐刘如意。

以后,刘邦又忙于出兵征讨陈豨等人叛乱,废立太子一事就搁置了下来。虽说暂罢此事,吕后依然十分着急,为此她找来张良,请他想办法保住刘盈的太子地位。吕后让建成侯吕泽拦住张良说:"你是皇上的谋臣,你怎不进一言?"张良回答说:"当初打天下,危急之中,皇上常用我的计谋,现在天下已定,以爱欲换太子,骨肉之间,虽臣等百人劝说又有何用?"吕泽强求主意,张良这时虽然已隐退,但还兼着太子少傅(老师),不能坐视不管。于是,他出了个主意,请吕后的哥哥吕释之出面,请

"商山四皓"出面保太子。

这"商山四皓"原是隐居于商山的四位隐士,他们是东园公、夏黄公、绮里季、角里先生,都是须眉皆白的老翁。吕释之以太子的名义请他们出山,又受到刘盈的盛情礼遇,便在建成侯府居住了下来。

汉十一年,黥布发动叛乱,皇上患病,想派太子率领军队,前去讨伐叛军。这四个人互相商议说:"我们来京师的目的,就是要保全太子。如果太子率军前去平叛,那么就危险了。"

于是劝建成侯说:"太子如去率军打仗,功劳再大地位也是太子;如果无功而还,那么从此就将遭受贬黜。况且和太子一起出征的各位将领,都是曾经跟皇上一起平定天下的猛将,如今派太子率领他们,这跟让羊率领狼有什么区别?都不肯为太子卖力,太子肯定不能建立战功。我们都听说'母亲被宠爱,儿子就会经常被抱',如今戚夫人日夜侍奉皇上,赵王如意常常被抱在皇上面前,皇上说过'终归不能让不成器的儿子位居爱子之上',很明显,赵王如意一定会取代太子你的地位的。你为什么不赶紧请吕后找机会向皇上哭着说:'黥布那是天下的猛将,善于用兵,如今各位将领都是陛下以前所用的有功之人,却让太子率领他们,这跟让羊率领狼没什么两样,不肯为太子所用,况且让黥布知道了,就会大张旗鼓地向西进军。'皇上虽然生病,勉强乘坐辎车去亲自指挥,虽躺着让人护理,各位将领就不敢不尽力。皇上虽然劳苦些,但为了妻子儿子着想还是要勉为其难。"于是吕泽连夜去见吕后,吕后找到机会在皇上面前哭诉,所说的话都是以上这四个人的意思。

皇上说:"我想这小子本来就派不上用场,还是当父王的自己去吧!"于是皇上亲自率军东进,群臣留守,都送到霸上。

张良有病在身,勉强挣扎起来,送到曲邮,拜见皇上说:"我本应该跟随,只是病得厉害。楚国人骁勇敏捷,希望皇上不要跟楚国人争夺一时的高低。"并趁机劝谏皇上说:"请任命太子为将军,监守关中的军队。"

皇上说:"子房虽然有病在身,请勉强卧床辅佐太子。"这时叔孙通做太傅,张良履行少傅的职责。

汉十二年,皇上打败黥布的叛军,从前线归来,病得更加厉害,越发想改立太子。留侯屡次劝谏,皇上仍是不听,留侯就称病不再理事。太傅叔孙通讲述古今事例劝说皇上,又以死力保太子。皇上假装答应他,但还是想改立太子。

等到宴会时,设置酒席,太子在旁边侍奉皇上。有四个人紧紧跟从太子,年纪都有八十多岁,胡须和眉毛雪白,衣冠服饰十分奇特。皇上觉得很奇怪。问道:"你们是什么人?"

四个人上前回答,并各自说出自己的姓名,分别叫做东园公、角里先生、绮里季、夏黄公。

皇上于是大惊,说:"我寻求了诸位好几年,诸位总是逃避我,如今诸位为什么会自动来跟我儿子交游呢?"

四个人都说:"陛下轻视有学问的人,喜欢谩骂臣下,我们信守道义不愿受辱,所以害怕得逃亡隐藏起来。我们私下听说太子为人仁厚孝顺,态度恭敬,喜爱有学问之人,天下人没有不愿为太子效死的,所以我们就都来了。"

皇上说:"那就劳烦诸位始终如一地调教和保护太子吧。"

四个人向皇上祝福完毕,就快步离开了。皇上目送他们离去,召来戚夫人指着四个人说:"我本想换太子,可是有那四个人辅佐他,太子的羽翼已经丰满,难以更换了。以后吕后真是你的主人了。"

戚夫人哭泣,皇上说:"现在你为我跳段楚国舞,我将为你唱楚歌。"歌词唱道:

鸿鹄高飞,展翅千里。羽翼已成,横跨四海。横跨四海,能奈他何!虽有短箭,还有何用!

连唱了好几遍,戚夫人叹息流泪,皇上起身离去,酒宴作罢。最终没有改立太子,这就是留侯召来这四个人发挥了作用。

陈丞相世家第二十六

陈平家世

陈丞相陈平,是河南阳武县户牖乡人。小时候家境贫困,却很喜欢读书,和哥哥陈伯生活在一起。陈伯总是自己下田耕种,纵任陈平无牵挂地去跟随老师读书。

陈平的长相很魁伟,是个美男子。有人批评陈平说:"他家里穷,不知吃什么东西而长得这样胖?"他的嫂嫂因为嫉恨陈平只管读书,不照顾家事生产,就告诉别人说:"他也是吃糠核而已。不过有这样一位只吃不做事的小叔,倒不如没有的好。"陈伯听她说了这种话,就把妻子赶走而离弃她。

到了陈平长大,可以娶妻的时候,有钱人都不肯把女儿嫁给他,穷人陈平也耻于和她们结婚。过了一段时间,户牖乡有一个富人张负,他的孙女嫁过五次,而每次丈夫都死了,没有人再敢娶她,而陈平却想娶她。在一次地方上有丧事时,陈平因家贫而到丧家帮忙,他的帮忙方式是最先到却最后离开。张负在丧家见到了陈平,特别用奇异的眼光看他,陈平也因此借故最后离开。张负尾随陈平到他家,原来他家是在靠城的一条穷巷里,用破席当门,可是门前有很多显贵尊长的车轨痕迹。

张负回家后对他的儿子张仲说:"我想把孙女嫁给陈平。"

张仲答说:"陈平家贫而不从事生计,整个县里的人都笑他这种行为,却为什么要把您的孙女嫁给他呢?"

张负说:"哪里有一个像陈平这样有才貌的人而永远贫贱的呢?"终于把孙女嫁给陈平。

因为陈平家贫,又借钱给他来送聘,也给他购办酒肉的费用来娶妻子。张负训诫他的孙女儿说:"你不要因为他家里穷,而待人不恭谨。侍奉长兄陈伯要像侍奉父亲一样,侍奉嫂嫂要像侍奉母亲一样。"陈平娶了张家的孙女,资用更加的富饶,交游的范围也日广。

在户牖乡里中的社庙,陈平当了社宰,每次分配肉食非常恰当公平。地方上的父老都说:"好极了!陈孺子当社宰真不错。"陈平感慨地说:"唉!假使我陈平能有机会来治理天下,也能像宰割分配这些肉食一样的恰当称职!"

陈平归汉

陈涉起义而称王于河南陈州,命周市攻取了魏地,并立魏咎当魏王,而在河南的临济和秦军会战。这时陈平早已辞别他的兄长陈伯,跟随一些年轻人前往临济投奔魏王咎,魏王任命他当太仆的官。他以天下大计劝说魏王,魏王没有接受,而且有人向魏王进谗言,于是陈平偷偷地离开了魏王。

过了一段时间,项羽攻城略地到了河上郡,陈平前往归服他,并且追随项羽入关灭秦,而获赏赐卿爵。后来项羽自封为西楚霸王,而定都于彭城,刘邦则从汉中回师平定关中,然后再向东方进军。这时殷王司马卬反叛楚国,于是项羽封陈平为信武君,率领魏王咎在楚地的幕客前往讨伐,打败降服了殷王而凯旋回来。项王派项悍拜授陈平都尉的官,并且赏赐黄金二十镒。

过了不久,汉王刘邦攻下了殷地,楚王项羽为之大怒,将诛伐前次平定殷地的将吏。陈平惧怕被诛伐,于是将项羽所赐的黄金和官印封好,派人送还给项羽,而自己则仗持一把剑走小路逃亡。

渡过黄河时,船夫看他是一个独行的魁伟美男子,怀疑他是一个逃亡的将军,在腰带中一定藏有金玉宝物,眼睛总是瞪着他,想谋杀陈平。陈平为此而惊恐,于是脱下衣服裸体帮船夫撑船,船夫知道他身上并无宝物,才没有杀害他。

陈平终于逃至河南修武归顺刘邦,并借着魏无知的关系而请求进见刘邦,刘邦于是召见他。这时万石君石奋当刘邦宫中"涓人"的官,接受了陈平的进谒,让陈平进入见刘邦。

陈平等七人一起进见了刘邦,刘邦赏赐了他们的酒食。刘邦说:"吃过后,就到宾馆去休息吧!"

陈平说:"我是专为一件事而来的,要说的话很紧急,不能超过今天。"

刘邦跟他交谈而且感到很愉快,问他说:"你在楚国当何官?"

陈平答说:"当都尉的官。"当天刘邦就拜陈平为都尉,又命他当陪乘官,并使他监护军队。

但诸将为之哗然,都说:"大王刚刚得到楚国逃亡的一个军士,不了解他才能的高下,就命他为陪乘官而同坐车中,反而让他来监护军中那些资历深的将军。"

刘邦听他们这么说,却更加地宠幸陈平。于是和陈平一起向东攻伐项王。到了彭城,被楚军所击败。于是引兵回师,收编散兵来到河南的荥阳。任命陈平为亚将,隶属于韩王信,驻军于河南广武。

这时绛侯周勃和灌婴等都向刘邦谗害陈平,他们说:"陈平虽是一位魁伟的美男子,但却像帽上的玉石,只是装饰品罢了,其实内在不一定有真正的才能。我们听说陈平在家时,偷了他的嫂子,后来投奔魏国不见容,而逃亡归属楚国,后来不合意,又从楚国逃亡来归顺汉王。现在大大尊崇他,给他高官,又使他监护军队。听说陈平接受诸将的黄金,送黄金多的人就得到好的职位,送黄金少的人就得到坏的职位。这样看来,陈平实在是一位反复无常的乱臣,请求大王详察。"

刘邦听了也怀疑陈平,于是召见魏无知责问他。魏无知说:"我所介绍的是他的才能,而陛下您所问的却是他的品行。假使一个人具有尾生和孝己那样的孝行,但对作战胜负的谋略毫无助益,那么陛下何必任用他呢?现在楚汉相抗争,我推荐有奇谋的谋士,只看他所提出的谋略是否足以帮助国家大计而已,至于偷嫂子接受黄金的事,又如何值得去怀疑他呢?"

刘邦又召见陈平责问他说:"你侍奉魏王不合意,于是侍奉楚王,后又离去,现在又来和我共事,这些事难道不会使要相信你的人多心吗?"

陈平答说:"我侍奉魏王,魏王不能采用我的建议,所以离开他去侍奉项王。项王不信任别人,他所任用宠爱的,不是他们项家的人,就是他妻子的兄弟,虽有奇谋之士也不能用,于是离开楚王。我是裸体逃亡出来的,不接受黄金,没有金钱可用。假使我的计划真有可采纳的,请求大王任用我,如果没有值得采用的,诸将送的黄金还在,我愿意封好把它送官,而请求大王准许我归葬故乡。"

刘邦听了陈平的解释,于是向陈平谢罪,并且隆重地赏赐他,拜官为中尉,监护所有的将军。诸将于是不敢再说话了。

反间范增

楚军急迫攻汉,断绝了汉军输送粮食的通道,在荥阳城围困住刘邦,刘邦为此而忧虑,愿意割让荥阳以西的土地求和,可是项王不接受。

刘邦对陈平说:"天下纷乱,何时才能平定呢?"

陈平答说:"项王为人,恭敬有礼而仁爱,一些廉洁有节操而且谦恭好礼的才士,大多归顺他。至于论功赏赐爵位或封地,却看得太重,有点舍不得,天下的才士也因此而不愿归附他。现在大王傲慢而少礼节,以致廉洁有节操的才士不来归顺;不过大王能慷慨地把爵位封邑赏赐人,使得一些贪利无耻、品行不正、没有气节的人也多归顺汉王。假使能各自除去其缺点,承受两者的优点,就可以指挥平定天下了。然而大王恣意侮辱人,也不能得到廉洁有节操的人士。不过楚国也有可以扰乱它的地方,项王正直的臣子像亚父、钟离昧、龙且、周殷这种人,不过数人而已。大王假如能拿出数万斤黄金,进行反间之计,来离间他们君臣,使他们彼此起疑心;项王为人善猜忌而且相信谗言,这样一定造成他们内部自相残杀。然后汉军借机起兵进攻,如此必定能够消灭楚国。"

刘邦认为陈平讲得有道理,于是拿出黄金四万斤给陈平,随便他去运用处理,陈平拿着大量的黄金,在楚军积极地进行反间之计,散布流言说钟离昧等诸将为项王带兵,功劳很多,可是终不能分封土地为王,所以想要和汉军结为一体,来消灭项家,分割其地而称王;项羽果然猜疑不信任钟离昧诸人。项王既然猜疑他们,便派遣使者到汉军以探虚实。

刘邦准备了太牢的馔具,听说楚使到便命送进来,等到见了楚国的使者,却佯装很惊奇地说:"我还以为是亚父的使者,原来是项王的使者。"于是命人把太牢的馔具拿开,另以粗劣的馔具给楚王的使者进用。

楚王的使者回去,把整个情形向项王报告,项王果然非常猜疑亚父。亚父想加紧攻下荥阳城,项王不相信,不肯听从。

亚父听说项王怀疑他,于是生气地对项王说:"天下的事大致上已经定了,君王好自为之吧!希望准许我带着这把骨头回去。"亚父离开项王回去,还未走到彭城时,背部的疮毒发作而死。

陈平于是在夜晚,从荥阳城东门放出两千个女人,楚军以为汉军出战而攻击之,陈平却和刘邦从西城连夜离开。终于进入关中,收编散兵后再向东进军。

计擒韩信

汉高帝六年,有人上书告楚王韩信要造反。高帝问诸将的意见,诸将都说:"赶紧发兵活埋这个差劲的小子吧!"

高帝听了默默不说话,就问陈平,陈平一再地谦辞说:"诸将怎么说呢?"

高帝把群情都告诉他。陈平说:"那人上书告韩信造反,有没有人知道这事?"

高帝说:"没有。"

陈平又问:"韩信自己知道吗?"

高帝说:"不知道。"

陈平又说:"高帝的精兵和楚国比起来如何?"

高帝说:"不能超过。"

陈平又说:"陛下的将领带兵作战有能超过韩信的吗?"

高帝说:"不及他。"

陈平又说:"现在陛下的兵士不如楚国精锐,而且将领用兵不及韩信,如果发兵攻伐他,这是逼他作战,我私下为陛下而感到危险不安。"

高帝说:"那这事怎么办?"

陈平说:"古时天子有巡行天下,会合诸侯的事。南方有云梦泽,陛下只装作出游云梦泽,而在陈州会合诸侯。陈州在楚地的西界,韩信听到天子因为愉快而出游,其趋向一定无事而出郊欢迎,并进谒陛下。当他进谒时,陛下即可借机拘捕他,这只是一个力士的事情罢了。"

高帝认为有道理,于是派遣使者通告诸侯在陈州会合,宣称"我(指高帝)将南游云梦泽"。

高帝于是随后出发。还未到陈州时,楚王韩信果然郊迎于道中。高帝事先安排了武士,看见韩信来,马上把他拘捕捆绑,载在后面的车中,韩信大叫说:"天下已经平定,我就应该烹诛吗?"

高帝回过头去对韩信说:"你不要作声,你想造反很明显了!"

武士又把韩信的两手反缚。终于在楚地会合诸侯,也平定了楚地。高帝回到洛阳时,赦免韩信的罪,改封为淮阴侯,而和功臣分剖符节,确定各人的封赏。

陈平让相位

　　汉孝文帝即位,认为太尉周勃亲自率兵诛杀吕氏,功劳最高。陈平想把宰相之位让给周勃,于是托病引退。

　　汉文帝初即位,对陈平称病感到奇怪,就问他原因。陈平说:"在高祖时,周勃的功劳不如我,到了诛杀诸吕,我的功劳也不如周勃,愿把右丞相让给周勃。"

　　于是孝文帝就命绛侯周勃为右丞相,权位之尊列于第一;陈平则迁调为左丞相,权位列于第二。并赐陈平黄金千斤,加封食邑三千户。

　　过不多久,孝文帝已经更加了解熟习国家的事务。朝会时问右丞相周勃说:"天下一年判决的讼案有多少件?"

　　周勃谢罪说:"不知。"

　　又问:"天下一年金钱和谷物的收支各有多少?"

　　周勃又谢罪说不知道,紧张得汗流浃背,惭愧不知所答。

　　于是孝文帝也问左丞相陈平,陈平答说:"这些事都有主管的官吏。"

　　孝文帝问:"主管的官吏是谁?"

　　陈平说:"陛下如问决狱的事,就责问廷尉;如问钱谷的事,就责问治粟内史。"

　　孝文帝又问:"假如各事各有主管的官吏,那您所主管的是何事?"

　　陈平谢罪说:"主管官吏!陛下不知我资质驽钝低下,使能任职为宰相。宰相对上辅佐天子,顺理阴阳四时,对下妥善地化育万物,对外则镇服安抚天下的夷狄和诸侯,对内则使百姓归附,使卿士大夫各能胜任其职责。"孝文帝听了才赞好。

　　右丞相周勃感到很惭愧,散朝后责问陈平说:"您为何不早教我回答?"

　　陈平笑说:"您当这个职位,不知您的职责吗?况且皇上如果问长安中盗贼的数目,您也想勉强回答吗?"

　　于是周勃知道自己的才能差陈平太远了。过不多久,周勃托病请求免去丞相的职位,陈平就专任唯一的丞相。

　　孝文帝二年,丞相陈平去世,赐谥号为献侯。陈平的儿子共侯陈买承袭侯爵。过了两年共侯去世,他的儿子简侯陈恢承袭侯爵。过了二十三年简侯去世,他的儿子陈何承袭侯爵。过了二十三年陈何因夺取他人的妻子,坐法被处斩,侯爵废除。

　　当初,陈平曾说:"我多用阴谋,为道家所禁忌。在我活的时候即使被废,也就算了。如果我的后代终至不能再被起用,也是因为我多用阴谋而造成的后果。"不过后来他的曾孙陈掌,因为借着卫家是皇上亲近显贵的外戚,希望能再封爵陈家,可是始终没有成功。

　　太史公说:陈丞相年少时,原来喜好黄老道家的学说。当他任里中社宰,在俎上割肉的时候,他的心量怀抱就已经很远大了。后来在楚魏之间处于危难扰攘之中,但终于归服汉高帝。常提出奇特的计谋,解救纷乱的难题,也拯救国家的忧患。到了吕太后时,国事多故,然而陈平竟能够使自己脱身于其中。并能安定宗庙,以荣名终其一身,被称为贤相,岂不是一个能善始善终的人,假使不是善用智谋谁能做到这样呢?

绛侯周勃世家第二十七

绛侯周勃

绛侯周勃,是沛县人。他的祖先是卷县人,后迁移到沛县。周勃靠编织蚕箔为生,并经常为办丧事的人家吹箫奏乐。他勇猛有力,能拉强弓。

高祖做沛公刚刚起事的时候,周勃以中涓的身份跟随他攻打胡陵,收降了方与。方与又反叛,沛军与叛军交战,打败了叛军。后攻打丰邑。曾在砀郡以东进攻秦军。后回师留县和萧县。再次进攻砀郡,攻破了它。

攻占下邑时周勃率先登城。刘邦赐给他五大夫的爵位。周勃攻打蒙、虞县,并占领了它们。攻打章邯的车骑部队,周勃负责殿后。平定魏地,周勃攻打爰戚、车缙,一直打到栗县,一路攻打顺利。

周勃进攻啮桑,率先登城,又在东阿城下攻打秦军,打败了秦军。他追击敌军,到达濮阳,又攻下甄城,攻打都关、定陶,袭取宛朐。俘虏了单父的县令。趁夜袭取临济,攻打张县,向前打到卷县,攻破了卷县。在雍丘城下攻打李由的军队并占领了雍丘,进攻开封,他最先打到城下,立功最多。

后来章邯击破楚军,杀了项梁,沛公和项羽率军向东到达砀郡。从最初起兵到返回砀郡,共一年零两个月。楚怀王封沛公为安武侯,担任砀郡的长官。沛公任命周勃为虎贲令,以虎贲令的身份跟随沛公平定魏地。

在城武攻打东郡尉的军队,打败了敌军。打败了王离的军队。攻打长社,率先登城。攻打颍阳、缑氏,截断黄河渡口。在尸北进攻赵贲的军队。向南攻打南阳郡守齮的部队,攻破武关、峣关。在蓝田打败秦军,灭了秦朝。

项羽到达关中以后,封沛公为汉王。汉王赐给周勃威武侯的爵位,跟随汉王进入汉中,被任命为将军。回师平定三秦,到达秦地,汉王又把怀德赐给他做食邑。进攻槐里、好畴时,也是他立功最大。

在咸阳进攻赵贲、内史保,又立了上等功。向北攻打漆县,进攻章平、姚卬的军队。向西平定汧县,回师攻下郿县、频阳。在废丘围攻章邯,打败西县县丞的军队。进攻盗巴的军队,打败了它。攻打上邽。东南镇守峣关,又转而攻打项羽。进攻曲逆,回师守卫敖仓,追击项羽。

项羽死后,进而挥师东进平定楚地的泗水、东海二郡,一共夺取二十二个县。

回师驻守洛阳、栎阳,高帝把钟离县赐给周勃和颍阴侯灌婴作为共同的食邑。以将军的身份跟随高帝攻打反叛的燕王臧荼,在易县城下打败叛军。并亲率所部士兵在驰道阻击斩杀叛军,立功最多,高帝赐给他列侯的爵位,剖符保证世世代代不断绝爵位。赐给他绛县八千一百八十户作为食邑,号称绛侯。

周勃跟随高帝在代地攻打反叛的韩王信,降服了霍人县。前进到达武泉,去攻打匈奴的骑兵,在武泉北面打败匈奴的骑兵。转而在铜鞮攻打韩王信的军队,也打败了敌军。挥师降服太原的六座城邑。在晋阳城下攻打韩王信和匈奴的骑兵,打败了它们,攻克晋阳。此后又在硰石攻打韩王信的军队,打败并追击败逃的敌军达八十里。回师攻打楼烦的三座城池,进而在平城下攻打匈奴的骑兵,又率所部士卒在大道上拦击敌军,立功最多。周勃遂升为太尉。

带兵讨伐陈豨的叛乱,血洗马邑城。所部士兵斩杀了陈豨的将军乘马絺。在楼烦攻打韩王信、陈豨、赵利的军队,都打败了他们。俘获陈豨部将宋最、雁门郡守圂。转而进攻云中,俘获郡守遬、丞相箕肆、将军勋。平定雁门郡的十七个县,云中郡的十二个县。因而在灵丘再次攻打陈豨,打败了叛军,斩杀了陈豨,俘获陈豨的丞相程纵、将军陈武、都尉高肆,平定代郡的九个县。

燕王卢绾反叛,周勃后以相国的身份代替樊哙统率军队,攻下蓟县,俘获卢绾的大将抵、丞相偃、郡守陉、太尉弱、御史大夫施,血洗浑都城。在上关打败卢绾的一支队伍,又在沮阳打败卢绾的另一支军队。追击到长城,平定上谷郡的十二个县,右北平郡的十六个县,辽西、辽东西郡的二十九个县,渔阳郡的二十二个县。总计跟随高帝俘获相国一人,丞相二人,将军、二千石的官员各三人;单独打败两支敌军,攻下三座城邑,平定五个郡,七十九个县,俘虏丞相、大将各一人。

周勃为人质朴刚强,敦厚老实,高祖认为可以将大事托付于他。但周勃不喜欢学文,每次召见儒生和说客,就面向东坐而要求他们:"快给我说。"他的质朴豪放到了这种地步。

周勃平定燕王叛乱,班师回朝后,高帝已经驾崩了,他以列侯的身份侍奉孝惠帝。孝惠帝六年,设置太尉的官职,任命周勃为太尉。十年以后,高后去世。吕禄以赵王的身份担任汉朝的上将军,吕产以吕王的身份担任汉朝的相国,把持汉朝政权,想危害刘氏宗室。周勃身为太尉,却不准许进军营的大门。陈平身为丞相,却不能处理政务。于是周勃和陈平谋划,终于诛灭吕氏家族,而拥立孝文皇帝。

文帝继位后,任命周勃为右丞相,赐给他黄金五千斤,食邑一万户。过了一个多月,有人劝周勃说:"你已经诛灭了吕氏家族,拥立代王为皇帝,功劳和威名震动天下,你受到丰厚的赏赐,处于尊贵的地位,深得皇帝的宠信,但时间久了就会祸及自身的。"

周勃害怕,自己也感到危险,于是请求辞职,归还相印。文帝答应了他。过了一年多,丞相陈平去世,文帝又重新任命周勃为丞相。

这样过了十多个月,文帝说:"前几天我诏令列侯前往他们自己的封国,有的人还没有走,丞相是我所倚重的人,应该做出表率,前往封国。"于是免除丞相职务,前往封国。

一年多以后,每逢河东郡守、郡尉巡视各县到达绛县时,绛侯周勃都害怕自己被杀,经常身披铠甲,家人手持武器跟他们相见。此后有人上书指控周勃想要集结谋反,文帝把此案下达廷尉处理。廷尉又把此事交给狱吏负责办理,逮捕周勃加以审讯。

周勃很害怕,不知怎么解释。狱吏渐渐对他欺凌侮辱。周勃用千金贿赂狱吏,狱吏就在文案背面写字提示他,说"请让公主为你作证"。所提公主就是孝文帝的女儿,周勃的嗣子周胜之娶了公主,所以狱吏教他请公主出面作证。

周勃平时把得到的加封和赏赐,都送给了公主薄昭。等到案情紧急时,薄昭就替他向薄太后说情,太后也认为周勃不会有造反的罪行。

文帝朝见太后，太后用头巾掷向文帝，说："绛侯当年身上带着皇帝的印玺，在北军统率军队，那时他不谋反，现在住在小小的绛县，反倒要造反吗？"

文帝已经看到了绛侯在狱中的供词，就向太后谢罪说："狱吏刚刚查明，就要释放他了。"

于是派使节持着皇帝的符节释放了绛侯，恢复了他的爵位和封邑。

绛侯出狱后，说："我曾经统率过百万大军，但是怎么会知道贿赂狱吏的重要呢？"

绛侯重新回到封国，于孝文帝十一年去世，谥号为武侯。儿子胜之继承侯位。六年以后，他和所娶的公主感情不和，又犯了杀人的罪过，所以被取消了封国。封号被断绝了一年，文帝又从绛侯周勃的儿子中挑选了贤能的河内郡守周亚夫，封他为条侯，接续绛侯的爵位和封地。

周亚夫用兵

孝文帝临终的时候，告诫太子说："如果发生紧急事变，周亚夫（周勃之子）是真正可以担当领兵重任的人。"文帝驾崩，景帝任命周亚夫为车骑将军。

孝景帝三年，吴、楚等七国发动叛乱。周亚夫以中尉的身份代行太尉职责，率兵东进去讨伐吴、楚叛军，亲自向皇上请示说："楚军骁勇轻捷，不能跟它正面交锋，希望暂时放弃梁地，先去断绝他们的粮道，这样才能将他们制服。"景帝同意了他的意见。

太尉周亚夫已经在荥阳会集了大军，整装待发，吴军正在攻打梁国，梁国危急，请求救援。太尉率军向东北到达昌邑后，每日深沟高垒坚守不出。

梁国每天派使者向太尉请求救援，太尉根据战争的实际情况坚守阵地，不肯前去救援。

梁王上奏景帝，景帝派使臣诏令太尉救援梁国。太尉不执行诏令，仍然坚守不出，只派弓高侯等人率领轻骑兵断绝了吴、楚叛军的后方粮道。

吴国缺乏粮食，饥饿，多次想尽快作战，不断有人挑战，太尉最终没有出战。夜里，军中惊乱，汉军内部互相攻击扰乱，一直打到太尉的营帐前面，太尉始终安卧，不起。不一会儿，就复归安定了。后来吴军突袭汉营的东南角，太尉却让人防备西北角。不久吴国的一支精兵果然奔袭汉营的西北角，却没能攻进去。吴军饥饿已极不能久战，于是撤兵离去。太尉派出精锐部队追击，大败吴军。吴王刘濞放弃军队，只带领几千名强壮的士兵逃走，退守江南的丹徒。汉军又乘胜追击，于是全部俘获敌军，并收降了他们，用千金悬赏捉拿吴王。过了一个多月，有越地人斩了吴王的首级前来报告。一共攻守作战三个月，打败和平定了吴、楚军队的叛乱。于是将领们刚刚认识到太尉的计谋是正确的。但从此梁孝王和太尉之间有了嫌隙。

周亚夫班师回朝，朝廷重新设置太尉的官职。过了五年，周亚夫升任丞相，景帝对他非常倚重。景帝废黜栗太子，丞相周亚夫极力谏止，没能阻住。景帝从此疏远了周亚夫。而梁孝王每次朝见，经常向太后讲周亚夫的坏话。

窦太后说："皇后的哥哥王信可以封侯。"

景帝推辞说："当初南皮侯窦彭祖、章武侯窦广国,先帝都没有封他们为侯,等到我即位后才封他们为侯,王信现在还不能封侯。"

窦太后说："做皇帝的都各自按当时的具体情况行事。我哥哥窦长君在世时,最终没能封侯,死后才封他的儿子窦彭祖为侯。为此事我很不高兴。皇帝赶快封王信为侯。"

景帝说,"请让我跟丞相商议一下。"

景帝和丞相商议,周亚夫说："高祖皇帝约定'不是刘氏宗亲不得封王,没有功劳的人不为侯。如果有人不遵守誓约,天下共同讨伐他'。如今王信虽然是皇后的哥哥,但没有立下过尺寸之功,如果封他为侯,天下不服,也不符合誓约。"

景帝沉默不语,只好作罢。

此后匈奴王唯徐卢等人归降,景帝想封他们为侯以劝后人效法归顺汉朝。丞相周亚夫说："他们背叛自己的主子投降陛下,陛下封他们为侯,这怎么去责罚那些不守气节的大臣呢?"

景帝说,"丞相的意见不能用。"坚持把唯徐卢等人都封为侯。周亚夫因此称病请求退休。景帝中元三年,周亚夫因病被免除丞相职务。

梁孝王世家第二十八

梁孝王受宠

梁孝王刘武,是孝文皇帝的二儿子,与孝景帝是同母兄弟。他的母亲,就是窦太后。

孝文帝共有四个儿子:长子是太子,就是孝景帝;次子刘武;三子刘参;四子刘胜。

孝文帝即位二年,封刘武为代王,封刘参为太原王,封刘胜为梁王。

过了两年,改封代王为淮阳王。把代地全部赐给太原王,号称代王。刘参在位十七年,于孝文帝后元二世去世,谥号为孝王。儿子登继位,这就是代共王。代共王在位共二十九年,于元光二年去世。儿子义继位,这就是代王。代王即位十九年,汉朝扩大关塞,以常山为界,改封代王为清河王。代王被改土为清河王是在元鼎三年。刘武做淮阳王以后第十年,梁王刘胜去世了,谥号为梁怀王。怀王是文帝最小的儿子,比别的儿子都要受宠爱。第二年,改封淮阳王刘武为梁王。刘武被初封为梁王,是在孝文帝十二年。梁王从最初被封王到改封为梁王,前后经历了十一年之久。

梁王十四年,进长安朝见皇帝。十七年,十八年,连续两年进京朝见并留在长安,第二年回到封国。到二十一年,又进京朝见。二十二年,孝文帝驾崩。二十四年,进京朝见景帝。二十五年,再次进京朝见。这时景帝还没有立皇太子。景帝和梁王宴饮,曾不经意地戏称:"我死后将把帝位传给你。"梁王推辞称谢。虽然知道景帝说的不是真心话,但心里还是很高兴。窦太后也很高兴。

这年春天,吴、楚、齐、赵等七国发动叛乱。吴、楚叛军率先攻打梁国的棘壁,杀死了几万人。梁孝王在睢阳亲率据城坚守,派韩安国、张羽等人为大将军,用以抵抗吴、楚叛军。吴、楚叛军被阻在梁国,不敢越过梁国向西进军,和太尉周亚夫等人的军队对峙了三个月。吴、楚叛军被打败后,梁军所斩杀的叛军数目和汉军大致相同。第二年,汉朝设立太子。此后梁国与汉朝最亲近,因平叛立有大功,又是大国,所以占据着天下肥沃富饶的土地。地界北到泰山,西到高阳,共有四十多座城,而且都是大县。

梁孝王,是窦太后的小儿子,倍受宠爱,赏赐给他的财物不可胜数。梁孝王修筑东苑,方圆三百多里。扩建睢阳城,达到七十里。大举修建宫室,营造阁道,从宫殿一直连接到平台,长达三十多里。被赐予天子的旌旗,外出时有千车万骑相随。在东、西各地驰骋围猎,盛况不亚于天子。外出时要清道,回宫时要警戒。招揽和延请四面八方的豪杰,山南海北的游说之士,无不前来,如齐人羊胜、公孙诡、邹阳等。公孙诡擅长谋异术,初次拜见梁王,梁王就赐给他一千斤黄金,官职做到中尉,梁国人称他为公孙将军。梁国大量制造兵器,弓弩、戈矛达几十万件,而且府库的金钱将近一百万万,珠宝玉器比京师还多。

梁孝王虽受窦太后宠爱,但汉景帝对他的信任却不然。窦太后多次请大臣规劝景帝立梁孝王为继承人,都未予采纳。梁孝王几次上书请求朝见,也被拒绝。

三十五年冬天,再次进京朝见。又上疏想留在京师,景帝未能准许。回到封国后神情恍忽闷闷不乐。一日到北面的良山打猎,有人献了一头怪牛,脚长在背上,梁孝王很厌恶,认为征兆不吉。六月中旬,得了热病,六天后去世,谥号为孝王。

君无戏言

从前,周成王和小弟弟站在树下玩耍,拿了一片桐叶递给他,说:"我把这个封你。"

周公听说后,进见说:"天子分封弟弟,非常好。"成王说:"我只不过是跟他开玩笑罢了。"

周公说:"君主没有做不到的行为,不应该说玩笑话,而且说出来的话就一定要兑现。"于是把应地封给小弟。

从此以后成王至死不敢再说戏言,说了就一定做到。

《孝经》说:"不合法度的话不说,不合道义的事不做。"这是圣人的训诫。

皇上不应该用好听的话去向梁孝王许愿。梁孝王上有太后的重视,专横傲慢已经很长时间了,多次听到景帝许愿,死后传位给他,更加肆无忌惮,但实际上又不兑现。

诸侯王朝见天子,依照汉法规定总共应该朝见四次。刚到时,入朝小见;到正月初一早晨,捧着皮垫玉璧向天子祝贺正月,依照规定礼法朝见;三天后,天子为诸侯王设置酒宴,赐给他金钱财物时为第三次朝见;过了两天,再次入朝小见,辞别离去。总计留在长安不得超过二十天。

小见,就是天子闲暇时在宫门内召见。在宫禁里面饮酒,更不是一般人随便能够进去的。如今梁孝王向西去朝见天子,趁机留在宫中,将近半年。进宫和天子同乘一辆辇车,出宫和天子同坐一辆马车。用大话来许诺他,实际上并不兑现,使他以后口出怨言,图谋叛逆,却还跟着为他分忧,不也太违背常理了吗!不是大贤大德的人,不知道谦逊退让。

按照汉朝的礼法,朝见天子祝贺正月,通常是一王和四侯同时朝见,每隔十多年才来一次。如今梁孝王经常连年进京朝见,并随意逗留很长时间。

俗话说"骄横的儿子不孝顺",这话说得很有道理。所以应为诸侯王设置贤良的师傅,任命忠诚敢言的人做丞相,像汲黯、韩长孺等人那样,敢于直言极谏,这样怎么会有祸患产生呢?

听说梁孝王向西进京朝见,进见窦太后,闲暇会见时常和景帝一起侍坐在太后面前,高兴地谈论家庭私事。太后对景帝说:"我听说殷朝的制度重视兄弟,周朝的制度尊崇祖先,这些道理都是一样的。我死后,就把梁孝王托付给你。"

景帝跪在坐席上直起身子说:"遵命。"

酒宴结束后出来,景帝召来袁盎等精通学术的大臣们说:"太后这样说,是什么意思呢?"

大臣们都回答说:"太后的意思是要立梁孝王为皇太子。"

景帝追问其中的缘由,袁盎等人说:"殷朝的制度是重视兄弟,立弟弟为继承人;周朝的制度是崇尚祖先,立儿子为继承人。殷朝的制度崇尚质朴,质朴就是效法上天,亲近他们的亲人,所以立弟弟。周朝的制度崇尚文饰,文饰就是效法大地,尊的意思就是敬,敬重他们的本源,所以立长子。周朝的制度,太子死后,立嫡长孙。殷朝的制度,太子死后,立他的弟弟。"

景帝说:"你们怎么看待此事?"

大家回答说:"如今汉朝效法周朝的制度,周朝的制度不得立弟弟,应当立儿子。所以《春秋》据此指责宋宣公。因为当时宋宣公死后,不立儿子而立他的弟弟,弟弟继位为国君,死后又把君位归还给哥哥的儿子。弟弟的儿子争夺君位,认为自己应该继承父亲的君位,就刺杀了宣公的儿子。因此国家大乱,灾祸不断。所以《春秋》说:'君子崇尚并遵循常道,宋国的祸乱是宣公造成的。'我们请求进见太后向她说明这个道理。"

三王世家第三十

五色土

听说孝武帝的时候,同一天把三个儿子都封为王:一个儿子封为齐王,一个儿子封为广陵王,一个儿子封为燕王。分别根据各位儿子的才能智力,以及土地的贫瘠和肥沃,人民的轻浮和稳定,为他们写了策文以资训诫。

孝武帝对他们说:"世世代代做汉朝的藩臣辅佐,保卫国家,治理百姓,能不恭敬谨慎吗!你们必须时刻警惕。"

贤明君主所写的策文,本来就不是见识肤浅、心胸狭窄的人所能理解的,不是博文强记的君子就不可能理解它的深邃含义。

至于策文的次序分段,文字的推敲斟酌,书简的参差长短,都有一定的含义,人们都不一定能全理解。谨论述有关的真草诏书,编排在下边,让读者自己研究它的意思而加以解说。

王夫人,是赵国人,和卫夫人一起都受到武帝的宠幸,生下儿子闳。

闳将要被封为王时,他的母亲正巧生病,武帝亲自前去慰问她,说:"儿子应当封王,你说把他封在哪里?"

王夫人说:"有陛下在,我又有什么可说的。"

武帝说:"虽然如此,照你的意向,想把他封在什么地方做王?"

王夫人说:"希望把他封在洛阳。"

武帝说:"洛阳有兵器库和粮仓,是天下的重要地带,汉朝的大都会。自从先帝以来,没有皇子封在洛阳做王的。除去洛阳,其它地方都可以。"王夫人没有说话。

武帝说:"关东地区的封国只有齐国最大。齐国东边靠海,而且城市规模大,古时候只有临淄城拥有十万户人家,天下肥沃的土地再没有比齐国更多的了,把他封做齐王吧。"

王夫人以手加额,感谢说:"太好了。"

不久王夫人死后,武帝非常哀痛,派使臣拜祭她说:"皇帝谨派使臣太中大夫明捧玉璧一块,赐夫人为齐王太后。"

闳就被封为齐王,年纪幼小,没有儿子,立为齐王后,不幸早死,封国灭绝,改设为郡。天下都说齐地不宜封王。

所谓"受此土"的意思,就是诸侯开始受封的时候,必定要在天子的泰社里接圣土,捧着前往自己的封国,建立自己的国社来供奉圣土,每年按时举行祭祀活动。

《春秋大传》说:"天子的国家在泰社。东方为青色,南方为赤色,西方为白色,北方为黑色,中央为黄色。"所以将要封在东方的人接受青土,封在南方的人接受赤土,封在西方的人接受白土,封在北方的人接受黑土,用白茅包裹起来,封好色土并建立自己的国社。这就是最初受封于天子的诸侯王。这种色土就叫做主土。

诸侯要建立社坛加以供奉祭祀主土,即"朕承祖考"的意思,祖是指祖先,考是指父亲。"维稽古"的意思,维就是揣度、考虑,稽就是应当,就是思考事情应当遵循古制的意思。

民风教化

齐地的民风狡诈多变且凶悍粗犷,不易接受礼仪教化,所以武帝告诫齐王说"恭敬地接受我的诏令,牢牢记住天命不是固定不变的。人能喜好美德,就能彰显光明。如果不施行道义,就会使君子离心离德。尽你的心力,保持中正的态度,做到不偏不倚,这样才能永保上天赐给的福禄。如果犯有罪过和不善的行为,就会危害你的国家,伤害你的身体。"

齐王去了封国后,左右辅臣用礼义来维持统治,民风渐治。不幸中途过早去世。但能够保全自身没有较大过失,是符合策文里对他的要求的。

书传上说"青色是靛蓝中提取出来的,但它的色质比靛蓝更青",这是教化使它这样的。

贤明的君主是有远见的,只有他了解儿子的不同性格及各国特点,看得如此透彻:告诫齐王对内要谨慎;告诫燕王不可挑起国内怨仇,不可败坏道德;告诫广陵王对外要谨慎,不可作威作福。

广陵在吴、越地区,当地百姓精明而轻浮,所以武帝告诫广陵王说:"江湖之间,民风轻浮争躁。扬州是保卫中原的边陲,三代的时候,迫使他们接受中原的风俗和服饰是不易的,政教不大能够到达,只能根据天意去驾驭他们。不要像小儿一样狂大无知,不要放荡淫佚,不要使用小人,一切都要依法办事。不要热衷于放逸作乐、驰骋射猎,不要荒淫无度,不要亲近佞妄小人。时常想着并遵导朝廷的法度,就不会自招羞辱。"

三江、五湖地区有鱼盐的收益、铜山的财富,是天下人羡慕向往的地方。所以武帝告诫广陵王说"臣不作福",意思是讲不要滥用钱财赏赐过度,不要以此树立威望,使四方百姓归附。又告诫说"臣不作威",意思是不要因为当地民风轻浮而背弃礼义,随波逐流,要善于教化。

孝武帝驾崩后,孝昭帝刚刚继位,首先让广陵王胥进京朝见,并赏赐给他很多金钱财物,价值达三千多万,并增加封地一百里,食邑一万户。

昭帝驾崩后,宣帝即位,因为骨肉至亲的关系而广施仁义恩德,在本始之年中,割出汉朝的一部分土地,把广陵王胥的四个儿子全都封为侯或王:一个儿子为朝阳侯;一个儿子为平曲侯;一个儿子为南利侯;小儿子弘最受宠爱,被封为高密王。

此后,胥果然忘掉先帝的训诫作威作福,又派使者和楚王进行勾结。楚王扬言说:"我的祖先元王,是高帝的小弟弟,封地拥有三十二座城邑。现在的封邑却越来越少,我将要跟广陵王一起发兵,拥立广陵王为皇帝,重新收复楚国的三十二座城邑仍归于我,像楚元王时期那样。"

事情败露后,公卿大臣和有关官员请求诛伐。天子因为骨肉至亲的缘故,不忍心将胥法办,于是下诏不要处治广陵王,只诛杀罪魁祸首的楚王。《书传》说"蓬草生长在麻中,不必扶持而中直;白沙处在污泥中,和污泥一样都变成黑色",意思是水土教化使它们这样的。此后胥又祈祷诅咒图谋作乱,事情败露后自杀,封国被取消。

兰根和白芷

燕国土地贫瘠,北边靠近匈奴,那里的百姓很勇敢却头脑简单迟钝,所以武帝告诫燕王说:"匈奴人没有孝行,心肠像禽兽一样,常盗窃侵犯边地的百姓。我诏令将军前去讨伐他们的罪行,匈奴的万夫长、千夫长等三十二位君长都会来归降,他们将旌旗倒下,军队溃逃。匈奴迁徙到荒漠以北,北方的州郡因此安宁无事。"

"悉若心,无作怨",意思是不要随当地的风俗而挑起怨仇。

"无俾德",是告诫燕王不要做败坏道德的事情。

"无废备",是告诫燕王不要荒废战备,要时刻警惕匈奴的入侵。

"非教士不得从征",意思是说不得教化的人不要召到身边使用。

那时正逢武帝年事已高,太子不幸去世,还没有重新确立太子,而燕王旦却派使者前来上书,请求到长安来住在皇宫。武帝看到上书,甩在地上,大怒道:"生了儿子只应当放在齐、鲁礼义之乡,把他安置在燕、赵地区,果然少于教化而有争夺的野心,不知谦让的苗头这就显露出来了。"于是派人立即把燕王的使者斩杀在宫门下。

恰逢武帝驾崩,昭帝刚刚即位,燕王旦果然心怀不满而怨恨大臣。他自认为年长应该继位,和齐王的儿子泽等阴谋叛乱,并扬言说:"我哪里还有弟弟存在!如今继位的是大将军的儿子。"想发兵作乱。

事情败露,应当处死。昭帝因为他是骨肉至亲的缘故而再次给予宽恕,把此案压下不准张扬。公卿派大臣请求处理此案,就派遣宗正和太中大夫公户满意、两名御史,一起前往燕国,规劝燕王。

到了燕国后,每人都分别在不同的时间见燕王并指责他。宗正,是主管刘氏宗室的户籍的长官,首先会见燕王,为他列举事实并陈述昭帝是武帝儿子的证据。

接着,侍御史又去见燕王,用国家正法教育他,问:"大王企图发兵谋反,罪状很明显,应当治罪。汉朝有明确的大法,诸侯王只要是犯了细微的过错,就得依法直接判处,怎么能宽恕大王呢。"侍御史用法律条文来拘束他使他越发恐惧震动。

燕王的情绪更加低落,心中很害怕。公户满意精通儒家经术,最后会见燕王,引用和讲述古今通义,国家大礼,言辞温文尔雅。

公户对燕王说:"古代天子在朝内必定有不同宗族的辅佐之人,用来匡正皇家的子弟;在朝外必定有同宗族的官员,用来匡正异姓的诸侯。周公辅佐成王,诛杀了他的两个弟弟,所以国家太平大治。武帝在世时,还能宽恕大王。如今昭帝刚刚即位,年纪幼小,春秋正富,还没有亲自执政,把治理国家的重任委托给大臣们。古代诛杀惩罚不偏袒亲戚,所以天下太平大治。如今大臣辅政,遵循法律,照章办事,是不敢偏袒任何人的,如今恐怕不能宽恕大王。大王务必自己谨慎,不要使自己身死国灭,被天下耻笑。"

于是燕王旦这才恐惧认罪,叩头谢过。大臣们想使他们骨肉和好,不忍心用刑法伤害于他。

此后旦又和左将军上官桀等人谋反,扬言说:"我的年龄仅次于太子,太子不在了,我应当继位,大臣们合起伙来压制我。"等等。

大将军霍光辅政,和公卿大臣们商议说:"燕王旦不改过自新,依然怙恶不悛。"于是按照法律直接断案,执行诛罚。

燕王旦自杀,封国被取消,像策文中所指出的那样。有关官员请求诛杀旦的妻子儿女。孝昭帝因为骨肉关系的缘故,不忍心诛灭全家,就宽恕赦免了旦的妻子儿女,把他们废为庶民。

《书传》说"兰根和白芷,如果把它们泡在臭水中,君子就不会再接近它们,百姓就不会再佩带它们",意思是说是环境浸泡使得它们这样的。

宣帝刚刚即位,广施恩德,在本始元年中又把燕王旦的两个儿子全都封为侯王:一个儿子封为安定侯;封燕王原来的太子建为广阳王,以供奉燕王的祭祀。

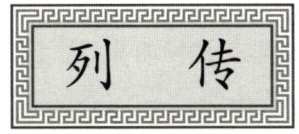

伯夷列传第一

伯夷、叔齐

伯夷、叔齐是孤竹国君的两个儿子,父亲想把王位传给叔齐,等父亲死后,叔齐要把王位让给伯夷。伯夷不接受并说:"让你接位是父亲之命。"于是离家逃走了。叔齐也不愿继位,而逃走了。国中之人只好立第二个儿子为王。

伯夷、叔齐听说西伯很注重尊崇奉养老人,便一起去投靠他们,这时西伯昌已经死了,武王用车载着神主,尊号为文王,向东去征讨商纣王。

伯夷、叔齐赶到马前叩头谏道:"父亲死了不埋葬,却去发动战争,能称为孝吗,身为臣子,却去攻杀国君,不能称为仁。"

卫士们要杀了伯夷和叔齐,太公拦住了,说:"这是有义之人。"把他们扶开了。武王灭纣以后,建立了周朝,天下都归顺了。而伯夷、叔齐以此为耻,发誓不吃周朝的粮食,他们隐居到首阳山,采野菜为食。快要饿死时,他们一起创作了一首歌,唱道:"登上西山采野菜,以暴易暴不知错。神农虞夏已成古,何处安身立命所?命运啊可悲啊!"两个人最终饿死在首阳山上。

由此看来,他们两人到底有没有抱怨悔恨呢?

有人说:"天道是没有偏向的,但只保佑好人。"伯夷、叔齐,难道不是好人吗?他们积德行义,品行高尚,最终却不免饿死了。在孔子的七十二个弟子中,只称赞颜渊好学,但是颜渊穷得很,连最粗劣的食物都吃不饱,后来年纪轻轻的就死了。难道天就是这样保佑好人吗?盗跖天天杀戮无辜的人,还把人肉烤了吃,凶狠残暴,聚集匪徒数千人,横行天下,却能享以天年,这是什么德行呢?这些都是极典型明显的例子。这些年来,行为不遵法度专门做坏事的人却能享乐终身,甚至好几代人都享受富贵。而那些小心谨慎、择地而居、从不乱说话、走正道、努力去做正义事的人,却遭受灾祸。这样的事不可胜数。我感到非常疑惑,这所谓的天道到底是对还是错呢?

孔子说:"志向不同的人是不能在一起做事的。"各自遵从各自的志向罢了。所以"富贵如果可以追求,我当赶车的人也愿意;如果不可追求,那就要做自己喜欢做的事"。"只有到了极寒之时,才会知道松柏枝叶是最后凋谢的"。整个世上的人都很混浊时,才显出清士的清高,这难道是因为世俗之人如此重视富贵,而清高之士如此轻视富贵吗?

君子最痛惜的是死后不能扬名于世。贾谊说:"贪婪的人为财富死,英烈之人为名节死,虚浮之徒为权势而死,普通人却把生命看得最重要。""同样明亮的东西,自然互相照映,同类的东西,自然互相应求。""云随龙而飞,风从虎而生,圣人一出,万物恢复了本来面目。"伯夷和叔齐固然是贤人,但他们是得到孔子的称赞后,名声才更响。颜渊虽然好学,但也是因为跟随着孔夫子,德行才更为显扬。隐居山野之人,他们出世隐居都把握一定时机,这些人不能扬名才真是可悲的。而那些乡间农夫,要想依靠自己砥砺品行,树名立传,又不去攀附贵人,这怎么能扬名于后世呢?

管晏列传第二

管鲍之交

管仲,字夷吾,颍上人,年轻时和鲍叔牙时有交往,两人曾在南阳(今河南省南阳县)做生意,管仲贫困,每每占小便宜,鲍叔牙知道他家有老母需要赡养,因此并不和他计较,也从未将实情点破。

后来,两人各奔前程了,鲍叔牙追随公子小白,管仲则侍奉公子纠。等到小白继位为齐国国君,鲍叔牙就举荐管仲代替自己。管仲被重用后,就大展鸿图,齐国日趋强大,齐桓公也因此称霸于诸侯间,九合诸侯,号令天下。

管仲曾经评论鲍叔牙道:

"我以前贫困潦倒,和鲍叔牙作生意时,每每占小便宜,鲍叔牙并不认为我是贪得无厌,而是由于穷困;我曾经落魄异常,鲍叔牙并不认为我是愚蠢,而是运气不好;我曾三度入仕为官,三度遭到国君的放逐,鲍叔牙并不认为我是无能,而是时机未到;我曾经三战三逃,鲍叔牙并不认为我是胆怯,而是老母需要赡养;公子纠遭受挫败,召忽从容赴死,我却忍辱偷生、甘愿被囚禁,鲍叔牙并不以为我是贪生怕死,而是由于不拘泥小节,一展宏图,留有后名。生我者父母,知我者鲍叔牙也!"

鲍叔牙推荐管仲当相国后,职位在管仲之下。他的子孙世代都在齐国受到尊重享受俸禄,其中有十多代享有封地当大夫的,许多是他的子孙,但是,天下很少有人称道管仲之才,而常称道鲍叔牙有荐人之明。

春秋首霸

管仲认为,治国之本,在于"顺民心";治国之道,"必先富民"。他主张在改革经济和政治制度使民富裕的基础上,采取若干巧妙的财政措施,使国库充实。富民政策一可以带来民众对政府的向心力,二对社会秩序的安定起到很重要的作用。同时,还主张建立起从中央到基层的严密的行政军事组织与官僚机构,不拘一格选贤任能和官吏考绩制度,使全民绝对服从政令、军令的机制,以及建立起一支最强大的常备军。凭借富国和强兵的实力,打出"尊王攘夷"旗号,运用军事、经济和外交手段,就足以称霸于天下。这就是管仲为齐桓公称霸设计的富国强兵方案。

管仲认为,"顺民心"就是顺从民众求逸乐、富贵、安全、繁衍后代等四方面需求。其中民众最基本的需求,是丰衣足食。管仲有一句千古名言:"仓廪实而知礼节,衣食足而知荣辱。"他认为,民富了,国富、政安、兵强、霸业这四方面都有了前提。因此他的改革切中要害,实事求是地从富民入手。

管仲的富民政策,以及相伴的富国政策,在为民众富裕和官府财政收入方面建立相应的机制。第一,建立封建农业税制的"按地的瘠肥程度征税"制度;第二,实行农工商并重的政策;第三,建立使职业世袭化以提高生产技能的"四民分业"制度;第四,运用以价格和货币流通量控制生产、消费、财政收入、外贸的"轻重权衡之术";第五,建立以大力发展盐铁业和盐铁官府统购统销增加民间和财政收入的"官山海"政策和制度;第六,鼓励对外贸易和对外商业战争的政策等。

管仲对外贸易的鼓励措施有五项:第一,实施优惠的关税政策,鼓励商品进出口;第二,运用外交手段,保护进出口业;第三,以免费提供膳食的办法,吸引外商;第四,开展转口贸易;第五,灵活控制国内外市场,进行有利于齐国的国际商战,达到称霸目的。这些都不乏为当年从商的经验所得。

齐国除了自己把食盐远贩于内地各国外,还做转口生意。"有海之口,售盐于吾国,釜五十受,而官出之以百"。一釜(合今四升八合)盐进价五十钱,加倍转手倒卖,牟取暴利。

管仲的"外贸经"是灵活多变的。某商品国外便宜时,齐国就提高国内市场价,以吸引其流入;需要向外国推销某商品时,就改用"天下高,我下"的办法,吸引外商前来购买。

管仲还采用迫使敌国只能发展单一经济的办法,征服它们。例如鲁、梁二国素产一种厚实的丝织品绨(tì),管仲便教齐桓公穿上绨衣,并令群臣仿效。上有所好,下必甚焉。于是绨衣成了齐人的时尚装束,需求量猛增。管仲遂许诺鲁、梁商人以千匹绨换金(青铜)三百斤,使两国举国弃农织绨。然后管仲又教桓公换上帛衣,齐国上下又改而流行帛衣,鲁、梁的绨顿时滞销,陷于饥荒。饥民纷纷流入齐国就食,鲁、梁只好向齐称臣。用同样的手段,管仲还造成莱、莒两国木材积压,粮价飞涨至齐国的二十七倍,其民也多归齐。

管仲在外贸方面的一般原则是,善为天下者,谨守重流,而天下不吾泄矣。不使齐国的财富外流,而千方百计让外汇流入。

在国内商品生产和流通中,管仲也以国家所操纵的价格为调控手段。目的跟外贸时不同,不是坑算,而是理顺。用控制货币流通量来影响市场价格,以购销粮食去调节其它商品价格,这就是他的"权衡之术"。他说:"谷轻而万物重,谷重则万物轻;币重则谷轻,币轻则谷重","如果政府能够操纵粮食、钱币的价值份额则江山肯定稳固也"。他还说,调节货币和商品的比例关系,必须把握市场变化的准确时机,即必须"乘时进退"。所以,管仲把铸币权和货币发行权牢牢地掌握在官府手中,并设立"轻重九府"机构,调控国内外商品生产和流通。《史记》说他"贵轻重,慎权衡"即缘于此。

对于富商大贾的迅猛发展,有可能在经济和政治实力上对君权构成威胁的。管仲对他们也采取了限制措施,就是用提高粮价的方法,使他们经营的其它商品实际贬值,利润减少。

管仲除了建立起一套中央集权的政治、军事制度外,还教齐桓公以刑赏为手段使臣民效命,进一步强化了君权。

为了解决武器装备不足问题,管仲革除商周以来一律肉刑的制度,实行用武器装备赎罪的规定。一副犀甲加一支戟,就可以赎死罪。一副革盾加一支戟,就可以赎肉刑之罪。一定量的铜铁,就可以赎五刑外的小罪。并规定凡打官司,必须先交纳十二支箭作为诉讼费。于是,齐军"甲兵大足"。这一制度的受惠者,当然,仅限于少数具有经济或超经济优势的贵族、官吏、奴隶主和富商等。

管仲为了提高统治机构的威信和效率,实行"察能授官"和各级官员荐贤举能责任制,规定不论出身,只要聪明好学、孝友义行、武艺出众者,均可被选用,并以刑罚强令各级官员如实举报人才和不孝不友、横暴乡里、违抗官府者。这样就形成了"匹夫有善,可得而举也;匹夫有不善,可得而诛也"和"故民皆勉为善"的良好局面和风尚。

管仲还建立对官吏进行考绩的"三选"制,多少防止了官员的舞弊堕落,规定每年各级长官必须推荐有政绩的下属官员。齐桓公亲自考察这些被推荐者,再让他们回岗位进一步测评,其中佼佼者,拔为上卿佐吏。这种"三选制",是后代官吏考绩制度的标准。

管仲这一系列经济、政治、军事的改革,使齐桓公凭借齐国强大的经济、军事实力和巧妙的外交策略,成为春秋时期第一位霸主。

晏子的故事

管仲死后,齐国仍然遵循管仲制定的政策,使齐国强于诸国之上。一百多年后,齐国又出了个晏子。

晏婴,字仲,谥平,又称晏子,是齐国莱地夷维人。他曾辅助过齐灵公、齐庄公、齐景公,因为奉行节俭,言行一致备受齐国人尊敬。晏婴担当齐国宰相后,每顿饭不吃两道肉菜,妻妾从不穿贵重的锦服。他在朝廷上,国君和他说话时,都正言以对;国君不与他说话时,就端正注视。国家有道时,他就顺从国君的命令办事;国家无道的时候,他就权衡国君的命令当行则行不当行就变通行事。正因为他这样做,使齐国在灵公、庄公、景公三代时在诸侯各国中名望很高。

有个叫越石父的,德行高尚,不知怎么却触犯了刑法,被抓去服劳役。晏婴有一次出行时,在路上遇到了他,便解下了一匹驾车的好马把他赎出来,又用车子把他载回家。分手时晏婴没有向他打招呼就走了。过了一些时候,越石父提出要和晏婴绝交。晏婴听了十分吃惊,便询问个中缘由,越石父说:"当君子不被人理解的时候,自己会觉得委屈,而在知己面前则会扬眉吐气。当我被囚禁的时候,那些人当然不了解我。但你既然救我出来,应该是了解我的了。但你既然了解我,却不能以礼相待,还不如让我被关起来。"晏婴一听马上明白了自己的过错,便把他待为上宾。

晏子在齐国当宰相,有一次外出,他车夫的妻子从门缝里偷看她的丈夫。她丈夫坐在围有大盖顶的车上,赶着四匹马,意气扬扬,很是得意。等到车夫回家,妻子提出要离开他。丈夫问为什么?妻子说:"晏子身长不满六尺,而身为齐国宰相,名显诸侯。今天我看到他外出时,心情深沉谦恭,总觉得自己有不如人的地方。你身长八尺,只是为人当车夫,然而看你的样子像是谁也比不上似的。我就因为这才要离开你。"从此以后,车夫改变了以往的性格,深沉稳重多了。晏子觉得奇怪而询问原因,车夫对晏子说了实话。晏子便向齐王推荐车夫做了大夫。

老子韩非列传第三

老 子

老子是楚国苦县厉乡曲仁里人,姓李,名耳,字聃,是周朝掌管藏书的管理人员。

孔子到了周都,准备向老子问礼。老子说:"你所说的人,他的人和骨头都已经腐朽了,只是他所说的言论尚且存在。况且作为一个君子,当时机成熟时就出来做官,当时机不成熟时就像蓬蒿一样随遇而安。我听说,会做生意的精明商人,常把货物藏得很严密,好像什么也没有;有德的君子,看他的容貌好像是一个愚钝的人。把你身上的骄气与过多的欲望以及不必要的姿态容色与过多的志向都去掉,这些对你都没有什么好处。我所能告诉你的,也就是这些吧。"

孔子离开周后,对他的弟子说:"鸟,我知道它能飞翔;鱼,我知道它能在水中游动;走兽,我知道它能奔跑。奔跑的野兽我可以用网去捕捉它,能游的鱼可以用钓线去钓它,能飞的鸟可以用箭去射它。至于龙,我不知道它是不是驾乘风云而上天的,今天见到老子,感觉他就像龙一样。"

老子讲修道德,他的学说是以自隐无名为主的。他在周都住了很久,见到周朝日渐衰微,就离开了周都。经过了函谷关,函谷关令尹喜说:"先生就要隐居了,请尽力为我著一部书吧。"于是老子就写成一部书,书分为上下两篇,说的都是关于道与德的,共五千多字,然后就离开了,不知寿终何处。

有人说:有一个老莱子也是楚国人,写书十五篇,专门阐述道德思想,他与孔子是同一时代的人。

老子活了大约一百六十多岁,也有说是二百多岁,因为他讲修道德而长寿。

自从孔子死后一百二十九年,史书上记载周太史儋见过秦献公,说:"起初秦与周是合在一起的,五百年后才分离,分离七十年后才有称王称霸出现。"有说太史儋

就是老子,也有人说不是,不知道哪种说法对。但有一点可以确定:老子确是一位隐士。

老子的儿子名宗,是魏国的将军,分封在段干。宗的儿子名注,注的儿子名宫,宫的玄孙名叫假。假在汉孝文帝时做官。而假的儿子解当过胶西王卬的太傅,世代安家于齐地。

世上崇尚老子之学说的人往往都排斥儒学,崇尚儒学的人则排斥老子道学。这里大概就是所说的"道不同不相为谋"吧!李耳政治上主张无所作为而自化,清静不扰百姓自然归于正位。

庄 子

战国中期,有一位学者正在河边钓鱼,楚王派使者去请他做宰相,使者对他说明来意后,他手持钓竿头也不回地说:"听说楚国有个卜卦很灵的神龟,这个死了二千年的龟被珍藏在庙堂上。请问,这龟宁愿死了留下龟壳被尊敬呢,还是愿意活着摇尾巴在泥中爬行?"使者答:"愿意活着吧?"这位学者说:"得了,请走吧!我愿意摇尾巴在泥中。"这位自命清高、鄙薄官禄的学者,名叫庄周。

庄周,战国时宋国人,生卒年稍后于孟子。他是我国古代著名的相对主义者。那时的学者大都四处奔走,游说诸侯,争相官职,积极推行自己治国平天下的主张。庄子则不同,他学问渊博,但只在家乡蒙(今河南商丘)做了短时间名为"漆园吏"的小官,就隐居下来了。他曾靠打草鞋度日,穷得吃不上饭,向人家借过米。他隐居避世,与少数几个弟子和学友在一起,穷困潦倒地度过了一生。

史书对庄子的生平和事迹极少记载,幸而他给后人留下了《庄子》一书,从中人们可以看出他的思想和为人。这部书是庄子和他的学派的著作汇集,分为内、外、杂三部分,现存三十三篇,约六万五千字。书中多用生动的寓言和浪漫的笔调谈论哲理。

庄子的妻子死了,他坐在地上,用盆子当乐器敲着唱歌。老朋友惠施前去吊唁,看到庄子这个样子,就责怪说:"你和她做了一辈子夫妻,生儿育女。如今人家去世了,你不伤心痛哭就够不合情理,还敲盆唱歌,这不太过分了么!"庄子分辩说:"不,妻死,我何尝不悲伤。但转念一想,她本来是没有生命的,不但没有生命,而且没有形体;不仅没有形体,连构成形体的气也没有。在虚无之中,变化而有了气,气变才有了形,形变才有了她的生命。如今她又由生变而为死,如同春夏秋冬四季运行一样,是自然的变化。她从自然变化而来,现在又安静地回到天地这个大自然中去了。我总哭她,就是不懂命的道理。所以,我才不悲伤了。"

庄子把人的死生看成是和物的存亡一样,《庄子》中还有这样一个故事:庄子快死了,弟子们打算厚葬他。庄子说:"我以天地作为棺木,把日月当玉,星辰当珠,作为陪葬物,以万物作为送葬品。我的丧葬物品不是很齐全了吗?还要增加什么呢!"弟子说:"我们担心老鸢啄食您。"庄子说:"死在地上被老鸢食,埋在地下被虫蚁食,不给老鸢食而让虫蚁食,多么不公平。"

《庄子·知北游篇》有这样一个故事:

东郭子问庄子:"所谓道在哪里?"庄子答:"无所不在。"问:"讲具体点儿行吗?"

答:"在虫蚁。"问:"怎么在这样低下之处?"答:"在稗草。"问:"怎么更低下了?"答:"在砖瓦。"问:"怎么低下到这个地步?"答:"在屎尿。"东郭子没法问下去了。庄子说:"你没有问到'道'的实质嘛。管市场的官屠夫踩猪的哪个部位最易知肥瘦,回答是'每下愈况'。猪脚难肥,这里肥了可知猪是肥的。你问'道'在哪里,它无所不在。"

申不害

申不害本是郑国一名地位卑微的臣子,出身也很低贱。公元前351年,他四十四岁,韩国灭亡了郑国,申不害却时来运转,成了韩国的国相。他在韩国实行了十分有限的改革,这些改革几乎不足称道,但也令韩国一度"国治兵强"。

申不害同慎到一样都是从道家一度分化出来的法家,但在"法治"的理论和实践上他远远逊于慎到,与慎到的重"势"相提并论的是他的重"术"。在谈论申不害的"君人南面之术"之前,我们有必要先了解一下他对待"法"的基本态度。

申不害的著作《申子》原有二篇,现仅残存一篇,虽然有关他的史料并不多,但我们完全可以从他的一些言谈举止中给他一个中肯的评价。

他说:尧的英明不过是善于明确法令、贯彻法令而已。圣明的君主以法为凭、按规律办事,而不是耍聪明或信一人之辞。黄帝之所以能治天下,就是因为他建立了比较稳定的法令,让百姓守法而安居乐业。

他还说:国君必须严明法纪,法就像约轻重、量长短的度量衡一样,国君就是靠法来聚合臣子的。

还有,国君之所以位尊权重就是因为能够令行禁止,如果做不到这一点国君就形同虚设了,所以英明的君主都非常重视法令的上传下达。

显然,申不害讲的是纯粹的"法"言、"法"语,但是他也像慎到那样反对立法私。他曾对韩昭侯说,法就是按功劳行赏,凭才能授官,如今国君您虽然设了法度,却听左右臣子的托情之言,法度怎么能一以贯之呢?

说归说,做归做。申不害做的确实没有他说的漂亮。他总是在不停地公布新法,也不管是否与旧法相悖,也不废除旧法,结果法令一塌糊涂。新旧法交错,给了奸臣不少可乘之机。

韩非对申不害的这一错误做法十分不满,说申不害是"徒术而无法"。

客观地说,申不害论功行赏,按功劳承认差别的政策和改革吏治的办法,在韩国还是取得了一些成效的。他用了十五年的时间对内修明政治,对外应付诸侯,使韩国的面貌发生了一定的改观,《资治通鉴》曾评韩国一度"国治兵强"。但是公元前337年,申不害死去,任他为国相的韩昭侯也就不再有所作为,改革遂夭折,韩国日渐衰弱了。

申不害不是一个严于律己的人。他自己虽然主张严格吏道,却又有私心想为自己谋利益。他做了国相以后,便有了"一人得道,鸡犬升天"的念头,曾拐弯抹角地让韩昭侯开个后门,把自己的一个堂兄任命为大官,韩昭侯算是一个明君,他没有同意申不害徇私安插亲友的做法,反问申不害说:"如今我是答应你的请求,废弃你所说的权术呢,还是实行你所说的权术,不顾你的私情呢?"申不害后门没开成,自取其辱,曾"有怨色",但也只好作罢。实际上,申不害的改革没能产生很大的影响,他改革上的许多缺点和局限性,严重影响了他的成就。

究其原因,申不害过于重"术",对统一法令、加强法制等重要问题反而认识不足恐怕难辞其咎。

韩非子

韩非,韩国人,出身于贵族世家,是韩国的公子,约生于公元前280年(周赧王三十五年),卒于公元前233年(秦始皇十四年)。他口吃,不善于说话,而善于著书。

韩非与李斯同是荀卿的学生。他才学超人,李斯自以为不及他。韩非虽曾师事荀卿,可是他没有继承荀卿儒家的思想,而是"喜刑名法术之学",并"归本于黄、老",继承和发展法家的思想,成为战国末年法家集大成者。

韩非是韩国公子,天生口吃,因此与别人说话总是结结巴巴。但是他擅长写文章,对人性心理的观察很敏锐,是荀卿门下最优秀的门生。

韩国当时日渐衰败,受到他国侵略,领土愈来愈狭小。韩非屡次向韩王提出建议,要求打破现状。韩王不喜欢口吃的韩非,根本无视他的建议,也不想改革。

韩王身边围绕着只会奉承阿谀的欲人,韩王重用他们,使他们肆无忌惮。但是对国家来说,最重要的却是制定法令制度,以王权治理国家,富国强兵,并寻求真正有才能的人,提拔真正贤者。

因此,廉明正直的韩非,感叹小人当道及自己的不得志,认清了自古以来王者的政治得失与成败,写了《孤愤》、《五蠹》、《内外储说》、《说林》、《说难》等十余万字的书,即所谓的《韩非子》。

韩非本是天才的说服家,但一直没有能够发挥他的才能。韩非受到韩王的疏远,在韩国非常孤独,认为韩国的前途渺茫,他分析天下的形势,认为将来称霸天下者非秦莫属。

水工郑国被派遣到秦国建设大规模的灌溉工程,本来是韩非的策略。后来郑国叛变,巴结秦王,使秦国集中兵力攻击韩国。

郑国在进入秦国时,曾以韩非的书献给秦王政,这就是《孤愤》、《五蠹》二书。

秦王政读后感叹地说:"多出色的一本书,如果能与韩非见一面,死而无憾。"

秦王并不知道韩非这个人。

"韩非是与我同门的韩国人。"客卿李斯对秦王说。

李斯是楚国人,与韩非同是荀子的门下,但成绩却不及韩非,后投效秦国,是吕不韦的食客之一,因此能够接近秦王而成为幕僚。

秦王立刻派遣使者到韩国,要求见韩非一面。秦王指名要见韩非,韩王心乱如麻,心想:虽然韩非看起来很不起眼,秦王却想招揽他,或许他真的是一个人才。如果真是人才,实在舍不得出让。而且韩非一直受到自己的冷落,不知会在敌国做出什么对韩国不利的事,因此而深感不安,但是对于秦国的要求又不能拒绝。

史 记

韩非到了秦国,向秦王政上书,建议打破六国合纵的盟约,阐述统一天下的策略,秦王非常高兴。

李斯害怕韩非会取代自己的地位,就向秦王说:"韩非乃韩国公子,秦王想并吞诸侯之地,韩非必定会为自己的祖国韩国打算,而不会为秦国设想,这是人之常情。现在他长期留在我国,一旦遣送回国必将为害我国。最好的方法就是施以酷刑,杀了他。"

秦王听了他的话,逮捕韩非入狱。

韩非虽想为自己辩白,却无法把自己的意思传达给秦王。李斯派人送来毒药,并附带一封信:"秦国重臣对客卿甚为不满,决定将他们全部放逐,当然也不会让他们就这么回去,自己服毒自杀吧!"

韩非终于明白,于是以李斯送来的毒药解脱了一切。

秦王政很后悔逮捕韩非入狱,于是匆忙下令赦免,但韩非已自杀身亡。

说 难

韩非是韩国的贵族子弟,酷爱刑名法术之学,也以黄老之学为本。韩非说话口吃,不善言辞,却擅长写书。他与李斯一起拜荀子为师,李斯认为自己的水平不如韩非。

韩非见韩国日益削弱,曾多次上书劝谏韩王,韩王都不予理睬。于是韩非痛恨国君治国不是以法治世,而凭借权势统御臣下,追求富国强兵而不任人唯贤,反而让那些浮夸之人位居有实际功劳的人之上。

他认为儒学之人是用文字经典来扰乱法令,而那些豪侠之士则是凭借武力来触犯法令。国家和平时期宠用有名望的人,危难时就重用穿甲胄的武士,平时所供养的并非有用的人,而有用的人平时得不到尊重和供养。

他悲叹廉直之人受到奸邪、枉法之人的排斥打击,考察历史上得失变化的经验教训,因此作《孤愤》、《五蠹》、《内外储》、《说林》、《说难》,共十余万字。

然而韩非知道游说很艰难,因此所作《说难》一文,对此讲得很详细,但他自己最终在秦国被害死,自身不能幸免于难。

《说难》中说:

凡是游说的困难,不在于把我知道的向对方游说,也不在于我的言辞不能充分表达我的心意,更不在于我是否敢于直言而陈,尽表其意。游说的困难,在于如何预先知道自己游说对象的想法,用我的话去打动他。

如果所游说的对象追求的是名扬千载,而你却跟他讲什么追求厚利,这就显出你气节低下,卑贱浅薄,因此他就会疏远你。如果游说的对象追求的是厚利,而你却跟他说要追求名声远扬,那么就显得你无心于事,不切实际,因此肯定不会被接纳。如果所游说的对象心口不一实际追求的是厚利,而表面上却显得是要个好名声,而你只跟他说如何使名声远扬,那么他表面上接受你而实际上听不进半句。如果你跟他说追求厚利,则他实际上采用了你的主张但表面上还要显出不屑一顾。对此是不能不预先知道的。

有许多事情往往因为保密而获得成功,因泄密而失败。然而并不一定是你有意泄密,而是因为谈及有关事时,常常会无意泄露,这样你就会很危险;权势之人有错失,而游说的人却一味向他宣传善行,以此来指责他的过失,这样你也会很危险。

假如对方对你的交情冷淡,而你与他说话时显出相交极厚,那么如果你说的得以实行并且获得成功,对方就会厌恶你,如果你说的不能实行并且因此还带来了失败,对方就会怀疑你,这样你也就给自己带来了危险。

权贵之人有了好的计谋,并且想以此作为自己的功劳,而游说的人也知道了这一计谋,这样你也会身遭厄运。

如果对方表面做一件事情,而实际做的却是另一件事情,而游说之人又知道这一真相,你也会很危险。

对方肯定不想做的事你努力迫使他去做,对方不愿意停下来的事情你偏要去制止它,这样你也很危险。所以说:如果你和对方议论他的上司,他会认为你是在挑拨离间;如果你和他议论他的下属,他会认为你是在播弄权术。谈论他所喜好的东西,他会认为你是要对他有所求;谈论他所憎恨的行为,他会认为你是在有意试探他。如果你言辞简单干脆,则对方会认为你无知而屈辱你;如你滔滔不绝,旁征博引,对方又会认为你在夸夸其谈、喜露才华。顺着事情的本来面目陈述自己的观点,对方会认为你是胆小不敢直言;如果你考虑事情很多很周密,则他又会说你是多疑而傲慢。这些游说的难处,应完全了解清楚。游说的关键,在于知道吹捧游说对象所敬重的事物,而掩盖他认为是见不得人的事情。

他自以为得意的计谋,就不要用他的失误来讽刺他;他自认为是勇敢的决断,就不要用他的敌方来激怒他;他自以为自己很有力量,就不要用他的弱点来阻止他。在规劝对方说某人在某事上与他同计,或称誉对方与某人的得胜行为相仿时,要用言辞来夸耀,而不要伤害打击他。

如有人犯有和他一样的过失,就可以掩饰这种过失并推诿于其他人。当至忠至诚之心丝毫不违逆对方,你的言辞也丝毫不受对方排斥和反感时,才可以施展你的雄辩和机智。这就是使对方亲近不疑的方法,也是游说之道的诀窍。

等到时间久远,对方对你交友甚深不分彼此时,即使与之深谋远计对方也不会怀疑你了,即使与他激烈争论他也不会责怪你了,就可以直接地与他陈述利害关系以促成他的成功,直截了当地剖析是非来粉饰他的形象,像这样互相扶持各有所得,游说才算真正成功了。

巧妙的比喻

韩非子在他的著作中还有许多生动而形象的比喻,如:伊尹曾当厨师,百里奚曾为俘虏,他们都因此被国君信用。这两个人也都是圣人,却仍免不了要劳役终生而且处世污浊,这并不是智能之士所行之道。

宋国有个富人,因天下雨,屋墙坏了。他的儿子说:"不把坏墙补好的话,恐怕会有盗贼来。"他的邻居的父亲也这么说。到了晚上,果然有盗贼进来,丢了许多财物。这一家因为信任自己的儿子而怀疑是邻居的父亲干的。

过去郑武公想讨伐胡国,先把自己的女儿嫁给胡国国君做妻子,于是问群臣道:"我想兴兵打仗,打谁好呢?"

关其思说:"可以打胡国。"

郑武公就杀了关其思,说:"胡国是我友邻之邦,你说要打胡国,是为什么?"

胡国的国君听说此事后,以为郑国与自己和睦而对郑国毫不防备。郑国趁机偷袭胡国并灭了它。以上这两个说话的人,他们的计谋都是正确的,但重者被杀头,轻者被怀疑。这不是说了解事情很困难,而是如何处置自己了解的事情是非常难的。

以前弥子瑕很受卫国国君的宠爱。根据卫国的法令,偷乘国君车子的人要砍掉手足。有一天弥子瑕的母亲病了,有人听说后,连夜把这个消息告诉了弥子瑕,弥子瑕便假传国君的号令,驾乘国君的车子而出。国君听说此事后,称赞说:"真孝啊,因为母亲的缘故竟敢犯被砍手足的罪!"

在陪国君游果园时,弥子瑕吃到一只很甜很好吃的桃子,便把这吃过的半个桃子让给国君吃。国君说:"弥子瑕是真心爱我啊,他忘掉了自己的口腹之欲吃到好吃的还想着我。"

等到弥子瑕年老色衰,国君不再宠爱他,他又得罪了国君,国君就说:"弥子瑕曾经假传命令,偷乘我的车,而且还让我吃他已吃过的桃子,对我大为不敬。"

弥子瑕的行为与当初一样并没有什么区别,而以前曾认为是好的行为到后来却因此获罪,都是因为在国君心目中的地位发生了很大的变化。所以当他见爱于国君时,他所做的一切就都是对的,而且还会因此更受国君的宠爱;当他将被国君遗弃时,那么所做的一切都不对而更会被疏远,所以劝谏游说之人,不可以不考察国君的爱憎态度而盲目游说。

"龙这种动物,你可以戏耍它并且骑它,但它的喉下有一尺左右的逆鳞,如果有人去触犯它,它就一定会伤人。君王也有逆鳞,游说之人能够做到不触犯君主之逆鳞,那就可以说很高明了。"

司马穰苴列传第四

司马穰苴

齐国之田氏,即陈完之后代多出豪俊之士。孙武是其一,而司马穰苴也是一个。孙武在吴国与晏婴一道,一文一武,使齐景公扬名于世,并著兵书《司马法》,使田氏的齐国得益匪浅。司马穰苴也是田氏之后,不过属于庶孽,不是嫡支,因而地位卑贱,身列庶民,世居齐之临淄这个繁华的大都市,从而得以接触各色学者名流,学成一身文武本领,只是没有机会,因而困居街巷,与一般市井之徒为伍。

公元前531年,机会终于来了。在这之前齐国是武人跋扈的天下,晏婴为相后,设计除掉了几个,就是有名的二桃杀三士的故事,三个争功好强的武夫一瞬间就赌气自刎了。从这以后,晏婴就向齐景公推荐田穰苴,说他一个能顶三个,而且文武兼备,足智多谋,远非田开疆、古冶子、公孙捷等一勇匹夫可比。但齐景公还在犹豫。直到晋国入侵阿、鄄两地,而燕国又攻入河上地区,齐军屡战不利,齐景公才派晏婴具礼聘穰苴入朝。一见之下,穰苴尽生平所学,与景公娓娓道来,景公还算是个贤人,听得非常入耳,遂当场拜穰苴为将军,令其率五百乘战车,驱逐晋燕之兵于国门之外。

田穰苴受命之后,感到自己一向出身微贱,唯恐威名不著,难以统驭。忽生一计,遂向景公请求派一个有权有势深得宠信的大臣当监军,也好壮壮威势。齐景公答应了他的请求,即派他的宠臣庄贾为监军与穰苴一道出征。两人领命,辞出朝门,寒暄已毕,庄贾问穰苴出征之期,穰苴约明日午时,并郑重地重申,届时他将在军门专候,万勿误了时辰。

庄贾少年得志,十分骄纵,加上平日有景公之宠,就是相国晏婴也要让他三分,所以根本没把这个从市井里提拔上来的将军看在眼里。第二天中午到了,庄贾却仍旧与亲戚朋友饮酒话别,而且拍他马屁的亲朋好友又特别多,走了一拨又一拨,这家请那家宴未有竟时。穰苴派使者来催,庄贾全不以为意,饮宴如故。穰苴直等到日影西斜,也不见庄贾的影子。他遂径自登坛宣誓,宣布纪律,分派军吏,及到诸事已毕,那个监军庄贾才醉醺醺地姗姗而来。一到军门,乃由左右扶下车,一脸傲气登上将台。穰苴端坐不动,面色如铁,问道:

"监军为什么迟到?"

庄贾满不在乎地拱拱手:"今天远行,亲朋好友携酒相送,一时脱不开身,所以迟了。"

穰苴正色道:"大凡为将之人,受命之日,即须公而忘家,到了军中,就得忘其亲旧,闻战鼓声响,在枪林箭雨中挺进,则必须忘其身。今日敌国侵犯国境,举国不宁,君主寝食不安,以三军托付我们二人之手,指望我们早日立功凯旋,以解百姓倒悬之苦,你怎么能有心思去饮酒取乐呢?!"庄贾闻说,仍然厚着脸皮说:

"还好,没有耽误行期,将军不必过责。"

穰苴闻之拍案大怒:"你仗着君主的宠信,怠慢军心,倘若临敌如此,岂不坏了大事!军政司(即军法官)何在?"军法官应声而前。穰苴问道:

"军法规定,迟到该当何罪?"

"按法当斩!"军法官大概早就恨透了这个恃宠而骄的家伙。

庄贾虽然半醉之态,但一听个"斩"字,酒醒了大半,转身就要下台。穰苴哪里容他逃走,喝令手下:

"给我绑起来,拉去辕门斩首!"

于是过来几个彪形大汉,把庄贾象捆粽子似的捆了起来,吓得刚才还一脸骄色的庄贾这会儿酒劲全没了,一个劲地哀叫求饶。庄贾的左右从人有机灵的,这时溜出了军门,跑到齐景公那里报信。景公闻讯后大吃一惊,连忙派使者执节宣谕,特免庄贾一死。并要使者乘车疾进,免得来不及。但是,等使者赶到辕门,庄贾的头已经砍下来悬在上面了。使者全然不知,仍旧驰车捧节向中军奔。穰苴看见急忙

喝住,转身问军法官:

"军中不许驰车,使者该当何罪?"

"按法仍然该斩!"军法官答道。这一来,把个使者也吓得面色如土,惶惶战战,口中连说:

"我是奉命而来的,别杀我,不干我事!"

穰苴说:"既然是奉君命而来,不好杀死你,但军法却不能儿戏。来人,把他的车砸了,马给杀了,代他一死。"这车马原是齐景公的坐乘,人称轺车,这回居然毁在穰苴手里。使者抱头鼠窜而去。全军将士看到这个情景,既振奋又害怕,振奋的是一般士卒,穰苴惩罚了这些平日作威作福的权贵,让他们出了口恶气,害怕的是有些领兵之将,从此不敢偷奸耍滑,违犯命令。

斩了庄贾,穰苴一声令下,大小三军开出都门,威风凛凛杀向边关。晋国的军队还算消息灵通,一听穰苴这番作为,连忙收兵,未及齐国兵到,已逃得连影都不见了。燕国军队也要后撤,但动作慢了一点,被齐军掩杀过去,穷追猛打,斩杀万余。从此收复了全部失地,凯旋还朝。齐景公亲率文武百官到郊外迎接,并立即封穰苴为大司马(即掌兵的总司令),从此后人称穰苴为司马穰苴。

孙子吴起列传第五

孙子教战宫姬

孙子,姓孙名武,齐国人。齐国发生内乱,孙子便离开齐国来到吴国,拜见阖闾,二人交谈之下,孙武将他的兵法十三篇与吴王娓娓道来,吴王阖闾听完还意犹未尽,忽发奇想,想试试孙武治军的实际本领如何,于是对孙武说:

"先生能不能将您的兵法演习一下呢?""当然,"孙武连眉也没皱一下。

"那么,用女人当兵也行吗?"吴王见孙武回答得这样干脆,不免生出恶作剧之心,想难为一下他。

"当然。"孙武又是一声干脆的回答。

于是吴王从宫中选出宫姬一百八十人,让孙武操练演兵,自己坐在高台上看热闹,心想看看你这高手怎样能把这些嘻嘻哈哈的弱质女流训练成兵。

只见孙武不慌不忙,把一百八十个宫娥分成两队,选取相貌最美,也最受吴王宠爱的两个妃子分任队长。让她们身着士兵服,手执兵器,向她们宣布战场纪律,对她们说:

"你们知道各自的心之所在和左右手背吗?"

宫女们答道:"知道。"

孙武认真地告诉她们:

"我下令前进,你们则视心之所在,向前。下令向左,则看你们的左手,向左。下令向右则看你们的右手,向右。"

宫娥们平日娇生惯养惯了,生平第一次穿上戎装还发了兵器,一时间觉得又滑稽又好玩又新奇,还以为这又是吴王让自己开心的什么把戏,所以谁也没把眼前这位将军的话当回事。她们乱七八糟地站着,有的盔甲歪斜,有的还用手拄着戟。俗话说仨女一台戏,这么多宫女到了一块,大家说说笑笑,好不热闹。

孙武不急不恼,不动声色,请出军中执法的斧钺,令执法官站立一边。申令已毕遂下令击鼓向右,宫女们闻之大笑,谁也不动。又下令击鼓向左,宫女们笑得更厉害了,队伍前仰后合,乱成一团。

孙武仍旧不动声色,脸上看不出任何表情,说:

"纪律约束没讲清楚,训练科目内容交代不明,乃是将之罪过。"于是再次重申纪律,交代训练要领。然后重新下领击鼓向左、向右,但是这些惯纵的宫女们仍旧嬉皮笑脸,视同儿戏,有的甚至觉得这位将军跟她们做的游戏挺好玩,不妨捉弄他一下。这时,只听孙武用平静而慑人心魄的声音说道:

"纪律交代不清,训练要旨讲不明白,是将军之罪过。但上项既已三令五申,你们也都清楚,而却不执行军令,这就是领兵吏士之罪过了。"接着,他问执法官:

"按照军法,不服从命令该判何罪?"

"斩!"执法官吐出一个字。

孙武于是下令将两个队长斩首。这时,一直在看台上看热闹的吴王阖闾慌了手脚,忙派人下令给孙武说:

"寡人已经知道先生能用兵了。这两个宫姬是我最宠爱的,没有她们我连饭都吃不香,饶了她们吧。"

孙子正色道:"我已受命为将,将在军中,君主的命令可以不接受的。"二话没说,一挥手,两个美人的头颅就落入尘埃。然后他又任命两个次一点的美人为队长。

这一下,宫女们吓得战战兢兢,不敢仰视,她们死也没想到会有这等结果。当孙武再一次发号施令时,两列队伍向前向后,向左向右,队形变换都循规蹈矩,不敢有半点走样,在操练中,只闻兵器声、整齐的脚步声了,刚才的嬉闹喧哗一点也不见了。操练已毕,孙武还是不动声色地来到看台,向吴王禀报说:

"训练已毕,请大王检阅。现在让她们赴汤蹈火也是可以的。"

吴王心痛得差点没掉出眼泪来,挥挥手说:

"算了算了。将军回去休息吧,我不想再看了。"

孙武毫不客气地说:"原来大王只是喜欢兵法而已,并不乐意将其实用。"

从此阖闾知道孙武能用兵,确有能为,任他为大将。吴国向西击破强大的楚国,占领了郢都;向北威震齐国、晋国,吴国在诸侯中名声大振,都是由于孙子的功劳。

刑余之人

孙武死后一百多年,又出了一个大兵法家孙膑。

孙膑出生在山东的阿、鄄之地,是孙武的后世子孙。孙膑曾与庞涓一起学习兵法。后来,庞涓来到魏国,被任命为魏惠王的将军,但他自认为自己的才能比不上孙膑，便私下里派人把孙膑请来，孙膑到了魏国后庞涓怕孙膑的才能超过自己，十分嫉妒，找借口施刑法挖去孙膑膝盖骨，并在他脸上刺字，企图让孙膑因此隐居起来，羞于见人。

在古代，刑余之人是最为人所看不起的，处境十分悲惨。但孙膑并未灰心泯志，他在墨子的弟子们的帮助下，往见齐国使臣，说动了齐使将之偷偷载回齐国。

孙膑入齐，受到齐国君臣的重视，齐威王当时也算是个有心励精图治的角色。但孙膑辞官不受，只允诺日后有机会定为齐国出力。

当时齐国君臣喜欢玩赛马，每赛必押重金为彩头。比赛分三场，以各家的上、中、下三等马依次赌赛。田忌家的马比不上威王的马，所以只要与威王赌赛，每赛必输。一次孙膑闲居无事，也去看赛马，当然田忌又败给了威王。第二天，孙膑告诉田忌，这回你还与威王比赛，押上千金，我一定能让你赢。田忌一向深服孙膑，毫不犹豫就照办了。威王一边大喜，一边暗笑田忌自不量力。结果孙膑让田忌把马的披挂全换了，以自己的下等马对威王的上等马，以中等马对威王的下等马，以上等马对威王的中等马，比赛结果，田忌两胜一负，净赢威王千金。

对比赛的结果，威王迷惑不解，田忌遂告之以孙膑之计。威王由此感叹说："从这点小事上，就可以看出先生的才能。"

围魏救赵

魏国攻打赵国，赵王很着急，便向齐国请派救兵。齐威王要拜孙膑为将救赵，孙膑推辞说："我是个受过刖刑而死里逃生的人，不可为将。"于是齐威王便拜田忌为将，让孙膑为军师，乘坐有帷盖的车子为齐军出谋划策。

受命之后，田忌马上要挥军直捣邯郸，与赵兵内外夹击，以解邯郸之围。孙膑不以为然。他说要想解开缠绕纠葛在一起的绳结，只能冷静心细地一点点地找线索，而不能心急地去拉；要想排解争斗，只能劝说不能参与进去。他对田忌分析了敌情势态，认为眼下魏与赵正在苦斗厮杀，魏兵精锐俱在邯郸城下，而国内必然空虚，而我们恰应该攻其所必救，大军直趋魏都大梁，这样，庞涓必得回师看家，我们就可以在半路邀击，一举两得，既解邯郸之围，又能轻松破敌。

孙膑的一番话说得田忌口服心服，遂率军直趋大梁，一路大张声势，好让魏人知晓。魏惠王闻报果然慌了手脚，急忙下令庞涓撤邯郸之围，回救大梁。庞涓遵命回防，一路马不停蹄，不想孙膑早就在他回魏的必经之路桂陵伏下重兵，以逸待劳等着他呢。当人困马乏的庞涓军进入桂陵时，突然伏兵四起，满山遍野的齐兵杀将过来。魏军原已在邯郸坚城之下与赵军相持多日，兵员多有折损，加上长途跋涉，疲惫不堪，那里挡得住士气正盛、体力方好的齐兵的掩杀。没有经过太多的抵抗，齐师大败梁军。

增兵减灶

桂陵战后，大约是孙膑忠厚过人，念及师门之情从而不记旧恶，或者是他艺高人胆大,加上大约在庞涓被释回魏不久,在齐国的权力斗争中,田忌又一次成了牺牲品,被迫去职,这样,孙膑也随之离开军界。庞涓闻到这个消息,气焰陡增,率魏军东征西讨,打得四邻损师丧地,惶惶不可终日。这时齐威王死了,儿子齐宣王继位,又请回了田忌和孙膑,但庞涓并不知此,亲率大军攻打韩国,韩军抵敌不住,遂向齐国求援。

是否发兵救韩,齐国将相意见不一,相国邹忌主张不救,犯不着为他人火中取栗。田忌则主张早救,因为韩灭则魏国强大,迟早对齐不利,孙膑见二人争执不下,只是拈须微笑,并不言语,于是大家都来问他。只见孙膑不慌不忙地说:

"如果马上去救韩,魏军气势正盛,那就等于代韩受敌;如果不救,那就等于因韩资敌,让魏国坐大,现在的善策莫不如暗中答应韩国的请求,以固结其心,使其坚决抵抗。另一方面暂缓出兵,待双方打得精疲力尽,我们再出兵,这样会收事半功倍之效。"

齐王听从了孙膑的意见,按计行事。果不其然,韩军恃有援兵,拼死抵抗,虽五仗皆败,但也使魏兵大有损耗。当韩国快要支撑不住之时,田忌和孙膑率大军十万杀奔魏都大梁而来。庞涓吃了一惊,急忙回师。由于韩国较近,所以回师速度很快,在国都补充了生力军,魏王另派太子申挂帅,率军十万,前来迎击齐军。

在进军魏国途中,孙膑对田忌分析了战前形势,他认为论士兵素质,齐国不如魏国,魏兵素来轻视齐兵。我们要利用这一点,骄敌诱敌,示之以不能,最终击败他们。

就这样,齐军和魏军甫一接触,便调头回撤。庞涓心有余悸,不敢穷追,只在后边远远地跟着。头天,庞涓发现齐军宿营过的地方有十万灶,第二日,发现齐军遗下的野炊灶只剩下五万了,第三天居然变成三万个。由此,庞涓认定齐军逃亡严重,已经溃不成军。于是对魏太子申说:

"早知道齐兵胆子小,没想到就怕成这个样子,我军才追了三天,他们就逃亡过半,如此怯军,怎敢与我作战!"

庞涓骄气大涨,遂丢下辎重和步兵,率轻骑二万,昼夜兼程,来赶齐军,务必报桂陵之仇。

孙膑见庞涓已入其彀中,就故意装出一副溃不成军的样子,一路把车仗旗帜丢得到处都是,一口气撤回齐国境,在马陵伏下重兵,专候庞涓上钩。

马陵道路狭窄,地势险要,两山峡谷,树木葱密,孙膑选万余弓弩手埋伏于道路两侧的茂林中,告诉他们:晚上只要有人高举火把,你们就向亮火处齐射。孙膑还命人把马陵道上最显眼的一棵大树刮去一段树皮,写上"庞涓死于树下"六个大字。

夜色苍茫,庞涓果然率轻骑在孙膑算好的时间来到马陵道上。前军忽报前边道路被树干乱石堵住,庞涓拍马前去观看,发现路旁大树上隐约有字,于是他命士卒点起火把照亮,等到庞涓读完"庞涓死于树下"六字,心说不好,大叫中计,只见齐军万箭齐发,魏军大乱。庞涓智穷兵败,自杀。接着,齐军两翼齐出,魏军猝不及防,又群龙无首,不大功夫就被杀了个干净。田忌和孙膑乘胜追击,又大败魏军的后续部队,俘虏了魏太子申,歼敌十万余。从此以后,魏国一蹶不振,再也没有能力与齐国为敌了。

求仕与游学

吴起是卫国人,出身于贵族世家,不过到了他长大成人时,吴家已无功名了。从少年时代起,遭致乡邻的讥笑,不少家庭居然教子女以吴起为诫。吴起一怒杀掉了几个嘲讪他最厉害的人,击剑而誓,不得为卿相,誓不返回乡里。遂不顾年迈老母的苦苦挽留,踏上了游学求仕之途。

在吴起那个时代,儒、墨并称显学,影响甚大。吴起首先到了鲁国,师从孔门高第曾参研习儒术。一年下来,曾参知道了吴起有老母在堂,便问他为什么从不回家省亲。吴起告诉老师说他有誓言在先。由此吴起失去了曾参的欢心。不久,卫国有个人捎信来,告诉吴起他母亲死了。吴起仰天长号三声,旋即收泪,依旧诵读如故。曾参见状大怒,遂将他逐出门墙,永绝弟子之义。

从此以后,吴起又改学兵法,苦读三年学成下山,求仕于鲁。当时的鲁国宰相公仪休,曾与吴起谈过兵法,知道吴起有才能,遂推荐吴起于鲁穆公,用为大夫。这时,齐相田和,隐隐然有代齐自立之势,因一向欺鲁国贫弱,想伐鲁为自己树威,遂发兵数万,亲自率领杀奔鲁国而来,攻城夺地深入鲁境,告急文书如雪片一般飞至鲁国宫廷。相国公仪休建议起用吴起为将,抵御齐师,可鲁穆公认为吴起之妻即出自齐国田氏,因而踌躇不决。吴起闻知这个消息之后,二话没说,回家挥剑斩了妻子,把脑袋以帛包裹,来见穆公,说:

"我有志于报国,而您因我的妻子的缘故怀疑我,现在献上我妻子之头,以明示我是一心为鲁国的。"

鲁穆公见状不觉失色,心里感到吴起未免太残忍了点,但大敌当前,无计可施,遂用吴起为将,将兵万余以却齐兵。

吴起受命之后,即放下将军架子,搬到军中,与士卒同食同住,打成一片,睡觉铺的是士兵的被褥,行军也不骑马或坐车。看见士兵带的粮食行李多了,他就抢来自己扛着,有士兵发疽,他亲自为其调药,并用嘴为其吮出脓血,感动得士兵们待他像父亲,个个摩拳擦掌,愿效死战。

却说齐将田和引兵一路顺风杀至鲁之南鄙,风闻鲁国拜吴起为将,很不以为然。在他看来,吴起不过是个好色好动的轻薄之徒。及两军对垒,吴起只是坚守不出。田和派人偷偷去鲁营中看动静,只见吴起与鲁军士卒最低贱者,席地而坐一起分食粗茶淡饭。田和闻报,更加看吴起不起,认为将军有尊严才能使士卒敬畏,象吴起这样是无法统率士卒的。这么想过之后,还是有点不放心,又派其爱将张丑充作使者前来鲁营假称愿意讲和,实则打探虚实。吴起当然知其来意,遂将精锐士卒藏于后军,明面里只搁些老弱残兵在齐使面前晃来晃去。吴起以牛酒款待齐使,有意卑恭温词,低声下气。齐使回报田和,田和遂大放其心,全不为备,准备全军大吃一顿,然后进军。正在齐军上下忘乎所以之时,突然鲁兵分三路杀到,齐兵马不及鞍,车不及驾,乱成一团,鲁军士兵为报吴起知遇之恩,士气正锐,人人当先,直杀得齐军尸横遍野,田和率残兵败逃,鲁军直追至齐境方回。

施展才华

吴起的成功,震惊了诸侯,以一个小小的鲁国,居然能打败头号强国齐国,在当时几乎是一奇闻。鲁君本来就不是个能成大业之人,遂听信谗言辞退了吴起。

吴起决心去魏国。这时的吴起,已经小有名气了。魏文侯得知吴起欲抵魏的消息后,就问他的相国李克:

"吴起这个人怎么样?"

李克回答说:"这个人贪恋功名,为人不怎么样,但用兵打仗连司马穰苴也盖不过他。"

吴起来到魏国,魏文侯一见到他就说自己要讲仁义,不喜欢谈兵革之事。吴起一眼就看出魏君的伪善面目,毫不客气地指出,既然君王无意于兵事,为什么举国大造兵器?而造好了兵器得不到善用之人,就如母鸡为保护雏鸡去和狸猫搏斗一样,不过是以卵击石。吴起的一番话打掉了魏文侯的矫饰,魏文侯连忙降座表示愿听教诲。吴起于是讲了为君应该文德与武备兼修的道理,对内修德以安众,对外治兵以防寇,如果让人民受到侵害,人死家破,那才是最大的不仁不义。

吴起的话,令魏文侯心悦诚服。于是魏文侯郑重其事地告祭于祖庙,设坛当众拜吴起为大将,并赐宴款待吴起,文侯夫人亲自为吴起把盏。

吴起为魏将,仍然如在鲁时一样,深入士卒,与士卒同甘共苦,负粮吮毒,而且行军宿营不践踏农田。他的所作所为,深得士兵的拥戴,以至于士兵的母亲一听说吴起为其儿子吮毒,就会痛哭流涕,认为她儿子肯定要为吴起战死了。吴起为将不经年,先后夺取强秦的城池五座。

一次魏武侯与诸大夫泛舟黄河,至中流,武侯看着险峻的山河,不禁赞道:

"美哉!山河之固,这就是魏国之瑰宝啊!"

有人马上附和,说山河之险才是成就霸业的根本。吴起马上驳斥这种论调,认为成就霸业,在德而不在地势的险峻。他说从前之苗氏、夏桀、殷纣处地都很险要,但由于德业不修,民怨沸腾,结果都身死国灭。最后他诚恳地说:

"若我君不修德安民,尽管有山河之固,今天舟中的国君和大夫,就会为他人所俘虏。"

将星殒落

楚悼王熊疑公元前401年即位时,国政糟到了不能再糟的地步,政坛上勾心斗角,贿赂公行,小人当政,国势日衰,军队不堪一战,秦国和三晋(魏、赵、韩)都在欺负楚国,侵夺了大片国土。楚悼王是位想有所作为的君主,不甘心当年威震中原的楚国就这么沉沦下去,因而急于寻找一个能使楚国变法图强的人来主持国政。吴起的到来使楚悼王大喜过望,如久旱之逢甘霖。这时的吴起,已经名满天下,楚悼王对之钦敬不已,吴起一到,楚悼王就要委国以从,但吴起要求先过渡一下,于是先担任了宛地的郡守,未及一年,宛地大治。楚悼王迫不及待地任吴起为令尹(即楚之宰相)。

经过一年的实践和观察,吴起已经看出了楚国软弱积贫的症结所在,他对楚悼王说:"楚国地方数千里,可以养兵上百万,按理应当压倒诸侯,世世代代为霸主,其所以不能威加诸侯的原因,在于缺乏养兵之道。养兵先需富国,国富才能强兵。现在楚国冗官满朝,大量的贵族干拿着公家钱粮,不干事,而士兵仅能糊口,这种情况下指望他们为国捐躯岂不是一句废话。如果大王听我的话,当务之急莫如淘汰冗官,整顿王族,增加储备以待敢战之士卒,如果这样做了而国威不振,请大王杀我的头以谢天下。"

就这样,吴起开始了变法。在政治上,他取消了楚国之世卿世禄制度,凡是受封已传五代者取消爵位,疏远的王族,一律除籍,所有冗官一概裁撤。在经济方面,他把国都失去爵禄和官职的贵族都填充到边鄙乏人之地,让他们垦荒生产。在军事上,吴起整顿军队,精简机构,增加士卒给养,严格训练,使楚军重振雄风,又成了一支劲旅。同时他还加宽加高了郢都城墙,使之易守难攻。就这样,楚国迅速强大起来,兵威四加,南平百越,北并陈蔡,却强秦,败三晋。公元前381年,楚国在吴起指挥下救赵攻魏,大破魏军,再一次饮马黄河,重振楚庄王的雄风。

吴起在楚国的政治军事生涯,是他整个一生最辉煌的时光,他大刀阔斧,疾风暴雨似的改革,极大地满足和实现了他的政治抱负。然而戏剧的高潮过后紧接着就是落幕,正在他春风得意的时候,楚悼王去世了。被吴起变法打击过的旧贵族马上掀起暴乱,攻杀吴起,一时事起仓促,吴起抵敌不过,就跑进王宫,伏在楚悼王的尸体上,旧贵族们齐射吴起,也有不少箭射在王尸上,吴起临死时大叫:

"你们射我不要紧,可是你们射中王尸,就不怕触犯楚国法律吗?"

暴乱的旧贵族闻言四散逃命。后来,楚肃王继位,果然以射王尸之罪把那些暴乱者族灭了十余家。

伍子胥列传第六

伍子胥父兄被害

伍子胥是楚国人,名员。伍员的父亲叫伍奢,他的兄长叫伍尚。他的先祖伍举,因敢于向楚庄王直言上疏很受信用,所以他的后代在楚国很有名。

楚平王当政的第二年,费无忌为楚国大夫,他心地险恶,为人十分阴毒狡诈,残害过许多忠良无辜。他对楚平王善于迎奉,投其所好。楚平王对费无忌言听计从,做出许多荒淫无道的事。

楚国的太子建,对费无忌的所作所为深感痛恶,无奈费无忌是当朝大夫,又是楚平王的宠臣,对他一时也没什么办法。但费无忌对此却深感不安,唯恐楚平王死

后,太子掌权杀了他,所以处心积虑地挑拨楚平王和太子的关系,诬告太子建授意他的老师伍奢,正在招兵买马,意图谋反。

昏庸的楚平王,便将太子的老师伍奢召来,大加责难。伍奢为人耿直,是位敢于直言相谏的忠良,对于楚平王残暴荒淫的行为,早就不满,对于费无忌这种专以谗言害人的无耻之徒,更是恨之入骨。当楚平王问伍为什么招兵买马,与太子合流谋反时,伍奢大怒道:"你做出了许多对不住太子的事情,而且还听信小人谗言,对自己的亲骨肉都不相信了!"对于伍奢的当面顶撞楚平王恼羞成怒,厉声命令武士将伍奢绑了起来。

此时,费无忌要铲除太子的目的还未达到,仍不肯善罢甘休,进一步挑唆楚平王:"太子与老师的情义很深,您抓了太子的老师,太子决不会罢休,一定会借机谋反,到时您的王位可就保不住了。"楚平王不辨真伪,听信了费无忌的话,于是发布了诏书,废掉了太子建,并要杀了他。后来走漏了消息,太子连夜逃走,去了宋国。费无忌见除掉太子这一毒计,虽然没有彻底得逞,但也算达到目的了。转念一想,虽然太子逃亡,伍奢被抓,但伍奢还有两个儿子伍尚和伍子胥在外,而且都是智勇双全的人物,绝不可轻视。如果杀了伍奢,伍尚和伍子胥定要报仇,不就此除掉,仍是后患无穷,于是又劝楚平王杀掉伍奢父子,斩草除根。

楚平王觉得要抓伍尚和伍子胥恐怕不容易,费无忌又献计:"逼伍奢写信给他的儿子,就说如果伍尚和伍子胥都能来见过父亲,就可以放了伍奢,如果不来就杀了伍奢。只要将伍尚和伍子胥骗来,就可以将其父子一齐杀掉,免除后患。"

伍尚和伍子胥看过信后,焦急万分,为父亲的性命担忧。伍尚救父心切,要立即动身去郢都救父。伍子胥阻拦道:"我看此信不是出于父亲的意愿,里面定有阴谋,还是不去为好。"伍尚说:"如果不去如何能救父亲性命呢?"伍子胥说:"如果我们不去,楚平王不敢杀害父亲,因为顾忌我们;如果去了,反倒害了父亲,我们也难逃毒手。"伍尚说:"能够见到父亲一面,即使死也心甘了。"伍子胥心急道:"如果大家都去受死,谁还为我们报仇呢?"伍子胥未能说服伍尚,临别时,伍子胥叹道:"今天的分手就是生死离别,恐怕从今后再难见到你和父亲了。"

与伍子胥分手后,伍尚独自去了郢都。不出伍子胥所料,伍尚一到郢都,就被楚平王抓了起来,连同伍奢一道杀害了。

伍奢和伍尚被杀后,楚平王又向全国发布通缉,悬赏捉拿伍子胥,并派出人马,查寻伍子胥的踪迹。

伍子胥听到父兄被害的消息后,悲痛欲绝,对天发誓:"不报大仇,誓不为人!"这时,捉拿伍子胥的风声越来越紧,伍子胥连夜逃离了楚国。

伍子胥的父亲和哥哥让楚平王杀死,他一个人逃到吴国去,不久作了吴国的官。后来他帮助吴王阖闾进攻楚国。经过五次战争,终于打进了楚国的国都郢城。这时候楚平王已经死了,伍子胥为报杀父之仇,就掘开他的坟墓,拉出尸首,用皮鞭抽了三百下,以解心头之恨。当时有一位朋友叫申包胥,责备他说:"你这种行为,太违背天理和道德了。"伍子胥回答他说:"吾日暮途远,吾故倒行而逆施之。"意思是说："我弄得实在没有办法了,所以才故意干出这种不合乎常理的荒唐举动。"

伯嚭进谗

伯嚭是春秋时吴国的太宰即宰相。伍子胥在伯嚭厄难之时帮助过他,而且救过他的性命。但是,他为了图取个人的荣华富贵,竟不念伍子胥的厚情,甚至对伍子胥进行诬害,致使伍子胥被吴王夫差赐死。

当吴王夫差对越王勾践的征伐取得胜利以后,伯嚭由于接受了勾践的贿赂,就在如何处理和对待越国的问题上与伍子胥发生了尖锐的矛盾和冲突,矛盾冲突的根本问题是前者暗中维护越国,后者是极力维护吴国利益。

在勾践困守会稽、派文种向吴国表示投降求和时,夫差听取了伯嚭的意见,答应了勾践的投降求和请求。伍子胥得到这个消息之后,立即去见夫差进行谏阻,劝夫差拒和灭越。他首先向夫差讲了个夏少康怎样从危难中求生存,后来发展壮大,终于灭掉政敌寒浞,使夏族中兴的故事。然后又分析吴、越两国同处三江之地,不能并存,吴不灭越,越必灭吴的形势。接着又讲了灭掉越国对吴国有利,如果吴国灭掉秦、晋等国,占其地而不能居,得其车不能乘;灭掉越国,则其地可居,其舟可乘,因此不可失掉这个机会。最后又提醒夫差,越国有杀先君之仇,不灭越不足以报庭前之誓。而且勾践是个有作为的国君,加上有文种、范蠡的辅佐,就有可能发愤图强,这将是吴国的长期之患。

夫差听伍子胥讲了这些拒和灭越的道理后,心里也有所动,对勾践的求降要求犹疑起来了。

伯嚭看到这个情况,急忙发言。他先是反驳伍子胥拒和灭越的理论,进而对伍子胥提出质问:"如果先王的大仇一定不能赦越国之罪,那么伍员对楚国的仇恨更深,为什么不灭掉楚国,而让楚复国呢?"最后竟攻击伍子胥复楚是自行忠厚,不让越求和是诚心要使吴王居刻薄之名,这是忠臣不应当做的事。

夫差听了伯嚭之话后,连说有理,立即答应了勾践的投降求和要求,气得伍子胥连声叹息。他感到夫差允许勾践求和,吴国必将受越之制,因此很有感慨地说:"越国十年生聚,再加上十年教训,不过二十年,吴国将成为沼泽废墟了!"言下之意,二十年后,吴国将为越所灭。当勾践到了吴国以后,伍子胥想劝夫差乘机杀掉勾践,为此又与伯嚭发生了一场冲突。

夫差允许勾践投降求和以后,勾践夫妇即入吴为夫差当奴仆。他到了吴国,首先去向夫差谢罪谢恩,对夫差说了些恭维的话。此时,伍子胥对夫差说:"勾践为人阴险,今到吴国,如釜中之鱼,性命置于庖人之手。他所以谄词令色,目的是求免于刑,一旦得志,就如放虎归山,纵鲸入海,再也不能制他了,不如乘此机会,把他诛杀。"

伯嚭听到伍子胥的话,暗暗吃惊,赶紧对夫差说:"子胥只明于一时之计,不知安国之道,赦勾践之罪,这是仁者之所为也。"

于是，夫差又赞同伯嚭之言，不杀勾践。伍子胥见夫差只听伯嚭佞言，不用其谏，毫无办法，只得愤愤而退。

当夫差决定放勾践回国，设宴为他饯行时，伍子胥忿其忘敌待仇，不肯入席就座。这时，伯嚭乘机在夫差面前诋毁伍子胥，说："大王以仁者之心，赦仁者之过，是同声相应，同气相求，今日之座，仁者宜留，不仁者宜去。相国刚勇之夫，他不入座，是自感羞愧！"

勾践回国后，暗中图吴，以雪会稽之耻。他为了把吴国积存在仓库里的粮食抽空，造成吴国的粮食困难，借越国饥荒之名，向吴国借贷粮食，夫差认为越已臣服于吴，越国的困难，即吴国的困难，答应贷给粮食。这时，伍子胥又谏夫差不要把粮食借给勾践。他说："越国并不是真正发生饥荒，而是想把吴国的积粮抽空。勾践回国之后，致力于恤民养士，志在图吴，把粮食借给他，等于自取灭亡。"夫差对伍子胥的话，并不相信。说："勾践已经称臣于吴，哪有臣伐君的道理？"伍子胥乃援引汤伐桀、武王伐纣都是臣伐君的例子，进一步说服夫差。

这时，伯嚭竟借题发挥，攻击伍子胥把夫差与夏桀、商纣类比是太过分了。并对夫差说："借粮给越，无损于吴，而且有德于越，何乐而不为呢！"

夫差受伯嚭的怂恿支持，借给了勾践一万石粮食，结果上了大当。第二年，勾践把蒸熟了的粮食如数归还给吴国，夫差还认为勾践真守信义，并把勾践归还的粮食作为种籽，分给农民播种，农民播种后不生不长，造成吴国歉收，夫差还以为是因水土不同而造成的结果呢！

伍子胥为了吴国的利益，对伯嚭的祸国之心所作的斗争，由于夫差偏信伯嚭而连连受挫，同时，他又看到这位奸臣得势，因此对吴国的前途已悲观绝望，不得不考虑自己的后路。

其时，夫差正一心想图霸中原。他先后伐陈、伐蔡、伐齐，企图北上进取中原。公元前484年，夫差又联合鲁国伐齐，勾践为了怂恿夫差北进，以削弱吴国的力量，特派使臣去向夫差祝贺，并表示愿意发兵三千助吴伐齐。夫差对此十分高兴，伍子胥则心情沉重。他又劝夫差说："越国是吴国的心腹之患，今信人之浮辞诈伪而贪齐，即使破了齐国，也不过是块石田，不能种植庄稼。希望君王放弃伐齐而先伐越，不然后悔莫及。"

就在这时，夫差对伍子胥没完没了的谏劝已感到厌烦和恼火。伯嚭即乘机为夫差出了个主意，叫他派伍子胥出使齐国，假手于齐，杀掉子胥。

夫差觉得这个主意不错，乃写了一封责齐侯欺鲁慢吴之罪的信，叫伍子胥送往齐国，借此激怒齐侯，杀死伍子胥。伍子胥自料吴国必亡，乃乘出使齐国之便，把儿子伍封带到齐国，托寄在朋友鲍氏家中。齐侯知伍子胥是一位忠臣，与伯嚭有矛盾，不但不杀他，而且以礼相待，把伍子胥送回吴，目的是使他与伯嚭可以忠奸相攻。

伍子胥完全没有预料到这事对自己造成的危险。当夫差伐齐取得胜利以后，伯嚭即抓住这件事对他进行陷害。他对夫差说："前日王欲伐齐，子胥以为不可，王卒伐之有功。子胥耻其计谋不用，乃反怨望。且使人微伺之，他出使齐国，属其子于齐之鲍氏。夫为人臣,内不得志,外倚诸侯,自以为先王之谋臣,今不见用,常耿耿于怀,愿王早图之。"夫差听了伯嚭的话,正合心意。说:"微子之言,吾亦疑之。"于是乃使人赐伍子胥"属镂"之剑,让他自刎。

伍子胥接剑在手,悲愤交集,仰天长叹,他痛惜夫差听信伯嚭谗言,也痛惜吴国必将覆灭。临死之前他对舍人说:"我死之后,请把我一双眼睛挂在姑苏城的东门上,让我总有一天看见越国军队从这个城门进来,灭掉吴国。"在含恨中自刎而亡。

仲尼弟子列传第七

孔子的弟子

孔子说:"在我门下学习而学业精通的弟子,有七十七人。"他们都是有特殊才能的人。有以德见长的,如颜渊、闵子骞、冉伯牛、仲弓。擅长处理行政事务的,有冉有、季路。善于论辩的,有宰我、子贡。精于文章学术的,有子游、子夏。颛孙师偏激,曾参鲁钝,高柴憨厚耿直,仲由勇猛豪放,颜回经常受到穷困干扰,端木赐不信命而善于经商,预见行情经常准确无误。

孔子所尊敬的人:周朝是老子;卫国是蘧伯玉;齐国是晏平仲;楚国是老莱子;郑国是子产;鲁国是孟公绰。他多次崇尚臧文仲、柳下惠、铜鞮伯华、介山子然等人,由于孔子出生比他们都晚,不在同一时代,所以无缘相见。

颜回·闵损

颜回,是鲁国人,字子渊,小孔子三十岁。

颜渊向孔子问什么是仁,孔子说:"能够克制自己,使自己的言行符合礼,天下人就都会推崇你的仁德并归服于你。"

孔子说:"颜回真是个贤人啊!吃一小筐子饭,喝一瓢水,住在简陋的巷子里,人们都不能忍受的困苦,颜回却泰然处之,并且以此为乐事。""颜回平时表现得很愚笨,但他回去后反省自己做的事,也足以受到启发,颜回其实一点也不愚笨。""有人用你就去,人不用我就平静处之,只有我和你才是这样的态度。"

颜回在二十九岁时,头发全部白了,而且死得很早。颜回死后,孔子哭得很悲痛,说:"自从我有了颜回,我教起学生来很快乐,学生们对我更亲近了。"鲁哀公问道:"你的学生中谁最爱好学习?"孔子回答说:"有个叫颜回的学生非常好学,他从不迁怒于人,不犯同样的错误,不幸的是他死得早,现在已经没有同他一样的人了。"

颜无繇,字路。颜路是颜回的父亲,他们父子曾在不同的时期拜孔子为师。

颜回死时,颜路家里很穷,请求孔子卖掉自己的车来安葬颜回,孔子说:"我的学生中虽然有的有才,有的少才,但他们都各自是我们的孩子,鲤死的时候,只有内棺而没有外棺,我也没有卖掉车子自己步行来为鲤买外棺。这是因为我曾经担任过大夫,所以外出不能没有车子,那样不合礼节。"

闵损,字子骞,比孔子小十五岁。

孔子说:"闵子骞真孝啊!家庭非常和睦,人们都不能说出离间他和他父母兄弟的话。"他不去做官,不吃无道昏君的俸禄。他说:"如果有人再来召我做官,我就要渡汶水而出国去了。"

冉耕·冉雍·冉求

冉耕,字伯牛,孔子认为他有德行。

伯牛得了绝症,孔子前去慰问,从窗户中握着他的手,说:"真是命呀!这样的好人会得这样的绝症,是命运啊!"

冉雍,字仲弓。

仲弓问如何为政,孔子说:"出外时的言语行动要像见到尊贵的宾客一样有礼,役使百姓要像从事隆重的祭礼活动一样认真谨慎。在国内没有人怨恨你,在家里也没有人怨恨你。"

孔子认为仲弓有德行,说:"冉雍可以做一个国君来治理国家。"

仲弓的父亲地位很低贱。孔子说:"耕田的牛所生的小牛,毛色纯赤,头角周正,即使不用它做祭祀用,山神会放过它吗?"

冉求,字子有,比孔子小二十九岁,在季氏家里当差。

季康子问孔子说:"冉求这个人有仁德吗?"

孔子说:"一千户人家的地方,有百乘之车的家族,可以让冉求去管理那里的赋税。至于他是否有仁德,我也说不清。"季康子又问:"子路这个人有仁德吗?"

孔子说:"他与冉求一样。"

冉求问道:"听到一件该做的事就马上行动对不对呢?"孔子说:"是的,马上就去做。"子路问:"听到一件该做的事就必须马上行动吗?"孔子说:"有你的父兄在,为什么要听说一件该做的事就马上自己行动呢?"子华觉得很奇怪,想问一下"为什么同一个问题的回答却截然不同呢?"

孔子说:"冉求这个人办事不积极,所以要敦促他;仲由做事超过一般的人,所以要抑制他。"

子路

仲由,字子路,是卞地人,小于孔子九岁。

子路生性粗野,豪放好勇斗狠,士气刚直,他头插公鸡的羽毛,佩带着公猪的牙齿,经常对孔子不敬。孔子用礼慢慢诱导子路,子路折服于孔子,后来改穿儒者的衣饰,带着礼物,通过孔子的门人请求做了孔子的弟子。

子路问如何治理国家,孔子说:"首先要作百姓的表率,还要适时地慰劳百姓。"子路请再多讲一些,孔子说:"不知疲倦地这样去做,多讲也是这样。"

子路问:"仁德的君子也崇尚勇敢吗?"孔子说:"先要以义为上,假如君子只追求勇敢而不讲义就是作乱,小人只崇尚勇敢而不讲义就会变成贼。"

子路听到了做一件事的道理,还没有去实践,这时的他因为生性愚钝,怕又听到关于做另一件事的道理而分辨不清。

孔子说:"凭着一点点线索就可以判断案件的,只有仲由了。""仲由好勇超过我,但这并没有什么用处。""像仲由这样聪勇过人,不知道他会怎么死。""穿着破衣烂衫而与身穿华服的人站在一起而不觉羞耻的,也只有仲由。""仲由的学问只是表现在外却没有深入。"

季康子问:"仲由有仁德吗?"孔子说:"有千乘战车这样宏大的国家可以让仲由去管理赋税。他是否有仁德我也说不清楚。"

子路喜欢跟着孔子周游列国,曾经遇到过长沮、桀溺、荷蓧丈人等人。

子路担任季氏的家臣,季孙问孔子:"子路可以称是好的大臣吗?"孔子说:"他可以称为预备的臣子。"

子路出任蒲地的大夫,向孔子辞行。孔子说:"蒲地人性豪爽,有许多壮士,又难以治理。但是我告诉你:谦恭而尊敬别人,可以降服勇士;宽容而公正地处理事情可以使众人信赖;恭敬、正直、冷静,就可以报效上司。"

当年,卫灵公有位宠姬叫南子。卫灵公的太子蒉聩得罪南子,很害怕被杀而逃到国外。等灵公死后夫人想立公子郢为君,郢不答应,说:"逃跑的太子的儿子辄还在国内,我怎能为君呢?"于是卫国就立辄为国君,这就是出公。出公即位十二年,他的父亲蒉聩住在国外,不能回国。子路此时做卫国大夫孔悝的邑宰。蒉聩与孔悝联合作乱,在孔悝家中商议,与他的追随者一起袭击出公。出公跑到鲁国,蒉聩自立为国君,这就是卫庄公。当孔悝作乱时,子路恰出门在外,听说此事后就赶了回去。子羔正离开卫国的城门,对子路说:"出公已经跑了,城门也已关闭,你可以回去了,不要无端遭受灾祸。"

子路说:"吃了人家的饭,就不能在人家有难时避开。"子羔走了。这时有使者要入城,城门打开后,子路就随众进了城,赶到蒉聩那里。蒉聩与孔悝一起站在台上。

子路说:"君王不应该用孔悝,让我杀了他。"蒉聩不听他的。于是子路要放火烧台,蒉聩害怕,让石乞、壶黡下台攻打子路,搏斗中割断了子路的帽缨。

子路说:"我应戴着帽子死。"在他结帽缨时被别人杀了。

孔子听说了卫国发生的事情就说:"啊!仲由肯定死了。"后来果然听说子路已死。

孔子说:"自从我有了仲由,就没有听到有人说过我的坏话。"这时候子贡正作为鲁国的使者出使齐国。

子贡

端木赐,卫国人,字子贡,比孔子小三十一岁。

子贡能言巧辩,孔子常常制止他。孔子问他:"你与颜回哪一个更强?"

史 记

子贡说:"我怎么能与颜回相比!颜回听到一个道理就能推知十个,而我知道一个道理只能推知两个。"

子贡在孔子门下当弟子,问孔子说:"我是一个什么样的人呢?"

孔子说:"我看你像一个器皿。"

子贡问:"什么样的器皿呢?"

孔子说:"像瑚琏(古代的一种尊贵祭器)。"

陈子禽问子贡说:"仲尼的知识是怎么学习的?"

子贡说:"文王、武王的思想并没有绝,还在人们中流传,只是贤能的人知道它的内涵,而缺少贤能的人只知它的皮毛,世上到处都有文王、武王的思想在流传。先生什么都学,只是他没有固定的老师。"

陈子禽又问:"孔子到一个国家,就会了解这个国家的政事,这是他去求来的知识,还是别人主动告诉他的?"

子贡说:"先生是靠温、良、恭、俭、让这五种美德得来的。这种求知方法,是与一般人的求知方法不同的。"

子贡问道:"富贵而不骄傲,贫困而不谄媚,这样做好不好呢?"

孔子说:"这样做也可以,但是贫困而爱好道德,富裕而爱好礼仪要更好些。"

田常想在齐国作乱,却害怕高氏、国氏、鲍氏、晏氏,所以想领兵进攻鲁国。孔子听说后,对田常的弟子说:"鲁国,是祖宗坟墓的所在地,是我们的父母之邦,现在国家面临如此危险,你们几个人为什么不挺身相救呢?"子路请求挺身救鲁,孔子把他制止住了。子张、子石请求挺身救鲁,孔子也不允许。子贡请求挺身救鲁,孔子才答应了。

子贡出发,来到齐国,劝说田常:"你要攻打鲁国是错的,鲁国是个很难攻的国家,它的城墙薄而低矮,它的地方狭小而贫瘠,它的国君很愚笨,且没有仁德,国中的大臣都很狡诈且没本事,老百姓不愿意打仗。所以不可与鲁国交战。你还不如攻打吴国。吴国的城墙又高又厚,国土又广又深,甲胄又坚固又新,兵精将广,精草充足,国中到处都是贵重的物品和精锐的部队,又派英明大将守卫国土,所以它容易攻打。"

田常愤怒得变了脸色,说:"你认为难的是别人认为容易的;你所说容易的,又恰恰是别人认为难的。而你却把这种道理来告诉我,是为什么呢?"

子贡说:"我听说在朝廷内有忧患就去攻打强大的国家,在朝廷外有忧患的就去攻打弱小的国家。现在你的忧患是在朝廷内部,所以应当攻打强国。听说你三次想分封都没有成功,这是因为大臣中有反对的。现在你攻下鲁国来扩大齐国的领土,战胜以后国主就会很骄傲,占领了别的国家大臣就会很尊贵,而你的功劳却并不显赫,这样你与国君的交往就会越来越疏远。你在上面使国君骄傲,下面使群臣自大,想借此来成大事,是错误的。因为国君骄傲就专横,臣子骄傲就争权夺利,这样你就上与国君有隔阂,下有大臣与你相争。这种情况下,你在齐国就会很危险。所以说你还不如攻打吴国。攻打吴国如果不能取胜,老百姓死于国外,朝廷上也没有大臣,这样在上面就没有大臣与你分庭抗礼,下面没有老百姓来指责你,国君孤立,统治齐国的就只有你了。"

田常说:"这话有理。但是我的军队已经到了鲁国,现在如果离开鲁国而攻打吴国,会受到大臣们的怀疑,这怎么办?"

子贡说:"你按兵不动,让我出使去见吴王,让他来帮助鲁国去攻打齐国,这样你就可以乘吴国空虚率兵攻打吴国。"

田常答应了他的要求,派子贡往南去见吴王。子贡对吴王说:"我听说,称王的人不能让一个国家在世上消失,称霸的人不允许有强大的敌人并存,这好比千钧的重量加上一铢一两就会发生变化。现在有万辆战车的齐国因吞并了千辆战车的鲁国,而与吴国争强,我很为大王担忧。况且拯救鲁国,可以在诸侯中扬名;讨伐齐国,可以获得丰厚的利益。以此来安抚诸侯,攻打齐国来威胁强大的晋国,利益甚厚。这样名义上保存了弱小的鲁国,实际上削弱了强大的齐国,此乃明智之举。"

吴王说:"你说的很对,然而我曾与越国打仗,把越兵困于会稽山。越王自己吃苦耐劳,而优待士卒,有向我报复的企图。要在我攻打越国后再按你说的去做。"

子贡说:"越国的力量不如鲁国,吴国也比不上齐国强大,大王置齐国于不顾而去攻打越国,到时候齐国已经灭了鲁国。况且大王以保存危亡国家使其得以延续为名,攻打弱小的越国而惧怕强大的齐国,这是不勇敢的行为。勇敢的人不怕危难,有仁德的人信守诺言,有智谋的人不错过良机,行王道的人不会看着别的国家灭亡,以此来宣扬道义。现在使越国得以保存从而向诸侯显示你的仁德,拯救鲁国、讨伐齐国、震慑晋国,这样诸侯国就会纷纷来朝拜吴国,吴国霸业可成。如果大王一定憎厌越国的话,我请求向东去见越王,让他出兵与你一道攻齐,这样实际上可以使越国兵力空虚,而名义上是跟从诸侯国讨伐齐国。"

吴王十分高兴,就派子贡去越国。越王亲自到郊外迎接子贡,并来到子贡下榻之处,问道:"越国是不尊之国,大夫为什么郑重其事地屈身前来呢?"

子贡说:"现在我劝说吴国去拯救鲁国、讨伐齐国,吴王心里想这么做,但害怕越国乘机进攻,说'等攻下越国以后再这么做'。这样一来,越国是肯定要被攻破了。大王并无报仇之心却让人怀疑这是很愚蠢的;有了报仇之心而被人知道了,这就很难;事情还未发动就被人听到了,这就更危险。要成大事这三件是最大祸患。"

勾践非常信服地向子贡拜了两拜,说道:"我曾经不自量力,而与吴国作战,最后被困于会稽山,这种仇恨是深入骨髓,我现在日夜谋划,只是想与吴王大战一场或者同归于尽,这就是我的愿望。现在该怎么办?"

子贡说:"吴王为人凶猛残暴,他手下的群臣都无法忍受。国家因为多次战争而穷困,士卒都苦不堪言,百姓冤恨载道,大臣们想在国内变乱;伍子胥因为劝谏而被迫自杀,太宰伯嚭掌权,却听任国君犯错误而只图满足自己的私欲。这是危害国家的行为。现在大王真心实意地发动军队辅助他来激发他的斗志,进献重礼使他高兴,用谦卑的言辞来表示对他尊重,他就一定会去讨伐齐国。假如他失败了,这是大王你的福气。假如他战胜了,他一定带兵攻打晋国,我向北去见晋国的国君,

史 记

让他一起攻打吴军,这样吴国就一定会被削弱。吴国的精锐部队在与齐国的战争中消耗掉,它的重兵又在晋国陷于困境,而大王乘它疲困之际去进攻它,吴国就一定能灭掉。"

越王十分高兴,许下了诺言。他赠送给子贡黄金和兵器。子贡不接受,就走了。

子贡回报吴王说:"我诚敬地把王的话告诉了越王,越王十分恐慌,说:'我太不幸了,从小就失去了父亲,因为不自量力,获罪于吴国,以致兵败受辱,被困于会稽山,国家也荒废了。全靠大王的恩赐,才得以照常祭祀祖先,我死也不敢忘大王对我的恩惠,还敢对吴国有什么非分之想呢!'"

过了五天,越国派大夫文种叩着头对吴王说:"东海受使役之臣勾践的下人文种,冒昧通过大王的下官向您的左右问安。现在听说大王申明大义,诛伐强暴,拯救弱小,制裁凶残的齐国,匡扶周室,因此发动越国的全部士卒三千人,勾践请求亲自披甲执刃,冲锋在前。越国的贱臣文种奉送祖先所藏的兵器,二十领铠甲、斧钺、屈卢矛、步光剑,来进献吴国军队。"

吴王十分高兴,告诉子贡说:"越王想要亲自跟从我讨伐齐国,这样做可以吗?"

子贡说:"不能这样。人家国内空虚,出动它的全部人马,又让它的国君跟从,这样做是不义的。你可以接受它的财物,答应它派军队,但不要它的国君跟从。"

吴王答应,就谢绝了越王亲自跟从的要求。于是吴王就派遣九郡的兵力讨伐齐国。

子贡于是离开吴国,到了晋国,对晋国的国君说:"我听说,预先没有准备就不能应付突发之事,不弄清敌情就不能战胜敌人。现在齐国与吴国将交战,如果吴国不能取胜,越国一定会去扰乱它;如果吴国与齐国作战取得胜利,它的军队一定会逼临晋国。"

晋国国君非常恐惧,问:"对此该怎么办?"

子贡说:"整顿兵器,养好部队,等待它就是了。"晋国国君答应了。

子贡离开晋国,回到鲁国。吴王果然与齐兵在艾陵作战,大败齐国军队,将七支部队全部俘虏,仍不撤兵,果然把军队带到了晋国边境,与晋人在黄池相会。吴国、晋国都争强好胜。晋国发动攻击,大败吴国军队。越王听到这个消息后,乘机渡江袭击吴国,在距离吴国都城七里远的地方驻军。吴王听说后,离开晋国回国,与越军在五湖展开战斗。一连打了三仗,吴国大败,城门失守,越军包围了吴国的王宫,杀了夫差和他的宰相。消灭吴国后三年,越国在东方称霸。

子贡这一次行动,保存了鲁国,扰乱了齐国,使吴国被攻破,晋国因此强大而越国成了霸主。子贡这次四处游说,使各诸侯国间原有的格局被打乱,在十年之间,这五个国家都发生了变化。

子贡喜欢做买卖交易,并随着季节的变化转换手中的货物;他喜欢赞扬别人的好处,但不能替别人隐瞒过错;经常相助鲁国、卫国,家中财产万千。最后死在齐国。

子游·子夏·子张

言偃,吴国人,字子游。小孔子四十五岁。

子游来到孔子门下后,仍担任武城的长官。有一天孔子路过武城,听到丝竹和歌唱之声。

孔子微笑说:"宰鸡怎么要用杀牛的刀呢?"

子游说:"从前我从先生那里听说,君子学了礼乐之道,就会爱护人民,百姓学了礼乐之道,就容易听使唤。"

孔子说:"学生们,言偃的话是对的,我刚才只是开个玩笑。"孔子以为子游擅长文学。

卜商,字子夏,比孔子小四十四岁。

子夏问:"美人的笑容多好看啊,美丽的眼睛动起来时顾盼生辉,'仿佛洁白的绢上染上了绚丽的色彩',这指的是什么?"

孔子说:"这是指绘画,先有白的底色,最后添上色彩。"

子夏说:"礼也是最后才作吗?"

孔子说:"卜商,现在可以开始与你谈论《诗》了。"

子贡问:"颛孙师与卜商比,哪个更好?"孔子说:"颛孙师聪明太过,卜商则不及。""这么说来是颛孙师更高一筹?"

孔子说:"过分与不及同样,都不好。"

孔子对子夏说:"你应该做君子一样的儒生,不要做小人一样的儒生。"

孔子死后,子夏居住在西河教学生,还担任魏文侯的老师。他的儿子不幸死去,他把眼睛哭瞎了。

颛孙师,陈国人,字子张,小孔子四十八岁。

子张问如何能得到官爵俸禄,孔子说:"多听,多想,多问,谨慎地说话,就少危险;多观察有没有危险,没有危险的事也谨慎地去做,就会少后悔。这样,说话既少危险,行事又少后悔,爵禄也就在其中了。"

有一天子张跟从孔子到了陈国、蔡国之间,遭到困厄,就问孔子怎么做才能顺利。

孔子说:"语言忠诚有信,行为笃实诚敬,即使在那些不开化的野蛮之国也能顺利地通行;说话不诚实,不讲信誉,行为不诚敬,即使在自己的国土上,也不能顺利通行。站着的时候就好像看到忠信笃敬几个字在你面前,坐在车里则仿佛它们挂在车前的横木上,这样才能顺利地通行。"子张把两句话写在自己的衣带上。

子张说:"读书人怎样才能算是通达呢?"

孔子说:"你所谓的通达指的是什么呢?"

子张回答说:"在国内有声望,在家中有声望。"

孔子说:"你说的是声望,不是通达。通达,指的是质朴正直而好义,擅长察言观色,谦虚待人,这样在国内和家中必然通达。至于有声望,只要表面上讲仁义而

史 记

实际行动中却违背它,心里丝毫不感到愧疚,在国内和家中必有声望。"

子舆·子羽·子贱

曾参,南武城人,字子舆,小孔子四十六岁。

孔子认为他很遵守孝道,所以传授他学业。曾参著作有《孝经》,死于鲁国。

澹台灭明,武城人,字子羽,比孔子小三十九岁。

澹台灭明的长相很丑恶。他想向孔子学习知识,孔子认为他的根基太浅薄。拜孔子为师后,回到家中修养德行,从不干恶事也不走歪门邪道。不是因为公事,就不与官家来往。

澹台灭明南游到长江,跟随他的弟子有三百人,他按自己的标准选了一些人相跟,在诸侯中很有名声。孔子听说后,说:"我以一个人的言论来确定一个人的好坏,在宰予身上失误了;我凭一个人的外貌来判定一个人的好恶,在子羽身上失误了。"

宓不齐,字子贱,小孔子三十岁。

孔子说:"子贱是一个君子,说鲁国没有君子,那么子贱的德行这么好是从哪儿来的呢?"

子贱担任单父的邑宰,回来报告孔子,说:"这个国家有五个比我更贤明的人,他们教我如何治理地方。"孔子对别人说:"太可惜了,宓不齐治理的地方太小,他所治理的地方应该更大一些。"

子思·子长·子容

原宪,字子思。

子思问什么是羞耻,孔子说:"国家昌顺时,食朝廷的俸禄;国家无道时,食君王的俸禄而心安理得,就是羞耻。"

子思说:"一个人将好胜、虚夸、怨恨、贪婪等毛病都克服了,是不是说他有仁德?"孔子说:"可以说这样的人很难得,至于是否因此就有仁德,也不一定,我也不清楚。"

孔子死后,子思就在荒草野泽间隐居。子贡任卫相时,有一天驾着马车,带着骑马的随从,来到简陋的草屋,看望子思。子思穿着破衣,戴着破帽与子贡相见。子贡替他感到羞耻,说:"难道您病了吗?"子思说:"我听说,家中没有财产称为贫,学了礼义之道而不能去实行才叫病。像我这样子,只不过是贫,而不是病。"子贡觉得很惭愧,怏怏告辞,一辈子都为他这次说话的错失而感到羞愧。

公冶长,齐国人,字子长。

孔子说:"公冶长这个人很好,值得把自己的女儿嫁给他,他虽然蹲过监狱,但这不是他的过错。"就把自己的女儿嫁给了他。

南宫括,字子容。

南宫括问孔子说:"羿擅长射箭,奡擅长划船,他们膂力量大但都不得好死;禹和后稷亲自耕种庄稼而得到了天下,是这样吗?"孔子沉默不语。

子容出去后,孔子说:"这是一位君子,是一位有高尚品德的人!国家有道时,他会被重用;国家无道时,他可以免受刑罚和杀害。"子容反复诵读"白珪之玷"的诗句。孔子把他兄长的女儿嫁给了他。

宰予·季次·商瞿

宰予,字子我,非常擅长辩论。他投到孔子门下后,曾问:"父母死后守丧三年不是太长了吗?如果君子三年不行礼仪,礼仪就会变坏。三年不演奏音乐,音乐也要变坏。当日的谷子已经吃完,新谷子就要下来了,取火用的木头也已换了,我认为守丧一年就可以了。"孔子说:"这样做你心能安吗?"

宰予说:"能够心安。"

孔子说:"只要你心安,你就这样做吧。君子守丧时,多么好的东西吃着不觉得香,听到多好听的音乐不感到高兴,所以不这样做。"子我离开后,孔子说:"宰予这个人不仁啊!小儿生下三年后才离开父母的怀抱。守丧三年,是天下都遵守的规则。"

宰予经常白天睡觉,孔子说:"腐朽的木头不能够用来雕刻,粪土做成的墙也无法装饰。"

宰我问五帝有什么功德,孔子说:"你不配问这个问题。"后来宰我担任临淄的大夫,与田常一起作乱,被灭了族,孔子以此为耻。

孔子说:"天下无道,很多人都去当士大夫的家臣,在国都做官。只有季次不去做官。"

曾蒧侍于孔子左右,孔子说:"你最喜欢的是什么?"曾蒧说:"穿上春天穿的衣服,带着五六个年轻人,六七个小孩,在沂水里洗浴,在舞雩台上吹吹风,然后唱着歌回来。"孔子喟然叹道:"我与曾蒧的喜好是一样的。"

商瞿,鲁国人,字子木,小于孔子二十九岁。

孔子把《易》传授给瞿,瞿把它传授给楚国人馯臂子弘,子弘把它传授给江东人矫子庸疵,矫疵把它传给燕国人周子家竖,周竖传给淳于人光子乘羽,光羽传给齐国人田何,田何传给东武人王子中同,王同传给淄川人杨何。杨何在元朔中因为擅长研究《易》而任汉中大夫。

子羔·子开·子周·子牛

高柴字子羔,比孔子小三十岁。

子羔身高不满五尺,拜孔子为师,孔子认为他愚笨可笑。

子路派子羔做费郈的地方官,孔子说:"那就害了人家的儿子!"子路说:"那里有老百姓,有可祭祀的社稷,为什么非要读书才能称为学习呢?"孔子说:"所以我讨厌谄媚奸佞的人。"

漆雕开,字子开。

孔子让子开出去做官,子开回答说:"我的品行学业都不精,不想做官。"孔子听后很高兴。

史 记

公伯缭,字子周。

子周在季孙的面前诽谤子路,子服景伯把这件事告诉了孔子,说:"季孙固然对子路已有怀疑之心,但对于公伯缭这样无义之人,我还是有力量让他陈尸街头。"孔子说:"天意如行,这是命;天意将废,这也是命。公伯缭对命又能做什么呢!"

司马耕,字子牛。

子牛好多说话且性格暴躁。他向孔子问什么是仁,孔子说:"一个有仁德的人,他说话是很谨慎的。"问:"一个人说话很谨慎,这样就可以称为是仁吗?"

孔子说:"做一件事都很难,说一件事能够不谨慎吗!"

子牛问何为君子,孔子说:"君子既无忧虑,又不惧怕什么。"问:"一个人既不忧虑,又不惧怕,这样就可以称为君子吗?"

孔子说:"自我反省时没有自悔的事情,又有什么可以忧虑惧怕的呢!"

子迟·子华·子旗

樊须,字子迟,小于孔子三十六岁。

樊迟向孔子请教耕种庄稼之事,孔子说:"这事我不如一个老农。"

又向孔子请教种菜,孔子说:"这事我不如菜农。"

樊迟出去后,孔子说:"樊迟不懂事人!只要君王爱好礼,那么老百姓不敢不恭敬;君王爱好义,老百姓就不敢不服从;君王爱好信,老百姓不敢不真诚。如果是这样的话,那么四面八方的老百姓都会用襁褓背负着他们的子女前来归附,又怎么用得着自己去学种庄稼。"

樊迟问什么是仁,孔子说:"爱别人。"问什么是智,孔子说:"有知人之明。"

有若小于孔子四十三岁。有若说:"礼的应用,就是要以和为贵,在先王的治国之道中,这是最关键的。如果大大小小的事情都按礼的规矩,有的也不见得能行得通;知道和的道理而去讲和,不用礼去节制它,也会行不通。"又说:"讲信用又符合道义,说出去的话就可付诸实行;你的行为恭敬又合乎礼节,就可以避免耻辱;亲近可以亲近的人,就可以向他们学习。"

孔子死后,弟子们都很思念他,有若长得很像孔子,弟子们便一起推举他为老师,尊敬他就像尊敬孔子活着时一样。

有一天,弟子进来问道:"过去先生要出行时,让自己的弟子带上雨具,不久果然下雨了。

弟子问他:'先生怎么知道会下雨呢?'先生说:'《诗》中不是说吗:月亮依附于毕宿,便下大雨。昨天晚上月亮不就依附毕宿了吗?'但另一天,月亮依附毕宿了,却没有下雨。商瞿年纪大了还没有儿子,他的母亲想替他另娶,孔子却让他出使齐国,商瞿的母亲请求不要派他去。孔子说:'不要担心,商瞿四十岁后当会有五个儿子。'到后来果然应验了。请问先生是凭什么预知的?"有若沉默半天,答不上来。这位弟子站起身来说:"有若,请你离开这个座位,这不是你应该坐的地方!"

公西赤,字子华,比孔子小四十二岁。

子华出使到齐国,冉有替他的母亲向孔子请求给点粮食。孔子说:"给她一斗。"请求再多一点,孔子说:"给她一升。"冉子偷偷地给了她五升粮食。

孔子说:"公西赤到齐国去,乘着高头大马,穿着狐皮锦服。吾听说君子只救别人的急难而不是让他变得富裕。"

巫马施,字子旗,小于孔子三十岁。

陈司败问孔子说:"鲁昭公知道礼吗?"孔子说:"知礼。"陈司败出来后对巫马施说:"我听说君子不偏袒,别人的过失先生难道也偏袒吗?鲁国国君娶了吴国的女子为夫人,取名为孟子。孟子因为姓姬,因为与鲁君同姓,所以改称为孟子。假如鲁君知礼,还有谁是不知礼的人呢?"

巫马施把这些话告诉了孔子,孔子说:"我也真是幸运啊,假如也有什么过错,人们肯定会知道的。作为臣子,不可以说君主的过错,为他遮掩过失,这是礼的要求。"

商君列传第八

公叔痤的"胡话"

商君,是卫国国君家族里庶出的公子,名鞅,姓公孙氏,他的祖先本来姓姬。

公孙鞅从小就喜欢刑名之学,初在魏国相国公叔痤家当家臣。公叔痤曾想把他推荐给魏惠王,但不久公叔痤就病了,一直卧床不起。

有一天,魏惠王亲自来看望公叔痤,并问:"如公卧床不起,寡人国家大事委托给谁?"

公叔痤说:"可委于我的家臣公孙鞅。鞅虽年轻,但有奇才,可担此任。"

惠王以为公叔痤久病说胡话,不以为然。当惠王要离去时,公叔痤屏退左右,又对惠王说:"王若不用鞅,请一定杀掉,不能让他出境,以免他到别国做官,危害魏国。"

惠王更以为公叔痤说的是胡话,为不使病人失望,只好口头答应而去。

惠王走后,公叔痤便把公孙鞅叫到病榻前对他说:"刚才惠王来看我,并问我如卧病不起,谁可以接替相位,我推荐了你,看样子,王不同意。我就对他说,如果你不用公孙鞅,就把他杀掉,惠王已经点头了。我是先君后臣,把这件事先告诉了国君,现在我又告诉你,你就赶快逃走罢。"

公孙鞅说:"您放心,惠王如若不能听您的话,任命我为国相,又怎么能听您的话将我杀掉呢?不会的。"公孙鞅始终没有逃走。

惠王回到王宫,对他的左右说:"公叔痤病很重,尽说胡话,他要我将国事交给他的家臣公孙鞅,这不是在说胡话么?"

宣讲王道和霸道

公叔痤死后，公孙鞅听说秦孝公下令在国内征求贤士，准备重振当年秦穆公的业绩，向东收复被侵占的土地，于是就向西进入秦国，通过秦孝公的宠臣景监去求见秦孝公。

卫鞅做事向来只问应当不应当，从不顾人情面子。他希望有一套实实在在的、上下都能管的法规，反对那种想怎么做就怎么做、一个师公一道符的办法。这回他到了秦国，托秦孝公的太监景监把他介绍给秦孝公。

他先给秦孝公说了一大篇"王道"，什么仁义道德呀，什么尧舜禹汤呀，等等。秦孝公听了一半，连着打了三四个哈欠，最后索性打起瞌睡来了。

过了五天，景监又请秦孝公约会卫鞅。秦孝公勉强答应了。这回卫鞅见了秦孝公就说："我上回说的是王道。主公要是不喜欢，我还有霸道呢。"

秦孝公一听说"霸道"，就像小孩听说有糖吃一样，高兴地说："我倒不是反对王道，只是实行王道，就得干几百年，至少也得几十年，才能有点成效。我哪能等得了呢？你有什么富国强兵的高见，赶紧对我说吧！"

卫鞅说："我的霸道就能叫秦国强大起来，王道在乎顺着民情，慢慢地教导人民；霸道可不能这样，有时候不能顺着他们的心意，反倒得使劲改变他们的习气。没有见识的男女们只知道得过且过地贪图眼前的好处，看不到以后的安乐；相反的，有魄力的国君眼光又远又大，他的计策是要顾到将来的长远利益，一般人就不懂得这一点。他们的日子过得苦，可是已经苦惯了，叫他们改变一下，他们准会反对。实行霸道就得有决心，老百姓喜欢的事情不一定马上做；老百姓不喜欢的事情，要做就得做。等到改革有了成效，人民得到了好处，他们才能欢天喜地地明白过来。"

秦孝公说："只要你有富国强兵的好计策，我就有办法叫他们服从。"

卫鞅说："要打算富，就得讲究农业，要打算强，就得奖励将士。有了重赏，人民就能拼命；有了重罚，人民就不敢犯法。有赏有罚，朝廷才能有威信，一切改革也就容易进行了。"

秦孝公说："对呀，这事我能办到。"

卫鞅又说："不过要富国强兵，就得信用人，叫他能一心一意地去干。要是一听说有人反对，就变了主意，不光是前功尽弃，连朝廷也丧失了威信，可能还给一些小人一个作乱的机会。主公先得下决心，要干就干到底！"秦孝公连连点头："对，要干就干到底！"

卫鞅说到这里，就要告辞。秦孝公急忙说："别忙！我正听得有劲哩，你怎么不往下说呢？"

卫鞅为了慎重起见，就说："请主公再仔细考虑三天，到底干还是不干。三天之后，我才敢详详细细把我的计策说出来。"

秦孝公急着想知道卫鞅的下文,第二天就叫人去请他。卫鞅推辞说:"我不是跟主公约定三天吗?我哪能不守信用呢?"秦孝公只好耐着性子又挨了两天。到了约定的日子,卫鞅就把怎么改革秦国的计策说出来了。君臣两人一问一答地谈得很对劲。一连谈了三天,秦孝公不但没打哈欠,而且连吃饭、睡觉都忘了。

秦国的众大臣听说卫鞅要改朝政,就有几个人出来反对。他们反对的理由是:风俗习惯不能改,一改,人民就不方便;古代的制度必须遵守,不遵守,一定要亡国。卫鞅对他们说:"贤明的国君要改变风俗习惯,是要让人们'更方便'。没有知识的人只顾眼前的'方便',哪里知道,他们看到的'方便',在有见识的人看来,正是'不方便'呢!古代的制度,也许正合古人的用处,以后别的都改了,以前的制度也就没有用了。商汤和周武王改了古代的制度,国家就强大起来;夏桀和商纣王并没有改革夏朝和殷朝的制度,他们也亡了国。可见不跟古人学,也能当汤、武;死守着古代的制度,也难免当桀、纣。古人有古人的制度,现在人就应当有现在人的制度。要想国家强盛,就得改革制度。死守古法,难免亡国。"

秦孝公说:"卫鞅的话不错!"他当即拜卫鞅为左庶长,负责变法的事。

商鞅新法

不久,卫鞅在秦孝公的支持下,公布了新变的法令,以后又几次作了增补。这些法令的内容是:

一、迁都——决定以咸阳为秦国的都城。

二、建立县——乡村和城邑合并起来,都由县管。每个县有令、丞,办理推行新法的事。凡是不遵守新法的,照他犯的轻重,定罪受罚。

三、开垦荒地——所有城外的空地、荒地,由附近的居民开垦,都种庄稼。谁开的荒地归谁种,每年给国家交公粮。

四、土地一律归国家——从前一块庄稼地分成九个方块的"井田"制度,完全废除。重新丈量土地,按照六尺为一步,二百四十步为一亩的标准,计算面积。一切耕地不准私人占有。

五、奖励生产——男子必须种地干活,女子必须织帛织布。能增加生产的免除劳役,因好吃懒做而变穷的,由官家没收他的妻子儿女作为奴仆。谁要是把烘土肥料扔了的,就把他当做懒惰的农民来处理。做工的和经商的必须抽税。一家之中有两个成年的儿子,就得分家,各立门户,各交各的人头税。不愿分家的,每个成人必须加倍交税。

六、加紧军事训练,奖励军功——百姓必须受军事训练。官职的大小以打仗立功为标准。杀一个敌人,记功一分,升一级;碰见敌人逃跑的,定死罪。有功劳的尊荣显贵;没有功劳的,就是有钱也不得奢华讲排场。没立军功的贵族,废为平民。不论是贵族或者平民,不论有道理或者没有道理,凡是私下里打架斗殴的都是死罪。

七、实行保甲制度——每五家联为一"保",每十家互相联结,互相监视,一家有罪,其余九家必须告发。不告发的,十家连坐,都受"腰斩"的重刑。头一个告发的和杀敌人同样有功。私藏罪人的,和罪人同样有罪。每个居民必须领取"居民证"。没有"居民证"不能来往,不能住店。

八、遵守命令——朝廷的命令公布以后,不论贵族或者平民必须一律遵守。违反命令的,一律治罪。

新法令公布之后,大夫甘龙和杜挚还在议论。卫鞅就把他们革了职,降为平民。有一回,太子触犯了新法,卫鞅坚决地对秦孝公说:"国家的法令政策必须上下一律遵守。要是在上的人不遵守,底下人民对朝廷可就不信任了。太子犯法,不好办他,他的师傅应当替他担当这个罪名!"秦孝公叫卫鞅瞧着办。卫鞅就把太子的两个老师都治了罪:公子虔,判了刑;公孙贾,脸上刺字。这么一来,其余的大臣和民众就再也不敢批评新法令了。

秦孝公十二年(公元前350年),秦国的国都由雍搬到咸阳,同时有几千家大户也都搬过去。卫鞅把秦国划分为三十一个县。每县由令、丞负责推行新法。

新法施行十年,秦国大治,百姓家都能自给自足,国家的粮仓堆得满满的。别说没有土匪,就连个小偷也找不出来了。要是有人在半道上丢了什么东西,回去一看,保险还在那里。人们都为国家勇敢战斗,而以私斗为可耻。卫鞅又把那些杂乱无章的尺寸、升斗、斤两,规定了一个标准,全国都用统一的度、量、衡。

秦国变法之后,仅仅十几年工夫,就变成了很富强的国家。

秦孝公二十二年(公元前340年),卫鞅指挥秦军进攻魏国,夺取了西河地方。秦孝公十分高兴,把商、于一带十五邑封给他,号为商君。从此,卫鞅就叫商鞅了。

立木为信

商鞅变法的法令尚未公布,他担心百姓不相信自己,就在国都集市的南门外竖起一根三丈高的木条,安民告示:有谁能把这根木条搬到集市北门,就给他十金。百姓们感到奇怪,没有人敢来搬动。商鞅又出示布告说:"有能搬动的给他五十金。"有个人壮着胆子把木头搬到了集市北门,商鞅立刻命令给他五十金,以表明他说到做到。接着商鞅下令变法,新法很快在全国推行。

当时,正是田忌、孙膑率领齐兵攻魏救韩,孙膑用减灶计大败魏兵于马陵道,杀了魏国大将庞涓的时候。公孙鞅认为这对秦创帝王之业有利,便于庞涓被杀的第二年,对秦孝公说:"魏是秦的心腹之患,不是魏并吞秦国,就是秦并吞魏国,因为魏国占据着中条山的西面,其东中条山,山岭险峻,易守难攻。它建都安邑(今山西夏县西北),只与秦隔一条黄河,又独占崤山以东的有利地域,向西可入侵秦国,向东可扩张疆土。现在秦国依靠国君的贤能圣明,已经富强起来,而魏国去年又被齐国打得大败,各国诸侯都叛离了他,这正是攻伐魏国的好时机。魏国经不住秦国的攻击,必然向东迁移。这样秦国就可以占据黄河崤山一带的险要之地,退可以固守,进则可以向东扩张,以制服诸侯,这可是帝王之业,机不可失,请君决计。"秦孝公认为很对,就派公孙鞅为大将,带领五万士卒,离开咸阳讨伐魏国。

战国时,秦国为了对外扩张,必须夺取地势险要的黄河崤山一带。于是,就派公孙鞅为大将,率兵攻打魏国。公孙鞅率领大军,直抵魏国吴城城下。这吴城原是魏国名将吴起苦心经营之地,地势险要,工事坚固,若是从正面进攻,则难以奏效。公孙鞅苦苦思索攻城之计。他探知魏国守将是自己曾经与之交往的公子卬,心中大喜。他立即修书一封,主动与公子卬套近乎。信中写道,现在我们二人,虽然各为其主,但考虑到我们过去的交情,还是两国罢兵,订立和约可好。念旧友之情溢于言表。他还建议约定时间会谈议和之事。信送出之后,公孙鞅还摆出主动撤军姿态,命令秦军前锋立即撤回。公子卬看过来信之后,又见秦军撤退,心中非常高兴,马上回信与公孙鞅约定会谈日期。公孙鞅见公子卬已经钻入圈套,就在会谈之地暗中设下埋伏。

会谈之日,公子卬带了三百名随从到达了约定的地点,只见公孙鞅所带随从更少,而且每个人都没带兵器,更加相信对方的诚意。会谈的气氛十分融洽,两人重叙昔日友情,表达双方交好的诚意。公孙鞅还特地设宴款待公子卬。

公子卬兴高采烈地入席,还没等他坐定,忽听一声号令,伏兵从四面八方包围过来,公子卬及三百名随从反应不及,全部被擒。

公孙鞅利用被俘的随从,骗开吴城城门,迅即占领了吴城。这时,魏国只得割让西城一带,向秦求和。

商鞅的新法很严格,用法又极严厉,朝廷上的权贵、大臣们心里都怨恨他。秦孝公死后,惠文王继位,有人便诬告商鞅,说他要谋反。商鞅知道这是故意陷害,但也无法,只好逃跑。他逃到关下,想投宿旅店,店主人不知道他是商鞅,对他说道:"我必须先查明你的身份,才能留你住宿,不然我就要违犯法令了,你知道,这法令是商君制定的呀!"

商鞅听了店主人的话,禁不住长叹一声:"唉,真想不到法律的弊害竟有这般厉害啊!"

后来,商鞅被惠文王用分尸的酷刑杀死了。

苏秦列传第九

苏秦衣锦回乡

苏秦,是东周洛阳人。他来到东方在齐国求学,并拜了鬼谷先生为老师。

在外游历了几年后,苏秦仍旧十分困窘不得已回家。他的兄长、弟弟、嫂子、妹妹、妻妾私下里都笑话他,说:"周朝人的习俗,是经营产业,从事工商,以谋取微薄的利益为目标。现在你放弃该做的事而从事凭借口舌混饭吃。遇到困难,这不是应该的吗!"

苏秦听到后,感到十分惭愧,暗自伤心,于是闭门不出,拿出他所藏之书,又通览一遍,说:"一个读书人已经埋头苦读,仍不能凭借获取尊荣之位,即使书读得再多又有什么用?"但是他并未丧失信心,有一天他找到一本周书《阴符》,仔细阅读。过了一年,有了不少心得,说:"以它的道理可以去游说当今世上的国君了。"他请求向周显王游说,周显王身边的人向来对苏秦很熟悉,认为他是无能之人,都看不起他。

苏秦心里酸溜溜的,但他并未灰心,而是暗暗发誓,将来一定要出人头地。从此苏秦日夜苦读,有时读到半夜实在太困了,就用绳子把头发拴起来系在梁上,这样打瞌睡时一低头,会被绳子拽醒;有时人虽然醒着,精神却振作不起来,他就用锥子刺自己的大腿,强迫自己振作精神。"头悬梁,锥刺股"就是从此而来的。

经过一番苦学,苏秦掌握了丰富的知识,天文、地理、医药、军事、古今法令、各国概况均熟记于胸。于是他再次离开家乡,谋求仕途。

公元前334年,苏秦来到燕国,受到燕文公礼遇。他与燕文公分析当前形势:当今秦国最强,时有吞并各国的野心。燕国之所以未受侵扰,因为赵国抵挡在前,燕国要想永保太平,只有与赵国交好,联合中原各国共同抗秦。燕文公深有同感,便派苏秦合纵燕、赵、韩、魏、齐、楚六国。

苏秦首先到了赵国,向赵肃侯说明合纵之计的好处。赵肃侯完全同意,当下拜他为相国,给他大量财物,请他联合其他四国。

苏秦凭借自己出色的口才与智慧很圆满地完成了任务。

公元前333年,六国到赵国洹水(在今河南省)开会,各国国君歃血为盟。封苏秦为"纵约长",挂六国相印,掌管联盟之事。

苏秦挂六国相印荣归故里,所到之处均盛情接待,乡亲及家人更是诚惶诚恐,他的嫂子跪地磕头不起,苏秦心中感慨万千。

苏秦北说燕王

苏秦将要合纵五国伐秦,苏秦就向西到了秦国,当时秦孝公已死。苏秦对秦惠王说:"秦国是一个四面天险的国家,背靠华山,渭河绕境,东边有函谷关、黄河,西面有汉中,南面有巴蜀,北面有代郡和马邑,真是天府之国啊!凭借秦国士兵的勇猛和百姓的众多,再好好使用兵法,可以吞并天下,称帝而统治所有的土地人民。"秦惠王说:"我听说羽翼还未丰满时不可以高飞;我的国家的大政方针还未清明,就不可以去兼并别的国家。"当时刚刚诛杀商鞅,都对论辩之士很痛恨,所以不用苏秦。

苏秦于是向东到了赵国。当时赵肃侯任命他的弟弟成为相,号为奉阳君。奉阳君不喜欢苏秦。

苏秦离开赵国后又到了燕国,又过了一年多才得以见到燕国国君。苏秦对燕王说:"燕国东有朝鲜、辽东,北有林胡、楼烦,西有云中。土地方圆二千余里,带甲数十万,战车七百乘,战马六千匹,粮草足可支撑十年。南有碣石(今河北乐亭县西南,北魏时沉没于海)、雁门(今山西代县西北)之饶,北有枣栗之利,民即使不耕作,就凭枣栗果实,也足以为食了,这也就是所谓天赐府库。现在安乐无事,不见覆军杀将之忧,无过燕者。大王知道其中原因吗?燕之所以不受侵略,不用打仗,因为有赵在南边作为屏障。秦、赵之间打了五次仗,秦兵两胜而赵兵三胜。秦、赵互使对方疲惫,大王得以全燕制其后,这是燕所以无入侵之难的原因。况且秦国攻燕国的话,就必须过云中、九原、绕代(今山西代县)、上谷(今河北怀来东南),奔驰数千里,即使攻下燕城,也不能固守。很显然,秦国无法害燕。现在如果赵国攻燕,号令一下,万马齐出,不下十日,数十万军马就到东桓(赵邑,今河北石家庄东)了。度滹沱,涉易水,不出四五日就到燕国都城了。所以说,秦国攻燕国,是战于千里之远;赵国攻燕国,是战于百里之近。大王不担心百里之患,而看重千里之外,计谋之过,无过于此。因此希望大王与赵国合纵结盟,天下为一,那么燕国就无忧患了。"

燕王说:"寡人国家弱小,西近赵国,南近齐国,而赵、齐都是强国,今有幸听您指教,合纵以安燕,我一定率国相从。"

于是资助苏秦车马金帛,使他去赵国。

说赵王合纵

苏秦从燕国来到赵国,游说赵王参加合纵。实际上合纵的主谋首先就是赵国,何用苏秦来游说了。

苏秦对赵王说:"替大王考虑,不如安民无事,不用忙活。安民之本,在于选择外交对象,外交对象选择好了则民安,选择不好的话,那么老百姓就永远别想安宁。请允许我说说赵国的外患:齐、秦为赵国的两个敌国,赵国百姓不得平安;倚秦攻齐,民不得安;倚齐攻秦,民也不得安。谏人之君,伐人之国,其事极大,以其常断绝人之交,故说者常难出于口。"

苏秦请赵王屏退左右,然后对赵王说:"我要说的有什么不同的,只是纵横而已。大王诚能听臣之言,燕国必献盛产毡裘狗马之地,齐必献海隅盛产鱼盐之地,楚必献盛产橘柚的云梦之地,韩、魏皆可献供封君以取赋税之私邑,使大王的贵戚弟兄皆可以封侯。诸侯割地效财,这是五伯所以覆灭敌军、擒捉敌将而孜孜以求的事情;使贵戚封侯,这是商汤放桀、周武王诛纣所以争取的东西。今大王垂衣拱手,安然而坐,却可以获此三者,这是臣为大王所希望的。

"大王结交秦国,那么秦国一定会攻伐、削弱韩、魏;结交齐国,那么齐国一定会攻伐、削弱楚、魏。魏国弱就会割西河之外,韩国弱就会献宜阳。献了宜阳则韩与赵国联系的上党被阻,割去河外,则魏国通向赵国的道路不通。楚国弱的话,就不能救援赵国。这三条是大王不能不仔细考虑的。秦下轵城则南阳震动,劫取韩国、包围了周,那么魏国就受到威胁,占据了卫、淇水,那么齐国必定会入朝事秦。秦国

史　记

如果取得崤山以东,那么必然会举兵向赵。秦兵涉黄河,过漳水,占领番吾,就会兵临邯郸,战于城下,这是臣为大王所担心的事情。"

苏秦继续说:"当今之时,崤山以东诸国,惟赵最强,赵国疆土方圆二千里,带甲数十万,战车千乘,战马万匹,粮草可供十年之用。西有常山,南有黄河、漳水,东到清河。北有燕国。燕本是个弱国,不足畏惧。秦国所担心忧患的莫如赵国,然而秦国却不敢举兵伐赵,为什么呢? 是担心韩、魏谋其后方,也就是说,韩国、魏国是赵国南边的屏障。秦如果进攻韩、魏两国就不同了,这两国没有什么名山大川作屏障,稍微蚕食一下,就快到国都了。韩国和魏国若抵抗不住秦国的进攻,必投降秦国。秦国失去韩国和魏国这两个后患,祸水就该流向赵国。这是臣所以为大王担心的事。"

赵王听到此,便向苏秦讨保全之策。苏秦说:"臣听说尧无三人之土,舜无咫尺之地,却可以拥有天下;禹无百人之聚落,却可以使诸侯拜之为王;商汤、武王之卒不到三千人,战车不过三百乘,却可以立为天子。这是因为走对了路。外料其敌国之强弱,内度其士卒之众寡、好坏,不待两军相战,而胜败存亡之机已胸有成竹了,岂蔽于众人之议而蒙然决于政事! 臣自己看天下地图,诸侯之地五倍于秦,诸侯之兵合计十倍于秦,六国并力为一,向西攻伐秦国,秦国必败无疑。现在诸侯却败于秦国,西面事秦,入朝为臣。破人之国与国被人破,臣人与臣于人,岂可同日而语! 那些连横的人,都想割诸侯之地以与秦国媾和,与秦国媾和之后,似乎就可以筑高台,美宫室,听竽瑟之音,享山珍海味,前有车驾,后有长庭,美人巧笑,猝有秦国之患而不必担忧。所以连横之人日夜以秦国的威势恐吓诸侯,以迫使诸侯割地,愿大王能思考清楚这一点。

"臣听说明王绝疑去谗,摒浮浪不根之言,塞朋党争斗之门,因而尊主广地强兵之计,臣能够说给大王听。我私下里替大王考虑,不如使韩、魏、齐、楚、燕、赵六国为一,结为合纵联国,共叛秦国。令天下之将相,相会在洹水之上,举行会盟。相互约定:秦国若进攻楚国,齐国、魏国各出精兵来帮助楚韩兵绝秦国粮道,赵兵涉过黄河、漳水,燕兵防守常之北,以防秦兵声东击西。秦国若进攻韩国和魏国,那么楚国断绝秦兵后路,齐国出精兵相助,赵兵涉黄河、漳水,燕兵把守云中。秦国若进攻齐国,那么楚国绝其后路,韩国守御成皋,魏国堵塞午道,赵国涉过黄河、漳水,过博关一线,燕国出精兵助攻。秦国如进攻燕国,那么赵国就守御常山,楚国进兵武关,齐兵涉渤海,韩、魏以精兵助燕。秦国攻赵的话,韩国兵扎宜阳,楚国驻军武关,魏国屯兵西河之外,齐兵涉过清河,燕出精兵助攻。诸侯有先背约的,五国共举兵讨伐。六国亲密合纵,背弃秦国,秦国必定不敢出兵过函谷关来害崤山以东诸国。如果这样,赵国则可成伯王之业。"

赵王听后,激动不已,说道:"寡人年少,掌国的时间尚短,未尝得闻社稷长远之计。今贵客有心存天下,安诸侯,寡人敬以国从。"

于是,赵王封苏秦为武安君,彩车百车,黄金千镒,白璧百双,锦绣千匹,派他约诸侯合纵,共敌秦国。

游说韩王

苏秦对韩王说:"韩国北有巩、洛、成皋之固,西有宜阳、常阪之塞,东有宛、穰、洧水,南有陉山,载域方圆千里,带甲数十万。天下之强弓劲弩都自韩国而出。良弓可射六百步之外。韩卒用脚踏弓而射,百箭齐发,远者中胸,近者中心。韩国士卒的剑戟都出自冥山、墨阳、合伯、邓师、宛冯、龙渊、太阿,可以陆断马牛,水击鹄雁,杀敌即斩,坚甲、靯鍪、革抉、盾带,无不全备。以韩兵之勇,被坚甲,踏劲弩,带利剑,一人可抵百,锐不可当。以韩国兵士之劲猛和大王的贤明,却要西面事秦,自称为西方藩国,拱手而服。没有比这更愧对社稷,让天下耻笑的了。因此请大王三思。大王侍奉秦国,秦国必定贪求韩之宜阳、成皋,今年献给它,明年又会要求更多的割地。那时给它,却无地再给,不给它,则弃前功而后更受其祸。况且大王之地有尽,而秦国的贪婪无厌。以有尽之地而满足无厌之欲,这就是所说的花钱买祸,不战而地削。臣听俗语说:'宁为鸡口,无为牛后。'今大王西面拱手事秦,与牛后何异?以大王之贤明,挟强韩之兵,而有牛后之名,臣私下里真替大王羞愧。"

苏秦用的是"激将法",先说韩国强大和优点的一面,再说韩王虽然有这些强大和优点之处,却仍然屈身事秦,不免令人耻笑。最后以"宁为鸡口,无为牛后"的俗语来激他。"宁为鸡口,无为牛后",有人说当为"宁为鸡尸,无为牛从"。"尸"指鸡中之主,"从"为牛之子,意思是说,虽然牛远远比鸡个大,但宁为鸡中之主,也不作牛之子。还有人说,"鸡口虽小犹进食,牛后虽大乃出粪"。这种说法就更恶了。反正这是句激人的话。

韩王身为一国之至尊,却身为他国人臣,哪能心甘情愿。所以一伺苏秦言毕,韩王忿然作色,攘臂按剑,仰天长叹道:"寡人即使身死,也定不能侍奉秦国。今君以明言教我,我以国跟从。"

游说魏王

苏秦游说魏王的方法,和游说韩王的那一套差不多,用的还是激将法。

苏秦说:"大王之地,南有鸿门、陈、汝南、许、鄢、昆阳、召陵、舞阳、新郪,东有淮、颍、沂、黄、煮枣、海盐、无疏,西有长城之界,北有河外、卷、衍、酸枣,地域方圆千里。这些城镇地名虽小,但田舍甚多,人口稠密,竟无牧放牛马之地。人民之众,车马之多,日夜车水马龙,行人不断,轰轰然无异于三军开过。臣暗中估算,大王之国不下于楚国。然而为秦连横之人却图谋使大王结交强秦,使虎狼之秦侵夺天下,一旦国有秦患,却无法避祸。这些人挟强秦之势,对内要挟其主,没有比这些人罪过更大的了。况且魏乃天下强国,大王乃天下的贤明君主,今却有意西面事秦,自称东方藩国,为秦王筑帝宫,备其巡幸,受秦王冠带为臣,春秋供奉秦王,臣私下里替大王害羞。"

苏秦接下来鼓励魏王,增强其信心志气,说道:"臣听说越王勾践以敝卒三千人,擒吴王夫差于干遂。武王也只有士卒三千人,战车三百乘,却斩纣王于牧城之野。岂凭士卒众多,而是真正能振发威力,故可以少胜多。今听说大王有武士二十万,轻装之兵二十万,敢死队二十万,杂役十万,战车六百乘,战马五千匹,远超过越王勾践和周武王。如今却迫于横人之说,欲臣事于秦国。大王侍奉秦国,就得割地入质,因而未战而国已亏。大凡群臣中谈论侍奉秦国的人,都是奸臣,而非忠臣。作为人臣,割其主之地以求交于外敌,偷取一旦之功而不顾其后,破公家而肥私门,外挟强秦之势以对内要挟其主,希望大王能仔细审察。"

苏秦最后说道:"《周书》书说:'绵绵不绝,蔓蔓奈何?毫氂不伐,将用斧柯。'意思是讲前虑不定,后有大患。大王果能听臣之言,使六国事纵相亲,专心并力,那就没有强秦之患了。"

魏王于是采纳了苏秦的建议,也参加到纵约之中来。

游说齐王

苏秦为赵国合纵,劝说齐王合纵。

苏秦对齐王说:"齐国南有泰山,东有琅邪,西有清河,北有渤海,这也就是人们所说的四面皆有险塞、牢固无比的'四塞之国'。齐国领土方圆两千里,带甲数十万,粟积如山。齐国战车精良,士卒勇猛,进则疾如利箭,战如雷霆万钧,散如风雨一般,即使有兵役,也不用征调需要经过泰山、清河、渤海的军队。临淄城中有七万户,臣私下算过,每户平均有三男,三七二十一万,不用征调远县之兵,临淄之卒就已经二十一万了。临淄百姓富余殷实,其民无不吹竽、鼓瑟、击筑(筑,一种古代乐器)、斗鸡、走犬(指田猪)、六博(古代棋戏之一)、踢球(军士所做的,借以测练武士智才的游戏)。临淄道路,车声相碰,人肩相摩,连衽成帷,举袂成幕,挥汗如雨,家殷人足,趾高气扬。以大王之贤明和齐国的强盛,天下不能敌,如今要西面事秦,我真为大王感到羞愧!"

然后,苏秦开始讲合纵之利,说道:"韩国和魏国所以畏惧秦国,因为与秦国接境的缘故。兵出相役,不出十日,胜负存亡的倾向也就很明确了。韩、魏两国即使战胜秦国,也军队半挫,四境不守;若战而不胜,会继而亡其国。这就是为什么韩、魏看重与秦国作战而不想与之为臣。今秦国进攻齐国则不然,齐国比韩、魏要远一倍,秦兵要过卫国阳晋之道,走亢父之险,车不能并轨,马不能并行,百人当关,千夫莫开。秦国即使想深入东方,也恐韩、魏谋其后方而有后顾之忧。所以秦国虽然虚张声势,却不敢进攻齐国。不料想在秦国对我无可奈何的情况下,群臣却提出要西面事秦,臣认为这是失策啊!如今合纵六国,天下为一,可以无臣事秦国之名,而有强盛齐国之实,臣希望大王能稍为此留意计之。"

形势所迫,利害攸关,加上苏秦的雄辩,齐王当然也同意并力抗秦。

游说楚王

在游说完燕、赵、韩、魏、齐五国之后,苏秦来到楚国,游说楚王。

苏秦对楚王说:"楚,天下之强国。大王,天下之贤王。楚地西有黔中、巫郡,东有夏州、海阳,南有洞庭、苍梧,北有汾陉之塞、郇阳。疆域方圆五千里,带甲百万,战车千乘,战马万匹,粮草可支十年,此乃霸王之资。以楚国的强大和大王的贤明,天下无人能敌。如果现在楚国西面事秦的话,那么诸侯都不得不跟着这么做了。秦国所忧虑的莫过于楚国,楚强则秦弱,楚弱则秦强,二者势不两立。所以从大王之方面考虑,不如参加合纵来孤立秦国。大王如不参加纵约国集团,秦国必然会分兵两路进攻楚国,一路出武关,一路下黔中,如此,那么鄢、郢就开始震动。臣听说:要治其未乱,为之其未有;患至而后忧之,就已来不及了。所以希望大王早作决断。大王果能听臣之言,臣请示使崤山以东之国奉四时之贡以奉大王,托其国而从楚,练士厉兵,任大王使用,大王诚能听臣之愚计,那么一定可以使韩、魏、齐、燕、赵、卫之妙音美人充满楚国后宫,燕、代的骆驼良马充满楚国马厩。所以合纵则楚国称王,连横则秦国称帝。如今,大王放弃霸王之业却去侍奉别人,臣认为这不足取。"

楚王乃贪利好色之徒,非以利以色诱之不可。所以苏秦游说楚王的手段和游说其他国王不一样。引起楚王的兴趣和注意之后,接着,苏秦再从利害方面说服楚王。

苏秦说道:"秦,虎狼之国,有吞天下之心。秦,又是天下的仇敌,连横的人主张割诸侯之地来侍奉秦国,这可以说是养仇奉敌。为人之臣,却割人主之地,以外结强大的虎狼之秦,卒有秦患,不顾其祸。外挟强秦之威以内压其主,以求割地,没有比这更大逆不道的了。所以说,合纵则诸侯割地以侍奉楚国,连横则楚国割地侍奉秦国,合纵与连横,结果相去十万八千里,这二者,大王选择哪一个呢?"

楚王说:"寡人之国,西与秦国接境,秦国有举巴蜀、并汉中之心。秦乃虎狼之国,不能亲近。韩国和魏国迫于秦患,恐怕会返入秦国的怀抱,且恐怕谋未发而国已危,所以不可与其深谋。寡人自己考虑,以楚一国抵抗秦国,未必能确保胜利。内与群臣谋划,这些人都不足以依仗。寡人卧不安席,食不甘味,心神摇摇不定,计终无所定。今君准备合天下为一,安诸侯,存危国,寡人谨奉社稷跟从。"

这样,楚国最终也成为纵约国。

张仪列传第十

张仪初出茅庐

张仪,是魏国人。张仪开始与苏秦一起都拜鬼谷先生为师,学习游说之术,苏秦自认为自己的水平不及张仪。

张仪学习结束后,就去向诸侯们游说。

张仪是一介布衣,无名游士,要想见楚王,需要有大臣引见。于是,他就先到楚国丞相的门上来说,这是一个结识楚相、显示才华的大好机会。但事不顺利,偏偏这时楚相发现自己丢了珍贵的玉璧。这还了得!楚相的门客们便四下查找,找来找去,踪影全无。结果就有门客认定是张仪偷了玉璧。也不知是出于势利和偏见,还是贼喊捉贼,这位门客嚷嚷说:"张仪这穷小子,平日就不讲道德,一定是他偷去了相君的玉璧。"门客们抓住张仪,刑讯逼供,想让张仪承认。张仪虽是一个文弱书生,挨了数百下鞭笞,痛得死去活来,可就是不肯委曲招认。这些门客既无凭证,又得不着口供,只得把张仪放了,赶出相府。

张仪刚刚出来游说,就遭此番羞辱,内心懊恼不已。回到家中,妻子也悲恨地数落他:"你要是不读书游说,何至于落此下场!"这么一来,反而激发了张仪的志气,从挫折中振奋起来。张仪就开起玩笑,问妻子说:"你看我的舌头还在不在?"这么一问,把妻子也逗笑了,说:"舌头倒还在!"张仪信心十足地说:"这就足够了!"

张仪入秦

张仪曾和苏秦同学于鬼谷先生门下,苏秦虽不如张仪学业优异,但得意却早。苏秦约五国合派一个能担当使命的人去秦国,左右秦国的政治,使秦国不要进攻五国。

苏秦想来想去,想到了自己的老同学张仪,觉得再没有比他合适的人选了。他知道张仪心高气傲,不肯委屈事人,自己派人直接去请,肯定请不来。于是,想出了一个请人之计。

苏秦让手下人不要暴露身份,私下去对张仪说:"听说您和苏秦关系很好,现在苏秦已受重用,您怎么不去找他帮忙,让他为您引荐?"张仪经人提醒,就来拜见苏秦。

苏秦事先叮嘱门人不要替张仪通禀,使他既不能求见,又不能离去,空等了几天。等到接见时,苏秦坐在堂上,张仪坐在堂下。饮酒时,苏秦吃的是珍馐美馔,给张仪端上来的却是平日让仆人用的粗茶淡饭。席间,苏秦还多次训斥他,责备他:"以你的才能,本应飞黄腾达,然而你自己却混到如此困辱地步,真没出息,本来凭我一句话就可以让你富贵,但你并不值得我收留。"

张仪来见苏秦,自以为是故友,求见应该容易,没想到却受到侮辱,内心十分愤怒,便考虑投奔他处。考虑到五国合纵,都是苏秦的盟国,只有投靠对立的秦国。

苏秦告诉自己手下门客说:"张仪,乃天下贤士,我本人也自愧不如。现在多亏我们先起用了他。目前能操纵秦国权柄的人,就只有张仪了。然而他太穷,恐怕没有机会求荐。我怕他贪小利而不求进取,所以才故意侮辱他,为了激励他的意志。我想请您暗中帮助他。"于是,苏秦请赵王发金币车马,让门客悄悄跟随张仪到秦国,并一同住进馆舍。门客悄悄接近张仪,与他结交,供给车马金钱,随用随取,多少管够。在门客的资助下,张仪得以拜见秦惠王。惠王拜张仪为客卿,共同商量讨伐诸侯的大计。

这时,苏秦的门客要告辞回去。张仪说:"多亏您的帮助,我才得以显赫。我正要报答您的恩德,您怎么要离去呢?"

门客回答说:"其实知您者非我,而是苏君啊!苏君担心秦国伐赵破坏纵约,认为非您不能控制秦国,所以才有意激怒您,让您投奔秦国。并让我暗中资助您。这一切都是苏君之谋,我只不过是按计行事罢了。现在您已受用,我也该回去禀报了。"

张仪听后,慨然长叹:"哎呀!这就是我所学习的谋术啊,我怎么一点也没发觉呢?我还是不如苏君有智谋啊!我已被起用,怎么会让秦国打赵国的主意呢?尽管让苏君放心吧!请替我感谢苏君,苏君在时,仪何敢言。况且,只要苏君在世,我又能把他怎么样呢!"

秦国势力日盛,谋求进一步扩大疆域,究竟向何方发展,司马错和张仪在秦惠王面前争论起来,张仪说:"如果我们亲善魏楚两国,然后出兵黄河、伊水和洛水三川之地,堵塞什谷之口,扎兵屯留以绝上党之援,使魏国绝韩南阳之道,让楚兵临南郑,秦攻新城、宜阳,兵临东、西二周之郊,讨周君之罪。挟楚、魏之地,周自知此二国不会来救,必出其宝器,不敢爱惜。秦国可据有周之九鼎,土地之图,人民金谷之籍,挟周天子以令诸侯,天下莫敢不听,如此可成王业。再看今之蜀国,乃西方僻远之国、戎狄之长罢了。倘若伐蜀,疲兵劳众不足以成伯王之名,得其地不足以为利。我听说:'争名者当争于朝,争利者当争于市。'今三川、周室就是天下之市和朝,大王如不争于此,而回去争于戎狄,则难于王天下。"张仪的意思是挺进中原,进入天下之中心,以成王业。

司马错说:"不然!臣听说,欲富国者专力广其地,欲强兵者专力富其民,欲王者专力博其德,有此三者为凭借,则王业可成。今大王之国地小民贫,所以臣愿意先从容易的事做起。蜀国,虽为西方僻远之国,但又为戎狄之长,而且又有巴、蜀相攻之乱,以秦攻之,就如同豺狼驱赶群羊一样轻而易举。取其地足以广国,得其财足以富民,治甲兵不伤众而彼已归服。所以取一国而天下不以秦为暴;利尽于川蜀,而诸侯不以为秦贪。一举而名实两符:既有得国之实,又有禁暴正乱之名。反观伐韩,今攻韩而劫天子,劫天子,会使秦国蒙受恶名;韩无罪而伐之,又有不义之名。未必有利而攻天下之所不欲,不是很危险吗?再请听臣细说其故:周是天下之宗室;齐、赵是韩、周的盟国。周自知会失九鼎,韩自知会亡三川,那么二国必将并力合谋,必定会依靠齐、赵,寻求与楚、魏讲和,奉鼎与楚,献地给魏,不如以兵伐蜀,完师而取。"

惠王听后,权衡利弊,说:"好吧,寡人听你的。"于是起兵伐蜀,至十月份攻克蜀国,贬蜀王,更其号为侯,并使陈壮到蜀为相。蜀国并入秦国的版图之后,秦国势力更强,国财更富,也更加轻视诸侯。

恐吓魏王

秦国继续拉拢魏国,就约集齐、楚、魏三国大臣会于啮桑,试图为魏调停。在秦国打拉政策下,次年,魏令太子和韩太子入秦朝见,任张仪为魏相。

张仪相魏国,仍是为了完成秦国的使命。他劝说魏王首先侍奉秦国,为诸侯作个榜样。可魏王并不甘心俯首称臣,拒绝了张仪的建议。秦王盛怒之下,又起兵攻战了魏国的曲沃、平周,同时,暗中待张仪更厚。张仪非常惭愧,无以回报秦王。在魏呆到第四年,魏襄王卒,哀王继位。张仪又说哀王事秦,哀王也不肯听从。拉不成就打。张仪暗中使秦兵伐魏,秦魏大战,结果魏国战败。次年,齐国也来趁火打劫,大败魏国于观津。秦国又接着战胜了魏国的盟军韩国,斩首八万,诸侯震恐。

魏哀王四面受敌,陷于困境。张仪又来不失时机地游说。他说:"魏国土地方圆不到千里,士卒不过三十万。地形四平八达,无名山大川可守。从郑至梁二百余里,车驰人跑,不费力一会儿就到。都城大梁,南临楚境,西临韩境,北临赵境,东临齐境,四方分兵守备,耗兵不下十万。梁的地势,又很适合当做战场:梁南之地与楚而不与齐,则齐攻梁东;梁东之地与齐而不与赵,则赵攻梁北;若与韩国不合,韩国攻梁之西;若与楚国关系不好,则楚攻梁之南。这就是四分五裂的原因。"

说完魏国面临的危险,张仪话锋一转,又来瓦解魏王对合纵的幻想:"诸侯结为合纵的目的,都是想凭此安社稷,尊主强兵、显名。今合纵各国,号称天下为一,结为兄弟,结盟于洹水之上,看似联盟坚固,牢不可破。然而大家都知道,亲兄弟还会争财,六国各凭诈伪反覆之谋而想结为一体,很明显是根本不可能的。"

最后,张仪把话题转到魏王事秦一方面:"大王如不肯事秦,秦必然会举兵伐河外,占据卷、衍、燕城、酸枣(据《史记正义》,卷、衍属郑州,燕、酸枣属滑州,皆黄河南岸地)等地,攻卫而取阳晋,则赵国不能南下;赵不能南下,梁也不能北上;梁不能北上,则南北通道断绝;南北通道断绝,大王之国想避免危险已不可能了。秦还可以挟制韩国进攻大梁。韩国惧怕于秦,必然听命于秦,这样秦韩合而为一,大梁亡日不远了。这是臣替大王深深忧虑的事。

从大王这方面考虑,不如事秦。事秦的话,楚、韩惧秦之强,一定不敢轻举妄动。无楚、韩之患,大王就可以高枕无忧了。

从秦国方面看,秦国想削弱的主要是楚国,而能削弱楚国的,没有比魏国更合适的了。楚虽有大富之名,实际上府库空虚;其兵卒虽多,然而惯于流窜,不能坚战。悉率魏兵向南伐楚,必胜楚无疑。割楚地而广魏域,得罪楚而满足秦,嫁祸他国而安己国,没有比这更有利的事了。

再说合纵之人多飞辞骋辩而不可信,说服一家诸侯则可获赏封侯,因此天下游谈之士日夜扼腕瞋目咬牙切齿以合纵的好处来游说人主。人主赏识其辩辞而依其说,哪能不头晕目眩呢!"

张仪作出一副推心置腹、语重心长的样子对魏哀王说:"臣听说,积羽可以沉舟,群轻可以折轴,众口可以化金,积毁可以销骨,所以愿大王三思而行,早定保国之计啊!"

魏哀王一时别无其它出路,迫于形势,经张仪一番劝说,便同意背弃纵约国而跟张仪请朝于秦。张仪也回到秦国,复为秦相。

离间齐楚

秦国势力膨胀起来,逐渐能和强大的东方大国齐国抗衡。可齐国与楚国结成了同盟。楚国当政国君是楚怀王,他贪利好色,好用奸佞小人,昏庸不明。听说张仪入楚,怀王命令腾出上等馆舍供给张仪,并亲临看望。

怀王说:"我这儿是远僻蔽陋之国,先生有什么高见可指教于我?"

张仪说:"大王果真能听言于臣,闭关与齐断绝往来,臣请求献商于之地六百里,并使秦国美女来侍奉您。秦、楚之间娶妇嫁女,从此长为兄弟之国。这样可以北弱强齐,西益秦国,没有比这计谋更适合的了。"

楚王大悦而答应了。群臣都来祝贺,惟有陈轸独自来吊。

楚王怒道:"寡人不兴师不发兵却可得地六百里,群臣都贺,惟你独吊,什么缘故?"

陈轸回答说:"我看则不然,商于之地不可能得到,齐、秦两国却有可能联合。齐、秦倘若联合,则楚国的灾难就到了。"

楚王问:"你说话有根据吗?"

陈轸说:"秦看重楚国的原因就在于楚有齐国为盟。现在若与齐国闭关绝约,楚国就会孤立。到那时,秦国怎么会再看重孤立的楚国而奉献六百里的商于之地呢?张仪回到秦国,必定会背负大王。这样的话,楚国北绝齐盟,西生秦患,两国之兵必然会俱至城下。替大王仔细考虑,不如表面上绝齐之交而私下和齐国来往,派人跟随张仪,等他给了我们商于之地,再与齐绝交也为时未晚;如果不给土地,我们就和齐国合谋攻秦。"

怀王听完陈轸之言,不以为然,道:"愿陈先生闭口,不要再说,就等着寡人得地吧。"

怀王以相印授予张仪,还重重地贿赂他。楚国闭关,绝交于齐,派一将军随张仪回秦取地。

张仪使楚绝齐的使命完成了,可献楚商于六百里的许诺却是自己的主意,秦王不可能答应,这怎么办?其实张仪压根就没打算给楚王什么土地,只是用空言诓楚王罢了。楚王性贪,一说就上当。楚将军跟随,张仪也有办法对付他。张仪假装不慎从马车上摔下来,一连三月不曾上朝,躲起来不见。

楚王听说后仍不醒悟,寻思道:"难道是张仪觉得我和齐国断绝得还不彻底?"就派勇士到宋国,借宋国的符节,北骂齐王。

齐王大怒,折断符节,断楚而与秦国修好。

张仪此时方才上朝,对楚国使者说:"臣有奉邑六里,愿以此献于大王左右。"

楚国使者愕然,说:"臣受楚王之令,来接取商、于六百里之地,不曾听说什么六里。"于是,还报楚王。

楚王大怒,要发兵攻秦。

陈轸忙制止楚王,说:"轸可不可以说句话?攻打秦国还不如割地来贿赂秦国,联合秦国并力攻齐。我虽出地给秦,还可以从齐国得到补偿,大王之国尚可保存。"

楚王不听陈轸之言,使将军屈匄率军攻打秦国。秦国联合了齐国,一起进攻楚国,斩首八万,杀楚将屈匄,攻占了楚国的丹阳和汉中之地。楚国不甘心失败,又增兵益甲,卷土重来,与秦军大战于蓝田,结果楚国又是大败,只好割两城交给秦国,与秦媾和。

脱身有术

秦国想用武关外的商于之地换取楚国的黔中地。楚怀王说:"我不愿易地,愿得张仪而献黔中地。"

秦王竟然想派张仪去换,不过不好意思开口。张仪知道后就主动请行。

秦惠王说:"那楚王怀恨你用商于之地欺骗他,恐怕不会善罢甘休的。"

张仪说:"臣和楚国大臣靳尚的关系很好,靳尚又侍奉着楚夫人郑袖,郑袖所言,楚王没有不听从的。况且秦强楚弱,臣奉大王的使节出使,楚国怎敢加害于我。即使杀臣而能为秦得到黔中地的话,臣也甘心情愿,死而无憾。"

张仪一到楚国,楚怀王就把他抓了起来,准备杀了他。

张仪的好友靳尚忙跑去说郑袖:"您知道大王马上要冷落您吗?"

郑袖问:"为什么?"

靳尚说:"秦王非常喜欢张仪,而楚王却不想放他。秦王将用上庸之地六县,贿赂楚王,还送美人给楚王,以秦国宫中善歌者给楚王作妾。楚王重地尊秦,秦女必显贵,而夫人您将会受到冷落。不如劝楚王放了张仪。"

于是郑袖日夜缠着怀王,劝说不已:"人臣各为其主所用。如今黔中地尚未入秦,而秦已派张仪入楚,说明秦国非常看重大王您。大王若不顾礼仪杀了张仪,秦王必大怒攻打楚国。妾请求大王允许我母子一起迁往江南,以免受到秦人的伤害。"

怀王又后悔抓了张仪,把他放了出来,还施以厚礼,待之如故人。

张仪乘机又游说楚怀王,对怀王说:"天下之地二分,秦有其一;兵敌四国,被险凭河,四塞安固;勇犯之士百余万,车千乘,骑万匹,粟如丘山;法令一出,士卒勇不避死。君王威严贤明,将帅足智多谋,即使不出甲兵,也可席卷恒山之险,折天下之脊,使天下归服慢的先亡。参加纵约的诸国,无异于驱群羊而攻猛虎。猛虎与群羊,很明显无法匹敌。今大王不团结猛虎而团结群羊,臣认为大王失算于此。

"大王若不与秦国结为盟友,那么秦出甲兵占据宜阳,绝韩国上党通路;下河东,取成皋,韩国只得称臣朝秦。韩称臣,魏必闻风而动。秦攻楚的西边,韩、魏攻楚的北面,楚国社稷不就危险了吗!而且那些合纵国,聚集众多弱国进攻最强的国家。以弱攻强,不明敌情而轻率出战,国家贫困而骤然举兵,这是危亡的做法。臣听说:'兵力不如敌者,不要向敌挑战;粟不如敌者,不要与敌打持久战。'合纵之人,饰辩虚辞,溢美人主的言行,只说好而不说坏,一旦有祸,惊慌失措,束手无策。因此愿大王三思。

"秦国西有巴、蜀,方船积粟,起于岷山,顺江而下,至郢有三千余里。如果用方船载卒,每船五十人,备三月口粮,浮水而下,一日行三百余里。里数虽多,却不费汗马之劳,不出十日可至楚之扞关。扞关惊恐,则从竟陵以东,尽城守备,而黔中、巫郡则已非大王所属了。这时秦军又出武关,南下攻楚,夺楚北之地。秦兵攻灭楚国,只用三个月就够了,而楚国所依仗的诸侯,半年之后才赶得来相救,已是势不能及。依仗弱国的救援而忘记强秦的祸患,这是臣为大王所担忧的。况且大王曾和吴人五战三胜而亡之,其兵卒阵亡殆尽;偏守新构之城,而居民为之所苦。臣听说:'功劳大的更加危险,百姓困弊者怨于上。'守易危之功而逆强秦之心,臣暗暗地为您担心。

"而且秦之所以不出兵函谷关而攻打诸侯,并非是不想吞并诸侯,而是暗想吞并天下。楚国曾经和秦国有摩擦,交战于汉中,楚人不胜,封侯领爵而死的有七十多人。汉中失守,楚王大怒,兴师袭秦,战于蓝田,再次败退,此所谓两虎相争,必有一伤。秦、楚相斗而韩、魏坐收渔利,没有比这更糟糕的计谋了,愿大王考虑。秦收兵攻卫、阳晋,必开天下之关。秦王悉起兵士以攻宋,不出数月,宋国可得,得宋而东指,则泗水这侧十二诸侯小国尽为秦有。

"今秦与楚接壤,两国当比邻而亲。大王若肯听从于臣,臣请秦国太子入质于楚,请让秦女侍奉大王,纳万家之都的赋税供楚王沐浴之费,长为兄弟之国,终身不相攻击。臣认为没有比这更好的主意了。所以敝邑秦王派使臣献书于大王,请您裁夺。"

楚王听完张仪这篇软硬兼施的长篇大论后,很恭敬地对张仪说:"楚国偏僻弊陋,托身东海之上。寡人年幼,不懂国家长远之计。今多亏上宾赐教,寡人敬以国从。"

郴中大夫屈原谏楚怀王说:"从前大王受张仪欺骗,张仪至,臣以为大王烹之;今放而不杀,又听他邪说,臣以为不可。"

怀王说:"同意给张仪黔中之地,是楚之美利所在。后又背约,不可。"

楚怀王遣使车百乘,献骇鸡之珍、夜光之璧于秦王,出黔中地与秦,与秦国结盟。

说韩封君

秦国的强大引起了东方诸国的警觉和恐惧,纷纷加入合纵国,团结起来,抵御秦国。张仪再次出使,游说列国。

张仪来到韩国,对韩王说:"韩地险恶,山地居多,五谷所生,非麦则豆,百姓所

食,大抵豆饭;一年收成不好,百姓就糟糠不饱;土地方圆不满九百里,没有第二年的存粮。估计大王的军队,加起来不过三十万,况且做杂役者也计入其内,再除去把守边塞险要的,剩下的不足二十万。秦国却有带甲之兵百余万,战车千乘,骑万匹,勇犯之士、徒步轻装、带弓执戟者不计其数。秦国战马之良、戎兵之众,不可胜数。山东之卒,被甲蒙胄而战,秦人却扔掉沉重的盔甲赤膊上阵,左提人头,右挟俘虏。秦兵与山东之卒相比,一个是孟贲,一个是懦夫;在重力之压下,一个是乌获,一个是婴儿。以孟贲、乌获之士,攻不服从强秦的弱国,无异于以千钧之重,落于鸟卵之上,必无可幸存者。诸侯不考虑自己兵弱粮少,而听从宣扬合纵的人的花言巧语,说什么'听我计则可以强霸天下'。不顾国家安危,听从这种短浅之言,贻误人主,没有比这更错误的了。大王若不肯侍奉秦国,秦国发兵围住宜阳,断绝韩国从上党与外部联系的通路,向东取成皋、宜阳,则韩国的宫室,像鸿台之宫、桑林之苑,就都不属于大王了。一旦塞成皋,绝上党,大王之国就被分开。韩国先事秦则安,不事秦则危。如果韩国造祸秦国却想求福,计谋浅薄而怨气很深,逆秦而顺楚,要想不亡国,恐怕办不到。所以为大王考虑,不如事秦。秦国的打算是削弱楚国,而能削弱楚国的只有韩国最合适。并不是由于韩国比楚国强盛,而是地势所然。今大王若西面事秦而攻楚,秦王必喜悦,会看重韩国。而且攻楚而占有其地,转嫁亡国之祸而讨好秦国,没有比这更高明的计谋了。所以秦王派使臣献书大王,请您裁夺此事。"

张仪恃仗秦强韩弱,一吓唬,便从韩王手里敲诈走了宜阳,韩以东方藩国的身份向秦国俯首称臣。

张仪回秦国汇报了出使的情况,惠王十分高兴,赏给张仪五座城池,封为武信君,又派张仪去游说东方的齐国。

出使齐国

张仪奉命来到齐国,对齐湣王说:"天下强国,没有比齐国更强大的;同姓老臣殷盛富乐,也没有能比得上些主张合纵的人,肯定会对大王说:齐国西有强赵,南有韩、魏;齐国乃临海之国,地广人众,兵强士勇,即使有一百个秦国,又能奈我何。大王赞其说而不非其实。

宣扬合纵的人结党引朋,以纵为可。臣听说,齐与鲁曾经三战而鲁三胜,然而鲁国却使得国家危亡,虽有胜之名却有亡之实。这是什么原因呢?齐国大而鲁国小。今秦之于齐,就如同齐之于鲁。秦、赵大战于漳水之畔,赵两战两胜;又战于番吾城下,赵又两战两胜。四战过后,赵国损失兵卒数十万,仅存邯郸,虽有胜秦之名,国家却破败了!这又是什么原因呢?秦强而赵弱罢了。如今秦、楚两国嫁女娶妇,结为兄弟之国;韩献宜阳,魏交河外,赵入秦朝于渑池,割河间之地而事秦。大王若不事秦,秦使韩、魏攻齐南境,悉起赵兵涉清河、攻博关,则临淄、即墨恐怕就不属于大王所有了。一旦齐国受攻,再想侍奉秦国,已来不及了。希望大王能想明白。"

齐王听后,对张仪说:"齐国僻远弊陋,托身于东海之旁,未听闻国家社稷安危的长远之利。"于是听从了张仪的建议。

游说赵王

张仪离开齐国,又折向西去说赵国。张仪对赵王说:"弊邑秦王使臣献书于大王。大王收率后兵,修车骑,练驰射,屯兵积粮,守国土之内,愁居慹处,小心翼翼,不敢轻举妄动,唯有大王督秦之过。今秦赖大王神灵保佑,西举巴蜀,南并汉中,东灭两周而收其九鼎,镇守白马津口。秦虽处西方僻远之地,然而内心对赵王含怒之日已久。今秦王愿以微甲钝兵。驻于渑池,渡黄河涉漳水,围番吾,迎战赵军于邯郸城下。我们就在武王伐纣的甲子日开战吧,秦王特地让我来通知您。"

张仪这番话,其意在于使对方震恐,然后听从张仪的计策。张仪继续说道:"大王所信从的那些合纵者,以是为非,以非为是,荧惑诸侯。天下不可能齐心协力、合而为一。现在楚国已经和秦国结为兄弟,韩、魏已称臣事秦,齐献鱼盐之地,这就断去了赵国的右臂。赵断右臂还找人斗,失去同伙,独自为战,幻想能平安无事,怎么能得逞呢?现在秦国已发三路兵马:一路塞于午道,齐军渡清河,屯兵邯郸东面;一路驻扎在成皋,驱使韩、魏军屯于河外;一路进驻渑池。四周约好一起攻赵,事成之后四分赵地。臣不敢隐瞒实情,先通报大王一声。臣私下替大王考虑,不如与秦王在渑池会面,两国修好。臣请秦王按兵不动,愿大王早日定夺。"

一席话说得赵王浑身战栗,恐惧万分。假若四周发兵一起来攻,赵国的江山可就难保了。赵王忙对张仪说:"先王之时,奉阳君李兑为相,专权擅势,蒙蔽先王,独掌朝纲。寡人一直身居深宫,奉阳君叮嘱寡人师傅,不得讲习朝政,先王弃群臣而殁时,寡人尚且年少,继位之日比较短,心里也曾怀疑奉阳君众纵攻秦的策略,认为合纵为一而不事秦,并非赵国之长远利益。现在听您开导,我愿变心易虑,割地献秦以弥补此前攻秦之过。我正要准备车驾拜见秦王,正好碰上您这位上客使者来。"

北说燕王

张仪入燕,对燕王道:"大王您最亲厚的就是赵国。请允许我给您讲一件过去的事情:赵襄,长其柄使可以击人。暗下告诉厨人说:'酒酣之后进羹,用金斗袭击代王。'于是与代王歌舞饮酒,酒酣之时,厨人进羹,依计行事,打得代王肝脑涂地。赵襄子之姊听到之后,就拔簪自刺而死,故至今仍有'摩笄之山',天下莫不闻此事。"

说完这件赵国背信弃义、无仁无亲的事之后,张仪对燕王说:"赵王之狼戾无亲,大王应该从此事上看出来。请问大王以为赵王可以亲近吗?赵国曾兴兵攻燕,两围燕都而劫持大王,大王割十城请和才得脱免。如今赵王已入秦朝于渑池,献河间之地以事秦。大王您如不肯事秦,秦自然西发强兵,驱使赵国一同攻燕,恐怕易水、长城已非大王之地了。大王如肯侍奉秦国,秦王必定会高兴,而赵国之于秦,就好像是秦国的一个郡县一样,肯定不敢轻举妄动、擅自征伐。果能如此,燕国就可以西有强秦的支援,南无齐、赵之患,所以请大王慎重考虑此事。"

燕王听后对张仪说:"寡人身处北方僻荒之地,虽身为男子汉,却见识如婴儿,言不足以无误,谋不足以决事。今多亏贵客教我,受益匪浅,请允许我以国西面而事秦,献燕西南五城。"

陈轸智斗张仪

张仪是陈轸的政敌,数次用计陷害陈轸,但足智多谋的陈轸每每识破张仪的诡计,从容应对。张仪对秦惠王说:"陈轸为大王之臣,却常把国家机密吐露给楚国,我不能和他一起共事,愿大王将他赶走。他马上又要去楚国,请大王杀了他。"

秦惠王说:"陈轸怎么敢去楚国呢。"于是,惠王招来陈轸,对他说:"我能听从你的意见,您想去哪儿?请让我为您准备车具。"

陈轸说:"臣愿去楚国。"

惠王说:"张仪说你要去楚国,我又亲自证实你要去楚国,你不是去楚国又是去何处!"张仪的报告得到证实,惠王果然以为陈轸要去泄密,十分生气。

陈轸说:"臣离开秦国,定会有意去楚国,以顺大王和张仪的猜度,并表明臣是否真的要去楚国。有一位楚国人,他有两个妻子,有人挑逗年长的妻子,遭到一顿怒骂,这人又去挑逗那个年轻的,年轻的就和他勾搭上了。过不多久,这个楚国人死了,有另外一位客人对挑逗这两个女人的那个人说:'你打算娶那个年长的呢,还是那个年轻的?'这个回答说:'娶那个年长的。'客人不解地问:'年长的骂你,年轻的却和你相好,你为什么却要娶年长的呢?'这人说:'这你就不懂了。做别人老婆的时候,我希望她能答应我;等做了我的老婆,我就希望她能斥骂勾引她的人。'现在楚王是一位明主,昭阳又是贤相,陈轸为人臣,却常把国家机密告诉楚王,楚王必然不会留臣,昭阳必然不会和臣共事。由此可以看出我是否真要去楚国。"

陈轸和秦惠王又谈一会,就退了出去,张仪复见秦惠王,问道:"陈轸到底去哪儿呢?"

秦惠王说:"陈轸真是天下之辩士,他熟视寡人,从容不迫地回答说:'我肯定去楚国?'寡人也就无可奈何了。寡人又问他:'你肯定去楚国,那么张仪的话果然没有说错!'他说:'岂非只有张仪知道,行路之人皆知我要去楚国。往昔,伍子胥忠于吴王,天下都想以其为臣;孝已(殷王高宗武丁之子,母早死,高宗惑于后妻之言,放之而死。《尸子》云:孝已事亲,一夜而五起,视衣厚薄,枕之高下也。)爱其亲,天下都想以其为子。故而卖仆妾者,不出里巷,人皆欲买其仆妾,这说明仆妾之良;被赶回娘家的女人,乡里争相聘娶,这说明她是善妇。臣若不忠于大王,楚国怎么又会用我呢？忠却被弃，我不去楚国又去哪呢？'"

秦惠王认为陈轸说得很有理，便善待陈轸。

卞庄刺虎

当时韩魏交战，逾期一年，仍难分难解，欲罢不能。秦惠王想法干涉，让大臣们商量。左右君臣意见不一，有的说干涉好，有的说不干涉好，惠王一时也犹豫不决。恰好陈轸至秦，秦惠王问陈轸说："您离开我去楚国，还想寡人否？"

陈轸回答说："大王听说过越人庄舄的故事吗？"

惠王说："不曾听说过。"

陈轸说："越人庄舄仕于楚国。有一次，楚王问大臣们说：'庄舄原仕于越，如今仕楚，大富大贵了，还思念越国吗？'宫廷侍御官说：'凡人思念故乡，就会生病。他若思念越国，说话就会发越声，不思念越国，说话就发楚声？'楚王派人去听，庄舄仍然带着越声。今臣虽然被弃去楚，哪能没有秦声呢！"

惠王说："很好！今韩魏相攻，已有一年，仍难解难分，有人对寡人说去救好，有人说不去救好，寡人不能决定，希望您为楚王出谋划策之余，也能为我出出主意。"

陈轸答道："曾有一个名叫卞庄子的人，他想要刺死老虎。另一个叫馆竖子的人对他说：'两虎将要吃一头牛，一旦觉着好吃，二虎必争，争则必斗，斗则大者伤小者死，然后再刺死伤者，就可一举而得双虎。'卞庄子听馆竖子之言，果然一举而有得两虎之功。今韩魏相攻，一年仍不停止，必然大国伤小国亡，这时举兵伐其伤者，一举两得。就像卞庄子刺虎一样。臣主和大王都应等待韩、魏疲弊而击之。"

秦惠王果听陈轸之计，待韩、魏两国互有伤亡、疲弊不堪之时，兴兵而伐，结果大获全胜。

樗里子甘茂列传第十一

智谋高的数樗里

樗里子，名疾，是秦惠王的弟弟，与秦惠王非同一母亲所生。他的母亲是韩国人。樗里子生性豁达，多智谋，秦国人称他为"智囊"。

秦惠王八年，樗里子被封为右更，并派他带兵攻打曲沃，把那里的人全部赶尽杀绝，夺取了城池，所有土地都归入秦国。秦惠王二十五年，派樗里子为将攻打赵国，俘虏了赵国的将军庄豹，攻占了蔺地。第二年，又辅助魏章攻打楚国，打败了楚国将领屈丐，夺取汉中之地。因为屡立战功，秦国国王封樗里子号为严君。

秦惠王死后，太子武王即位，驱逐了张仪、魏章，而任命樗里子、甘茂为左右丞相。秦国派甘茂攻打韩国，攻克了宜阳。派樗里子带着一百辆车子进入周都。周天子派军队迎接他,对他很敬重。楚王大怒,责备周天子,认为他太重视秦国人。游腾替周天子向楚王说明,说:"知伯攻打仇犹时,先送给他们大车,而军队则随之以进,仇犹于是灭亡了。为什么呢?因为仇犹没有什么防备。齐桓公攻打蔡国,名义上却说是去打楚国,而实质上是袭击蔡国。现在的秦国,是虎狼一样凶狠的国家,它派樗里子带着一百辆车进入周都,他的目的也许就是要占领都城,周吸取仇犹、蔡的教训,所以派持长戟的士兵在前,执强弩的士兵在后,名义上是护卫樗里子,实际上却是在监视他。周怎么能不担心自己国家的安全呢?只怕一旦周亡,那时候就会让大王你担忧了。"楚王听后很高兴。

秦武王死后,昭王即位,樗里子更加受到重用。

昭王元年,樗里子将攻打蒲城。蒲城的守将很害怕,就去请胡衍。胡衍替蒲城对樗里子说:"你攻打蒲城,是为了秦国呢?还是为了魏国?为了魏国这样做很对,为了秦国那就不对了。卫国之所以成为卫国,是因为它有蒲城。现在你攻打蒲城,是迫使它投靠魏国,那么卫国也必定投靠魏国。魏国丢失了西河以外的土地被秦国占领现在都无法夺回,是因为它的兵力薄弱。现在把卫国并入魏国,魏国必然强大起来。等到魏国强大之日,秦国的西河之外就一定很危险了。况且秦王看你做的事,损害了秦国而使魏国得利,他一定会怪罪你。"

樗里子说:"那怎么办?"

胡衍说:"你放过蒲城先不要进攻它,我试着替你到蒲城去说说,让你对卫君有德。"

樗里子说:"好。"

胡衍进入蒲城,对它的守将说:"樗里子已经知道蒲城的弱点了,他说一定要攻下蒲城。我能让他放过蒲城不进攻。"

蒲城的守将很害怕,于是向胡衍拜了两下说:"请你帮忙吧。"并献上三百斤黄金,说:"假如秦兵退了,我一定会向卫君告诉关于你的事,使你受到尊贵的待遇。"

所以胡衍靠两边的游说既从蒲城收到了金子又在卫国享有高贵的地位。于是樗里子带兵离开了蒲城。转过来攻打皮氏,没有攻下,就又离开了。

昭王七年,樗里子死了,埋葬在渭水的南面、章台的东面。他曾说:"百年后,我的坟墓两边应当有天子的宫殿。"樗里子的家乡在昭王庙西边、渭水南边的阴乡的樗里,所以俗称他为樗里子。到汉朝建立时,长乐宫在他的墓的东边,未央宫在他的墓的西边,军械库正对着他的坟墓。后来秦国人有谚语说:"力气大的数任鄙,智谋高的数樗里。"

博学百家的甘茂

甘茂,是下蔡人,他曾跟随下蔡的史举先生学习诸子百家的学说。凭借张仪、樗里子而求见秦惠王,惠王见后很喜欢他,认为他很有才能,让他担任将领,辅佐魏章平定了汉中之地。

史 记

秦武王继位三年，计划攻取宜阳，打通秦国通往周都洛邑的道路。

甘茂对武王说："请让我去魏国，约魏国共同伐韩，可让向寿为副使。"向寿是秦昭王母宣太后的外族，为秦武王所亲信。

甘茂和向寿到了魏国，甘茂对向寿说："您可以回去了，请告诉大王：'魏国已听从臣言，然而请大王先不要攻韩国。'事成之后，功劳都记在你的头上。"

向寿回秦国，就如实地告诉秦武王，武王亲自到息壤迎接甘茂，并问不攻韩国的原因。

甘茂说："宜阳是个大县，上党、南阳财富多聚于此，名为县，实际上等同于郡。如果大王穿越崤山等险地，行千里而攻宜阳，很是费力。臣闻张仪西并巴、蜀之地，北取西河之外，南取上庸，天下并不以之为不义。乐羊率兵攻打中山，作战三年灭掉了中山，乐羊得胜而返，谈取中山之功，文侯却拿出一箧谤书给他看，乐羊吓得再三叩首，说道：'攻灭中山，此非臣之功，而是主君之力。'今臣客居秦国，樗里疾、公孙奭（《战国策》作公孙衍，《史记》作公孙奭）二人皆亲近韩国，为韩国说话，二人是秦国公子，大王必然听信他们，结果会使大王负约欺魏，而臣将会受韩相公仲奭的怨恨。从前曾参（字子舆，春秋时鲁国人，孔子弟子）在费（故城在今山东费县），费人有一个和曾参同名的人杀了人，有人告诉曾参的母亲说：'听说曾参杀人了。'曾参的母亲说：'我的儿子不可能杀人。'说完纺织自若。一会儿，又有一人说：'传闻曾参杀人了。'曾参之母依然如故；过了一会儿，又有一人来说曾参杀人的消息，曾参的母亲再也坐不住了。按照古时的法律，杀人抵罪外，家属还要连坐，曾参的母亲扔下织布的梭子跳墙逃走。以曾参之贤，曾母对儿子的信任，有三个人去传谣言，曾母就改变了看法。今臣之贤不及曾参，大王对臣的信任也不及曾母对于曾参，怀疑臣的不止三人，臣恐大王就要为臣扔机梭了。"

武王说："寡王绝对不会听从谗言，请与你对天盟誓。"于是二人盟于息壤。甘茂绝了内忧，率兵攻打宜阳。

宜阳之役开始，楚国与魏国素来不合，便背叛秦国，和韩国结为一方。秦武王十分担心，甘茂劝秦武王坚定信心继续攻韩。甘茂说："楚国虽然与韩国结盟，但不会为韩国先与秦国作战；韩国也害怕楚国反复无常，乘乱攻其后路。韩楚两国必然会互相提防、观望。楚国口头上与韩国结盟，却无余怨于秦，所以楚国的立场不会坚定，楚、韩的联合不会坚固。"

甘茂攻宜阳五个月仍不能得手，国内果然谣言四起，樗里疾、公孙奭在武王面前言伐韩之弊，武王听从了他们的意见，召甘茂回国并告诉了他情况。甘茂对武王说："息壤之盟还在吗！"武王记起前言，说："还在。"于是继续增兵，使甘茂加紧攻打宜阳。甘茂"出私金以益公赏"，很快就攻下了宜阳。

十二岁的丞相

甘罗，是甘茂的孙子，甘茂死后，甘罗十二岁，服侍秦国的丞相文信侯吕不韦。

秦始皇派刚成君蔡泽出使燕国,三年后燕王派太子丹到秦国做人质。秦国派张唐到燕国任相,想与燕国共同攻打赵国以扩展河间之地。

张唐对文信侯说:"我曾经替秦昭王攻打赵国,赵国怨恨我,说:'能抓住张唐的人赐给他百里的土地。'现在去燕国一定要经过赵国,我必被捉所以不可以去。"文信侯不高兴,但没有强迫他。

甘罗问吕不韦:"君侯为什么如此不快乐?"文信侯说:"我派刚成君蔡泽服侍燕国三年,燕国的太子丹已经到秦国来做人质了,我自己请张唐到燕国任相而张唐不肯去。"甘罗说:"让我请他去燕国。"

文信侯斥责道:"走开!我亲自请他去他都不去,你凭什么能让他去?"甘罗说:"项橐七岁时就当孔子的老师。现在我已经十二岁了,你就让我试一试又有何妨?干吗要呵斥我呢?"于是甘罗去见张唐,说:"你的功劳与武安君相比,谁大?"

张唐说:"武安君在南方挫败了强大的楚国,在北方威慑燕国、赵国,他战必胜,攻必取,攻破的城池和占领的都邑,不计其数,我的功劳不如他。"

甘罗说:"应侯范雎曾在秦国效力,他与现在的文信侯相比,谁更专权?"

张唐说:"应侯不如文信侯专权。"

甘罗问:"你明确地知道不如文信侯专权吗?"张唐说:"当然知道。"

甘罗说:"应侯想打赵国,武安君反对,应侯离开咸阳七里地而立刻死在杜邮。现在文信侯亲自请你去燕国任相而你不肯去,我不知道你的下场如何,将来会死在哪里。"

张唐说:"因你的话我还是去燕国吧。"命人整理行装出发了。

张唐走了有几天,甘罗对文信侯说:"借我五辆车,让我先替张唐报告赵国。"

文信侯于是进宫去见秦始皇说:"过去甘茂的孙子甘罗,年纪很小,但是是名家的子孙,诸侯各国都知道他。现在张唐想托病不肯去燕国,甘罗去劝他,他就去了。现在他自愿先去报告赵国,请同意派他去。"秦始皇召见了甘罗,派甘罗出使赵国。

赵襄王到城郊迎接甘罗。甘罗问赵王道:"大王听说燕国的太子丹到秦国做人质了吗?"

赵王说:"听说了。"

甘罗又问:"听说张唐去燕国任相了吗?"

赵王说:"听说了。"

甘罗说:"燕国的太子丹到秦国做人质,是表示燕国不欺骗秦国;张唐到燕国任相,是表示秦国不欺骗燕国。燕国、秦国互相不欺骗的目的,是要攻打赵国,这样赵国就很危险了。因为燕国、秦国互相不欺骗也没有别的缘故,只是想攻打赵国而拓展河间之地。大王你不如送给我五座城池以拓展秦国的河间之地,请秦国遣返燕国的太子,秦国与强大的赵国联合起来一起攻打弱小的燕国,这样赵国既没有了危险,又可以得到燕国的土地。"

赵王立即割让了自己国家的五座城池以拓展秦国的河间之地。秦国遣返了燕国太子。赵国攻打燕国,得到了上谷一带的三十座城池,而将其中的十一座城池送给了秦国。

甘罗回秦国报告,于是秦始皇封甘罗为上卿,并重新把以前甘茂的田宅赐给了他。

白起王翦列传第十三

白　起

白起,是郿邑人,善于用兵,在秦昭王处做官。昭王十三年,白起任左庶长,领兵攻击韩国的新城。这一年,穰侯在秦国任相,举荐任鄙为汉中郡守。第二年,白起任左更,在伊阙攻打韩国、魏国,斩首二十四万,又俘虏将领公孙喜,攻下五座城池。白起升官为国尉。他渡过黄河攻取了韩国安邑以东一直到乾河的地方。

第二年,白起任大良造,攻打魏国,取得胜利,攻取大大小小的城池六十一座。

又过一年,白起与客卿错一起攻打垣城,占领了它。

过了五年,白起攻打赵国,占领了光狼城。过了七年,白起攻打楚国,攻克了鄢、邓的五座城池。

又过一年,攻打楚国,占领郢都,烧毁夷陵,并向东进军竟陵。楚王逃出郢都,向东逃跑,迁移到陈。秦国以郢都为它的南郡。白起被任命为武安君。武安君于是攻克楚国,平定了巫、黔中二郡。昭王三十四年,白起攻打魏国,攻克华阳,击走芒卯,俘虏了三晋之国的将领斩首十三万。他与赵国的将领贾偃交战,把赵国的士卒两万人沉于河中。

昭王四十三年,白起攻打韩国的陉城,攻克五座城池,斩首五万。

昭王四十四年,白起攻打南阳太行道,断绝了它的交通。

昭王四十五年,白起攻打韩国的野王,野王投降秦国,通往上党的路就断绝了。

上党郡守冯亭与百姓们谋划说:"上党通往郑都的道路已断,韩国一定不能再把我们当臣民了。秦军日益进逼,韩国不能救应,不如把上党送给赵国。赵国如果接受了上党,秦国愤怒,一定会攻打赵国。赵国受攻击,一定会与韩国结交。韩国与赵国合一,就可以抵挡秦国了。"于是就派人向赵国报告。赵国的孝成王与平阳君、平原君一起商量此事。

平阳君说:"不如不接受,接受它的话,祸患要超过得到了。"

平原君说:"平白无故而得到一个郡,接受它好。"

赵国于是接受了上党,并封冯亭为华阳君。

王翦之意不在田

战国末年,秦王政准备吞并楚国,继续他统一中国的大业,他召集大臣和将领们商议此事。

作战英勇的青年将领李信,在攻打燕国的时候,曾率数千秦军击溃了数万燕军,逼得燕王姬喜走投无路,只好杀了专与秦王政作对的太子姬丹,向秦王谢罪求和。秦王政想让李信做灭楚秦军统帅,就问李信,攻灭楚国需要多少军队。气宇轩昂的李信不假思索地说:"有大王的英明决策,挟秦军胜利之师的雄威,灭楚二十万军队足矣。"

秦王政听了,暗暗称赞李信果然是个少年英雄,有万丈豪气。因此事关系重大,他想再听听他人的意见。他目光掠过群臣,最后停在鬓眉皆白、身形已有些佝偻的老将王翦脸上,徐徐问道:"王将军,你的意见呢?"

老将王翦久经沙场,身经百战,追随秦王多年,十分了解他的心性和为人,见秦王政听了李信的话后面露喜气,就知道他有轻敌之心。但这等大事是不能阿谀讨好的,于是王翦神色凝重地对秦王政说:"大王,楚国原是个幅员数千里、军队数百万的大国。这些年来,楚国虽屡遭挫折,但一来其实力仍十分可观,二来楚人十分仇视秦国,楚军与秦军作战时,士卒凶悍不畏死。所以,仅用二十万人去攻打楚国是远远不够的。依臣下之见,恐怕要……"王翦原想说二十万人出兵必败无疑,但想到这不吉利的预言会触怒日渐骄狂的秦王政,所以改口说:"灭楚非六十万大军不可。"

秦王政听了,毫不掩饰自己对王翦见解的失望,冷冷地说:"看来,王将军果真老矣,胆子怎么这样小?还是李将军有魄力,二十万军队一定能够踏平楚境!"于是,秦王政派李信率二十万军队去攻打楚国。

王翦料定李信必败,秦王政现在虽听不进他的意见,将来一定会采用。不过秦王政现在既已认为自己老朽无能了,如果继续赖着不走,恐怕会被秦王政随意找个罪名,加以罢斥,弄不好还会丢失性命。他马上告病辞官,回老家休养去了。面对自己的正确意见不能被采纳,老将王翦不是气愤不已,而是忍对他人的误解嘲笑,韬光养晦,不去计较。

果然不出王翦所料,李信带领二十万秦军攻打楚国,被楚连破二阵,李信率残部狼狈逃回秦国。

秦王政盛怒之下,把李信革职查办。秦王政毕竟是一代枭雄,他后悔当初自己轻率,随即下令备车驾,亲自去王翦的家乡,请王翦复出,带兵攻楚。

秦王政见到王翦,恭恭敬敬地向王翦赔罪,说:"上次是寡人错了,没听王将军的话,轻信李信,误了国家大事。为了一统天下的大业,务必请王将军抱病出马,出任灭楚大军的统帅。"

王翦并没有因秦王政的赔罪而忘乎所以,他冷静地说:"我身受大王的大恩,理应誓死相报,大王若要我带兵灭楚,那我仍然需要六十万军队。楚国地广人众,他们可以很容易地组织起一百万军队。秦军必须要有六十万,才能勉强应付。少于此数,我们的胜算就很小了。"

秦王政连忙赔笑说:"寡人现在是唯将军之计是从。"随后征集60万军队交给王翦指挥。出兵之日,秦王政亲率文武百官到都城郊区灞上为王翦摆酒送行。

饮了饯行酒后,王翦向秦王政辞行。秦王政见王翦唇齿翕动,似有话要说,赶忙问道:"王将军心中有何事?不妨对寡人讲一讲。"

王翦装出一副惶恐的样子说:"请大王恩赐些良田、美宅与园林给臣下。"

秦王政听了,有些好笑,说:"王将军是寡人的肱股之臣,目下国家对将军依赖甚重,寡人富有四海,将军还担心贫穷吗?"

王翦却又分辩了几句:"大王废除了三代的裂土分封制度,臣等身为大王的将领,功劳再大,也不能封侯,所指望的只有大王的赏赐了。臣下已年老,不得不为子孙着想,所以希望大王能恩赐一些,作为子孙日后衣食的保障。"秦王政哈哈大笑,满口答应:"好说,好说,这是件很容易的事,王将军就放心地出征吧。"

自大军出发至抵达秦国东部边境为止,王翦先后派出五批使者,向秦王政要求:多多赏赐些良田给他的儿孙后辈。

王翦的部将们都认为他老昏头了,胸无大志,整天只想着替儿孙置办产业。面对众人的不理解,王翦说:"你说得不对,我这样做是为了解除我们的后顾之忧。大王生性多疑,为了灭楚,他不得不把秦国全部的精锐部队都交给我,但他并没有对我深信不疑。一旦他产生了疑念,轻者,剥夺我的兵权,这将破坏了我们灭楚的大计;重者,不仅灭楚大计成为泡影,恐怕我和诸位的性命也将难保,所以,我不断向他要求赏赐,让他觉得,我绝无政治野心。因为一个贪求财物,一心想为子孙积聚良田美宅的人,是不会想到要去谋反叛乱的。"秦王政果然因此而相信王翦没有异心,放手让他指挥六十万大军,发动灭楚战争。仅用了一年多时间,王翦就攻下了楚国的最后一个都城寿春(今安徽寿县),俘虏了楚王熊负刍,兼并了秦国最大的对手楚国。

孟子荀卿列传第十四

孟 子

孟子(约前372—前289)名轲,字子舆或子居,战国中期邹(今山东邹县)人,先秦著名思想家。关于孟子的生卒年月,另一说为约前390年至前305年,但学者采用此说者不多。

孟子远祖是鲁国贵族孟孔氏,后家道衰微,从鲁国迁居邹国。

壮年时期的孟子除因母亲逝世而归丧三年以外,大部分时间是在稷下学宫任教。由于讲学有成绩,所以齐威王曾经馈赠百金以表示感激。

其后的一段时间,孟子曾到宋国去游说宋偃王,又到魏国游说于梁惠王。此后,他第二次到齐国的稷下学宫。这时候齐国已经是齐宣王当政的时期了。齐宣王不让孟子担负具体的职事,而只听取他的议论和建议。

孟子经常和齐宣王谈论政事,可是齐宣王并不真正重视孟子的意见。周赧王三年(前312年)齐宣王伐燕,孟子进谏,遭到拒绝,孟子遂辞去卿位,还归故乡邹地。

回到故乡以后,孟子专门从事教学和著述。孟子还和他的弟子一起,将言论编辑成书,即后世所流传的《孟子》。这本书在中国古代影响很大,几乎可与孔子的《论语》齐名。

荀 子

荀子(约前325—前238)名况,时人尊而号为"卿",故又称荀卿,汉代避宣帝讳而改称孙卿,战国末期赵国(今山西南部)人,先秦著名思想家。

荀子早年游学于齐,因学问博大,"最为老师",曾三次担任当时齐国"稷下学宫"的"祭酒"(学宫之长)。当时稷下学宫的主要思想家田骈已于齐襄王时故去。齐国需要补充列大夫的缺额,荀子因此三次出任祭酒一职。齐国有人诋毁荀子,于是他便前往楚国,春申君任命他做了兰陵县令。春申君去世后,荀子被罢职,就在兰陵安家。李斯曾是荀子的学生,学成之后到秦国做了宰相。荀子嫉恨昏乱末世的政治,憎恶战国末年兼并战争频行,致使亡国和离乱君臣的现象屡屡发生。不遵循仁政之道而营求于占卜巫觋之术,拘泥于末技的鄙漏小儒,如庄周之辈从言善辩淆乱风俗。于是他考察了儒、墨、道等家的战败利弊,著述成篇,达数万言后而离世。荀子死后葬于兰陵。

三邹子

齐国有三位邹子。第一位叫邹忌,利用弹琴求见齐威王,于是得以参与国政,被封为成侯并拜受相印,他在孟子之前。

第二位叫邹衍,他比孟子晚。邹衍看到当时掌握国家大权的人非常荒淫奢侈,不重视道德,不能像《大雅》中所说的那样来修身,并向百姓们推广德政。于是他深入地考察万物的阴阳变化之理而创造怪异而迂阔的变化之学,著有《终始》、《大圣》等篇共十多万字。其中的语言冗长但不合常理,一定要先在具体的小事上加以验证,而后再推广到大的事情上,以至于无限。先论述当今的现象,然后上溯到黄帝及上古,运用的都是学者们共同认可的材料,从历世的盛衰中,考察与吉凶有关的事体,再往前推,一直向前追溯到天地还未诞生,一切都处于混沌不可探究的时候为止。

书中首先罗列了中国的名山大川,深谷禽兽,水陆上的出产,珍贵的物种,并以此类推,一直到海外异邦人们不知道的东西。又称自从天地分别以来,五德根据五行的变化而流传,不同的时代都由五德中的一德来统治,两者相合若符契。他认为:儒者所说的中国,只是天下的八十一分之一。中国的名字叫赤县神州。赤县神

史 记

州内本身有九州,也即禹所排列的九州,但这不是他所说的州的数目。在中国以外与赤县神州同处东方的地域有九个,这才是所谓的九州。在那里海水环绕,人与禽兽互相间都不能相通,就好像在一个区域中,这才是一个州。在这九个州之外,有大海环绕,这才是天地的边缘。

书中的内容繁杂但学问都属于上述所说。它的宗旨,一定归结到仁义节俭应在君臣上下及亲族身上的施行,只是开头有点不着边际。那些王公大人初次见到他的学说,都很惊讶并愿意仿效,但因切身利益所致,最终无法去实施。

于是邹子在齐国很受重视。邹子去魏国,梁惠王到城郊去迎接他,行恭敬之礼。他到赵国,平原君侧身躬行并为他拭抹坐席。到燕国,燕昭王拿着扫帚清扫道路并亲自开道,还请求让自己以他的弟子的身份请教学问,专门修建了碣石宫,亲自前往拜他为师。

邹子著有《主运》篇。他游历诸侯时受到如此的尊敬礼遇,哪像孔子在陈、蔡游说时因饥饿而面色灰黄,孟子在齐、魏遭受困厄所能相比的!

所以周武王以仁义为旗号而讨伐纣王并因而称王,而伯夷却宁受饥饿而不吃周的粮食;卫灵公问孔子如何用兵布阵,而孔子不予回答;梁惠王计划攻打赵国,孟轲却称颂当年周太王为避夷狄而离开邠的故事。这些难道是有意奉承世俗强行契合吗?方形的榫头想放入圆孔中,这怎么可能呢?

有人说:伊尹背着鼎来劝勉商汤,商汤因而称王;百里奚原来在车下喂牛,而秦穆公重用他,因而称霸,这都是先迎合君王的好恶,然后再把他们引导到正道上。邹衍的言论虽然不合常规,但也有像百里奚喂牛、伊尹背负鼎那样的用意。

从邹衍及齐国的稷下先生,如淳于髡、慎到、环渊、接子、田骈、邹奭等人,都写书谈论国家如何治乱的学问,并以此去求见诸侯国的国君,怎么能说得完呢!

淳于髡,齐国人。他见识广博,有很强的记忆力,学业上比较杂,不专主一说。他在劝谏游说时,钦慕晏婴这个人,但是注重未曾奉承别人先察言观色,有一个门客把淳于髡推荐给梁惠王,惠王摒退左右之人,单独见他两次,淳于髡始终不发一言。梁惠王觉得很奇怪,责备那个门客说:"你称道淳于髡先生,说管仲、晏婴都比不上他,等他见到了我,我却并没有什么收获。难道是因为我这个人不值得他说吗?究竟是什么缘故呢?"门客把梁惠王的话告诉了淳于髡。

淳于髡说:"本来嘛,我第一次见到惠王,他在想着驱马围猎之事;第二次见到惠王,他在想着音乐。所以我就默不作声。"

门客把这些话全部告诉了梁惠王,惠王十分惊讶,说:"啊,淳于先生真是一个圣人!第一次淳于先生来时,有人献给我好马,而我还来不及去看,恰遇先生来了。所以想着关于马的事。第二次先生来时,有人献来歌伎,而我还来不及欣赏,也恰巧碰上先生来,我也未能专心待客。我虽然摒退了左右之人,但心里还在想着马和歌伎,确实如此。"

后来淳于髡来见,一连谈了三天三夜,都不知疲倦。惠王想任他以卿相之位,淳于髡却推辞了。于是惠王送给他一辆四匹马拉的车,成捆的丝帛及璧,还有黄金百镒。淳于髡回到家乡一辈子都没有去当官。

慎到,赵国人。田骈、接子,是齐国人。环渊,楚国人。他们都学习黄帝、老子关于道德的学问,并进一步说明他们的主旨。所以慎到著有十二论,环渊著有上下篇,而田骈、接子都有所论述。

邹奭,是齐国的第三位邹子,他采纳了不少邹衍的学说来写书。

当时齐王赞赏他们,自从淳于髡以后,将他们都任命为列大夫,为他们在宽阔的大道边修建门户高大的高墙深院,并尊重、宠信他们。以此招揽天下诸侯各国的宾客,都称齐国能招致天下的贤能之士并重用之。

荀卿,赵国人。在五十岁时才到齐国游学。邹衍的学问迂阔博大而富于雄辩,邹奭文彩出众但他的学问难以实施,与淳于髡相处,常能听到对你有益的话。所以齐国人称颂说:"谈论天道的是邹衍,修饰文辞的是邹奭,智慧无穷的是淳于髡。"

孟尝君列传第十五

相门有相

孟尝君,姓田名文,是齐威王之孙。田文的父亲叫田婴,曾经为齐相,被封于薛,称为薛公,算得上是一位有名的战国纵横家。

田婴已有子四十余人,田文只是田婴贱妾所生的孩子。田文出生于五月五日。田文出生前,田婴告诉田文的母亲说:"不要养活这个孩子。"田文的母亲没有听田婴的话,孩子生下来后,偷偷地把这个婴儿抚养成人。

田文长大后,他的母亲让他跟随兄弟们一起见田婴。田婴知道当年那个孩子已经长大成人,非常愤怒,对田文的母亲斥道:"我让你去掉此子,你怎么敢把他养大?"

田文的母亲不敢作声。田文上前顿首施礼,并回道:"君为什么不愿养五月生的儿子呢?"

田婴说:"人说五月生的孩子,会长与户齐,男害父,女害母。"

田文问道:"人生是受命于天呢?还是受命于户呢?"

田婴默然。

田文又说道:"如果人生注定受命于天,那么君又何必担忧呢!如果必然受命于户,那么五月子可以高其家门户,谁能比得上他呢!"

田婴无法回答,只好训斥了一句,说:"住口吧!"

又过了一段时间,田文有机会同其父聊天。田文问田婴说:"儿子的儿子是什么?"

田婴答道:"是孙子。"

田文又问:"孙子的孙子又是什么?"

田婴答道:"是玄孙。"

田文又问:"玄孙的玄孙又是什么?"

田婴被问住了,只好说不知道。中国古代的称谓非常发达。《尔雅》说:"玄孙之子为来孙,来孙之子为昆孙,昆孙之子为仍孙,仍孙之子为云孙。"但称谓总有个尽头,追问下去,肯定无法回答。田文发问的目的,就是等田婴说不知道,好听自己说话。

田文转了话题,向父亲进言道:"君执掌齐国相位,至今已历威王、宣王、湣王三世了,齐国的疆域却不见扩大;君私家富累万金,门下却不见有一位贤者。我听说将门必有将,相门必有相。今君后宫穿绫罗绸缎,门客却得不到短褐为衣,仆妾粱肉有余而士人糟糠不饱。今君又爱厚积余藏,不知是想留给何人,却忘记了公家之事日损一日,我心里感到很不理解。"

田婴自此,非常器重田文,让他负责招待家中门客。宾客盈门,名声闻于诸侯,诸侯都请田婴以田文为薛公的太子,田婴也同意了。田婴死后,田文代田婴为薛公,后被封孟尝君。

齐湣王认为自己尚无力处理国政,就任孟尝君为相,处理国家大事。时在湣王五年,即公元前297年。

孟尝君非常善于察言观色,揣摩齐王的心思,讨得齐王的欢心。有一次,齐王夫人死,齐王身边有七个十分宠爱的美女,孟尝君想知道齐王选那位为夫人,就想出一个巧妙的办法,向齐王进献七件叫做"珥"的耳饰,其中有件与众不同,格外漂亮。第二天,看美珥戴在哪位美人的耳朵上,就劝齐王立哪位为夫人。他通过齐王对七珥的分配,就可了解齐王最喜欢谁了。

这时,秦国攻取了楚国的汉中,又与楚兵大战于蓝田,楚兵大败。楚割地与秦国讲和。韩、魏与齐三国合谋攻楚,又恐秦国来救。于是孟尝君采纳策士的主意,派人出使楚国,对楚王说:"现在三国之兵将要离开楚国,如果楚国能与三国并力攻秦的话,即使是蓝田也不怕得不到,更何况楚国的故地呢?"楚国怀疑秦国未必肯来救助自己,而如今却可使三国自动退兵,就积极地与三国合谋攻秦。这时,三国却迅速猛袭楚国,楚国频频向秦国告急,秦国却怕中三国与楚国的诡计,根本不敢出兵。结果齐、魏、韩三国成功地离间了秦国和楚国,三国伐楚,取得胜利。

鸡鸣狗盗

孟尝君喜欢招揽宾客,罗致天下人才。所以诸侯宾客及逃亡的罪犯,都跑到他这里。

据说,孟尝君捐弃家财厚事宾客,倾天下之士。食客数量多达数千人,无论贵贱,和他待遇一样,孟尝君待客坐谈,问宾客的亲戚家属的情况,屏风后面有侍史把谈话记下来,事后孟尝君使人按记录去慰问和关照宾客的家属。孟尝君这一着,特别能收买一些人的人心。

列　传

有一次,孟尝君和宾客们一起吃夜宵,其中有一人因火光遮蔽,看不太清。正吃着饭,这位客人大怒,以为孟尝君没有平等待客,就要辍食辞去。孟尝君起身,拿着自己的饭靠近了让他看。客人见孟君吃的和大家都一样,并未有高高在上的意思,惭愧不已,自刎而死。

从此,来投奔孟尝君的士人就更多了。孟尝君不论德才大小,一律加以善待。宾客们人人都自以为孟尝君亲爱自己。孟尝君本人并没有那种足智多谋、纵横捭阖的权谋和智慧,他比不上张仪、苏秦这些顶尖的人物,但是孟尝君却善于收买人心,招纳贤士,借用他人的智慧和才能,为自己服务。三教九流,各有所用。在这方面,孟尝君又有过人之处。

孟尝君曾向三位先生请教,愿闻先生之善言以常补自己之缺失。一人说:"任天下之主,有欺凌君的,都将以自己的血溅其衣襟,和他拼命,不管他是谁。"一位名叫田瞀的说:"我无论走到哪里,都愿意掩足下之短,诵足下之长。千乘之国的国君和万乘之国的相国,其欲得君,让我出使的话,那我就力所不及了。"另一位叫胜禺的说:"我愿用足下的府库财物收天下之士,能替君决疑难之事,就猝起之变,就像魏文侯招有田子方、段干木(田子方、段干木,分别是孔子弟子子贡、子夏的学生,为魏文侯的老师)一样。"孟尝君择善而从之,显能而任之。

孟尝君有一位舍人,此人爱慕孟尝君的夫人。有人对孟尝君说:"为君舍人却爱慕君之夫人,这已经是很不义了,请君杀掉此人。"

孟尝君却说:"睹貌而相悦者,乃人之常情,请不必管他。"

一年之后,孟尝君召这位爱慕孟尝君夫人的舍人说:"您同我交游也很久了,大官未可得,小官您又看不上。卫国国君曾与我交于未贵之时,请让我为您准备车马皮币,愿您从此能跟卫君交往。"

舍人到了卫国,果然卫君很器重他。

后来齐、卫两国外交恶化,卫君要约集天下之兵伐齐。孟尝君原先的那位舍人对卫君说:"孟尝君不了解臣不肖,却对君说臣贤,以臣欺君。臣听说齐、卫先君曾歃血为盟,发誓说:'齐、卫后世无相攻伐,有相攻伐者,令其命如此。'现在君约天下之兵伐齐,是足下背先君盟约而欺孟尝君。愿君勿存攻齐之心。君听臣言便罢了,不听臣言,就说明臣不贤,臣马上死于君面前。"

卫君听了,就打消了攻齐的计划。齐人听说后,都认为孟尝君会来事,因而能够转祸为功。

孟尝君善待门客,使门客们常常以能为孟尝君做事、尽力为荣。有一个叫夏侯章的人,实在没有什么能为孟尝分忧、出力的地方,想来想去,就以诋毁孟尝君的方式来报答他。

孟尝君待夏侯章不薄,曾供给他"四马百人之食"。夏侯章却每言必毁谤孟尝君。有人就向孟尝君汇报夏侯章的言行,孟尝君却并不在意。有人就问夏侯章为什么不讲良心,以怨报德。夏侯章回答说:"孟尝君并未尊为诸侯,却能奉我四马百人之食,我无分寸之功还报,只好以诋毁他的方式来尽一点力了。孟尝君因我毁之而无憾言,故得忠厚之称。我这是以己身为孟尝君出力,岂但以言语重之而已。"夏侯章以灭己之名来报孟尝君厚己之德。

秦昭王听说孟尝君贤,就先让秦国的泾阳君入齐为质,以求见孟尝者。孟尝君想去秦国,宾客们屡劝不听。苏秦以"木偶人"和"土偶人"对话的寓言故事劝阻孟尝君,孟尝君才没去。其实,秦昭王召孟尝君,只是想拉拢齐国,同时以孟尝君为质,要挟齐国而已。这是秦国连横战略的一步棋。

齐湣王二年,即公元前300年,秦昭王再次召孟尝君,孟尝君终于入秦,被秦昭王任为秦相。有人对秦昭王说:"孟尝君贤,而且又是齐国王族,现在相秦,做事必定会先齐而后秦,秦国可危险啊!"于是秦昭王就把孟尝君囚禁起来,想把他杀掉。其实,这一切都不过是残暴的秦王君臣早已设计好的圈套。

孟尝君使人冒昧去找昭王幸姬帮忙解难。幸姬提出要以得到孟尝君的狐白裘为条件。当时孟尝君确有一狐白裘,价值千金,天下无双,可已经献给秦昭王了,又别无他裘。孟尝君忧虑不已,遍问跟从的宾客,没有人能想出办法。有一位能为狗盗的人说:"臣有办法得到狐白裘。"这个人就乘着夜黑,摸进秦宫,把孟尝君献给秦昭王的那件狐白裘给偷了回来,宾客们把它献给了幸姬。

幸姬在昭王面前替孟尝君说话,昭王就把孟尝君给放了。孟尝君马上乔装改扮,改名换姓,想连夜脱逃出关。夜半时分,秦昭王后悔放了孟尝君,派人找他,回报说已逃出关,就派人飞驰追拿。孟尝君逃到函谷关,关门紧闭。要等早晨鸡鸣之后,守关者才开关过客。孟尝君担心追兵赶到,十分着急。宾客中有一人便模仿鸡鸣,惟妙惟肖,引得群鸡齐鸣。守关的人以为已到拂晓,就开关放行。一顿饭的工夫,秦兵果然追至,可孟尝君已经走远了。

平时孟尝君列此二人为宾客,大家都瞧不起这两个鸡鸣狗盗的货色,而孟尝君这次多亏这两人才得以逃出秦的魔掌,从此以后,众宾客无不心服。

狡兔三窟

有一个名叫冯谖的齐国人,贫穷难以活命,就托人给孟尝君说他愿意寄食于门下。

孟尝君问:"这人有什么优点?"

回答说:"这人没有什么优点。"

孟尝君问:"这人有什么才能?"

回答说:"这人没有什么才能。"

孟尝君笑了笑说:"好吧,让他来吧!"

左右人以为孟尝君瞧不起冯谖,就只拿粗食淡饭给他吃。

过了没几天,大家只见冯谖倚柱弹剑而歌:"长铗归来乎!食无鱼。"左右人告诉了孟尝君。孟尝君说:"就按门下之客来待他吧!"据《列士传》载:孟尝君厨有三列,上客食肉,中客食鱼,下客食菜。左右便以中客的标准来招待他。

史 记

又过了不久,冯谖又弹剑而歌:"长铗归来乎! 出无车。"人们都不免感到好笑,又汇报给孟尝君。

孟尝君又让人给冯谖备车,待之如上客。冯谖乘着车,举着剑,对路过的朋友说:"孟尝君以客礼待我。"

以后又过了几天,冯谖又弹剑而歌:"长铗归来乎! 不能养家。"左右的人都开始讨厌他,认为他贪而不知足。

孟尝君知道后就问:"冯公有亲人吗?"

冯谖回答说:"有老母。"

孟尝君就派人供给冯母食用,不使她贫穷。从此以后,就再也听不见冯谖唱歌了。

有一次,孟尝君要找一个会记帐的人替他到封地薛地去收债。冯谖请求前去。临走前,问孟尝君需要买些什么回来,孟尝君说:"你看我家少有的东西。"

冯谖至薛,派地方官吏召集偿债的百姓来听命,然后以孟尝君的名义一把火把债券全都烧了,民呼万岁。冯谖又长驱回齐,一大早就求见孟尝君。孟尝君对他回来得这么快感到奇怪,一面正衣冠一面赶紧见他,问道:"你收完了吗? 怎么回来这么快!"

冯谖说:"收完了。"

孟尝君问:"买了些什么东西回来?"

冯谖说:"君言看你家少有的东西。臣私下合计,君宫中遍积珍宝,狗马满外厩,美人充宫室。君家所少有的是一个义字! 所以我就为君买义而归。"

孟尝君大惑不解地问:"怎么买义而归呢?"

冯谖说:"今君有区区之薛,不慈爱百姓,却行市贾之道以取利。臣托君的名义,把债赐给百姓,债券都烧了,民称万岁。这就是臣为君买义的办法。"

孟尝君不悦,说:"知道了,先生休息吧!"

一年之后,齐湣王想自己亲自执政,就对孟尝君说:"寡人不敢以先王之臣为臣。"孟尝君只好又回薛,百里之外,百姓扶老携幼,夹道欢迎。

孟尝君回头对冯谖说:"先生所为我买的义,我今日看到了。"

冯谖说:"狡兔有三窟,才能够免死。今君只有一窟,还不能高枕无忧。请让我为君再凿二窟。"

孟尝君给冯谖车五十乘,金五百斤,西游于魏,对魏惠王说:"齐王逐其大臣孟尝君于诸侯,诸侯先迎接任用孟尝君的,就可以富国强兵。"于是,魏王使相国为上将军,虚相位以待孟尝君,遣使者,以黄金千斤,车百乘,前去迎聘孟尝君。魏国使者三次来请,孟尝君听冯谖告诫坚决不行。

结果齐王得闻此事,君臣恐惧,遣官职极为尊贵的太傅持黄金千斤,彩车两驷,国王所自佩的宝剑一把,携齐王的信谢罪于孟尝君,希望孟尝君顾念先王之宗庙,返国统万人。孟尝君再次听冯谖劝诫,请先王之祭器,立宗庙于薛。这时,冯谖对孟尝君说:"如今三窟已成,君可以高枕无忧了。"

平原君虞卿列传第十六

平原君杀姬留士

平原君是赵国的公子,姓赵名胜,赵惠文王之弟。平原君曾在赵惠文王和孝成王时为相,也喜欢接纳宾客,宾客多达数千人。

平原君家的楼舍挨着民家。民家有一跛子。走路蹒跚,一摇一摆地去打水。平原君的美姬住在楼上,看见跛子走路的样子,就止不住大笑。

第二天,跛子就找上门来,对平原君说:"臣听说平原君喜士,士不远千里而来,是因为君能贵士而贱妾。臣不幸有背疾,而君之后宫看到后笑话我,臣希望能得到笑臣的人的人头。"

看来这个人脚和背都有毛病。美姬笑话他,是对他人格的不尊重,伤害了他的自尊心。但即使如此,非要砍下人家的人头也未免太过分。

平原君表面上允诺了他,等他离开,就笑道:"看这小子,要因一笑之故杀我的美人,不也太过分了!"

到年末,宾客门人有一半以上悄悄地离开了平原君。平原君感到奇怪,就问道:"我对待各位宾客未尝敢失礼,为什么有这么多人走了呢?"

门下有一人上前道:"因为君不杀笑跛子的人,大家以为君爱色而贱士,因此士就走了。"

于是,平原君就忍痛割爱,把那位美姬杀了,亲自登门谢罪,把人头进给跛子。平原君杀了美姬之后,那些离去的门人们又悄悄地回来了。

毛遂自荐

公元前259年,秦国派上大夫王陵率兵围攻邯郸。这时赵国已经长平之祸,四十余万人都被秦屠杀了。赵王派平原君求救,想合纵楚国。平原君就召集门客,从中选有勇有谋、文武兼备的二十人同往。平原君说:"这次去楚国合纵,如果文能取胜,那就太好了。如果不行,那么就歃血于华屋之下,必得合纵然后才能还。士无须外求,在门下食客中选择就足够了。"挑来挑去,仅找到十九人,其余的人中再也挑不出来了。

这时,门下有一名叫毛遂的食客上前自荐道:"我听说君将合纵于楚,要在门客中找二十人相从,还缺少一人,我希望君能让我填上空缺,满数前去。"

平原君问:"先生处我门下有几年了?"

毛遂答道:"有三年了。"

平原君说道:"贤士处世,就如同囊中的针锥,其尖露在外面,人们得以看见。

史 记

今先生处我门下已有三年了,左右没有人称颂过,我也未有所闻,说明先生没有什么可称颂的地方。先生还是留下吧。"

毛遂说道:"假如我早得于囊中,早就脱颖而出了,不仅仅是锥头露在外面。臣请您现在把我放在囊中吧。"

毛遂的意思说以前没有机会,希望平原君能给他这次崭露头角的机会。平原君就答应了他的请求。同去的十九个人都相视而笑。

毛遂一路上和十九位门客谈论不休,这些人都被毛遂的谈论折服了。平原君与楚王谈合纵的事,动之以情,晓之以利,从日出开始,至日中仍未能有个眉目。这十九人就对毛遂说:"先生上!"

毛遂按剑登阶而上,对平原君说:"合纵的利与害,两句话就说清了。如今日出而言,日中仍未决,怎么回事?"

楚王问平原君说:"这位客人是干什么的?"

平原君说:"这是我的一位门客。"

楚王一听,心中不快,呵斥道:"怎么还不退下!我是在与你家主君谈话,你算干什么的?"

毛遂毫不惧色,按剑又向前进了几步,高声说道:"大王之所以叱我,是依仗楚国人多势众。可现在十步之内,大王却不能恃楚国之众,大王的命悬在我的手里。我家主君在前,你呵叱什么!况且我听说商汤以七十里之地王天下,文王以百里之壤而使诸侯臣服,岂在士卒众多,而是能真正据其势振其威罢了。今楚国土地方圆五千里,持戟之士上百万,可说是霸王的资本。以楚国之强,天下莫能匹敌。秦国大将白起,一小竖子罢了,率几万士兵,兴师和楚国开仗,却一仗攻克鄢、郢,再战火烧夷陵,三战就活捉了大王的先人。这是百世的怨仇,连赵国都替你们感到羞耻。而大王却不以为耻。合纵乃是为了楚国,而不是为了赵国。我家主君在前,你喝叱什么!"

一番话说得楚王面红耳赤,抬不起头来。等毛遂一停,楚王连忙说:"好,好,诚如先生所言,寡人谨奉社稷相从。"

毛遂又问:"合纵说定了?"

楚王说:"定了。"

毛遂便转向楚王身边的人说道:"取鸡、狗、马的血来!"

古人誓盟所用牺牲按高低贵贱而有不同等级,天子用牛或马,诸侯用犬及猪,大夫以下用鸡。

毛遂手捧铜盘,跪献楚王,说道:"大王当歃血为盟以定合纵,次为我家主君,再次为我。"毛遂又召堂下十九人共歃此血,遂定死合纵之事。

平原君一行还赵之后,平原君对毛遂说:"我不敢再鉴别人才了。我鉴别人才,多说上千人,少说有百数,自以为不失天下之士,今于毛先生身上却有失明察。毛先生一到楚国,就使赵国如同九鼎大吕,为天下所重。毛先生以三寸之舌,强过百万之师。我不敢再刚愎自用,鉴别人才了。"从此拜毛遂为上客。

解邯郸之围

秦兵加紧了对邯郸的进攻。这时,"赵人之死者不得收,伤者不得疗,涕泣相哀。"秦又起用郑安平负责进攻邯郸。秦兵对邯郸的进攻更猛烈了。赵国眼看就顶不住了,内无粮草,外面合纵的援兵又未到,很快就得投降。平原君心急如焚。

邯郸传舍史的儿子李同对平原君说:"君不忧虑赵国的灭亡吗?"

平原君说:"赵亡则我也为敌人的俘虏,怎么会不忧虑呢?"

李同说:"邯郸的百姓,易子而食,可谓已到绝路上了,而君之后宫充有百数,婢妾锦衣绮缎,梁肉有余,百姓却褐衣不蔽体,糟糠不得饱。百姓困乏,武器耗尽,有人削木当矛,而君器物钟磬却依然如故,没有半点损失。如果秦兵攻破邯郸,君还能有这些东西吗?若使赵国得以保全,君又有何患?今君诚然能令夫人以下编于士卒之间,与百姓共同御敌,分功而作,尽散所有家中来犒劳将士,将士正在危苦之时,容易被感动。"

于是,平原君按李同的建议去做,一下子集合了敢死之士三千人。李同和这三千人的敢死队一起冲入秦军,奋不顾身,誓死拼杀。后来秦国的武安君曾对此追述道:"至于平原君之属,皆令妻妾补缝于行伍之间。臣人一心,上下同力,犹勾践困于会稽之时也。"在平原君集合的这三千敢死队的奋力冲击下,秦军大乱,退却了三十里。这时,魏国公子无忌,即信陵君,率八万精兵进击秦军。楚国春申君黄歇所派大将景阳率领的救兵也赶到。赵、魏、楚三国军队内外夹击,秦军大败,秦将郑安平带两万人投降了赵国。

约信陵君和楚国春申君派兵救赵,解邯郸之围,平原君功劳很大。虞卿为平原君请封,赵王就准备封平原君于东武城。

公孙龙听说后,连夜到平原君府上劝阻。公孙龙对平原君说:"这件事一定不要做。大王举君为赵相,并不是因为像君这样有智谋能力的人在赵国找不着;割东武城封君,并非因为君有战功而国人无功。这都是因为君是大王的亲戚。为君考虑,不如不受。"平原君听从了公孙龙的建议。

公孙龙是战国的著名的论辩家,"善为坚白之辩"。他是战国人,生卒年月不可考,大约生活在赵武灵王、惠文王至孝成王年间,约当公元前 325 年至 250 年。公孙龙是平原君的门客,平原君待之甚厚。

虞卿游说

虞卿,是游说之士。他穿着草鞋,带着长柄笠去游说赵孝成王。第一次相见,赵王赐给他黄金百镒,白璧一双;第二次相见,选他为赵国的上卿,所以称他为虞卿。

秦国、赵国在长平交战,赵国失败,死了一位都尉。赵王把楼昌和虞卿召来说:"军队打仗没有取胜,还死了一个都尉,我想整兵继续战斗,你们看怎么样?"

楼昌说:"这样做没有什么好处,不如派一位权位重要的使者与秦国讲和。"

虞卿说:"楼昌说要讲和,是因为假如不讲和则我军一定失败。然而讲和的主动权在秦国。况且大王说秦国的目的,就是要打败赵国的军队而不是与赵国讲和,不是这样吗?"

赵王说:"秦国不遗余力,就是一定要打败赵军!"

虞卿说:"大王你听我的,派使者献出重宝以依附楚国、魏国,楚国、魏国想得到大王的重宝,一定会接纳使者。赵国的使者进入楚国、魏国,秦国一定会怀疑天下各国合纵结盟,而且一定会恐慌。在这样的前提下,才可以去与它讲和。"

赵王不听劝告,与平阳君商议讲和的事,并派郑朱去秦国。秦国接纳了他。赵王把虞卿召来说:"我派平阳君去与秦国讲和,秦国已经接纳了郑朱,你认为怎么样?"

虞卿回答说:"大王讲和不能成功,军队一定会被攻破。诸侯国中去祝贺战争胜利的人都在秦国。郑朱,是地位重要的人,他到了秦国,秦国和应侯一定会表现出重视以给天下人看。楚国、魏国认为大王与秦国讲和,一定不会来救大王。秦国知道天下各国都不会来救大王,他们就没有了顾虑,那么讲和就不会取得成功。"

应侯范雎果然张扬郑朱前来讲和之事以给天下来祝贺战争胜利的人看,但始终不肯讲和。赵军在长平大败,邯郸被秦军包围,赵国因此受到天下人的讥笑。

秦国将要从邯郸撤围时,赵王这时去朝拜秦国,派赵郝去约定投靠秦国,并割让六个县以讲和。

虞卿对赵王说:"秦国攻打大王,是因为疲倦后才回去的吗?大王认为它的力量还能进攻,因为爱惜大王才停止进攻的吗?"

赵王说:"秦国攻打我国,已是尽了全力,一定是疲倦了才回去的。"

虞卿说:"秦国用它的力量攻打它无法得到的地方,疲倦而归,大王又把凭它的力量所不可能取得的东西送给了它,这是帮助秦国来削弱自己。明年秦国再来攻打大王,大王就无可救药了。"

赵王把虞卿的话告诉赵郝,赵郝说:"虞卿确实能知道秦国力量到底有多大吗?如果确知了秦国的力量已不能进攻,又不把这弹丸之地给秦国,等秦国明年再来攻打大王时,大王不就得割让内地来讲和吗?"

赵王说:"还是听你的话割让吧。但是你能说服秦国明年一定不再来攻打我吗?"

赵郝回答说:"这就不是我敢担保的。以前三晋之国与秦国结交,互相很友好,现在秦国与韩国、魏国亲善而来攻打大王,这是因为你侍候秦国一定比不上韩国和魏国。现在我只能为你解除因为背叛盟国而招来的进攻,开放边关,互通商品,像韩国、魏国一样与秦国交往。到明年如果大王招致秦国的进攻,这一定是因为你服侍秦国落在了韩国、魏国的后面。这不是我所敢担保的。"

赵王把此话告诉了虞卿,虞卿回答说:"赵郝说'如果现在不讲和,明年秦国会再次来攻大王,大王就得割让自己的土地与秦国讲和。'现在讲和,赵郝又不能肯定秦国明年不再攻打赵国。那么即使割让六座城池,又有什么用处!明年秦国再来进攻,又割让秦国凭力量所不能得到的土地与它讲和,这是自杀的方案,不如不与它讲和。秦国即使擅长进攻,也不能获取这六个县;赵国即使无法守卫,终究不会失去六座城池。秦兵疲倦而归,一定会罢兵。我们凭着这六座城池联络天下诸侯各国来攻打疲惫的秦国,这是我们损失给天下诸侯各国而从秦国那里得到补偿。这样,我国还可获利,这与白白地割地给秦国,削弱自己而让秦国强大相比,哪一个更好呢?现在赵郝说'秦国与韩国、魏国亲善而攻打赵国,一定是大王服侍秦国比不上韩国、魏国',这是要大王每年割六座城池以服侍秦国,年年不断一直到城池全部送完。明年秦国再来要求割地,大王给不给呢?用什么给呢?假如不给,那是前功尽弃并挑起秦国的怨恨;假如给它,那么终有一天会无地可给。俗话说:'强者擅长进攻,弱者不能防守。'现在徒劳地听从秦国,秦国军队不受损失而能多得土地,这是你自主地让秦国强大而削弱赵国。用越来越强大的秦国来割取越来越削弱的赵国的土地,所以秦国的计谋不会停止。况且大王的土地有限而秦国贪得无厌,以有限的土地去供给无限的贪求,这样赵国势必无法存在。"

赵王的计策还未确定,楼缓从秦国来,赵王与楼缓谋划,说:"给秦国土地与不给它,哪一种更好?"

楼缓推辞说:"这件事我不知道。"

赵王说:"虽然如此,然而不妨说你私下的想法。"

楼缓回答说:"大王也听说过公甫文伯的母亲吗?公甫文伯在鲁国做官,病死了,有两个女子为他在房中自杀。他的母亲听说后,却没有哭。她的保姆说:'怎么有自己的儿子死了而不哭的人呢?'他的母亲说:'孔子,是贤能的人,被鲁国驱逐,而他的孩子没有跟随。现在儿子死了,有两个女子为他自杀,这说明他一定是个薄待长者而厚待女子的人。'这话由他的母亲来说,表明这是一位贤惠的母亲;如果由他的妻子来说,那一定是一个好妒忌的妻子。所以她们的话说的是一样的,说话的人不同人们的看法就不同了。现在我刚从秦国来而说不给秦国割地,恐怕你认为这不是为你想办法;说给秦国,大王会认为我是在为秦国考虑,所以不敢回答。假如让我替大王考虑,不如给秦国土地。"

赵王说:"好。"

虞卿听说后,入宫去见赵王,说:"这是引人上当的话,大王千万不要给秦国土地。"

楼缓听说后,也入宫去见赵王。赵王又把虞卿说的话告诉楼缓。楼缓回答说:"不对,虞卿只知其一,不知其二。秦国与赵国结怨而天下人都很高兴,为什么呢?他们会说'我们也可以依靠强国来攻打弱国'。现在赵国的军队为秦国所困,天下祝贺战争胜利的人一定都在秦国。所以不如赶快割地讲和,以疑惑天下的人心并安慰秦国。否则的话,天下各国将依靠强大的秦国,乘着赵国削弱之机瓜分赵国。赵国就将灭亡了,还图谋秦国什么呢?所以说虞卿只知其一,不知其二。希望大王以此决断处事,不要再犹豫了。"

虞卿听说后,去见赵王说:"危险啊,楼缓的这些话都是为了秦国。这样做只有使天下人更加疑惑,怎么能满足秦国的野心呢?为什么不说他这样做是向天下人表示我们软弱呢?况且我说不给秦国土地,不仅仅是不给它土地而已。秦国向大王索取的六座城池,大王却可以用这六座城池相送来结纳齐国。齐国,是秦国深深痛恨的,它得到大王的六座城池后,就会与大王一起合力向西攻击秦国,齐国会听从大王的计策,都不用等你说完。这样做就是大王在齐国受了损失而在秦国取得补偿,这样,齐国、赵国的深仇就可以报了,并且向天下显示了你有能力。大王如果照我的话去做了,赵国军队还未临近秦国的边境,我就可以看到秦国的重礼送到赵国并且反过来向大王求和。听从秦国与赵国讲和,韩国、魏国听说后,一定都会重视大王;它们重视大王,一定会拿出重宝来献给大王。这样大王一下子就可以和三个国家结交,而且与秦国改变了过去的位置。"

赵王说:"好。"就派虞卿向东去见齐王,与他一起图谋秦国。虞卿还未返回,秦国的使者就已经到了赵国。楼缓听说后,就逃跑了。赵王于是把一座城池封赐给虞卿。

过了不久,魏国请与赵国合纵结盟。赵孝成王召虞卿一起谋划。虞卿去拜访平原君,平原君说:"希望虞卿此来是为了谈论合纵结盟。"虞卿入宫见赵王。

赵王说:"魏国请求合纵结盟。"

虞卿回答说:"魏国错了。"

赵王说:"我本来就没有答应。"

虞卿说:"大王也错了。"

赵王说:"魏国请求合纵结盟,你说魏国错了,我没有答应,你又说我错了。那么合纵结盟终究可以结吗?"

虞卿回答说:"我听说小国与大国一起做事情,有了利益则大国享福,失败了则小国遭受祸患。现在魏国是小国,它自己来请求遭受祸患,而大王的国家是大国却推掉了享福的机会,所以我说大王错了,魏国也错了。但我私下里以为与魏国合纵结盟对魏、赵都有好处。"

赵王说:"好。"于是就与魏国合纵结盟。

魏公子列传第十七

博弈论警

魏公子无忌,是魏昭王的小儿子,而且是魏安釐王的异母兄弟。昭王死后,安釐王继位,封公子为信陵君。这时候,范雎逃离魏国,到秦国任相。因为怨恨魏齐派秦军围攻魏国,打败了魏国在华阳城的军队,赶走了魏将芒卯。魏王和公子无忌都很担忧。

魏公子无忌为人仁义,而又能礼贤下士,凡是认为有才之人,不论才能高低,都能谦虚地对他们以礼相交,从不因为自己富贵而怠慢士人。因此方圆几千里地方的有才之士,都争相前往归附他。他招徕的食客有三千人。在这十几年中,诸侯各国因为魏公子贤德才能,门客众多,不敢进军侵犯魏国。

有一次,无忌与魏王对弈,也就是下棋,突然北方边境上燃起烽火,这是古代的报警方法,说明有敌寇来犯。不一会儿,有人来报,说赵兵到了,快要入境了。魏王急忙停止下棋,要召集大臣商量对策。

公子无忌却不慌不忙劝阻魏王,说:"这是赵王打猎玩儿,并非为入侵魏国。"说完,下棋如故。

魏王心中担忧,下棋心不在焉。又过了一会儿,又从北方来人传报说赵王打猎,不是要进攻魏国。

魏王听后非常吃惊,问无忌说:"公子何以知之?"

无忌说:"臣的门客中,有人能探得赵王的秘密。赵王的一举一动,全都报告给我,臣因而知之。"

从此魏王对信陵君有了戒心,不敢把国政交给他。

侯嬴朱亥

魏国有个隐士,名叫侯嬴,年至七十,家中贫寒,在都城大梁夷门当一个看门的差事。

信陵君听说后,就前去请他,还要厚赠他,侯嬴却不肯接受。他对信陵君说:"臣修身洁行。"信陵君于是摆酒大会宾客,众人坐定,信陵君亲自赶车,让出左边上座,请侯嬴赴宴。侯嬴就穿着破旧的衣服,径直坐到上座,毫不谦让,想看看信陵君的反应。只见信陵君手执缰绳,颜色温和谦恭。

侯嬴又对信陵君说:"臣有一位朋友在市集上作屠夫,希望能从那儿经过。"信陵君驾车入市,侯嬴见到朱亥,故意交谈很久,同时斜眼看信陵君的神色。只见信陵君更加谦和。

这时,将相宗室宾客满堂,等着信陵君归来举杯饮酒。市集中的人都来围观信陵君驾车。跟从信陵君来接侯嬴的人,都暗暗地骂侯嬴。侯又看信陵君的脸色,如终谦和不变,于是就谢客上车。到家,信陵君引侯嬴上座,遍告宾客。宾客都惊奇不已。

酒至正酣,信陵君起座为侯嬴祝寿,侯嬴对信陵君说:"今日我已为公子做了足够多的事。我只是夷门的一个看门人,而公子却屈身亲驾车骑,于众人广坐之中迎接我,我不应该这样过分,公子却故意这样做。然而我想成就公子的贤名,所以故意久立市中,过客围观公子,却见公子颜色谦恭。市人都以侯嬴为小人,而认为公子能礼下士。"于是,信陵君以侯嬴为上客。

侯嬴又对信陵君说:"臣所经过的屠夫朱亥,此人很贤,但世莫能知,所以隐身于屠户之间。"

信陵君数次请他,朱亥都故意装出一副毫不客气的样子。信陵君感到十分奇怪。

侯嬴、朱亥身份卑微,家境贫寒,不为世人所知。信陵君于监门、市屠之中发现了这两位贤人。正是这两个人,帮助信陵君成就了以后的丰功伟业。

窃符救赵

秦兵攻赵,邯郸告急。信陵君的姐姐是平原君的夫人,数次写信给魏王及信陵君,请求魏国派兵救赵国。魏王派晋鄙率兵去救赵国,但秦昭王说:"谁敢救赵国,我攻下赵国后必定先移兵征伐他。"魏王害怕了,就让人止住晋鄙,驻军于邺,名为救赵,实际上坐视观望。

平原君的使者对信陵君说:"平原君所以和魏国联姻,是公子的高义,能急人之困。今邯郸危在旦夕,而魏国救兵不至,公子急人之困的高义又在哪里?况且公子即使不在乎平原君,难道就不爱怜您的姐姐吗?"

信陵君很是担忧,数次请魏王下令救赵,魏王不听。于是,信陵君就约请愿意同往的宾客,率车百余乘,要与赵国共存亡。

行至夷门,见侯嬴,信陵君一五一十地把要去同秦军拼命的实情都告诉了他。辞别的时候,只听侯嬴说:"公子好自为之吧,老臣不能相从了。"

信陵君行了几里,心中不快,暗暗想道:"我待侯嬴颇厚,天下莫不闻,我今就要死了,而侯嬴却不曾有一言半语送我,难道说我的行为有什么不对的地方?"于是又折了回来问侯嬴。

侯嬴笑道:"我早就知道公子会返回来。公子喜士,名闻天下。如今有难,没有其他办法,要赴秦军,如同以肉投饿虎,又有何用呢?况且又怎么对得起这些宾客呢?公子待臣甚厚,公子走而臣不送,所以公子必恨我然后返回来。"

信陵君再次施礼,讨教对策。两人避开众人,暗语说道:"我听说晋鄙的兵符一般放在大王的卧室内,大王最宠爱如姬,如姬能够把它给拿出来。我听说当年如姬的父亲被人杀害,如姬对此刻骨铭心,自大王以下都想替她报仇,然而过了三年,也没有办法。如姬对公子哭泣,公子让宾客斩其仇人之头,敬进如姬。如姬即使为公子死也在所不辞,只是没有机会报答您。公子如果开口的话,如姬必然会许诺,那么就可以用虎符夺晋鄙的军队,去救赵国。"信陵君按计行事,如姬果然盗出兵符。

信陵君将行,侯嬴又说:"将在外,主令有所不受,只要对国家有利。公子对兵符时,若晋鄙不交给公子军队,您再请求他,耽误了时间,事情就危险了。朱亥可以和你一块去,此人是个力士。晋鄙听你的,皆大欢喜;不听你的,可让朱亥击杀他。"

信陵君听后,就哭泣起来。

侯嬴问:"公子难道怕死吗?哭什么?"

信陵君说:"晋鄙将军资格老,气势盛,恐怕他不会听我的,必然得杀他,所以我才哭泣,哪里是怕死呢!"于是就去请朱亥。

朱亥笑着说："臣不过是个市井之中操刀的屠夫,公子数次来看我,我却不曾谢公子,只是认为小礼无所用。今公子有急难,这才是我效力的时候。"

信陵君和朱亥过夷门时,侯嬴对信陵君说："臣本应跟从,但年迈不能。我数着公子的行日,到晋鄙军队之日,我面向北方,自刎以送公子。"

信陵君和朱亥来到邺,假托魏王之令要代替晋鄙。晋鄙验过兵符,心存疑虑,看着信陵君说："今拥有十万之众,屯兵边境,担负着国家重任,现在你却单车来替我,怎么能相信你呢?"不听信陵君所言。

朱亥用袖中藏着的四十斤重的铁锤,猛然把晋鄙打得脑袋开了花,顿时身亡。

信陵君就统领晋鄙的军队,传令军中："父子都在军中的,父亲可以回家;兄弟都在军中的,兄长可以回家;没有兄弟的独子,可以回家赡养父母。"这样,选得精兵八万人,进兵攻打秦军。秦军不敌而逃。

赵王和平原君都来欢迎信陵君,平原君背着箭袋为他引路。赵王称赞信陵君说："自古贤人没有能赶得上公子的。"当此之时,平原君不敢自比于信陵君。侯嬴也如言自刎而亡。

春申君列传第十八

出使秦国

春申君,姓黄名歇。事从楚国顷襄王。因其能言善辩,顷襄王派他出使秦国。

当时,秦国名将白起攻克了楚国的西陵,又一连占领了鄢、郢、夷陵,烧楚国先王陵墓。楚国只好移都陈城。楚国从此被大大地削弱,被秦国轻视。白起继而又起兵来伐。

黄歇对秦昭王说："天下莫强于秦、楚。今闻大王欲伐楚,这就好比两虎相斗。两虎相斗乃受制于驽犬,不如与楚国亲善。臣听说:'物极则反,例如夏;物至则危,例如累棋;'今秦国之地半天下,占西北二极,自有生民以来,万乘之国也不曾有过这么广的土地。……"

黄歇先称赞了一番秦昭王的战功业绩。继而劝说秦昭王道："天下五合、六聚而不敢救秦攻之国,大王的威势可谓盛矣。大王如果能持功守威,省去攻伐之心而厚宣仁义之道,则天下皆仰之,可以不再有什么后患了。果如此,即使三王、五伯也不足以同大王相比。"

以上都是些热情而无用的空话,秦王焉能听听吹捧就偃旗息鼓,停止征伐,所以黄歇在客套完后马上就转入以利益得失说秦昭王。

黄歇说："大王如果自恃人多势众,依仗兵力强大,一败魏国之威,就想以武力使诸侯臣服,臣恐大王将有后患。《诗》云:'靡不有初,鲜克有终。'万事万物莫不有始,但少有善终。《易》云:'狐涉水,濡其尾。'小狐不能涉大河,虽然湿了尾巴,但到中途就无余力,还是游不过去。这都是讲始之易,终之难。以古人为例:智氏只见伐赵之利,而不知杀身榆次之祸;吴王只见伐齐之便,而不知干隧之败。此二国,并非没有大功,但设利于前,容易祸随其后。吴王相信越人,空国伐齐,大胜齐人于艾陵,仍为越王擒于干隧。智氏相信韩、魏,合兵伐赵,攻晋阳之城,胜利在望,没料到韩、魏倒戈,杀智伯瑶于凿台之上。今大王对楚国不毁感到不舒服,却忘记毁楚必强韩、魏,臣为大王考虑,认为这种想毁掉楚国以强韩、魏的想法不可取。《诗》云:'大武远宅而不涉。'说大军不远途跋涉。从此观之,楚国是大王的援助,而韩、魏才是大王的敌人。《诗》云:'他人有心,予忖度之。躩躩毚兔,遇犬获之。'他人有毁害之心,已忖度之。狡兔腾跃,以为难捕,一旦碰上猎犬就把它抓获了。今大王任韩、魏亲善大王,这正如同吴王任越人一样。臣听说:'敌不可假,时不可失。'臣恐韩、魏表面上卑辞虚意,实际上是欺骗秦国。为什么这么说呢?大王对韩、魏两国不仅没有累世之德,却有累世之怨。韩、魏百姓父子兄弟接踵死于秦难,已经累世。本国残,社稷坏,宗庙毁,剖腹断领,身首分离,白骨遍野,头颅僵仆,相望于境;父子老弱系累为虏,相随于路,孤伤之人无以为食,百姓无以聊生,族类离散,流亡者男为人臣,女为人妾,遍布海内。韩、魏与秦有百世之仇,此二国不亡,为秦国社稷之忧。今大王攻楚,不是失策吗!"

黄歇的一流辩言,目的是为了转祸他国,把秦国这股祸水引到韩国和魏国身上,但这仍不足以阻秦伐楚。黄歇接着又分析秦国伐楚所要冒的巨大的风险。他说:"大王攻楚之日,又从哪里出兵呢?大王想借路于仇敌韩国和魏国吗?恐怕兵出之日大王就开始担心其还能不能回了,大王这是把军队送上门来资助韩、魏两国。大王如不借路,就必须攻随水右壤。右壤尽是高山深谷,不食之地,大王即使占有,形同没有。这样大王有毁楚之名而无得地之实。再说大王攻楚之日,韩、魏、赵、齐四国必然合纵伐秦。秦、楚两国交兵,杀得难解难分,四国趁机攻秦。四国之中齐国最强,齐南以泗为境,东背大海,北倚黄河,没有后患,天下之国莫强于齐。齐一年之后,即使不能称帝,也可以做到禁止秦国为帝有余。以大王土地之博,人徒之众,兵革之强,举事却构怨于楚,还使韩、魏亲善齐国,这是大王失计啊!"昭王听完后,被黄歇说服了,下令止住白起攻楚之兵。派使臣贿赂楚国,结为盟国。

智归太子

黄歇联合秦、楚,事成回楚,楚国又派他和太子完一起入质于秦,在秦国呆了数年。后来见楚太子平日和秦相应侯范雎的关系不错,黄歇就来说应侯:"相国果真亲善楚国太子吗?"

应侯说:"那当然。"

黄歇说:"现在楚王恐怕一病不起,秦国不如让太子归楚。太子能够被立王,他必然会更好地事从秦国,并且对相国您感激不尽。这样秦国既可亲善楚国,又可联合万乘强兵。若不归太子,太子只不过是咸阳的一个普通百姓罢了;楚国更立太子,必定不肯事秦。秦国失去了楚国,与万乘之国绝和,这并非谓得计。愿相国深思熟虑。"

应侯听后,就去劝秦王。秦王说:"让楚国太子的师傅先回国探望楚王,返回后再作打算。"

黄歇为楚太子献计道:"秦国留太子,是想用太子谋利。现在太子又无力给秦国好处,我非常替您担忧。阳文君的两个儿子在大王身边,大王万一驾崩,太子不在,阳文君的儿子必然会立为继承人,太子就不能有王位了。不如从秦国逃走,与使者一起回国。臣请求留在这儿,以死来向秦人抵罪。"

楚国太子更衣,扮作楚国使者的驾车人混出关去。黄歇却守在太子舍外,称太子生病谢客。估摸着太子已走远,秦人不可能追上,黄歇就去对秦昭王说:"楚太子已归,已经走远了。我当死,愿大王赐死。"

秦昭王大怒,听任其自杀。应侯连忙劝说昭王:"歇为人臣,舍身以死报其主,太子完若为王,必定重用黄歇,所以不如赦其罪,放其归楚,以亲善楚国。"昭王这才放了黄歇。

黄歇归楚三个月,顷襄王死,太子完立,称为考烈王,黄歇被任为相,封为春申君。

当断不断,反受其乱

考烈王在位多年,然而后宫无子。春申君认为这是楚国的大事,为此深感忧虑,因为楚王无子会引起楚国传嗣的纠纷,于是他四处寻求能够生育的美貌女子进献给考烈王。可是,尽管如此,考烈王依然还是没有传下子嗣。这时,赵国人李园带着他的妹妹来到楚国,准备将他的妹妹进献给楚王;但李园听说了考烈王不能生育的消息后,便犹豫了。他担心自己的妹妹长期不生,会失去楚王的宠爱,而自己凭借国舅身份安享富贵的美梦也会随之破灭。李园几经考虑,想到了春申君这条路可以利用,便决定先到他的门下求做舍人,充当一名食客。

过不多久,李园谎称请假回家探亲,又故意超过了假期。春申君问李园为何未能按时回来,李园诡称是齐王派出使节要征聘他的妹妹,他因接待齐国的使节而耽误了时间。这是李园迂回地向春申君推出其妹的诡谲手法,春申君当然不知道。于是,春申君问李园是否已将其妹许配给齐王,李园回答说没有。春申君想要看看李园的妹妹,李园又伪装回家一次,在外面混了几天,然后把妹妹带来与春申君见面。春申君召见了李园的妹妹之后,便将她收到自己身边为妾。

不久,李园的妹妹有了身孕,李园决定继续施展自己的阴谋,指使其妹对春申君说:"考烈王百年之后无子嗣,必然要传位给兄弟。你春申君在楚国做令尹,执掌大权二十多年了,对那些王的兄弟也多有得罪之处。如果,考烈王的哪位兄弟继承王位,你将无法保有现在的富贵,甚至会大祸临头。现在我已经怀有身孕,我在你身边的时间也不长,大多数人还不知道我。凭着你与考烈王亲如手足的关系,是完全可以将我进献给考烈王的,考烈王也必定会宠幸于我,那时我腹中的孩子,也就是你春申君的儿子,就将作为考烈王之子,继考烈王之后为楚王了。你的儿子做了楚王,你是国君的父亲,还惧怕谁呢?"春申君听了,觉得很有道理,就同意了。春申君先让李园的妹妹单独居住一室,然后向考烈王进献。考烈王召见李园的妹妹,看了之后很高兴,立即将她纳入后宫。不久,李园的妹妹生下孩子,母以子贵,她就此做了王后,新生的孩子也被考烈王立为太子。李园因妹妹做了王后,随之受到考烈王的宠信,进入宫廷任职。

李园煞费苦心设计这场阴谋的最终目的,是想通过楚国王位的传承来控制楚国的大权。他深知,了解事实真相与内幕的除了他的妹妹之外,只有春申君;而对他最有威胁的也是春申君,因为这个未来的楚王是春申君的亲骨肉。李园决定秘密蓄养杀手,伺机暗杀春申君以灭口。他的这一密谋,尽管秘而未宣,却仍然为楚国的一些有识之士所察觉。

考烈王卧病十七天之后死去,楚国在一片悲哀的气氛中兴起了宫廷血祸。

李园在楚王死后,即率先抢入宫廷,命令昔日蓄养的敢死之士埋伏在宫城门口,等待闻讯而来奔丧的春申君。春申君刚入宫城,李园手下的死士即将他刺死,割下他的头颅抛掷在城外。接着,李园又派人斩草除根,捕杀了春申君全家。

范雎蔡泽列传第十九

范雎出使遭祸

范雎是魏国人,字叔。家中贫寒,游说诸侯,先事从魏国大夫须贾,后化名张禄入秦,提出远交近攻的策略,对秦兼并列国统一天下贡献很大,是战国时期著名的连横派纵横家。

须贾替魏昭王出使到齐国,范雎跟随。他们在齐国滞留了几个月,但未能完成使命。齐襄王听说范雎能言善辩,就派人赏给范雎十斤黄金以及牛肉、酒,范雎推辞不敢接受。须贾知道了这件事,十分生气,以为范雎已经把魏国的秘密告诉了齐国,所以才能得到这些礼物,他同意让范雎接受齐王的牛肉、酒,但退还黄金。

回国以后,须贾内心怨恨范雎,把这件事告诉了魏国的宰相。魏国的宰相是魏国的一位公子,叫魏齐。魏齐也十分生气,让家臣拷打范雎,打断了肋骨,打落了牙齿。范雎装死,家人就用草席把他卷起来,扔在厕所里。宾客中有人喝醉了,轮流把尿撒在范雎身上,故意侮辱他来警告后人,使他们不敢背叛魏国。

范雎从草席中对看守的人说:"你若能救我出来,我一定重重地答谢你。"看守的人就去请问魏齐要把草席里的死人扔到外面去。魏齐喝醉了,说:"可以。"范雎得以脱身。

后来魏齐反悔,又派人寻找他。魏国人郑安平听说了这件事,就帮着范雎逃跑,把他隐藏起来,范雎从此改名换姓叫做张禄。

入　秦

不久，秦昭王派使者王稽出使魏国，郑安平扮作士卒，侍卫王稽。王稽问大家："魏国有贤人可与我一起回秦国同游吗？"

郑安平说："臣的邻居有一位张禄先生，欲见君，言天下大事。其人有仇在身，不敢公开露面。"

王稽说："晚上一起来这里。"

郑安平与范雎夜见王稽，尚未深谈，王稽就发现范雎是一位难得的贤才，便与范雎私约辞魏而去，用车载范雎入秦。

车至湖城，有车骑从西而来。范雎说："对面走过来的是谁？"

王稽说："是秦相穰侯魏冉东行，视察县邑。"

范雎说："我听说穰侯执掌秦国大权，厌恶结纳诸侯宾客，恐怕他会辱待我，我宁愿匿于车中。"

一会儿，穰侯到来，慰劳王稽，立于车上问道："关东有何变动？"

王稽说："没有。"

又问："是否有诸侯宾客与您一起回来？这些人与国无益，只能乱人之国。"

穰侯离去，范雎说："我听闻穰侯此人乃智士，但其反应稍慢，刚才他怀疑车中有人，却忘记搜查。"于是范雎就下车步行，混入队伍中去，说道："他一会儿肯定后悔。"

行十余里，穰侯果然派人骑着快马赶来，检查车中。见车中没有宾客，才折回。

王稽向秦王交差，并汇报说："魏有张禄先生，此人乃天下辩士。他对臣说：'秦王之国危于累卵，得臣则安，然而不可以书信说明，'臣就把他带回来了。"

秦昭王不信，待范雎如下客，也无意接见。范雎大难尚且不死，这点挫折更不算什么，在耐心地等待崛起的时机。

公元前270年，秦国以穰侯魏冉为将，攻伐齐国。范雎得不到秦昭王的接见，就写了一封长信给昭王。

信中说："臣闻明主莅政，有功者不得不赏，有能者不得不官，劳大者其禄厚，功多者其爵尊，能治众者其官大。故无能者不敢当其职，能者亦不得隐其力，若认为臣之言正确，则应行而益利其道，如若不行，则久留臣也无用。语曰：'庸主赏所爱而罚所恶，明君则不然，赏必加于有功，刑必断于有罪。'臣出身卑贱，生死固不足论，但岂敢以没有把握之事让大王尝试。"

"臣闻周有砥厄，宋有结绿，梁有悬黎，楚有和璞，这四种宝玉，天生贵玉，良工却不能识之，它们却是天下名器。圣王所嫌弃者，难道不足以厚国家吗？臣闻善厚家者取之于国，善厚国者取之于诸侯。天下有明主，则诸侯不能擅权，为何？为能割其荣权。良医知病人之生死，圣主明于事之成败，利则行之，害则舍之，疑则浅尝之，虽尧、舜、禹、汤复生，也不过如此，臣想深言的，不敢在信上说；浅言的，又恐大

王不听……"

范雎信中多讲道理,多引故事,却少言时事。这是因为穰侯专权,宫中多穰侯等王室亲贵耳目,恐于己不利。因而信中隐隐约约,批评秦国内政,劝昭王赏罚分明,识辨贤才。秦昭王看信,大悦,谢王稽,召范雎觐见。

远交近攻

昭王准备在离宫接见范雎,范雎入宫后,故意误入宫中的内室之地。昭王来到,宦官非常着急、驱赶范雎离开,说:"大王来了!"

范雎假装糊涂,说道:"秦国哪有王?秦国只有太后、穰侯而已。"

范雎意在激昭王之心。昭王闻言,忙赔礼说:"寡人早就应该自己作主了,以前因义渠国之事紧急,因而旦暮请示太后,现在事情已经了结,寡人才得以安心执政。请原谅我昏然不敏,请让我敬执宾主之礼。"

昭王礼贤下士,范雎连忙辞让不已。当日目睹昭王接见范雎的群臣,莫不变色易容,对范雎肃然起敬。范雎张口便说出了秦国群臣不敢说的话,批评的矛头直指当权的宣太后及其弟穰侯,来了个下马威,群臣皆不敢小觑范雎。

秦昭王屏退左右,宫中尽撤从人。秦昭王长跪而请道:"先生何以赐教寡人?"

范雎只是哼哼两声,如此再三。

秦昭王说:"先生终究不肯赐教寡人吗?"

范雎说:"臣不敢。臣闻从前吕尚之遇文王,身为渔父,钓于渭水之滨。当此之时,交往尚疏。交谈之后,文王立吕尚为太师,车载同归,此时才推心置腹,言谈至深。因而文王以收吕尚之功而终获天下。今臣乃外客,与大王交情疏浅,而所要讲的都是匡君扶国的大事,处于王室骨肉亲戚之间,虽愿效愚忠,但未知大王之心。所以大王三问而臣不敢对答。臣并非胆小怕死而不敢言。臣明知,今日言之于前,明日就可能伏诛于后,然而臣虽死不敢有所隐避。大王听信臣之言,臣死不足为患,亡不足为忧,漆身生癞、被发为狂不足为耻。况且以五帝之圣而死,三王之仁而死,五伯之贤而死,乌获、任鄙之力而死,成荆、孟贲、王庆忌、夏育(均是古代勇士)之勇而死。看来,死是人在所不免的。处此必然之势,可以稍稍有补于秦国,这就遂了臣之大愿,臣即使死,又有何患呢!"

接着,范雎又以伍子胥兴吴国、箕子和接舆放浪隐居却无益于王政等故事为例,说明贤王用人之道,并指出昭王上畏太后之严,下惑奸臣之态,为政不明。若己死而可使秦治,胜于白活一世。

秦王认为自己受益匪浅,一面安慰范雎,一面再拜致谢。

范雎说:"大王之国北有甘泉、谷口,南带泾、渭,右陇、蜀,左关、阪;战车千乘,精兵百万。以秦卒之勇,车骑之多,若攻诸侯,如同以韩(卢俊犬)名追病足之兔,易如反掌,可成霸王之功,今反而闭关不敢窥视崤山以东,是穰侯为国家谋划不够尽忠,大王也有失误所致。"

昭王说："愿闻失误之处。"

范雎发现宫中多窃听者,不敢先言内政,便先论外事,观昭王态度,说道："穰侯越韩、魏而击齐,并非上策。发兵少则不足以伤齐,出兵多则对秦本土防守不利。臣揣测大王的想法,是想自己少出兵而让韩、魏尽发兵员,这不合适。对盟国不亲善,又要越过人家的国家去打仗,可行吗?太疏于计谋了!往昔,齐人伐楚,破军杀将,大获全胜、拓地千里,可尺寸之地不归己有,难道说齐国不想扩大疆土吗?而是地形上隔着别国,无法拥有。诸侯见齐兵疲惫,君臣不亲,举兵伐齐,主死国破,为天下耻笑。之所以会如此,是因为齐国伐楚而壮大了韩、魏,这就是所谓的助贼兵、资盗食,最终害己。大王不如远交而近攻,得寸则王有寸地,得尺则王有尺地,今舍近攻远,不亦谬乎!从前,中山方圆五百里,赵国独吞中山,功成名立,尽获实利,天下却不能害赵。今韩、魏处于中国,乃天下的中枢。大王若想称霸,就必须亲近中国,掌天下的枢纽,威加楚、赵。赵强则楚国附秦,楚强则赵国附秦。楚、赵归附,齐国必然惧怕秦国,必然卑辞厚币以事秦国,齐国归附,则韩、魏必然为秦人之虏。"

昭王说："寡人欲亲近魏国,但魏是个多变之国,不可亲近,请问该怎么做?"

范雎说："卑辞厚币以事之,不可的话,就削地贿赂之,仍不可,就举兵而伐之。"

于是,秦昭王封范雎为客卿,谋兵事。派兵先后攻克了魏国的一些地方。魏国果派人来请和,此后,范雎又说昭王用同样的手段收韩。

范雎请客

范雎担任秦国的宰相以后,秦国人称他为张禄,但魏国人不知道,以为范雎已经死去很久了。

魏国听说秦国将向东攻伐韩国、魏国,就派须贾出使到秦国。

范雎听说后,就秘密出发,穿着破衣,偷偷地到宾馆,会见须贾。须贾一见到他就惊奇地说："范叔原来平安无事啊!"范雎说："是的。"须贾笑着说："范叔是来游说秦国的吗?"范雎说："不是。我以前得罪了魏国的宰相,所以逃亡到这里,怎敢来游说呢!"须贾说："现在范叔做什么事?"范雎说："我做人家的佣工。"须贾心里哀怜他,就留他跟自己吃喝,说道："范叔竟贫寒到这种地步!"看到范雎衣衫单薄就拿出自己的一件厚绸袍子来送给他。

须贾趁机问道："秦国宰相张先生,你了解他吗?我听说他很受秦王宠幸,天下的事情都由宰相决定。现在我的事情的成败在于张先生。你小子可有朋友认识宰相吗?"

范雎说："我的主人与他熟悉。就是我也有时能够谒见他,我愿意替你引见张先生。"

须贾说："我的马病了,车轴断了,如果没有四匹马拉的大车,我就决不出门。"

范雎说："我愿意替你向我的主人借四匹马拉的大车。"

范雎回去带来四匹马拉的大车,自己亲自替须贾驾车,来到秦国宰相府。相府里的人望见,有认识他的都回避躲开。须贾觉得奇怪。

到了宰相住所门口,范雎对须贾说:"你等着我,我替你先进去向宰相通报。"

须贾在门口等着,停车很久,问看门的人说:"范叔还不出来,为什么呢?"

看门的人说:"这里没有范叔。"

须贾说:"就是刚才同我一道坐车进来的那个人。"

看门的人说:"那是我们的宰相张先生。"

须贾大吃一惊,自己知道受骗了,就袒露上身,用膝盖跪着走,通过看门的人请罪。

这时范雎坐在华丽的帷帐下,侍从的人很多,接见须贾。须贾磕头,声称死罪,说:"我没想到你能青云直上,我不敢再读天下的书,不敢再参与天下的事情。我须贾犯了该烹煮的死罪,请求独自到蛮夷地区,是死是活,唯你之命是从。"

范雎说:"你的罪过有多少?"

须贾说:"拔下我的头发连接起来,还没有我的罪长。"

范雎说:"你的罪状有三条。从前楚昭王的时候,申包胥替楚国击退了吴军,楚王把荆地五千户封赏给他,包胥辞谢不肯接受,因为他祖宗的坟墓在荆地。如今我范雎的祖宗坟墓也在魏国,你从前以为我对齐国有外连,因而在魏齐面前说我的坏话,这是第一条罪状。当时魏齐让我在厕所里遭受侮辱,你不制止,这是第二条罪状。又在醉后往我身上撒尿,你是怎么能忍心呢!这是第三条罪状。然而之所以免你死,是因为送我一件厚绸袍子还有恋恋不舍的老朋友的情意,所以我放过你。"

须贾就谢恩离开相府。范雎进宫向昭王报告了这件事,同意让须贾回国。

须贾向范雎辞行,范雎大摆筵席,把各国使者都请来,与他们一起坐在堂上,酒菜非常丰盛。而让须贾坐在堂下,把一盆喂马的料豆放在他面前,让两个受过黥刑的囚徒夹着他,像喂马一样地让他吃。范雎数落他说:"替我告诉魏王,赶快拿魏齐的头来,不然的话,我将要血洗大梁。"须贾回去,把这些话告诉了魏齐。魏齐恐惧万分,逃跑到赵国,躲藏在平原君家里。

秦昭王为范雎报仇

秦昭王听说魏齐在平原君家里,一心要替范雎报仇,就假心假意地写了一封友好的信送给平原君说:"我听说你讲义气,希望同你结成平民般的朋友,如有幸得到你访问我,我愿意同你作十天的长饮。"

平原君害怕秦国,又认为信中所说有道理,就进入秦国见秦昭王。

昭王同平原君喝了几天酒,昭王对平原君说:"从前周文王得到吕尚,称他为太公,齐桓公得到管夷吾,称他为仲父,现在范先生也是我的叔父。范先生的仇人在你的家里,希望你派人回去拿他的头来,否则的话,我不让你出关。"

平原君说:"显贵以后结交朋友,是为了防备卑贱的时候;富裕以后结交朋友,是为了防备贫穷的时候。魏齐是我赵胜的朋友,就是在我家里,我也不会交出来,何况现在他不在我家里。"

秦昭王就写信给赵王说:"大王的弟弟在秦国,范先生的仇人魏齐在平原君家里。大王派人马上拿魏齐的头来;否则的话,我就起兵攻打赵国,又不让大王的弟弟回去。"

赵孝成王就出兵包围平原君的家,情况危急,魏齐连夜逃出去,去见赵国的宰相虞卿。虞卿估计终究不能说服赵王,就解下自己的相印,同魏齐一道抄小路逃跑。

考虑到各诸侯国中没有一个能够马上到达的,就又跑回大梁,想通过信陵君而逃到楚国。

信陵君听说这件事,害怕秦国,犹豫着不肯接见,他说:"虞卿是怎样的人呢?"

当时候嬴在旁边,说:"人本来不容易了解,了解人也是不容易的。虞卿穿着草鞋,打着长柄笠,第一次见赵王,赵王赐他一双白璧,一百镒黄金;第二次见面,赵王任命他做上卿;第三次见面,赵王终于授给他相印,封他为万户侯。在这个时候,天下人争着想了解他。魏齐在穷困的时候造访虞卿,虞卿不敢以爵位俸禄为重,解下相印,放弃万户侯而秘密外逃。他急人之难而来归附公子,公子却说'是怎样的人'。人本来不容易了解,了解人也是不容易的!"

信陵君听后非常惭愧,驾车到野外迎接他们。

但是魏齐听说信陵君开始时对要见他感到为难,愤怒地割颈自杀了。赵王听说这件事,终于割下魏齐的头送给秦国。秦昭王于是释放平原君回赵国。

弘辩智士蔡泽

蔡泽是燕国人。他游学各地向许多大大小小的诸侯国想谋求官职,都没有做到,就找唐举看相,说:"我听说先生给李兑看相,说'百日之内会掌握国家大权',有这回事吗?"唐举说:"有这回事。"蔡泽说:"像我这样的人怎么样?"唐举仔细地看了他以后笑着说:"先生的鼻子朝天,肩膀宽厚,大面孔,凹鼻梁,双膝弯曲。我听说圣人的相是无法判断的,先生大概就是这样的人吧。"蔡泽知道唐举是取笑他,就说:"富贵是我本来就有的,我所不知道的是年寿多长,希望能听一听。"唐举说:"先生的年寿,从现在起而往后还有四十三年。"

蔡泽笑着辞谢后离开了,对他的驾车人说:"我端着白米饭,吃着肥肉,骑马奔驰,捧着黄金印,腰里系着紫色印绶,在君王面前打躬作揖,享受富贵的日子,有四十三年够了。"

他离开后就到赵国去,但被驱逐。又前往韩国、魏国,在路上碰到强盗抢走了他吃饭用的用具。听说应侯举荐的郑安平、王稽在秦国都犯了大罪,应侯内心惭愧,蔡泽就向西进入了秦国。

蔡泽准备去见秦昭王,就雇人扬言来激怒应侯说:"燕国游客蔡泽,是天下英俊、善辩的明智之士。他一见到秦王后,秦王一定会难为你,然后夺取你的职位。"

应侯听了,说:"五帝三代的历史,诸子百家的学说,我已经知道了,众人的辩论,我都能驳倒它们。这个人怎能难为我并夺取我的职位呢?"

应侯派人召见蔡泽。蔡泽进来了,便向应侯作揖。应侯本来就不高兴,见到他又很傲慢,应侯便指责他说:"你曾经扬言要取代我当秦国的宰相,有这回事吗?"

蔡泽回答说:"是这样。"

应侯说:"请让我详细听听你的说法。"

蔡泽说:"唉,你的见识怎么那么落后呢!四季的变化,有了成果就过去了。人活着全身结实强壮,手脚便利,耳聪目明,心灵明智,难道不是所有人的愿望吗?"

应侯说:"是。"

蔡泽说:"以仁为本,秉持正义,施行道德,在天下实现自己的理想,天下人心里高兴,会敬重和拥戴他,都希望他做君王,难道这不是雄辩明智者的期望吗?"

应侯说:"是。"

蔡泽又说:"富贵荣耀,治理万物,使它们各得其所,生命长寿,享尽自己的天年,天下继承他的传统,保守他的基业,使它永远流传;名声和实际一致,恩泽流传万里,世世代代不停地称颂他,与天地同辉。这也许就是符合道德而且又是圣人所说的吉祥善事吧?"

应侯说:"是。"

蔡泽说:"至于像秦国的商君,楚国的吴起,越国的大夫文种,这些人的结局也是你希望的吗?"

应侯知道蔡泽想使自己困窘来说服自己,就诡辩地说:"有什么不可以?公孙鞅服侍秦孝公时,终身没有二心,尽忠于公益而不顾私利;设置刀锯来禁止奸邪,明确赏罚来达到安定。推心置腹,显示情怀,蒙受怨恨,欺骗旧友,战胜了魏公子卬,安定秦国,有利于百姓,终于替秦国擒获敌将,大败敌军,扩展土地千里。吴起侍楚悼王时,使私利不能损害公益,谗言不能蒙蔽忠心,说话不用采取苟且的态度,行为不采取谄媚的态度,不因为危险而改变自己的行动,履行正义不回避艰难,这样为了使君主称霸,国家强大,不避祸害。而大夫文种服侍越王的时候,君主虽然遭受困厄凌辱,但是他竭尽忠诚服侍而不懈怠,君主虽然面临绝代亡国,但是他竭尽所能而不离开,成功而不骄矜,富贵而不傲慢。像这三个人,真是正义至极,是忠诚的楷模。因此君子为了正义而赴难,视死如归,活着蒙受侮辱,不如死后光荣。士人本当杀身以成全名节,只要是正义在自身,即使是死了,也没有遗憾的地方。为什么不可以呢?"

蔡泽说:"君主圣明,臣子贤能,是天下最大的福分;君主英明,臣子正直,是国家的幸福。父亲慈祥,儿子孝顺,丈夫诚信,妻子贞节,这是家庭的幸福。比干忠诚却不能保存殷朝,子胥明智却不能保全吴国,申生孝顺却晋国大乱。这些国家都有忠臣孝子,可是国亡家乱,是什么原因呢?因为没有英明君主和贤良的长者听从他们,所以天下认为他们的君主、父亲的所作所为可耻可辱,却很怜惜这些臣子和儿子。现在商君、吴起、大夫文种作为人臣,是对的;他们的君主,是错的。所以世人

史　记

说这三个人成就功业却不得好结果,难道是羡慕他们生不逢时而死吗?如果只有等待死了以后才能够立贤成名,那么微子不配称仁人,孔子不配称圣人,管仲不够伟大。人们建立功业,难道不期望成全自己的名声吗?生命和功名都能成全的,是上等。功名可以得到,但牺牲了生命的,是其次。声名蒙受耻辱,但性命保全的,是下等。"应侯对此说法表示赞同。

蔡泽稍微得到机会,就趁势说:"商君、吴起、大夫文种,他们作为人臣,竭尽忠诚,成就功业,当然值得羡慕了,闳夭服侍周文王,周公辅助周成王,难道不也忠诚圣明吗?就君臣关系而论,商君、吴起、大夫文种同闳夭、周公哪一个更值得羡慕呢?"

应侯说:"商君、吴起、大夫文种比不上后者。"

蔡泽说:"这样,那么你的君主慈善仁爱,任用忠良,厚待老朋友,他贤能明智,同有道德的人关系密切,讲节义,不背弃功臣,跟秦孝公、楚悼王、越王相比,又如何呢?"

应侯说:"不知怎么样。"

蔡泽说:"现在你的君主亲近忠臣,不超过秦孝公、楚悼王、越王。您才智得以施展,能替君主转危为安、修明国政,治理混乱,强大军队,排除忧患,解决困难,扩大耕地,收获粮食,使国家富强、家庭充裕,加强君主地位,尊崇社稷,显扬宗庙,天下没有人敢欺骗、冒犯你的君主,君主的声威可震撼四海之内,功业彰显于万里之外,声名流传千秋万代,你跟商君、吴起、大夫文种相比怎么样呢?"

应侯说:"我不如他们。"

蔡泽说:"如今君主亲近忠臣、不忘老朋友比不上秦孝公、楚悼王、勾践,而你的功绩和受到的重视又比不上商君、吴起、大夫文种,然而你的俸禄丰厚,职高权贵,私人的财富超过他们三个人,如果自身不退让,恐怕后患会比他们三个更厉害,我都替你感到危险。俗话说'太阳正中以后就偏斜,月亮圆满以后就亏缺'。事物极盛以后就要衰落,这是天地间的正常规律。进退伸缩,随着时势变化,这是圣人的常道。所以'国家政治清明就做官,国家政治黑暗就隐居'。

"古人说'龙飞腾在天,利于见贵人','不合道义而得来的富贵,对于我来说如同浮云一样'。现在你的怨仇已经报复,恩德也已经报答,心愿早已经实现,却没有应变的计谋,我私下认为这是你不可取的。再说翡翠、鸿鹄、犀牛、大象,它们所处的形势并不是不远离死地,但之所以死亡,是因为被饵食所诱惑。苏秦、智伯的智慧,不是不足以来避免侮辱、远离死亡,所以他们死亡,是因为他们不断被贪欲所迷惑。因此圣人制订礼法,节制欲望,向人民索取是限度的,使用民力而根据时节,征用民财而有止境,所以心志不自满,行为不骄矜,总是同道义相符而不失却道义,所以天下能承袭不断。

"从前齐桓公九次会合诸侯,匡正天下,到了蔡丘会盟的时候,因为有骄矜的心态,有九个背叛了他的国家。吴王夫差的军队无敌于天下,自恃勇敢强大而轻视各诸侯国,又欺凌齐国和晋国,所以终于导致自己被杀,国家灭亡了。夏育、太史噭叱咤呼喝,惊骇三军,然而自己死在普通人手下。这些都是因为他们处于极强盛的地位而不讲道义,不保持谦卑,不厉行节俭而带来的祸患。

"商君曾替秦孝公申明法令,禁止奸邪的根源,尊贵的爵位一定要用来奖赏有功之人,有罪的人一定要受到处罚,统一权衡,平正度量,调整轻重,废除田径,以便安定人民的事业,统一百姓的习俗,勉励人民从事农耕,使地尽其利,一个家庭没有两种职业,勤于种田,注重积蓄,练习攻战防守的兵法,因此军队一出动,土地就扩大,不发动战争,国家就能富强,所以秦国无敌于天下,在各诸侯中树立了威望,成就了秦国的霸业。

"秦的功业完成以后,就以车裂之刑处死商鞅。楚国土地方圆几千里,士兵上百万,白起率领几万军队与楚军交战,第一次战役就攻下了鄢、郢、烧毁了夷陵,第二次战役南下兼并了蜀国和汉中;又越过韩国和魏国去进攻强大的赵国,北上全歼了马服君之子赵括的军队,屠杀了四十多万人,把他们全部消灭在长平城下,血流成河,喊声如雷,接着入侵围攻邯郸,使秦国拥有称帝的基业。楚国、赵国是天下的强国,也是秦国的仇敌,从此以后,楚国、赵国都畏惧而不敢进攻秦国的原因,是因为白起的威名。白起亲自征服七十多个城池,到功业完成了就赐他剑让他自尽死在杜邮。吴起替楚悼王制订法令,削弱大臣的权势,罢免无能的,废黜无用的,裁减无关紧要的官员,杜绝私下的请托,统一楚国的习俗,禁止游手好闲的人,使务农力战的百姓和士兵十分精锐,南下收服杨、越,北上兼并陈国、蔡国,破除合纵连横的主张,使去游说的人无法张口,禁止结党营私,勉励百姓生产,安定了楚国的政局,军队威名震天下,慑服各诸侯国。大功告成,吴起也终于被分解四肢。大夫文种替越王深谋远虑,避免了越国亡国的危险,化危亡为生存,变耻辱成光荣,开垦荒地,种植五谷,扩充城邑练习兵士。率领四方的士民,团结上下的力量,辅佐贤能的勾践,向夫差报了仇,终于征服了强大的吴国,使越国成为新的霸主。功业已经彰显了,勾践终于负心杀了他。这四个人,功业完成之后还不离去,才招致如此下场。这就是人们所说的能伸而不能屈,能进而不能退的人。

"范蠡明白这一点,超然避世,长期作陶朱公。你难道没见过那赌博的人吗?有时要下大赌注,有时要分次下注,这都是你所清楚知道的。现在你做秦国的宰相,出计谋不用离开座席,定谋略不用走出朝堂,坐着就能控制各诸侯国,攻下三川地区,来充实宜阳,疏通羊肠坂的险塞,阻塞太行山的要道,又斩断范氏、中行氏的通道,使六国不能合纵结盟,修筑栈道千里,直通蜀国和汉中,使天下都畏惧秦国。秦国的欲望实现了,你的功劳也到极点了,这也是秦国要分配功劳的时候了。如果这个时候还不隐退,那么商君、白起、大夫文种就是榜样。

"我听说,'用水作镜的人只见到自己的面容,用人作镜的人就知道自己的吉凶'。古书上说'成功的地方,不能长久停留'。这四人的灾祸,你怎么看待呢?你为什么不在这个时候归还相印,让贤能的人来接受它,自己隐退,居住山岩,观赏流水,一定会有伯夷一样的廉洁美名,长期世袭应侯,世世代代继承爵位,又有许由、延陵孝子一样辞让的美名,王子乔和赤松子一样的长寿,这跟以灾祸为结局相比哪一个好呢？选择哪样呢？如果自己不甘心离开，迟疑不能决断，一定有那四人一样的灾祸。

《易经》说'亢龙有悔'，这说的就是那些能上却不能下，能伸却不能屈，能进却不能退的人。希望你仔细考虑这些话。"

应侯说："好。我听说'欲望如果不知道满足，就会失去满足欲望的条件，占有如果不知道知足，就会失去形成占有的条件'。幸蒙先生指教，我范雎恭敬地听从。"于是就请蔡泽入席，尊为上宾。

几天后，范雎上朝，对秦昭王说："有个刚从山东来的客人叫蔡泽，是个能言善辩的人，对三王五霸的业迹非常清楚，又看透世俗的变化，足可以把秦国的政务委托给他。我见过的人很多，没有人比得上他，我也比不上他。我因此大胆地向你推荐。"秦昭王召见蔡泽，跟他交谈后，很喜欢他，任命他作客卿。

应侯趁机托病请求归还相印。秦昭王多次挽留应侯，应侯就借口病重。后来范雎免去了相位，秦昭王很喜欢蔡泽的谋划，就任命他作秦国的宰相，向东收服了周朝。

乐毅列传第二十

乐毅牛刀小试

乐毅的祖先叫乐羊。乐羊担任过魏文侯的将军，攻伐占领了中山，魏文侯把灵寿封给乐羊。乐羊死后，埋葬在灵寿，这以后他的子孙就在这里安家。传代中山重新建国，到赵武灵王的时候再次灭亡中山，而乐毅是乐氏的后代。

乐毅贤能，又爱好军事，赵国曾有人推荐他做官。到武灵王时发生沙丘之乱，他就离开赵国到魏国。听说燕昭王因为子之的变乱，使得齐国大败燕国，燕昭王怨恨齐国，每日里念念不忘地要报复齐国。但燕国狭小，偏僻边远，力量微弱不能制服齐国，于是卑屈自身，礼贤下士，首先对郭隗以礼相待，以便招徕贤人。乐毅在这时替魏昭王出使到燕国，燕王用客礼接待他。乐毅推辞、谦让，终于投到燕国成为臣子，燕昭王用他作亚卿，很长一段时间。

正当这个时候，齐湣王强大，南下在重丘打败了楚国宰相唐眛，又向西在观津重创了三晋之国，后来与三晋之国合击秦国，帮助赵国灭了中山，打败宋国，扩大齐国土地一千多里，同秦昭王争夺帝号以自重。不久又取消帝号重新称王，此时各诸侯国都背弃秦国，归服齐国。齐湣王很自满，百姓忍受不了。于是燕昭王询问攻伐齐国的事。

乐毅回答说："齐国，有霸国的残余基业，地大人多，单独进攻它实在不易。大王一定要攻打它的话，不如联合赵国和楚国、魏国并力击之。"

燕昭王于是派乐毅跟赵惠文王订立盟约，另外派使者联合楚国、魏国。并让赵国用攻打齐国的好处诱说秦国。各国苦受齐湣王的骄横残暴很久,都争着合纵,跟燕国一起攻打齐国。乐毅回国报告后,燕昭王出动全部军队,派乐毅担任上将军,赵惠文王也把相印授给了乐毅。

乐毅于是总领赵、楚、韩、魏、燕五国的军队去进攻齐国,在济西打败了齐军。之后,各国撤兵回国,而燕军在乐毅率领下单独追击,一直到达临淄。

齐湣王在济西失败后逃跑,困守在莒邑。乐毅单独留在齐国作战,齐军都据城防守。乐毅攻入临淄城后。把齐国的宝器财产和祭器抢掠一空,运到燕国。燕昭王非常高兴,亲自到济水边慰劳军队,犒赏三军,把昌国封赐给乐毅,称为昌国君。于是燕昭王收聚从齐国掳掠来的财物宝器回去,派乐毅再率领军队去平定齐国没有投降的城池。

君臣笔谈

乐毅留在齐国攻城略地五年,攻下齐国七十多座城池,都成为隶属燕国的郡县,只有莒邑、即墨没有降服。正好燕昭王死了,他的儿子继位即燕惠王。燕惠王在做太子时就对乐毅不满意,等即位后,齐国的田单听到这个消息,就在燕国行反间计,说道:"齐国城邑没有降服的只有两个罢了。然而之所以不早拔取的原因,听说是乐毅和燕国的新王有矛盾,他想把战争延续下去,并且让自己留在齐国好在齐国称王。齐国担心的,唯恐别的将军到来。"当时燕惠王本来就已经怀疑乐毅,听到齐国实施反间的话,就派骑劫代替他领兵,召回乐毅。乐毅知道燕惠王对自己不相信因而派人代替自己,害怕被杀,就向西投降了赵国。赵国把观津封给乐毅,封号为望诸君。赵国尊重宠信乐毅,借以警告燕国和齐国。

齐将田单后来与骑劫交战,设置诈术欺骗燕军,燕军中计,于是在即墨城下打败了骑劫,又转战追逐燕军,向北追到黄河边,完全收复了齐国失去的城池,从莒迎回齐襄王,进入临淄。

燕惠王后悔派遣骑劫代替乐毅,因此败军损将,又失去了齐国的土地;又怨恨乐毅投降赵国,恐怕赵国重用乐毅并乘燕国疲惫之时而攻打燕国。燕惠王就派人责备乐毅,又向他表示歉意说:"先王曾把整个国家委托给将军,将军替燕国打败齐国,报了先王的仇恨,天下没有谁不佩服的,我哪敢忘记将军的功劳呢!恰遇先王去世,我刚登位,左右的人欺骗了我。我派遣骑劫代替将军,是因为将军长久在野外作战不得休养,因此调回将军暂且休息,共同谋划国事。将军误听别人的话,因而跟我有嫌隙,就抛弃燕国而归顺赵国。将军替自己打算是可以的,但又用什么报答先王对待将军的情意呢?"乐毅回复燕惠王的信说:

"我不贤德,因此不能尊奉大王的命令,来顺从你左右之人的意愿,恐怕伤害先王的英明,有损你的道义,所以逃跑到赵国。现在你派人数落我的罪过,我恐怕你的左右人员不能体察先王之所以宠幸我的道理,又不明白我过去服侍先王的心意,所以冒昧地用书信作答。

史 记

"我听说圣贤的君王不把俸禄私自给自己的亲戚,那些功劳多的人就会得到奖赏,那些才能相称的人就得到任用。考察才能以后才授给官职的,是成功的君主;品评德行以后才结交朋友的,是聪明的士人。我私下观察先王的做法,发现有高于当代别国君主的思想,所以借替魏国出使的机会,得以亲身到燕国考察。承蒙先王过高地抬举了我,让我侧身于宾客之中,位于群臣之上,先王不和父兄商议,任命我为亚卿。我缺乏自知之明,自以为奉命接受教诲,可以侥幸无罪,所以接受命令而不推辞。

"先王命令我说:'我对齐国有宿怨,因此深恨齐国,我不计较国力轻重强弱,要向齐国报仇作为我终生愿望。'我说:'那齐国,有称霸余留下来的基业,有取得过巨大胜利的经验。兵器精练,士兵惯战。大王如果要攻打它,一定要跟天下其他国家共同对付它。这样,没有比联合赵国更有利的了。而且淮北地区、宋国旧地,是楚国和魏国都想要的地方,赵国如果答应缔约联盟,那么四周共同攻打,齐国就可以彻底打败。'先王认为有道理,就准备好符节信物派我南下出使到赵国。等我回来汇报后,就出兵攻打齐国。凭着天道的保佑,先王的神威,黄河以北的兵士追随着先王都集中到济水岸边。而济水岸边的军队奉命追击齐军,把齐军打得大败。轻装精锐的士兵,长驱而入齐国内地。齐王逃跑到莒城,仅仅只身幸免于难;珠玉财宝、战车兵甲、珍贵器物全部归入燕国。齐国的宝器陈设在宁台,大吕钟陈列在元英宫,原来属燕国的宝鼎又回到了磨室,蓟丘所种植的竹子是从齐国的汶水移植来的,自从五霸以来,功绩没有人能比得上先王的。先王心里感到满足,所以划地而封赏我,使我小有富足。我没有自知之明,自认为是奉命受教应该可以侥幸无罪,因此接受命令而不推辞。

"我听说贤能圣明的君主,功业建立以后不会荒废,所以能留名青史;有远见的士人,名声取得以后不去自毁,所以留传后代。像先王那样报仇雪恨,平定了拥有万辆战车的强国,收取了它八百年的积存,到了他辞世离开群臣的时候,留下的政业没有衰败,那些执掌政权、担任职事的臣子,遵照法令,安抚王族,恩泽推广到普通百姓,这些都可以用来教育后代。

"我听说,善于开创的人不一定善于守成,有好的开始不一定有好的结局。从前伍子胥的劝说被阖闾采纳,因而吴王能够远征到郢都;夫差却听不进他的讲谏,赐给他皮袋自杀,而让他的尸体漂浮在江里。吴王夫差不明白伍子胥的话可以建立功业,所以把他沉江而不后悔;伍子胥不能预见前后两位君主器量不同,因此直到沉江之后还不醒悟。

"避免身死,建立功勋,来证明先王的业绩,是我的上策。遭受侮辱和诽谤,因此又败坏先王的名誉,是我最害怕的事,面临不可估量的罪过,还侥幸谋求一时的利益,道理上没有这样做的。

"我听说古代的君子,交谊断绝以后彼此不说对方的坏话,忠臣离开本国以后,不为自己的名声是否清白而辩解。我尽管不才,但也多次领受过贤德之人的教诲。我担心你听从左右亲近之人的说辞,不体察被你疏远的人的行动,所以大胆呈上书信让你知道这件事,希望君王留意它。"

从此燕王又让乐毅的儿子乐间作昌国君,而乐毅重新和燕国通好,燕、赵两国都用乐毅作客卿。乐毅最后死在赵国。

廉颇蔺相如列传第二十一

完璧归赵

赵国有块"和氏璧",秦王很想得到它,说愿以十五座城池来交换。赵国感到很为难,因为秦国历来不讲信义,赵国怕挨了骗还要被人耻笑,有损赵国的形象。如果不给秦国这块玉,又怕秦国抓住把柄,就此发兵来犯,真是进退两难。就在这时,宦官头目缪贤推荐说:"我家有个叫蔺相如的门客,智勇双全,可以让他想想办法。"赵王无奈,也只好叫他来试试。

赵王问道:"秦王说用十五座城来换赵国的和氏璧,给还是不给?"相如说:"秦强赵弱,我们不能回绝。"赵王又问:"若秦收了和氏璧,又不给我们城池,怎么办呢?"蔺相如说:"秦国提出这个要求,要是不答应,是赵国理亏,若是秦国收了赵国的玉璧,又不给城池,那就是秦国理亏了。比较起来,我看还是后一种办法好。如果大王实在没有人可以派遣,我可以勉强凑数。如果秦王把城划给我们,我就把璧留在秦国,如果他们不愿交出城池,我就'完璧归赵'。"赵王觉得蔺相如口才超群,虑事周密,就派他带璧去了秦国。

秦王在宫里接见了蔺相如。他坐在殿上显得随便又得意,蔺相如只好双手把璧捧上去。秦王看了又看,喜欢之至,然后传给宫女、妃子观看,大家都赞不绝口。高声向秦王欢呼道贺。

蔺相如站在堂下,许久却无人理睬,秦王也不提交割十五座城池的事,蔺相如知道秦王故意欺诈,想了一想说:"璧上有点小毛病,不经指示,很难看出来,请让我指点给大家看。"秦王没有多想,就把璧递给了蔺相如。

蔺相如接过玉璧,立刻跑到大殿中的柱子跟前,怒发冲冠地对秦王说:"大王想得到这块玉璧差人去向赵王索要,赵国的大臣们都认为秦国贪得无厌,不讲信义,只是倚仗着自己是大国,编几句空话骗取赵国的玉璧,所以大家都反对把和氏璧送来。但我认为普通百姓交往尚且讲究信义,何况大王是一国之君呢?且仅为一块无多大用处的玉,伤了秦、赵两国的和气,是很不理智的。赵王听信了我的话,才沐浴斋戒了五天,亲自在朝堂上将国书和玉璧交给我,让我奉送到秦国,这是多么恭敬的礼节啊!但我来到秦国,把玉璧奉献给大王,大王却态度随便,傲慢无礼,还把美玉交给宫女传看,这是对赵国的污辱;您一字不提交割城池的事,这是无意偿还城池。所以,我把玉璧要了回来。现在,玉璧在我的手里,您如果一定要强迫我,那我就让我的头颅和玉璧一起撞碎在这柱子上。"说完,怒气冲冲地举着玉璧,眼睛斜看着柱子,随时准备砸碎。

秦王唯恐他砸毁了玉璧,连忙向他赔礼道歉,并让人拿来地图,指点着说从某某地到某某地的十五座城归赵国。蔺相如知道秦王并非认真,也就来个缓兵之计。他对秦王说:"秦王既然喜爱和氏璧,赵国不敢不奉献。只是赵王送璧前曾沐浴斋戒五日,表示恭敬,大王也该沐浴斋戒五日,才可接受和氏璧。"秦王被说得没有办法,只好答应。

蔺相如回到馆舍,连忙周密部署,让人穿着麻衣布衫,化妆成老百姓,偷偷地揣着和氏璧从小道逃回了赵国。

五天过后,秦王在朝廷上举行了隆重的仪式,准备接收和氏璧。蔺相如从容地走上前对秦王说:"秦国自秦穆公以来,已历二十几位国君,可从没听说过哪位国君讲过信义。我担心受了您的骗,已派人把宝玉送回赵国了。赵是弱国,秦是强国,如果秦王是真心诚意地用十五座城池来换赵国的和氏璧,赵国绝没有不答应的理由,只要派一个使臣去,赵国马上就会送和氏璧来。过去孟明视欺骗了晋国,商鞅欺骗了魏国,张仪欺骗楚国,如今,我不愿看着大王再背上欺骗赵国的坏名声,所以把玉璧先送回赵国。就算我欺骗了大王,请大王治我的罪吧。"

秦王和大臣们十分恼怒可又无可辩驳。蔺相如又不怕死,杀了他也没用,反落下个恶名。倒不如放了蔺相如,还显得秦国宽怀大度,并非诈取赵国的玉璧。

蔺相如"完璧归赵",既保全了赵国的玉璧,又没给秦国落下把柄,还为赵国赢得了一个好名声。蔺相如也因之声誉鹊起。

鼓瑟击缶

公元前 279 年,秦昭襄王派使者约赵惠文王在渑池(今河南渑池县)相会,赵王怕像当年的楚怀王做了秦国的"人质"而不敢去,廉颇和蔺相如都认为如果不去,既被动,又会被秦王看不起。因此,赵惠文王准备让蔺相如跟从去一次,廉颇在国内辅佐太子。平原君赵胜说:"应当带上五千精兵作为随从,再把大队人马驻扎在三十里外,作为接应。"赵王大将李牧带上五千精兵跟随,叫平原君带上几十万大军随后接应。

廉颇还觉得不放心,就向赵王请求说:"这次赴会,吉凶难料,去渑池来回不过二十多天,加上两三天的会议,也不过三十天。若是超过三十天未归,我能否像当年楚国一样,立太子为国君,以免秦国挟制大王呢?"赵王也同意了。接着,廉颇又在边界上作了严密的布置。

渑池之会上赵王与秦王一边喝酒,一边谈论天下大事,似乎很投机。酒酣耳热之际,秦王借酒遮脸,似乎玩笑地对赵王说:"听说赵王精通音乐,请为我弹一弹瑟。"赵王没法推辞,只得忍气吞声地弹了一下瑟。秦王立刻让史官记道:"某年某月某日,秦王与赵王会饮,令赵王鼓瑟。"

赵王气得要死。赵国还未灭亡,秦国就把赵国当做属国看待,居然还把弹瑟的事记入史册,实在是奇耻大辱。可虽非常气恼,又一时想不出报复的办法。

这时，就见蔺相如端着一个瓦盆，走到秦王面前说："我听说大王善于击缶，请为我们赵王击一次缶。"秦王立刻震怒，不去理会他。秦王的卫士冲上来想杀了他，都被蔺相如大声喝退。他对秦王说："大王你的军队虽多，在这里却派不上用场，我可以立刻让大王血溅五步。"秦王看蔺相如一副要扑杀过来的样子没有办法，只好击了一下缶。蔺相如立命赵国史官记道："某年某月某日，秦王为赵王击缶。"

秦王伤了颜面，群臣就挑衅说："请赵王割十五座城为秦王祝寿。"蔺相如也针锋相对地说："请秦王割咸阳城为赵王祝寿。"

宴会上，双方展开了激烈的外交斗争，虽然秦国时时发起进攻，但蔺相如以牙还牙，机智灵巧，毫不退让，秦国没有占到丝毫的便宜，同时，秦国得到密报，赵国已在边境上集结了大军，各方面都做好了准备，秦国也就未敢轻举妄动。

将相和

渑池归来，因为蔺相如功大，赵王拜他为上卿，位在廉颇之上。廉颇说："我为赵将，有攻城野战的大功，而蔺相如只凭动动口舌，就位居我上，再说，他本是出身低微的人。我为此感到羞耻，不能忍气吞声在他之下。"并到处扬言说："我见到相如，一定要侮辱他一番。"

相如听说后，不肯和他见面。每逢朝见，相如总是称病，不与廉颇争上下。不久相如外出，远远看见廉颇，相如便要车夫调转车子躲避。

因这件事，相如的左右接连向相如规劝说："我们之所以离开亲人来为你办事，只是仰慕你的高风亮节。现在你和廉颇同列，廉颇恶语伤你，而你却害怕躲避，胆小怕事的样子也太过分了。这在一般平民百姓也感到羞耻，何况身为将相！我们不愿跟着你被人瞧不起，请允许我们辞职。"

蔺相如坚意挽留他们，说："你们看廉将军比秦王还要厉害吗？"

大家说："不如。"

相如说："像秦王那样的威风，相如能当众呵斥他，折服他的群臣，相如再无能，难道怕廉将军？我只是这样想，强大的秦国之所以不敢加兵于赵国，只因为我和廉将军共事团结一心，现在如果两虎相斗，其结果必使赵国势力削弱。我之所以这样做，只不过，是多考虑国家利益而少想私人怨仇罢了。"

廉颇听到相如的这番话后，非常惭愧，便光着背，背着荆条，由宾客带路到相如家请罪，对相如说："我是个粗俗的人，不知将军宽容我到了这般地步。"

从此，他们终于建立了深厚的友谊，成为生死之交。

这就是历史上有名的将相和的典故，又名"负荆请罪。"

赵奢斗勇

赵奢是赵国负责征收田赋租税的官员。有一次他在征收租税时，赵王的弟弟平原君赵胜家里不肯交租。赵奢依法从事,杀了平原君家九个管事的人。平原君大怒,要杀赵奢。赵奢便向平原君解释说:"你在赵国是贵公子,现在纵容家人而不遵守公德,这样法律就要遭到破坏,法律被破坏国力就会削弱,国力削弱就会被诸侯侵犯,诸侯大兵压境赵国就要被灭亡,这么一来你怎么会有今天这样的富贵呢?如果凭借你尊贵的地位而奉公守法,那么举国上下就会安居乐业,举国上下安居乐业就会使国力加强,国力加强才会使赵国永立不败之地。这样,你身为国戚,天下人怎么会瞧不起你呢?"平原君觉得赵奢是个难得的贤才,就把他推荐给赵王。赵王便任用赵奢主管赵国赋税。从此以后,赵国赋税收入大量增加,人民生活富足而国库充实。

公元前270年,秦将胡阳带领重兵进攻赵国,包围了阏与(今山西和顺)。赵王忙召集众臣商量对策。廉颇、乐乘等宿将都说,邯郸到阏与路远难行,不易救援。唯有赵奢力主援救,他说:"救援阏与如同两鼠斗于穴,乃是勇者胜啊!"赵王见他心中有谱,即令赵奢领兵去解阏与之围。

赵奢率领大军踏上征途,一路浩浩荡荡,可是,只走了三十里路,就安营扎寨,不再前进了。同时还严令部属:"不许任何人提出有关军事行动的建议,违令者定以军法论处!"大军一住数日,毫无前进的意思。将士们虽然困惑不解,但是谁敢乱说乱问,只得耐心等待将令。一天,军中得到消息:"秦兵在武安以西列阵用兵,声势很大,鼓角震天,杀声雷动,将武安城中的屋瓦都震落了。"将士们都认为马上就要行动了,便暗自准备起来。可是一等再等,还是不见前进的命令。有一名下级军官,实在按捺不住焦急的心情,提出救援武安的请求,竟被赵奢斩首。之后,再也无人敢提救援的事了。赵军一住就是二十八天,不仅毫无进发的迹象。而且还一再下令抢修防御工事,俨然是一副就地固守的姿态。

秦军初知赵国出兵救援阏与的消息时,行动谨慎起来。以后发现赵军不再前进,还修筑堡垒,就逐渐地不大在意了,不过,秦将胡阳仍为不明赵军的真实意图而疑虑重重,就派出间谍到赵奢营中刺探情况。间谍进入赵营后,赵奢虽然已经发觉,却毫不介意,反而对其热情款待,连他的行动也不加限制。间谍从赵营返回后,将所见所闻作了汇报。秦将听后都以为赵国打算放弃阏与,发兵救援不过是虚张声势,于是就毫无顾虑地进攻阏与了。

赵奢知道麻痹秦军的计策已成,立即率领队伍,偃旗息鼓,卷甲而行,日夜兼程赶到离阏与五十里处。秦将胡阳得知赵奢率领援兵突然到达的消息,急忙令将士顶盔贯甲准备迎战。

就在两军剑拔弩张的当儿,赵军中有一个叫许历的军士,来到赵奢帐前建议说:"秦军没能料到我军来得如此突然,情急势迫,必然要同我军拼死搏斗。望将军集中兵力,严阵以待,千万不可轻敌,不然就会失败。"赵奢点头表示赞同。许历却倒身下拜请赵奢用刑。赵奢摆了摆手说:"在邯郸下达的军令已经过时,今后要按新的军令行事。你有何建议,尽可大胆地讲来。"许历看到主将和颜悦色,态度诚恳,便接着说:"我军驻地北面的山头,高出群峰,地势险要,实为安危所系,将军务必从速派兵先敌占领。"赵奢观察了周围的地形后,当即采纳了许历的建议,派出一万人的兵力把那座山头占据了。

秦将胡阳率军前来迎战,一见赵军抢先占领了制高点,立即下令发起进攻。可是秦军付出很大代价,仍未能奏效。正当秦军进退两难的时候,赵奢指挥大军从侧后冲杀过来。山上的赵军也乘势向山下冲杀。秦军在赵军的前后夹击之下大败而逃。

廉颇不老

战国后期,秦国攻打赵国。秦军在长平(今山西高平比)受阻。长平守将是赵国名将廉颇,他见秦军势力强大,不能硬拼,便命令部队坚壁固守,不与秦军交战,两军相持了四个多月,秦军仍拿不下长平。秦王采纳了范雎的建议,用离间计让赵王怀疑廉颇,赵王中计,调回廉颇,派赵括为将到长平与秦军作战。

赵括到长平后,完全改变了廉颇坚守不战的策略,主张与秦军对面作战,秦将白起故意让赵括尝到一点甜头,使赵括的军队取得了几次小胜。

赵括果然得意忘形,派人到秦营下战书。这下正中白起的下怀。他分兵几路,指挥部署形成对赵括的包围圈。

第二天,赵括亲自率领四十万大军,来与秦兵决战,秦军与赵军几次交战,均打输了。赵括志得意满,哪里知道敌人用的是诱敌之计。他率领大军追赶被打败了的秦军,一直追至秦军大营。

秦军坚守不出,赵括一连数日也攻克不了,只得退兵。这时,突然得到消息:自己的后营已被秦军攻占,粮道也被秦军截断。秦军已把赵军全部包围了起来。

一连四十六天,赵军绝粮,士兵杀人相食,赵括只得拼命突围。

白起已严密部署,多次击退企图突围的赵军,最后,赵括中箭身亡,赵军大乱。四十万大军全部被秦军杀戮。

廉颇在魏国住了很长时间,没有得到魏王信任重用。赵国因为几次被秦兵所困,赵王想重新起用廉颇,廉颇也想再为赵国效力。赵王派使者来魏国察看廉颇还能不能带兵打仗。廉颇的仇人郭开在临行前送给使者很多金钱,要使者说廉颇的坏话。使者见到廉颇后,廉颇当着他的面一顿吃下一斗米的饭和十斤肉,然后披挂上马,以表示自身能力不减当年。使者回来向赵王报告说:"廉将军虽然年纪大了,但胃口还不错,然而和我在一起坐了不大一会儿,就解了三次大便。"赵王认为廉颇身体衰老了,就打消了重新起用他的念头。

李代桃僵

战国时,赵国良将李牧被派驻北部边疆,镇守雁门,抗击匈奴。他到任后,以武将身份代行地方行政事务,设置官吏,建立衙门;岁税一律收入他的府库中,由他支配,用作军队的费用。他每天杀牛羊犒赏士卒,并亲自教练兵将骑马、射箭,搞对阵演习;又经常派出探骑,打听敌人的动向。他对士卒也能同甘共苦,处处照顾得十分周到。只是有一点大家很不理解:他只准士卒坚壁自守,还特别为此下了一道命令:"所有士卒,凡看到匈奴人入侵抢掠,必须迅速赶回,保护营寨,不准与之交锋,如不听令,擅自出营捕捉匈奴者,斩!"所以每当匈奴入侵,李牧都叫部将发出信号,他的士卒一见信号,都飞快跑回营寨,无人敢擅自与敌战斗。这样过了好几年,赵国边疆虽然常遭匈奴侵扰,但由于匈奴人搞不清李牧不出击的原因,不敢深入边境,当地百姓没有受到什么损失。不过匈奴总认为李牧是个胆小的人,李牧手下部将、士卒由于李牧从不出击,也认为他是个惧怕匈奴的将军。

这事渐渐传到赵的国都邯郸,连赵孝成王也以为李牧不出击匈奴是胆量太小,没有理解李牧因为匈奴力量强大,暂时避开它,以便养精蓄锐,转化敌我力量,准备待机出击。他下诏书责备李牧。李牧接诏书后,仍然坚持以往战略,不准士卒出击。赵王大怒,便把李牧召回邯郸,另派赵葱代替李牧。

赵葱到了雁门,一反李牧之所为。他守雁门一年多,匈奴每次侵扰,他都率领士卒出击,多数是被匈奴打败,因而边地人口、牧畜常被匈奴掳走。当地百姓不敢耕种,不敢放牧,苦不堪言;他的部将、士卒也死伤不少。于是,百姓和士卒多次上书,请求赵王仍派李牧来守雁门郡。

赵孝成王看到边报和当地百姓的请求,才知李牧守边有一套办法,以前是错怪了他,复请李牧出守雁门。

李牧因感到赵王不察边塞实情,听信谗言,人云亦云,召他回朝,心中很是不快,今见赵王一再坚持,他才去见赵王,说:"大王如果一定要我去守雁门,那就准许我仍用过去的办法,不然我是难以从命的。"赵孝成王说:"本来将在外,君命有所不受。你就用你的老办法去守边吧,寡人再不干涉了。"

李牧再次来到雁门,仍如从前一样:对敌人,仍不准出击,遇到入侵,速回营寨。对士卒,同甘共苦,照顾十分周到。匈奴人见又是李牧守边都很小心谨慎,不敢大肆侵扰,即使来,也不敢贸然深入。这样又过了几年,边塞都相安无事。

赵孝成王十六年(公元前250年),李牧看到守边将士经过将近十年的养精蓄锐,士气已经激励起来,"养兵千日,用在一时"的时机已经成熟,就精选战车一千三百乘,战骑一万三千匹,勇敢善战士兵五万人,射箭好手十万人。并把这些挑选出的士兵组织起来,天天进行训练,准备大战。众将士一听李牧要出击匈奴,人人摩拳擦掌,斗志昂扬,都跃跃欲试,准备大显身手。

李牧见众将士斗志旺盛,心中大喜,但又一想,不能只是驱赶这些勇士去战死。因而每夜翻读《春秋》、《左传》、《孙子》、《国策》,希望在这些古书中找到决胜之方。白天又加派探骑,侦察敌情,以做到知己知彼,万无一失,最后,决定用"损阴以益阳"的办法,在出击时,先故意显示实力虚弱,先付出点小的损失,引诱敌人,使敌人骄傲,再出奇兵,以求全胜。主意已定,李牧便召集各将校来大营商议,诸将校听罢李牧之计,都表赞同,纷纷请战。一天,李牧通知边寨人民都出去放牧。一时人、畜遍野，一派北塞动人情景。匈奴人见了，自然心动，立刻派出小股骑手前来抢掠。这时，李牧假装败退，丢下一些人、畜。匈奴首领单于听说后，心想：李牧果是无能之辈，才疏胆怯，不堪一击。于是亲自率领大队人马前来进犯。

单于不知，李牧早已布下奇兵，严阵以待。他分兵三路，以一路正面迎击，左右两路包抄出去，围歼来犯之敌。匈奴人素以掳掠为能事，虽善骑射，但无纪律，不听从号令，本乌合之众，哪里敌得过训练有素、出击心切的赵军。三路人马，在李牧指挥下，很快将匈奴十万之众，包围起来。只见塞外草原，战马嘶鸣，杀声震天，展开了一场恶战。这一仗，只杀得匈奴首领单于落荒而逃，檐褴被消灭，东胡被击破，林胡见大势已去，只好投降，表示不再侵扰赵国。此后十几年，匈奴人就再也没有侵犯赵国边境。

赵悼襄王死后，由其子迁继位，为赵国最后一个君主。他在位的第七年，秦又使王翦攻赵，赵王迁遂命李牧领兵抗击。秦见赵以李牧为将，因李屡败秦，知遇劲敌，求胜不能，便用重金收买赵王宠臣郭开，使反间计，造谣说李牧谋反。赵王迁听信谣言，派赵葱、颜聚代替李牧将兵，李牧不受命，被赵王迁派人乘他不备时，捕捉了李牧，并把他杀害了。赵国失去良将李牧，很快也就灭亡了。

田单列传第二十二

田单的离间计

田单是齐国田氏的远亲。齐湣王时，田单只担任过临淄市的掾吏，没有受到重用。等到燕国派乐毅打败齐军，齐湣王出逃，其军队则困守莒城。

燕国的军队长驱直入，平定齐国各地，田单也逃往安平，叫他的族人们把车轴两端统统锯下来而包上铁皮。

不久，燕军围攻安平，城被攻陷了，齐国人逃难，争先恐后，许多人都由于车载过重车轴断裂，车子毁坏，而被燕军俘虏，只有田单的族人，因为车轴有铁皮裹着的缘故，得以逃脱，往东退守即墨。

燕军全部收服了齐国的城池，只有莒城和即墨两个城没有攻下。燕军听说齐王在莒城，于是集中全部兵力攻打莒城。

淖齿在莒城杀了湣王，矢志坚守，抗拒燕军好几年，城都没有被攻下。燕军只好转移兵力，往东去围攻即墨，即墨大夫出城迎战，战败身死。城中人共同拥戴田单说："安平之战中，田单的族人因为铁皮裹车轴得以保全，足见他懂得兵法。"就立他做将军，用即墨城的力量抵抗燕军。

不久，燕昭王去世，惠王继位，惠王和乐毅有嫌隙。田单听说后，派人去燕国展开离间工作，扬言说："齐王已经死了，齐国没有被攻下来的城池，只剩下两个。乐毅是怕国君要杀他，所以不敢回国，他是借攻齐国为名，实际上是想延长战争，在齐国称王。齐国的民心尚未归顺于他,才暂且缓攻即墨,以便等待时机。齐国人所害怕的不是乐毅,只是恐怕燕国调派其他将领来,那样,即墨城就会被攻破。"燕王听了,认为这说得对,就派骑劫接替乐毅的将军之位。乐毅于是投奔赵国,燕国军民都替他忿忿不平。

田单于是命令城中的居民,每餐吃饭时,一定要在庭院中祭祀祖先。飞鸟都被吸引得在城池上空盘旋,然后下去啄食。燕国人见后,对此感到很奇怪。

田单又乘机扬言说:"神从天上下来指教我。"于是告诉城中人说:"将会有一个神人来当我的老师。"有个士兵说:"我可以做老师吗?"说完转身而去。田单就站起来,招他回来,请他坐朝东的上座,拜他为师。那士兵说:"我是骗你的,我实际上没什么本领。"田单说:"你不要说了,就当如此吧!"于是拜他为师。每次发布号令,一定说是出自神师。

田单又扬言说:"我只是怕燕军把所俘虏的齐兵的鼻子割掉,把他们排列在队伍的前头,来和我们作战,这样即墨就要失败了。"燕国人听到这些话就照着所说的做了。城中人看到那些投降的齐国人都被割了鼻子,都很愤怒,更加坚定地防守,唯恐被燕军俘获后割鼻子。

田单再一次施展反间计,说:"我怕燕国人挖掘我们城外的那些坟墓,凌辱祖宗,这样是最令我们心寒的。"燕国人把所有的坟墓全部挖开,焚烧死人。即墨人从城头上望见那情景,都痛哭流涕,一致要求出城与敌人决一死战,愤怒之心,比以前涨出十倍。

田单知道士兵可用了,于是亲自带着版筑、铁锹,和士兵们一起修筑防御工事,又把自己的妻妾编在队伍中,拿出所有的食物犒劳将士。命令披甲的士兵都埋伏下来,派那些老弱残兵和妇女、儿童在城头上防守。派遣使者与燕军接洽投降,燕军听说后都高呼万岁。田单又收集民间的黄金,得到一千镒,派即墨城中的富豪前去送给燕国的将军,说:"即墨就要投降了,希望将军进城后不要掳掠我们的家族和妻妾,让他们得到安全。"燕将十分高兴,答应了他们。燕军从此越发松懈没有了斗志。

田单又从城中收集了一千多头牛,给它们披上画满龙纹的红绸子衣服,牛角上端绑上兵器,又把涂满油脂的芦苇系在牛尾上,在城墙上面凿了几十个洞,点燃牛尾上的芦苇,夜里放牛出去,五千多精壮的士兵尾随在牛的后面。牛的尾巴一被烧灼,就狂怒地直奔燕军,燕军在夜里大为惊恐。牛尾巴上的火把光明耀眼,燕军看见那庞然大物背有龙纹,只要被碰上的,非死即伤。而那五千名壮士,口衔着枚不声不响地攻击燕军,即墨城里的人擂鼓呐喊紧随着他们,老弱妇孺都敲响铜器,喊杀声惊天动地。燕军大为惊骇,溃败逃奔。齐军终于冲出重围并杀死了燕国的将军骑劫。

燕军在混乱中四处逃窜,齐国人紧追逃亡败北的燕兵,所经过的城邑都纷纷叛离燕国而又投顺田单,田单的士兵一天天增多。收复的城池也一天天扩大。齐军乘胜追击,燕军一天天溃败逃亡,终于到了黄河边上,齐国所沦亡的七十几座城池又被齐国收复了。于是他们到莒城迎接襄王,返回临淄主持国政。

鲁仲连邹阳列传第二十三

鲁仲连一言退万兵

鲁仲连是齐国人,他经常出些怪异奇特的计谋,却不肯做官任职,喜好保持清高的气节。他在赵国游历。

赵孝成王时,秦将白起俘获长平四十万赵军,东围邯郸。赵王恐惧,诸侯救兵互相观望。魏王派使臣新垣衍入邯郸,通过平原君拜见赵王,说:"秦国所以围攻邯郸,是因为齐湣王与赵等国联合伐秦,逼秦去帝所致。今齐国衰落,只有秦国称雄天下,秦王不一定是为了贪得邯郸,其意欲复求为帝。赵国如若能诚心派使者尊秦昭王为帝,秦王必喜,或许会罢兵而归。"

这是魏国推托取巧的主意,不肯实质上派兵救援的借口。平原君无可奈何之中,一时也犹豫不决。

此时适逢鲁仲连游于赵国,听说魏国客将军新垣衍劝赵尊秦为帝,就拜见平原君,说道:"君意下如何?"

平原君说:"我又何敢再言!前亡四十万之众于外,今秦人围邯郸而不能退敌。魏王派客将军新垣衍令赵尊秦为帝,今其人在此。我又何敢言事!"

鲁仲连说:"我开始以君为天下之贤公子,从今后知道君并非如此。魏人新垣衍安在?请让我为君责之,令他回去。"

平原君于是将鲁仲连向新垣衍作介绍,新垣衍说:"我闻听鲁仲连先生乃齐国之高士。衍是一位人臣,有差事在身,我不愿见鲁仲连先生。"

平原君说:"我已经告诉他您来的事了。"

新垣衍只好应允。

鲁仲连拜见新垣衍,却沉默不语。新垣衍颇感奇怪,对鲁仲连说:"我观居此围城之中的人,皆有求于平原君;今观先生之貌,并不像有求于平原君,您为何居此围城之中而不去。"

鲁仲连说:"古代有个隐士叫鲍焦;因不愿屈从浊世之政而轻生。世人见鲍焦之死,皆以为他不能自我宽容而取死。其实不然。今众人不知己志,以为从一己之私考虑,当去围城。那秦国,抛弃礼义,以能斩首为功,权使其士,虏使其民;秦若肆然为帝,甚而为政于天下,则我宁愿赴东海而死,也不忍为暴秦之民!之所以来拜见将军,是想助赵攻秦而已。"

新垣衍说:"先生将如何助赵呢?"

鲁仲连说:"我将使魏、燕助赵,齐、楚也自然会出兵助赵。"

新垣衍说:"就算燕国合纵助赵,我乃魏人,那么先生如何能使魏国助赵呢?"

鲁仲连说:"魏国未曾看到秦国称帝之害,因而不肯助赵,若使魏国认识到此害,则必助赵不可。"

新垣衍问:"秦称帝又有何害?"

鲁仲连对道:"从前齐威王曾为仁义之举,率天下诸侯朝于周。周室衰微,诸侯莫肯朝,而齐国独去朝见。一年之后,周烈王驾崩,诸侯皆来吊唁,惟齐国后往。周太子发怒,发讣告给齐国说:'天崩地坼,天子下席,东藩之臣田婴齐(齐威王名)后至,则斩之!'齐威王勃然大怒说:'叱嗟!尔母乃卑贱的奴婢。'由此知齐国朝周非出于本心,为天下所笑。生则朝周,死则叱之,诚然无法容忍周太子的要求。但天子固然如此,不足为怪。"

新垣衍说:"先生难道未见仆人吗?十人跟从一人,难道是力不胜主人,智不如主人吗?而是畏惧主人之故。"

鲁仲连说:"然则魏国就自比于秦国的仆从吗?"

新垣衍说:"是这样。"

鲁仲连怒道:"那么我将使秦王把魏王剁为肉酱,然后烹之。"

新垣衍怏怏不悦说:"嘻!先生之言太过分了!先生又怎能使秦王把魏王剁为肉酱烹之。"

鲁仲连说:"你听我说,往昔,九侯、鄂侯、文王,为商朝三公。九侯有个女儿,长得很漂亮,九侯把她献给纣王,可是纣王却认为她不美,迁怒于九侯并把九侯剁成了肉酱。鄂侯跟纣王争得很强硬,激烈地辩论,所以纣王把鄂侯也杀了晒成肉干。周文王听说了这件事,忍不住喟叹,因此纣王就把他关在牢狱里一百天,想把他也置于死地。为什么跟别人一样都是称王,却终于落个被晒成肉干剁成肉酱的下场呢?齐湣王到鲁国去,夷维子为他驱车随行。夷维子问鲁国人说:'你们将用何种礼节来接待我们的国君?'鲁国人说:'我们将用十副太牢的礼仪来接待你们的国君。'夷维子说:'你这是根据什么礼节来接待我们的国君?我们的国君,是天子啊,天子到诸侯国去巡行,诸侯就得让出正宫,避居在外不入内,交出库馆的钥匙,还要安排几席,恭恭敬敬地在堂下侍候天子用餐,等天子吃完饭,才能退下去处理朝政。'鲁国人听后,回去把门关住,闭关上锁,始终不肯接纳他们。齐湣王既然不能进入鲁国,便打算到薛地去,向邹国借路。当时,邹国的国君死了,齐湣王想进去吊丧。夷维子对邹国的嗣君说:'这是天子来吊丧,主人一定要调转灵柩的位置,将方向改为坐南向北的方位,这样天子才好向南面吊丧。'邹国的群臣说:'如果一定要这样,我们将受到侮辱,我们将用剑自杀。'所以齐湣王不敢进入邹国。邹、鲁两国的臣子,国君活着的时候不能很好地侍奉供养,死了之后又无力厚葬,但齐湣王想要在邹、鲁两国行天子之礼时,邹、鲁两国的臣子宁肯坚决不接纳。现在秦国是拥有兵车万乘的大国,魏国也是拥有兵车万乘的大国。都是拥有万乘兵车的大国,各自都是称王的,看到秦国打了一次胜仗,就顺从地尊它为帝,这是在表明三晋的大臣比不上邹、鲁两国的奴仆婢妾了。再说,秦王不仅要称帝,而且想变换各国的臣子地位。他将开除他认为不好的人,而换上他认为顺从他的,除掉他所憎恨的人,而安插上他所喜爱的人。他还会差遣他的子女和善于进谗的婢妾,做各国诸侯的妃嫔姬妾,要他们住进魏国的后宫,到那时候,魏王还能安然无恙吗?而将军你又怎么能像过去一样得到宠信呢!"

于是新垣衍站起身来,拜了两拜,向鲁仲连道歉说:"起初,我以为先生是一位平庸的人,听了刚才的一席话我现在才知道先生真是天下的贤士。我就此离开赵国,从今以后再也不说尊秦为帝的事。"秦将听到了这个消息,为此退兵五十里。恰逢魏公子无忌夺得了晋鄙的军队来援救赵国,进击秦军,秦军就撤离了。

于是平原君打算封赏鲁仲连,鲁仲连再三向使者辞谢,始终不肯接受。平原君便设酒宴来款待他,当酒喝得很畅快的时候,平原君起身上前,送上千金给鲁仲连作为谢礼。鲁仲连笑着说:"天下之士最看重的,在于他的名节,如能为人排除患难、解除纷扰而不取报酬是最仁义的。要是索取报酬的话,那是商人做买卖的事,我不忍心干这种事。"于是就辞别平原君而离开了,终身不再和平原君见面。

书取聊城

齐国的田单攻打聊城长达一年多时间,士卒战死很多,可是聊城仍然攻不下来。鲁仲连就写了一封信,系在箭上,射进城中,送给燕将。信上写道:

"我听说,明智的人,不会违背时势而放弃可取之利;勇敢的人,不会贪生怕死而损坏名声;忠臣不会先考虑自身,而后考虑国君。如今你逞一时之气,毫不顾念燕王失去你这位忠心的臣子,这不是忠诚;如果自身被杀,使聊城失守,而威名不能伸张于齐国,这不能算是勇敢;功业失败,名声毁灭,不受后世的称道,这不能算是智。这三种人当代的君主不会赞赏,说客也不会称道他们。所以智者处事不会犹豫不决,勇士不会贪生怕死。目前正是生、死、荣、辱、贵、贱、尊、卑的关键,在这种时刻,希望你仔细考虑,而不要同俗人一般见识。

"况且,楚国攻打齐国的南阳,魏国攻打齐国的平陆,可是齐国没有向南面反攻的打算,认为丢失南阳的害处小,不如收回济北的利益大,所以他们立定计策,慎重应对。现在秦国出兵东下,魏国已不敢东进恐怕受到秦国袭击;秦国连横的局面一形成,楚国的形势就危险。齐国放弃南阳,割舍右边的土地,平定济北,这是经过权衡得失之后才定下的计策。再说,齐国一定要夺回聊城这是一定的。如今,楚、魏两军都从齐国撤兵了,而燕国的救兵又不到。现在齐国没有天下各国入侵的后患,而你死守这已经被围困一年之久的聊城,那么我看你是不能占有它的,齐国会全力恢复。而且燕国已经大乱,君臣上下都很惶惑,毫无办法。栗腹率领十万大军,在外吃了五次败仗。一个拥有万乘战车的大国,却被赵国围困,疆土被削夺,国君受困窘,被天下人所嘲笑。国家疲惫,祸及百姓,民心无法归顺。而你凭借疲惫不堪的百姓,来抗拒整个齐国的兵力,这与墨翟守宋城一样。吃人肉、烧枯骨,而士兵没有叛离之心。你的用兵之法已经像孙膑一样了,你的才能也显扬于天下。虽然这样,但是为你设想,你不如保全车马兵甲来归报燕王。那样回到燕国,燕王一定会高兴;看到你安全回国,百姓也会像见到重生父母般高兴,朋友们扼腕四处赞颂你,你的功业可以得到显扬。对上辅佐君主来驾驭群臣,对下养育百姓并资助仁义之士,矫正国政,变化民俗,功名可以显扬四海。你如果无心回燕国,不是也可以离开燕国,丢开世俗的议论,东游到齐国吗?齐王会割地封爵给你,让你富比魏冉和卫鞅,世代封爵,跟齐国永久共存,这也是一条万全之策呀!这两个计策,都可以使你显扬名声,获得厚益,希望你仔细考虑之后,谨慎地从中选择一条。

"而且我还听说,拘守小节的人,不能成就光荣的大名气,憎恶小耻辱的人,不能建立大的功业。从前管夷吾射中齐桓公的带钩,这是犯上的行为;他遗弃公子纠,不能为主效死,这是怯懦的表现;身犯重罪,身受戴上手铐脚镣的束缚,这是耻辱的事。有这三种行为的人,当代君主不肯用他为臣子,就连乡里人都不愿同他交往。假使当初管仲被囚禁不出狱,身死而不回到齐国的话,那么免不了为人可耻、行为卑贱的恶名了。连最卑贱之人都会因跟他同名而感到羞耻,更何况一般的人呢!因此管仲不以身在狱中为耻而以不能尽使天下太平为耻;不以不为公子纠效死为耻,而以不能在诸侯间伸张威势为耻,所以他虽身兼三种过失,却终于能够辅佐齐桓公成为五霸之首,名望高过天下臣人,而光彩照耀人间。曹沫当鲁国的大将,三战三败,丧失国土五百里,假如曹沫当初不仔细考虑,不返身计议,割脖子而死的话,那么他也不免要落个全军覆没和被擒之将的名声了。可是曹沫抛开三次战败的耻辱,而回来跟鲁君计议。齐桓公慑服天下,会见诸侯的时候,曹沫凭着一把剑,在会盟坛上抵住齐桓公的胸口,脸不变色,义正词严,三次战败丧失的土地,却被他一举收复回来了,天下为之震动,诸侯为之惊骇,声威超过了吴、越两国。像管仲、曹沫这两个人,并不是不能顾全小廉耻和讲求小节操,只是认为杀身捐躯,不仅于事无补,且功名不能建立,就是不明智的。所以他们抛弃一时一事的怨恨,成就了终身的声名;抛弃一时令人愤怒的失节小事,奠定了万代不朽的功业。因此他们的功业,足以跟三代之王争相流芳;而声名也可以与天地共存,希望你选择一个好的方法尽快实行。"

燕国将领看了鲁仲连的信后,哭了三天,但仍然犹豫不决。想回到燕国吧,已经产生了嫌隙,恐怕会被诛杀;想投降齐国吧,又杀死和俘虏过许多齐国人,恐怕投降后遭到侮辱,左思右想不能决定。他长声叹息着说:"与其让别人来杀我,还不如我自杀。"于是自杀了。聊城大乱,田单就血洗聊城。

田单还朝,报告了鲁仲连的行事,准备封给他官爵。鲁仲连逃到海上隐居起来,说:"我与其富贵而向人屈服,宁可贫贱脱离世俗,随心所欲。"

邹阳狱中上书

邹阳,是齐国人,游历到梁国时,和原吴国人庄忌夫子、淮阴人枚乘先生等来往甚多。

邹阳颇有智略,又慷慨耿直,为人不苟言。与邹阳同处的纵横家羊胜、公孙诡等人,嫉恶邹阳游于梁国,因谗被擒,恐无辜而死,就从狱中上书梁孝王。

这是一封文辞朴实,语气诚恳,真诚感人的信。信中说:

臣闻忠无不报,信不见疑,臣常以为然,今知徒虚语而已。往昔荆轲慕燕太子丹之义,西刺秦王,精诚所至,白虹为之贯日,但精诚若此,太子尚畏而不信;白起为秦伐赵,破长平之军,遣卫先生增发兵粮,为应侯范雎所害,事用不成。精诚上达于天,太白为之食昴,昭王却心怀疑臣。精诚感变天地而信不喻两主,岂不悲哀!今臣尽忠竭诚,毕其计议,愿王知之,然大王左右不明,终使我从吏受讯,为世所疑。此如荆轲、卫先生复起,而燕、秦不悟。愿大王熟察之。

昔日卞和献宝,楚王刖之;李斯竭忠,胡亥极刑。箕子佯狂,接舆避世,恐遭此类祸患。愿王察卞和、李斯之意,而以楚王、胡亥为鉴,毋使臣为箕子、接舆这些隐士讥笑。臣闻比干忠谏,纣王剖其心,伍子胥忠谏,吴王赐其死,臣始不信,于今知之。愿大王熟察,稍加怜惜!

语曰:"有白头如新,倾盖如故。"为什么呢?两人初识,及至白头,仍不相知;两车相错,车盖相倾,一见如故。这全在知与不知。故而樊于期从秦逃于燕,自刎其首,借于荆轲西入秦国,去完成太子丹交付的使命;王奢离齐入魏,齐国攻魏,王奢临城自刎,却敌存魏。王奢、樊于期并非与齐、秦交新而与燕、魏交故,之所以去前两国而为后两国之君而死,是行合于志,慕义无穷。因此,苏秦不信于天下,却是燕国的信人;白圭战失六城,中山王欲杀之,白圭逃于魏,魏王厚待之,为魏王灭中山。这又说明了什么呢?诚有相知之故。苏秦相燕,人谗之于燕王,燕王对进谗者按剑而怒,待苏秦更厚;白圭显于中山,人恶之于魏文侯,文侯赐白圭夜光宝璧。这又说明什么?两主二臣,剖心坼肝,相互信任,岂因浮辞而移心!

故而女儿无论美丑,入宫见妒;士无论贤与不肖,入朝见嫉。昔日司马喜受膑脚之刑于宋,终为中山之相;范雎断胁折齿于魏,终为应侯。此二人皆信必然之画,捐朋党之私,挟孤独之交,故不能自免于嫉妒之人。申徒狄蹈雍州之河,徐衍负石入海。不容于世,义不苟取勾结于朝以移主上之心,百里奚乞食于道路,秦缪公委之于政;宁戚击牛角高歌,齐桓公任之于国。此二人,岂是凭着素宦于朝,借左右之誉而为二主任用呢?感于心,合于行,坚如胶漆,即使兄弟也不能离间此君臣,哪里会惑于众口呢?所以说偏听生间,独任成乱。从前鲁国听季孙之说而远孔子,宋国听子罕之计而囚墨翟。以孔、墨之辩,不能自免于谗谀,二国也因此而危。这又说明什么呢?说明众口铄金,积毁销骨。秦用戎人由余而霸中国,齐用越人子臧而强威王、宣王两世。此二国难道是系于俗,牵于世,好奇偏之浮辞吗?公听并视,重明当也。所以意合则胡、越为兄弟,由余、子臧即是;不合则骨肉为仇敌,尧子丹朱、舜弟象、周之管叔、蔡叔即是。今人主诚能用齐、秦之明,鉴宋、鲁之听,则五霸不足畏,而三王也可为。

以上所言,均是以正反两方面的事例说明兼听则明,偏听则暗的道理,劝说梁孝王以历史诸多事件为借鉴,勿使自己尽忠受谗,因谗被诛。但这仍不足以使梁孝王定然释放自己,梁孝王好士,邹阳就说之以正确的用人待士之道,进一步使梁孝王醒悟。信中又云:

燕王哙其相子之，欲以国禅让，国乃大乱；齐简公悦田常，田常却杀简公。故圣王应当觉悟，捐子之心，不悦田常之贤，封比干之后，修孕妇之墓，故功业覆于天下。这是为何？为善不厌之故。晋文公亲其仇，强霸诸侯；齐景公用其仇，一匡天下。说明了什么？慈仁殷勤，诚加于心，而不可以虚辞应付。

至秦国用商鞅之法，东弱韩、魏，立强天下，却终以车裂之刑处死商鞅；越用大夫文种之谋，擒劲吴而霸中国，遂诛大夫文种。因此孙叔敖三去相位而不悔，于陵子仲辞三公为人灌园。今人主诚能去骄傲之心，怀可报之意，披心腹，显情愫，坠肝胆，施德厚，与之穷达始终，不吝于士，那么夏桀之犬可使吠尧，跖之客可使刺许由，何况据着万乘之权，凭着圣王之资呢！荆轲为燕刺秦王，承诺不成即死，七族连坐；吴王阖闾欲杀王子庆忌，要离诈以罪逃，令吴王燔其妻子，以此接近庆忌，以剑刺之。至于这些，不足为大王再说。

臣闻明月之珠，夜光之璧，暗投于道，众人莫不按剑相觑。为什么呢？无因而至前之故。蟠木根柢，迂回屈曲，却作为天子车舆，是由于左右先为之容（"容"即雕刻加饰）。故无因而至前，虽出随珠、和氏璧，只结怨而不见德。今天下布衣穷居之士，身在贫羸，虽蒙尧、舜之术，挟伊、管之辩，怀龙逢、比干之意，而素无根柢之容，虽殚精尽虑，欲陈说而忠于当世之君，那么人主必重蹈按剑而觑之覆辙。

因而圣王制世御俗，驾驭天下犹陶人转钧（陶人称模子下的圆转部分为钧），而不为卑辞之语所牵，不为妄人之口夺其计。故秦皇听任庶子蒙之言而信荆轲，图穷匕见；周文王猎于泾渭，载吕尚而归，得以王天下。秦信左右而亡，周用偶遇之人而王。何以如此？以其能越拘而不伸之语，驰域外之议，独观于广明之道。

今人主沉浸于谄谀之辞，为侍臣宠妾所牵制，使才高不羁之士与牛马同枥，这也就是鲍焦怨时不用已而抱树枯死的原因。

臣闻盛饰入朝者不以利污义，砥砺名号者不以欲伤行。故曾子至孝，以胜母不名不顺，不入以胜母为名之里；墨子非乐，有邑名朝歌，墨子回车。今欲使天下寥廓之士摄于威重之权，主于位势之贵，邪面污行，以事谄谀之人，而求亲近于左右，则士只有伏死于窟穴岩薮之中而已，安有尽忠信而趋朝廷者！

梁孝王读完邹阳的长篇上书，立即下令释放邹阳，并拜为上客。

屈原贾生列传第二十四

屈原被罢免

屈原，名平，与楚国王族同姓。曾任楚怀王的左徒。屈原见闻广博，记忆力强，深明治国安邦之道，擅长辞令。屈原入朝就和楚怀王商议国家大事，得以颁发命令；在外就接待宾客，与诸侯交往。楚怀王十分信任他。

上官大夫和屈原职位相等，内心总是嫉妒屈原的才能，与他争夺宠信。有一次,楚怀王指派屈原制订法令,屈原刚起草,还没有定稿,上官大夫看见了,想把这份草稿拿到手,屈原不给。上官大夫就向楚王诽谤他说:"大王委派屈原制订法令,众人没有谁不知道的。每颁布一项法令,屈原就向别人夸耀自己的功劳,说'除了我,没有人能这么做'。"怀王因此很不高兴而疏远了屈原。

屈原痛惜怀王这么容易听信别人的谗言,让奸邪歪曲伤害了公道,使端方正直的人不为所容,所以忧愁深思而写成了《离骚》。

所谓离骚,就是遭遇忧患的意思。天,是人类的始祖;父母,是人类的根本。人在走投无路的时候,就会反思本原。所以,劳苦疲倦到极点的时候,会呼唤上天;病痛惨剧的时候,就会呼叫父母。屈原正道直行,竭尽忠心和智慧来侍奉他的国君,而谗邪小人却从中挑拨离间,这处境可说是困窘到极点。诚信却受猜疑,忠直却遭诽谤,又怎能没有怨愤呢?

屈原写作《离骚》,就是因为怨愤至极而产生的。《国风》中的诗好色而不淫,《小雅》里的诗虽然抒发了幽怨讥讽的感情,但不至提倡暴乱,像《离骚》这首诗,可说两者兼而有之。

《离骚》从上古称述帝喾的事迹,至近代称道齐桓公的霸业,中古述说汤、武的功绩,时时来讥刺时政的利弊。阐明道德的广博高深,治乱的一般规律,无不详尽体现。他的文字简练,他的言辞锋利,他的心志高洁,他的品行廉正。他运用文词拟写的虽是细小平凡的事物,而旨意却极其博大高深,列举的虽是眼前事物,而体现的意义却非常深远。他的心志高洁,所以称道的都是流芳百世的事物。他的行为廉正,所以死也不肯为世俗所容。他在污泥浊水之中自我洗涤,像蝉脱壳那样摆脱污秽,而游离于尘埃之外,不沾染世俗的污垢,清白高洁如莲花白藕出污泥而不染。推论这种崇高的心志,即使跟日月争辉,也是可以的。

屈原被罢免以后,秦国打算攻打齐国,齐国跟楚国合纵相亲,秦惠王很担心,就派遣张仪假装反目离开秦国,带了丰厚的礼物去讨好楚国,说道:"秦国很憎恨齐国,齐国跟楚国合纵相亲,楚国如果确实能跟齐国断交,秦国愿意献出商、于一带六百里土地。"

楚怀王贪图近利,因而听信了张仪的话,就跟齐国断交,并派遣使者到秦国去接受土地。

张仪骗楚国的使者说:"我跟怀王约定的是我的封地六里,没有听说过六百里。"

楚国使者愤怒地离开秦国,回国报告怀王。怀王愤怒之下派军队攻打秦国。秦国出兵迎击楚军,在丹水、淅水一带将楚军打得大败,斩首八万人,并俘虏了楚军将领屈匄,乘势夺取了楚国汉中一带地区。楚怀王就出动全国兵力来攻击秦国,秦楚在蓝田交战。

魏国听到这个消息,去发兵袭击楚国,由于楚军全部在前线,魏军一直深入到邓邑。楚国军队恐惧,就从秦国撤军回国。而齐国也因对楚国恼怒而不肯援救楚国,楚国大为困窘。

第二年，秦国要割让汉中地区而与楚国讲和。楚怀王说："我不希望得到土地，而要得到张仪才甘心。"张仪听后，就说："用我一人却抵得上汉中之地，我请求到楚国去。"张仪到达楚国，又用丰厚的礼物贿赂楚国的当权大臣靳尚，还在楚怀王的宠姬郑袖面前进行诡辩。楚怀王竟然听信郑袖的话，又释放了张仪。当时，屈原已被疏远，没有任职，那时，他出使齐国，等到回国后，就向楚怀王进谏说："为什么不杀张仪？"楚怀王后悔了，派人追捕张仪，没能追上。

这以后，各诸侯国共同攻打楚国，楚军大败，楚将唐昧被斩杀。

当时，秦昭王已跟楚国结为姻亲，想要和楚怀王会晤。楚怀王打算前往，屈原说："秦国，是虎狼一样凶狠的国家，不可相信，不如不去。"楚怀王的小儿子子兰劝楚怀王前往："为什么要断绝与秦王的友好！"楚怀王终于不听屈原劝告出发了。一进入武关，秦国的伏兵就断绝了楚怀王的退路，于是扣留楚怀王，要求割让土地。楚怀王愤怒，不肯听从，仓皇出逃奔到赵国，赵国不肯接纳他。他又回到秦国，终于死在秦国，然后归葬楚国。

屈原投江

楚怀王的长子顷襄王继位，用他的弟弟子兰担任令尹。楚国人都责怪子兰劝楚怀王到秦国去而不得生还的行为。

屈原痛恨子兰，他虽然被流放，但是仍然眷念楚国，内心牵挂楚怀王，总是不忘记想回到朝廷中，期望国君能够醒悟，认识他的忠心，风俗也能够改变。

他想维护国君，振兴国家，扭转楚国局势，在一篇作品中多次表达这种心志。然而身不在位回天无力，所以不可能重返朝中，并终于由此看出楚怀王不可能觉悟。国君无论愚蠢的、明智的、贤能的、无能的，谁都想寻求忠臣来维护自己，选拔贤才来辅佐自己，然而国破家亡的事却接连发生，而多少年都不曾出现圣明的君王和太平的国家的原因，就在于国君所认为的忠臣并不忠，所认为的贤才并不贤。楚怀王因为分不清忠臣的职分，因此在内被郑袖所迷惑，在外受到张仪的欺骗，疏远屈原，而信任上官大夫、令尹子兰。结果军队受挫、国土被割，丧失了六个郡的土地，自己也终究不能回国而客死在秦国，被天下人耻笑。这是不能识人而带来的祸害。

《易》中说："水井疏浚后没有人饮用，使我很难过，因为这是可以汲用的。君王如果圣明，上下都享受他的幸福。"君王不圣明，哪能得到幸福呢！

令尹子兰听到消息后，大为恼怒，指使上官大夫极力在顷襄王面前说屈原的坏话，顷襄王发怒，把屈原又放逐到很远的地方。

屈原来到江边，披头散发在水边边走边吟。容貌憔悴，形体枯瘦。

一位渔翁看见了就问他说："你不就是三闾大夫吗？怎么到这里来了？"

屈原说："整个世道都是混浊的，唯独我清白，众人都沉醉，唯独我清醒。因此我被放逐了。"

史 记

　　渔翁说:"作为圣人,不拘泥于事物,而能随着世道转移。整个世道都混浊了,你为什么不随世俗的浊流而推波助澜?众人都昏醉了,为什么不也跟着吃佳肴喝醇酒呢?为什么要守身如玉把自己弄得被放逐呢?"

　　屈原说:"我听说,刚洗了头的人必定要弹一弹帽子,刚洗过澡的人在穿衣服前一定会抖一抖衣服,人们又有谁愿意让自己清洁的身体,去接触污秽的东西呢?我宁愿投身长流的江水,而葬身江鱼的腹中,又怎么能让高洁的品行去蒙受世俗的污垢呢!"

　　于是写作了一篇《怀沙》赋。赋辞说:

　　"风和日暖的初夏啊,草木茂盛生长。受伤的心灵长悲哀啊,我疾行来到南方。眼前景色使我眼迷心乱,四周寂静万方。郁闷沉痛结心头啊,犯愁受困日子长。我勉强压抑悲怀啊,蒙冤受屈忍心房。

　　"刻削方木成圆器啊,正常的法度不能废。改易当初的常道啊,将为君子所鄙弃。明于规矩记绳墨啊,前人法度不改易。心地敦厚而稳重啊,这是君子所赞美的。能工巧匠不挥动斧子啊,哪能知道曲直符合规矩?黑色花纹投置于暗处啊,瞎子说它不显见。离娄微闭起眼睛啊,盲人以为他看不清。把白色当成黑色啊,颠倒上方成下底。凤凰关进竹笼里啊,只有野鸡在那里飞。美玉顽石糅杂一起啊,用一个标准来度置。常人卑鄙且妒恨啊,我的志行谁能知。

　　"肩负的任务繁重啊,陷于泥沼无法过去。怀揣珍宝手握美玉啊,身处困境向谁诉?城里狂犬一起叫啊,是因为面临怪异的事物。非议才俊疑豪杰啊,本是庸人丑心态。外表平凡内朴实啊,众人不知我才奇。像木料堆在一旁啊,不知此物何所用。重视仁德传礼仪啊,以恭谨忠厚为富足。虞舜不能再逢遇啊,有谁知我符合道义!自古圣贤难同时啊,谁知其中之缘故?商汤、夏禹已久远啊,遥远渺茫难追慕。平息怨恨和愤激啊,压在内心求自激。遭遇忧患不移志啊,给后人留下榜样。前进道路通北方啊,日光暗淡天将暮。排遣忧愁与悲哀啊,死亡的期限已临近。"

　　结尾:"涛涛的沅水和湘水啊,泛着波浪各流去。漫长道路看不清啊,前途遥远又渺茫。不断悲吟和哀歌啊,永远在那里叹息。世人谁都不知我啊,谁人能与诉衷曲?我怀真情抱实意啊,竟是这样的孤独寂寞。伯乐已经逝世了啊,骏马有谁能相识?人生禀受的命运啊,各有不同的归宿。信心坚定胸怀广啊,我有什么可畏惧?内心积满了无穷的忧伤和悲哀,只好不尽地感慨和叹息,世道混浊没有人了解我,衷肠能对谁去诉。明知死亡不可避免,生命有什么可留记。明确地告诉君子啊,我将永远效仿你。"

　　于是屈原怀抱石头,投入汨罗江自尽了。

　　屈原死去以后,楚国有宋玉、唐勒、景差等人,都爱好文学并以擅长辞赋著称。可是,他们都只是效法屈原委婉含蓄的辞令,毕竟没有屈原的才华和胆识,也没有谁敢直言进谏。此后,楚国一天比一天弱,几十年以后,终于被秦国所灭。

贾生吊祭

自从屈原自沉汨罗江以后的一百多年,汉朝有人贾生,任长沙王的太傅,经过湘江时,写了一篇文章投到水中来悼念屈原。

贾生名谊,是洛阳人。十八岁时,因能诵诗作文而名闻乡里。吴廷尉担任河南郡守时,听说贾谊才学优秀,就召他来安置到自己门下,特别器重他。孝文皇帝刚登位不久,听说河南郡守吴公政绩天下第一,而且又与李斯是同乡,曾经向李斯学习过,就征召他担任廷尉。吴廷尉就向孝文皇帝推荐说贾生年轻,很精通诸子百家的学问。孝文皇帝就征召他为博士。

当时,贾生二十多岁,在同僚中年纪最小。每当皇帝下达诏令让臣子们议论问题,各位老先生都无法回答时,贾生就替他们应对,人人都感到说出了他们所想说的话。各位老先生从此都认为自己的才能比不上他。孝文皇帝也很喜欢他,越级提拔,一年之内就提升到太中大夫。

贾生认为,汉朝从建国到孝文皇帝已二十多年了,天下安定团结,就应当改变历法、变换服饰,制订法令制度、排定官职名称、振兴礼乐。于是起草了各种仪式法度,崇尚黄色,采用五行之说,设定官职名称,全部改变了秦代的旧法。孝文皇帝刚登位不久,认为雷厉风行地改变时机尚不成熟。后来随着各项法令的修改审定,以及列侯都赴任封国,这些主张都是出自贾生的提议。于是天子准备提升贾生担任公卿的职位。绛侯周勃、灌婴、东阳侯张相如、冯敬这一班大臣都嫉妒他,于是诽谤贾生,到处宣扬说:"这个洛阳人,年轻学浅,一心想独揽大权,扰乱各种事情。"于是天子也逐渐疏远他,不采纳他的建议,就派贾生去作长沙王的太傅。

贾谊告辞后就启程去长沙,他听说长沙地方低洼潮湿,自认为寿命不会长久,又因为是受到贬谪而去,很是失意。于是当他渡过湘水时,写了一篇赋来吊祭屈原。这篇赋说:

"承受皇帝的恩惠啊,我将到长沙待罪。我以前听说屈原啊,他自沉于汨罗江。我前来湘水边啊,恭敬地吊唁先生。他遭逢乱世无道啊,就只好自己结束生命。呜呼哀哉,恰逢不幸的时光!鸾鸟凤凰都潜伏啊,只有恶禽在飞翔。平庸之辈享富贵啊,谄媚的人已得志。圣贤不能走顺路啊,耿正刚直居下方。世人都说伯夷贪啊,盗跖反被称清廉;莫邪宝剑变钝铁啊,普通铅刀成利刃。哎呀,你默默无闻啊,却无故招来灾难!抛弃周朝的宝鼎啊,却珍视那大瓦罐;乘驾疲病的老牛啊,用跛脚驴来拉车;骏马垂着两耳朵啊,去拉盐车。华贵礼帽当鞋垫啊,浸渍以后不耐用;堪叹先生真悲苦啊,独自遭受这祸殃!"

结尾:"算了吧!国人没人能了解我,独自抑郁与谁叙?凤凰高飞远逝,本当自引而远去。要效法深渊里的神龙啊,潜藏深水来自珍。韬光晦迹而隐居啊,难道与蚂蚁蚯蚓成一队?圣人品德诚可贵啊,远离浊世自珍藏。倘若良马可羁绊啊,它与犬羊有什么不同?乱纷纷时遭祸殃啊,你自己也有过错。可从九州择君而事啊,何必眷恋这都城?凤凰飞翔达千仞啊,见有德之君才去归附。见奸细阴谋之征兆啊,展翅奋飞而远渡。那平常的污水沟啊,怎容得吞舟之鱼!搁浅江湖的鳣鲔啊,必将受制于蚁群。"

赋诗自慰

贾生担任长沙王太傅的第三年,有一只鸮鸟飞进贾生的屋内,停在座位旁边。楚地人把鸮鸟称作"鵩"。贾生既被贬谪长沙,长沙低洼潮湿,自认为寿命不会长久,为此而伤心哀痛,就写了一篇赋来自我宽慰。那赋说:

"单阏年(即汉文帝七年)四月初夏的时候,庚子这天日斜时分,鵩鸟飞进我房屋,停在座位边上,样子很闲适自如。怪鸟突然来栖息,心疑其中有缘故,打开卦书来占卜,策辞说出吉凶定数。说是'野鸟飞入屋,主人将离去'。于是我请问鵩鸟:'搬出以后我将去何处?是吉就要告诉我,是凶也要告我知。灾祸迟速究竟何如,请把这期限告诉我。'鵩鸟听罢就叹息,抬起头来展开翅。它的嘴巴不会说,只好用心中之意来对应。

"万物变化,从来就未曾静止。流转斡旋而变迁,向前时推移或回返。形体精神相转续,有如蝉虫蜕皮。这道理深远无穷,言语无法说诸!灾祸傍依着福,幸福隐藏着祸;忧愁喜悦聚于一体,吉祥凶恶同在一处。那吴国虽然强大,夫差却失败了。越国被困在会稽,勾践最终却成霸主。李斯游秦得以成功,最终却被五刑罚处。傅说原是刑徒,却成了武丁宰相。祸患福祉,就像绳索相纠缠。天命不同解说,谁知终极在何处?水流受激则加速,弓箭受激射程远。万物反复相撞击,相互矛盾而运转。云上升而雨下降,变化错综纷乱。自然造化生万物,范围广阔无边。天命不可思议,天道深奥难测。寿命长短由天定,怎能预知死期?

"天地是个大熔炉,造化之神是铸工。阴阳二气是炭,万物是被铸的铜。事物的聚散生灭,哪有一定的常规?总是千变万化,未曾有始终。偶然间形成了人,有什么值得珍重;死后化成了另物,有什么值得哀痛!浅薄的人太自私,轻视别人重自己。豁达的人心胸广阔,万物皆能包容。贪财的人为财死,节烈之士为名死。矜夸的人为权死,普通的人却贪生。人困于名利贫贱,难免终日东奔西走。清高的人很超脱,万物变化都能视为等同。愚人被世俗牵绊,处境和囚犯无异。至德者遗弃物累,独与大道相依附。庸人迷惑自扰,内心积满好恶。真人淡泊无为,独与天地共存。舍智虑而弃形骸,超然物外而不自顾;在那空阔恍惚的境界里,自由自在的翱翔。顺着流水前进,遇到沙洲就要停。把身体托付给命运,别把身躯当私有之物。活着就像寄托在尘世,死去就好比全休息;淡泊像宁静的深渊,浮游似不系之舟。不因活着而自贵,培养灵性如浮舟。有德者胸无牵挂,听凭天命而没有忧愁。本来就小事一桩,怎值得挂碍在心头!"

一年多以后,贾生被召回朝廷见皇帝。孝文帝正在虔诚地拜受神灵降福,就坐在宣室里接见贾生。孝文帝因有感于鬼神之事,就向贾生询问鬼神的原本。贾生便详细说明鬼神的情状。一直谈到半夜,孝文帝移动坐席向前询问。谈完之后,文帝说:"我很久没见贾生了,自以为超过了他,现在看来还是比不上他。"过了不久,任命贾生为梁怀王的太傅。梁怀王是文帝的小儿子,很受宠爱,且爱好读书,所以叫贾生作他的太傅。

吕不韦列传第二十五

奇货可居

吕不韦是阳翟的大商人。他常在各地往来,低价买进,高价卖出,累积了上千金家产。后来,他竟将这些家产全押在一位太子子楚身上。

秦昭王四十年,太子死了。到昭王四十二年,把他的第二个儿子安国君立为太子。安国君有儿子二十多人。安国君将他的一位宠姬立为正夫人,号为华阳夫人。华阳夫人没有儿子。安国君有个排行在中间的儿子名叫子楚,子楚的母亲叫夏姬,不受宠爱。子楚被派到赵国替秦国做人质。秦国多次攻打赵国,赵国也不很礼待子楚。

子楚在秦国是地位卑贱的孙子,在诸侯国做人质,车辆等日常的费用并不宽裕,生活困窘,很不得意。

吕不韦在邯郸经商,看到了子楚而可怜他,暗自地说"子楚是可以囤积的奇货"。于是就去见子楚,向他游说:"我能光大你的地位。"

子楚笑着说:"你暂且先光大自己的门第,然后再来光大我的地位!"

吕不韦说:"你不知道吧,我的门第要等你的门第光大之后才能光大起来。"

子楚明白吕不韦所说的意思,就领吕不韦与他一起坐下,深入交谈。

吕不韦说:"秦王年纪老了,安国君被立为太子。我私下听说安国君宠爱华阳夫人,华阳夫人没有儿子,能够选立接班人的,只有华阳夫人。现在你们兄弟有二十多人,你又排在中间,不很受宠,又长久地在诸侯国作人质。如果大王死后,安国君立为王,那么你根本没有机会和长子或其他早晚在大王跟前的兄弟竞争当太子。"子楚说:"是这样,那该怎么办呢?"

吕不韦说:"你贫穷,又客居在这里,没有什么钱可以奉献给亲戚和结交宾客。我吕不韦虽然不富,但愿意拿出千金替你到西边去游说,去服侍安国君和华阳夫人,让他们立你为嫡系继承人。"

子楚于是叩头说:"如果你的计策成功了,愿意分封秦国的土地与你共同享有它。"

吕不韦就拿五百金送给子楚,作为日常的生活费用和结交宾客所需;又拿出五百金去购买奇珍异宝,自己带上这些东西往西游历秦国,去求见华阳夫人的姐姐,并把带来的东西全部献给华阳夫人。吕不韦趁机说子楚如何贤能聪明,结交的诸侯宾客遍布天下,并常常说"我子楚是把夫人看成像天一样,日夜流泪思念太子和夫人"。华阳夫人十分高兴。

吕不韦于是请华阳夫人的姐姐劝说华阳夫人说:"我听说过,凭美色来侍奉人的人,一旦容颜衰老,宠爱也就会松弛。现在夫人你侍奉太子,很受宠爱,但自己却没有儿子,不如在这个时候早早在众多儿子中结交有才能又孝顺的人,推举他立为嫡嗣并认做自己的儿子,这样,丈夫在的时候就更受到尊重,即便丈夫去世以后,所认的儿子继位为王,终究不会失去权势,这就是所谓一句话就能换来万代的利益。不在繁华时树立根本,那么当美色衰退,宠爱失去之后,即使想再进一言,还有可能吗?现在子楚贤能,而且自己知道排行在中间,依次不得立为嫡系继承人,他的母亲又得不到宠幸,因此自己依附于夫人。夫人如果确实能在这个时候举拔他作为嫡系继承人,那么夫人终生都能在秦国得到权势和恩宠了。"

华阳夫人认为很对,就在奉承太子的时候,慢慢地提到在赵国作人质的子楚特别贤能,来往的人都称赞他。接着又流着泪说:"妾有幸得以充列后宫,却不幸没有儿子,希望能把子楚立为嫡系继承人,使我有个终身倚托的人。"安国君答应了她,就给华阳夫人刻写玉符作为凭信,约定立子楚为嫡系继承人。安国君和华阳夫人又送了很多东西给子楚,并且请吕不韦来辅佐他。因此,子楚的名声在诸侯间更加响亮。

号称"仲父"

吕不韦娶了邯郸女子中最漂亮而擅长歌舞的人,与她同居,知道她有了身孕。子楚跟吕不韦饮酒,看到那个女子后很喜欢她,因此站起来向吕不韦敬酒,请求得到她。吕不韦很愤怒,但转而想到已经为子楚破费了很多家财,自己的目的是想要钓取奇货,于是就献出了自己的姬妾。姬妾自己隐瞒已经怀有身孕的事,到生产时,生了个儿子名叫政。子楚于是立该女子为夫人。

秦昭王五十年,派王齮围攻邯郸,情况十分危急,赵国想要杀子楚。子楚跟吕不韦谋划,送了六百斤黄金贿赂看守的官吏,得以逃脱,逃到秦军的营地,于是才顺利回到了秦国。赵国想要杀死子楚的妻子和儿子,因子楚的夫人是赵国富豪家的女儿,得以藏身,因此母子竟然得以活命。秦昭王在位五十六年去世,太子安国君立为秦王,华阳夫人为王后,子楚立为太子。赵国也护送子楚的夫人和儿子政回到秦国。

秦王即位一年,去世,谥号为孝文王。太子子楚继位,这就是庄襄王。庄襄王所认的母亲华阳后就成为华阳太后,生母夏姬被尊为夏太后。庄襄王元年,任用吕不韦作丞相,并封为文信侯,将河南洛阳十万户作他的封地。

庄襄王即位三年就死了,太子政立为秦王,尊吕不韦为相国,号称他为"仲父"。秦王年纪很小,太后经常与吕不韦私通。吕不韦的僮仆多达万人。

正当这个时候,魏国有信陵君,楚国有春申君,赵国有平原君,齐国有孟尝君。

他们都礼贤下士,喜欢招徕宾客,并借此互相倾轧。吕不韦认为秦国这样强大,在这方面却不如他们,因而感到羞愧,也招来许多有才之人,厚待他们,招来的食客有三千人。这时候,诸侯中有很多辩才,如荀卿一班人,他们所著的书遍布天下。吕不韦也想著书,就要他的门下食客人人都记下自己的所见所闻,汇集编排成八览、六论、十二纪,一共有二十多万字,认为这些包罗了天地万物和古今的事情,书名叫《吕氏春秋》。把它刊布在咸阳都市的城门上,并在上面悬挂千金,邀请各诸侯国的游士宾客,说若有能增加或减少书上一个字的人,就奖给他千金。

刺客列传第二十六

专诸刺王僚

　　春秋时,吴王姬僚利用楚国国丧,对楚国发动进攻。但吴王姬僚的这种做法,却给国内的一位野心家提供了机会。他就是吴王姬僚的兄弟姬光。姬光认为自己该当吴王,如果全力攻楚,必然造成国内空虚,为自己夺取政权创造机遇。于是他竭力支持吴王姬僚出兵楚国。当他得知前线紧张,便极力促使吴王姬僚全力救援,并力荐吴王的儿子庆忌率兵前往。因为庆忌身材高大、武艺高强是众所周知的,如果留在国内会对姬光夺权形成很大障碍。要是庆忌上了吴楚战场,就使吴王姬僚彻底成了孤家寡人,夺权就胜利在望。

　　吴王姬僚求胜心切,完全顾忌不到后院的安危,或者根本就没有想到后院存在什么危机,反正结果是派了庆忌率重兵赶赴吴楚战场,参与尘沙飞扬的厮杀。

　　机不可失,时不再来。姬光立刻召来杀手专诸,进行密谋。

　　吴王姬僚有一个爱好,那就是特别爱吃鱼。姬光就以此为突破口,专门去请其来家作客、吃鱼。

　　姬光对吴王姬僚说:"我请了一位太湖名厨,特别擅长烹调鱼类,做出来的鱼据说是太湖一绝。今天专程来请陛下屈驾到舍下品尝。"

　　姬光走后,吴王姬僚想到国内兵力空虚,特别是姬光在王位继承权上具有的特别身份,不禁多了一个心眼,首先下令亲兵将从王宫到姬光家的道路严密把守起来,禁止一切闲杂人员进入,以防不测,然后,在身上套了三层柔软、舒适但坚韧无比的猰㺄之甲,这才神情泰然地乘车前往赴宴。

　　姬光自然明白,要想杀掉吴王姬僚,绝不是一件轻而易举的事,他与伍子胥合谋制订了严密的计划。姬光先在举行宴会的屋子下面的地下室里安排了精心挑选的兵力,以确保能够控制屋内局势。同时由伍子胥聚集了平时收罗的几百名亡命效忠之徒在城外接应,用以发生意外时及时补救。

　　吴王姬僚按时驾到。

　　宴会的气氛是热烈的。随着叮叮当当的碰杯声和吵吵嚷嚷的祝酒声,兄弟间的情谊似乎更是浓郁无比,令人羡慕。

宴会的实质是残酷的。在王权至上的氛围内,权合则血溶情连,权分则血分情断,其情其景令人心寒。

当酒宴进行到最热烈之际,姬光趁着吴王姬僚酒酣耳然,已有几分酒意之时,推托脚病复发,离席而去。

专诸看见姬光离席,知时机已到,立刻端着一盘热气腾腾的大鱼走入宴会厅。

吴王姬僚闻到飘来的鱼香,不禁连声称赞:"好鱼,好鱼!"一边摇摇晃晃地站起来,想看清那盘里的鱼形如何,中国人吃菜讲究"色香味"俱全,首先要菜形可观,让人产生一种食欲;然后香味扑鼻,让人垂涎三尺,非尝之而后罢;最后才是味道可口,让人食时不止,食罢常思。现在香味早至,其形不可不观,少了这食客三部曲,怎么算是一美食家?

吴王姬僚刚刚站起身,还没有看清盘里鱼的形态,却看见一只手突然从鱼腹抽出一把明晃晃的匕首向自己刺来。吴王姬僚本能地向后闪身,但已经晚了。

专诸使足了力气,一下子刺穿了吴王姬僚身穿的三层狻猊之甲,深深地将匕首插入吴王姬僚的胸膛,深到几乎连匕首的手柄都插进去了。

看着吴王姬僚痛苦地扭曲着身子倒地地上,专诸那颗高悬的心才算放回到肚子里,长长地松了一口气。但这口气还未出完,就感觉到背上一阵疼痛,随之也倒在地板上,倒在吴王姬僚的身边,与之相伴而去。

吴王姬僚的卫士们直到此时才明白发生了什么事情,一拥而上,刀剑齐发,专诸顷刻间变成一段段血肉模糊的东西。但这又有什么用呢?!

姬光的亲信士兵和伍子胥带来的士兵合在一起,迅速歼灭了吴王姬僚的卫队。其实,姬僚的卫队还用得着歼灭吗?大树都倒了,猢狲还会呆守树根吗?自然是另投森林谋生存了。

姬光擦了擦还滴着兄弟血的剑,宣布继位为王,这就是吴王阖闾。

豫让报智伯

豫让是晋国人,原先曾经侍奉过范氏和中行氏,没有什么声名。后来他去侍奉智伯,智伯很尊重宠信他。等到智伯攻伐赵襄子,赵襄子与韩(康子)、魏(桓子)合谋消灭了智伯,瓜分了他的土地。

赵襄子最恨智伯,把他的头骨涂上油漆,作为饮酒的大酒盅。豫让逃到山中,自叹道:"唉!英雄应该为了解自己的人献出生命,美女应该为爱慕自己的人修饰容貌。智伯是我的知己,我一定要为他报仇而死,以报答他,那么我就是死了也无遗恨了。"于是改变姓名,装成被判罪刑当苦役的人,潜入赵襄子的宫中修整厕所,衣内暗藏着匕首,准备刺杀赵襄子。

襄子上厕所,心中一惊,便执问粉刷厕所墙壁的人,才知道是豫让,搜索衣内,见夹带着凶器,豫让说:"要给智伯报仇!"跟随的人要杀掉他。

襄子说:"他是深明大义的人,我注意回避就是了。况且智伯身死没后代,他的家臣要为他报仇,这是天下的贤人呢!"结果把他释放了。

过了不多时间,豫让又全身涂漆,使皮肤长满癞疮,吞炭使嗓子变得沙哑,弄得面目全非,在街上讨饭。他妻子不认识他。朋友遇见了,还认得出,因问道:"你不是豫让吗?"

豫让回答道:"我是啊!"

朋友为他的行动感动得流泪说道:"以您的才能,委身去侍奉赵襄子,襄子一定接近、宠信您。那时,您要干您想干的事,不是更容易吗?何苦摧残自己的身体,丑化自己的形象,用这样的办法来达到报复襄子的目的,不是更困难吗?"

豫让说:"既然委身服侍别人,又想杀他,这是怀着二心服侍他的君主啊。我知道我这样做是最艰难的,其所以这样做,是为了使天下后世怀着二心去服侍君主的人感到羞愧。"

豫让说完就走了,过不多久,襄子要外出了,豫让潜伏在他将要经过的桥下,襄子来到桥上,马忽然受惊,襄子说:"一定是豫让在这里。"使人查问,果然是豫让。

这时襄子责问豫让道:"您过去不也服事过范氏、中行氏吗?智伯都把他们消灭了,而您不为他们报仇,反而委身作智伯的臣子。现在智伯也死了,您为什么单单要这样深切地为他报仇呢?"

豫让说:"我服事范氏、中行氏,他们只把我当一般人看待,所以我只像一般人那样报答他们。至于智伯,他把我当一国之中最杰出的人士看待,所以我也要像一个杰出的人物那样来报答他。"

襄子感慨叹息而流泪说:"唉呀豫先生!您为智伯报仇也成名了,而我宽赦您也足够了。您应当自己作个安排,我不再释放您了!"于是命令士兵围住他。

豫让说:"我听说贤明的君主不埋没别人的美名,而忠臣自有为名节而死的义务。前次君王宽恕了我,天下没有人不称道君王的贤明,今天的事势,我应当伏法受诛,但我希望得到您的衣服砍它几下,这样才算表达了我报仇的心愿,就是死也无遗恨了。这当然不是我所敢指望的,只是冒昧地披露我的衷心。"

当时襄子十分赞赏他的义气,便让使者拿衣服递给豫让,豫让拔剑跳起来砍它,说道:"我可以报答智伯于地下了!"于是用剑自杀。

豫让死的那天,赵国的有志之士听到这消息,都为他哭泣。

聂政为知己者死

聂政,是轵邑深井里人,因为杀了人,就与母亲和姐姐一起逃亡到齐国以躲避仇人,以屠宰牲畜为业。

过了很久,濮阳严仲子侍奉韩哀侯,与韩国宰相侠累有怨仇,遭到了侠累的无理迫害,严仲子害怕被杀就逃跑了。他周游列国,想物色一个能够为他向侠累报仇的人。当他到了齐国,齐国有人告诉他聂政是个勇士,为避仇而隐姓埋名在屠夫之中。

严仲子听到这个情况，就到聂政家登门拜访，来回往返几次，然后他备好酒食，亲自奉送到聂政的母亲跟前。等大家喝得酣畅的时候，严仲子捧出黄金百镒。上前献给聂政的母亲，为她祝寿。聂政对他如此厚赠感到很奇怪，坚决谢绝了严仲子。

严仲子执意进献，聂政便婉言推辞说："我幸有老母健在，家境贫寒，客游他乡，以屠狗为业，早晚也可买些甜脆的食物孝敬老母，实在不敢再接受仲子的厚赠。"

严仲子避开别人，对聂政说："我有仇要报，为此我周游列国已有多年，这次来到齐国，私下听说足下行侠仗义，所以送上百镒黄金，作为你老母的粗饭开支，以此来与足下交朋友，哪敢因此而有其它的奢望！"

聂政说："我所以要降志辱身，与屠夫为伍，只是为了借此来奉养我的老母。只要老母还在人世，我就不敢答应别人牺牲生命。"

严仲子再三谦让，聂政终究不肯接受。严仲子在尽了宾主之礼之后，才离开聂政家。

严仲子可谓善于知人了，替聂政的母亲祝寿，这是"曲线救国"，比对聂政本人的尊重要有效十倍，因而，聂政的自尊心和虚荣心得到了极大的满足。只要聂政还是一个"行侠仗义"的人，怎能不图报答呢？再看聂政在母亲死后的表现。

又过了很久，聂政的母亲死了。安葬完毕，除去丧服，聂政自言自语道："哎！我聂政不过是个市井小民，只是操刀屠狗而已。而严仲子却是诸侯国的卿相，竟不远千里，屈驾而来与我交朋友。我用来对待他的，真是太不相当，没有什么大功可以当得起他如此的尊敬和礼遇。严仲子送百金敬我母亲，我虽未接受，但他这样做实在是我的知己。像他这样一个贤者，因为愤恨仇人，而特地亲近信赖一个处在穷僻之地的人，我怎能默默地就算了呢？况且以前他求我而我不答应，只因为有老母在；现在老母去世了，我应当为知遇自己的人出力。"

原来，聂政以前不敢答应严仲子的请求，是因为他有老母在堂，如果替严仲子复仇，就无法服侍老母，这是不孝，所以，当初聂政没接受仲子的馈赠。由此看来，这样的人是图名而不图利的。

那么，在聂政的母亲去世以后呢？聂政就要寻严仲子，以报知遇之恩了。

于是，聂政西行到濮阳，进见严仲子说："前次我没有答应你的请求，只是因为家有老母。如今老母不幸离世，请问你要报复的仇人是谁呢？把此事交给我去办理吧！"

严仲子于是详细地告诉他说："我的仇人是韩相侠累，侠累是韩王的叔叔，他的家族人多势众，居所防备森严，我屡次派人刺杀他，均未成功。如今蒙足下不弃，希望多派些车骑壮士为你充当助手。"

聂政说："韩、卫二国相距不远，现在要刺杀人家的宰相，这位宰相又是王亲国戚，去的人不宜太多，人多难免会出岔子，出了岔子就会走漏风声，一旦走漏风声，全部的韩国人都会与你为敌，这岂不是很危险么！"

于是，聂政谢绝增派助手，辞别严仲子，独身前往。

聂政替严仲子考虑得可谓周密了，这种图报知己的做法，实在令人感动，而更令人感动的，还是他在行刺成功以后的做法。

聂政手持利剑直奔韩国。韩国宰相侠累被刺死，左右大乱。聂政大吼着杀死几十个人，然后自己便剥掉面皮，挖出眼睛，掏出肚肠，倒地而死。

韩国的人将聂政的尸体陈放在街市上，出钱查询，竟无人知晓。于是韩国人就贴出告示悬赏，有谁能说刺杀宰相侠累的凶手是谁，就赏给他千金。但是，过了很久，仍然无人知道凶手身份。

聂政自知深入侠累的卫士之中刺杀侠累而无法逃生，所以先不带卫士，后毁容颜，其目的就在于既不连累严仲子，又不连累家里的人，可谓是义、孝两全了。但聂政的姐姐也同聂政一样，是一位非凡的女性。

聂政的姐姐聂莹，听说有人刺杀韩国宰相，凶手身份不明，韩国无人知道，正暴尸于市，悬赏指认，就呜咽着说道："这恐怕是我弟弟吧？唉，严仲子就这样来知遇我的弟弟！"立即动身前往韩国。来到街市上，看到死者果然是聂政。就伏尸痛哭，非常哀伤地说道："这就是轵邑深井里人们所说的聂政啊！"

市上来往的行人都说："这个人残杀了我国的宰相，国王正悬赏千金查询他的身份，夫人难道没有听说吗？为什么必来相认呢？"

聂莹回答他们说："我听到了。我弟弟聂政当初之所以忍辱含垢，置身于市贩之中，是因老母健在，我还没有嫁人。如今老母已寿终，我已嫁夫，严仲子知遇我弟于困辱之中，结为至交，对我们恩重如山。可又有什么办法呢？士为知己者死啊！因为我还活在人世，所以我弟弟聂政自毁面目，使人无法辨认，这为的是怕连累我啊！我怎能够因为害怕杀身之祸而埋没了我弟弟的英名呢？"

韩国市人大为震惊。于是，聂莹连呼三声："天啊！"终因极度悲哀而死在聂政的身旁。

晋、楚、齐、卫诸国的人听到这件事，都感慨地说："不仅聂政了不起，就连他的姐姐也是位节烈的女子啊！假使聂政知道他姐姐不会忍气吞声，不怕暴尸的危难，一定要奔走千里险路，来显扬他的名字，甘愿死于韩国街市的话，他也未必敢对严仲子以身相许了。严仲子也可以说是知人善任，竟能得到这样的义士！"

荆轲刺秦王

荆轲是卫国人。他的祖先是齐国人，后来迁移到卫国，卫国人称他为庆卿。到燕国后，燕国人称他为荆卿。

荆卿喜欢读书和击剑，曾经以剑术游说卫元君，卫元君没有任用他。后来秦国攻打魏国，设置了东郡，把卫元君和他的旁支亲属迁徙到野王。

荆轲曾经游历经过榆次，与盖聂谈论剑术，盖聂对他怒目而视。荆轲出去后，有人劝说盖聂再把荆轲叫回来。盖聂说："前不久我跟他谈论剑术，他的意见有不足称道之处,我瞪了他一眼;试着去看看,在这种情况下,他应当走开,不敢逗留的了。"派了一个人去荆轲的房东处寻找,而荆轲已经驾车离开榆次了。使者回报,盖聂说:"我知道他一定走了,我前次瞪眼整治了他!"

荆轲去邯郸旅游,鲁勾践跟荆轲博戏,争执博局上的通路,鲁勾践发火叱骂了他,荆轲一声不响地溜走了,因而以后再也没有看见过。

荆轲来到燕国后,喜欢和一个杀狗的屠夫和擅长击筑的人高渐离交往。荆轲爱喝酒,每天跟屠夫和高渐离在燕市喝酒,喝到半醉以后,高渐离击筑,荆轲在街市上和着拍节唱歌,一道娱乐,过一阵子又一道哭起来,好像旁边没有人似的。荆轲虽然与酒徒们混在一起,但是他为人却深沉稳重,爱好读书,他游历各国,都是跟当地的知名人士结交。他到燕国后,燕国的隐士田光先生也很友好地接待他,知道他不是一个平庸的人。

过了不多时间,恰逢燕太子姬丹在秦国作人质逃回燕国。燕太子这个人,过去曾在赵国作人质,秦王嬴政出生在赵国,他少年时与姬丹要好。等到嬴政登位作了秦王,而姬丹又在秦国作人质,秦王对待燕太子姬丹不客气,所以姬丹怨恨而逃回来。回国后想方设法报复秦王,然而燕国弱小,力不从心。

以后秦国逐渐出兵攻打齐国、楚国和三晋,逐步蚕食各国,眼看轮到燕国了,燕国君臣都害怕灾祸临头。

太子姬丹对此深感忧虑,便向他的老师鞠武问计。

鞠武回答说:"秦国的土地遍天下,威胁到韩国、魏国、赵国,北面有甘泉、谷口那样险要的地形,南面有泾河、渭河流域那样肥沃的土地,拥有巴郡、汉中郡那样富饶的地区,右边有陇山、蜀山那样的高山峻岭,左边有函谷关、崤山那样的天然屏障,人民众多,士兵振奋,武备充裕,如意图向外扩张,那么长城以南、易水以北都无法保全。您怎么因为被欺侮的怨恨,而想要去触龙颈下的逆鳞呢!"姬丹说:"那么我们怎么办呢?"

鞠武回答说:"让我仔细想想。"

又过了不久,秦将樊于期得罪了秦王,逃亡到燕国,太子接纳了他,并让他住下来。

鞠武劝谏太子道:"不行。秦王本来就很凶暴,对燕国又有积怨,已经够可怕的了,又何况听到樊将军留在这里呢?这叫做'把肉抛在饿虎出入的路口',灾祸是无法解救的了,即使管仲、晏婴,也不能为您出谋解救了。希望太子急速遣送樊将军到匈奴去,以消灭秦国的借口。建议您西面交结三晋,南面联合齐国、楚国,北面与单于交好,以后才可想办法对付秦国。"

太子说:"太傅的计划,延搁时间太久,我心里忧闷烦乱,恐怕连片刻也等不及了。不仅如此,樊将军在穷途末路的时候来投奔我,我到底不能因为屈服强暴的秦国就抛弃所哀怜的朋友,把他放到匈奴去。希望太傅另想办法。"

鞠武说:"您采取危险的行为却想得到安全,制造祸患却祈求幸福,计谋短浅而结怨又深,为了结交一个新来的朋友而不顾国家的大害,这就是所谓'积蓄仇恨而助长灾祸'了。拿一片鸿毛放在燃烧正旺的炉火上,当然一下子就完蛋了。再说像雕鸷一样凶猛的秦国,一旦要对燕国发泄它仇恨凶暴的怒气,那还用得着说吗!燕国有一位田光先生,他为人智谋深远,勇敢沉着,可以跟他商量。"

太子说:"希望通过太傅而能够跟田先生结识,行吗?"

鞠武:"遵命。"鞠武便出去会见田先生,说"太子希望跟先生商议国事"。

田光说:"谨领教。"就去拜访太子。

太子上前迎接,慢慢后退着给田光带路,跪下来掸拂地上的坐垫。田光坐定,左右没有一个人,太子离开坐席请求道:"燕国和秦国不能两立,希望先生多多注意。"

田光说:"我听说骏马强壮的时候,一天驰骋千里;等到它衰老了,劣马也会跑在它的前面。现在太子听到我强壮时的作为,不知道我的精力已经衰竭。虽说这样,我没有胆量图谋国事,所幸我的好朋友荆卿可以差遣。"

太子说:"希望通过先生能够跟荆卿结交,行吗?"

田光说:"遵命。"于是立即起身,快步走出。

太子送出门口,郑重嘱咐道:"我所陈述的,先生所说的,是国家的大事,希望先生不要泄露啊!"

田光笑着说:"是。"田光曲背弯腰,慢慢走着去见荆卿,说道:"我和您要好,燕国没人不知道。现在太子听说我强壮时的作为,不知道我身体已经不行了,他告诉我说:'燕国和秦国不能两立,希望先生注意。'我私下不敢把自己当外人,已经把您介绍给太子了,希望您拜访太子于宫中。"

荆轲说:"谨领教。"

田光说:"我听说过,年长有道的人行事,不让别人怀疑他。今太子告诫我说:'我们所说的,是国家的大事,希望先生不要泄露',这说明太子怀疑我,一个人的行为如果让别人怀疑他,就不是有节操、有骨气的表现。"

他想要用自杀来激励荆卿,说道:"希望您即刻去见太子,就说我已经死了,以表明不会泄露了。"于是割颈自杀而死。

荆轲便去会见太子,说田光已死,转达了田光的话。太子拜了两拜,跪着前进,痛哭流涕,过了一会,然后说道:"我之所以告诫田光先生不要泄露,是想保证大事的完成。现在田先生用死来表明不泄露,这哪里是我的本意啊!"

荆轲坐下来,太子离开坐席磕头说:"田先生不知道我的不贤,使我能够到您的面前,冒昧地有所陈述,这是老天哀怜燕国,不抛弃他的孤儿啊!如今秦王贪得无厌,欲望难弥。他不吞尽天下的土地,降服各国的君王,他的野心是不会满足的。现在秦军已经俘虏韩王,全部占领了他的土地。又兴兵向南攻打楚国,向北进逼赵国——王翦率领几十万军队到达漳河、邺城,李信又从太原、云中两郡出兵。赵国抵抗不住秦军,一定向秦国投降称臣,赵国一投降,那么灾祸就会降临到燕国。燕国弱小,多次被战争拖累,现在估计,就是动员全国的兵力,也不够用来抵挡秦军。各国畏服秦国,不敢联合起来反抗。依我个人愚笨的想法,如果能够找到天下的勇

史　记

士,派遣到秦国,用重利诱惑秦王,秦王贪利,出现那种形势,一定可以达到我们的目的。果真能胁迫秦王,使他全部归还各国被侵占的土地,像曹沫胁迫齐桓公那样,那就太好了;如果不行,就乘机刺死他。秦国的大将统兵在外,而内部出了乱子,那么君臣互相猜疑。趁此机会,各国得以联合起来,就一定能够打败秦国。这是我最高的愿望,但不知把这个使命委托给谁好,希望荆卿留心这件事。"

过了一会儿,荆轲说:"这是国家的大事,我才能低下,恐怕不能胜任。"

太子上前磕头,坚决请求他不要推让,然后荆轲才答应了。

于是太子尊荆卿为上卿,住上等的公馆。太子每天去问候,供给牛羊猪全套,不时进献珍贵的东西,车马美女尽量满足荆轲的欲望,以博得他的欢心。

过了很久,荆轲还没有动身的表示,秦将王翦攻破赵国国都,俘虏了赵王,全部占领了赵国的土地,又向北进兵扩大侵略地盘,到达燕国的南部边境。

太子很恐惧,便请求荆轲道:"秦兵早晚就要渡过易水了,那么我虽然想要长久地奉陪您,还能办到么!"

荆轲说:"这话太子不说,我也要向您请求行动了。现在去秦国,如果没有足以使秦王相信我们的东西,那秦王是不能亲近的。樊将军,秦王悬赏黄金千斤、封邑万户来购买他的脑袋。如果能得到樊将军的脑袋和燕国最肥美的地方督亢的地图,进献秦王,秦王一定会高兴地接见我,才能够有所收获来回报。"

太子说:"樊将军在穷困中来投奔我,我不忍心为自己的私利而伤害他老人家的心意,希望您另想别的办法吧!"

荆轲知道太子不忍心,于是就私下去会见樊于期说:"秦国对待将军也可以说是非常刻毒了,父母和家族都被杀死或没收为官奴。现在又听说要用黄金千斤和万户封邑来购买将军的脑袋,您打算怎么办呢?"

樊于期抬头向天叹息流泪说:"我每每想到这些,常常痛入骨髓,只是想不出办法罢了!"

荆轲说:"我今天有一句话可以解除燕国的祸患,洗雪将军的仇恨,怎么样?"

樊于期走向荆轲说:"该怎么办?"

荆轲说:"希望得到将军的脑袋去献给秦王,秦王一定高兴地接见我。我左手拉住他的衣袖,右手用匕首直刺他的胸膛,那么将军的仇恨可以洗雪,而燕国被欺凌的耻辱也可以涤除啦!将军可想到了吗?"

樊于期捋一边衣袖,露出肩膀,用一只手紧捏住另一只手腕,走近荆轲说:"这是我日日夜夜切齿碎心的恨事,如今才得听到您的指教。"接着便自刎而亡。

太子听到这消息,飞快驾车前往,伏尸痛哭,十分悲哀。然而人已经死了,也没有办法了。于是就将樊于期的脑袋装入匣子中密封起来。

当时太子预先访求天下最锋利的匕首,找到了赵国人徐夫人的匕首,买取它就花了百镒黄金,让工匠用毒药水淬它,用来试验杀人,只要渗出一丝儿血,受试的人没有不立即死亡的。于是准备行装安排荆轲出发,燕国有个勇士名叫秦舞阳,十三岁就敢杀人,人家不敢用反抗的目光看他。太子便派秦舞阳作荆轲的助手。

荆轲等待另外约好的一个朋友,想同他一道去;那个人住得很远,还没有来,而荆轲已为那人准备好了行装。过了不久,荆轲还没有出发,太子认为他拖延了时间,怀疑他反悔,便再次促请荆轲说:"时间不多了,荆卿有犹疑吗?请允许我先派遣秦舞阳。"

荆轲火了,斥责太子道:"您怎么这样派遣?只顾一去而不顾完成使命回来,那是傻小子也能办到的!况且提一把匕首到无法预测的强暴的秦国去,我之所以暂留的原因是等待我的朋友一同去。现在太子嫌我迟缓,那就请告辞诀别啦!"便出发了。

太子和知道这件事的宾客,都穿着白衣戴着白帽去送他。到易水边上,祭了路神,然后上路。高渐离击筑,荆轲和着节拍唱歌,发出"变徵"的音调,人们都流泪哭泣。又一边前进一边唱道:"风萧萧兮易水寒。壮士一去兮不复还!"复又发出慷慨激昂的歌声,人们都怒目圆睁,头发直立冲冠。于是荆轲上车离去,终于连头也不回一个劲儿走了。

一到秦国,荆轲拿着价值千金的礼物送给秦王宠爱的臣子——中庶子蒙嘉。蒙嘉预先向秦王介绍道:"燕王实在畏惧大王的威严,不敢出兵抗拒大王派遣的将士,愿意全国上下都隶属于秦国作臣子,排在各诸侯国的行列里,像郡县一样交纳贡物和赋税,只要能够保住先王的祠庙。他因恐惧不敢亲自来陈述,特此砍下了樊于期的脑袋,并献上燕国督亢的地图,用匣子密封,燕王在朝廷上举行了送行仪式,派使者把这些情况报知大王,请大王指示。"

秦王听了此事,大为高兴,便穿了上朝的礼服,安排了九位礼宾司仪最隆重的仪式,在咸阳宫接见燕国使者。荆轲捧着樊於期的脑袋匣子,秦舞阳捧着地图匣子,按次序前进。走到殿前的台阶下,秦舞阳脸色突变,全身战栗,大臣们感到奇怪。

荆轲回过头来讪笑秦舞阳,上前谢罪说:"北方藩属蛮夷地区的粗野之人,没有见过天子,所以心惊战栗。请大王稍微宽容他一下,让他能够在大王面前完成他的使命。"秦王对荆轲说:"把秦武阳捧的地图拿来!"

荆轲拿地图送上去,秦王把地图展开,地图被展开到了尽头,匕首露出来了。荆轲左手抓住秦王的衣袖。右手拿着匕首直刺,还未近身,秦王大惊,抽身急忙立即跃起,把袖子挣断了。他抽剑,剑太长,仅仅抓住了剑鞘。当时惊慌急迫,剑又套得很紧,所以不能立刻抽出来。荆轲追赶秦王,秦王绕着柱子跑。大臣们都惊得发愣,事情来得仓猝,出人意料,大家都失去了常态。

根据秦国的法律,在殿上侍从的大臣们不准携带任何武器;许多侍卫官拿着武器排列在殿下,没有诏令召唤不准上殿。正在急迫的时候,来不及唤下面的侍卫武装,因此荆轲才能追赶秦王。

大臣们在仓猝之际,惊慌急迫,没有武器用来打击荆轲,只好用手一齐打他。这时侍人医官夏无且用他所捧的药袋子投击荆轲。

秦王正绕着柱子跑,仓猝惊惶之际,不知怎么办,侍从人员才说:"大王,把剑推到背上!"

秦王就把剑推到背上,于是抽出剑来砍荆轲,砍断了他的左腿。

荆轲残废了,便举起匕首投掷秦王,没有击中,击中了铜柱。

秦王再砍荆轲。荆轲被砍伤八处。

荆轲知道事情不能成功了,便靠着柱子笑,叉开腿坐着骂道:"事情之所以不能成功,因为我想要劫持你,一定要得到你的承诺去回报太子。"这时侍卫人员便上前杀死荆轲。秦王不舒服了多时。不久评论功过,赏赐功臣以及应当办罪的各有差别,赏赐夏无且黄金二百镒,说道:"无且爱护我,才拿药袋子投击荆轲呢。"

于是,秦王大怒,增派兵力前往赵国,并命令王翦部队去攻打燕国。十个月攻破了蓟城,燕王姬喜、太子姬丹等全部率领精兵向东退守了东郡。

秦将李信紧紧追赶燕王,代王赵嘉便致书王姬喜说:"秦军之所以特别紧追燕王,是因为太子丹的缘故,现在大王如果杀掉太子丹把他的脑袋献给秦王,秦王一定谅解,而燕国的寿命可以侥幸延续,社可以继续享受祭礼。"以后李信追赶姬丹,姬丹隐藏在衍水河中,燕王便派使者杀了太子姬丹,准备把他的脑袋献给秦王。秦国又派兵进攻他。过后五年,秦国终于灭燕国,俘虏了燕王姬喜。

第二年,秦王并吞天下,立号为皇帝。当时秦始皇下令通缉姬丹和荆轲的门客,他们都逃亡了。高渐离改名换姓给人家当酒保,隐藏在宋子城。时间久了,感到工作很辛苦,因听见主人家堂上有宾客击筑,徘徊而不忍离去,每每脱口而出说:"那人击筑,有好的地方也有不足的地方。"

侍候的人把高渐离的话告诉他的主人说:"那个庸工倒懂得音乐,他在背地里评论击筑的好坏。"家主人召唤他到堂前击筑,满座的宾客都称赞他击得好,赏酒给他喝。高渐离心想,长此以往,这样畏首畏尾隐藏在贫贱的环境中,没有个尽头,便退出来,拿出他的行李箱子里的筑和好衣服,改装整容去到堂上。满座的宾客都吃惊地看着他,走下座位来跟他平等行礼,尊为上宾,让他击筑唱歌,客人们听了,没有一个不感动得流泪而去的。

宋子城里的人轮流款待他,给秦始皇知道了。秦始皇召令他进见,有人认识他,便说:"这是高渐离。"秦始皇珍惜他善于击筑,赦免了他的死罪,便把他的眼睛弄瞎。让他击筑,没有一次不称赞的。秦始皇逐渐接近他,高渐离便将铅块塞进筑心,等到一次进见并靠近秦王的时候,便举起筑扑击秦始皇,没有击中。秦始皇终于杀掉了高渐离,一辈子再不接近六国的人了。

鲁勾践听到了荆轲行刺秦王的事,私下说:"唉!可惜他不精于刺剑的技术呢!我过去太不了解他了,当初我呵叱过他,他便把我看成异己了!"

李斯列传第二十七

初为客卿

李斯,楚国上蔡人,年轻时在郡中做过小吏。他见公用厕所中的老鼠吃着不洁之物，人、犬走近时，多次现出惊恐的样子。李斯又进到粮仓中，观察仓中的老鼠，这些老鼠吃着积存的粮食，生活在大房子里，又没有人、犬打扰的忧虑。于是李斯叹息说："人的好与坏如同老鼠啊，在于把自己放到什么环境中罢了！"

于是向荀卿学习辅佐帝王之术。学成后，考虑到楚王不值得效力，且六国都弱，没有可以建功的国家，打算西行入秦。李斯向荀卿辞别说："我听说遇到时机不可失去，如今正是争夺天下之时，游说之士掌握着事态发展。现在秦王要吞并天下，称帝统治一切，这正是不得志者奔忙之时和游说之士的好时光。身处卑贱地位而不考虑改变的人，这是禽兽见肉而不想吃，长着人的面孔光能走路罢了。所以耻辱没有比卑贱更大的，悲哀没有比穷困更甚的。长期处在卑贱之位，困苦之地，品评世事厌恶利益，自认为追求的是与世无争，这不是贤者的情怀。所以我将西行游说秦王。"

到了秦国，正值庄襄王死，李斯就谋求做了秦的国相文信侯吕不韦的舍人。吕不韦对他有好感，任命他为侍卫。

李斯因此有机会进行游说，他向秦王分析说："普通人，是因为离开了他的机会。成就大功的人，在于利用破绽和事端而最大努力地行事。过去秦穆公的霸业，终究没能向东吞并六国，什么原因？那是由于诸侯还很多，周朝的国运还没衰落，所以五霸迭起轮番尊奉着周王室。自秦孝公以来，周王室衰微，诸侯之间相互兼并，函谷关以东只有六个国家，秦国乘胜征服六国诸侯，已经六代了。现在诸侯臣服秦国，如同郡县。凭秦国的强大，大王的贤明，如在灶上扫除尘土，完全能灭掉诸侯，成就帝业，统一天下，这是万世难逢的好时机。现在如果不加紧利用，诸侯重新强大，相聚合纵，那时即使有黄帝那样贤明，也不能兼并了。"于是秦王任命李斯为长史，听从他的计策，暗中派遣谋士带着黄金珠玉去游说诸侯。诸侯名士中能够用财物拉拢的，便厚赠勾结他；不归附的，用利剑刺杀他。离间诸侯君臣的计策奏效后，秦王就派他的良将随后到来驻军。秦王任命李斯为客卿。

李斯上书

恰值韩国人郑国来秦国做间谍，目标是修筑灌溉水渠为韩所用，但修成后被发觉。秦国的宗室大臣对秦王说："诸侯的人来侍奉秦国的，大都是为各自的主人在秦国游说，实际是在离间秦国罢了，请求驱逐所有的外客。"李斯也在驱逐的计划中。李斯于是上书道：

"臣听说有俗吏倡议驱逐客卿，我自认为这是不恰当的。从前穆公寻求人才，在西方的戎地获取了由余，在东方的宛地得到百里奚，从宋国迎来了蹇叔，从晋国又找来了丕豹和公孙支。这五人，不出生在秦国，而穆公使用他们，吞并二十个国家，于是称霸西戎。孝公用商鞅变法，移风易俗，人民得以繁衍，国家得以富强，百姓丰衣足食，诸侯亲近畏服，战胜楚、魏的军队，获得千里土地。直到今天，国家仍然安定强盛。惠王采用了张仪的计谋，攻下三川之地，向西并吞巴、蜀两地，向北收

史 记

服上郡，南部攻取汉中，包围东夷各部，控制鄢和郢，又向东占据了成皋险关，割取了肥沃的土地，于是瓦解了六国的合纵联盟，使它们争着向西服事秦国，功业一直影响到今天。昭王得到范雎，罢免了穰侯，驱逐了华阳君，加强了王室权力，杜塞了权贵私门，不断蚕食诸侯各国，使秦国成就了帝业。这四位君王，都是依靠各位客卿的功劳。由此看来，客卿有什么对不起秦国的呢！如果这四位君王拒绝客卿而不接纳，疏远贤士而不加任用，那么国家就没有富足的实惠，而秦国也没有强大的威望了。

"现在陛下得到了昆山的美玉，拥有随侯的明珠、卞和的宝玉，垂挂着明月珠，佩着太阿剑，骑着纤离马，竖着翠凤旗，立着灵鼍鼓。这几件宝物，没有一件是秦国本土出产的，而陛下却喜欢它们，为什么呢？如果一定要秦国出产的才好，那么夜光珠璧就不能用来装饰朝廷，犀角象牙的器物就不能拿来欣赏玩乐，郑国、卫国的美女也就不能住在后宫，駃騠等骏马也不该养在马棚里，江南出产的黄金白银就不能使用，西蜀出产的丹青也不能作颜料了。如果用来装饰后宫、充作姬妾、使人赏心悦目的好东西都一定要出产在秦国才行，那么，宛珠装饰的簪子、嵌着玑珠的耳坠、绸帛制成的衣服、锦绣制成的饰物，就不会进献到面前，而且随着各国风俗而美化的娇艳窈窕的赵国女子也就不会侍立在两侧了。只有敲击着水瓶，叩打着瓦罐，弹着竹筝，拍着大腿，呜呜地歌唱，勉强来快活耳目的，才是地道的秦国音乐；而《郑声》、《卫声》、《桑间》、《韶乐》、《虞乐》、《武舞》、《象舞》等，都是别国的音乐。现在舍弃了敲击水瓶瓦罐而演奏《郑声》、《卫声》，撤除弹竹筝而听取《韶乐》、《虞乐》，像这样做是为什么呢？使眼前快意，适合观赏罢了！现在用人却不是这样。不问是非，不论曲直，不是秦国人就让他离开，是客卿的就驱逐他。这样做就是只看重女色、音乐、珍珠、宝玉，而轻视社稷。这不是用来统一天下、制服诸侯的策略。

"我听说土地广阔粮食就充足，国家广大人口就众多，军队强盛士兵就勇敢。因此泰山不排斥土壤，所以能成就它的高大；河海容纳细小的水流，所以能成就它的深广；帝王不抛弃民众，所以能显扬他的恩德。因此土地不论东西南北，人民不分本国别国，一年四季充实美满，天神就会降下幸福，这是五帝三王无敌于天下的原因。现在大王却要抛弃百姓，让他们去资助敌国，排斥宾客而让他们去取悦诸侯，使得天下的贤士退缩而不敢来到西方，止步不再进入秦国，这就是所谓的'借兵器给敌人，送粮食给盗贼'啊。"

"物品不是秦国出产的，但值得珍贵的很多；贤人不是在秦国生长的，但愿意效忠秦国的也很多。如今却要驱逐宾客去资助敌国，损害自己去加强仇敌，使得国内空虚而外部又与诸侯各国结怨，这样若想国家没有危险，是不可能的。"

秦王于是废除驱逐客卿的命令，恢复了李斯的官职，终于采用了他的计谋。李斯的官职一直提升到廷尉。过了二十多年，秦终于吞并天下，尊奉国君为皇帝，并任用李斯做丞相。又拆毁各郡县间的城墙，销毁兵刃，表示不再使用。秦朝的土地一尺也不分封，不立宗室子弟为王，不封功臣为诸侯，使以后就免去了互相攻战的祸患。

李斯篡改遗诏

秦始皇巡狩天下,行到沙丘地方,忽然旧病复发,群臣束手无策。他自知死期将近了,便悄悄地对李斯丞相说:"我的病是不会好了,你辅助我这么多年,事无大小,都是你代劳,我很相信你对我的一片忠心。可惜我寿命短,不能同你长享荣华富贵。"说到这里,二人都流下眼泪来,他接着说:"我死了以后你可辅助太子扶苏为皇帝,太子聪明能干,仁义爱民,足能继承父业,你能把辅我的心去辅他,辅他登位,我死也瞑目了。"

随后又召集次子胡亥和赵高等一班宦官进来,把王玺和遗诏当众交给李斯,对大家说:"眼看我就要离开人世了,我把后世交给丞相去做,以后大小事情,你们要听丞相的话,不得生二心。太子扶苏是个能干的孩子,唉!可惜我当日一时冲动,将他调到北方去跟大将蒙恬,我已经嘱托丞相辅他继位了,你们要体谅我的苦心,竭忠拥护他。还有,现在的国事虽然粗略地定下了,但地方上的残余势力还没有彻底铲除,随时都有死灰复燃的可能,我死之后,千万不要把消息传出去,唯恐引起混乱,待灵柩回到京城咸阳后,才可把丧事公开,辅太子登基,这样可以防止一切祸乱了!"

过了几天之后,秦始皇死了,李斯遵照遗言,秘不发丧,回程返咸阳,把秦始皇的尸体放在冰凉的车子上,一切的饮食照常供奉,问安奏事也和平时一样,除了几个亲侍的宦官之外,谁也不知道这个秘密。当时是暑热天气,又怕尸体会发出臭味,特别在灵车后装了几车鱼虾,说是咸阳没有鱼,专运回去供御厨用的,其实是利用鱼腥把尸臭味掩住。

遗诏是立太子扶苏继位的,这时还来不及派人通知扶苏。宦官赵高,是太子讨厌的人物,他怕太子一旦登基。会对自己不利,便冒冒失失地去见李斯,说:"大丈夫是不能一天没有权力的,丧失了权力,就等于丧失了生命,我现在特别和丞相商量,把遗诏改了,立次子胡亥为帝,未知丞相意下如何?"

李斯闻言惊骇起来,马上制止他说话,厉色告诉他:"使不得!使不得!这样会引起混乱,招致亡国的!"

"不过,"赵高是善于察言观色的人,他偷看李斯一眼,不慌不忙地接着说:"我有一句不自量的话要请教丞相,请问丞相,太子对你和蒙恬将军,哪一个接近些?"

"当然我不及蒙将军!"李斯说。

"那好极了!丞相为什么不想一想呢?扶苏这个人,绝顶聪明,对事判断有分寸,刚勇果断,今日又得了蒙恬的军事支持,更如虎添翼,何况,他往日对丞相并无好感,如果他继承帝位,论亲论理,必然叫蒙恬做丞相,把你革了职,废为庶民,唉!所谓腾蛇游雾,飞龙乘云,云罢雨雾,则与蚯蚓相同了。你的老师韩非子不也说过吗?有爱于主,则智当面加亲;有憎于主,则智不当见罪而加疏。到那时,你从一个支配人的地位,降到被人支配,只要他一道手谕,你便死无送殡之人和葬身之地了。"

这一番话,说得李斯直流冷汗,沉吟半晌才慢吞吞地说:"你的话未尝没有道理,但遗诏乃先王的意旨,怎可随便篡改呢?"

赵高看李斯的意志发生了动摇,就鼓足勇气,进一步地挑拨几句:"做事要晓得权变,看风使舵,如果遵奉遗诏的话,将来成了事实之时,丞相的生命就难以保证,若及时扭转形势,权力可以长久保持,不会担心人家暗算。现在事情已到了危急关头,两条路务要从速决定。要么就引颈受刑,要么就先下手为强,把太子系一网打尽!"

李斯沉思了良久,然后表示:"好吧!由你去安排吧!"

赵高见李斯被说服了,便欢天喜地地去见胡亥,开口就说:"公子知道,目前有一个大问题马上就要解决了吗?喏,秦国的盛衰,权力的存亡都操在公子、丞相和我的手上,若要遵守遗诏立太子扶苏为帝,那一切权力就都归他了,公子不外一位寻常臣子,想和先王生前那样受宠爱是不可能的,这个问题,我已与丞相交换了意见,不如把遗诏改了,立公子你为帝,共享荣华富贵,不知公子意下何如?"

"废长立幼,在道义上怕说不过去吧!"胡亥说。

"要顾全道义,祸患马上临头,你维护他,他若不维护你,你又咋办?请公子仔细考虑清楚,免至后悔不及!"

胡亥毫无主见地说道:"我是没意见的,你认为怎样便怎样去办好了。"于是,赵高和李斯把遗诏改了,另外伪造一道圣旨,派人带交给太子扶苏。

那伪造的诏书上写道:"始皇帝诏曰:三代以孝为主,而敦大本,父以此立伦,子以尽忠。违此,由悖理逆常,非道也。长子扶苏,不能佩承体命,辟地立功,乃敢上书诽谤,大肆狂逆,父子之情,似若可矜,而祖宗之法,则不可赦,已诏立胡亥为太子,废尔为庶人,今赐药酒短刀自决。其将军蒙恬,稽兵在外,不能匡正规谏,本欲加诛,以恐大功未完,姑留椴理,故前诏示,尽而知悉。"

扶苏根本不知父亲死讯,读罢诏书,泪流满面地说:"君教臣死,臣不得不死,父要子死,子不敢不亡。今日君父要我死,我不能不自尽了,还是服药酒吧!免得身首异处。"

说完,拿起药酒就饮,蒙恬在旁忙阻止,对他说:"皇上派我率领三十万大军驻守边疆,又叫太子来监督,责任重大,信任有加。既然信任了,而又要我们死,绝无此理,其中必有诈情,不如公子回京问个明白,如果属实,到时再死也不迟!"

扶苏说:"君父命令既然下达了,绝不可以违反,若再去奏请,岂不更加我的罪行了吗?"说罢,将药酒一饮而尽,身亡。

扶苏死后,胡亥就继承了帝位,是为二世,国家大权尽掌握在李斯和赵高手中。隔了不久,赵高又制造了一个借口,把蒙恬杀害,并株连九族。

人人自危

胡亥在李斯、赵高的帮助下登上皇位,但他生活得并不舒服。一天,他见到赵高颇有牢骚地说:"一个人活在世上,就像几匹马拉着车子穿过洞穴那么快,实在是太短暂了。现在,天下既然是属于我的,我'欲悉耳目之所好,穷心志之所乐','长有天下,终吾年寿',你看有什么好办法?"

赵高为了架空胡亥,巴不得把他引上不问政治的邪路,并借机铲除异己。于是,趁机进言道:"您说得真对,这是英明的皇帝所愿意干的,是愚蠢的君王所禁止的。这事我早就想到了,只因还有一些障碍存在,使我不敢向陛下提出。"

胡亥迫不及待地问:"说吧,说吧,我恕你无罪便是了。"

于是,赵高装出一副诡秘莫测的神情对胡亥说:"陛下啊,沙丘之谋,诸公子及大臣们都在怀疑。您应该想到,诸公子都是您的兄长,现在屈居于您之下,跪拜称臣,他们会甘心吗?大臣们都是先帝时安置的,现在得不到提升和重用,他们会乐意吗?蒙恬兄弟,虽囚未死,他们能不采取行动吗?想起这些,我战战兢兢,生怕有什么不测,现在,这些障碍不拔除,陛下又怎么安安稳稳地过上快乐日子呢?"

对赵高的这些分析,胡亥深表同意,便问:"既然这样,我们将怎么办呢?"

赵高胸有成竹地说:"依我看,目前只有制定严刑峻法,把那些心怀不满的大臣一个个拉下去满门抄斩,株连九族,使之不留后患。至于对陛下的兄长们,也应该采取疏远的态度,然后再逐个打击。如果,这步棋走成功了,再采用'贫者富之,贱者贵之,亲信者近之'的办法,提拔一批亲信,安置到主要的岗位上去管理一切,指挥一切,到那时陛下就可以高枕无忧,任凭您肆志宠乐了!"

胡亥对赵高这一套诛锄异己的建议,毫无异议,全盘采纳,并给他施展诡计提供种种方便。于是,一幕幕铲除异己的惨案开始了。

赵高平时"日夜毁恶蒙氏,求其罪过,举劾之"。现在条件已经成熟,开斩的第一个便是蒙氏兄弟。胡亥的大侄子子婴(也有一说是始皇的兄弟,胡亥的叔父)知道了这件事,赶忙劝阻。然而,利令智昏的胡亥根本听不进他的话。便以"先主欲主太子而卿难之"为罪名,令蒙毅自杀。尽管蒙毅据理力争,也未能改变赵高蓄意谋害的阴谋。接着,又遣使至阳周,对蒙恬说:"君之过多矣,而卿弟毅有大罪,法及内史。"迫蒙恬吞药自杀。

蒙氏兄弟死后,赵高感到压力小多了,便把谋杀的锋芒转向在朝的大臣们及诸公子。将军冯劫和右丞相冯去疾,因受不了屈辱而自杀了。其余大臣,也被撤的撤,杀的杀,所剩无几,剩下的几个,为了保全自己的性命,连觉也睡不好,饭也吃不下,谁还敢议论朝事呢?于是,赵高趁机安插了大批亲信,他的兄弟赵成,当了中车府令;他的女婿阎乐,当了咸阳县令,其他如御史、谒者、侍中等官,都换上了赵高的人,他们紧密配合,互相勾结,连参与沙丘之变的同谋者李斯也被排除在外了。

紧接着,赵高便把屠刀挥向诸公子,死于赵高奸谋毒计之下的无辜者究竟有多少人,史书没有详细记载,只知在咸阳一次就杀死了胡亥的十二个兄弟,在杜邮(今陕西咸阳市东)一次就碾死了胡亥的六个兄弟和十个姐妹。行为十分谨慎的公子将、闾、昆弟三人,被囚在宫,"议其罪独后",也引起了赵高不满,派人逼他们赶快自杀,实际上都是"莫须有"之辞。还有一个公子高,看到众多的兄弟姐妹都死于非命,知道赵高决不会放过他，便想逃亡，却又怕连累其他亲人，遂提出愿为父皇殉葬的要求。赵高知道后，高兴地说："人臣当忧死而不暇，何变之得谋"，"可其书，赐钱十万以葬"。这一来，秦始皇时期除李斯之外，所有功臣、大将及诸公子都被杀完了。整个咸阳城成了"大吏持禄取容，黔首振恐"的大监狱，赵高就是这座大监狱的总管。

李斯死于赵高之手

一天，赵高哭丧着脸来见李斯："丞相啊，现在关东反叛的盗贼，此起彼伏，而皇上压根儿不放在心上，只知道修建宫殿，什么狗呀，马呀，尽弄一些无用之物。我很想劝阻一番，但考虑到自己职卑位低，他是不会采纳我的意见的。丞相早就是先帝时的大臣，说话是有分量的，何不劝谏劝谏呢！"

李斯点头称是："你说得对，我是有责任这样做的，这个想法，我早就有了，只是找不到机会。现在，陛下常居深宫，很难见到，我想说也没法子啊！"

赵高见李斯上了钩，便道："只有丞相真愿意进谏，我一定留心，瞅到皇上有闲，立即来禀报就行了。"

赵高深知胡亥已经沉湎酒色而不能自拔了，当然就十分讨厌别人在他玩得高兴的时候来干扰。于是，便趁二世拥娇妻、挽美妾，狂歌燕舞到兴致最浓的时候通知李斯："上方闲，可奏事。"李斯一听，慌忙赶去求见，但却遭到拒绝。一连几次，都是这样。这一来，把二世激恼了。他大声骂道："李斯这个老贼，太不知趣了。我闲着没事的时候，他不来奏事。正当我'燕私'时，却一次又一次来扫我的兴，他大概是看我年轻，瞧不起我吧！"

赵高立即应声道："如果丞相真是这么想的，那就危险了。沙丘之谋丞相是参与者。现在，陛下当上了皇帝，而他的富贵却没有增多，大概他是要陛下分封土地，立他为主吧！另外，有一件事，陛下不问，我还不敢直言相告。丞相的大儿子李由任三川郡守。造反的陈涉等又都是丞相故里的人，所以，才敢如此横行。盗贼经过三川的时候，他也不攻击围歼。我听说李由与陈涉还有书信往来。这件事，由于还拿不到真凭实据，才暂时没有奏明圣上。"

正在气头上的胡亥，一听此话，便信以为真，立即就要治罪李斯，并悄悄派人去三川调查李由通盗的事。后来，李斯知道了非常恼火，他恨死了赵高。他一面向胡亥申诉自己蒙受的冤屈，一面揭露赵高"无识于理，贪欲无厌，求利不止，列势次主，求欲无穷"，是一个十分危险的人物。

李斯的进谏，胡亥不仅不听，反而批驳道："夫高，以忠得进，以信守位，朕实贤之。"事后，又把李斯对赵高的揭发材料，密告赵高，叫他小心。赵高又趁机进谗道："丞相父子谋叛已久，所担心的就我一个。我如果死了，他便会像田常那样杀死陛下夺取皇位的。"经过这一番恶毒的挑拨，二世下令把李斯抓起来，并交郎中令赵高治罪。

包藏恶心的赵高，首先打出李斯父子谋叛的谎言，收捕了他的三族。然后，采取严刑酷法逼取口供,李斯被打得皮开肉绽,实在无法忍受,便招了个假供。他想自己对秦王可称得上是有功之臣,日后通过申诉,胡亥会赦免他的。可是宫中内外,全是赵高的亲信、走狗,他写的申诉书,全落在赵高手中。恣意妄为的赵高不仅不给转送,反而把这些申诉书撕个粉碎,扔在地上,还大声吼叫:"囚安得上书!""囚安得上书!"

赵高明知李斯招的是假供,为了不让他翻案,便命自己的亲信扮成御史、侍中,轮番提审,李斯不知是计,便说出了实情。他们便说李斯不老实,又施行一次惨绝人寰的拷打,直到李斯对假口供不再改口为止。经过数次审讯、拷打的李斯,以后一见提审,便连连自诬说:"我造反!""我叛乱!""我通盗!"……"我想夺皇位!"……后来,胡亥真的派人来审讯他,李斯以为还是和上几次一样,再也不改口了。胡亥看到李斯的假口供后,以为李斯真想谋反,于是,反认赵高为功臣,说什么:"要不是赵君精明能干,我几乎为丞相所出卖了啊!"等到调查"李由通盗"的使者来到三川时,李由早已血洒沙场为秦王朝捐躯了。而赵高又编出一套谎言,说什么已将李由就地正法了。

通过一系列的精心策划,李斯的罪名终于被赵高罗织而成,再也无法改变自己的命运了。这时,李斯悔恨交加,他想:如果自己不迷恋权位,就不会听信赵高的威胁利诱而参与沙丘政变,今天就不至于受制于赵高,求为上蔡一布衣而不可得。身为大臣,为私利而贪求,结果适得其反。但是,悔恨是无济于事的,最后,还是含冤抱屈被腰斩于咸阳,结束了他既是建功立业的功臣又是沙丘政变帮凶的一生。而赵高呢,则在统治阶级内部的厮杀中,顺理成章地当上了丞相,成了二世皇帝的太上皇。

蒙恬列传第二十八

蒙氏兄弟

蒙恬,祖先是齐国人。蒙恬的祖父蒙骜,从齐国来到秦国服务于秦昭王,官至上卿。秦庄襄王元年,蒙骜担任秦国将领,攻打韩国,攻取了成皋、荥阳,设置了三川郡。庄襄王二年,蒙骜进攻赵国,夺取了三十七座城池。秦始皇三年,蒙骜攻打韩国,夺取了十三座城池。秦始皇五年,蒙骜攻打魏国,夺取了二十座城池,并设置了东郡。秦始皇七年,蒙骜去世。儿子叫蒙武,蒙武的儿子叫蒙恬。蒙恬曾经学习过刑法,担任狱官,掌管狱讼的文书。秦始皇二十三年,蒙武担任秦国的副将时,跟王翦一起攻打楚国,大败楚军,杀死了楚将项燕。秦始皇二十四年,蒙武攻打楚国,俘虏了楚王。蒙恬的弟弟名叫蒙毅。

秦始皇二十六年,蒙恬由于家世关系,得以担任秦军的将领,去攻打齐国,大败齐军,后被任命为内史。秦兼并天下以后,便派遣蒙恬率领三十万大军,北上驱逐戎狄,收复黄河以南的土地;根据地势,修筑长城,用来控制险要的关塞,西起临洮,东到辽东,绵延一万多里;率军渡过黄河,占据阳山,逶迤向北延伸;蒙恬领兵宿营在野外十多年,驻守在上郡。

这时蒙恬的声威震慑匈奴,秦始皇非常尊重宠信蒙恬,信任他,夸奖他贤能。并且因而亲信蒙毅,使他官位直到上卿,外出时陪着皇帝同乘一辆车辇,在朝时侍奉在皇帝左右。蒙恬处理外务,蒙毅在朝内谋划,称为忠信大臣。因此,其他将相没有谁敢和他们相争。

赵高是赵国王族中较远的亲属。赵高兄弟几个人,都生长在宦官家庭,他的母亲曾受过刑罚,世世代代地位卑贱。秦始皇听说赵高有能力,精通刑狱法律,便选拔他担任中车府令。赵高私下服事公子胡亥,教他学习判案。赵高曾犯大罪,秦始皇命令蒙毅依法惩治他。蒙毅不敢违背法律,依法判处赵高死刑,开除他的宦官籍。但秦始皇认为赵高办事认真,就赦免了他,并恢复了他的官爵。

秦始皇想游历天下,取道九原郡,直达甘泉宫,便派蒙恬开路,从九原郡到甘泉宫,开山填谷,长达一千八百里。可惜道路未能完成。

秦始皇三十七年冬,启程游会稽,沿海边而上,向北去琅邪。途中秦始皇生病了,派蒙毅回去祈祷山川神灵,蒙毅还没有回返,秦始皇到达沙丘就病死了,但不公开消息,大臣们都不知道。这时丞相李斯、公子胡亥、中车府令赵高陪侍在始皇身边。赵高一向很得胡亥的宠信,想要拥立胡亥继承皇位,又怨恨蒙毅依法惩办他而没有救助他,因而有了不臣之心,就与丞相李斯、公子胡亥暗中谋划,拥立胡亥为太子。太子确立以后,就派遣使者立罪名让公子扶苏和蒙恬自裁。扶苏死后,蒙恬心有怀疑,就再次请求诏令。使者把蒙恬交给狱吏,派人接替了蒙恬的将军。胡亥用李斯的家臣担任护军。使者回来汇报,胡亥听说扶苏已经死了,就想释放蒙恬。

二 蒙受害

蒙毅回来后,赵高从替胡亥尽忠出发,想趁机消灭蒙氏兄弟,就对胡亥说:"我听说先帝想选用贤能确立太子已经很久了,蒙毅却谏阻说'不可以'。明知道你贤明而拖延不立你为太子,这就是不忠并且欺骗先帝。按照我的想法,不如杀了他。"胡亥听了赵高的话,就把蒙毅囚禁在代地。以前已经把蒙恬囚禁在阳周。秦始皇的灵柩运到咸阳,安葬完毕,太子胡亥登位为二世皇帝,而赵高最受亲信,日夜中伤诽谤蒙氏兄弟,到处搜罗他们的罪过,检举弹劾他们。

子婴请谏说:"我听说以前赵王迁杀死他的贤臣李牧而任用颜聚,燕王喜暗中用荆轲的计谋,而违背与秦国的盟约,齐王建杀死他的前代忠臣,而用后胜的建议。这三位君主,都是因为各自改变了原来的规定,导致国家灭亡,而且祸及自身。如今蒙氏兄弟,是秦朝先帝的大臣、谋士,而君王想一并抛弃他们,我私下认为不行。我听说轻率考虑问题的人不能治理国家,单凭一个人的智慧不能保全君位。诛杀忠臣而任用没有德行节操的人,这样内使群臣互不信任,外使士卒的斗志涣散。我私下里以为不行。"

胡亥不听,却派遣御史曲宫乘驿车前往代地,命令蒙毅说:"先主想要立太子,而你却非难他。如今丞相认为你不忠诚,罪及你的家族。我不忍心,只赐你一死,这也算很幸运了。你自己考虑这件事吧!"

蒙毅回答说:"如果说我不能得到先帝的赏识,那么我从年轻时就做官,顺从先帝的意旨,直到先帝去世,可称得上能了解先帝的心意吧。如果说我不知道太子的才能,那么唯独太子能跟从先帝,周游天下,宠幸远远超过各位公子,我也没有什么怀疑啊。先帝选立太子,是考虑多年的结果,我有什么话敢劝谏,有什么计策敢谋划?!我不敢用假话来逃避死罪,只是因为牵累到先帝的名誉而感到羞愧,希望大夫加以考虑,使我死得无憾。况且顺理成全,是理上所推重的;严刑诛杀,是道义所唾弃的。从前秦穆公用三位贤臣殉葬,判处百里奚以莫须有的罪名,所以谥号为'缪'。秦昭襄王杀死武安君白起,楚平王杀死伍奢,吴王夫差杀死伍子胥。这四位君主,都是大错特错的行为,而且天下人都非议他们,认为这几位君王是不贤明的,并因此而载入诸侯国的史册,所以说'用道义治国不杀害无罪的臣民,刑罚也不加在无辜者的身上'。希望大夫留意!"

使者知道胡亥的心意,不听蒙毅的话,就杀死了他。

二世皇帝又派遣使者到阳周,命令蒙恬说:"你的过错很多,而你的弟弟蒙毅有大罪,依法牵连到内史。"蒙恬说:"从我的祖先,直到子孙,在秦国建立功业、享有信誉已经三代了。如今我统领三十万大军,虽然身遭囚禁,但我的势力足以背叛。然而我之所以自知必死还遵守道义,是因为不敢玷辱祖先的教诲,而且不忘先帝之德。从前周成王刚登位的时候,还没有离开襁褓,周公姬旦背着他上朝,终于平定了天下。等到成王有病很危险的时候,周公姬旦自己剪下指甲来投入黄河,说:'君王年幼无知,是我姬旦管事。如果有罪殃,由我姬旦承受那祸患。'并且把话记录下来,收藏在档案库里。这可说是守信了。到了周成王能够治理国家时,有奸臣说:'周公旦早就想要作乱了。大王如果不加防备,必定会出大事。'成王就十分气愤,周公旦逃奔到楚国。成王到档案库察看,看到了周公姬旦投指甲入黄河时的记录,就流着眼泪说:'谁说周公旦要作乱呢!'他杀掉了进谗言的人,而让周公旦回来。所以《周书》上说'一定要反复考察'。如今我蒙氏宗族,世代没有二心,而事情结果竟然这样,这一定是因为乱臣倒行逆施,凌驾王室之上的结果。周成王虽然有过失但能补救,终于使国家昌盛;夏桀杀死关龙逄,商纣杀死王子比干而不后悔,终于身死国亡。所以我认为过失可以挽救,听从劝谏可以醒悟,反复地审察,是上古圣人的方法。我谏而死,希望陛下能为百姓考虑应该走的道路。"使者说:"我受诏令来对将军执法,不敢把将军的话告诉皇上。"蒙恬长长地叹息一声说:"我对上天有什么罪,就这样平白无故地去死吗?"过了一会,他慢慢地说:"我蒙恬的罪过,确实就该死了。从临洮连接到辽东,筑城墙,挖壕沟,长达一万多里,在这中间难道能不切断地脉吗?这就是我的罪过。"于是服毒药自杀了。

张耳、陈馀列传第二十九

张耳、陈馀

　　张耳是魏国大梁人。年轻的时候,是魏公子无忌门下的宾客。张耳曾经逃命流窜到外黄。外黄有一个富人的女儿很漂亮,却嫁了一个庸俗的丈夫,她因此逃离了丈夫,投奔到父亲的朋友家中躲藏。她父亲的朋友向来了解张耳,就对这女子说:"如果你一定要找个好丈夫,就跟从张耳。"那女子听从了,最后就请他出面,与原来的丈夫分离,改嫁给张耳。张耳这时已能自由交游,女家又给了张耳很多钱财,张耳因此可以招待千里之外到来的宾客。于是在魏国担任外黄县令,贤能的名声从此更大了。

　　陈馀是大梁人,爱好儒家学说,多次游历赵国的苦陉。有一位富人公乘氏把女儿嫁给了他,而且也知道陈馀不是平庸的人。陈馀年轻,对张耳像父亲一样事奉,两人遂结成了生死之交。

　　秦国灭亡大梁时,张耳住在外黄。当汉高祖还是平民的时候,曾经多次跟张耳交往,在张耳家作客几个月之久。秦国灭亡魏国几年以后,已经听说这两个人是魏国以前的名士,就悬赏能抓到张耳给千金,能抓到陈馀给五百金。张耳、陈馀就改名换姓一起逃到陈县,充当里门看守来谋生。两人相对站立,里中官吏曾经因为陈馀有过错而鞭打他,陈馀想要起来反抗,张耳暗中踩踩他的脚,示意他接受挨打。那官吏离开后,张耳就拉陈馀到桑树下并责备他说:"当初我是怎么对你说的?如今你蒙受了一点屈辱,就想死在一个小吏的手里吗?"陈馀认为他的话是对的。秦朝廷诏令悬赏征求他俩,他俩反而能利用门卫的名义向里中居民宣布号令。

　　陈涉在蕲县起义,进入陈县时,有好几万兵。张耳、陈馀求见陈涉。陈涉与他身边的人平时多次听说张耳、陈馀贤能,但未曾见过面,见面后非常欢喜。

　　陈县的豪杰、父老便对陈涉说:"将军身披坚甲,手执利器,率领士兵去讨伐暴秦,重建楚国,保存亡国,继承绝世,按功德理当称王。况且要统御天下各部将领,没有王号也不行。希望将军自立为楚王。"陈涉就此事问张耳和陈馀,两人回答说:"秦朝无道,灭亡别人的国家,毁坏别人的社稷,断绝别人的后代,使百姓疲惫,使国家财产耗尽。将军大张旗鼓,想出不顾万死一生的计策,为天下人除凶去暴。现在刚到陈县就称王,在天下人面前显示起义只为自己。希望将军不要称王,赶紧率军队向西推进,派人确立六国的后代,作为自己的辅助力量,增加秦国的敌人。敌人多秦军的力量就分散,辅助力量多兵力就强大。这样,就不用在野外交战,县城里没有抗拒的,诛伐暴秦,占据咸阳城来号令诸侯。使得诸侯亡国之后又得复立,用恩德使他们归服,这样,帝王的大业就可以成功了。如果只在陈县称王,恐怕天下人会离散。"陈涉不听,就自立为王。

陈馀再次向陈王建议说："大王从梁、楚两地起兵西进，目的在于攻入关中，还来不及收复河北地方，我曾经游历赵国，了解那里的豪杰和地形，我自愿请求让我带奇兵向北攻取赵地。"于是陈王任命从前的好朋友陈国人武臣为将军，邵骚为护军，用张耳、陈馀任左右校尉，给他们士兵三千人，向北攻取赵地。

武臣等人从白马津渡过黄河，到了河北各县，张耳和陈馀说服当地的士绅豪杰道："秦朝施行乱政酷刑来残害天下，已经几十年了。北方有修筑长城的劳役，南方有戍守五岭的兵役，内外骚动，百姓疲惫不堪。横征暴敛，以供应军费，财穷力尽，民不聊生。再加上苛刻的法律、严峻的刑罚，使天下百姓无法安宁生活。陈王振臂倡导天下反秦，在楚地称王，方圆二千里，没有谁不响应，家家义愤填膺，人人为之战斗，各自报自己的怨恨，杀自己的仇人，各县都在杀死县里的县令县丞，各郡也杀死郡里的郡守郡尉。现在已经建立大楚，在陈县称王，派遣吴广、周文率领百万大军向西进攻秦朝。在这个时候而不想成就封侯功业的，那就不是人中的豪杰了。请诸位共同计议吧！天下人苦于秦朝的统治已经很久了。凭借天下人的力量来进攻无道的暴君，报父兄的怨仇而完成分割地盘占有封土的功业，这是有识之士的最好机会。"豪杰们都认为这些话说得对。

贯高守信

一天，汉高祖刘邦从平城经过赵国，赵王张敖早晚脱下外衣，戴上袖套，亲自进献食物给刘邦，态度很谦卑，尽到了女婿的礼节。刘邦却张开两脚坐着大骂赵王，非常傲慢和轻视他。

赵相贯高、赵午等人年纪都六十多了，是张耳从前的门客。他们生性颇有豪气，就愤怒地说："我王真是懦弱之王！"就劝赵王说："天下豪杰并起，有才能的先称王。如今你侍奉高祖非常恭敬，而高祖却傲慢无礼，请让我们替你杀了他吧！"张敖把自己的手指咬出血来，说："你们的话多么错误！我先父亡国之后，全靠高祖得以复国，德泽流传给子孙，一点一滴靠的都是高祖的力量。你们不要再说了。"

贯高、赵午等十多人都私下相互议论说："实在是我们这些人不对。我王是忠厚人，不肯背弃恩德。再说我们宁守节义而不受别人的侮辱，如今怨恨高祖侮辱我们的大王，所以想把他杀掉，为什么要玷污我们大王的行为呢？如果事情成功了，归功于王，如果事情失败了，我们单独承担罪责。"

汉八年，刘邦从东垣回来，经过赵国，贯高等人就在柏人县馆舍的夹壁中埋伏武士，准备刺杀刘邦。刘邦路过柏人，想要在那儿留宿，忽然间觉得心跳，便问："此地县名是什么？"回答说："柏人。"刘邦说："柏人，就是迫于人！"没有留宿便离开了。

汉九年，贯高的仇家得知他的阴谋，就向朝廷告发他。于是高祖便一起逮捕了赵王、贯高等人。十多人争着要自杀，只有贯高怒骂道："谁叫你们这么做的？现在赵王确实没有参与谋划，却一起遭到逮捕；你们都死了，谁来证明赵王没有谋反呢！"

于是贯高乘坐密闭的囚车，与赵王一起被送往长安。朝廷审判张敖的罪行。

高祖诏令赵王的群臣与宾客,有敢随从赵王上京的,就全族诛灭。贯高跟宾客孟舒等十多人,都自己把头发剃光,用铁圈锁住脖子,作为赵王的家奴跟随赵王来京。

贯高到了京城,在开庭受审时说:"只是我们这班人干的,赵王确实不知道。"

官吏打他几千大板,又用烧红的铁条去灼他,贯高全身受伤,再没有可以用刑的地方了,但他始终不再说话。

吕后多次对高祖说,赵王因为鲁元公主的缘故,不会有这种事。高祖发怒说:"假使张敖据有天下,难道还在乎你的女儿么!"他不听吕后劝解。

廷尉把贯高的供词报告高祖,高祖说:"真是壮士!谁了解他,私下去问问他吧。"

中大夫泄公说:"他是我的同乡,我向来了解他。他本来就是赵国中讲求信誉、不违背诺言的人。"

高祖便叫泄公手执符节到贯高坐的竹床前问他。贯高仰视泄公说:"你是泄公吗?"

泄公慰问劳苦,像平时一样欢喜,跟他交谈,问张敖果真参与了计划没有。

贯高说:"人之常情,难道不爱自己的父母和妻子儿女吗?现在我的三族都将被判处死刑,难道我会为了赵王而牺牲自己的亲人吗?实在是因为赵王没有谋反,只是我们这些下人干的。"他详细说出了他们的本意和所作所为等赵王所不知道的情况。

于是泄公上朝,详细地把实情报告高祖,高祖最终赦免了赵王。

高祖欣赏贯高为人能守信,就叫泄公把情况都告诉他,说:"张敖已经释放了。"于是赦免了贯高。

贯高高兴地问道:"我王真的释放了吗?"

泄公说:"是的。"

泄公又说:"高祖欣赏你,所以赦免了你。"

贯高说:"我之所以不自尽,只是为了辩白赵王确实没有谋反。现在既然赵王已经释放,我的责任已尽到了,死也没有什么可遗憾的了。况且人臣有谋杀君主的罪名,还有什么面目再去侍奉君主呢?纵然君主不杀我,我的内心能不惭愧吗?"于是自己仰头闭气自杀了。

当时,贯高的名声传遍天下。

魏豹彭越列传第三十

魏 豹

魏豹是原魏国的公子。他的哥哥魏咎,在原魏国时被封为宁陵君。秦国灭亡魏国以后,魏咎被迁到外地成为平民。陈胜起义称王时,魏咎前去投奔他。陈王派魏国人周市去平定魏地,魏地攻下后,大家想立周市为魏王。周市说:"天下混乱的时候,忠臣才显现。现在天下共同反叛秦朝,照理该拥立魏王的后裔。"齐国、赵国各派车五十辆,前去拥立周市做魏王。周市辞谢不肯受,派人到陈县迎接魏咎。往返五次,陈王才派遣咎做了魏王。

章邯打败陈王后,便进兵临济,攻打魏王。魏王就派周市出使齐国、楚国请求救援。齐国、楚国派遣项它、田巴率兵随同周市一起去救援魏国。章邯打败了周市等人的军队,杀死了周市,并包围临济。魏咎为了保全城中的民众,请求投降。议和条约达成之后,魏咎自焚而死。

魏豹逃亡到楚地,楚怀王拨给魏豹几千人,让他再去攻取魏地。项羽打败秦军后,降服了章邯。魏豹攻下了魏地二十多个城池。项羽就立魏豹为魏王。魏豹率领精兵跟随项羽进入关中。

汉元年,项羽分封诸侯,想自己占有梁地,就迁移魏王豹到河东,建都平阳,称为西魏王。

汉王回军平定了三秦,从临晋渡过黄河,魏豹把魏国归于汉,便随汉王一起去彭城攻打楚军。汉王兵败,后退回到荥阳。魏豹请求回去探望母亲的病情。回到本国后,便封锁黄河渡口,背叛了汉王。汉王听说魏豹反叛,当时正在忧虑东面的楚国,还来不及攻击魏国,对郦生说:"你前去婉转地劝说魏豹,如能说服他,我用万户侯封赏你。"

郦生前去劝说魏豹。魏豹谢绝说:"人生一世,短暂得好像白驹过隙。如今汉王傲慢地侮辱别人,叱骂诸侯群臣就像骂奴仆一样,没有上下礼节,我不愿意再见他。"

后来汉王又派遣韩信到河东打败魏豹,并俘虏了他,用驿车把他押到荥阳,把魏豹的国土设立为郡。汉王命令魏豹驻在荥阳。当楚国被围攻紧急的时候,周苛就杀了魏豹。

彭 越

彭越是昌邑人,字仲。他常在巨野泽中捕鱼,与乡中人结群为盗。陈胜、项羽起义的时候,有青年人对彭越说:"许多豪杰都纷纷起来反叛秦朝,你可以出来带头效法他们。"彭越说:"两龙正在相斗,暂且等待吧!"

过了一年多,泽中的年轻人聚集了一百多人,前往投奔彭越,说:"请你做首领。"彭越谢绝说:"我不想和诸位在一起。"青年们再三恳求,彭越才答应了他们,和他们约好第二天早晨日出时聚会,迟到的就要杀头。

第二天早晨日出的时候,有十几个人迟到,最后一人到时已是正午。于是彭越抱歉地说:"我老了,你们一定要我做首领。今天到了约定的时间,却有多人迟到,不能把迟到的人都杀头,就杀最后到达的人。"即命令队长杀死他。大家都笑着说:"何必如此?我们以后不敢这样就是了。"这时彭越拉出那个人,杀了他,设立祭坛祭祀,并向部众发布军令。

部众都十分惊恐,畏惧彭越,不敢再抬头看他。于是就出发攻取乡镇,收编诸侯军中逃散的士兵,得到一千多人。

沛公从砀地向北进击昌邑,彭越援助他。昌邑没有攻下来,沛公带兵西进。彭越也率领他的军队驻扎在巨野泽中,收编魏军逃散的士兵。项籍进行关中后,分封诸侯为王,然后就回去了,彭越的一万多部众无所归属。

汉元年秋天,齐王田荣反叛项王,便派人赐给彭越将军印信,让他从济阴南下攻打楚国。楚国派萧公角率兵攻打彭越,彭越大败楚军。

汉王二年春天,汉王约魏王豹以及诸侯向东攻打楚国,彭越带领他的军队三万多人到外黄去归附汉王。汉王说:"彭将军收复魏地,得到十几个城池,急于想拥立魏国的后代。现在西魏王魏豹也是魏王魏咎的堂弟,是真正的魏国后代。"于是任命彭越为魏国相国,全权掌握魏国的军队,攻取并平定了梁地。

汉王在彭城失败以后向西撤退的时候,彭越也丢掉了他所攻下来的全部城池,只独自率领他的军队向北驻扎在黄河沿岸。汉王三年,彭越常率领军队往来出没,作为汉军的游击部队,经常攻击楚军,又在梁地断绝楚军的粮草后援。汉四年冬天,项王跟汉王两军在荥阳对峙,彭越攻下睢阳、外黄等十七个城池。项王听到这个消息,就派曹咎驻守成皋,自己率领军队向东收复被彭越攻占的城池,使它们全部重新归属楚国。彭越带着他的军队向北退到谷城。汉五年秋天,项王的军队向南败退到阳夏,彭越又攻下了昌邑附近的二十多个城池,得到粮食十几万斛,用来给汉王补充军粮。

汉王打了败仗,派使者叫彭越合力攻打楚军。彭越说:"魏地刚刚平定,还害怕楚军,我不能离开。"汉王追击楚军,在固陵被项籍打败了,便对留侯张良说:"诸侯的军队不跟从,对此该怎么办?"留侯说:"齐王韩信登位,并不是大王的本意,韩信自己也没有信心。彭越本来平定梁地,功劳很大,当初大王因为魏豹的缘故,任命彭越为魏国的相国。现在魏豹已经死了,又没有后代,况且彭越也想称王,可是大王却没有及时决定。你跟两国约定:如果战胜了楚国,从睢阳以北到谷城一带,都可让彭相国称王;从陈县以东一直到海边,封给齐王韩信。齐王韩信的老家在楚,这样他心里总是要想得到他的故乡。君王如果能够分割出这些地方,许给他们二人,二人现在就能招过来;如果不能招来,事情就很难预料了。"

汉王就派使者到彭越那里去,按留侯的计策行事。使者到达,果然彭越就率领所有的军队前往垓下与汉军会合。终于大败了楚军。项籍已经死了。春天,立彭越为梁王,以定陶为都城。

黥布列传第三十一

黥布与随何

黥布是六县人,姓英。秦朝时只是个平民。在年轻时,曾有位客人给他看相

史 记

说:"将受刑以后被封王。"

到了壮年时,犯法而受刑。黥布高兴地笑着说:"有人给我看相说我受刑以后封王,大概这就差不多了吧?"听到他说这话的人,都嘲笑他。

黥布定罪后被送到骊山,骊山的刑徒有几十万人,黥布都跟其中的头目、豪杰来往,最后终于率领那一班人逃到江泽中,成了一群盗贼。

陈胜起义的时候,黥布去见番县令吴芮,跟他的属下一起反叛秦朝,共聚集了数千士兵。番县令把自己的女儿嫁给了他。

章邯消灭陈胜,打败了吕臣的军队以后,黥布就带兵向北攻打秦军的左、右校尉,在清波打败了他们,再引兵东进。黥布听说项梁平定了江东会稽郡,正渡过长江西进。陈婴因为项氏世代做楚国的将领,就让自己的军队归属了项梁,渡过淮南。黥布和蒲将军也把自己的军队归属项梁。

项梁渡过淮河向西攻打景驹、秦嘉等人,黥布常带兵走在前面。项梁到了薛地,听说陈王确实已经死了,就拥立楚怀王。项梁号称武信君,黥布称当阳君。

项梁在定陶兵败身死,楚怀王便迁都到彭城,黥布和将领们也都聚集在彭城保卫着。当时,秦军加紧围攻赵国,赵国多次派人来请求救援。怀王便派宋义担任上将,范增担任末将,项籍担任次将,黥布、蒲将军都担任将军,全部由宋义统率,向北救援赵国。

后来项籍在黄河岸边因故杀了宋义,怀王便立项籍为上将军,各将领都隶属项籍。项籍命令黥布先渡河进攻秦军,黥布多次获胜,项籍就率领全军渡河跟随前进,因此大败秦军,降服章邯等人。楚军经常打胜仗,功劳超过所有诸侯,而诸侯军队都因此而归服楚军,靠的就是黥布能屡次以少胜多。

项籍带兵向西到达新安,又派遣黥布等人乘夜袭击并活埋章邯的秦军二十多万人。到达函谷关,无法进去,又派黥布等人先抄小道攻破关下的守军,于是入关,到达咸阳城。黥布经常担任先锋。项王赐封将领们,封黥布为九江王,定都六县。

汉元年四月,诸侯都离开戏下,各自回到自己的封国。项籍立怀王为义帝,迁都长沙,却暗中命令九江王黥布等前去袭击他。这年八月,黥布派遣将领攻击义帝,追到郴县,并把他杀死。

汉二年,齐王田荣背叛了楚王,项籍前去攻打齐王,向九江王征兵,九江王黥布称病不去,只派将领带着几千人前往。汉军在彭城击败楚军的时候,黥布也称病不肯救助楚军。项王因此怨恨黥布,多次派遣使者去责备黥布,并召他前来。黥布更加害怕,不敢前去。

当时项王正北面忧虑齐国、赵国,西面忧虑汉王,所能亲附的只有九江王,项王又很推崇黥布的才能,几次想亲近任用他,所以没有派兵攻打他。

汉三年,汉王攻打楚国,在彭城大战,汉军失利,逃到梁地,到达虞城。汉王对左右的人说:"你们这些人,实在不值得一同谋划天下大事。"

一个宾客随何上前说:"我不明白陛下指的是什么。"

汉王说:"你们有谁能替我出使到淮南,让它出兵反叛楚国,并把项王牵制在齐国几个月,我夺取天下就有百分之百的把握。"

随何说:"我请求出使淮南。"

汉王便派了二十人跟他一道去。到达以后,通过淮南太宰疏通,但一连三天未能见到淮南王。随何找机会对太宰说:"大王所以不肯接见我,必定是认为楚国现在很强大,而认为汉国弱小,这正是我出使的原因。如果我随何能见到淮南王,说的话是对的,那就正是大王所想听的;如果我说的话不对,就让随何等二十人在淮南市上受斧质之刑,来表明大王背弃汉室而同楚国友好的决心。"

太宰就把这番话转告淮南王,淮南王便接见了随何。

随何说:"汉王派我恭敬地呈献书信给你,我奇怪大王跟楚国为什么关系那么亲近。"淮南王说:"因为我向北臣服于他。"随何说:"大王和项王都列为诸侯,你却向北臣服楚王,一定是你认为楚国很强大,可以把国家依靠于它。项王攻打齐国时,亲自扛着筑墙的工具,身先士卒;大王就应该全部出动淮南的军队,并亲自率领他们作楚军的前锋,如今却只派四千人去援助楚军。向北臣服别人的人,应该如此吗?汉王在彭城作战,项王还没有离开齐国,大王本该发动淮南所有的部队,渡过淮河,去跟汉王日夜作战于彭城下。大王拥有上万军队,却没有一人去渡过淮河。其原因只是想袖手旁观谁胜谁负。把国家托付给别人的人,应该如此吗?大王带着归向楚国的虚名,而实际上还是想依靠自己的力量,我私下认为大王这样不可取。然而,大王又不背叛楚国,是以为汉室太弱小。楚国兵力虽然强大,天下人却都以不义之师责备他,因为他违背盟约而杀害了义帝。但是楚王依仗战争的胜利,自以为是。汉王收服了各诸侯,回师驻守在成皋、荥阳,又从蜀郡、汉中运来粮食,挖深战壕,营建壁垒,分兵把守住边境要塞,楚军撤兵时,必须经过梁地,这样深入敌国八九百里,想战却不能取胜,要攻城又不够力量,那些老弱残兵要从千里之外去转运粮食;楚兵到达荥阳、成皋,汉军只要坚守不出,楚军进则无法攻城,退又不能使自己脱身。所以说楚军是靠不住的。假如楚国战胜了汉国,诸侯必定会人人感到自危而互相救援。所以楚国的强大,恰恰是让自己招惹天下兵力的集中对抗。所以楚不如汉,这种形势是显而易见的。如今大王不归附万无一失的汉国,却要托身于危亡不测的楚国,我私下替大王感到疑惑。我不是认为淮南的兵力足够灭亡楚国。如果大王能够发兵背叛楚国,项王必定要滞留在齐国;他在齐国滞留几个月以后,汉王攻取天下就可万无一失了。我请求跟大王一同提着剑去归附汉王,汉王必定会分封来奖赏给大王,又岂止淮南之地呢?淮南必然是归大王所有的!所以汉王特地派我来献上愚计,希望大王考虑。"

淮南王说:"我愿听从。"暗中答应背叛楚国归附汉王,但未敢泄漏。楚国使者还在淮南,正在急于催促黥布发兵,住在客舍里。

随何径直闯入客舍,坐到楚国使者的上座,说:"九江王已经归附汉王,楚国凭什么叫他发兵?"黥布惊愕。

楚国使者站起来。随何便劝说黥布:"事情已经说定了,可以立刻杀死楚国使者,不要让他回去,同时还要尽快与汉国合力作战。"

黥布说:"按照使者所说,那就起兵攻打楚国吧。"于是杀死楚国使者,起兵攻打楚国。

楚国派项声、龙且攻打淮南,项王留下来进攻下邑。几个月后,龙且攻击淮南,打败黥布的军队。

黥布想带兵投奔汉国,怕楚王追杀他,便从小路与随何一道归附汉国。淮南王到时,汉王正坐在床上洗脚,叫黥布进去见面。

黥布大怒,后悔来到汉国,想要自杀。出来后到客舍里,见帐幔、器用、饮食、随从都跟汉王所用的一样,黥布又大喜过望。于是就派人进入九江。楚王已经派项伯收编了九江的军队,并把黥布的妻子儿女全部杀死。

黥布的使者找到黥布的不少老朋友和宠臣,率领几千人投奔汉王。汉王加派军队给黥布,跟他一道北上,到成皋才收兵。汉四年七月,汉王封黥布为淮南王,跟他一道去打项籍。

汉五年,黥布派人进到九江,先占领了好几个县城。汉六年,黥布与刘贾进入九江,诱降大司马周殷,周殷背叛了楚国,又出动九江的军队跟汉军联合攻打楚军,在垓下大败楚军。

项籍死后,天下安定,汉王设置酒宴。汉王竟贬低随何的功劳,说随何这个人是迂腐儒生,治理天下大事怎能用迂腐的儒生。

随何跪着说:"当陛下带兵进攻彭城,楚王还没有离开齐国时,陛下只出动五万步兵、五千骑兵,能够攻下淮南国吗?"

汉王说:"不能。"

随何说:"陛下派我跟二十个人出使淮南,能使陛下如愿以偿。这就表示我的功劳比五万步兵、五千骑兵要高。然而陛下说我是迂腐的儒生,治天下哪里用得着迂腐的儒生,为什么呢?"

汉王说:"我正在估算你的功劳。"就任命随何为护军中尉。黥布封为淮南王,建都六县,九江、庐江、衡山、豫章郡都归属黥布。

黥布造反

黥布有个爱妾生病了,送去就医。医生的家跟中大夫贲赫家对门,这位爱妾多次到医生家,贲赫认为自己只是个侍中,便向这位爱妾赠送了很多礼物,又跟这位爱妾在医生家饮酒。这位爱妾在侍候淮南王时,闲聊中,称誉贲赫是忠厚长者。

淮南王愤怒地说:"你从哪里得知?"

这位宠妾便如实说明了情况。淮南王怀疑她跟贲赫淫乱。贲赫害怕,就借口生病不出门。淮南王更加愤怒,想拘捕贲赫。贲赫便说黥布要叛变,乘坐驿车前往长安。贲赫到达长安,上书告变,说黥布有谋反迹象,应当在他未发生变乱之前先杀死他。

汉王看了贲赫的报告，同萧相国商量。相国说："黥布不应该有这种事，恐怕是仇家诬告他。请拘捕贲赫，再派人暗中考察淮南王。"

黥布看到贲赫畏罪逃跑，上书告变，本来就已经怀疑他会说出淮南国里的秘密事情；汉王又派来了使者，更证明了这件事，黥布就杀了贲赫全族，起兵反叛。得知黥布反叛的报告，汉王便释放了贲赫，并任他为将军。

汉王召集将领们问道："黥布造反，对他怎么办？"

将领们都说："去出兵攻打他，活埋这小子！还能怎么办呢？"汝阴侯滕公叫来前楚国令尹问这事。

令尹说："这本来就该造反。"

滕公说："皇上割地封他为王，分赐爵位让他更加显贵。他南面而立身为万乘大国之主，为什么还要反叛呢？"

令尹说："去年杀了彭越，前年杀了韩信，这三个人是同等功劳，同一类型的人。黥布自己怀疑杀身之祸会降到身上，所以就反叛了。"

滕公对皇上说："我有位客人是前楚国令尹薛公，这个人善于筹划计谋，有什么疑难都可以问他。"

皇上就召见并询问薛公。薛公回答说："黥布反叛是不值得奇怪的。如果黥布使出上策，那么山东一带就不是汉朝所有了；他使出中策，谁胜谁败就未可预计；他使出下策，陛下就可以高枕而卧了。"

皇上说："什么叫上策？"

令尹回答说："向东攻吴，向西攻楚，吞并齐地，夺取鲁地，向燕、赵两地发布诏文，要他们固守自己的地方，这样，山东地方就不是汉朝所有了。"

皇上说："那什么叫中策？"

令尹说："向东攻吴，向西攻楚，并吞韩地，攻取魏地，占领敖庾的米仓，封锁成皋的关口，谁胜谁败就不好预知了。"

皇上说："有什么叫下策呢？"

令尹说："向东攻吴，向西攻下蔡，把重心放在南越，自己回到长沙，陛下就可以高枕无忧，汉朝也会平安无事了。"

皇上说："那么他将采取哪一个计策。"

令尹回答说："他将采取下策。"

皇上说："为什么说他会不用上策、中策，却要出下策呢？"

令尹说："黥布原来在骊山做奴隶，他自己做到了万乘大国之王，这都是为了自己，不懂得替百姓的将来考虑，所以说他会采取下策。"

皇上说："对。"封薛公千户侯。于是立皇子刘长为淮南王。皇上下令出兵并亲自率领向东攻打黥布。

黥布开始反叛时，对手下的将领说："皇上人老，很厌恶战争，一定不会亲自前来的。如果派遣别的将领，各将领中我只担心淮阴侯和彭越，但这两个人现在都已经死了很久了，其余的将领都是不值得畏惧的。"因此就造反。

果然像薛公预计的那样,他向东进攻荆国,荆王刘贾逃跑而死在富陵。黥布劫夺他的全部部下,渡过淮河去攻打楚国。楚国出兵与黥布在徐、僮等地作战并分兵三处,想以此互相救援出奇制胜。

有人劝说楚将道:"黥布擅长用兵,百姓一向就怕他。况且按兵法,诸侯在自己的土地上作战,士兵容易溃散。现在把军队分成三支,他打败我们一支,其余的就都会逃跑,怎么能互相救援!"楚将不听。黥布果然先打败其中一军,其余二军都溃败逃跑。

黥布向西推进,跟汉王的部队在蕲县西面的会甑相遇。黥布的部队很精锐,汉王在庸城筑垒固守,望见黥布的军队像项籍一样布阵,汉王很讨厌。跟黥布彼此远远望见,大声地对黥布说:"你何苦要造反呢?"

黥布说:"想当皇帝罢了。"

汉王怒骂他,两军就大战起来。黥布兵败逃跑,渡过淮水,多次停下来交战,都失利,只好跟着一百多人逃往江南。

黥布原跟番君的女儿结了婚,因此长沙哀王就派人去诱骗黥布,假装要同他一道逃亡的样子,引诱他逃向南越。黥布因此相信了他,并且跟随他到了番阳。

番阳人在兹乡民家把黥布杀死,终于灭掉了黥布。汉王封皇子刘长为淮南王,封贲赫为期思侯,还有很多将领凭战功而受了封赏。

淮阴侯列传第三十二

胯下之辱

淮阴侯韩信,是淮阴人。当初他还是平民的时候,贫穷而又品行不好,没能被推选去做官,又不会做买卖谋生,经常投靠人家混饭吃,人们大都厌恶他。他多次投靠下乡县南昌亭亭长家食宿,一连几个月,亭长的妻子很讨厌他,一天清早做好饭,就在卧房里把饭吃光。到了吃饭的时候,韩信去了,没给他留下饭食。韩信也知道她的用意,很是恼怒,竟然跟他们断绝了关系,不再去了。

韩信在城下钓鱼,有很多妇女在漂洗丝纱。有位老大娘看见韩信饿了,就拿饭给韩信吃,一直到漂洗完毕,几十天都给他饭吃。韩信高兴,对那老大娘说:"我一定会重重地报答你老人家。"老大娘生气地说:"男子汉居然不能自己养活自己,我是可怜你才给你饭吃的,难道是希望你报答吗!"

淮阴屠户中有个年轻人侮辱韩信,说:"你虽然个子很高大,又喜欢佩带刀剑,但内心却是胆怯的。"当众侮辱他说:"韩信如果不怕死,就刺我;怕死,就从我胯下爬过去。"当时韩信仔细地打量他以后,就俯身从他胯下爬了过去。满街的人都讥笑韩信,认为他胆怯。

等到项梁渡过淮水的时候,韩信带着剑去投奔他,在项梁的麾下,一直默默无闻。项梁失败后,韩信又归属项羽,项羽任他为郎中。他多次献策以求重用,项羽都未能采纳。

刘邦入蜀时,韩信逃离楚军而归附了刘邦,仍然默默无闻。韩信在担任连敖之职时,犯法当斩,同案的十三个人都已经被斩,轮到韩信时,韩信就抬头仰视,恰好看见了滕公,就说:"刘邦不想统一天下吗?为什么要斩杀壮士!"滕公听见他的话,很是惊奇,又见他相貌魁伟,就放了他。

萧何月下追韩信

萧何主动和韩信交谈,很是喜欢他。把他推荐给刘邦,刘邦就任命韩信为管粮仓的都尉,刘邦还没有看出他有什么特长。

此后韩信多次跟萧何交谈,萧何惊奇于他的才能。到达南郑,将领们半路逃跑的已有好几十人,韩信想到萧何等人已多次向刘邦推荐自己,但刘邦并不重用,也逃跑了。

萧何听说韩信跑了,来不及将情况报告刘邦,就亲自趁黑夜去追赶他。有人向刘邦报告说:"丞相萧何逃跑了。"刘邦大怒,就如同失去了左右手一样。

过了一两天,萧何来拜见刘邦,刘邦又生气又高兴,骂萧何说:"你逃跑,是为什么?"

萧何说:"我不敢逃跑,我是去追逃跑的人。"

刘邦说:"你去追的人是谁?"

萧何说:"是韩信。"

刘邦又骂道:"将领们逃跑的数以十计,你都不去追;单追韩信,是骗我吧。"

萧何说:"其他将领都容易得到,像韩信这样的人,天下人中没有第二个。大王如果只想长期在汉中称王,就没有地方用得着韩信;如果一定想要争夺天下,除了韩信,就再也没有能和你商量大事的人了,就看大王怎样决策了。"

刘邦说:"我当然也想向东方发展啊,怎么能够长期郁郁不乐地留在这里呢?"

萧何说:"大王如果一定想向东推进,能够重用韩信,韩信就会留下来;不能重用,韩信终究要跑的。"

刘邦说:"我看在你的情面上,用他做将领。"

萧何说:"即使让他做将领,韩信也一定不会留下来的。"

刘邦说:"用他做大将。"萧何说:"好得很!"于是刘邦就要召见韩信并任命他。

萧何说:"大王向来傲慢,不讲礼节,如今任命大将就像呼唤小孩子似的,这也就是韩信之所以要离去的原因。大王如果一定想任用他,就选择吉日,先行斋戒,在广场上设置高坛,举行严正的仪式,那样才行啊。"刘邦同意了。

将领们闻说刘邦要设坛拜将都很高兴,人人都以为是自己能被任命为大将。等到任命大将时,竟然是韩信,全军都很惊奇。

登坛拜将定三军

　　汉军营中忽然传说汉王刘邦要登坛拜将,封选领兵元帅。一时间大家议论纷纷,许多立有战功的将领都以为自己会被任命为大将,没想到在高高的台子上出现的竟是那位曾受胯下之辱的韩信。这下全军都震动了,不少人都暗憋着一口气,等着看他的好戏。

　　韩信在接受拜将仪式后,刘邦就座。刘邦说:"丞相多次向我推荐将军,将军用什么计策来指教我?"

　　韩信表示了谦虚,于是问刘邦说:"如今你向东去争夺天下,对手难道不就是项王吗?"

　　刘邦说:"是的。"

　　韩信说:"大王自己估计在勇敢、凶狠、仁慈和力量各四方面,与项王相比怎么样?"

　　刘邦沉默了好久,说:"我不如项王。"

　　韩信拜了两拜,祝贺说:"我韩信也认为大王是不如他的。不过,我曾经侍奉过他,请让我谈谈项王的为人吧。"

　　"当项王大声怒喝时,很多人都吓得胆战心惊,但是他不会任用有才能的将领,这只不过是匹夫之勇。

　　"项王待人仁慈有礼,言语温和,如果部下有人生了病,他会流着泪把自己的饮食分给他们。但当手下的人有了功劳应当赐封爵位时,他却只把刻好的印章拿在手里,把玩得磨去了棱角,却舍不得交给人家,这就是所谓的妇人之仁。

　　"项王虽然称霸天下,使诸侯臣服,但不占据关中却定都彭城,又违背义帝的约定,而让自己亲信喜爱的人称王,诸侯们都暗中不服。诸侯看到项王迁徙、驱逐义帝,把他安置在江南,也都驱逐了原来的国君,然后自己在好的地方称王。

　　"项王的军队所经过的地方,没有不遭受烧杀抢掠的,天下的人都怨恨他,老百姓更不愿归附他,只不过是迫于他的威势和势力罢了。名义上虽然是霸主,实际上已经失去了天下人的心。所以说他的强大很容易变为弱小。

　　"现在大王如果确实能够采取和他相反的做法,能够任用天下勇敢的人,有什么敌人不能诛灭!把天下的城池封赏给有功的臣子,还有什么人会不心服!率领正义之师,又顺从了想东归的战士的心意,又有什么敌人不能被打败!况且三位秦王原是秦国将领,率领秦地的子弟兵已经好几年了,被杀死和逃跑的士兵多得无法计算,这次又欺骗他们的部下向诸侯投降,到达新安以后,项王用欺骗的手段活埋了秦军已经投降的士兵二十多万,只有章邯、司马欣和董翳得以逃脱。秦地的父老兄弟对这三个人,都恨入骨髓了。如今项羽借重威势让这三个人称王,秦地的百姓没有爱戴他的。

　　"大王进入武关之后,对百姓秋毫无犯,废除了秦朝的苛刻法令,与秦地的百姓立约,只颁布了三条法令。秦地的百姓,没有谁不希望大王能够在秦地当王的。按照诸侯当时的约定,大王应该在关中称王,对此,关中的百姓都是很清楚的。大王失掉关中的封爵进入汉中,秦地的百姓没有不遗憾的。如今大王起兵东进,三秦之地只要发布檄文就可平定它。"

刘邦听了十分高兴,自认为得到韩信太迟了。遂听从了韩信的计策,重新部署各将领的攻击目标。

背水一战

在楚汉相争之时,当时韩信北军正准备攻击井陉与赵国。

赵国的广武君李左车向成安君陈馀建议说:"听说汉将韩信,渡过黄河,俘虏魏王,生擒夏说,最近又血战阏与,如今更在张耳的支援之下,正准备攻占赵国。可见韩信是乘胜而远征,确实有锐不可当之势,我又听说'从千里之外运军粮,将士就会挨饿,临时砍木柴做饭军队也会吃不饱。'现在,去井陉的道路,崎岖不平,车马都很难行,只要继续走几百里,粮食必然落在后方。所以希望足下借我精兵三万,从近路切断汉军的粮道,而足下在这里深沟高垒,守住城池不跟汉军交战。如此,就会陷汉军于进退两难,我再出奇兵切汉军的后路,让汉军在野战时无法掠夺,不到十天就可以把两员汉将的头送到足下面前,希望足下能采纳我的计策,否则我们必然成为汉军的俘虏。"

成安君陈馀是个地道的儒生,一向以正义之师为标榜,他作战从不使用诈计,因此,他回答广武君说:

"我听说兵法上有句话说:'十则围之,倍则战。'如今韩信之军号称数万,其实只不过几千人而已。他们不远千里而来,全军将士已经精疲力竭,假如不趁此机会迎战,等他们大军开到,那我们还如何作战呢,何况如果避而不战,天下诸侯都会认为我懦弱,自然会纷纷派兵向我进攻。"陈馀始终不采纳广武君的计策。

广武君的战略没被陈馀采纳,同时韩信又派谍报人员去刺探,结果知道李左车的战略确实没采纳,韩信很高兴,这才放心率兵去井陉。当韩信到井陉三十里外,就把军队停下来造饭宿营。

到了半夜,韩信下令全军出发,并且精选轻骑兵两千多人,每人手持一面红旗,从近路隐藏山阴处,在暗中偷偷地监视赵军然后,嘱令伏兵说:"赵军一看我军开拔,必然倾巢而出追击我军,这时你们就以闪电术攻进赵城,拔下赵军的军旗,换插汉军的旗帜!"

接着,韩信又下令副将分配饭盒说"打败赵军以后会餐!"各将领都不敢相信,只表面应付说:"知道了。"

最后韩信又对部将说:"赵军先占据有利的地形修筑堡垒,而且没看见我军的旗鼓,所以他们可能不会攻打先头部队,这是因为他们担心我军走到险要之处反击。"

于是韩信先派一万人为先头部队,走出山地,背着河川布阵,赵军远远看到以后大笑。第二天早晨,韩信大张旗鼓,一边打鼓一边前进,从井陉口开始攻打,这时赵军就出城迎战,双方激战很久。

这时,韩信和张耳就假装丢下战鼓和军旗,作出败退到河岸的模样。河岸军把他们引入军营,双方再度展开激战。赵军果然倾巢而出,争抢汉军所丢的旗鼓,并且追击韩信张耳。其实,韩信与张耳二人,已经进入河岸军中,河岸军殊死共战,赵军无法获胜。不料韩信所埋伏的两千骑兵,正在等候赵军空城而出击,夺取胜利的良机,于是就一声令下,飞马冲进赵城,纷纷拔下赵旗,换插汉军的红旗。

赵军既然无法战胜,当然也就不能生擒韩信等将,不得已准备回到城内时,才发现城墙上全是汉军的红旗,惊恐之下,认为汉军已经俘虏赵王及其大将,为此赵军大乱奔逃,赵将一再制止也无效。同时又有汉军的夹击,结果赵军大败,在泜水之岸杀死成安君陈馀,俘虏赵王歇等以下赵军将士不计其数。当时韩信下令:"不得杀死广武君李左车,能生擒者赏千金。"

于是就有人绑着广武君来见韩信,韩信亲自为他解开绑绳,让他朝东坐下,韩信自己侧面而西,和他对坐,待他以老师之礼。

汉军各将领纷纷献上首级和俘虏,然后一边向韩信祝贺胜利,一边问:"兵法有'有以山脉和丘陵为右背,要以河川沼泽为前左',这次将军反倒叫我们进行'背水战',而且说:'击破赵军后会餐。'当时我们不大相信,可是现在居然打了大胜仗,请问将军,这是什么战术?"

韩信回答说:"我这种战术兵法上也有,只是各位将军没有注意到而已,兵法上不是说'陷之死地而后生,置之亡地而后存'吗?况且韩信平日并没有对各位将士有过严格训练,这次作战等于是让老百姓上战场,所以必须先把各位将士置之死地,如此大家才肯努力奋战。反之如果让大家有后路可逃,必然遇到危险就败退,那还怎么能作战呢!"

各将军都很佩服韩信:"大将军真高明,我们实在是望尘莫及!"

不忍背汉

韩信克齐,汉王刘邦用张良、陈平之计,暂封韩信为齐王。齐国不敌韩信,便归顺项羽。项羽担忧齐国,派盱眙人武涉去游说韩信,欲拉拢韩信,分化汉军阵营。武涉对齐王韩信说:"天下共苦秦久矣,相与戮力击秦。秦已破,计功割地,分土而王,休天下之兵。今汉王复兴兵而东,侵人之分,夺人之地,破三秦之后,又引兵出关,收诸侯之兵而东向击楚,其意非尽得天下不休,其不知厌足也太过分无度了。况且汉王本不必如此,曾经数次处于项王掌握之中,项王怜悯之而令之活,然而得脱之后,就背约复击项王,可见其人多么不可亲信。今足下虽自以为与汉王有厚交,为之尽力用兵,终将为之所擒。足下之所以能够苟活至今,是因为项王尚存。当今楚、汉二王之事,权在足下。足下右投则汉王胜,左投则项王胜。项王今日亡,那么就轮到足下了。足下与项王有故,何不反汉与楚联合,三分天下而王?今若失此良机,自己必为汉击楚,倘若明智的话难道会这么行事吗!"

韩信说:"臣事项王,官不过郎中,位不过执戟之人,言不听,计不从,故去楚而归汉。汉王授我上将军印,予我率领数万之众,解衣而衣我,推食而食我,言听计从,故吾得以至此。人深亲于我,我却背之,虽死不为。请为我谢项王!"

武涉说不动韩信,只好归去。蒯通知天下权柄握在韩信手里,也想劝说韩信叛汉自立,但鉴于武涉的失败,想用奇策来感动韩信之心,便以相人的身份来游说韩信。

蒯通说:"我曾经学过相人之术。"

韩信问:"先生相人手段如何?"

蒯通说:"贵贱在于骨法,忧喜在于容色,成败在于决断,以此来参验,万不失一。"

韩信说:"那好。先生相我怎么样?"

蒯通说:"请稍等一会儿。"

韩信便令道:"左右离开吧。"

屏去左右之后,蒯通说道:"相君之面,不过封侯,又危而不安。相君之背,贵乃不可言。"

韩信问:"有什么说法?"

蒯通说:"天下初变之时,俊雄豪杰登高一呼,天下之士云合雾集,风起云涌。当此之时,忧在亡秦而已。今楚、汉分争,使天下无罪之人肝胆涂地,父子暴骸骨于中野,不可胜数。楚人起于彭城,转战逐北,至于荥阳,乘势席卷残云,威震天下。然而兵困于京、索之间,逼近西山而不进,滞留三年。汉王率数十万军队,距巩、洛,因山河之险所阻,一日数战,却无尺寸之功,败北不救,败于荥阳,伤于成皋,遂逃于宛、叶之间,此所谓智勇俱困之时。锐气挫于险塞,粮食尽于内府,百姓疲极怨望,无所倚靠。以臣料之,其势非天下之贤圣便不能息天下之祸。当今两主之命悬于足下。足下为汉则汉胜,与楚则楚胜。臣愿披腹心,输肝胆,效愚计,惟恐足下不能用臣之计,诚能听臣之计,不如两利而俱存之,三分天下,鼎足而居,其势必使各方不敢先动。以足下之贤圣,拥有甲兵之众,据强齐,合纵燕、赵,乘其空虚而制其后,顺民之欲,西向止楚、汉之争,则天下风走响应,孰敢不听!割大国以立诸侯,诸侯既立,天下必然服听而感激齐国。齐国拥有胶、泗之地,又怀诸侯以德,深拱揖让,则天下之君王相率而朝于齐。天予弗取,反受其咎;时至不行,反受其殃。愿足下仔细考虑。"

韩信说:"汉王待我甚厚,载我以其车,衣我以其衣,食我以其食。我听说,乘人之车者载人之患,衣人之衣者怀人之忧,食人之食者死人之事,我岂可以见利忘义呢!"

蒯通说:"足下自以为善汉王,欲建万世之业,臣窃以为您错了。当初常山王张耳与成安君陈馀为布衣百姓时,结为刎颈之交,后张耳被秦将章邯围于钜鹿,陈馀自度兵少,不敌秦军,不敢向前。张耳派张黡、陈泽责备陈馀以当时结交之盟,陈馀以为进攻章邯无济于事,徒死而已。张黡、陈泽争之再三,陈馀派二人率五千人去尝试一下,结果全军覆没,二人亦死。张耳以为陈馀杀此二人,两人反目成仇,相互残害。两人相怨。此二人结交为天下最亲密的生死朋友,然而最终却相互擒杀,为什么呢?患生于多欲而人心难测之故。今足下欲行忠信以交于汉王,必不如张耳、陈馀二人相交之亲密,而所从之事又大于张黡、陈泽之事。故足下认为汉王必不会害自己,臣以为也错了。大夫文种、范蠡霸勾践,范蠡走,文种立功成名而身死。野兽已尽,而猎狗烹。就交友而言,您与汉王不如张耳与陈馀;就忠信而言,又不如大夫文种、范蠡之于勾践。此二人足鉴,足下愿深虑。而且臣闻说:勇略震主者身危,而功盖天下者不赏。臣请言大王功略:足下涉西河,虏魏王,擒夏说,引兵下井陉,诛成安君,立赵,胁燕,定齐,南催楚人之兵二十万,杀龙且,西向而报于汉王,此所谓功无二于天下,略无世出其上。今足下戴震主之威,挟不赏之功,归楚,楚人不信任您;归汉,汉人震恐。足下想归何处呢?势在人臣之位有震主之威,名高天下,窃为足下忧虑。"

　　韩信受刘邦之恩,感恩图报,恃己之功,以为汉王必然不会亏待自己,根本听不进蒯通之言,但对蒯通说:"先生别再说了,我会考虑你说的话。"

　　过了几天,蒯通又来游说韩信,说道:"听者听事之候,计者计事之机,听过计失而能久安者,实在少有。听不失一二者,不可乱以言;计不失本末者,不可纷以辞。随仆妾杂役者,失万乘之权;守斗石之禄者,得不到卿相之位。故智者决之断,疑者事之害,审毫末之小计,遗天下之大数,智诚知之,决断上却不敢行的人,乃百事之祸。所以说'猛虎之犹豫,不如蜂虿之致螫;骐骥之踢躅,不如驽马之安步;孟贲之狐疑,不如庸夫之必至;虽有舜禹之智,吟而不言,不如聋哑之指划。这都是讲贵在能行。要知道功者难成而易败,时者难得而易失。时不可失,失不再来,愿足下详察之。"

　　韩信犹豫,不忍背汉,自以为功多,汉终不会夺己齐国之权,于是便谢退蒯通。蒯通见韩信不听己之言,无可奈何,叹道:"迫于细苛者,不可与之图大事。"恐将来惹祸上身,遂佯狂为巫。

韩信卢绾列传第三十三

狡兔死,走狗烹

　　汉五年正月,刘邦改封齐王韩信为楚王,定楚都于下邳。韩信到了他的封国,召见曾经给饭吃的漂洗纱的老大娘,送给她千金,还召见下乡县南昌亭的亭长,给他一百钱,说:"你是个小人,做好事有始无终。"又召见曾经侮辱过自己、使他蒙受胯下之辱的那个年轻人,任命他做楚国的中尉。韩信告诉各位将相说:"这是位壮士,当初他侮辱我的时候,我难道不能杀死他吗?但杀他不能成名,所以忍受下来,才有了今天。"

项王手下的一员逃亡将领钟离昧,家住伊庐县,一向跟韩信友好。项王死后,他就投奔了韩信。刘邦怨恨钟离昧,听说他在楚国,就叫楚国逮捕他。韩信刚到楚国,巡视各县邑时,进出都列兵保卫。

汉六年,有人上书告发楚王韩信谋反。汉高帝采用陈平的计策,天子外出巡视会见诸侯,南方有个云梦泽,派使臣通告各诸侯到陈县集会,说:"我将要游云梦泽。"其实是要袭击韩信,韩信却蒙在鼓里。汉高祖将到楚国时,韩信想发兵反叛,但自己心里想我并没有罪过,就要朝见皇上,又怕被擒获。有人劝韩信说:"你杀了钟离昧去见皇上,皇上一定高兴,没有后患。"韩信召见钟离昧来商议这件事。钟离昧说:"刘邦之所以不来攻取楚国,是因为有我钟离昧在你这儿。如果要逮捕我去向刘邦献媚,我今天死了,你也会紧跟着灭亡。"他又骂韩信说:"你不是一个厚道忠义的人!"最后,钟离昧终于自杀了。

韩信拿着钟离昧的头,到陈县朝见高祖。皇上命令武士捆绑韩信,放在后面的车上。韩信说道:"果真像人家所说'狡猾的兔子死了,猎狗就遭烹杀;飞翔的鸟没有了,好的弓箭就被收藏;敌国破灭,谋臣死亡'。天下已经平定,我本来就该烹杀!"皇上说:"有人告发你谋反。"于是刘邦给韩信戴上刑具。

到了洛阳,刘邦又赦免了韩信的罪,只任他为淮阴侯。

韩信知道刘邦害怕和嫉妒自己的才能,常常借口生病不朝见,也不随从。韩信从此日夜怨恨,经常在家闷闷不乐,又耻于跟周勃、灌婴一辈人处在同等地位。韩信曾经拜访樊哙将军,樊哙常常跪拜迎送,口称臣子,说:"大王竟肯光临臣下!"韩信出门时,笑着说:"我这一生,却竟然和樊哙等人为伍!"

皇上曾经跟韩信闲谈各位将领的才能高下,认为他们各有差别。皇上问:"像我能带多少兵?"韩信说:"陛下不过能带十万兵。"皇上问:"对你来说怎么样?"韩信说:"我是带兵越多越好。"皇上笑着说:"带兵越多越好,为什么却被我擒获?"韩信说:"陛下不善于带兵,却善于驾驭将领,这就是韩信之所以被陛下擒获的原因。况且陛下的能力是上天赐予的,不是人力所做得到的。"

陈豨被任命为巨鹿郡守,向淮阴侯辞行。淮阴侯拉着他的手,让左右的人回避,同他在院子里散步,仰天叹息说:"可以跟你说话吗?我有话想跟你说。"陈豨说道:"一切听将军的盼咐。"淮阴侯说:"你的所治之地,是天下精兵聚集之处;而你又是受陛下亲信宠爱的臣子。如果有人说你反叛,陛下必定不相信;再有人来告你谋反,陛下就会开始怀疑;第三次来人告你造反,陛下必定会大怒而自己带兵去讨伐。到时我替你从内起兵呼应,天下就可以图谋了。"陈豨一向了解韩信的才能,很相信他,说:"恭敬领教!"

汉十年,陈豨果真反叛。皇上亲自带兵前往讨伐。韩信有病,没有随从出征。他暗中派人到陈豨的住所说:"只管发兵,我会在这里帮助你。"韩信就跟家臣们谋划,乘黑夜假传诏令,赦免各官府里的囚徒和奴隶,想要领着这批人去袭击吕后和太子。部署妥当以后,等待陈豨回报。有个韩信的家臣曾得罪了韩信,韩信把他囚禁起来,想杀死他。家臣的弟弟就上告,向吕后告发韩信准备反叛的情况。吕后想召见韩信,怕韩信的属下不肯就范,就跟萧相国商议,让人假称是从皇宫来,说陈豨已经被捉住杀了,列侯、群臣都要去称贺。萧相国欺骗韩信说:"你尽管有病,也得勉强进宫称贺。"韩信一进宫,吕后就命令武士捆绑韩信,在长乐宫的钟室中,把他杀了。韩信正要被斩首的时候,说:"我后悔没有采纳蒯通的计策,竟被妇人小子所欺骗,难道不是天意吗!"于是韩信一家三族都被诛杀。

汉高祖从讨伐陈豨的军队中回来,到了京城,见韩信已死,又高兴又怜惜,问道:"韩信死时说了什么话?"吕后说:"韩信说后悔没有采用蒯通的计策。"汉高祖说:"蒯通是齐国的说客。"于是高祖诏令齐国逮捕蒯通。蒯通捉来后,皇上说:"你曾教淮阴侯谋反吗?"蒯通回答说:"是的,我本来这样教他。但这小子不采纳我的计策,所以如今自取灭亡。假如那小子采纳了我的计策,陛下怎么能灭他的族呢?"皇上愤怒地说:"烹杀他!"蒯通说道:"啊,杀我太冤枉!"皇上说:"你教韩信谋反,有什么冤枉?"蒯通回答说:"秦朝纲纪已废,山东大乱,异姓诸侯纷纷起来,英雄俊杰像乌鸦一样聚集。秦王失去了他的君位,天下共同追逐他,因此才高足捷的人先得到他。盗跖的狗对着尧吠叫,并不是尧不仁,狗叫是由于他不是它的主人。当时,我只知道有个韩信,不知道天下有陛下。况且天下英雄手持利器,像陛下一样想成就事业的人很多,只不过能力不行罢了,你能够全部烹杀他们吗?"高祖说:"放了他吧!"于是赦免了蒯通的罪行。

卢绾

卢绾是丰邑人,和高祖是同乡,卢绾的父亲与高祖的父亲太上皇关系很好,等他们生子的时候,同一天生下了刘邦和卢绾,乡亲们带着羊和酒祝贺这两家。

到刘邦和卢绾长大时,两人又都一起读书,关系又很好。乡里人称赞两家父亲关系好,生儿子又在同一天,孩子长大又感情非常好,再次用羊和酒去祝贺两家。刘邦还是个平民的时候,因吃官司而东躲西藏,卢绾经常跟随刘邦东奔西走。到刘邦在沛地刚起兵时,卢绾以宾客身份随从,进入汉中后,卢绾担任将军,经常在内廷陪伴刘邦。跟随东征去攻打项籍时,卢绾又以太尉的身份随从刘邦,出入刘邦的卧室很随便,经常得到衣服被褥和饮食等赏赐,群臣没有谁敢与他相比,即使是萧何、曹参等人,只因事情而受到礼遇,至于受到的亲近宠幸,比不上卢绾。卢绾被封为长安侯。长安就是从前的咸阳。

汉五年冬,项籍已被打败,就派卢绾另带一支军队,跟刘贾一起攻打临江王共尉,打败了他。七月,卢绾回朝,跟随刘邦攻打燕王臧荼,臧荼投降。刘邦平定天下后,诸侯中不姓刘而封王的共有七人。刘邦想封卢绾为王,因恐群臣不服而作罢。等到俘虏了臧荼,便下令所有将相列侯,在群臣中选择有功的人来做燕王。群臣知道刘邦想让卢绾任燕王,都进言说:"太尉长安侯卢绾,经常跟随皇上平定天下,功

劳最多,可以封为燕王。"刘邦下诏认可。汉五年八月,封卢绾为燕王。诸侯王中能受到宠信的没有谁比得上燕王。

汉十一年秋天,陈豨在代地反叛,刘邦领兵到邯郸去攻打陈豨的军队,燕王卢绾也从东北进攻陈豨。当时,陈豨派王黄去向匈奴求救。燕王卢绾也派了他的部下张胜到匈奴,宣扬陈豨等人的军队已经被打败。张胜到达匈奴时,原燕王臧荼的儿子臧衍也逃亡在匈奴,他见张胜说:"你之所以受燕国重用,是因为能熟悉匈奴的情况。燕国之所以能长久存在,是因为诸侯屡次反叛,战事连年不能结束。如今你为了燕国,想迅速消灭陈豨等人。当陈豨等人完全消灭以后,接着便要轮到燕国了,你们这些人也将被俘虏了。你为什么不叫燕国暂缓消灭陈豨,而去跟匈奴讲和?事情慢慢地处理,就能够长久地统治燕国;即使有来自汉朝的紧急情况,也能借此安定国家。"张胜认为有道理,就私自要匈奴帮助陈豨等攻打燕国。

燕王卢绾怀疑张胜跟匈奴谋反,就上书请求族灭张胜。张胜回国后,详细说明了他这样做的原因。燕王醒悟,就假装判处了另外的替身,解脱了张胜和他的家属,使他们能够做联络匈奴的间谍。

陈豨心怀不轨

陈豨是宛朐人,当初跟随刘邦起兵共事。到刘邦七年冬天,韩王信反叛,逃入匈奴,皇上从平城回来,就封陈豨为列侯,以赵国相国的身份统率监督赵、代两地的军队,边防军都归属于他指挥。

陈豨曾经告假回家,经过赵国时,赵国的相国周昌看见陈豨随从的宾客座车有一千多辆,邯郸的官府客舍都住满了。陈豨对待宾客都用平民的礼节,总是谦卑待人。

陈豨回到代地以后,周昌就请求晋见。见了皇上,便详细叙述陈豨宾客众多,独揽兵权驻在外边几年了,恐怕有变故。皇上就派人查实陈豨住在代地的宾客在财物等方面的各种违法的事情,大多牵连到陈豨。陈豨害怕,暗中派宾客到王黄、曼丘臣驻地。

到刘邦十年七月,太上皇去世,皇上就派人召见陈豨,陈豨借口病重。九月,就跟王黄等人反叛,自立为代王,劫掠了赵地、代地。

皇上听说了,就下令赵、代两地因受陈豨欺骗而进行掠夺的官吏,都受到赦免。

皇上亲自前往,到了邯郸,高兴地说:"陈豨不南下控制漳水,却北上守住邯郸,可知他是不会有什么作为的。"

赵国的相国奏请斩杀常山的郡守和郡尉,说:"常山有二十五座城,陈豨反叛后,丢了二十座城。"

皇上问:"郡守、郡尉反叛了吗?"

赵国的相国回答说:"没有。"

皇上说:"这是因为力量不足。"就赦免了他们,重新让他们做常山的郡守和郡尉。

皇上问周昌说:"赵地也有能做将领的壮士吗?"

周昌回答说:"有四个人。"

这四个人来拜见时,皇上骂道:"你们这些小子们也能当将领吗?"四个人都惭愧地伏在地上。皇上封给他们各一千户,用他们做将领。

左右的人进谏说:"随从皇上进入蜀郡、汉中,征伐楚国,这中间有功的人还没有全部行赏,现在这几个人凭什么功劳而得到封赏?"

皇上说:"这不是你们所知道的!陈豨反叛,邯郸以北都为陈豨所有,我用紧急文告征集天下的军队,到现在没有人到来,如今可使用的只有邯郸城中的军队了,我为什么要吝惜四千户封给这四个人,而不来抚慰赵国的子弟!"

大家都说:"好。"

这时皇上说:"陈豨的将领是谁?"

左右的人说:"王黄和曼丘臣,从前都是商人。"

皇上说:"我知道了。"于是他拨出千金来悬赏缉拿王黄和曼丘臣等人。

田儋列传第三十四

田儋·田荣·田横

田儋,狄城人,是原齐王田氏的族人。田儋的堂弟田荣,田荣的弟弟田横,都是豪杰,宗族强大,但很得人心。

陈涉开始起兵并称楚王的时候,派遣周市去平定魏地,北上到了狄城,狄城固守不降。田儋假装捆住他的奴仆,让一些年轻人跟着他到县府,想借杀奴仆让县令来接见他。等见到狄县县令时,他就乘机击杀了县令,并召集富豪官吏和青年人说:"各地诸侯都反秦而自立为王,齐国,是古代建立的国家,我是齐王田氏的族人,应当称王。"于是自立为齐王,又出兵去攻打周市。周市退兵以后,田儋趁机带领军队向东平定了齐国的土地。

秦国将领章邯在临济围攻魏王咎,情况紧急,魏王向齐国请求救援,齐王田儋带领军队救援魏国。章邯连夜让兵马口中衔枚悄悄出击,大败齐、魏的军队,在临济城下杀死田儋。田儋的弟弟田荣收拾田儋的残兵撤退到东阿。

齐国人听说田儋死了,就拥立原齐王田建的弟弟田假为齐王,田角为相国,田间为将军,来抗拒诸侯。

田荣败逃到东阿,章邯紧追并包围了他。项梁听说田荣危急,就带兵在东阿城下打败了章邯的军队。章邯向西逃跑,项梁乘胜追击。而田荣忿恨齐人立田假为王,于是带兵回去,攻打并驱逐齐王田假。田假逃跑到楚国。齐相田角跑到赵国。田角的弟弟田间在此以前到赵国请求救兵,于是留在赵国不敢回来。田荣就立田儋的儿子田市作齐王，田荣辅佐他，田横担任将军，平定齐地。

项梁追击章邯以后，章邯的军队又日益壮大起来，项梁派使者告诉赵、齐两国，让它们出兵共同攻打章邯。田荣说："如果楚国杀死田假，赵国杀死田角、田间，我才肯出兵。"楚怀王说："田假是我盟国的君王，在走投无路的时候才来投靠我们，杀了他是不合道义的。"赵国也不肯用杀田角、田间去与齐国做交易。齐人说："蝮蛇咬了手，就要砍去手，咬了脚，就要砍去脚。为什么呢？因为有害全身。如今田假、田角和田间对楚国、赵国来说，不仅仅是手足之忧吧，为什么不肯杀他们？何况如果又让秦国重新统治天下，发起抗秦的首领就要被挖祖坟了。"楚国和赵国仍不听从，齐国也因此愤恨，终究不肯出兵。章邯后来果然打败并杀死了项梁，并打败了楚军，楚军向东逃跑。而章邯渡过黄河，在巨鹿包围了赵军。项羽前往救援赵军，因此怨恨田荣。项羽保全赵国以后，降服章邯等人，就西去屠杀了咸阳城。在灭亡秦国而分封诸侯时，把齐王田市改封为胶东王，定都即墨。齐将田都跟着一起救助了赵国，于是进入关中后，封田都为齐王，定都临淄。原齐王田建的孙子田安，在项羽刚渡过黄河救援赵国的时候，攻取了济北好几个城池，带兵投降了项羽，项羽就封田安为济北王，定都博阳。田荣因为背叛项梁，不肯出兵救助楚国、赵国去攻打秦军，所以没有被封为王；而赵将陈馀也因为失职没能封王。他们两人都因此怨恨项王。

项王回到楚国后，各诸侯王也分别到达了自己的封国，田荣派人带兵去帮助陈馀，让他在赵地反叛，而田荣也出兵抗拒攻击田都。田都逃跑到了楚国。田荣扣留齐王田市，不让他到胶东去。田市左右的人说："项王强暴，而大王本该往胶东，不到封国，必定危险。"田市害怕，就跑到封国。田荣愤怒，追赶齐王田市，在即墨杀了他，回头又攻杀了济北王田安。于是田荣就自封为齐王，把三齐地域全部合并在一起。

项王听说后，大怒，就北上讨伐齐国。齐王田荣兵败，逃到平原，平原人杀死了田荣。项王就烧毁齐国的几座城池，凡是经过的地方都被血洗。齐人都聚集起来反叛他。

田荣的弟弟田横，收编起齐国的逃散士兵，得到好几万人，在城阳反击项羽。刘邦率领诸侯打败了楚军，进入彭城，项羽听说了，就舍弃齐军而回，在彭城攻击汉军，接着连续跟汉军作战，在荥阳对峙。趁此机会田横得以收复了齐国的城邑，封田荣的儿子田广为齐王，而田横辅佐他，独揽国家政事，政事不论大小都由相国田横决断。

田横平定齐国三年，刘邦派郦生前往说服齐王田广和相国田横。田横认为对，撤了他们在历下的驻军。汉将韩信带兵将向东攻打齐国。齐国起初派华无伤、田解在历下驻军来抗拒汉兵。刘邦使者来后，就解除了战备，放任士兵喝酒，并准备派使者同汉军去讲和。汉将韩信平定赵国、燕国以后，就采用蒯通的计谋，渡过平原津，袭击并打败了齐国在历下的军队，并乘胜进入临淄。齐王田广和相国田横大怒，认为郦生出卖了自己，就烹杀了郦生。齐王田广向东逃到高密，相国田横逃到博阳,代理相国田光逃到城阳,将军田既在胶东驻军。楚军派龙且来救援齐军。齐王和龙且在高密会师。汉将韩信和曹参打败并杀死龙且,俘虏了齐王田广。汉将灌婴追击并俘虏了代理相国田光。到达博阳时,田横听说齐王已经死了,就自立为齐王,反击灌婴,灌婴在嬴城下打败了田横。田横逃跑到梁地,归附彭越。彭越这时驻守在梁地,持中立态度,既想帮助汉军,又想帮助楚军。韩信杀了龙且以后,就派曹参进军,在胶东打败并杀死了田既,又派灌婴在千乘打杀了齐将田吸。韩信于是平定齐国,上书请求自己为齐国的代理国王,刘邦顺势立他为齐王。

樊郦滕灌列传第三十五

宰狗出身的樊哙

舞阳侯樊哙,是沛县人。他以宰狗为职业,曾经与刘邦一起在芒砀山下隐居。

起初,樊哙随从刘邦在丰邑起兵,攻下沛县。刘邦任沛公,用樊哙做随从官员——舍人。他跟随沛公进攻胡陵、方与,又回军镇守丰邑,在丰邑一带攻打泗水郡监的军队,打败了他们。又向东平定沛县,在薛县的西边打败了泗水的郡守。在砀县东面与司马枿交战,打退了敌人,一个人斩敌首十五级,沛公赐给他国大夫的爵位。

他跟从沛公在濮阳攻打章邯的军队,攻城的时候,樊哙率先登城,斩敌首二十三级,沛公又赐给他列大夫的爵位。

此后又经常跟随沛公,攻城阳时,他又率先登城。接着打败李由的军队,攻占了户牖乡,又斩首十六级,封赐给他上间的爵位。

随从沛公在成武围攻东郡郡守、郡尉时,打退了敌人,斩首十四级,俘虏十一人,又封赐给他五大夫的爵位。

跟随沛公袭击秦军,经过亳邑以南。河间郡守在杠里驻军,樊哙打败了他们。又在开封的北面击败赵贲的军队,樊哙打仗,总是率先登城,斩杀军侯一人,斩首六十八级,俘虏二十七人,沛公赐给他卿的爵位。

随从沛公在曲遇聚击败杨熊的军队。攻打宛陵时,樊哙又率先登城,斩首八级,俘获四十四人,沛公赐给他贤成君的爵号。

随从沛公攻打长社、镮辕,封锁黄河的渡口,向东在尸乡攻打秦军,又向南在犨邑攻打秦军。在阳城打败南阳郡守吕齮的军队。向东攻打宛城时,樊哙率先登城。尔后向西到郦县樊哙全力击退了敌人,斩首二十四级,俘虏四十人,沛公再给他赏赐增加爵禄。接着进攻武关,到达霸上时,斩杀都尉一人,斩首十级,俘虏一百四十六人,收降士兵二千九百人。

项羽驻军在戏水一带,准备攻打沛公。沛公带着一百多骑兵,通过项伯面见项羽,向项羽谢罪并说明没有封锁关口。项羽就设宴款待沛公的随从将士,在喝酒正酣的时候,亚父范增想杀沛公,令项庄拔剑在座席前挥舞,要寻机刺杀沛公,项伯则

史 记

一再掩护沛公。当时只有沛公和张良能进入营帐就座,樊哙留在营外,听说情况紧急,就带剑持铁盾进入营内。军营卫士要阻止樊哙,樊哙却径直闯进去,站在营帐下。项羽看了看他,问他是什么人。张良说:"是沛公的陪乘樊哙。"项羽说:"这是壮士。"就赐给一卮酒和一只猪腿。樊哙喝完酒,拔剑切肉,把它吃光了。项羽问:"能再喝酒吗?"樊哙说:"我死尚且不害怕,何况只是喝一卮酒呢!沛公首先入关平定咸阳,露营在霸上,来等待大王。大王今天一到,就听信小人的谗言,与沛公有了嫌隙,我担心天下因此分裂,人们心里会怀疑大王。"项羽沉默不语。沛公上厕所,召樊哙出去。出来后,沛公留下车骑,只身骑了一匹马,让樊哙等四个人徒步随从,抄山间小路逃回霸上的军营,还留下张良向项羽辞谢。项羽因为已经顺心遂意,也就不想杀沛公了。这一天,如果没有樊哙闯入营帐去谴责项羽,沛公可就危险了。

第二天,项羽进入咸阳,大肆烧杀。封沛公为汉王。刘邦就封樊哙为列侯,号为临武侯。后来提升为郎中,随从刘邦进入汉中。

刘邦回军平定三秦,樊哙另外带兵在白水北面攻打西城县丞的军队。在雍县南面攻打雍王章邯的车骑部队,并打败了他们。樊哙随从刘邦攻打雍县和斄县二城,率先登城。在好畤攻打章平的军队,攻城时,首先登城冲进敌阵,斩杀县令、县丞各一人,斩首十一级,俘虏二十人,被提升为郎中骑将;随从刘邦在壤乡东面攻打秦军车骑部队,击退敌军,又被提升为将军;继而攻打赵贲,占领郿县、槐里、柳中、咸阳;引水灌废丘。在这些战役中,他功劳最大。到了栎阳,刘邦赐杜县的樊乡作樊哙的食邑。他又随从刘邦攻打项羽,血洗煮枣;在外黄打败王武、程处的军队;又攻取邹县、鲁县、瑕丘、薛县。后来,项羽在彭城打败了刘邦,又夺回鲁、梁的全部土地。樊哙回到荥阳,刘邦增加平阴二千户作他的食邑,让他以将军的身份去镇守广武。一年后,项羽领兵东进,樊哙跟从刘邦追击项羽,占领阳夏,俘虏楚将周将军的士卒四千人,在陈县包围项羽,把他打得大败,血洗胡陵。

项羽死后,刘邦做了皇帝,因为樊哙守城及作战有功,又加封食邑八百户。樊哙随从高帝攻打反叛的燕王臧荼,俘虏了臧荼,平定燕地。楚王韩信谋反,樊哙随从高帝到陈县,捕获韩信,又安定了楚地。高帝剖符定封使诸侯世代相传不绝,封哙为舞阳侯,以舞阳作为食邑,免除以前所封的食邑。樊哙又以将军的身份随从刘邦出征到代地讨伐反叛的韩王韩信。从霍人城一直打到云中,和绛侯周勃等人共同平定了代地。又增加食邑一千五百户。因为攻打陈豨和曼丘臣的军队,战于襄国,攻破柏人,率先登城,降服、平定了清河、常山两郡共二十七个县,摧毁了东垣城,被提升为左丞相。在无终、广昌击败綦毋卬和尹潘的军队。在代地南部打败了陈豨部将匈奴人王黄的军队。趁势到参合攻打韩王信的军队,樊哙的部下杀了韩信。在横谷打败了陈豨的匈奴骑兵,斩杀了将军赵既,俘虏了代国丞相冯梁、郡守孙奋、大将王黄、将军太仆解福等十人。与其他将领们共同平定了代地七十三个乡邑。此后燕王卢绾反叛,樊哙又以相国的身份攻打卢绾,在蓟县以南打败燕丞相抵,平定了燕地共十八个县、五十一个乡邑。高帝给樊哙增加食邑一千三百户,把舞阳的五千四百户定为樊哙的食邑。他随从高帝出征,斩首一百七十六级,俘虏二百八十八人。另外，他还打败过七支军队，占领五座城池，平定六个郡、五十二个县，俘获丞相一人，将军十二人，俸禄二千石以下至三百石的将官十一人。

郦商其人

曲周侯郦商，是高阳人。陈胜起兵时，郦商聚集青年人，到处劫掠人，劫掠到几千人。沛公攻取土地到达了陈留，六个多月后，郦商带领着四千人到歧地去投奔沛公。他随从沛公攻打长社，率先登城，沛公赐给他爵位，封他为信成君。他跟从沛公攻缑氏，封锁黄河渡口，在洛阳的东面，打败秦军。又跟随沛公攻占宛县、穰县等地，平定了十七个县。另外领兵攻打旬关，平定了汉中。

项羽灭秦后，封沛公为汉王。刘邦赐郦商爵号信成君，并让他以将军的身份担任陇西都尉。郦商又单独率兵平定北地和上郡。在焉氏击破章邯部将的军队，在枸邑打败了周类的军队，在泥阳打败苏驵的军队。刘邦又赐给他武成六千户作为食邑。郦商以陇西都尉的身份随从刘邦攻打项羽的军队历时五个月之久，出兵巨野，与钟离眜交战，战斗非常激烈，刘邦授给他梁国相印，又增加食邑四千户。郦商以梁相国的身份率领军队，随从刘邦攻打项羽，共达两年零三个月，攻取了胡陵。

项羽死后，刘邦称帝。这年秋天，燕王臧荼反叛，郦商以将军的身份，随从刘邦攻打臧荼，在龙脱交战，他仍率先登城，攻入乱阵，在易水一带打退臧荼的军队，因而被提升为右丞相，赐爵位列侯，朝廷与诸侯剖符定封，世代相传不绝，以涿县的五千户为食邑，称为涿侯。他以右丞相的身份率兵平定上谷，并趁势攻取代地，拜受赵国的相国印。又以右丞相、赵国相国的身份率兵同绛侯周勃等人平定代国雁门，俘虏代国丞相程纵、代理丞相郭同以及将军以下至俸禄六百石的官员十九人。回来后，他以将军身份保卫太上皇一年零七个月。又以右丞相的身份攻打陈豨，摧毁东垣。又以右丞相的身份随从高帝攻打黥布，进攻黥布的前沿阵地，攻占两个阵地，从而打败了黥布的军队，改封曲周的五千一百户作为食邑，免除以前封赐的食邑。郦商单独击败敌军共三次，降服平定六个郡、七十三个县，俘获丞相、代理丞相、大将各一人，小将二人，俸禄二千石以下至六百石以上的官员十九人。

夏侯婴

汝阴侯夏侯婴，是沛县人。曾担任沛县马房的司御，每次送使者或客人回去，经过沛县泗水亭，就跟刘邦交谈，常常要谈很长时间。夏侯婴不久被试用作候补县吏，跟刘邦亲近，刘邦开玩笑伤害了夏侯婴，有人告发了刘邦。刘邦当时是亭长，为官伤人，要加重治罪。刘邦向上申诉自己没有伤害夏侯婴，夏侯婴也为他作证。后来案子又翻了过来，夏侯婴因为受刘邦的牵连被拘禁一年多，被笞打几百板，但终于因此为刘邦开脱了罪责。

刘邦当初和部众想攻打沛县的时候，夏侯婴以县令史的身份做刘邦使者。刘邦在降服沛县的那一天,做了沛公,赐给夏侯婴七大夫的爵位,并任他做太仆。夏侯婴随从刘邦攻打胡陵,同萧何降服了泗水郡监平,平献出胡陵投降。刘邦又赐给夏侯婴五大夫的爵位。随从刘邦在砀县东攻击秦军,攻打济阳,夺取户牖,在雍丘一带打败李由的军队,因为驾兵车急攻猛战有功,刘邦又赐给他执帛的爵位。又曾经以太仆的身份驾车随从刘邦在东阿、濮阳一带攻打章邯的军队,也因为驾兵车急攻猛战而打败了敌人,刘邦又赐给他执圭的爵位。又曾经驾车随从刘邦在开封攻打赵贲的军队,在曲遇攻打杨熊的军队。夏侯婴随从刘邦俘虏了六十八人,收降士兵八百五十人,得到印章一匣子。又因曾驾车随从刘邦在洛阳以东攻打秦军,因为驾兵车急攻猛战,赏赐爵位改封为滕公。又曾经因为驾车随从刘邦攻打南阳,在蓝田、芷阳作战,也因为驾兵车急攻猛战,直到霸上。项羽到后,灭了秦朝,封沛公为汉王。刘邦赐给夏侯婴列侯的爵位,号昭平侯,又任太仆,随从刘邦进入蜀、汉地区。

刘邦回军平定三秦。夏侯婴随从刘邦攻打项羽,到了彭城,项羽大败汉军。刘邦失败,形势不利,就驾车逃跑。路上遇见惠帝和鲁元公主,也用车子载上他们。刘邦十分焦急,因为马儿疲惫,敌人又紧追在后,他几次用脚踢两个孩子下车,想抛弃他们,夏侯婴则每次下车抱回来,一直载着他们,先慢走等他们坐定后,再快速奔驰。刘邦发怒有十几次想要斩杀夏侯婴,但终于因无人驾车得以幸免,而把孝惠帝和鲁元公主送到丰邑。

刘邦到达荥阳以后,收编散兵,重振军威,将祈阳赐给夏侯婴作食邑。夏侯婴又经常驾车随从刘邦攻打项羽,追到陈县,终于平定楚地。到了鲁地,又增加兹氏作为他的食邑。

刘邦登位作了皇帝。这年秋天,燕王臧荼反叛,夏侯婴以太仆的身份随从高帝攻打臧荼。第二年,随从高帝到陈县,逮捕了楚王韩信。高帝改赐汝阴为夏侯婴的食邑,并剖符定封,世代不绝。又以太仆的身份随从刘邦攻打代地,到达武泉、云中,又增加食邑一千户。接着又随从刘邦到晋阳城旁攻打韩王信的匈奴骑兵,把他们打得大败。追逐败兵到达平城时,被匈奴军队包围,七天不能突围。高帝派使者用厚礼赠送单于的阏氏。冒顿就解除一部分包围。高帝出城时想驱马奔驰,夏侯婴坚持先让他慢慢行走,弓箭都拉满向外,终于得以逃脱。高帝又增加细阳一千户给夏侯婴作食邑。夏侯婴又以太仆的身份跟随高帝在句注以北攻打匈奴骑兵,把他们打得大败。又以太仆身份在平城南面攻打匈奴骑兵,多次冲入敌阵,功劳很大,高帝把他夺取的封邑五百户赐给夏侯婴。夏侯婴以太仆的身份攻打陈豨、黥布的军队,冲入乱阵打退敌军,增加食邑一千户,并确定以汝阴六千九百户作为新的食邑,免除以前的食邑。

商人灌婴

颍阴侯灌婴,曾是睢阳贩卖丝绢的商人。刘邦做沛公时,攻夺土地到达雍丘一带。章邯打败并杀死了项梁,沛公回师到砀县,灌婴起初以中涓官的身份随从沛公,在成武打败了东郡郡尉的军队,在杠里打败了秦军,战斗异常激烈,沛公赐给灌婴七大夫的爵位。他又随从沛公在亳邑南、开封、曲遇攻打秦军,因为力战,沛公赐给灌婴执帛的爵位,号为宣陵君。灌婴随从沛公攻打阳武以西直到洛阳,在尸乡北面打败秦军,北上封锁黄河渡口平阴津,向南打败南阳郡郡守吕齮的军队,于是平定南阳郡。他向西又进入武关,在蓝田作战,奋不顾身,到达霸上,沛公赐给他执圭的爵位,改号为昌文君。

沛公被封为汉王,任命灌婴为郎中。灌婴随从刘邦到汉中,十月,灌婴又被任命为中谒者。随从刘邦回军平定三秦,攻下栎阳,降服塞王司马欣。当他回军在废丘包围章邯,未能攻下来,后随从刘邦向东经过临晋关,攻击并降服了殷王董翳,平定了他的领地。他在定陶南面袭击项羽的部将龙且,以及魏国丞相项他的军队,经过日夜激战,打败了他们。刘邦赐给灌婴列侯的爵位,号为昌文侯,把杜县的平乡赐给他作食邑。

灌婴又以中谒者的身份随从刘邦收服了砀县,到达彭城。项羽攻击刘邦,把刘邦打得大败。刘邦向西逃跑,灌婴随从刘邦在雍丘驻军。王武、魏公申徒谋反,灌婴跟随刘邦打败了他们。攻下外黄,向西收编散兵游勇,驻军于荥阳。楚军骑兵来的很多,刘邦就在军中选择可以充当骑兵将领的人,大家都推荐原来秦军的骑士重泉人李必和骆甲,说他们熟悉骑兵,现在任校尉,可以担当骑兵将领。

刘邦准备任命他们,李必和骆甲说:"我们原是秦国人,恐怕士兵们不信任我们,我们希望辅助大王左右擅长骑射的人。"

灌婴虽然年轻,但多次勇猛作战,就派灌婴为中大夫,任李必、骆甲为左右校尉,率领郎中骑兵在荥阳以东攻打楚军骑兵,把他们打得大败。灌婴奉命单独率军截击楚军的后路,切断楚兵从阳武到襄邑的运粮道路。

在鲁县一带,攻打项羽的将军项冠,打败了他,他所统率的士兵斩杀敌人右司马和骑将各一人,又击败柘公王武的军队,驻军于燕地的西边,所统率的士兵斩杀楼烦将领五人、连尹一人。

灌婴在白马一带攻打王武的别将桓婴,打败了他,他所率领的士兵斩杀敌人都尉一人。他又率领骑兵南渡黄河,护送刘邦到洛阳,出使北上到邯郸迎接赵相国韩信的军队。回到敖仓,灌婴被提升为御史大夫。

刘邦三年,灌婴以列侯爵位受封杜县的平乡作为食邑,又以御史大夫的身份奉命率领郎中骑兵东去归属相国韩信节制,在历下击败齐兵,他所统率的士兵俘虏齐国车骑将军华毋伤和将吏四十六人,降服临淄,俘获齐国代理丞相田光。追击齐国丞相田横到达嬴县、博邑,打败了齐国骑兵。灌婴所统率的士兵斩杀骑兵将领一人。活捉四人。他攻下嬴县、博邑,在千乘击败齐将军田吸的军队,他所统率的士兵斩杀了田吸。他跟随韩信向东在高密攻打龙且和留公旋的军队,终于斩杀了龙且,活捉右司马和连尹各一人、楼烦将领十人,并亲自活捉了副将周兰。

齐国平定后,韩信自立为齐王,派灌婴单独领兵到鲁北攻打楚将公杲,打败了他。他转向南方，打败了薛郡郡守，并亲自俘虏骑兵将领一人，攻打傅阳，前进到下相东南的僮县、取虑、徐县，渡过淮河，收服了那个地区的全部城邑，到达广陵。项羽派遣项声、薛公、郯公去重新平定淮北。灌婴北渡淮河，在下邳打败项声、郯公，斩杀了薛公，攻取下邳。在平阳打败了楚军的骑兵，于是他降服了彭城，俘虏柱国项佗，降服了留、薛、沛、酂、萧、相等地。攻打苦县、谯县，再次俘虏副将周兰。灌婴跟刘邦在颐乡会师。随从刘邦在陈县一带攻打项羽的军队，打败了他们，所统率的士兵斩杀了楼烦将领二人，俘虏骑兵将领八人。刘邦又给灌婴增加了二千五百户食邑。

项羽在垓下兵败突围，灌婴以御史大夫的身份奉命率领车骑从另路追赶项羽到东城，打败了他们。他与所率领的士兵五人共同斩杀了项羽后，全都得到列侯的爵位。收降左右司马各一人，士兵一万二千人，俘虏了军中的全部将吏。攻取东城、历阳。渡过长江，在吴县一带打败吴郡郡守的军队，并俘获了吴郡郡守，于是平定吴、豫章、会稽三郡。回师时平定淮河以北共五十二个县。

刘邦做了皇帝，加封灌婴食邑三千户。这年秋天，灌婴以车骑将军的身份随从高帝去打败燕王臧荼。第二年，随从刘邦到陈县，捉住了楚王韩信。回朝后，高帝给灌婴剖符定封，世代不绝，以颍阴二千五百户作为食邑，改号为颍阴侯。

灌婴以车骑将军的身份随从高帝到代地去讨伐谋反的韩王韩信，到达马邑后，又奉命单独率兵降服楼烦以北的六县，斩杀了代国的左丞相，在武泉以北打败匈奴骑兵。他又随从高帝在晋阳一带攻打韩王韩信的匈奴骑兵，所统率的士兵斩杀了匈奴白题的将领一人。他奉命统率燕、赵、齐、梁、楚等国的车骑部队，在硰石打败匈奴骑兵。到达平城，被匈奴军队包围，随从刘邦撤军回到东垣。

灌婴随从高帝攻打陈豨，奉命单独率兵在曲逆一带攻打陈豨的丞相侯敞的军队，打败了他们，士兵斩杀了侯敞和将官五人，又降服了曲逆、卢奴、上曲阳、安国、安平等地，攻下了东垣。

黥布谋反，灌婴以车骑将军的身份首先出发，在相地攻打黥布的部将，打败了他们，斩杀副将和楼烦将三人。他又进军打败了黥布的上柱国的军队和大司马的军队。又进兵打败黥布的部将肥诛。灌婴亲自活捉左司马一人，他所统率的士兵斩杀了敌人的小将官十人，追击败军到淮河沿岸。高帝又给灌婴增加食邑二千五百户。黥布被打败之后，高帝回朝，重新确定灌婴以颍阴五千户作食邑，免除以前的食邑。灌婴随从刘邦打仗，共俘虏俸禄二千石的官吏二人，单独领兵击败敌军十六次，降服四十六个城池，平定一个诸侯国，两个郡，五十二个县，俘获将军两人，柱国、相国各一人，俸禄二千石的官吏十人。

灌婴打败黥布回朝时，高帝去世了，灌婴以列侯的身份侍奉孝惠帝和吕太后。太后去世后，吕禄等人以赵王的身份自命为将军，在长安驻军意图作乱。齐哀王刘襄听到这个消息，就举兵西进，将要进京诛杀不应称王的人。上将军吕禄等人听到这个消息，就派遣灌婴担任大将，率军队去迎击他。灌婴行军到荥阳，与绛侯周勃等人密谋，于是屯兵荥阳，并向齐哀王暗示准备诛杀吕氏，齐军也停下来不进兵。

绛侯等人诛杀了吕氏家族以后,齐哀王就领兵回去了,灌婴也从荥阳撤兵回朝,和绛侯、陈平一起拥立代王为孝文皇帝。孝文帝因此又加封灌婴食邑三千户,赏赐黄金一千斤,并任命他为太尉。

三年以后,绛侯周勃被免除丞相职务,回到封国。灌婴担任了丞相,免去太尉的官职。这一年,匈奴大规模入侵北地、上郡。孝文帝命令丞相灌婴率领八万五千骑兵去攻打匈奴。匈奴撤退。济北王反叛,孝文帝就下令收回灌婴的兵权。一年多后,灌婴死在丞相任上,谥号为懿侯。儿子平侯灌阿继承侯位。二十八年后灌阿去世,儿子灌强继承侯位。十三年后,灌强犯罪被免,侯位中断了两年。元光三年,天子封灌婴的孙子灌贤为临汝侯,为了延续灌氏的后代。八年后,灌贤又因为犯贿赂罪,封国遂被废除。

张丞相列传第三十六

丞相张苍

丞相张苍是阳武人。他爱好诗书、音律和历法。秦朝时候曾担任御史,管理宫内的各种文书档案。后来犯了罪,便逃回家乡。到沛公攻掠土地经过阳武时,张苍以宾客身份随从沛公攻打南阳。有一次张苍犯了法,应当判处斩刑,他脱掉衣服伏在刑具上的时候,由于他身体高大,又肥又白像瓠子一样,当时王陵看到了,惊异他是个美男子,就劝说沛公,赦免了他,没有处斩。后来他随从沛公向西进入武关,到了咸阳。沛公立为汉王以后,进入汉中,回师平定三秦。陈馀打跑常山王张耳,张耳归附刘邦,刘邦就任用张苍做常山郡守。张苍随从淮阴侯攻打赵军时,俘虏了陈馀。赵地平定以后,刘邦让张苍担任代国的相国,来防御边境的敌寇。

不久,又调任赵国相国,去辅佐赵王张耳。张耳死后,辅佐赵王张敖。后来又改为辅佐代王。燕王臧荼反叛时,刘邦前去讨伐他,张苍以代国相国的身份随从刘邦攻打臧荼立有战功,汉王刘邦六年被封为北平侯,享有食邑一千二百户。

后来,张苍升任计相,一个月后,又改为以列侯的身份担任主计四年。当时萧何担任相国,而张苍则在秦时就担任过柱下史,熟悉天下图书和地方治状。张苍又善于运用书算、音律、历法,因此就让他以列侯的身份留在相府里,负责管理郡县及侯国报来的统计材料。黥布因反叛被杀,汉刘邦立皇子刘长为淮南王,张苍为相辅佐他。十四年以后,被升为御史大夫。

从汉朝建立到汉文帝,二十多年,天下初步安定,将相公卿都是军官出身,张苍担任计相的时候,订正音律、历法。因为刘邦正好是在十月开始到达霸上,加之原来秦朝用十月作一年的开始,因此就不更改了。他又推求金、木、水、火、土五德的运转,认为汉朝正当水德之时,因此仍然崇尚黑色。他吹奏律管、调整音阶,谱记乐章,以及用它们作类比来确定时令、节气和天下百工制作的规程模式。等他当了丞相后,终于完成了这些工作。所以汉代谈论音律、历法,都依据张苍所定。张苍本来就喜好读书,没有什么书不阅读,没有什么学问不通晓的。尤其擅长音律和历法。

张苍感激王陵的恩德。王陵是安国侯。到张苍显贵以后,还是经常像对待父亲一样去侍奉他。王陵死后,张苍当了丞相,每逢休假,往往要先去拜访王陵的夫人,献上美食,然后才回家。

张苍任丞相十多年。鲁国人公孙臣上书说汉朝是属于土德的时代,应当有黄龙出现。孝文皇帝下令把这个奏议交给张苍,张苍认为不对,置之不理。此后黄龙在成纪县出现,因此文帝召见公孙臣,用他作为博士,并起草土德的历法和制度,更改元年。张丞相因此自动黜退,托病称老。张苍推荐某人做中侯,此人大干贪赃枉法的事,皇上拿这件事来责备张苍,张苍称病去职。张苍担任丞相十五年之后免职。汉景帝前元五年,张苍去世,谥号为文侯,儿子康侯继承侯爵,八年后去世。康侯的儿子张类继承侯位,在位八年,因为参加诸侯丧礼就位时犯了不敬罪,封国被废除。

当初,张苍的父亲身高不满五尺,到生下张苍,张苍的身高八尺多,又封侯,又做丞相。张苍的儿子也很高。到了孙子张类,身高六尺多,犯法失去了侯爵。张苍在免除了丞相职务以后,因年纪老了,口里没有牙齿,就吸食乳汁,用青年妇女作奶妈。他的妻妾数以百计,只要是怀孕的就不再宠幸她。张苍活了一百多岁才去世。

周昌其人

周昌是沛县人。他的堂兄叫周苛。秦朝统治时期都是泗水郡的卒史。刘邦在沛县起义时,打败了泗水的郡守和郡监,这时周昌和周苛便以卒史的身份随从沛公,沛公就用周昌做职志,周苛做幕僚。两人随从沛公进入关中,去推翻秦朝。沛公立为汉王后,任用周苛为御史大夫,周昌为中尉。

汉王刘邦四年,楚军在荥阳城围攻刘邦,形势危急,刘邦逃出重围离开了,派周苛留下来守荥阳城。楚军攻破荥阳城,想收降周苛做将领。周苛骂道:"你赶快投降刘邦吧!否则的话,就要被俘虏了!"项羽愤怒,杀了周苛。于是刘邦就任命周昌为御史大夫。周昌曾跟随刘邦击败了项羽。汉王刘邦六年,周昌和萧何、曹参等人一起受封。周昌被封为汾阴侯;周苛的儿子周成,因为父亲是为国事牺牲的,被封为高景侯。

周昌为人刚强,敢说实话,像萧何、曹参等人都比不上他。周昌曾经在刘邦休息的时候入宫奏事,当时高皇帝正搂抱着戚姬,周昌转身就走。

高帝追上抓住周昌,骑在周昌的脖子上,问道:"我是什么样的君主呢?"

周昌抬起头:"陛下就是夏桀、商纣那样的君主。"

于是皇上笑了,然而更加敬畏周昌。等到高帝想要废除太子,立戚姬的儿子如意为太子时,大臣们都极力反对,但没有效果;只是后来高帝听从留侯的计策,才打消了这个主意。

当时周昌在朝上反对时,态度强硬,皇上问他的理由,周昌因为口吃,又正在大怒的时候,说:"我口里不能说,但我心里期期知道这不行。陛下虽然想要废弃太子,但我期期不能奉命。"

皇上听得笑起来。散朝以后,吕后本来侧着耳朵在东厢房偷听,看到了周昌,出来就对他欠身道谢说:"如果没有你,太子几乎就要被废弃了。"

这以后,戚姬的儿子如意被封为赵王,年纪十岁,刘邦担心自己死后他不能保全。赵尧年纪轻,正担任符玺御史。

有位赵国人对御史大夫周昌说:"你的御史赵尧,年纪虽轻,却是个奇才,你一定要重视他,他将会接替你的职位。"

周昌笑着说:"赵尧年纪轻,只不过是个刀笔吏罢了,怎能达到这个位置呢!"

过了不久,赵尧侍奉刘邦。刘邦独自闷闷不乐,悲伤地唱起歌来,群臣不知道皇上为什么会这样。

赵尧上前问道:"陛下所以不高兴,莫不是因为赵王年少,而戚夫人跟吕后又不和睦吗?担忧陛下离世以后,赵王不能保全自己吗?"

刘邦说:"是的。我私下里担心的就是这件事,不知道该怎么办。"

赵尧说:"陛下只有为赵王安排一个尊贵而又强有力的相国,并且又是吕后、太子和大臣们平时都敬畏的人才行。"

刘邦说:"对,我的想法也是这样,但群臣中间有谁合适呢?"

赵尧说:"御史丈夫周昌,这个人坚忍不拔、质朴正直,而且从吕后、太子直到大臣,大家向来都敬畏他。只有周昌正合适。"

刘邦说:"好。"当时就召见周昌,对他说:"我想麻烦你,请你勉力为我辅佐赵王。"

周昌流着眼泪说:"我从刚一开始就随从陛下,陛下为什么偏偏要在中途把我丢弃给诸侯呢?"

刘邦说:"我深知这是降职,然而我私下里很担忧赵王,想来除了你没有合适的人。你就勉为其难吧!"

于是派御史大夫周昌担任赵国的相国。

周昌走后过了一段时间,刘邦拿着御史大夫的官印把弄着说:"谁适合做御史大夫呢?"仔细看了看赵尧说:"看来没有人比赵尧更合适。"就任命赵尧做御史大夫。赵尧先前也有军功,享有食邑,后来以御史大夫的身份随从刘邦攻打陈豨有功,被封为江邑侯。

强弩射手申屠嘉

丞相申屠嘉是梁地人,他以勇敢的强弩射手的身份随从高帝攻打项羽,升为队长。又随从刘邦攻打黥布的军队,担任都尉。汉惠帝时,担任淮阳郡守。汉文帝元年,将从前随从高皇帝、俸禄为二千石的官员,全部封为关内侯,获得食邑的有二十四人,而申屠嘉获得食邑五百户。张苍当了丞相,申屠嘉升任御史大夫。

张苍被免去了相位之后,汉文帝想用皇后的弟弟窦广国担任丞相,说:"我恐怕天下的人会说我偏爱广国。"窦广国贤能有德行,所以想用他做丞相,但思之再三,还是不行。而高帝时代的大臣又大多已经死了,剩下来的没有能胜任的人,就用御史大夫申屠嘉担任了丞相,仍用原来的食邑,封他为故安侯。

申屠嘉为人廉洁正直,家里不接受为私事而来拜访的人。当时太中大夫邓通正是最受宠的时候,赏赐的财物累计巨万。文帝曾经到邓通家里去饮宴,可见邓通受宠的程度。当时,丞相申屠嘉上朝,邓通在皇帝的身边,礼节有所怠慢。

丞相报告事情完毕,趁机说:"陛下宠信臣子,就让他富贵;至于朝廷的礼节,却不可以不严肃!"

皇上说:"你不要说了,我以后再说他!"

退朝后坐在相府里,申屠嘉写了一道手令要邓通到丞相府来,邓通不来,申屠嘉要斩杀邓通,邓通恐惧,连忙进宫去报告文帝。

文帝说:"你只管去,我马上派人召见你。"

邓通到了丞相府,脱下帽子,光着双脚,叩头请罪。

申屠嘉照常坐着,故意不施礼,斥责他说:"朝廷是高皇帝的朝廷。邓通你只是个小臣,敢在殿上嬉戏,大为不敬,当处斩刑。来人,现在就斩了他!"

邓通叩头,头部流满血,仍不放过他。文帝估计丞相已经难为够了邓通,便派使者拿着符节去召见邓通,并对丞相致歉说:"这是我的侍臣,你放了他吧。"

邓通回到宫廷后,对文帝哭着说:"丞相几乎杀了我。"

申屠嘉当丞相五年,汉文帝逝世,汉景帝即位。

景帝二年,晁错担任内史,受到宠幸,把持了朝政,各种法令有很多要更改,又建议用贬责和处罚的办法来削诸侯的权。而丞相申屠嘉由于自己意见不被采用,就怨恨晁错。

晁错担任内史,内史府的门朝东开,不方便,就改开一道门从南边出入。而朝南开的门就开在太上皇庙的外墙上。申屠嘉听说了,便想借此法办晁错,上疏奏请诛杀晁错。晁错的门客把这一消息告诉晁错,晁错很恐惧,连夜进宫拜见皇上,向景帝投案自首。到上朝的时候,丞相申屠嘉奏请诛杀内史晁错。

景帝说:"晁错开凿的不是真正的庙墙而是宗庙的外墙,而且有其他的官员住在里面,这又是我叫他做的,晁错没有罪。"

退朝以后,申屠嘉对长史说:"我后悔没有先斩了晁错,却先请求了皇上,结果反被晁错欺侮。"回到官舍,因吐血而死。谥号为节侯。儿子共侯申屠蔑继承了侯位,三年后去世。共侯的儿子申屠去病继承侯位,三十一年后去世,申屠去病的儿子申屠臾继承侯位,六年后,因任九江太守时接受过去属官的贿赂而犯罪,侯国遂被废除。

郦生陆贾列传第三十七

高阳酒徒

郦食其(lìyìjī)，或称郦生，陈留高阳人。喜欢读书，家贫落魄，缺衣少食。曾任里监门吏，然而县里有德行、有才能的人都不敢用他，人们称他为狂生。陈涉、项梁起义后，打仗路过高阳的有数十人，郦生听说他们都气量狭小、刚愎自用，不能虚心听取别人的意见，于是就躲避他们，把自己深深地隐藏起来。后来沛公刘邦率兵攻占陈留之郊时，经常打听县里的贤士豪杰。刘邦麾下有位骑士是郦生的同乡，郦生见了他，请他代为引荐，告诉他若见沛公，可对沛公说："臣老家有一位郦生，年纪六十有余，长八尺，人皆谓之狂生。"

骑士嘱咐郦生说："沛公不好儒，有戴儒冠的宾客来，沛公就摘下他们的儒冠，尿溺其中。与人讲话，常常大骂。不可以用儒生的那些理论与他谈论。"

刘邦本是一个好酒色、不事家人生产的无赖，他出生于一个小地主家庭，没有什么文化和道德修养，憎恶儒家那一套，所以才有这些下三滥的个性。

刘邦使人召郦生，郦生入谒，刘邦倚在一边，两个女子正为他洗足。刘邦就这样接见郦生。

郦生入，长揖一礼而不拜，说："足下欲助秦攻诸侯呢，还是将要率诸侯破秦？"

刘邦果然骂道："竖儒！天下之人受秦朝压迫之苦都已经很久了，因此诸侯相继攻秦，你怎么说助秦攻诸侯呢？"

郦生说："你下定决心聚众起义兵以诛伐无道之秦，就不应该这么倚在一旁接见长者。"

刘邦一听，便停止洗足，整好衣容，请郦生上座并向郦生道歉。

郦生于是为刘邦讲六国纵横时的策略。刘邦大喜，赐郦生饮食，并问计于郦生。

郦生说："足下起乌合之众，发散乱之兵，不满万人，欲径直攻入强秦，如同羊入虎口。陈留，乃天下枢纽，四通八达，城中又多积粟。臣与县令很友好，请为足下出使，令其献出陈留。如若不听，足下举兵攻之，臣为内应。"

刘邦得到陈留，封郦食其为广野君。

郦生说齐

楚、汉相争，项羽拔荥阳，汉兵退至巩、洛一线。

此时韩信攻破赵国，正引兵攻齐，郦生对刘邦说："臣闻知天之为天的人，王事而成；不知天之为天的人，王事不可成。王者以民为天，民以食为天。敖仓积粟甚多，成为天下转运站很久了。楚人拔荥阳，却不坚守敖仓，旋引兵而东，令有罪被罚的士卒戍守成皋,此乃天助汉也。如今此地易取而汉兵反撤,自夺其利,臣以为不妥,况且两雄不俱立,楚汉相持久而不决,百姓骚动,海内摇荡,农夫释耒,工女辍织,天下之心未有所定。愿足下重新疾速进兵,收取荥阳,据敖仓之粟,塞成皋之险,阻太行之道,把蜚狐之口,守白马之津,以示诸侯汉据守着天下之险,让天下知道人心所归之处。如今燕、赵已经归汉,唯齐未下。今田广据千里之齐,田间又率二十万之众,驻扎于历城,田氏宗族戍守边疆,东面背海,又有黄河、济水作为屏障,南近楚国。齐国善变多诈,足下即使派遣数十万军队,已不可能在短期内破齐。臣请得奉明诏游说齐国王,使其归服汉。"

刘邦听从郦生之言,复守敖仓,派郦生出使说齐。郦生出使至齐,说齐王道:"王知天下之所归乎?"

齐王说:"不知道。"

郦生说:"王知天下之所归,那么齐国可归王所有;若不知天下之所归,齐国将无法自保。"

齐王问:"天下归谁呢?"

郦生答道:"归汉。"

齐王问:"先生为什么这样说?"

郦生说:"汉王与项王同心协力,西面击秦,约定先入咸阳者为王。汉王先入咸阳,项王负约,不准汉王王天下,只准在汉中为王。项王杀义兵所立皇帝,汉王闻之,起蜀汉之兵而击三秦,出关而责以义帝之事,收天下之兵,立诸侯之后。降城即以其将为侯,得赂即分其士,与天下同其利,天下豪杰英才皆乐为汉王效力。诸侯之兵四面汇至,蜀汉之粟并船而下。项王有背约之名,杀义帝之罪,于人之功无所记,于人之过无所忘。战胜而不得其赏,拔城而不得其封。非项姓亲戚不得任其事。各惜权力,刻印而不能授。攻城得赂,积而不能赏。天下叛之,贤才怨之,不肯受其所用。故天下之士归于汉王,汉王可坐而任使。汉王发蜀汉,定三秦;涉西河之外,援上党之兵;下井陉,诛成安君;破魏豹,举三十二城。这有如天佑神兵,非人之力。如今汉王已据敖仓之粟,塞成皋之险,守白马之津,堵太行之道,把蜚狐之口,天下后归服者必先灭亡。王疾速先归服汉王,齐国社稷可得而保;如若不然的话,危亡立而可待。"

郦生之言软中带硬,以汉王所占优势为后盾,陈说利害,故齐王田广便听从郦生之言,罢历城守备之兵,与郦生连日纵酒。

淮阴侯韩信听说郦生出使齐国凭一张利口就得到齐七十余城,连夜引兵从平原袭击齐国。齐王田广听闻汉兵至,以为郦生出卖自己,对郦生说:"你能使汉军停止攻齐,我便留你性命;不然的话,我将烹杀你!"

郦生毫无惧色,说:"做大事的人不必顾忌细小的礼节,有大德的人不会做小的辞让。我不为你再言!"

齐王遂烹郦生,引兵败退。

陆贾出使南越

陆贾,楚人,曾以门客的身份跟从汉高祖刘邦定天下,是有名的舌辩之士,常为刘邦出使诸侯。刘邦开国之初,陆贾曾出使南越,使之心服汉室。后又劝高祖以文武并用治天下。孝惠帝及吕后专权时,陆贾存身避祸,后为汉室诛灭诸吕立下功劳。陆贾的著作有《新语》传世,其中多儒家和道家思想成分。

汉高祖时,中国初定,尉佗为刘邦平定了南越,于是刘邦就令陆贾出使南越,赐尉佗印封他为南越王。

陆贾到,尉佗按越人风俗,发髻树为一撮,似椎而结之,屈膝张足而坐。这在古代是一种傲慢失礼的行为。尉佗这样接见陆贾,不仅是对陆贾本人的不尊重,而且是对大汉王朝的蔑视,陆贾理所当然要表示斥责。

陆贾对尉佗说:"足下是中原人,亲戚、兄弟及祖坟都在真定(今河北正定)。如今足下违反天性,弃冠带,欲以区区之越与天子抗衡,大祸就要及身了。况且秦失其政,诸侯豪杰并起,惟汉王先入关。占据咸阳。项羽背约,自立为西楚霸王,诸侯皆为之属,可谓至强。然而汉王起兵巴蜀,驱使天下民众,以威力征服诸侯,诛灭项羽。五年之间,海内就平定了,此非人力所及,而是上天所创建的。天子听说你在南越称王,不助天下人诛伐暴逆,将相们欲移兵讨伐你,然而天子怜百姓劳苦刚过,故且休息,派臣来授你王印,剖符通使。你本应出郊外迎接,北面称臣。不想你却想以新造未稳之南越抗衡朝廷,你竟然倔强到这地步。朝廷如果知道了,就会挖你的祖坟,烧你祖先的遗骸,夷灭你的宗族,然后再派一偏将率十万大军兵临南越,那么越人必杀你而降汉,这是易如反掌的事。"

于是尉佗马上蹶然起坐,谢于陆贾说:"我居蛮夷之地久了,因而有失礼仪。"说完之后,又问陆贾:"我与萧何、曹参、韩信相比,谁更贤?"

陆贾说:"大王似乎更贤。"

尉佗又问:"我与皇帝相比,谁更贤?"

陆贾答道:"皇帝起于小沛,讨暴秦,诛强楚,为天下兴利除害,继承了五帝三王的功业,统一治理中国。中国之人稠密,地方万里,居天下之膏腴,万物殷富,政由一家,自天地开辟以来未曾有过的。今你的越国百姓不过数十万,皆蛮夷之人,居于崎岖山海之间,譬如汉之一郡,你怎能自比于汉朝皇帝!"

尉佗大笑说:"我不是从中原起事,因此在这里做王。假使我在中原,又有什么不如汉朝皇帝呢?"

尉佗虽然这么说,只是强辩而已,而心中非常信服陆贾之说。尉佗很喜欢陆贾,留他共饮数月,对陆贾说:"南越无人可以同他谈话,至陆生来,才使我日闻前所未闻。"于是赐陆贾装满珠宝的包,价值千金,另送他物,亦值千金。陆贾最后拜尉佗为南越王,令其称臣奉汉。

陆贾回报,高祖大悦,拜陆贾为太中大夫。

陆贾在汉高祖刘邦面前时时援引《诗经》《书经》中的话，刘邦最讨厌这些东西，便骂陆贾，陆贾反问道："居马上得天下，难道可以在马上治天下吗？况且商汤、周武王皆逆取天下而顺守之。文武并用，才是长久之术。从前吴王夫差、晋国智伯因穷兵黩武而亡国；秦一味实行严刑苛法，终被消灭。假使秦人兼并天下之后，行仁义，法先圣，陛下哪能得秦人的天下呢？"

汉高祖心中不悦，脸有惭色，马上对陆贾说："试为我写秦所以失天下，我所以得天下的原因，以及古代成败之国的经验和教训。"

陆贾便遵刘邦之命，粗述存亡的道理，一共十二篇。每写成一篇，奏于刘邦，刘邦未尝不称好，左右皆呼万岁，称陆贾写的书为《新语》。

密谋诛吕

汉惠帝时，吕太后掌权，欲分封诸吕，又害怕大臣争辩阻挠。

陆贾自度不能阻挡吕氏专权，就称病告退。

陆贾良田颇多，可以耕作。家中有五个儿子，陆贾拿出当年出使南越时所得千金分给五个儿子，每人二百金，用于生产。然后自己驷马安车，由歌舞弹琴的十个侍者跟从，带着价值百金的宝剑，对五个儿子说："与你们约定，经过谁家，谁家奉给我人马酒食，极我所欲，十天一换；死于谁家，我所带的宝剑、车马、侍从就归谁。一年中我会往来几遍，莫使我见不鲜美之食，诸子不要久而厌我。"就这样，陆贾的日子过得优哉游哉，非常快活。

吕太后以诸吕为王，吕姓家族擅权，欲挟持少主，危刘氏天下。右丞相陈平非常担忧，但力不能争，恐祸及己，常深居简出，闭门忧虑。陆贾前往探问，直入客座，陈平正在沉思，过了一会儿才看见陆贾。

陆贾问："你在想什么，沉思良久？"

陈平没有回答，反而问道："你猜我在想什么？"

陆贾说："足下位居丞相，封侯食邑有三万户，可谓富贵之极，愿望已足矣。然而仍有忧虑，不过是担心诸吕、少主罢了。"

陈平说："很对。你看该怎么办？"

陆贾说："天下安，注意相；天下危，注意将。将相和调，则士必附；士必附，天下即使有变，则权不分。为社稷计，在您和周勃两君掌握了。臣常想对太尉绛侯周勃说，周勃却与我开玩笑，差开我的话。您何不交欢太尉，与其深结？"此后多次为陈平谋划有关吕氏的事。

陈平用陆贾之计，以五百金为绛侯周勃祝寿，厚具乐饮。太尉周勃也厚报陈平。两人常来常往，结交亲密，吕氏的阴谋就逐渐施展不开了。陈平感谢陆贾的帮助，就以奴婢百人，车马五十乘，钱五百万，厚赠陆贾，作为陆贾的饮食费用。陆贾凭陈平所赠，游说于汉廷公卿间，声名很大。诛灭诸吕，立孝文帝，陆贾出了很大的力。

刘敬叔孙通列传第三十九

肝脑涂地

汉高祖五年,刘邦住在洛阳。一天,有位名叫娄敬的人,要见刘邦。他对守卫在门前的虞将军说:"请给我通报一下,我有事要见见高祖。"

虞将军看娄敬穿着羊皮衣服,便说:

"娄先生,请您换上一年漂亮衣服再进去吧!"

娄敬答道:"我穿着什么衣服,就穿什么衣服去见他,不必换衣装!"

虞将军只好替他去通报。

刘邦见了娄敬,就问:"你找我有什么事情呀?"

娄敬直截了当地说道:

"你想在洛阳建立国都,是不是想要与周朝比一比盛况呢?"

刘邦点了点头说:"正是这样啊!"

"陛下错了。"娄敬坦率地说,"你怎么可以和周朝相比呢?周朝是以德行治理天下的,周朝的天下太太平平,不用一兵一卒,别国的人都很佩服。可是你起兵丰沛,带领三千人一直打到蜀汉,与项羽交战荥阳,大的战争有七十场,小的战争也有四十场,天下的百姓肝脑都涂在地上,男人的尸骨都暴露在野外,那数目多得数也数不清,哭声还没有断,受伤的人伤还没养好,然而你却要去与周朝相比,在洛阳建立国都,我看这不合适。还是把国都建立在秦地长安为好,那里环山傍水,易守难攻,可以容得下百万之众,可以称作'天府'之地。你在那里建都,就是山东发生战乱,你也可以保全一大块地方。这好像是与人搏斗,不卡住他的喉咙,不按住他的脊背,就不会得胜一样。你今天去秦地建立国都,就是卡住了天下的喉咙,按住了天下的脊背呀!"

刘邦听了娄敬的话,觉得很有道理,又问军师张良,张良也同意在长安建立国都。刘邦心中十分欢喜,就封娄敬为郎中,号称奉春君。又把他的姓"娄",改成"刘",表示对他的恩赐。于是"娄敬"就变成"刘敬"了。

何足挂齿

秦朝末年,陈胜、吴广举旗造反,四方响应,不久便攻下县城州郡,打得官兵望风而逃。当这消息传到朝廷,秦二世十分紧张,慌忙召集博士、儒生们,议论军情。

秦二世问大伙:"眼下那些军卒攻占了蕲县与陈县,你们看应该怎么办?"

他的话音刚落,三十多位儒生一齐回答道:

"他们这是反叛朝廷,罪该万死,陛下应该发兵讨伐!"

这时站在一旁的叔孙通,偷偷地瞥了秦二世一眼,只见皇帝的脸色很难看,他

明白了皇帝对那些儒生的话很反感。于是他轻轻地走向前去,恭恭敬敬地说:
"陛下,他们说的话没有道理,现在是天下一家,明主在其上,法令具于下,人人忠于职守,向四方辐射,岂有敢反叛朝廷的!那些闹事的兵卒,不过是鼠窃狗盗之徒而已,何足将他们挂在齿牙之间!让那些州郡的官吏将他们捕获论处就完了,有什么值得忧虑的呢?"

秦二世听了这话,非常喜欢,又问那群儒生,儒生中有同意叔孙通的,有不同意的。秦二世看看差不多了,就下命令说:

"把那些说陈胜反叛的人都给抓起来,关进监狱!"

叔孙通不但没有吃苦头,反而得到了秦二世的奖赏,皇帝送给他二十匹帛,一套衣服,又封他为博士。

儒生们看到叔孙通得到便宜,非常不满,就谴责他说:"你为啥那样奉承秦二世呀?"

叔孙通向他们解释说:"你们难道不知道秦二世凶残无比吗?如果我不那样说,是难逃虎口的!"

后来,叔孙通投奔汉王刘邦,做了他的太子太傅。

叔孙通制礼

刘邦还没当皇帝时,对秦朝的各种苛法极其痛恨,继而对各种繁文缛节也深为反感。然而,当他做了皇帝后尤其是每当宴会时,那班功臣入宫后,往往喧哗吵闹,毫无顾忌,喝醉了酒后更是大喊大叫,拔剑击柱,实在不像话,刘邦心里更不是滋味。长此以往,朝廷这副样子,教人怎么看得下去?

这时,有个温文尔雅的儒者来到刘邦面前说道:"儒生嘛,要靠他们进取打天下是不行的,但要守住天下还不能说他们没用。现在天下已定,朝仪不可不肃,臣愿到孔夫子老家鲁地征集儒生,让他们和我的弟子一道,来首都讲习朝仪。"说这话的人是秦朝的博士叔孙通。

刘邦不懂这套朝仪,但他凭直觉似乎是到了定朝仪的时候。于是他说:"朝仪要实行,但太繁琐了恐怕难行。"叔孙通是个明白人,马上说道:"据臣所知,五帝三皇的礼乐都不尽相同,当今只能略采古礼,与前朝折中而行,想来不至于繁琐到哪去。"刘邦同意了。

叔孙通受命至鲁招集了二三十个儒生,没想到有两个儒生非但不去,反而嘲笑叔孙通,说他是借此向上献媚,还说不去尚好,去了真要玷污了"礼乐"二字。叔孙通见此二人如此迂腐,也不和他们多啰嗦。回来后,与鲁地儒生、自家弟子共同商定,逐条演习。待新的朝仪定下来以后,又奏请刘邦同意,派文吏先到郊外学习。待文吏学得差不多了,又请刘邦当面视察。总的说来,这套朝仪是尊君抑臣,上宽下严。刘邦看后颇觉满意,这才降诏,让群臣观礼学习。

秋去冬来,转眼年来临了。刚巧丞相萧何前来奏报,长乐宫已竣工。长乐宫是在秦朝兴乐宫基础上改建的,长乐宫告竣,刚好能让皇帝到新宫过年。

元旦那天,各诸侯王和文武百官,均到新修建的长乐宫朝贺。天刚蒙蒙亮,便有专门的仪官引着诸侯群臣依次进入,并按尊卑排列于东西两阶。殿中早已陈列齐备,仪仗威严,气氛庄重。不同等级的司仪官肃立殿旁,各司其职,迎送宾客。

高祖刘邦乘着辇来到殿前,慢慢登上宫殿,南面而坐。这时,诸侯百官按等级渐次进入,以不同朝仪一一拜贺礼毕,各依次分座入宴。宴席有御史执法数人,诸侯百官个个谨小慎微,唯恐失仪,所以只是象征性地饮宴,不敢放肆。只有在按礼敬酒之后,才能略为放松。酒过数巡,有的便放松下来,稍有越轨行为,立即被御史请出,不准再坐。汉朝开国以来,如此秩序井然的宴会,还真是第一次。

宴罢席散,刘邦退入内廷,不由一阵大喜:"我今日方知皇帝的尊贵了。"遂拜孙叔通为太常,赐金五百斤。

袁盎晁错列传第四十一

袁盎智谏

袁盎是楚国人,字丝,侍奉文帝时,屡屡直抒谏言。

绛侯周勃担任丞相,朝会完毕,他快步走出来的时候,显出意气十分的自得的样子。皇帝对待他在礼节上恭敬,经常亲自送他出去。袁盎上前说:"陛下以为丞相是怎样的人?"皇帝说:"是国家能够依赖的大臣。"袁盎说:"绛侯周勃是一般所讲的那种功臣,而不是国家能够依赖的那种忠臣。国家能够依赖的那种忠臣与君主在存亡的关系上,是相互与共的。当吕后执政时,众吕姓掌权,擅自册封王爵,刘家天下虽没有断绝,却也像丝带一样非常轻弱。这时绛侯担任太尉,掌握着兵权,却不能使局面得以矫正。吕后去世后,大臣们一起反对众吕姓,太尉掌握着兵权,又正好赶上使他成功的机会,这就是所说的那种功臣,不是皇家能够依赖的那种忠臣。丞相对君主表现出傲慢的神色,陛下您却谦虚礼让,臣下和君主都违背了礼节,我认为您不该采取这样的态度。"以后朝会,皇帝显得更为庄重,丞相更感觉畏惧。此后,绛侯责怪袁盎说:"我同你哥哥交往友善,如今你这小子却在朝廷上诋毁我!"袁盎始终也没有认错。

后来绛侯被免掉丞相的职务,去了封国。在封国中有人告绛侯谋反,绛侯被征召来关在牢房中。宗室的人和众公卿们都不敢替他说话,只有袁盎向文帝申明绛侯并没有罪过。绛侯因此获得了释放,这是袁盎出了相当大的力。于是绛侯和袁盎深厚地结交了。

淮南王来朝见时,举止上更显得十分骄横。袁盎进谏说:"做诸侯的过分骄横肯定会发生祸乱,现在应当适当地削减他的封地。"皇帝没有采纳。

淮南王从此更加骄横,等棘蒲侯柴武太子谋反的事情被察觉,遭到治罪时,牵连到淮南王。淮南王受征召,皇帝迁放他到蜀地,派囚车押送过去。

袁盎当时担任中郎将,便劝谏说:"陛下以前向来骄纵淮南王,没有稍加制止过,以至到了这样的地步,现在又突然地给予他摧毁性的打击。淮南王为人刚烈,如果遇上雨露和温雾,走在路上死去,您竟会被认为是天下特别不能宽容的人,背着杀死弟弟的名声,可不大好呢?"皇帝没有听取他的话,终于那样做了。

淮南王来到雍县,果然生病死掉了,皇帝知道后停止了吃饭,哭得十分悲伤。袁盎进去,叩头请罪。皇帝说:"由于没有采用您的建议,出现了这样的结果。"

袁盎说:"皇帝自己放宽心,这是已经过去的事情,难道可以追悔回来吗!况且您有三种高于世人的品行,这件事不足以毁掉您的声名。"

皇帝问:"我高过世人的三种品行是什么?"

袁盎说:"您在代国时,太后曾经得病,三年的时间里,您没怎么合眼,睡觉也不脱衣服,药剂不经过您亲口品尝就不能送给太后。春秋时期以孝闻名的曾参只是一个普通百姓,尚且认为这是件不易做到的事情,如今您作为君王却亲自这样做了,在孝道方面您超过曾参很多。在众吕姓掌权时,大臣独断专行,而您从代国乘坐着六辆车驾回到无法揣测前途的京师,即使是古代孟贲、夏育那样的勇士,也比不上您的勇气。您来到代王的官邸,向西辞让了两次天子的尊位,在南辞让了三次天子的尊位。当初上古的许由只是辞让了一次天子的尊位,而您却五次把天下辞让出去,超过许由四次了。况且您迁移淮南王,是想让他在心志上得到辛苦,使他改正过失,只是护卫的官员不够谨慎,才导致他得病死掉。"

皇帝这才放松下来,说:"那要怎么办?"

袁盎说:"淮南王有三个儿子,您可以仔细安排就是了。"于是文帝便把淮南王的三个儿子都册封为王。

袁盎从此在朝廷上名声日益显著起来。

袁盎时常讲谈什么是大义,显得慷慨激昂,宦官赵同因为多受皇帝的宠幸,时常诋伤袁盎,袁盎为此感到忧虑。袁盎的侄子袁种担任常侍骑,手持符节守护在皇帝的旁边。他劝袁盎说:"您要同他斗争,在朝廷上侮辱他,使他的诋毁不能产生作用。"

文帝外出时,赵同陪同乘车,袁盎伏拜在车前说:"我听说陪同天子乘六尺车驾的人,必定都是国家里的豪杰名士。如今的汉朝即使缺乏人才,陛下您又何必要让受过宫刑的人与您同乘一车呢!"于是,皇帝大笑起来,命令赵同下车,赵同哭着下了车驾。

文帝从霸陵上山,想从西面纵马奔跑下山坡。袁盎骑着马,却紧靠着车驾并挽着缰绳。皇帝问:"将军害怕了吗?"

袁盎说:"我听说千金之家的人在坐着的时候不靠近屋檐,百金之家的人不会靠在楼台的边栏上,圣明的君主是不会冒着风险而去贪图侥幸成功的。眼下您放纵驾车的六匹马,奔跑下高陡的山坡,如果其中有的驾马因受到惊吓致使车驾毁坏,您即使把自己看得轻淡,又怎么向高帝和太后交代呢?"于是皇帝打消纵马的想法。

皇帝来到了上林苑,皇后和慎夫人跟着。她们在宫中时,经常坐在同一块席子上面。等到就座时,郎署长分配席位,袁盎有意将慎夫人的坐席拉得靠后,慎夫人生气了,不肯坐下来。皇帝也感到生气,站起身,走进宫里。

袁盎乘便上前劝说道:"我听说如果尊卑有分别,那么上下便和睦。如今您已经册封了皇后,慎夫人只不过是个妾,妾与君主难道能够同席而坐吗!如果那样才正好是失去了尊卑的次序。况且您宠爱她的话,加重赏赐就行了。您用以宠爱慎夫人的做法,恰恰成为使她蒙受祸难的根源。陛下难道不知道'人彘'的故事吗?"皇帝这才高兴起来,召回来慎夫人,告诉她袁盎的话。慎夫人赏赐给袁盎黄金五十斤。

袁盎的恩恩怨怨

可是,袁盎也由于多次的直率进谏,没能够长期地留用在朝廷,他被调任为陇西都尉。他爱护兵士,兵士们都争相为他效命。他被调迁担任齐国丞相,又改任吴国丞相,在辞别的时候,袁种对袁盎说:"吴王骄纵的日子已经很长了,他的封国中有不少的奸徒。现在如果想要揭露和惩处他们,那些家伙不是上书污告您,就是用利剑谋刺您。南方一带地势低洼潮湿,您如果能够每天喝酒,不去管什么事情,只是不时地劝说吴王不要造反就行了。照这样去做了,就有可能摆脱祸难。"袁盎采纳了袁种的计,吴王对袁盎给予了优厚的待遇。

袁盎请假回家,在路上遇到丞相申屠嘉,下车行礼拜见,丞相只是在车上向袁盎表示了谢意。袁盎回到家里,当着属下感到很羞愧,于是前去丞相住的地方拜谒,请求会见。

丞相过了很长的时间,才接见了袁盎。袁盎于是下跪说:"希望能够避开外人单独与您谈一谈。"丞相说:"如果您讲的是公事,到官署去和长史属官谈论,我将把它们奏报上去;如果讲的是私事,我不接受私下里讲的话。"

袁盎便跪着劝说道:"现在您担任丞相,自己想一想,相比陈平和绛侯如何?"

丞相说:"我比不上他们。"

袁盎说:"这就是了,您自己认为是比不上的。陈平、绛侯辅佐着高帝,平定天下,担任将军和丞相,而且诛杀了众吕姓,保存了刘家的江山;您过去不过是一个会骑射拉弓的武士,靠勇力升迁提拔为百人的长官,累积功劳做到淮阳郡守,并不是有什么特殊的计谋和攻城征战的功勋。况且皇帝从代国来了之后,每次朝会,郎官奏报文书条陈时,皇帝从来都是停下车驾接受他们的建议,这些建议不能被采用的就放在一旁,可以接受的就采用过来,从来没有不称道赞扬的。这是为什么呢?就是想通过这样的做法来招引那些天下有才之人。皇帝每天都能听到过去听不到的事情,能弄清楚他所不了解的事情,一天比一天圣明;而您如今使自己封闭起来,把天下人的嘴都关紧了,只能一天天的越来越愚钝。如果拿圣明的君主来责求愚钝的丞相,您遭受祸难的时候不太远了"

丞相申屠嘉闻此立即下拜说:"在下是一个无知的乡巴佬,就是没明白这些,幸亏得到将军的指教。"遂把袁盎引进室中,作为上等的客人对待。

袁盎从来就不喜欢晁错,有晁错坐留的地方,袁盎就离开有袁盎坐留的地方,晁错也离开。两人从没有在一个屋子里说过话,等到文帝去世,景帝即位,晁错担任御史大夫,便派官吏去检查袁盎接受吴王财物的事实,并判处了罪名,后皇帝下诏赦免了他,只废黜为平民。

吴楚发生叛乱,消息传来了以后,晁错对丞史说:"袁盎接受了吴王的金钱,特意为他掩藏着,对陛下说他不会造反。如今果然造反了,袁盎一定了解叛乱的阴谋,想请求处治袁盎。"

丞史说:"事情没有暴露出来就无法治他的罪名,并有可能使叛乱的阴谋中途停止。现在叛乱的军队向西而来,惩处他又有什么用处!况且袁盎也不会有什么阴谋。"

晁错犹豫着不能决断。有人将这件事告诉给袁盎,袁盎感到害怕,夜里去会见窦婴,告诉他吴王反叛的原因,希望到皇帝面前亲口陈述。

窦婴进宫报告给皇帝,皇帝便让袁盎进宫会见。此时晁错正在皇帝面前,袁盎请求皇帝避开旁人单独接见他,晁错离开后,对袁盎的怨恨更深了。

袁盎详细地报告了吴王所要反叛的情形,是因为晁错的缘故,只要赶紧杀死晁错并向吴王表示歉意,吴王的军队就可以退回去了。

等晁错被杀死以后,袁盎以太常的身份去出使吴国。吴王想让他担任将军,袁盎不愿意。吴王又想杀掉他,派遣一个都尉带领五百兵士将袁盎围困。

袁盎当初在担任吴国丞相时,有一个从史曾同袁盎的婢女私通,袁盎得知了这件事,没有泄漏出去,对待这个从史仍然像往常一样。有人告诉从史,说:"丞相知道了您和婢女私通的事情",从史便逃走了。袁盎亲自驾车追赶从史,最终还将婢女赐给他,并仍然让他担任从史。

这次袁盎出使吴国被围的时候,从史正好担任了包围袁盎校尉司马,便将他全部的私存买了二石的好酒,赶上天气寒冷,兵士又饿又渴,一个个喝得酩酊大醉,西南角那边的兵士都倒下了,于是司马连夜带着袁盎起身,说:"您可以走了,吴王准备明天杀掉您。"袁盎不相信,说:"您是干什么的?"那个司马说:"我是从前做从史跟您的婢女私通的那个人。"袁盎才惊讶地感谢说:"您上有父母,我不能连累您。"那个司马说:"您只管走好了,我也要逃走的,去安顿我的父母,您担忧什么!"于是用军刀割开营帐,领着袁盎从醉倒的兵士看守的道路上径直逃走出去。

晁错的聪明

晁错是颍川人,曾在轵县的张恢先生那里学习申不害、商鞅的刑名学说,与洛阳人宋孟和刘礼是同学。因为文章博学而成为太常掌故。

晁错为人严峻刚直,刻薄持重。文帝时,全国没有研究《尚书》的人,只听说济南的伏先生是过去秦朝的博士,研究过《尚书》,年纪已九十多岁,年纪老了不能征召,皇帝便诏令太常派人去学习。太常派晁错去伏先生那里学习《尚书》。回来时,晁错借机会奏报一些有利适宜的计策,并引用《尚书》进行解释。皇帝诏命他担任太子舍人、门大夫和家令。晁错靠他善于辞辩的本领得到了太子的宠信,太子家的人称他为"智囊"。

文帝在位时,他多次上书,谈论削夺诸侯势力的事情以及法令方面可以更改的地方。几十次的上书,文帝都没有听取,但是感觉到他的才能很特别,就调任为中大夫。当时,太子认为晁错的计谋策略不错,袁盎和众位有显耀功勋的大臣则多不喜欢晁错。

后来景帝即位,任命晁错为内史。晁错多次请求单独谈论事情,景帝每次都听从了,对他的恩宠超过了九卿,法令有很多被修改了。丞相申屠嘉感到心中不满意,但也没办法加以阻挠。

内史府建在太上庙围墙里的空地上,但是门在东边,进出很不方便,晁错便在南边另开了两扇门,开凿了太上庙的围墙。丞相申屠嘉听说后,想趁这个过失奏报,请求惩处晁错。晁错听说后,当夜请求单独进见皇帝,详细地向皇帝奏报这件事情。

当申屠嘉奏报事情时,借机会报告晁错擅自开凿太上庙的墙作为大门,请求把晁错交给廷尉惩处。皇帝说:"这不是庙墙,而是庙外空地的围墙,不必要严重到动用法令的地步。"丞相谢了罪。退朝后,丞相生气地对长史说:"我应该先处治了他再奏报皇帝,他反而先行去报告,被那小子出卖了,本来就是办错了。"丞相终于病发死去。晁错因此愈发显贵。

晁错被提升为御史大夫时,奏报诸侯的罪过,要求削夺他们的封地,收回在他们周围的郡地。上书报告给皇帝,皇帝命令公卿、列侯和宗室在一起议论这件事,没有人敢提出诘难,唯独窦婴对它有争议,因此和晁错产生了嫌隙。

晁错修改的法令有三十章,诸侯都极力反对,并憎恨晁错,晁错的父亲听说了这件事,从颍川赶过来,对晁错说:"皇帝才即位,你掌握着权力,侵夺削弱诸侯的势力,疏远隔离人家的骨肉,人们嘴里头都在议论和怨恨你,是为什么呢?"

晁错说:"本来就应该这样的,否则的话,天子就没有尊贵,国家也不能安宁。"

晁错的父亲说:"刘家的天下安定了,而晁家却要有危险了,我离开你回老家去了!"便服毒药死了,临死前说:"我不忍心看到灾祸连累到自己。"

死后十几天,吴楚七国果然反叛,以诛杀晁错为名。经过窦婴、袁盎进言劝说后,皇帝才让晁错穿着朝服在东市处死了。

张释之冯唐列传第四十二

张释之主持公正

廷尉张释之是堵阳人,字季。他有个哥哥叫张仲,两人在一起生活。张释之因家境富足,被选为骑郎,在汉文帝时做事,但十年来未得到升迁,也很少为人所知。

张释之说:"这样长期地做郎官,只会消耗哥哥的家产,于心不安。"所以上朝自动申请免职回家。中郎袁盎知道他有贤才,不舍得让他离去,便奏请调迁张释之候补谒者中的缺职。朝见完毕,张释之乘机上前讲述几件利国养民的事情。文帝说:"切实一点,不要过多地讲太玄妙离谱的事情,只要讲些能够在眼下实行起来的就可以了。"于是,张释之开始讲述秦汉之间的事,又谈了很长时间秦朝为什么会灭亡和汉朝为什么会兴起的原因。文帝对此十分称道,随后授予张释之谒者仆射一职。

有一次张释之跟随皇帝出行,到虎圈观临。皇帝询问上林尉登记各种禽兽簿册的情况,连续提出了十几个问题。上林尉左顾右盼,全都答不上来。还是看管虎圈的啬夫在一旁替上林尉详细回答了皇帝的提问,想以此显示自己对答机敏仿佛有回响应声无穷无尽的本领。文帝说:"作为官吏可不该是这个样子吧?上林尉太不够格了!"于是诏令张释之马上授予那个啬夫上林尉的职位。

过了一会儿,张释之才上前对皇帝说:"陛下以为绛侯周勃是怎样的一个人呢?"

皇帝回答说:"是有德才的长者。"

张释之又问:"东阳侯张相如是什么样的人呢?"

皇帝也答:"是有德才的长者。"

张释之道:"虽说绛侯、东阳侯被称为有德才的长者,可这两个人在谈论事情时竟也有连话都说不出来的表现,皇帝现在这样做,难道是要大家效仿啬夫如此喋喋不休的显示利齿伶牙吗?况且秦朝时任用擅长舞文弄墨的书吏,使他们争着以办事迅疾和督责苛严而一争高低,然而这样做的弊端不过是表面形式,而缺乏由衷办实事的诚意。因此,皇帝听不到自己的过失,朝政将日坏一日,只传下去两年,天下便会土崩瓦解了。如今皇帝仅因为啬夫口才出众便要越级提升他,我倒担心天下人会随风附和,争相在口才上下功夫而毫无实际的东西。更何况下面受来自于上面的影响,比影子随形和回响应声还要快的,你在举措上不可不谨慎一些啊!"

文帝答道:"讲的好!"于是,收回成命,不再提拔那个啬夫。

皇帝上车,又令张释之陪乘,车驾缓缓前进,皇帝向张释之询问秦朝的弊端,张释之全都认真地回答出来。回到宫中,皇帝授予张释之为公车令。

不久,太子同梁王共乘一车驾入朝时,经过宫廷外的司马门二人都没有下车。张释之当即追上去,制止太子和梁王进入殿门。并检举二人在公门不下车驾的不敬行为,奏报给上面。薄太后也听说了这件事,文帝摘掉头冠向太后赔罪道:"这是我对儿子教导不严的结果。"薄太后这才派使者去传达诏令,赦免了太子和梁王,二人才得以进入宫中。经过这件事,文帝感到张释之确实与众不同,授予他中大夫。

又过了一段时间,张释之的官职已是中郎将了。有一次他随从皇帝来到霸陵,皇帝从北面远望。当时慎夫人也跟随在旁,皇帝指着新丰县的道路对她说:"这就是往邯郸方向去的路。"然后让慎夫人弹奏瑟琴,皇帝随和着瑟琴的曲调唱起了歌,歌词情意凄惨而悲伤。皇帝回头对群臣说:"唉!用北山的石头做棺椁,把麻絮剁碎,填在石椁的缝隙之间,再用漆粘合起来,难道还能打得开吗!"左右近侍都说:

"对。"

张释之却上前进言说道:"如果它里面有能够引起人贪图的东西,即使封闭于南山之中,也还是有缝隙的;倘若没有什么能够引起人贪图欲念的东西,就算没有石椁的保护,又有什么值得忧虑的呢!"文帝称赞他讲的对。此后,又提升张释之为廷尉。

过了不久,皇帝出行途经中渭桥,有一个人从桥底下突然跑出来,惊吓了皇帝车驾的马。皇帝便命令随从的骑士将那人抓起来,交给廷尉。张释之进行审问,那个人供说:"我是个乡下人进城来,听到清道的吆喝声,便躲到桥下。过了好半天,以为已经都过去了,就从桥下走出来,正巧又见到皇帝的车驾和骑卫,便赶忙逃跑。"廷尉报告判罚的结果是,有一个人冒犯了清道的法令,应该处以罚金。文帝生气道:"这个人可是惊吓了我的马,幸亏我的马性情温顺,倘是别的马,能不伤着我吗?可廷尉却只判处对他罚金!"

张释之说:"法令是天子与天下人必须共同遵守的。眼前这件事,按法令的规定就应该是这样,实际却要变成加重处罚,这是使法令不能取信于民的做法。况且在事情刚刚发生时,皇帝要是让手下把那个人杀死也就算了。如今已经交付廷尉来处置,廷尉本是天下公平论理的代表,一旦他在这方面有所偏执的话,全国各地的官吏在行使法令时,都会随着选择轻重,让老百姓如何安排他们的举止?希望陛下体察这一点。"

过了好久,皇帝才说:"廷尉的处置是对的。"

后来,有人偷盗刘邦庙里神座前的玉环,被抓到了,文帝非常气愤,也交给廷尉处治。张释之按照法令中有关处罚盗取宗庙服饰器物者的规定,奏报判处斩首。皇帝大怒说:"一个人为非作歹,胆敢偷盗先帝庙里的器物,我之所以交付给廷尉去办理,就是想要给他灭族的惩罚。可是你却按法定的惩处来奏报,这可不是我要表示恭奉敬待宗庙的本意。"

张释之摘掉冠帽,叩头解释说:"按法令这样办已经十分妥当了。而且斩首和灭族是同一等级的处罚,只在程度上有所区别。现在盗窃了宗庙的器物便连同诛灭他的族人,或者万一有下列情形出现:假使有愚劣的人挖走了长陵上的一捧土,陛下又将如何施加您的法令呢?"

过了很长时间,文帝和薄太后谈起这件事,才批准了张释之的奏报。此时,中尉条侯周亚夫和梁相、山都侯王恬开看到张释之主持评议很公正,便和他结成亲密的朋友。张释之由此被天下人大为称赞。

冯唐的逆耳之言

冯唐的祖父是赵国人。从他父亲一辈迁移到代郡。汉朝建立后又迁徙到安陵一地,冯唐因对上至孝而获得声望,做了中郎署长,供事于文帝。

文帝在经过他所在的官署时,垂问冯唐说:"老人家你怎么还在做郎官?家住在什么地方?"冯唐都如实回答了。文帝又说:"我住在代地的时候,我的尚食监多次给我讲起过去赵国大将李齐的贤能,讲他在钜鹿打仗的事情。如今我每逢吃饭的时候,都要想到钜鹿,您老知道李齐这个人吗?"冯唐回答说:"李齐作为大将还是不如廉颇和李牧。"

文帝问:"这是为什么?"冯唐说:"为臣的祖父在赵国时,为官率将,与李牧经常交往。为臣父亲过去给代王做丞相时,和赵国的大将李齐交往也很多,所以知晓他们的为人。"

文帝在听了廉颇、李牧的为人之后,十分高兴,继而拍着大腿说:"唉!我偏偏得不到廉颇、李牧这样的人担当我手下的将领,否则我何必要忧虑匈奴的威胁啊!"冯唐说:"皇帝在上!恕我直言:就算陛下得到廉颇、李牧,也是不能重用的。"

文帝生气了,起驾回到宫中。许久,文帝才召见冯唐并责怪他说:"您为什么当众侮辱我,难道没有僻静的地方吗?"冯唐谢罪说:"是我这个人太粗鲁了,不懂得忌讳。"

当时,正赶上匈奴大举进犯,杀死了北地郡都尉孙卬。皇帝对匈奴的入侵感到担忧,终于又去垂问冯唐说:"您上次怎么说我不能重用廉颇、李牧那样的人呢?"

冯唐回答说:"我听说上古时代君王派遣将领时,要跪着推车子,向将领说:国门里边的事情,由我来管;国门外面的事,由将军来全权处理。军功、爵位和赏赐都由他那里决定,回来之后再奏报给朝廷。这可不是没有根据的话。为臣的祖父讲,李牧担任赵国的大将戍卫边地时,把从军中交易征收来的税钱都用于犒劳将士,如何赏赐都在他那里决定,朝廷并不从中干扰。委托给他以重任便责令他成功,因此李牧才得以充分施展他的智慧和才能,派遣经过挑选的训练有素的战车一千三百辆、骑兵一万三千名、精悍的士卒十万人,在北面驱逐了匈奴单于、打败东胡、消灭掉澹林,在西面抑制了强秦的发展,在南面抗拒了韩、魏两国。在当时,赵国几乎成为霸主。但此后赶上赵王迁即位,他母亲是个卖唱的。他当政后听信了郭开的谗言,终于杀掉了李牧,让颜聚接替他的职位。结果遭到了失败,被秦国所铲灭。眼下为臣私下里听说魏尚担任云中太守,把军中交易的税钱也都用来犒赏士卒,又拿出自己的俸钱,每五天就杀一次牛,宴请宾客、军吏以及下属,所以匈奴在远处躲避着,不敢接近云中的防塞。匈奴曾经有一次进犯,魏尚率车骑出击,杀死的敌人无数。那些士卒都是平民百姓家的子弟,从田间出来参加到军伍之中,怎么会知道尺籍伍符一类的规定。且整天拼力打仗,斩敌首级,抓捕俘虏,到将帅府中报功,一句话不合要求,文吏便用法令来制裁。他们应得的奖赏没有施行,可是官吏所依奉的法令却必须执行。为臣愚钝,以为陛下法令过于严刻,奖赏太轻,惩罚太重。况且云中郡守魏尚由于上报斩获首级和俘虏的数目只相差六个,陛下便将他交付给司法的官吏,削夺了他的爵位。又处罚一年的徒刑。因此说来,陛下即使获得廉颇、李牧这样的人,也不会使用。为臣实在愚钝,冒犯了忌讳,当为死罪,当为死罪!"

文帝听了却非常高兴,当天就派冯唐持节去赦免了魏尚,并重新担任云中郡守,并授予冯唐车骑都尉一职,负责中尉和各郡国的车战军士。

田叔列传第四十四

田叔的贤能

　　田叔是赵国陉城人。他的祖先本是齐国田氏的后代。田叔喜欢剑术,曾从乐巨公学习黄老之术。田叔为人节俭自爱,喜欢与那些有德行且年纪大的人交往。赵国人将他推荐给丞相赵午,赵午又上报到赵王张敖那里,赵王任命他为郎中。几年间,表现得忠实正直廉洁,赵王认为他很贤能,但没有来得及提升。

　　那一年正好赶上陈豨在代国反叛。汉七年,刘邦前往征讨,经过赵国,赵王张敖亲自端着托盘进献饭食,礼节十分的恭敬,刘邦却席地而坐,傲慢地叱骂他。

　　当时,丞相赵午等数十人都感到十分愤怒。对赵王张敖说:"您侍奉皇帝,礼节已经很完备。可碰上他这样对待您,我们请求您准许我们背叛他。"

　　赵王咬着自己的指头出了血,说:"先父失去了侯国,假使没有皇帝的话,我们的尸体都要长出蛆来了。各位怎么能讲出这样的话!不要再讲出口了!"

　　贯高等人说:"您是忠厚的人,不会忘恩负义。"终于在暗地里商量要谋杀皇帝。

　　后来事情被发觉,朝廷下令逮捕赵王和群臣中商议谋反的人。赵午等人自杀了,只有贯高被抓了起来。这时朝廷下诏书称:"如果赵国有胆敢追随赵王的人,将罪及三族。"

　　但只有孟舒、田叔等十余人穿着赭色的囚衣,自己剃了头发,披戴上铁枷,自称是赵王的家奴,跟随赵王来到长安。

　　后来贯高谋反的事情查清楚了,赵王张敖被放出来,被废黜为宣平侯,有人向上推荐了田叔等十余个忠烈之人。皇帝全部召见了他们,向他们问话,当时的朝廷中的官员没有人比得上这样的待遇。皇帝感到高兴,全部委任他们为郡守或诸侯国的丞相的职位。田叔担任汉中郡守十余年,高后去世后,吕家诸王侯作乱反叛,大臣们又杀掉了他们,拥立了孝文帝。

　　孝文帝即位以后,召见田叔,问他说:"您知道天下都有哪些长者吗?"回答说:"为臣怎么能够了解得周全呢!"

　　皇帝说:"您这个人,就是长者,应该知道的。"

　　田叔叩头说:"过去的云中郡守孟舒,算是一位长者。"

　　此时孟舒犯了罪,原因是匈奴大举入侵城塞抢掠时,云中郡遭劫的损失尤其严重,因此被罢免。

　　皇帝说:"先帝任命孟舒做云中郡守已经十多年了,这中间匈奴曾经入侵过一次,孟舒不能顽强地守卫,毫无理由让兵士战死了数百人,长者难道要让兵士被如此残杀吗?您是凭什么说孟舒为长者的呢?"

　　田叔叩头回答说:"这正是孟舒所以要被称为长者的原因所在。当初贯高等人谋反,皇帝颁下了明白的诏书,赵国如果有人胆敢跟随赵王,要罪及三族。但是,孟舒自己剃了头发,披戴上铁枷,跟随赵王敖到他将要服罪的地方,想以自己的身躯为赵王效死,难道他会知道自己将来能成为云中郡守吗!楚、汉两国打了这么多年的仗,士兵已经够疲劳困顿的了。匈奴冒顿单于才能够轻而易举地征服了北方的夷族,前来我朝边地为害,孟舒知道士卒们疲劳困顿,不忍再说什么打仗的话,兵士们却争相登临城上与敌人殊死交战,如同儿子帮助父亲、弟弟帮助哥哥那样,因此才会有数百人战死的结果。孟舒哪里是故意驱赶兵士们投入作战啊!这才是孟舒所以被称为长者的缘由。"

皇帝说:"孟舒是有贤德啊!"又召见了孟舒,重新任命他为云中郡守。

几年以后,田叔因犯了法而丢掉了官职。不久,梁孝王派人刺杀了以前的吴国丞相袁盎,景帝召见田叔,派他去梁国了解这件事。田叔弄清楚了整个事情,回来向景帝报告。

景帝说:"梁王有那么回事吗?"

田叔回答说:"为臣该死!是有那么回事。"

皇帝说:"证据在哪儿呢?"

田叔说:"皇帝您还是不要再把发生在梁国的这件事追究到底了。"

景帝说:"为什么?"

田叔说:"眼下如果梁王不被判死罪,汉朝的法令就再也无法实行了,而如果他被判死罪,那么太后吃饭都不香了,觉也不会睡好,这样一来,忧虑就转到了陛下这里了。"

景帝认为田叔十分贤能,任命他为鲁国的丞相。

鲁国的丞相才刚到任,有人主动来找丞相反映,指控鲁王侵夺了他们财物的有一百多人。

田叔抓住了他们当中的头目二十人,每人笞打五十大板,接下来又各打手心二十板,对他们发怒道:"鲁王不是你们的主人吗?你们凭什么胆敢议论你们的主人!"

鲁王听说以后十分惭愧,支取府库中的钱财,让鲁国丞相田叔发还给他们。

田叔说:"鲁王自己夺取走的,却让我来偿还给他们,这是鲁王做了坏事而让丞相我来做好事。我是不能来做这样的事情的。"于是,鲁王就亲自如数偿还了全部钱财。

鲁王很喜欢打猎,丞相经常跟随进入围场中,鲁王就让他到馆舍里去休息。田叔在围场中,经常坐在太阳底下等着鲁王。鲁王屡次派人请田叔去休息,他始终都不肯,并说:"我们的国王在围场中被太阳晒着,我为什么要独自到馆舍里去呢!"鲁王因此不再过分地外出打猎。

过了几年,田叔死在任上,鲁国以百金作为祭礼祭奠他。他的小儿子田仁不肯接受,说:"不能用这么多金子损伤了我先父的名声。"

扁鹊仓公列传第四十五

起死回生的扁鹊

扁鹊是勃海郡郑人,姓秦,名越人。年少的时候做人家客馆的主管。客人长桑君经过客馆,扁鹊认为他与一般人不同,经常恭敬地招待他。

长桑君也知道扁鹊不是一般的人。长桑君来往客馆十多年以后,才叫过扁鹊私下坐在一起,悄悄对扁鹊说:"我有秘传的医方,自己年纪大了,想把它留传给你,你不要泄露出去。"

扁鹊说:"好吧,我一定照您说的做。"

扁鹊得了长桑君的全部药方后,便开始悬壶行医,而且药到病除。

一天,扁鹊经过虢国。虢国的太子死了,扁鹊来到虢国宫廷的门前,问一位喜好医术的中庶子说:"太子得了什么病,城里举行的祭祀活动的程度怎么超过了其它事情?"

中庶子说:"太子的病是血气不能按时运行,阴阳交错而得不到排泄,突然暴发在体表,实际是由于体内的伤害所致。精神不能抑制邪气,邪气积蓄而得不到发泄,所以阳脉弛缓而阴脉急迫,因此才会突然昏倒致死。"

扁鹊问:"他什么时候死的?"中庶子说:"从鸡鸣到现在。"

扁鹊又问:"收殓了吗?"

中庶子说:"还没有。太子死后还不到半天。"

扁鹊说:"请禀报说我是渤海郡的秦越人,家在郑,未曾仰望国君的神采,想到他面前侍奉。听说太子不幸去世,我能使他活过来。"

中庶子说:"先生没有哄骗人吧?你凭什么说能使太子活过来?我听说上古的时候,有个叫俞跗的医生,治疗疾病不用汤剂、药酒、镵针、砭石、导引、按摩、以药物熨贴患处等办法,一掀开衣服诊视就知道疾病所在的部位,顺着五脏的腧穴,而后割开皮肤,剖开肌肉,疏通血脉经路,结扎筋腱,按治脑髓,触动膏肓,疏理横膈膜,清洗肠胃,冲涤五脏,修炼精气,改变神色。先生的医术如果能够像这样子,那么太子可以活过来;不能像这样而想让太子活过来,简直都不能把这种话来告诉刚会发声的小孩。"

过了好久,扁鹊仰望着天空慨叹说:"你的那些治病方法,好像是从管子里观看天空,从缝隙中窥视斑纹一样。我秦越人治病的办法,不用对病人切诊脉搏、观察脸色、辨听声音、审视神情,就能说出他病在什么地方。知道了他的病外表方面的状态,就可以推测出他里面的症候;知道他里面的症候,就可以推测出他外表方面的表现。体内的病会充分反映在体表,根据这些,千里之内病人的情况都是这样。可以决断的方法太多了,不能停止在一个角度上看问题。你如果认为我的话还不够可靠,就试着去诊视太子,一定会听到他耳部有鸣响的声音,而且鼻翼在张动,沿着他两腿直到阴部,肯定还有温乎劲儿。"

中庶子听完扁鹊的话,眼睛瞪着不知道眨动,舌头翘着不知道放下,于是马上把扁鹊话去报告给虢国的君主。虢国的君主听说后,十分惊讶,出来到宫廷的中门接见扁鹊,说:"我很早就听说了您的高尚品行,可是没有去您跟前拜见过。先生行医经过我们这样的小地方,希望能够救助我,偏远孤陋的我会感到十分的高兴。眼下有您在,我的儿子才能被救活,如果遇不到先生,我儿子便要被丢弃填埋在沟壑里,永远地死去而不能活过来。"虢国君主的话没说完,就哭泣起来,气色积郁,神志恍惚,涕泪横流,悲伤得不能控制自己,容貌都变了。

扁鹊说:"您太子的病,是通常所说的'假死症'。是由于阳气陷入阴脉,使胃受到绕动,经脉受到损伤,脉络被阻塞,又分别下注到三焦、膀胱,因此阳脉下坠,阴脉上升,阴阳二气交会处闭塞不通,阴气上逆而阳气向内运行,阳气在下在内鼓动着无法升起,在上在外被阻绝着而不能被阴气所遣动,身体上部络脉的阳气已被断绝,下部筋纽的阴气已经遭破坏,阴气破坏,阳气断绝,气色衰败,脉象紊乱,所以身体安静就如同死人一样。太子实际上没有死。如果阳气进入阴脉阻隔了脏气,这样的情形是能够活下来的,如果阴气袭入阳脉阻隔了脏气的话,则会死掉。上面所说的情况,都会在五脏厥逆的时候突然发作而死去。水平高明的医生能够治好这样的病,水平低差的医生就会因为困惑而使病人出现危险。"

扁鹊让弟子子阳备好针石,用以刺击百会这个穴位。过了一会儿,太子醒了过来。于是,扁鹊叫弟子子豹准备了能入体五分的药熨,再加上八减方的药物混合煎煮,拿来交替熨贴在两胁的下边。太子能够起来坐着。又接着调适阴阳气血,只服了汤药二十天,便使身体恢复的好像从前一样了。

所以天下人都认为扁鹊能够使死去的人活过来。扁鹊说:"我不是能够使死去的人活过来,而是你有应该活过来的生机,我所能做到的,只是利用医术使他恢复过来罢了。"

不治之症

扁鹊到了齐国,齐桓侯把他当做客人招待。扁鹊到朝廷拜见齐桓侯时,说:"您有病,在皮肤和肌肉之间,如果不治疗的话,会加重的。"

齐桓侯说:"我没什么病。"扁鹊退出来,齐桓侯对身边的人说:"这是医生喜好功利的表现,想在没病的人身上显示本领,好作为自己的功劳。"

过了五天,扁鹊又去拜见齐桓侯时,说:"您的病已经到了血脉中,不治疗的话,恐怕会加重的。"

齐桓侯说:"我没病。"扁鹊退出来,齐桓侯感到不高兴。

又过了五天,扁鹊再去拜见齐桓侯时,说:"您有病已到肠胃间,不治疗的话,将会加重的。"齐桓侯不理睬他。扁鹊退出来,齐桓侯感到十分不高兴。

又过了五天,扁鹊再去拜见齐桓侯,远远看见齐桓侯就转身跑了。

齐桓侯派人问扁鹊为什么要跑掉。扁鹊说:"出现在皮肤和肌肉之间的病,是汤药和熨药的效力所能达到的;出现在血脉中的病,是针刺和砭法的效力所能达到的;出现在肠胃间的病,是酒药的效力所能达到的;出现在骨髓的病,即使是掌管生命的神仙也无可奈何了。如今,齐桓侯的病已经到了骨髓,所以我已经无法为他治疗了。"

过了五天,齐桓侯身体中的病发作了,派人去召请扁鹊,扁鹊已经逃离齐国。齐桓侯真的就死了。

假使是圣贤之人,预先知道还没有暴露出来的疾病,能够让水平高明的医生及早治疗,那样病就可以治好,性命就可以保住。通常人们所担忧的事情是疾病多;而医生所担忧,则是治病的办法少。

所以,疾病有六种情形不易施治:为人傲慢放纵不讲道理,是第一种不易施治的;把身体看得轻淡,把钱财看得重要,是第二种不易施治的;衣着饮食不能适当调节,是第三种不易施治;阴阳错乱,五脏血气失去正常功能,是第四种不易施治的;形体过于瘦弱,不能服食药物,是第五种不易施治的情况;迷信巫术而不相信医术,是第六种不易施治的情况。有这其中的任何一种情形,就会非常难于医治了。

扁鹊的声名天下人都知道了。他来到邯郸,听说那里尊重妇女,就当了治妇女病的医生。

经过洛阳,听说当地人很尊敬老人,就当了治耳目痹病的医生。

到了咸阳,听说秦国人喜欢小孩,就当了小儿科的医生。

能根据各地不同的习俗而改变自己治疗的重点。秦国的医生李醯自知自己的医术不如扁鹊,便派人杀死了扁鹊。直到现在,天下谈论脉诊的方法,所遵从的都是由扁鹊那里传下来的。

太仓公答疑难病症

太仓公,是齐国都城管理粮仓的长官,临淄人,姓淳于,名意。年轻时,喜好医术,高后八年时,又向同郡元里的公乘阳庆学习。阳庆年纪七十多岁,没有子嗣,他就让淳于意把过去所学的医方都丢掉,再将自己的全部秘方交给他,向他传授黄帝、扁鹊的脉书,还有根据五色诊断疾病的方法,据此知道病人的生死,来决断疑难病症,确定是否可以治愈,以及药剂的论著,十分精辟。

淳于意学习了三年,为人治病决断生死很多都应验了。一天,淳于意住在家里,皇帝下诏书询问他所治的病中决断生死应验的详细情况。

诏书问原太仓长淳于意:"在医术上有什么特长?能够治什么样的病?有没有医书?都是如何学来的?学了多少年?曾治好了哪些病人?他们是什么地方的人?得的是什么病?服了药之后,病人怎样了?全都详细地回答上来。"

淳于意回答说:从我年轻的时候开始,便喜好医术药剂,用医方给病人看病大多没有效果。等到高后八年，得以遇到临淄的公乘阳庆老师。阳庆年纪七十多岁，我有机会拜见和侍奉他。他对我说："丢掉你那些有关医方和书册，它们都不正确。我有古代前辈医家遗留下来的黄帝、扁鹊的关于诊脉的医书，根据五色诊治疾病的方法，能够预先知道人的生死，以决断疑难病症，并确定能否治疗，以及谈论药理的书册，十分精道。我家境富足，因为特别器重你，想把我所有的秘密方术都教给你。"我便说："太荣幸了，这不是我所敢奢望的。"我便离开坐席接连跪拜叩头，接受了他的《脉书》上下经、《五色诊》、《奇咳术》、《揆度阴阳外变》、《药论》、《石神》、《接阴阳》等秘藏的书册，接受了之后，便开始读解和体验，大约经过了一年多。

第二年就开始检验它们，虽然有应验的效果，但还不够精道。前后学习了三年时间，便已经试着给人治病了，诊病决断生死很有效果，达到了精良的程度。现在阳庆已经死去十年多了，我在他那里学习了三年，如今我已经三十九岁了。

齐国一位名叫成的侍御史自称患了头痛的病，我切诊了他的脉之后，告诉他说："您的病情严重，不好说了。"于是出来，只告诉他的弟弟昌说："这种病是体内生的肿瘤，长在里边的肠胃之间，五天以后会肿胀起来，八天后会呕吐脓血死去。"成的病得自酒色。成果然如期死去。

我之所以知道他病的根由，是因为在为他切脉的时候，了解了肝脏脉气。肝脏的脉气重浊而弛缓，这是体内病情严重而外表不太明显的一类病。

脉诊的理论称"脉象长而且像弓弦一般挺直，不能跟随四季而变化，这样的病是由肝脏引发的。如果脉象均匀，则病是由肝的经脉引发的；如果脉象没有规律，则病是肝的络脉引发的"。

肝的经脉有病而脉象是均匀的，则病是得自筋髓之中。脉搏跳动没有规律忽而停止，忽而有力，这是由于酒色所引发的病。

我所以知道他五天后会肿胀起来，八天后会呕吐脓血死去，是因为切诊他的脉时，少阳经络的脉象开始出现代脉的情形。代脉是经脉得病的结果，病情发展到全身，人就会死掉。络脉出现病症，这时在左手关脉一分处出现代脉，这是由于热气积郁在体内而脓血不能发泄出去，到了关脉上边五分处，就到了少阳经脉的界限，等八天后，就会呕吐脓血死去。所以到了关脉上边二分的地方，就会有脓血产生，到了少阳经脉的边界就会肿胀起来，然后疮破肿泄而死去。

当初热气向上熏着阳明经脉，并且灼伤了络脉的分支，络脉病变则使经脉郁结肿胀，经脉郁结肿胀则导致糜烂溃解，所以络脉之间便会交互阻塞住。热邪上侵，到头部发作，所以头才会痛。

齐王二儿子的男孩得了病，让我去诊脉治病，我告诉他说："这是气膈一类的病，这种病使人烦闷，吃不下饭，并时常会呕吐出胃液来。这样的病得自于心中忧郁，常常厌食的缘故。"我马上为他调制了下气的汤药让他饮服，只用一天，膈气就降下去了，两天后就能吃东西了，第三天病就好了。

我所以知道他的病因，是通过诊切他的脉象，发现是心气方面的问题，他的脉象浊重急躁，这是阳气郁结的病。

史 记

脉诊的理论称"脉象表现得来时迅急而离去艰涩,感觉前后不一致,这样的病是由心脏引发的"。全身发热,脉气旺盛,称作重阳。重阳的结果是扰乱心神。所以病人心中烦闷吃不下东西,致使络脉有病,络脉有病便会血从上出,血从上出的人会死去。这是内心悲伤所致,这种病得自于忧郁。

齐国有位名叫循的郎中令得了病,许多医生都认为是逆气进入胸腹,于是用针刺的方法去治疗。我切诊了脉象后就说:"这是'涌疝病',使人不能便溺。"循说:"不能大小便已经三天了。"我用火齐汤让他饮服,喝了一剂,就可以便溺了,喝了两剂,便溺就十分通畅,喝了三剂,病就好了。他的病是由于房事不节造成的。

我之所以知道他的病的原因,是因为切诊他的脉时,右手寸口的脉气急迫,反映不出五脏的病气,右手寸口的脉象壮而数。数就是中焦、下焦热邪涌动,左手脉象的数是热邪往下流动,右手脉象的数是热邪向上流动,都没有五脏病气的反应,因此称为"涌疝病"。中焦积热,所以小便是黄赤色的。

齐国一位名叫信的中御府长得了病,我进去为他诊断脉象后,告诉他说:"这是热病的脉气表现。然而天热多汗,脉象稍显衰减,但不会死去。"又说:"这种病是由于在水中洗浴,寒透了,洗过之后才身体发热。"信说:"对,是这样!去年冬天,我替齐王出使楚国,来到莒县周水,那个地方的桥坏了,我揽住车辕不想过去了,可马受到惊吓,立刻掉到河中,我的身体也没入水里,差点被淹死,属下赶紧把我救了上来,我从水中出来后,衣服都湿透了,一会儿身体开始发冷,后来,身体又热得像火一样,现在还不能着寒。"我就给他开了液汤火剂退热,喝了一剂,就不再冒汗;喝了两剂,热就消退了;喝了三剂,病就没有了。让他继续服药,前后二十来天,身体就像没病时一样了。

我之所以知道他病的根由,是因为切诊他的脉时,得到的是'并阴'的脉象。脉诊的理论称"在热病中,表热和里热交缠在一起,属于死症"。从切脉的结果看,不是这样,而是热邪并归于里。"并阴"这样的病,如果是脉顺的,用清法就能够治好,里热虽然还没有消尽,但还是可以施治的。肾脉有时微浊,在寸口上隐约可以感觉到,这是身体内有水气的反映。肾本来就是负责水液运行的,根据这个特点便可以知道了。救治一旦失误,就会转化为寒热病。

齐王太后得了病,召我前去诊治。我说:"这是风热袭入膀胱,致使便溺困难,尿色赤黄。"我让她饮服了火齐汤,喝了一剂,就能便溺了,喝了两剂,病就好了,尿液像从前一样。这种病是由于出汗时小便受了"㵋"。"㵋"的意思是指脱了衣服而汗被吹干着了凉。

我之所以知道齐王太后病的根本,是因为在切诊她的脉时,在太阴的寸口感到了潮湿,这是经受了风袭的脉象。脉诊的理论称"用劲切脉感觉脉大而坚实有力,轻劲切脉感觉脉大而紧张有力,这样的病是由肾引发的"。太后的肾脉现象却正好相反,脉大但却躁动。脉大是膀胱有病气;脉躁是有内热而尿色赤黄。

齐国章武里的曹山跗生了病,在我切诊他的脉时,说:"这是肺消瘅的病症,加上寒热的侵入。"当即告诉他说:"这种病属于死症,无法医治,要适当地调养,不能用针灸药石来治疗。"

从理论上讲:"这种病三天之后会发疯,举止狂乱,总想奔跑;五天后会死去。"后来果然他如期死掉了。曹山跗的病是由于大怒之后进行了房事的结果。

我之所以知道他的病的根由,是因为在切诊他的脉时感觉到肺气中有邪热。脉诊的理论称"脉象起伏不定,鼓动乏力,是身体衰败的症候"。这是五脏中的肝和肺多次得病的结果,所以切脉时才感觉到起伏不定,而且出现了代脉的脉象。脉象的起伏不定,说明气血不能保藏在肝脏;代脉的脉象是时而杂乱,时而密急,忽躁忽大。这是肝、肺两处的络脉断绝的症候,因此会死而无法医治。所以讲外加了寒热,是说他这个人已经形神涣散得如尸体一般了。形神涣散的人,身体会衰败;身体衰败,便不能用针灸猛药来施治了。

我没去诊治时,齐国太医先给曹山跗诊断病情,在他的足少阳经脉穴位上施用了针灸,让他喝了半夏丸,病人立刻下泄不止,腹中虚弱;然后又在他的少阴经脉的穴位上施用了针灸,这就从很深的部位破坏了他肝脏的阳气,像这样严重损伤病人的元气的做法,又为他增加了寒热的病症。之所以三天后肯定要发疯的原因,是因为肝经的一条脉络横过乳下,同阳明经相联结,因此,肝脏坏损后,连累到阳明经脉,阳明经脉受到伤损,便要发狂奔跑。之所以会五天后死去是由于肝脉与心脉相隔有五分,肝脏的阳气在五天里全然耗尽,元气一尽人就死了。

齐国的中尉潘满如得了小腹疼痛的病,我给他诊脉时说:"这是腹内遗留的东西积存成瘕症。"我私下对齐国太仆饶和内史繇说:"中尉再不自己停止房事,过三十天就会死的。"二十几天后,他就小便出血死了。这种病也是由于酒色的缘故。

我之所以知道他病的根由,是因为在切他的脉时,感觉脉象深、小、弱,这三种情形忽然合在一起,是脾气有病的症候。右手寸口脉象紧小,出现了瘕气的病症。再按照五脏的次序累积,所以三十天会死。三种阴督脉聚积在一处,即符合脉诊的理论;三种阴脉不同时出现,生死的期限会缩短;三种阴脉同代脉交替出现,生死的期限会更短。由于他是三种阴脉同时出现的,所以会像前面所讲的那种表现为尿血而死。

阳虚侯的丞阳赵章得了病,召请我去。许多医生都认为是寒气侵袭入内,我切诊他的脉时,说:"这是'迵风'一类的病症。"得迵风病的人,在咽下食物后,总是要呕吐或整泄出来,不能消化吸收。理论上讲"五天内会死",可也有十天才死。这种病是由于喝酒的缘故。

我之所以知道他病的根由,是因为在给他切诊脉象时,感觉到脉滑,脉滑是内风病的脉象。吃东西咽下去总是吐出来存留不住。理论上五天会死,这都是前面用分界的方法诊断病情所讲到的。后来,十天才死。之所以会超过期限,是因为病人十分喜欢喝粥,致使胃中充实,胃里充实才能超过期限而死。

老师说过:"能够接受食物的病人会超过死亡的期限,不能接受食物的病人则熬不到死亡的期限。"

济北王得了病,召请我给他诊脉,我说:"这是'风厥'的病症,表现为胸部憋闷。"便给他开了药酒,喝完了三石,病就好了。这种病是由于出汗的时候,躺在了凉地上的缘故。

我之所以知道他病的根由,是因为在给他切诊脉时,感觉到了风邪的脉象,表现为心脉浊重。按照诊病的理论"病邪袭入他的体表,体表的阳气耗尽致使阴邪侵入"。阴气入侵扩张后,导致寒气上逆热气下蹿,所以胸部憋闷。之所以知道他出汗的时候躺在了地上,是因为在切诊他的脉时,感觉阴邪。出现了阴寒的脉象,一定是有病邪袭入了体内,医治时可以使它随着汗水排流出来。

齐国北宫司空名叫出于的夫人得了病,许多医生都以为是风邪入袭,病是由肺部引起的,又对她的足少阳脉进行了针刺。后来我切诊她的脉时,说:"这是气疝类的病症,影响到膀胱,便溺困难,尿色赤黄。这种病遇到寒气就会小便失禁,使人腹部肿胀起来。"她的病是由于想解小便却无法解,然后进行房事而得的。

我之所以知道她病的由来,是因为在切诊她的脉时感觉到脉大而且坚实有力,但脉象来得艰难,这是厥阴肝经有所变动的结果。脉之所以来得艰难,是由于疝气挤压了膀胱。腹部所以会肿胀,是由于厥阴经的脉络系结在小腹。厥阴经有病症会使和它相连的脉络产生变动,变动的结果导致腹部的肿胀。我便在她足厥阴的脉络上施用了针灸,在左右两边各选取了一个穴位,这样一来就不再小便失禁而且尿液也清淡了,小腹的疼痛消失了。随即又给她调制火齐汤来饮服,三天过后,疝气消散,病就好了。

从前济北王的奶妈自称脚心发热,胸中憋闷,我告诉她说:"这是'热厥'的病症。"便在她的两只足心各取三个穴位进行针刺,并用手按住针孔,不让血渗流出来,很快病就好了。这种病是由于喝酒大醉的缘故。

济北王召请我给侍女们诊脉,诊到一个叫竖的侍女时,她看上去没有病。我告诉永巷长说:"她已经损伤了脾,不能劳累,按理说到春天肯定会吐血而死。"我对济北王说:"这位叫竖的才女有什么本领?"济北王说:"她喜欢织绣,会不少的技能,擅长从过去的手法中变化出新的花样来,是去年才从民间买来的,一共四个人,花费了四百七十万钱。"济北王问:"她该不是有病了吧?"我回答说:"她的病情严重,属于注定要死的范围。"济北王召竖前来观察,发现她的面色没有变化,认为我所说的不对,就没有把她卖到其他诸侯那里。

到了春天,竖手捧着剑跟着济北王去上厕所,济北王离开了厕所,竖仍留在后面,济北王派人去叫她,她已经倒在厕坑中,吐血死去。她的病是由于流汗引起的。

流汗的病人,按理论上讲是外表病情严重而表现在里面,毛发和脸色都润泽,脉气没有衰减的迹象,这就是里面病重而外表没有明显特征的那种病。

齐国的中大夫得了龋齿病,我在他左手阳明经脉上施灸,随即给他调制了苦参汤,一天含漱三升,经过五六天,病就好了。这种病是由于受风的缘故,喜欢在睡觉时张着嘴,吃饭以后不漱口。

淄川王的美人难产,派人来召请我。我去了后,让她喝了用一撮莨菪药末做的药液,用酒送服下去,不一会儿就生下了孩子。我又切诊她的脉,感觉到脉象躁乱。

脉象躁乱是还有残留的病症的缘故,就让她喝了一剂消石汤,一会儿下面就流出了血块,血块像豆子般大小,大概有五六枚。

齐国丞相的门客的奴仆跟随主人上朝入宫,我看到他在宫外吃东西,望见他面带病色的样子,就告诉那个名叫平的宦官。平喜好学医,我随即把那个奴仆指给他看,并告诉他说:"这是脾受到损伤后的面色,到春天会阻塞不通,不能饮食,按理论到夏天会便血死。"平立刻去报告丞相说:"您家门客的奴仆得了病,病情很严重,离死的期限不远了。"丞相说:"您如何知道的?"平回答说:"您来上朝时,您门客的奴仆站在宫门外吃东西,我和太仓公在一起,他指给我看的,说:'病成这个样子属于死症。'"丞相马上叫那个门客来,对他说:"您的奴仆有病吗?"门客回答说:"这个奴仆没有病,身体也没有什么地方发痛过。"等到了春天,奴仆果然发病,到了四月,便血死去。

我之后所以知道他病的根由,是因为脾病能够传遍五脏,在外表的各个部位都可以表现出来,这种损伤了脾的气色,看上去是枯黄,泛出死草一样的青灰色。许多医生不明白,以为是蛔虫的缘故,不知道是损伤了脾。所以会到春天病重死去,是由于脾胃病症导致面色发黄,黄是土色,脾土不能耐受肝木的疏达,因此到春天会病死。所以延迟到夏天才死,是因为脉诊的理论称"病情严重,但脉象正常的,叫做'内关'","内关"这类的病,病人并不知道病痛的部位,内心急躁却不会感到痛楚。如果再添一种病,就会死在春季二月里,如果精神放松,则可以延续一段时间。他所以到四月才死,是因为我在诊视他时,见他精神表现得愉快。不但精神愉快,身体还显得略有些肥胖。那个奴仆的病是由于多次出汗后,受到火的烘烤,又在外面感染了严重的风邪的缘故。

淄川王得了病,召请我去诊脉,我说:"这是热邪逆侵造成了身体上部有严重的病症,表现为头部疼痛,上身发热,使人感觉心烦气闷。"我就用冷水冲打他的头部,在足阳明经脉上进行针刺,左右各取了三处穴位,病很快就好了。这种病是由于洗浴时头发没有干爽就睡觉了。诊断的依据和前面一样,所以会产生"厥"的症状,是由于热邪送到了头至肩部的位置。

齐王黄姬的哥哥黄长卿家设酒宴招待客人,召请我去。众位客人坐下,饭还没有端上来。我看见王后的弟弟宋建,就告诉他说:"您有病了,四五天之前,您的腰、胁都痛得不能俯仰,还无法解出小便。不赶紧医治的话,病会侵袭到肾脏。趁着病还没有伤及五脏,要抓紧治疗它。现在病正在侵袭肾脏,这就是所说的'肾痹'的病症。"宋建说:"是这样,我过去有过腰脊疼痛的毛病。四五天前,下雨,黄家的几个女婿到我这里看到建仓库用的基石,就都把它举了起来,我也想跟他们一样举一下,可是却没有举动,便又放下。到了黄昏,腰脊疼痛,便解不出小便,到现在还没好。"他的病是由于喜欢举持重物引起的。

我之所以知道他病的根由,是因为我看到他的脸色,颧骨的部位颜色发干,肾部和腰围以下有四分左右的部位枯干,因此知道四五天前发过病。我便让他饮服了柔汤,十八天后病也好了。

史 记

济北王有个姓韩的侍女腰背疼痛,怕寒发热,许多医生都以为她是寒热症。我为她诊脉时,说:"这是内寒的病症,表现为月经不通。"便用药进行熏洗,很快使经血下来,病就好了。这种病是由于想念男人交合而无法得到引起的。

我之所以知道她病的根由,是因为在切诊她的脉时,感觉到肾部有病的脉象,脉象迟涩而且不能连续。这种脉象,来得艰难,而且坚实,因此称为月经不下。她的肝脉硬直而长,超出左手寸口位置,所以说她是因为想念男人交合而无法得到。

临淄氾里的名叫薄吾的女子病情严重,许多医生都认为是寒热过重,肯定要死掉的。我给她切诊脉时,说:"这是'蛲瘕'一类的病症。"这种病的表现是腹部显大,皮肤又黄又粗,用手触摸时病人感到很难受。我让她饮服了一撮芫华做的药液,随即泻出大约数升蛲虫,然后病就好了,三十天后就恢复了原样。蛲虫病是由于寒湿的缘故,湿寒之气郁积着无法发散,蜕变为虫。

我之所以知道她病的原因,是因为在切诊她脉时,按循着尺部的脉位,感觉到脉紧而大,而且她毛发枯焦,是有虫气侵袭的征象。她脸色润泽的原因,是内脏没有邪气入袭和太严重的疾病。

齐国姓淳于的司马得了病,我给他切诊脉时,告诉他说:"你得的肯定是迵风类的病。迵风病的症候表现为,吃咽下东西后立刻会呕吐出来。这种是由于吃饱饭后剧烈跑动引起的。"淳于司马说:"我到君王家吃了马肝,吃得太饱,又看到端上来酒,就跑开了,风风火火地赶回到了家里,当即就下泄了几十次。"我告诉他说:"调制火齐米汁喝服下去,七八天后就应当能好了。"当时有个叫秦信的医生在旁边,我离去后,他问左右阁的都尉说:"那个淳于意认为淳于司马得的是什么病?"回答说:"认为是'迵风病',可以医治。"秦信马上笑着说:"这是不懂的表现。淳于司马的病症,按理论讲一定会在九天后死去。"但到了九天以后,淳于司马并没有死,他的家人又来召请我。我前去询问了情况,和我所诊断的结果完全相符。我就给他调制了一剂火齐米汁,让他喝下去,七八天后病就好了。

我之所以知道他病的根由,是因为在切诊他脉时,切诊的过程,与医书上所讲的完全一样。他的病症与脉象所表示的情形都一致,因此是不会死的。

齐国名叫破石的中郎得了病,我给他切诊脉时,告诉他说:"你的肺受到损伤,没法医治了,十天后的丁亥日会尿血死去。"等到第十一天后,他便尿血死了。他的病是由于从马上摔下来,跌到石头上引起的。我之所以知道他病的根由,是因为在给他切诊脉时,感觉到了肺的阴脉,脉来得散乱,前后有好几道但又不一致。脸上又呈现出心脉抑制肺脉的气色。

我之所以知道他曾从马上摔下来,是在切诊他脉时感觉到了反阴脉。反阴脉进入虚里,然后对肺脉进行了侵袭。肺脉散乱,使原有的面色发生了改变,又为心脉侵袭肺脉的结果。之所以没有按预料的期限死去是因为,老师讲过"能够接受食物的病人会超过死亡的期限,不能接受食物的病人则熬不到死亡的期限"。这个人十分爱吃黍米,黍能滋补肺气,所以超过了期限。之所以会尿血是因为,脉诊的理论称:"病人调养时性喜安养的,气血会下行而死;性喜活动的,则气血会上逆而死。"这个人喜欢安静,不躁动,而且能够长时间坐着,趴在桌上就能睡着,因此气血将从下面泄出。

齐王名叫遂的侍医得了病,自己炼制五石散来服用。我前去拜访他,他对我说:"我得了病,荣幸地能得到您的医治。"我便为他诊治病情,告诉他说:"你得的是内脏有热邪的病。药论称'内有热邪,不解小便的情形,不能服用五石散'。石药效力强猛刚烈,您服用后,小便次数会减少,不要再服了。您的脸色将要发作疮肿的。"侍医遂说:"扁鹊讲'性寒的石药,可以用来医治阴虚不足的病症,性热的石药,可以用来医治阳虚不足的病症'。药石有阴阳与寒热的分别,所以内有热邪,就用属阴的药石揉合药剂进行医治,内有寒邪,就用属阳的药石揉合药剂进行医治。"我说:"您的说法相差得太远了。扁鹊虽然这样讲过,然而必须审慎地诊视,确定和掌握当面诊视和施药的标准,结合气色和脉象中表与里、盛与衰、顺与逆的不同施治方法,再参照病人的举止与呼吸是否谐调,才能够确定是否施用石药。理论上称'体内有阳热的病症,外表就会显出阴寒的症候,这时不能施用效力猛烈的药剂的药石'。一旦效力猛烈的药剂进入体内,那邪气的侵袭将会更加活跃,而积郁的热气也会更加深入。诊治的理论称'少阴寒症表现于外,少阳郁火积蓄于内,这样的病症不能施用效力强猛的药剂'。效力强猛的药剂进入体内则使阳热活跃起来,阴虚的症候就会更加严重,阳热的症候则会更加明显,邪气流行,层层缠困在腧穴的周围,最后发作成疽疮。"在我告诉他这些话一百来天之后,果然在乳上发作了疽疮,继而发展到锁骨上窝后,死掉了。

这是说那些理论上的说法都从大体上对病情进行了概括,里面有必须掌握的原则。水平不够的医生有一处没有学习和理解透彻,在处理实际病症的阴阳条理时就会出现错误。

齐王过去做阳虚侯的时候,曾病得很严重,许多医生都认为是邪气上逆的病症。我给他切诊脉时,认为是"痹症",病根在右肋下,大小像扣着的杯子一样,使人气喘,邪气上逆无法进食。我便调制火齐粥,暂且让他喝下去,六天后上逆的邪气降了下去;随即让他再服食丸药,经过六天,病就好了。这种病也是由于房事不节引起的。

我为他诊治时无法了解哪一种说法能够对他的病症进行解释,只大致知道他病症所在的部位。

我曾经为安阳武都里的成开方诊治过病,他自认为没有病,我告诉他将会被"沓风"所困扰,三年后四肢麻痹不能自己动弹,而且使人音哑不能出声,这时候就会死掉。如今听说他四肢已经无法使用,虽不能发声但还没有死。这种病是由于多次喝了酒之后又经受风邪引起的。我之所以知道他病的根由,是因为在给他诊治时,感觉他的脉象是《奇咳术》所说的"脏气表现相反,属于死症。"切诊他的脉,感觉到肾反肺的脉象,即是理论上所称"三年会死掉"的情形。

安陵阪里的公乘项处得了病,我给他诊脉时,说:"这是'牡疝'的病症。"这种病在胸膈下发作,向上连着肺脏。又是由于房事不节引起的。我告诉他说:"千万不要做耗费体力的活动,做了就肯定会吐血死去。"他后来因为去踢球,腰受了寒,又出了许多汗,马上就吐了血。我又给他诊治了一次,说:"会在第二天的黄昏死去。"便死了。这种病是由于房事不节造成的。

我之所以知道他病的根由,是因为在切诊他脉时,感觉到反阳脉的脉象。反阳的脉气进入到虚里,他到第二天就会死去。一种表现是反阳脉象,一种表现是疝痛向上连于肺,这就是"牡疝"的病症。

淳于意说:"其它那些通过诊断脉象判断生死情形以及所治好的病人太多了,时间一久,不少已经忘记了,没有全都记下来,不敢妄说。"

太仓公答诊治辩证

皇帝听太仓公一气说了那么多疑难病症的事例,越听越有兴趣,便继续提问。

问淳于意:"你所诊治的病,很多都是病名相同的,而诊治的结果却不相同,有的死,有的没死,这是为什么?"

回答说:"病症的名称有许多是相类似的,不能确切地了解,因此古代的圣人制定了脉诊的理论,以此明确标准,树立原则,设置权衡,提供规范,调整阴阳,区别人的各种脉象,用不同的名称加以命名,注意天地自然的变化而与之相适应,参照人体的具体情况而与之相符合,因此才能分辨各种病症而使它们各不相同,水平高明的医生能够指出它们的区别,水平不够的医生则把它们混同为一类。然而脉诊的理论是无法全部应验的,诊治病人要掌握适应的分寸来进行辨别,这样才能区别相同的病名,指出病根所在的部位。如今我所诊治的病人,全都有诊治的记录。所以能够区别它们,是因为在我才完成从师学医的过程时,授业的老师就去世了,因此把我所诊治的病情记录在簿册上,预期决断生死的时间,来观察治病得失情形是否符合脉诊的理论原则,供我时时参考,因此到现在能够了解各种病症的表现。"

问淳于意说:"你所预见的病症在决断生死时,有的未能对应期限,这是什么原因?"

回答说:"这都是由于病人在饮食和情绪上没有节制的缘故,有的是不适当地去服药,有的则是不恰当地进行针灸治疗,因此没有到期限便死去了。"

问淳于意:"你的医术本领达到了能够预知人的生死的程度,你论说药剂了解它们的适用范围,各诸侯王公大臣有向你请教的吗?齐文王生病的时候,没有请你给医治,这是什么缘故?"

回答说:"赵王、胶西王、济南王、吴王都派人来召请我去,我不敢前往。齐文王生病时,我正赶上家境贫困,很想给人治病,但实在害怕官吏委任我为侍医而将我扣留下来。因此我将户籍迁移到亲戚邻居等人的名下,不去治理家业,出门在外到处奔走,寻访擅长医术的人,向他们学习,这样做了很长时间,又遇见了几位老师,把他们的本领学来了,全部掌握了他们医书中的意思,并且进行了分析和评判。我住在阳虚侯的封国里,有机会侍奉他。阳虚侯入朝时,我跟随着他来到长安,因此能够给安陵的项处等人治病。"

又问淳于意："你知道齐文王生病起不来的情形吗？"

淳于意回答说："没有见到齐文王生病的样子，然而私下里听说文王有气喘头痛和眼睛看不清东西的毛病。照我的推想，以为这不能算是病。我想是由于身体肥胖而积蓄了过多精力，身体又不能经常活动，身子骨支撑不起肉躯的缘故，因此才气喘，不必用药剂来医治。脉诊的理论称'二十岁时人的血脉应该多跑动，三十岁时应该多快步行走，四十岁时应该多安坐，五十岁时应该多静躺，六十岁以上应该深藏元气'。文王还不满二十，正当血脉旺盛的时候却不愿活动，这是不符合天道自然的表现。后来听说医生用针灸诊治后，使他从前的那些症状更加重了，这是分析病情出现错误的结果。照我的判断，这是正气上争而邪气侵入体内的表现。这种病不是年轻人所能恢复过来的，因此会死掉。对于脉气过旺的人来说，应该调节他的饮食，选择好天气的时候，或驾车，或步行，开阔一下心胸，使筋骨血脉得到调适。所以二十，是人们所说的'气血充实'的阶段，理论上不应该用砭灸的方法去治疗疾病，因为那样会导致气血奔突。"

又问淳于意："你的老师阳庆是从哪里学到的医术？齐国的诸侯知道有他这个人吗？"

回答说："不知道阳庆向谁学得的医术。阳庆家境富足，擅长医术，但不愿意给别人治病，一定是这个缘故才不被人们所知。阳庆还告诫我说：'千万不要让我的子孙们知道你是学习了我的医术。'"

又问淳于意："阳庆老师是如何看中并喜欢你，而且想把医方全都交给你？"

回答说："我从没有听说过阳庆老师医术精通的事情。我之所以知道阳庆这个人，是由于我年轻时喜欢各家的医方，我试用过阳庆老师的医方，大多应验，十分精确。我先听说淄川唐里的公孙光擅长使用古代流传下来的医方，便去拜见他。得以见到并且侍奉过他，学习了那些能够调整阴阳的医方和口头传授的为医之道，我全都接受并且记录下来。我还想得到他所有其它的医方，公孙光说：'我的医方已经全拿出来了，不会对你有所保留的。我身体已经衰老了，你也不用再侍奉我了。这些是我年轻时所得到的精妙医方，都送给你，不要再教给别人。'我说：'能够遇见您并且在您跟前侍奉，又得到了所有的秘藏医方，实在太荣幸了。我就是死也不敢胡乱传给别人。'过了一段时间，公孙光悠闲地过日子，我便当着他透彻地分析了这些医方，他看到我讲得十分精辟。老师公孙光惊喜地说：'你一定会成为国医的。我所擅长的医术现在都生疏了，我的同胞兄弟住在临淄，精通医术，我比不上他，他的本事十分特别，在世人中还没有听说过他。我在中年的时候，曾打算接受他的医方，杨中倩不同意，说：你不是那种能够接受别人医方的人。一定要和你一起去见他，阳庆会知道你喜好医术。他也老了，但家里挺富裕的。'当时我没有去，后来赶上阳庆的儿子阳殷来献马，通过老师公孙光把马献到齐王那里，我因此和阳殷交往甚厚。公孙光又嘱咐阳殷说：'淳于意喜好医术，你一定要认真地对待他，这个人是个仰慕圣道的儒士。'便写了书信把我推荐给阳庆，由于这个缘故，才知道了阳庆的事情。我侍奉阳庆十分恭敬,因此他对我器重。"

又问淳于意:"官吏或百姓中曾有人向你学习医术,并且得到了你全部的医方吗?是什么地方的人?"

回答说:"有个临淄人叫宋邑的。他来请求学习,我把根据五色来诊治病症的方法教给了他,有一年多的时间。济北王派太医高期、王禹来请求学习,我把经脉上下分布的情形以及奇特的脉络相互连结的部位都教给他们,我们在一起经常讲谈俞穴所在的位置,还有脉气运行时顺逆邪正的不同反应,如何选用适合的石砭、针灸来进行治疗,有一年多的时间。淄川王时常派太仓马长冯信来请教医术,我教给他按摩的顺逆手法,讲述用药的原则,以及判断药物性味与调配汤剂的方法。高永侯的管家杜信,喜好诊脉,也来我这里请求学习,我教给他上下经脉分布的部位和根据五色诊治病症的方法,又用了两年多的时间。临淄召里的唐安前来请求学习,我教给他根据五色诊治病症的方法和经脉上下分布的情形,还包括诊治各种奇难病症的方法,根据四时气候变化来谐调阴阳的道理,还没有教成他,就被任命为齐王的侍医。"

问淳于意:"你诊治病症决断生死,能够做到没有失误吗?"

淳于意回答说:"我诊治病人,一定要先切诊他的脉象,然后才施以治疗。脉象和病情衰败违逆的,不能够施以治疗,只有脉象和病情顺应可救的才施以治疗。如果不能做到悉心切诊,对脉象了如指掌,则会误将能够预断生死期限的病症判定为可以医治的病症,往往有所失误,我不能做到完全正确。"

吴王濞列传第四十六

吴王刘濞的得势

吴王刘濞,是汉刘邦的哥哥刘仲的儿子。汉刘邦平定天下后的第七个年头,分封刘仲为代王。

匈奴进攻代时,刘仲不能坚守,丢弃了封国逃往内地,抄小道跑回洛阳,向天子自首。天子念及兄弟骨肉情分,不忍心严厉惩处,只废黜王号贬作郃阳侯。

汉刘邦十一年秋,淮南王英布反叛朝廷,向东吞并了荆地,挟持该藩国的军队;向西渡过淮水,攻打楚国。

汉刘邦亲自率兵前去诛讨英布。刘仲的儿子当时封为沛侯的刘濞年纪刚刚二十,身体强壮有力,以骑兵将领的身份随刘邦出征,在蕲县西边的会甄击败英布的军队,迫使英布仓皇出逃。荆王刘贾被英布杀死,他没有后嗣。

皇帝担心吴、会稽两地百姓民风强悍,没有勇壮的藩王镇慑他们,是不行的,但自己的儿子年纪又小,于是封刘濞在沛地作吴王,统辖三个郡五十三个城池。

汉刘邦拜官授印已毕,召他过来为其相面,并对他说:"你的容貌有反叛之相。"

皇帝内心独自后悔了,但已经任命完了,于是便轻拍刘濞的后背,警告地说:"汉兴立之后五十年,东南将有人反叛,不会是你吧!然而天下同姓是一家人,你千万不要造反!"

刘濞叩头回答:"不敢。"

到孝惠帝、高后时,天下刚刚安定,郡国诸侯们各自努力安抚自己的百姓。吴国拥有豫章郡的铜矿山,刘濞就招募天下的亡命徒私下铸钱,煮煎海水制成食盐,因此对百姓都不用征收赋税,仅封国的费用就很充足富裕了。

到孝文帝时,吴国的世子入京觐见天子,得以陪伴皇太子饮酒下棋。吴世子的师傅们全是楚地人,性格浮躁强悍,又一向骄横。因棋路两人发生争执,且对皇太子态度极不恭敬,皇太子抄起棋盘向吴世子掷去,竟将其砸死。后来将吴世子的尸体运回吴安葬。

运回吴国后,吴王刘濞怨恨地说:"天下同姓一家人,死在长安就应该埋葬于长安,又何必送回吴国安葬!"又送尸体到长安下葬。

吴王从此逐渐逆藩国之臣所应遵守的礼节,声称有病而不肯朝见天子。京师知道他因为儿子的缘故称病不肯入朝,经查问知其确实没有病,于是此后凡是吴国派来的使者晋见朝廷,动不动就将其拘禁责问并治罪。吴王害怕了,更积极地筹划谋反行动。

后来吴王派人入京进行秋请之礼时,皇帝又诘问吴国这名使者,使者惧怕天子,回答说:"吴王的确没病,汉天子拘禁惩治吴国使者数起,所以因为这个缘故遂假称有病不来朝拜。况且说出这样的话:'看得清深水里的鱼时就已经不吉祥了。'如今吴王谎称有病,因见对其责备甚急,就愈想隐瞒自己的过失,害怕皇帝杀死他,称病的计谋实出于无可奈何。希望皇帝捐弃前嫌,给吴王重新开始的机会。"

于是天子就赦免了吴国使者放他们回去,而且赐给吴王几杖,允其年老,可以不入京朝见。

吴王得以解除了自己的罪过,反叛的图谋也就松懈下来。但是因为吴王所在的封国拥有铜矿、海盐的缘故,百姓不纳赋税,士兵可以雇人代耕,佣金也较公平。王室每年到一定时候还去慰问有才能的人,给平民分发赏赐。其他郡国的法吏想来追捕逃亡人犯,还容留而不予交出。这样做了四十年,因此也就能统辖利用其百姓了。

晁错作了太子家令,得到太子的宠幸,他多次向太子说吴王的错误行为,应该削减其封地。又多次上书劝说孝文帝要削减吴地,孝文帝宽厚仁慈,不忍心处分吴王,吴王因此日益骄横起来。

到孝景帝即位,晁错作了御史大夫,又游说皇帝:"从前高帝刚平定天下的时候,兄弟少,儿子们又小,大封同姓之人为王,所以他的庶子悼惠王分封为齐王,统辖七十多座城池;异母兄弟刘交作了楚元王统辖四十多座城池;哥哥的儿子刘濞作了吴王,统辖五十多座城池。这三个人就分去了天下的一半。现今吴王有了世子被打死的嫌隙,假称有病不肯入朝,依照法律应当处死,孝文帝不忍心,又赐他几杖。恩德非常深厚了,吴王本应当改过自新,却更加骄横无度,开矿铸钱,煎海成盐,召纳天下逃亡之人,谋划叛乱。削减其封地他会谋反,不削减其封地他也会谋反。削减其封地他谋反速度会加快,国家的灾难就小;不削减其封地,他谋反行动就可能推迟,灾祸反而更大。"

孝景帝三年冬天,楚王来朝,晁错借这个机会又进言弹劾楚王刘戊去年为薄太后服丧时,在服丧住的房子里偷偷淫乐,请求诛杀他。孝景帝下诏赦免了楚王死罪,只削减了楚国的东海郡作为惩罚。

随之也削减了吴国的豫章郡、会稽郡。因为两年前赵王有罪,削减赵国的河间郡。胶西王刘卬因为卖售爵位有舞弊行为,也削减了其封国的六个县。

暗地勾结

正当汉朝的大臣讨论削减吴王土地时候,吴王刘濞害怕削减土地会没有止境,想乘此机会将图谋公开,发兵反叛。但考虑各诸侯中没有人能够与自己一道来谋划方略,只听说胶西王很勇敢、逞强好胜、喜欢兵略,那几个分封于齐地的诸侯王们都畏惧他,于是派中大夫应高去挑唆胶西王。

应高没带吴王的亲笔书信,只是口头转达道:"吴王不才,忧愁旦夕即将降临,他不敢把自己当做外人,请您明白他的好心。"

胶西王问:"有何指教?"

应高回答:"现在皇帝任用奸臣,被奸佞小人蒙蔽,喜欢眼前的小利,听信谗言,擅自变更律令,侵夺各诸侯王的土地,对各封国征求越来越多,随意诛杀惩罚良善的人,形势一天比一天严重。民间有这样的俗语:'吃完米糠后就该论到吃米。'吴王和胶西王都是有名的诸侯,一旦被朝廷注意了,恐怕不会再安宁自由了。吴王身患内疾,不能入朝觐见二十多年了,曾经担忧遭到猜疑,又没有办法解释清白,现在每天缩着肩膀小步走路,独自害怕不被谅解。我听说大王因为卖爵之事而挨过惩处,还听说许多诸侯被削减土地,其实所犯之罪不至于判处如此重罚,这种惩罚也恐怕不只是削地就能罢休的。"

胶西王说:"对,是有这样的事,你说怎么办呢?"

应高说:"大家如有共同憎恶的目标就应该相互帮助,有共同喜欢的对象就应该相互留意,有共同的情感就应该相互成全,有共同的欲望就应该一同去追求,为共同的利益就可以一起去死。现在吴王自己认为和大王有着相同的忧虑,愿意趁此时机顺应天理,牺牲个人身躯为天下除患害,您想一想可以吗?"

胶西王吃惊地说:"我哪里敢这样做呢?现在皇上尽管追迫很紧,但我本来是有死罪的呀,怎么能不拥戴皇上呢?"

应高答道:"御史大夫晁错,迷惑天子,侵夺诸侯,蔽障忠贤之臣,朝廷之臣都憎怨各诸侯国都有背叛之心,人臣所为之事他都做到顶点了。现在彗星出现,蝗灾又连接发生,这是万世难逢的机会,具有最高智慧和道德的应该趁机起事。吴王打算内以晁错为讨伐的对象,外则追随大王,共同驰骋天下,使所到的地方全都投降,所指的地方全都攻克,天下没有人敢不服从。大王假使能够答应我一句话,那么吴王就率领楚王进攻函谷关,守住荥阳敖仓里的粮食,抗拒汉朝军队。修筑好您下榻的宫舍,等候大王的到来。大王真的能够幸临,那么天下就可以归并统一了。你和吴王两人分治天下,不也是可以的吗?"

胶西王说:"好。"

应高回去报告吴王,吴王还是担心胶西王不参与共同起兵发难,便亲自作使者出使了胶西,当面和胶西王订立盟约。

胶西藩国的群臣有人听说胶西王参与反叛的阴谋,就进谏道:"侍奉一个皇帝是最快乐的事,现在大王与吴王西向进军,即使事情成功了,您和吴王必定会有争端分歧,灾祸就将从这里来临。诸侯国的土地还抵不上汉朝的十分之二,而且背叛朝廷也会使太后更加担忧,这不是长远之策。"

胶西王不听劝谏,于是派遣使者联合齐、淄川、胶东、济南、济北等诸侯王,各诸侯王都答应了,还说:"城阳景王有正义感,他曾经攻杀过吕氏家族,别让他参与这次军事行动了,等我们事情成功之后让他一起分享就是了。"

七国反叛文书

诸侯王们近来都已受到削减土地的惩罚,无不越加恐惧,大都怨恨晁错。后来削减吴国会稽、豫章两郡的敕书送发吴国,吴王率先起兵作乱。

胶西王于正月丙午处死汉朝任命的二千石以上的官吏,胶东、淄川、济南、楚、赵等国也全都这样做了,于是同时起兵向西挺进。

齐王后悔,服饮毒药自杀了,背叛了盟约。

济北王的城墙坏了没有修好,他的郎中令强制看守住郡王,使其不能发动。

胶西王担任叛军统帅,与胶东王、淄川王、济南王等一起进攻包围临淄城。

赵王刘遂也反叛了,秘密派遣使者到匈奴去联合他们的军队。

七国发动了叛乱,吴王全部动员征召其士兵,对全国下令说:"我六十二岁了,亲自担任统帅。凡是年纪上与我相同,下与我小儿子相同的,全部出动。"共征召二十多万人。他还向南方派遣使者到闽越和东越,东越也派出了军队随从吴王作战。

孝景帝三年正月甲子,吴王最先在广陵起兵,西进渡过淮河,与楚国的军队汇合在一起。

吴王又派遣使者向各诸侯国送达书信,说:"吴王刘濞恭敬地问候胶西王、胶东王、淄川王、济南王、赵王、楚王、淮南王、衡山王、庐江山及已故长沙王的王子们,希望赐教于我。因为汉朝出现了奸臣,当今天子对天下没有一点功劳,却要来侵夺我们诸侯国的土地,派法吏弹劾囚禁审讯惩治诸侯,专以侮辱诸侯为能事,不用诸侯王的礼仪来对待刘家的骨肉至亲,抛弃先帝的功臣,推荐任用坏人,惑乱天下,想要危害国家。皇帝陛下因多病,神志不清,不能明察政情,我想要起兵诛杀奸臣,敬听你们指教。我们吴国虽然狭小，但世有领地纵横三千里；人口尽管不多，但精兵可以征集五十万。我一向结交南越三十多年，他们的国王君长都不推托又分遣其士兵来跟随我，又可以得到三十多万兵力。我虽然没有德才，愿意亲自追随诸位国王。南越和长沙接壤，他们可以追随长沙王的儿子平定长沙以北，继而进军蜀郡和汉中郡。并告诉东越王、楚王、淮南王三位诸侯王，和我一起向西挺进。在齐地的诸位侯王与赵王一道平定河间、河内，然后有的进入临津关，有的和我在洛阳汇合。燕王、赵王本来就与匈奴王订有盟约，燕王在北方平定代郡、云中郡，然后统帅匈奴军队进入萧关，其他王直奔长安，匡正天子，来使高帝的神祇安息。希望诸位侯王勉力去做吧。楚元王的儿子和淮以南的三个侯王专心此事已十多年了，恨入骨髓，想要有所行动早已经很久了。因为我没有得知诸王的意图，不敢听命。现在诸位侯王如果能够使这个将要亡绝的国家保存并延续下去，拯救弱小，讨伐强暴，来安定刘氏天下，这是国家所希望的。我国尽管贫穷，我节省吃穿，积蓄金钱，修治兵器甲胄，屯聚粮草，夜以继日准备三十多年了。所有的一切都是为了这个目的，希望诸位侯王好好地利用这些条件。能杀死、俘虏大将军的，赏赐黄金五千斤，封给食邑万户；杀死、俘虏将军的，赏赐黄金三千斤，封给食邑五千户；杀死、俘虏副将的，赏赐黄金二千斤，封给食邑二千户；杀死、俘虏食俸二千石级官吏的，赏赐黄金一千斤，封给食邑一千户；杀死、俘虏食俸一千石级官吏的，赏赐黄金五百斤，封给食邑五百户。以上有功的人都可以被封为列侯。那些带着军队或者城邑前来投降的，带士兵有万人，带城中人口有一万户，比照获得大将军的赏赐；带士兵五千及城中人口五千户的，比照获得将军的赏赐；士兵三千及城中人口三千户的，比照获得副将的赏赐；士兵一千及城中人口一千户的，比照获得二千石级官吏赏赐，那些小官吏有投降者，也依其职位差别受到封爵或赏金。其它的封爵赏金都按军功法加倍。那些原来有爵位和食邑的，只会再增加，不会维持原状。望诸位侯王明确地向士大夫宣布不会受到欺骗的。我的金钱天下到处都有，不一定非到吴国来取，各位侯王日日夜夜使用也用不完。遇到有应当赏赐的人，你们报告给我，我将亲自前往授给他。恭敬地使大家闻知。"

袁盎献计

　　七国反叛的文书报到天子处，天子于是派太尉条侯周亚夫率领三十六个将军，前去攻打吴军、楚军；派遣曲周侯郦寄攻打赵军；将军栾布攻打齐军；大将军窦婴驻扎荥阳，密切注视齐、赵两战区的军事动向。

　　吴、楚反叛的文书告知天下后，汉朝的军队还没有出动，窦婴也未启程，提到原吴国丞相袁盎。袁盎此时赋闲在家，皇帝下诏让他进见。

　　皇帝和晁错一起筹划军队、军粮，他向袁盎问道："你曾经作过吴国的丞相，知道吴国臣子田禄伯的为人吗？现在吴、楚反叛，你的看法如何？"

　　回答："不值得忧虑，马上就能击败。"

皇帝说:"吴王靠着铜矿山铸造钱币,煮海水制成食盐,招诱天下豪杰之士,直到头发都白了才举兵作乱,像这样的行动,他的计划不作到百倍周全,难道会发难吗?凭什么说他没有什么作为呢?"

袁盎回答说:"吴国拥有铜、盐之利是确实的,哪里会有什么豪杰被引诱来,如果真让吴国得到豪杰,也只会辅佐他做正事,不去造反了。吴王所招诱的都是无赖子弟,隐名埋姓私铸铜钱的奸邪之徒,所以才能相互勾结而反叛。"

晁错说:"袁盎分析得好。"

皇帝问:"怎样才能有好的对策呢?"

袁盎说:"希望屏退左右。"皇帝令人屏退,只有晁错还在。

袁盎说:"我所说的,作大臣的也不能知道。"

于是又屏退晁错。晁错急忙到东厢回避,感到十分恼火。

皇帝然后问袁盎,袁盎回答说:"吴王、楚王相互来往书信,说:'高帝封立刘氏子弟为诸侯王,并使各人都拥有自己的封地,现在贼臣晁错擅自贬谪责罚诸侯,削夺他们的土地'。所以以反叛为旗号,共同向西进攻联合斩杀晁错,恢复原来的封地,然后罢兵。现在的计策只有斩杀晁错,派遣使者赦免吴、楚七国之罪,并恢复他们原来被削减的封地,那就有可能不必血染兵刃全部结束。"

皇帝静默了很长一段时间,说:"究竟怎样做,我不会因为爱惜一个人而谢绝天下的。"

袁盎说:"我的愚蠢的策略没有超过这个的了,希望皇帝认真考虑一下。"

就任命袁盎作了太常,吴王弟弟的儿子德侯作了宗正。袁盎秘密地准备了行装。十多天后,皇帝派中尉召晁错,骗他坐车巡行东市,晁错穿着上朝的衣服在东市被杀。

然后派袁盎以侍奉宗庙的身份,德侯以宗正辅助亲戚的身份,出使告知吴王。

袁盎和德侯抵达吴国时,吴、楚两国的军队已经进攻梁国军队的营垒了。宗正因为是亲属的缘故,先进去会见,告诉吴王让他跪拜接受诏书。

吴王听说袁盎也来了,就知道他将要说服自己,笑着回答:"我已经成为东帝了,还向谁跪拜?"

不肯会见袁盎,而且还将其扣留在军中,想胁迫他作个将军。袁盎不肯,就派人将其包围并看守着他,又打算杀掉他。袁盎趁夜晚溜出,徒步逃亡,跑向梁国的军营,而后归朝去报告。

反叛的下场

条侯乘坐六匹马拉的传车,会师荥阳。他抵达洛阳后,见到剧孟,高兴地说:"七国反叛,我乘传车到达这里,自没有料想到能够安全抵达。还以为诸侯们已经俘获了剧孟,现在剧孟没有动静。我占据了荥阳,以东就没有值得忧虑的了。"条侯到达淮阳后,询问其父绛侯从前的门客邓都尉说:"有什么计策吗?"门客回答:"吴

史　记

军锐气甚盛,和他交锋很难取胜。楚兵又轻躁,不能持久,现在为将军筹划,不如率领军队向东北进发,驻扎于昌邑,筑垒坚守,把梁国舍弃给吴军,吴军一定会用全部精锐力量攻打梁国。将军您深挖沟、高筑壁,派遣轻装部队断绝淮水、泗水交汇处,堵塞住吴军的运粮通道。他们吴军和梁军相互削弱而且粮草耗尽,然后您用全部优势对付疲惫已极的吴军,击败吴国是肯定的。"条侯说:"好。"于是依从了他的策略,便在昌邑以南坚守阵地,派遣轻装部队断绝吴军的运粮通道。

吴王刚出兵的时候,吴国的大臣田禄伯担任大将军。田禄伯说:"军队集结在一起向西挺进,没有其它便捷的进军路线,难于成功。我愿率领五万士兵,另外沿着长江、淮水而上,收取淮南、长沙等地,攻入武关,与大王会师,这也是一条奇计呀。"

吴王世子规劝说:"父王以反叛为旗号,这种军队不能轻易委托他人,委托他人如果又要反叛了父王,该怎么办？况且专率一支军队单独行动,会有许多意外的麻烦,不可能预先知道的,只是白白地削弱自己的力量罢了。"吴王便没有应允田禄伯的建议。

吴国青年将领桓将军劝说吴王道:"吴国多步兵,步兵适宜于在险要地形作战;汉朝军队多战车骑兵,战车骑兵适宜在平地作战。希望大王对途经的城邑不必去攻克,绕开前进,迅速西进占领洛阳兵器库,取用敖仓的粮食,倚凭高山和黄河的险要地势来号令各国诸侯,即使不进入函谷关,天下大局也已经确定下来。假如大王行动迟缓,滞留在区区城邑上,汉朝军队的战车骑兵一到,冲入梁国楚国的郊野,事情也就马上会失败了。"

吴王征询诸位年老将军们的意见,他们说:"作为年轻人推进争先的计策是可以的,却哪里知道深远的计谋呢？"于是吴王也没有采用桓将军的计策。

吴王专断,集中统率他的军队,他还没有渡过淮水,众多的宾客就都已被授予将军、校尉、侯、司马等职,唯独周丘没有被得到任用。

周丘是下邳人,后逃亡到了吴国,卖酒为生,品行不好。吴王刘濞看不起他,所以没被任用。

周丘来游说吴王道:"我由于没有才能,不得到军队中任职,我不敢请求带领军队,希望得到大王的一个汉朝的符节,一定会有所收获来报答大王。"吴王就给了他符节。

周丘得到符节,连夜驱驰来到下邳。下邳人当时听说吴王反叛,都去守城。

周丘来到客舍,用符节召来下邳县令,县令走进门来,周丘就让随从借用罪名处死了县令。

然后召集与他的兄弟们交好的豪富官吏,告诉他们说:"吴王反叛的军队即将到来,他们到后,将下邳城里的人斩尽杀绝只不过是吃顿饭的工夫,如果现在提前投降,你们的家室就一定能够保全,有才能的人还可以封为侯爵。"

大家出去后相互转告,下邳人就全都投降了。周丘一夜得到士兵三万人,派人回报吴王,吴王就派他率领军队向北攻占城邑。等到达城阳,军队已发展到十多万人,打败了城阳中尉的军队。

后来听说吴王战败逃走，自己估计无法与吴王共同成就大业了，便率领军队又返回下邳。还没有到达下邳，就后背生毒疮病死了。

二月中旬，吴王军队已被击垮，战败而逃，于是皇帝颁布制诏给众将军们，写道："听说行善之人，上天会用福禄来报答；作恶之人，上天会用灾祸来报偿他。高皇帝亲自表彰功德，建立诸侯国，幽王、悼惠王没有后人继承王位，孝文皇帝哀怜他们格外给予恩惠，封立了幽王的儿子遂、悼惠王的儿子卬为王，让他们奉祀其先王的宗庙，成为汉朝的藩国，恩德与天地相匹配，光明与日月同辉。吴王刘濞背叛恩德，违反道义，引诱、收容天下逃亡的罪人，扰乱天下的币制，托辞有病不入京朝见有二十多年，主管大臣多次呈请追究刘濞的罪行，孝文帝宽恕了他，希望改过，多做善事。现在竟然与楚王戊、赵王遂、胶西王卬、济南王辟光、淄川王贤、胶东王雄渠等结盟叛乱，作出叛逆无道的事情，起兵危害宗庙，残杀大臣和汉朝的使者，胁迫千万百姓，乱杀无辜，烧毁百姓人家，挖掘坟墓，极为残暴。如今刘卬等人更加大逆不道，烧毁宗庙，抢掠宗庙中的器皿，我对此甚为痛心。我穿着白色的衣服离开了正殿，将军们应当劝勉士大夫们追歼反贼。追歼反贼的官兵，要以深入敌军多杀敌人才算有功，所俘获的反叛官员只要是薪俸超过三百石以上的都要处死，不要释放。胆敢有议论诏书的以及不遵照诏书去做的，都要处以腰斩之刑。"

各怀异心

当初，吴王渡过淮河，和楚王联合向西进军，在棘壁打败汉朝军队时，乘胜前进，锐气嚣张。

梁孝王害怕了，派遣六位将军攻打吴王，被打败了梁国的两位将军，士兵都逃回了梁国。梁孝王多次派使者向条侯通报并且求救，条侯不答应，梁孝王又派使者到皇帝哪儿控告条侯，皇帝派人通知条侯去救援梁国，条侯依然坚持便宜行事的原则不肯出兵。梁王派韩安国和楚国丞相的弟弟张羽任将军，才得以稍微挫败吴国军队。

吴军想要西进，梁国据城坚守，吴军不敢西进，就直趋条侯部队，两军在下邑相遇。想与条侯军队作战，条侯却坚守营垒，不肯出战。吴军粮源断绝，士兵饥饿，多次挑战，又趁夜晚奔袭条侯营寨，骚扰东南阵角。条侯命令防备西北方向，吴军果然从西北方向侵入。

吴军大败，士兵大多被饿死，许多叛逃溃散。这时吴王就和他部下几千人连夜逃走，渡过长江逃到丹阳，退守东越。东越军队大约有一万多人，吴王又派人招集收容逃亡的吴国军队。汉朝派人用厚利收买了东越，东越就诓骗吴王，吴王出去犒劳军队，东越就派人用矛戟刺死吴王，装起他的头颅，乘快车迅速报知汉朝天子。吴王的儿子子华、子驹潜逃到闽越。当吴王丢弃自己的军队逃命时，军队早就溃散了，纷纷投降太尉和梁国的部队。楚王刘戊被打败，自杀而亡。

胶西、胶东、淄川三位诸侯王围攻齐地的临淄，三个月没能攻克。汉朝大军赶

到，胶西王、胶东王、淄川王各自率领军队退回。胶西王赤膊光脚，坐卧在草垫上，喝着水，向太后请罪。

胶西王世子刘德说："汉军远道而来，我看他们已经很疲惫了，可以突袭，愿意聚拢大王的残余部队去攻打他们，如果不能取得胜利，再逃到海上去，也不算迟。"

胶西王说："我的士兵都已一蹶不振，不可能再继续战斗了。"没有听从计策。

汉军统帅弓高侯韩颓当送给胶西王一封信，写道："奉诏令前来诛讨不义之人，对投降的赦免他的罪过，恢复原有的官爵；不投降的就消灭他。大王如何处置，必须等你作出回答，以决定采取相应行动。"

胶西王赤膊到汉军营前叩头，请求说："我刘卬遵守法制不谨慎，惊骇了百姓，才辛苦将军千里迢迢来到我们贫穷的国土，请求惩罚我应得的千刀万剐的罪恶。"

弓高侯执金鼓陈列仪仗会见他，说道："大王为战事所苦，希望闻知您发兵的情形。"

胶西王边叩头边跪着前进，回答说："当时，晁错是皇帝的当权大臣，他变更高皇帝的法令，削减侵夺诸侯们的封地，我们认为是没有道义的，恐怕他败坏、扰乱天下，七国出动军队是打算请杀掉晁错。如今听说晁错已被处死，我们就小心地撤兵回来。"

韩将军说："大王如果认为晁错不好，为什么不上书奏知呢？没有得到皇帝诏书和虎符，擅自出动军队进攻正义的诸侯国，由此看来，你们的用意并非是想要杀掉晁错啊。"

于是捧出诏书向胶西王宣读。读完诏书，又说道："大王自己考虑怎么办吧。"

胶西王回答："像我们这样的人，虽死而犹有余辜。"于是自杀身亡。太后、王世子也都跟着死去。胶东王、淄川王、济南王都先后身亡，封国俱被废除，领地被收归汉朝。郦将军围攻十个月赵国都城才把它攻克，赵王自杀。济北王因为被劫持的缘故，才得以未被诛杀，被迁徙到淄川做诸侯王。

魏其武安侯列传第四十七

魏其侯窦婴

魏其侯窦婴，是汉文帝皇后的堂兄的儿子。他的祖辈世代都是观津县人。喜欢宾客。汉文帝时，窦婴曾担任过吴国的丞相，因为有病被免职。孝景帝刚刚即位，被任命为詹事。

梁孝王是孝景皇帝的弟弟，他的母亲窦太后很疼爱他。梁孝王入朝觐见孝景帝时，以兄弟的身份一起宴饮。

孝景帝没有确立太子，当酒兴正浓时，随便说道："我死之后传位给你。"窦太后非常高兴。

窦婴则端起一杯酒进呈皇上，说："天下是高帝开创的天下，帝位应当父子相传，这是汉朝的制度所规定，皇上凭什么要擅自传给梁王！"窦太后从此开始憎恶窦婴，窦婴也嫌自己的官职太小，借口生病辞职。窦太后就开除了窦婴进出皇宫大门的名册,并不准参加春、秋两季的朝会。

孝景帝三年,吴楚等国反叛,皇上考察到皇族和窦家诸人中没有谁像窦婴这样贤能的,于是召见窦婴。窦婴入宫拜见时,坚决推辞,借口有病,不能胜任。窦太后也感到了惭愧。

皇上说:"天下正有急难,王孙难道可以推卸责任吗?"于是任命窦婴作大将军,赏赐黄金一千斤。

窦婴又提及赋闲在家的袁盎、栾布等诸位名将贤士,并将他们举荐。将赏赐的黄金都摆放在廊庑之下,有小军官经过时,就让他们酌量取用,所赏黄金一点儿也没有拿回家。

窦婴驻守荥阳,密切注视齐、赵两地的战况,后来七国的叛乱部队已经全部被击败,孝景帝封窦婴为魏其侯。许多游士宾客争着归附魏其侯。孝景帝时每次朝中讨论军政大事,众多列侯没有人敢与条侯、魏其侯平起平坐的。

孝景帝四年,立刘荣为太子,皇帝派魏其侯担任太子的老师。孝景帝七年栗太子被废黜,魏其侯多次为太子争辩都没有结果。魏其侯就推说有病,隐居在蓝田县南山下,许多宾客、辩士前来劝说他,但没有人能够说服他的。

梁国人高遂于是来劝说魏其侯说:"能够使您富贵的是皇上,能够使您成为朝廷亲信的是太后。现在您担任太子的太傅,太子被废黜而不能力谏,力谏没有成功而又不能去殉职,自己托病引退,拥抱赵国的美女,隐退闲居而不去参加朝会,若相互对照起来看,这是您自己表明要张扬皇帝的过失。假如太后和皇上都恼恨您,那么您的妻子和儿子将会一个不剩地被杀掉。"

魏其侯认为他说得对,于是就动身回京,参加春秋朝会像过去一样。

桃侯被罢免丞相职务,窦太后多次提议由魏其侯担任,孝景帝说;"太后难道认为我有所吝惜而不让魏其侯当丞相吗?魏其侯这个人,沾沾自喜,办事多草率轻浮,难以出任丞相,担当重任。"终于没有任用他,却任命建陵侯卫绾为丞相。

武安侯田蚡

武安侯田蚡,是孝景帝皇后的同母异父的弟弟,出生于长陵县。魏其侯已经成为大将军之后,正当显赫之时,田蚡还只是个郎官,往来于魏其侯家中,陪侍宴饮,跪拜起立时像儿孙一样。

到汉景帝晚年,田蚡逐渐显贵,受到宠幸,担任了太中大夫。田蚡能言善辩,口才很好,学习过许多古代书籍,王太后认为他贤能。孝景帝驾崩,当天太子继位,王太后临朝摄政,她用来镇压、安抚等措施大多采用田蚡门下宾客的策略。田蚡和弟弟田胜,都因为是太后的弟弟,孝景帝后元三年被赐封田蚡为武安侯,田胜为周阳侯。

武安侯新近掌权,想要当丞相,就对待宾客非常谦卑,又举荐赋闲在家的名士,使他们富贵起来,试图以此来压倒魏其侯等诸位将相。建元元年,丞相卫绾因病免职,皇帝酝酿安排丞相、太尉人选。

籍福劝说武安侯道："魏其侯显贵已很久了，天下的贤人一向归附于他。现在你刚刚发迹，无法和魏其侯相比，即是皇帝任命您作丞相，也一定要让给魏其侯。魏其侯当丞相，您一定会当太尉的。太尉和丞相的尊贵程度是相同的，您还博得让贤好名声。"

武安侯便婉转地告诉王太后暗示给皇上，于是就任用魏其侯为丞相，武安侯为太尉。

籍福向魏其侯道贺时，趁机提醒他说："您的本性是喜欢好人憎恶坏人，如今好人都称赞您，所以官至丞相。然而您也憎恶坏人，坏人是相当多的，他们也会诋毁您。如果您能兼容两者，那么丞相的职位就可能保持长久；如您不能够这样做，现在就会因为毁掉荣誉丢去职位。"魏其侯没有听进去。

魏其侯、武安侯都喜好儒家学说，推荐赵绾担任御史大夫，王臧担任郎中令。他们把鲁国人申培迎接到京师，准备设立明堂，又命令列侯们回到自己的封地，废除关卡禁令，遵照礼法来制定服饰和制度，用这种措施来实现太平政治，监督检查窦氏家族和皇族中品行不好的人，开除他们的族籍。此时有许多外戚是列侯，这些列侯又大多娶公主为妻，都不愿意回到自己的封地去，因为这个缘故，毁谤言论每天都传到窦太后那里。

窦太后爱好黄老学说，可是魏其侯、武安侯、赵绾、王臧等人努力推崇儒家学说，极力贬低道家理论，因此窦太后更加不喜欢魏其侯等人。到了建元二年，御史大夫赵绾请求不要把政事禀奏给太后，窦太后大怒，罢免、放逐了赵绾、王臧等人，而且解除了丞相和太尉的职务，命柏至侯许昌为丞相，武强侯庄青翟为御史大夫。魏其侯、武安侯从此仅以列侯的身份在家中闲居。

武安侯不再担任官职，因为王太后的缘故，仍受宠信，并多次建议政务；且大部分见效，一些趋炎附势的官吏和士人，纷纷离开了魏其侯而归依武安侯，武安侯又一天天骄横起来。建元六年，窦太后病逝，丞相许昌和御史大夫庄青翟由于丧事办得不周全而被免职。又任命武安侯田蚡作丞相，以大司农韩安国作御史大夫，天下的士人、郡守、诸侯都更加依附武安侯了。

武安侯身材矮小、相貌丑陋，但一出生身份就很尊贵。他又认为各诸侯王大多岁数大了，皇上刚刚即位，年纪很轻，自己以至亲心腹担任朝廷的丞相，非得狠狠地整饬一番，用礼法来使大家臣服，不然天下不会肃整。丞相进宫报告政务，一坐下来谈论就是大半天，所说的话都能听从。

他推荐的人有的从平民提拔到了二千石，权力几乎超过皇帝，皇上于是说："你要任命的官吏有完没有？我也想要任命一些官吏。"

他曾经请求把考工官署的土地自己扩建住宅，皇帝生气地说："您为什么不把武器库也取走？"

武安侯从这以后收敛了一些，召集客人宴饮时，让他的哥哥盖侯南向坐，自己东向坐，自认为汉朝丞相尊贵，不应该因为有兄长的缘故而自己委曲。武安侯从此更加骄横，他的宅第在众多贵族府第中数第一，田地庄园非常肥沃，而从各郡各县采购的器物在大道上往来络绎不绝。前面厅堂罗列着钟和鼓，竖立着曲柄长条旗，后面的房子里姬妾有数百之多。诸侯进献的黄金、美玉、狗、马、玩具等数也数不清。

灌夫将军

　　灌夫将军是颍阴人,灌夫的父亲是张孟,曾经作过颍阴侯灌婴的家臣,受到宠信,并推荐他提升至食禄二千石,故用灌家的姓名灌孟。

　　吴楚叛乱时,颍阴侯灌何担任将军,隶属于太尉周亚夫,他又推荐灌孟担任了校尉。灌夫带着一千人与父亲同行。

　　灌孟年纪大了,是颍阴侯勉强推荐了他。因郁郁不得志,所以作战时常常深入敌阵,结果灌孟牺牲在吴军阵营中。

　　军法规定,父子一起从军参战,如果有一个为国事阵亡,生者可以随同灵柩回去。灌夫不肯随同灵柩回去,慷慨激昂地说:"希望摘取吴王或者将军的脑袋,来替父亲报仇。"

　　于是灌夫披上铠甲手持戈戟,召集军队中同自己要好且愿意跟随的勇士几十人出发。走出营垒大门后,却没有人再敢向前冲,只有两个勇士以及属从的奴隶共十几个骑兵随他一起飞马冲入吴军阵地,直抵吴军将领的指挥旗下,杀死砍伤敌军几十人,直到不能再继续前进了,再飞马退回,跑回汉军阵地。灌夫所带去的奴隶全部阵亡,他只身携一骑兵返回。灌夫身受重伤十多处,恰好有名贵的良药治疗,所以才能不死。

　　灌夫伤口稍微好些,又向将军请求道:"这次更加知道了吴军营垒中的底细,请再次前往。"

　　将军认为他有胆量和义气,但恐怕灌夫阵亡,于是就报告给了太尉,太尉便坚决阻止了他。到吴国叛军被打败后,灌夫也因此而名闻天下。

　　颍阴侯把灌夫的功劳汇报给皇上,皇上任命灌夫作中郎将。几个月后,又因为违法而丢了官,后来就闲住在长安。长安城中的许多贵族没有不称道他的。

　　孝景帝时,灌夫官至代国丞相。孝景帝去世,新皇上刚刚即位,认为淮阳是天下的交通枢纽,应该屯扎强劲部队的地方,所以调任灌夫作了淮阳太守。

　　建元元年,灌夫内调任太仆。建元二年,灌夫与长乐卫尉窦甫喝酒,因礼节尊卑周全,灌夫喝醉了,殴打窦甫,窦甫是窦太后的兄弟,皇上恐怕窦太后处死灌夫,调派他去担任燕国的丞相。几年以后,又因为犯法而丢了官,后闲居在长安家中。

　　灌夫为人刚强直爽,好发酒疯,从不喜欢当面奉承别人。对地位在自己之上的皇亲国戚等许多有权势的人,只要不想对他们表示尊敬,就一定有办法凌辱他们;对地位在自己之下的许多士人,愈是贫贱的,更加敬重,能与他们平等相处,在大庭广众之中,能推荐夸奖比自己地位低的人。士人因此而推崇他。

　　灌夫不喜欢文章经学,爱打抱不平,已经答应的一定践诺。诸多和他交往的人,没有不是杰出人士或大奸巨猾的。他的家财积蓄几千万,寄食的门客每天有几十人至几百人,为了在田园里修筑堤塘,他的宗亲、宾客倚权作势,垄断利益,在颍川一带横行霸道。

颍川的儿童作歌唱道:"颍水清澈,灌氏安宁;颍水浑浊,灌氏灭族。"

三角人事债

灌夫闲住在家,尽管很富有,但是失去了权势,达官贵人和宾客们都逐渐疏远了。到魏其侯失去了权势后,也想依仗灌夫去批评、谴责那些生平倚仗自己而后来抛弃自己的人。灌夫也想靠魏其侯去交结列侯皇族以抬高自己的名望。两个人互相援引利用,交往像父亲与儿子一样密切,并彼此情投意合,亲密无间,只恨相知太晚了。

灌夫服丧在身时,去拜望丞相田蚡,丞相随便地说:"我本想和您一道去拜访魏其侯,但适逢您服丧。"

灌夫说:"您竟肯屈驾幸临魏其侯,我怎么敢因为服丧而推辞呢?请允许我去告诉魏其侯设置好帷帐,准备下酒席,请您明天早点光临。"武安侯答应了。

灌夫去详细地告诉了魏其侯,像他跟武安侯所说的一样。魏其侯和夫人特地买了肉和酒,连夜打扫房子,赶早布置帷帐,准备酒食,一直忙碌到天亮。天刚放亮,魏其侯就让府中管事人在宅前照应伺候。时至中午,灌夫早早就到了,丞相还没有驾临。魏其侯对灌夫说:"丞相难道忘记了这件事吗?"

灌夫很不高兴,说:"我虽服丧在身还来应约,他应该来。"于是起身驾车,自己前去迎接丞相。

丞相头天只不过淡淡地答应了灌夫,实在没有打算前去。等到灌夫来到门前,丞相还在睡觉。

灌夫进去求见,说:"您昨天高兴地答应前去拜访魏其侯,魏其侯夫妇备办酒席,从早晨忙到现在,没敢进食一点东西。"

武安侯愕然,抱歉地说:"我昨天喝醉了,忘记了跟您说的什么话。"便驾车前往,但又走得很慢,灌夫更加气愤。

等到喝酒喝到酣畅的时候,灌夫起身跳起了舞,并邀请丞相共舞,丞相没有动身,灌夫就在酒宴上说话挖苦他,魏其侯于是搀扶灌夫离去,并一再向丞相表示歉意,丞相一直喝到天黑,尽欢才离去。

田丞相曾经派籍福去索求魏其侯在京城南郊的田地。魏其侯大为怨恨,说道:"我虽然被废弃不用,您虽然显贵,难道可以依仗势力侵夺我的田地吗?"没有答应。

灌夫听说此事,勃然大怒,也痛骂籍福。

籍福不愿意他们之间产生隔阂,就自己编造了好话,向丞相道歉说:"魏其侯老了,行将死去,您还不能忍耐吗,姑且等待吧。"

过了不久,武安侯听说魏其侯和灌夫实际上是心怀愤怒才不肯出让田地,也发怒地说:"魏其侯的儿子曾经杀死人命,是我救了他,我过去服侍魏其侯没有不听从他的,为什么要吝惜这几顷田地呢?再说灌夫又为什么要干预呢?我不再索取这些田地了。"武安侯从此就十分怨恨灌夫和魏其侯。

元光四年春天,丞相田蚡对皇帝说:灌夫的老家在颍川,十分骄横,百姓深受其苦,请求查办。

皇上说:"这是丞相的职责,何必请示。"

灌夫也掌握了丞相的一些秘密:用非法手段谋取私利,接受了淮南王的金钱贿赂等,并说过一些不该说的话。后来宾客们从中调停,二人之间停止了互相攻讦,彼此得到了和解。

醉酒风波

同年夏天,田丞相娶燕王的女儿作夫人,王太后的诏令,叫列侯和皇族都前去祝贺。

魏其侯拜访灌夫,想要与他一道去。灌夫推辞说:"我多次因为酒醉失礼得罪了丞相,丞相近来又和我有些矛盾。"

魏其侯说:"事情已经和解了。"硬拉他一道去。

饮酒到酣畅之时,武安侯起身敬酒祝寿,在座的宾客都离开了席位,伏在地上。后来魏其侯也敬酒祝寿,只有一些老朋友离开席位,其余的多半只是双膝跪在席上。

灌夫不高兴,起身敬酒。轮到武安侯时,武安侯双膝长跪席上,说:"不能喝满杯。"

灌夫发火了,讥笑着说:"您是贵人,喝尽这杯酒吧。"可武安侯还是不肯。

敬酒轮到临汝侯,临汝侯正在和程不识附耳说话,也没有离开席位。

灌夫正没有地方发泄怒气,便骂临汝侯道:"你平时诋毁程不识不值一文钱,如今长辈向你敬酒祝寿,你却效仿女孩子唧唧咕咕咬耳说话。"

武安侯对灌夫说:"程将军和李将军都是东西两宫卫尉,现在当众侮辱程将军,你难道不给李将军留余地吗?"灌夫回答:"今天你砍头,穿我的胸,我都不在乎,哪里还管什么程将军、李将军!"

在座客人纷纷起来借口上厕所逐渐离去。魏其侯离席,招呼灌夫出去。

武安侯于是发火,说:"这是我宠惯灌夫的罪过。"便下令骑士扣留灌夫。灌夫想出去而去不成。籍福起身替灌夫道歉,并按着灌夫的脖子令他道歉,灌夫愈发生气,就不肯道歉。

武安侯便指挥骑士们将灌夫捆绑起来关在客房中,叫来长史说:"今天请来皇族宗室,是奉有太后的诏令。"

于是向上弹劾灌夫辱骂宾客,犯了"不敬"之罪,把他囚禁在特别监狱里。又追查他以前所犯之事,派遣差吏分头追捕所有灌家的旁支亲属,都判处了弃市的罪名。

魏其侯深感惭愧,出钱让宾客向田丞相求情,没有得到谅解。武安侯的属吏都是自己的耳目,所有灌家的人都逃跑了,并藏匿起来,灌夫被拘禁,于是无法去告发武安侯的秘密勾当。

魏其侯挺身而出,来营救灌夫。他的夫人规劝他说:"灌将军得罪了丞相,和太后家的人作对,怎么能营救得了呢?"

魏其侯说:"列侯的爵位是我挣来的,由我把它再丢掉,没有什么可遗憾的。再说我总不能让灌夫自己去死,而我独自活着。"

于是瞒着家人,私自出来上书给皇帝,皇帝立即召他进宫,就把灌夫喝醉失礼的情况详尽地讲给皇帝听,并认为灌夫不足以处死刑。

皇帝同意他的看法,赏赐魏其侯膳食,说道:"到东宫公开辩论这件事吧。"

魏其侯来到东宫,极力称道灌夫的优点,说他喝醉酒而获罪,是丞相拿别的事诬陷灌夫的。武安侯接着又竭力诋毁灌夫行为骄横放恣,所犯罪行大逆不道。

魏其侯思忖没有别的办法来对付,便转头攻击丞相的短处。

武安侯说:"天下人很幸运,而能够得享安乐太平,我才得以作心腹之臣,所爱好的是音乐、狗、马、田宅。我喜欢的不过是歌伎艺人、能工巧匠这一类人,不像魏其侯和灌夫那样,不分白天黑夜,招集天下的豪杰壮士,与他们商讨大事,对时政满腹诋毁,极力诽谤,不是抬头观天象,就是低头画地,窥测于两宫之间,希望天下发生变故,好让自己成就功业。我倒不知道魏其侯他们是在做什么?"

皇帝只好询问在朝的大臣:"他们两个人谁说得对?"

御史大夫韩安国回答:"魏其侯说灌夫的父亲为国捐躯,灌夫曾手持戈戟飞马杀人不明底细的吴军阵营,身受刺杀几十处,声名称冠全军,这是天下的壮士,如不是犯有特别大的罪恶,只因为喝酒引起争端,是不值得援引其他的罪状来判处死刑的。魏其侯说的是对的。丞相又说灌夫结交大奸巨猾,欺压百姓,积累家财数万,在颍川郡里横行霸道,凌辱侵犯各位皇族宗亲,这就是所说的'树枝比树干大,小腿比大腿粗,若不是折断,就必定是分裂'。丞相的话也是对的。希望圣明的皇上亲自裁决这件事吧。"

主爵都尉汲黯认为魏其侯对,内史郑当时也认为魏其侯对,后来不敢坚持己见。其余的人都不敢回答。

武帝怒斥内史道:"你平时多次谈及魏其侯、武安侯的优缺点,今天当廷辩称,畏首畏尾像驾在车辕下的马,我要一并杀掉你们这些人。"当即罢朝,起身回宫。

武帝伺候太后进餐时,太后也已经派人打探了消息,他们详尽地报告给太后,太后大动肝火,拒绝吃饭,说:"现在我还活着,而别人竟都敢作践我的弟弟,假如我死了以后,都会像宰割鱼肉一样割他了。再说皇帝怎么能够像石头人一样呢!此时幸亏皇帝还活着,他们都随声附和,假设死了以后,这些人难道还有可以信赖的吗?"

皇上道歉说:"窦婴、田蚡都是皇室的外戚,所以在朝廷上辩论他们的事情,要不是这样,只由一名狱吏就可以解决了。"

这时,郎中令石建向皇帝分别陈述了魏其侯、武安侯两个人的事情。

武安侯退朝,走出停车门,召唤御史大夫韩安国同乘一辆车,生气地说:"与你共同对付一个老朽木,你为什么还模棱两可呢?"

韩御史过了一会儿才回答丞相说:"您为什么不自重自爱呢?魏其侯诋毁您时,您应当摘下官帽,解下印绶,归还给皇上,并说:'我以皇帝的股肱之臣幸运地得此相位,本来就是不称职的,魏其侯的话是对的。'这样,皇上必定赞许您有谦让的美德,不会罢免您。魏其侯一定内心惭愧,闭门咬舌而自杀。如今别人诋毁您,您也诋毁别人,就好像商人、女人吵架一样,多么不识大体呀!"

武安侯认错说:"只顾争辩时性急,没有想出如此高招。"

武帝派御史根据案卷追查魏其侯所说的灌夫的情况,有许多地方不相符合,魏其侯触犯欺君的罪名,被弹劾,并拘禁在都司空的狱中。

孝景帝时,魏其侯曾经领受过遗诏,诏书写道:"遇有不利的事情,可以随机应变,将自己的意见呈报给皇帝。"等到被拘禁以后,眼见灌夫定罪灭族,事态日益紧张,大臣们都不敢再向皇帝说明这件事。魏其侯便让侄儿上书,向皇帝报告接受遗诏这件事,希望得到再次召见。

奏书呈送武帝,可是检核尚书存档,孝景帝临终前没有关于这份遗诏的记录,这份诏书只收存在魏其侯家中,由家丞盖印加封。于是又有人说魏其侯伪造已故皇帝的诏书,应该判处弃市之罪。

元光五年十月,灌夫及其全家全部被处决。魏其侯过了很久才听说,愤慨万分,患了中风病,拒绝吃饭,只想寻短见。有人听说皇上并没有杀害魏其侯的意图,后来魏其侯恢复了饮食,又医治疾病,又经讨论决定对魏其侯不处死刑了。但是又有流言蜚语,诽谤魏其侯的言论让皇帝听到了。因此于十二月的最后一天最终将魏其侯在渭城斩首示众。

这年春天,武安侯病倒了,嘴里总是喊叫着要服罪谢过。武帝让能够看见鬼的巫师来给他诊视,说看见魏其侯和灌夫共同监守着他,想要将他杀死。后来武安侯终于死掉了。

韩长孺列传第四十八

韩安国的稳重

御史大夫韩安国,梁国成安县人,后迁居到睢阳。曾经在邹县田生那里学习过《韩非子》和杂家的学说,并为梁孝王做事,当上了中大夫。吴楚等国叛乱时,梁孝王派韩安国和张羽担任将军,在东面抵抗吴军,张羽作战努力,韩安国很稳重,因此吴军不能越过梁军防线。吴楚叛乱被平息后,韩安国、张羽的名声从此显扬起来。

梁孝王是汉景帝的同胞弟弟,窦太后很喜欢他,允许他有自己推举梁国国相和食俸二千石级官员人选的权力,他出行、游戏,都比照天子。

皇帝听说这事后,心里很不满意。太后知道皇帝不满,于是就迁怒于梁国使者,拒绝会见他们,又查问、责备梁王的所作所为。

韩安国担任梁国的使者时,进见大长公主,哭泣着说:"为什么梁王作为儿子的孝顺,作为臣子的忠诚,而太后不加明察呢?前段日子,吴、楚、齐、赵等七国反叛时,自函谷关以东,反叛的诸侯们联合起来向西进军,只有梁王与皇帝关系最亲近,梁国处境很是艰难。梁王考虑到太后和皇上都在关中,而诸侯叛乱,谈及此事眼泪就纷纷落下,跪着送我们六人去领兵击退吴楚叛军。吴、楚叛军因此不敢西进,最终被消灭,因为是梁王出的力呀。现在太后却因为苛刻的礼仪而责备梁王。梁王的父兄都是帝王,所见到的都是大场面,所以出行时开道清路,喝止人们通行,回宫时加强警戒,梁王的车子、旗帜又都是皇帝赏赐的,他是想要用这些在边远小城进行炫耀,驾车马在封国内奔驰,来向诸侯们夸耀,使天下的人都知道太后、皇帝疼爱他。现在梁国使者来到,就查问责备他们,梁王非常恐惧,日夜流泪思念,不知怎么办才好,为什么梁王做儿子孝顺,做臣子忠诚,而太后不加体恤呢?"

大长公主全部把这些话告诉了太后,太后高兴地说:"把这些话告诉皇帝。"

转告之后,皇帝心内的疙瘩于是解开了,摘下帽子向太后道歉说:"我们兄弟不能相互劝教,竟给太后增添烦忧。"于是接见了梁国的使者,并重重地赏赐了他们。

从这以后梁王更加受宠爱了。窦太后、大长公主赏赐韩安国价值千金的财物,且名声因此显著,并跟朝廷建立了联系。

这件事过后,韩安国因为犯法而被判罪,蒙县的狱吏田甲侮辱韩安国。

韩安国说:"死灰难道就不会复燃吗?"

田甲回答:"要是再燃烧就撒尿浇灭它。"

过了不久,梁国的内史职位空缺,汉朝派使者任命韩安国为梁国内史,韩安国又从囚徒中崛起,一跃成为食俸两千石的官员。田甲听说后逃跑了。

韩安国说:"田甲如果不就任原职,我就要杀掉你们家族。"田甲于是裸露胸脯前去谢罪。

韩安国笑着说:"你可以撒尿了!像你这样的人值得我来惩办吗?"最后友好地对待了他。

梁国内史空缺的时候,梁孝王刚刚延揽来齐人公孙诡,一度很喜欢他,打算推荐他作内史。窦太后听说后,就命梁孝王任命韩安国作内史。

公孙诡、羊胜游说梁孝王,要他请求做太子并扩大封地。但害怕汉朝大臣不肯附从,就暗地里派人行刺当权的谋臣。于是杀死了原吴国国相袁盎。

汉景帝听说了公孙诡、羊胜等人的计划后,派使者搜捕公孙诡、羊胜,务必捉拿归案。汉朝廷派遣十批使者来到梁国,自国相以下在全封国范围内进行搜捕,搜捕一个月也没有抓到刺客。

内史韩安国听说公孙诡、羊胜隐藏在梁孝王宫中,韩安国入宫进见梁孝王,哭泣着说:"主上受到耻辱,臣下罪当该死。大王没有好的臣子辅佐,所以事情才纷乱到这种程度。现在既然抓不到公孙诡、羊胜,请允许我辞别,并赐我自杀。"

梁孝王说:"你何必这样呢?"

韩安国眼泪滚滚而下,说道:"大王自己思忖一下,您与皇上的关系比起太上皇与高皇帝以及皇上与临江王,哪个更亲密呢?"

梁孝王回答:"比不上他们亲密。"

韩安国说:"太上皇与高皇帝、临江王与皇上都是亲生父子之间的关系。但是高皇帝说:'拿着三尺宝剑夺取天下的人是我啊',所以太上皇最终也不能干预政事,闲住在栎阳宫。临江王既是皇上的嫡长子,又是太子,只因为一句话的过错,就被废黜，降为临江王；因修建王宫时侵占了宫墙的事件，最终自杀于中尉府中。为什么会这样呢？是因为治理天下终究不能因私而损公。俗话说：'即使是亲生父亲怎么知道他不会变成老虎？即使是同胞兄弟怎么知道他不会变成恶狼？'现在大王您位居诸侯之列，却欣赏一个邪恶臣子的虚妄言论，违反了皇上的禁令，阻挠彰明法纪。皇上只是因为太后的缘故，不忍心用法令来对付您。太后日夜哭泣担忧，希望大王能自己改正错误，可是大王现在也没能觉悟。假如太后突然逝世，大王您还能依靠谁呢？"

话还没有说完，梁孝王就痛哭流涕，向韩安国致歉，说："我现在就交出公孙诡、羊胜。"公孙诡、羊胜两人后来自杀了。

汉朝的使者回去报告梁国的事情全部得到了解决，这是韩安国出力的结果。于是汉景帝、太后更加看重韩安国。梁孝王逝世，恭王即位，韩安国因为犯法丢了官，赋闲在家。

建元年间，武安侯田蚡担任汉朝太尉，作为皇亲显贵而掌握大权，韩安国拿了价值五百金的礼物送给田蚡，田蚡向王太后提及韩安国，皇上也经常听说韩安国的贤能，就把他召来担任北地都尉，后来升为大司农。闽越、东越互相攻伐，韩安国和大行王恢领兵前往，还没有到达越地，越人就杀死了他们的国王投降，汉军也就收兵了。武安侯田蚡担任丞相，韩安国担任了御史大夫。

匈奴前来请求和亲，皇上交给朝臣讨论此事。大行王恢是燕地人，多次出任边郡官吏，熟悉了解匈奴的情况，建议说："汉朝和匈奴和亲大抵过不了几年匈奴就又会背弃盟约的，不如不答应，而发兵攻打他。"

韩安国说："派军队去千里之外作战，不会取得胜利。现在匈奴依仗武器马匹充足，怀着禽兽般的野心，迁移如同群鸟飞翔一般，难以控制他们。我们取得了土地，也不能算开疆拓土，拥有他们的百姓也不能算强大，他们从上古以来就不是我们的子民。汉军到几千里以外去争取利益，就会人疲马乏，敌人就会凭借全面的优势来制服我们的弱点。况且强弩发射的箭飞行到末程，连鲁地所产的白绢也射不穿；从下往上刮的强风，到了最后，连飘起鸿毛的力量都没有了。并不是他们开始时力量就不强劲，而是到了最后力量就衰竭了。所以发兵去攻打匈奴实在是很不利的，不如与他们和亲。"

群臣发言的多数附和韩安国，于是皇帝便同意与匈奴和亲。

韩安国的韬略

和亲的第二年，就是元光元年，雁门郡马邑城的豪绅聂翁壹通过大行王恢告诉皇帝说："匈奴刚与汉朝和亲，亲近信任边民，可以用财利去引诱他们。"于是暗中派遣聂翁壹作间谍。

聂翁壹逃到匈奴，对单于说："我能杀死马邑城的县令县丞等官吏，使马邑城投降，财物可以全部得到。"单于高兴地信了他的话，认为他说得对，便答应了聂翁壹。聂翁壹就返回马邑城，用欺骗的手段砍下一名犯死罪的囚犯的头，把他的脑袋悬挂在马邑城头,以此作为信物展示给单于的使者看。

说:"马邑城的长官已经死了,你们应该赶快过来。"于是单于率领十多万骑兵过边塞,进入武州塞。

正在这个时候,汉朝埋伏了战车、骑兵三十多万,隐蔽在马邑城旁边的山谷中。卫尉李广担任骁骑将军,太仆公孙贺担任轻车将军,大行王恢担任将屯将军,太中大夫李息担任材官将军。御史大夫韩安国担任护军将军,诸位将军都隶属于护军将军统辖。约定好单于进入马邑城时,汉军的伏兵就四下出击,王恢、李息、李广另外从代郡去主攻匈奴的军用物资。

当时单于进入汉长城武州塞,距离马邑城还有一百多里,正在进行抢劫,却只看见牲畜放养在原野上,见不到一个人。单于觉得奇怪,就去攻打汉朝的烽火台,俘虏了武州的尉史,想向尉史刺探虚实。

尉史说:"汉军有几十万人埋伏在马邑城下。"单于回过头对左右人员说:"差一点儿被汉朝所欺骗!"就带领军队回去了。

出了边塞,单于说:"我们捉获武州尉史,真是天意啊!"他又命尉史为"天王"。边塞近处的人们相互传递着单于已经率领部队退回的话。汉朝军队一直追到边塞,估计追不上了,便撤退回来。王恢等人的三万人军队听说单于并没有跟汉军交锋,估计去攻打匈奴的军用物资时,必定会与单于的精锐部队交战,汉军注定要失败,于是根据军事机动权而决定退兵,汉军全部无功而返。

天子恼怒王恢没有去袭击单于的军需物资,擅自领兵退却。王恢说:"当初约定匈奴一进入马邑城,我们的军队就与单于交战,而后我的部队攻取匈奴的军用物资,这样才有利可图。现在单于听说了这个消息,没有抵达马邑城就撤退了,我那三万人的部队抵挡不过他,只会招致耻辱。我本来就知道回来要被杀头,但是这样可以保全陛下的三万军士。"

武帝于是把王恢交给廷尉治罪。廷尉判处他曲行避敌观望不前,应当杀头。

王恢私下送给了田蚡一千金,田蚡不敢向武帝求情,就对王太后说道:"王恢首先倡议马邑城事件,现在没能成功而杀死王恢,这是替匈奴报仇。"

武帝朝见王太后时,王太后就把丞相的话告诉了武帝,皇帝说:"最先倡议马邑之计的人是王恢,所以调动几十万天下士兵,听从他的建议才干了这件事。再说这次即使抓不到单于,如果王恢的部队攻击了匈奴的军用物资,也还可能有些收获回来,借以安抚将士们的心,现在不杀王恢,无法向天下人谢罪。"当时王恢听说这样的话就自杀了。

韩安国为人多有远大的韬略,才智足够迎合世俗,而后人忠厚。他虽贪嗜钱财,但举荐的又都是比自己高明的廉洁之士。在梁国他举荐了壶遂、臧固、郅他,这都是天下的名士,士人因此对他很称道和仰慕,就是天子也认为他是国家的栋梁。

韩安国担任御史大夫四年多,丞相田蚡死后,韩安国代行丞相的职务,他给武帝引导车驾时堕下车,跌跛了脚。后来天子商量任命丞相时,打算起用韩安国,派人去看望他,发现他脚跛得很厉害,于是改用平棘侯薛泽担任丞相。

韩安国因病免职几个月,跛脚痊愈了,皇上任命韩安国担任了中尉。一年多后，又调任卫尉。

车骑将军卫青攻打匈奴，从上谷郡出塞，在龙城打败了匈奴。将军李广被匈奴俘虏，后又逃脱了；公孙敖损失了大量士兵，他们两个都应该杀头，后来出钱赎罪降为平民。

第二年，匈奴大举入侵边境，杀死辽西太守。等到侵入雁门关，杀死和掳去几千人。车骑将军卫青出兵追击，是从雁门关出塞。卫尉韩安国担任材官将军，驻防渔阳。

一次韩安国抓到俘虏，俘虏说匈奴已远远离去了。韩安国立即上书武帝说现在正是农耕时节，请求暂时停止屯驻，后皇帝准奏，停止屯驻一个多月，而匈奴大举入侵上谷、渔阳。韩安国的军营中仅有七百多人，出兵与匈奴作战，无法取得胜利，又退回军营中。匈奴掳掠一千多人和牲畜才离去。

天子听到这个消息，很生气，派使者责备韩安国。调韩安国更加往东移动，驻防在右北平一带。这时匈奴的俘虏供说又要侵入东方。

韩安国当初担任御史大夫和护军将军，后来渐渐被斥责疏远，贬官降职；而新得宠的年轻的将军卫青等因有战功，逐渐尊贵起来。

韩安国已被疏远，率兵屯卫又被匈奴所欺诳，损失伤亡很多，内心十分惭愧。希望能够回到朝廷供事，却更被调往东边驻守，心里非常失意而闷闷不乐。几个月后，生病呕血而死。韩安国在元朔二年中去世。

李将军列传第四十九

飞将军李广

将军李广，陇西郡成纪县人。他的先祖叫李信，在秦朝时任将军，也就是追获了燕太子丹的那位将军，他的家原来在槐里县，后来迁到成纪。李广家世代传习射箭之术。

文帝十四年，匈奴人大举入侵萧关，李广以良家子弟的身份参军抗击匈奴，因为他善于骑射，斩杀俘获敌人很多，被任为汉中郎。

李广曾经侍卫文帝出行，每当他冲锋陷阵、抵御敌人和搏斗猛兽的时候，文帝就说："可惜啊！你真是没遇到好机运。如果你生逢高祖争天下的时代，封个万户侯也不算什么。"

等到汉景帝即位，李广又多次升迁，直至被封为上郡（今陕西北部）、边郡等地的太守，把守边疆，都以和匈奴奋力作战而闻名于朝野。

匈奴大举入侵上郡，天子派来一名宦官跟随李广学习军事，抗击匈奴。一天这位宦官带领几十名骑兵，纵马驰骋，遇到了三个匈奴人，就与他们交战，三个匈奴人回身放箭，射伤了宦官，且几乎杀光了他的那些骑兵。宦官逃回到李广那里，李广说："这一定是匈奴的射雕能手。"

李广立即就带上一百名骑兵前去追赶那三个匈奴人。那三个人因没有马，是徒步前行。走了几十里后,李广命令他的骑兵左右散开,两翼包抄,他亲自去射杀那三个人,射死了两个,活捉了一个,果然是匈奴的射雕手。把他捆绑上马之后,又远远望见来了几千名匈奴骑兵。他们看到李广,以为是诱敌之骑兵,都很吃惊,赶快跑上山去摆好了阵势。

李广的百名骑兵也都大为惊恐,想回马飞奔逃跑。李广说:"我们离开大军几十里,现在这样只凭我们这一百名骑兵逃跑,匈奴就要来追击射杀,我们会立刻被杀光。现在我们停留不走,匈奴一定以为我们是大军来诱敌的,必定不敢攻击我们。"李广向骑兵下令:"前进!"骑兵向前进发,到了离匈奴阵地还有大约二里的地方,才停下来,又下令说:"全体下马解下马鞍!"骑兵们说:"敌人那么多,并且又离得近,如果有了紧急情况,怎么办?"李广说:"那些敌人原以为我们会逃跑,现在我们都解下马鞍表示不逃,这样就能使他们更坚定地相信我们是诱敌之兵了。"

果然,匈奴骑兵不敢来攻击。有一名骑白马的匈奴将领出阵来监护他的士兵,李广立即上马和十几名骑兵一起奔驰,射死了那骑白马的匈奴将领,之后又回到自己的骑兵队里,解下马鞍,让士兵们都放开马,随便躺卧。这时正值日暮黄昏,匈奴军队始终觉得奇怪,不敢进攻。

到了半夜,匈奴兵又以为汉朝肯定有伏兵在附近,是想趁黑夜偷袭他们,因而就领兵撤退了。

第二天早晨,李广才回到他的大军营中,大军因不知道李广的去向,所以无法来随后接应。

景帝去世,武帝即位以后,左右近臣都认为李广是名将,李广由上郡太守调任未央宫的禁卫军长官,程不识也来任长乐宫的禁卫军长官。

程不识和李广从前都曾担任边郡太守并兼管军队驻防。到出兵攻打匈奴的时候,李广行军没有严格的队列和阵势,只靠近水丰草茂的地方驻扎军队,停宿驻留的地方人人自便,晚上也不打更自卫,幕府也简化各种文书簿册,但他远远地布置了哨兵,不曾遭到过危险。

程不识对队伍的编制、行军队列、驻营阵势等要求是很严格的,夜里打更,文书军吏处理考绩等公文簿册直到天明,军队得到了休息,但也没有遇到过危险。程不识说:"李广治兵简便易行,然而敌人如果突然进犯他,他就无法阻挡了。而他的士卒倒也安逸快乐,都甘心为他拼死。我的军队虽然军务纷繁忙乱,但是敌人也不敢侵犯我。"

那时汉朝边郡的李广、程不识都是名将,但是匈奴人害怕的是李广的策略,士兵也大多愿意跟随李广而以跟随程不识为苦。程不识在景帝时,由于屡次直言进谏被封为太中大夫,为人清廉,谨守朝廷文书法令。

后来,汉朝用马邑城引诱单于,派大军在马邑两旁的山谷中埋伏,李广任骁骑将军,受护军将军韩安国统领节制。当时单于发觉了汉军的计谋,就逃跑了。汉军计策都没有成功。

四年以后,李广由卫尉被任为将军,出雁门关去进攻匈奴。匈奴兵多,打败了李广的军队,并生擒了李广。单于平时就听说李广很有才能,曾下令说:"俘获李广必定要活着送来。"匈奴骑兵俘虏了李广,当时李广正受伤生病,就把李广放在两匹马中间,用绳编成网兜让李广躺在里面。走了十多里,李广假装死去了,斜眼看到他旁边的一个匈奴少年骑着一匹好马,李广突然一纵身跳上匈奴少年的马,趁势把少年推下去,并夺了他的弓,打马向南飞驰数十里,重又遇到他的残部,于是带领他们进入关塞。

匈奴追捕的骑兵有几百名来追赶他,李广一边飞逃一边拿起匈奴少年的弓去射杀追来的骑兵,因此才逃脱了。

回到汉朝京城,朝廷把李广交给执法官吏。执法官判决李广损失伤亡众多,他自己又被敌人活捉,应该斩首,后李广用钱物赎了死罪,削职为民。

转眼间,李广在家已闲居数年,李广家与已故颍阴侯灌婴的孙子灌强一起隐居在蓝田,常到南山中去打猎。一天夜里带着一名骑兵外出,跟别人一起在田野间饮酒。回来时走到霸陵亭,霸陵尉喝醉了,大声呵斥,禁止李广通行。李广的随从说:"这是前任将军。"亭尉说:"现任将军尚且不许夜行,何况是前任的呢!"便扣留了李广,只让他停宿在霸陵亭下。没过多久,匈奴入侵杀死辽西太守,打败了韩安国将军,韩将军迁调右北平。于是天子就召见李广,任他为右北平太守。李广便请求派那个霸陵尉一起赴任,到了军中就把他杀了。

李广驻守在右北平,匈奴听说后,称他为"汉朝的飞将军",躲避他好几年,不敢入侵右北平。

李广射"虎"

李广外出打猎,看见草丛里有一块石头,以为是老虎,就向它射去,射中了石头,箭头都射进去了,过去一看,原来是石头。接着,他重新再射,始终不能再射进石头里。李广驻守过各郡,只要听说有老虎,常常亲自去射杀它。到驻守右北平时,一次射虎,老虎跳起来咬伤李广,李广也终于射死了老虎。

李广为官清廉,得到赏赐就分给他的部下,饮食总与士兵在一起。李广一生到死,做二千石俸禄的官共四十多年,家中并没有多余的财物,从来也不谈及家产方面的事。

李广身材高大,两臂如猿,他善于射箭也是天赋,即便是他的子孙或外人向他学习,也没人能赶上他。

李广语言迟钝,说话不多,与别人在一起就在地上画军阵,然后比赛射箭,按射程的远近疏密来决定罚谁喝酒。他专门以射箭为乐事,一直到死。

李广带兵,遇到缺粮断水的地方,要见到水,士兵还没有完全喝到水,李广是不去靠近水的;士兵还没有完全吃上饭,李广一口饭也不尝。李广对士兵宽厚和蔼,不苛刻,士兵因此爱戴他,乐于为他所用。

李广射箭的方法是,看见敌人逼近,如果不是在数十步之内,估计射不中,就不发射。只要一发射,敌人立即应弓弦之声倒地。因此他领兵有几次被困受辱,射猛兽时也曾被猛兽所伤过。

没过多久,石建死了,于是皇上召见李广,让他接替石建任郎中令。元朔六年,李广又被任为后将军,跟随大将军卫青的军队从定襄出塞,讨伐匈奴。许多将领因斩杀敌人首级符合规定数额,立功被封侯,而李广的军队却没有战功。

过了两年,李广以郎中令官职率领四千骑兵从右北平出塞,博望侯张骞率领一万骑兵与李广一同出征,分行两条路。行军约几百里,匈奴左贤王率领四万骑兵包围了李广,李广的士兵都很害怕,李广就派他的儿子李敢骑马往匈奴军中奔驰来往。李敢独自和几十名骑兵飞奔,直穿匈奴骑兵阵,又从其左右两翼冲杀出来返回阵营,向李广报告说:"匈奴敌兵很容易对付啊!"士兵们这才安心。

李广布成圆形兵阵,面向外,匈奴猛攻时,箭如雨下。汉兵死了一半多,箭也快用光了。李广就命令士兵拉满弓,不要放箭,而李广亲自用大黄弩弓射匈奴的副将,杀死了好几个,匈奴军才渐渐散开。

这时天色已晚,军吏士兵都面无人色,可是李广却神态自然,更加注意重新整顿军队。军中从此都很佩服他的勇敢镇定。

第二天,又去奋力作战,博望侯的军队正好也赶到了,匈奴军才解围退去。汉军非常疲惫,所以未能去追击。当时李广军几乎全军覆没,只好收兵回朝。

按汉朝法律,博望侯行军迟缓,延误期限,应处死刑,用钱赎罪,降为平民。李广功过相抵,竟没有封赏。

匈奴列传第五十

一泻千里

公元前209年,北方匈奴单于的长子冒顿斗胆弑父,取而代之,自己当上了单于。

为什么会出现这场血亲残杀呢?原来,头曼先已立冒顿为太子,后来爱妾生了一个小儿,于是头曼想废冒顿而立小儿为太子,便叫冒顿带着礼物去与月氏通好。

这月氏与匈奴一样,也是我国北方一个游牧民族,当时他们游牧在今甘肃敦煌、祁连之间,比匈奴强盛,头曼才叫冒顿去送礼,表面上是为了和睦,实际上是另有一番打算。

冒顿到达月氏,呈述头曼的友好之意,月氏国君非常高兴,把冒顿当上宾招待,这时头曼却带兵突然袭击月氏,想借月氏杀掉冒顿。月氏国君大怒,果然要杀冒顿。冒顿得悉,盗了月氏国君的宝马,逃归匈奴。

从此,冒顿心生不满,发誓要杀掉头曼。头曼见冒顿居然能逃回来,还盗得一匹宝马,只好安慰了他一番,命他为将,率领一万骑兵,想借此笼络冒顿。父子各有一番心计。冒顿每日率领他的骑兵,进行操练。他还自制响箭,命令他的部骑练习射杀,并规定,他的响箭射到哪里,所有的人都要跟着他射向哪里。有不跟着射的,立即斩首。

有次,冒顿用响箭射他自己的一匹好马,跟随他的人有些不敢射,他当场就把

史 记

他们杀了;又有一次,他把响箭射向自己的妻子,他的左右谁也不敢跟着射,他又把他们全杀了。

从此以后,只要冒顿的响箭射到哪里,他的部骑就射向哪里。有次冒顿带着部骑出去打猎,碰到头曼的一匹好马,他即用响箭射去,他的左右都跟着射起来。这时他知道他的部骑能够为他所用了,于是,冒顿经常带着他的左右和一些部骑陪着他的父亲头曼打猎。有天,冒顿突然用响箭射向头曼,冒顿的左右和部骑都随着响箭一起射向头曼,头曼立即被杀死,接着冒顿又杀了他的后母及弟弟,自己当起单于来了。

另一个比匈奴强大的北方民族东胡,听说冒顿杀父自立,就想趁匈奴国内人心未定、政权不稳之际,向冒顿进行勒索。于是东胡派出使者到匈奴找冒顿,要冒顿将其父头曼的千里马送给东胡。这马身高体壮,全身枣红,奔跑起来,四蹄腾空,仰头长啸,震惊四野,确是一匹宝马。今冒顿刚立,东胡即来勒索宝马,显然是蔑视冒顿,不把他放在眼里。

冒顿虽然年轻,可却是个很有胆识、善用心计的首领。当他听到东胡使者这种无理要求时,心中非常气愤。但他知道,目前东胡比他强盛,如不答应把千里马送给东胡,东胡借此兴兵进犯,匈奴是敌不过的,于是决定送马。

不过却故意召群臣来商议,说道:"今东胡来求头曼的千里马,你们看怎么办?"群臣都说:"千里马是我匈奴宝马,怎能轻易送给东胡?"

冒顿说:"我们不能因为爱惜一匹马,而与邻国闹得不和睦啊!"说后便命令将千里马牵出,还配上鞍辔,送与东胡来使。群臣以为冒顿不珍惜国宝,都很惋惜。

再说东胡使者将千里马牵回东胡,东胡君主异常高兴,以为匈奴单于冒顿,已被他的强大所震慑。于是亲自骑着千里马,遍游国中,以示人民,真是得意忘形。

过了不久,东胡君主又生奇想,派人到匈奴,对冒顿说:"我们君主想得到单于的一个阏氏。"阏氏是匈奴对单于妻妾,也就是皇后、妃子的称呼。

东胡君主,前次来要千里马,冒顿给了,以为冒顿怯弱,又进一步要冒顿的妻妾,真可谓欺人太甚!冒顿这次仍假装痴呆,又召问群臣,群臣十分愤怒,都说:"东胡太不讲道理,怎么能要我们首领的妻子,难道我们匈奴人的刀箭就这么不中用!"

看到群臣的激愤情绪,冒顿心中暗暗高兴,想到只要他一声令下,他们都会冲锋陷阵,英勇杀敌的,只是目前时机尚未成熟。于是对群臣说道:"为了与邻国和睦相处,怎么可以爱惜一女子呢?"

于是就从自己的侍妾中挑选一名,送到东胡。群臣以为冒顿是个懦怯之徒,连爱妻娇妾都可送人。东胡君主如愿以偿,要马得马,要美女得美女,感到冒顿可欺,益发骄横,于是向西侵来。

本来在东胡与匈奴之间,有一片约千里的荒原,无人居住,两国在这片荒原的边缘设有哨所,作为警戒。但这一片荒原,本是匈奴人早先放牧的地方,只因水草枯竭才丢弃的,但这荒原毕竟是属匈奴所有。近来由于天气变化,荒原又水草丰茂起来。东胡君主见了,想占领这片长出青草的地方,认为匈奴反正不敢反抗东胡,派个使者去说一声,就可以将这片千里草原据为己有。于是又派出使者来匈奴找单于冒顿。

东胡使者见了冒顿,以上国之使的傲慢态度,对冒顿说道:"贵国与我们分界的那片荒原,虽原是贵国的土地,但早已丢弃,而且目前你们没有力量管理,我们君主想用来放牧牛羊,特派我来向单于说一声。"

冒顿听后怒火中烧,实在忍无可忍,但仍召集群臣问计。群臣以为冒顿痴愚,连国之珍宝千里马,君之爱妾阏氏都可拱手奉人,何况这些荒原废地。因此有的就回答道:"这是片荒无人烟的地方,割给东胡也可以,不割给东胡也可以。"

冒顿大发雷霆说:"这虽是荒原弃地,然而是我们匈奴的土地。土地是国家的根本,随便割让给人家,那还有国家吗?"

冒顿立即将主张割让的人杀了,跨上战马,召集部骑,宣布命令说:"东胡欺压我们太甚,我今带领你们去惩罚他们,只准向前,不准落后,谁畏惧不前,就杀谁的头!"说罢就跃马扬鞭,身先士卒,向东胡冲杀过去。

匈奴士卒对东胡,早已义愤填膺,于是人人奋勇争先,而东胡君主一向轻视冒顿,做梦也没有想到这个他认为是痴愚的冒顿,竟敢指挥大军冲杀过来,毫无防备,仓促应战,哪里敌得过冒顿这支愤怒之师,早被打得东逃西窜,溃不成军,东胡君主被乱军杀死,东胡在这次战斗中为匈奴单于冒顿所灭。

冒顿灭了东胡回来,乘势又西击月氏国,南并楼烦、白羊两国,接着不断侵扰中原地区。正是一泻千里,势力大增。当时正值楚汉相争,刘邦还未统一全国,无暇顾及,冒顿得以自强,拥有三十余万射骑,成为匈奴最强盛的一代。

卫将军骠骑列传第五十一

从奴隶到将军

卫青与霍去病二人大概要算是中国历史上出身最低贱的名将。他们二人都曾在平阳公主家为奴。

含辛茹苦,任人欺凌的奴隶生活,磨练了他们的体魄,也造就了他们刚毅沉稳的性格。出于陪伴公主游猎的需要,二人都练就了一付弓马娴熟的好身手。后来,一个意外的机遇出现了,卫青的姐姐卫子夫被汉武帝看中,选入宫中为妃。卫青的地位开始改变,弟藉姐贵,进长安当了宫里的一个小官。但是天有不测风云,卫青的处境刚有好转就被卷进一场宫闱争斗中去,差点送了命。不过还好,随着卫子夫的日益得宠,卫青的地位也渐次上升。武帝在与卫青接触中发现此人不仅弓马娴熟,而且为人沉毅稳健,从而萌生了用他为将的念头。

公元前129年,匈奴再一次大举入边,焚掠上谷等地。武帝决定组织一次反击,遂派宿将公孙敖、公孙贺、李广和年青的卫青各率骑兵一万,分路进袭匈奴。结果别人都损兵折将,只有卫青捣龙城——匈奴单于祭天之地,斩获七百而返。从此,奴隶正式变成了将军。

霍去病是卫青的外甥,他的境遇要比卫青稍好一点,比较早地摆脱了奴隶的地位,随着卫青军事生涯的成功,他也随卫青进入军中。公元前123年,年仅十八岁的霍去病以出色的骑射之技为武帝所赏识,授予他剽姚校尉的官职,从此,两位名将开始并肩驰骋在戍边战场上。

数度出击

在汉武帝部署的历次对匈战役中,卫青几乎无役不从,而霍去病也很快成长起来。公元前127年,匈奴以主力进攻汉之上谷、渔阳地区,而他们的攻汉基地河套地区却兵力空虚,汉武帝抓住这个机会,命卫青率军收复此地。卫青领命之后,尽可能地保持进军的秘密性,当汉军铁骑沿黄河西进至匈奴楼烦王和白羊王的营帐时,二王如梦方醒,被杀了个措手不及,落荒而逃,其部落的辎重及牛马羊驼均为汉军虏获。河套遂被收复。由此,汉在这里设置了朔方郡和五原郡,重修秦长城,使此地成为出击匈奴的基地。

河套地区被汉军收复后,匈奴一连三年对汉朝进行报复性进攻,边关数度告急。公元前123年,汉武帝命卫青率军三万,出阴山消灭匈奴右贤王所部。并另派一支大军牵制左贤王。这次行动中年仅十八岁的霍去病也随军出征。

右贤王是匈奴单于手下最强悍的部落之王,他的王庭远在现今蒙古的南部,距阴山还有六七百里。卫青利用右贤王以为汉军不会深入塞北的麻痹心理,率部长途奔袭,乘着夜色包围了右贤王的王庭,这时右贤王正在饮酒作乐。在汉军的猛烈冲杀面前,右贤王在左右护卫下冲出重围,只剩下数百骑,其部众一万五千余和全部的辎重马匹牛羊均落入汉军之手。在这次战役中,霍去病率麾下八百骑,脱离主力数百里,追袭匈奴,斩首二千余,杀死匈奴单于的叔父,活捉了单于季父。其果断勇敢,一时冠于三军。

接着,霍去病又两战河西走廊,将匈奴逐到大漠以北。特别是第二次进攻河西,他和公孙敖各领一支骑兵,分进合击,但公孙敖由于迷失了方向,未能按计划与霍部会合,在孤军作战的情况下,霍去病没有考虑个人得失,毅然引军直进,绕到匈奴浑邪王、休屠王之侧后,以最快、最猛烈的动作发起袭击,大破敌军,歼敌三万余人,俘获成百匈奴贵族王公。这一仗,杀得匈奴个个愁,霍去病之名可止小儿啼。

在屡受打击之后,匈奴单于将主力和王庭转移到了戈壁大沙漠以北,然后等待时机,再南下复仇。在他们看来,他们是游牧民族,逐水草而居,游动性大,是进攻的一方。行动时只要赶着牛羊马匹就行了,不需筹备粮草,所以来去如风。而农业民族兵马未动,粮草先行,从而行动迟缓,总是被动挨打。眼下汉军比较强大,注意力专一,所以就暂时躲到千里大漠后面去,等汉军无备时再杀回来。

汉武帝和卫青、霍去病等人显然也看出了这步棋,明白如果不击灭匈奴主力,汉朝边疆仍无宁日。河西战役后,汉武帝为霍去病建造华丽的住宅,而霍去病却说:"匈奴未灭,何以家为!"于是,汉武帝遂发兵十万,命卫青与霍去病各率五万铁骑,横贯两千里大漠,北击匈奴。

卫霍二人领命之后,经过一番准备,踏上征途。大漠绵延数千里,这里人迹罕至,黄沙飞天,虽然在那时相对来说还比较湿润,不比今日之沙漠,但率两支由汉人组成的大军横渡它也是一种严峻的考验。给养和人畜用水就是一大难题,为了解决这一问题,汉军首先在选择路线上比较科学,尽量避开干涸的沙丘地带,同时组织了十四万匹马随军运输,并组织数十万步兵转运辎重。

有了这样的后勤保障,卫青、霍去病两支大军分击歼敌,飞越两千里大漠,克服了各种难以想象的困难。卫青抓住了匈奴单于所部,重创其主力,歼敌近二万。而霍去病围歼了匈奴左贤王所部七万多人。两路共歼敌九万余人,匈奴遭到毁灭性打击,从此部分逃遁欧洲,剩下的不敢轻举妄动,汉朝边境因而也太平了近百年。霍去病在战胜之后,为纪念此项胜利,在狼居胥山主峰(今蒙古乌兰巴托附近)筑台祭告天地,以慰捐躯的英魂。

平津侯主父列传第五十二

公孙弘为官之道

丞相公孙弘是齐地淄川国薛县人,字季,年轻时担任薛县狱吏,由于犯了罪被免职。他家里很穷困,只好在海边放猪为生,年龄到了四十多岁,才开始学《春秋》杂说。他奉养后母非常孝顺恭谨。

公孙弘为人气度恢宏雄伟,见闻广博,他经常说为人主的毛病在于胸怀不广博,为人臣的毛病在于不能节制。公孙弘盖的是布被子,吃饭时没有两种肉食。后母去世,他为后母服丧三年。每次上朝开会,他总是将各种情况和建议全部讲清,让人主自己选取方案,他从不会在朝堂上与皇帝当面发生争执。

天子见他行为敦厚方正,善于辩论,熟习文书法律官吏政务,而不以儒学为理论来装饰自己,因此皇上非常喜欢他。两年之内,升官到左内史。

公孙弘上奏事务,如果有不被皇上同意的事,他从不在朝堂上与皇上辩解。他曾与主爵都尉汲黯商量,奏事时两人分工,汲黯先提出建议,公孙弘再对此建议详细加以解释,天子通常很高兴,对他们的建议全部加以采纳,因此对他日益亲近,其地位日益显贵。

公孙弘曾与公卿约定好某件提议,但当到了皇帝面前又违背前约,顺从皇上的意思。

汲黯便当堂斥责他:"齐地的人大多都狡诈,没有真意,他起初与我们一起商定好提出这项建议,现在却又反悔,他这是不忠。"

皇上询问公孙弘,公孙弘谢罪道:"了解臣子我的知道我是忠心,不理解我的认为我不忠心。"皇上认为公孙弘的这话很对。皇帝左右的宠臣常常诋毁公孙弘,但皇上对他更加器重了。

元朔三年,张欧被免官,便提升公孙弘为御史大夫。这时朝廷正南通西南夷,东置沧海郡,北方设朔方郡。公孙弘多次进谏,认为这样做是使中国陷于疲惫来供应这些没有益处的地方,希望取消这些措施。

于是天子让朱买臣等人向公孙弘发难,阐述设置朔方郡的好处。朱买臣等人列举了十条策论。

公孙弘一条也没驳倒,公孙弘于是谢罪道:"我是山东无知之人,不知道设置朔方郡西方这样多的好处,请停止经营西南夷、沧海郡,集中力量经营朔方郡。"皇上这才同意他的建议。

汲黯说:"公孙弘官位列于三公,俸禄很多,但他还盖布被子。这是欺骗皇上。"

皇上询问公孙弘。公孙弘谢罪道:"确实有这事。九卿中与我要好的没有比得上汲黯的,但他今天在朝堂上质问我,确实说中了我的毛病。位居三公却盖布被子,这确实是狡猾虚伪,想沽名钓誉。而且我听说管仲做齐国的宰相,有三归之台,其豪华程度比得上国君,齐桓公以有管仲而成就霸业,从君臣的名分说,这是冒用国君的礼仪和待遇。晏婴做齐景公的宰相时,吃饭时没有两种肉食,侍妾不穿丝绸衣服,但齐国也治理的很好,这是晏婴向下与百姓看齐。现在臣子我位居御史大夫,但盖布被子,这是使九卿到小吏之间没有等级差别,确实如同汲黯所说。而且没有汲黯的忠诚,陛下您哪能听到这样的话呢?"

天子认为这是公孙弘谦让,越加对他厚待,终于任命他为丞相,封为平津侯。

公孙弘为人外表宽厚,实际则城府很深。那些曾与公孙弘有过节的人,公孙弘虽然假装与他们友善,暗地里却想陷害他们。诛杀主父偃,将董仲舒调往胶西,这些全是公孙弘干的。但公孙弘生活俭朴,用餐仅有一种肉食和稀粟饭。他的老朋友和他喜欢的宾客,所需要的衣食,都由他的俸禄供应,他自己家中没有剩余的财物。士人们也因此觉得他为人很好。

淮南王、衡山王密谋造反,朝廷正加紧搜捕两王的党羽,公孙弘这时病得很重,他自以为自己无功而受封为侯,居丞相的高位,应该辅佐圣明的人主安抚国家,使国人恪守做为人臣、人子的规则。现在有的诸侯却密谋反叛,这都是因为宰相不称职,他暗中害怕自己病死以后,没有办法搪塞掉责任。于是他上书说:"臣听说通行天下的人伦常道有五种,能够实现这五种常道的有三种品德。君臣、父子、兄弟、夫妇、长幼之间的上下关系,是通行天下不变的五种人伦之道。智、仁、勇,这三点是通行天下的品德,是用来确保五常的。所以说'努力实现就接近仁,勤学好问接近智,知道什么是羞耻就接近勇'。懂得这三德,才能知道怎样管理好他人。天下没有人不能管理好自己而能管理好民众的,这是万世不变的道理。现在陛下亲自实践大孝的品德。借鉴三王的治国之道,建立像周朝那样的制度,兼有周文王、武王的德行,勉励贤能人士并提供俸禄,根据才能授予官爵。现在臣的德才都很差,又没有立过汗马功劳,陛下特意将我从普通人中选拔出来,封我为列侯,并给予三公的高位。我的品行和能力与这些都不相符,并且一向有疾病在身,恐怕先于陛下的狗马而死,终究无法报答陛下恩泽和负起责任。希望能够归还侯印,请求允许我辞职回家,给贤能人才让位。"天子回答道:"自古以来就奖赏有功劳的人,褒颂有品德的人;太平守成的时代崇尚文治,遭遇动乱就崇尚武功,从未有谁能改变这一规律的。朕以前很幸运地继承皇帝的尊位,唯恐天下不得安宁,只想厚待和我一起治理天下的大臣,这你是知道的。这是因为君子喜欢善人,讨厌恶人,您如果行为谨慎,就可经常在我身边。您不幸染上风寒小病,哪里用得着这样担心,以致上书归还侯位,辞职回家。这是彰明朕不好啊。现在事情稍少,您可以少考虑政务,养养精神,再辅以医药加以治疗。"

皇上因而赏赐他很多牛酒绢帛。过了几个月,公孙弘的病好了一些,开始处理政务。

元狩二年,公孙弘病重,最后终于在丞相的职位上去世了。他的儿子公孙度继承了平津侯的爵位。公孙度担任山阳太守十多年,后因犯法而被削去了侯爵。

主父偃上书

主父偃是齐地临淄人,早期学纵横家之术,晚年才学《周易》、《春秋》和诸子百家的学说。他在齐地的读书人中游学,没有人厚待他。齐地的儒生还合伙排挤他,使他在齐地无法安身。他家里很贫穷,跟人借贷也借不到,于是向北远行燕、赵、中山等地,但都没得到很好的待遇,困居旅途。

孝武帝元光元年中,他认为诸侯之地不值得再游学,就向西进入关中,拜见大将军卫青。卫青多次向皇上推举主父偃,但皇上不召用他。他的费用缺少,留在长安时间长了,各位公卿和宾客大都讨厌他,于是他上书皇上。

他的上书早上递上去,晚上就得到了皇上的召见。他在上书中共谈及了九件事,其中八件是关于律令的,一件是劝谏讨伐匈奴的。其文中说:

"臣听说圣明的人主不憎恶恳切的劝谏之言来增长自己的见识,忠臣不会为了躲避严重的惩罚而不进直谏,因此才能事无遗漏而功名流芳万世。现在臣不敢隐藏自己的忠心逃避死罪而献上我的建议,希望陛下能赦免我的罪过并稍加审阅我的建议。

"《司马法》说:'国家即使很大,若好战必定会灭亡,天下虽然安定,但若忘记战争也一定会有危险。'现在天下已经太平,天子奏《大凯》之乐,春秋打猎巡视;诸侯春天检阅军队,秋天建造武器,这是为了不忘记战争啊。但是愤怒是背逆的品德,武器是不祥的工具,争斗是最末节的操行。古代的国君一发怒就必定会有人死亡流血,所以圣明的君主对这些都很慎重。那种为了战胜而专门穷兵黩武的人,没有不后悔的。

"以前秦始皇凭战胜的威势,蚕食天下,并吞战国,海内统一,功绩与夏、商、周一样大。专力求胜不肯罢休,还想进攻匈奴。李斯劝谏说:'不行。匈奴没有城郭居住,也没有囤积的东西要守护,全族迁移就如同鸟群一样飞走,难以制服他们。

轻装深入敌境,粮食一定会断绝;带粮行军,又太重赶不上他们。即使占领他们的土地也无法从中取得利益,遇到他们的人民也不能奴役并守住他们。战胜了一定得将他们杀掉,这不是百姓父母所应该干的事,使汉朝疲敝获取攻击匈奴的畅快,这不是长久计策。'秦始皇不听,于是派蒙恬率兵进攻匈奴,开辟了上千里的土地,将黄河作为边境线。但是新占领的土地到处都是沼泽碱卤,不生长五谷。此后秦始皇又征发天下的丁男来戍守河套以北地区,让军队暴露在野外十多年,死的人无法计算,最终也不能渡过黄河向北前进,这哪里是军队不多,兵器不完备的原因呢?这是形势不允许啊。秦始皇又命令天下转运粮食到前线,从黄、腄、琅琊等近海的地方直运到北河,大约三十钟粮食才能运到一石。男子奋力耕种也不够供应军粮,女子纺织不足以做军帐。百姓精疲力竭,孤寡老弱的人得不到奉养,道路上的死人一个接一个,天下人从此开始反叛秦朝。

"到了我朝高皇帝平定了天下,到边境巡视,听说匈奴聚集在代谷,就想要攻击他们。御史成进劝谏说:'不行。匈奴的性情,如同兽一样聚集,如同鸟一样飞散,追逐他们如同追捕影子。现在以陛下的大德出兵进攻匈奴,臣子我私下认为这是很危险的。'高皇帝不听成进的劝谏,向北发兵追赶匈奴到代谷,果然在平城陷入了匈奴的包围。高皇帝非常后悔,于是命刘敬去和匈奴订立和亲盟约,从此天下忘记了战争。所以兵法上说:'发动十万军队,每日要耗费千金。'秦朝经常屯聚数十万军队,虽然有全歼敌军杀死敌将活捉单于的战功,但不是完善的办法。匈奴难以制服,也不是一代所产生的问题。他们以侵略抢掠为生,这是天性使然。

"往上在虞夏殷周,本来就不对他们加以规范监督,仅把他们当禽兽来看待,不视为人类。现在不向上借鉴虞夏殷周的统治经验,反而向下因循近代的失误,这是臣最大的忧虑,是百姓疾苦的原因。况且战争时间一久就生变乱,事情艰苦就使人容易想到反叛。这使边境的百姓凋敝愁苦而产生叛逆心,将领官吏相互怀疑而与外敌相勾结,所以秦朝的尉佗、章邯才能够实现自己的野心。秦朝的政令之所以不能实行的原因,就在于把权力分给了这两个人,这是得失的范例。

"所以《周书》说:'国家的安危在于发出的政令,国家的存亡在于所利用的人。'希望陛下仔细考察这些事例,略加留意,深思熟虑。"

徐乐、严安上书

孝武帝年间,卫青将军好几次跟皇上提及主父偃,皇帝终于召见了他。主父偃向皇帝上奏了八件国家大事后,又有赵人徐乐、齐人严安也来上书,谈论国家事务各一件事。

徐乐说:"臣子我听说天下的忧患在于土崩,而不在于瓦解,古今都是同一个道理。什么叫土崩呢?秦朝的末年就是这种情势。陈涉并不具备千辆兵车的国君的威严,也不拥有一尺大小的土地,他也不是王公大人的名门之后,没有乡里的好名声,更没有孔子、墨子、曾子的贤明和陶朱、猗顿的富裕,但是他在陋巷中起兵,挥舞着棘木制成的戟柄,袒露胳膊大呼,天下闻风响应,这是什么原因呢?这是因为百姓穷困疲弊而人主不体恤,下民怨恨而在上位者不理解,社会风气败坏而政治不修明。这三点是陈涉能够起兵的资本。这就是土崩。所以说天下最大的忧患在于土崩。

"什么叫做瓦解?吴、楚、齐、赵等诸侯王起事造反就叫瓦解。这七个诸侯国阴谋作乱,都是号称拥有上万辆战车的国君,统领数十万披甲士兵,他们的尊严足以慑服国内的百姓,财力足以供给赏赐其战士和平民,然而他们不能向西夺取一尺一寸的土地,而且连他们自己也被中原的朝廷所擒获,这是什么原因呢?并不是由于权力比普通百姓小,兵力比陈涉的弱啊,而是在那个时候先帝的恩泽还未减弱,天下安居乐业的百姓还很多,所以诸侯得不到境外的帮助。这就叫做瓦解。所以说天下的忧患并不在于瓦解。从这个道理来分析,现在天下确实有土崩之趋势,即使是穷困的平民,只要有人首先发难就足以危及海内,就如同陈涉一样。而且三晋的诸侯还有存在的呢!天下虽然未能达到大治,只要没有土崩趋势,即使有强国大军谋反,转瞬之间也将被擒获,吴、楚、齐、赵就是这样的例子,更何况群臣百姓中想叛乱的人呢!明白这两点,是关系国家安危存亡的根本所在,贤明的人主应留心明察的关键。

"近年来关东五谷不登,下次收获的季节还没到,百姓大多穷苦困缺,再加上边境的战事,从理论上推断,百姓中将有不能安居乐业的了。不安所以容易动乱。容易动乱就是土崩的趋势啊。所以贤明的人主应独自细察万物生化的根源,明确安危的关键所在,将其治理在朝堂之上,便可以消除还未成形的祸患。

"它的关键只在于使天下不致产生土崩的形势而已。所以即使有强国劲兵谋反,陛下仍然可以追走兽,射飞鸟,扩大游玩宴饮的园囿,纵情欢乐地游乐观赏,尽情享受打猎骑马的快乐,没有任何关系。金石丝竹的音乐常在耳边,帷帐中不乏舞中侏儒的笑声,但天下没有长久的忧患。

"名誉何必像商汤、周武王那样崇高,风尚何必像成王、康王那样美好呢!虽然这样说,臣子我私下以为凭陛下天生的圣明,和宽厚仁爱的资质,只要真能专心治理天下,则不难比得上商汤、周武王的名望,成王、康王时代的风尚也可以复兴了。

"只要确定预防土崩和瓦解这两个根本,就可以居于尊贵安乐的事实,在当代扬名,天下人都热爱您,四方夷族都归服您,您遗留下的恩德可以使数代昌盛,面向南方背负屏风收起衣袖与王公行礼作揖,这才是陛下做的事情。臣下听说,打算兴王天下如果未能成功,它的余风也足够让国家安定。国家安定了,陛下有什么想求而求不到的,有什么想干而干不成的,有什么不能降服的!"

严安上书说:

"臣听说周朝得到天下,治理很好的时间达三百多年,成王、康王是它鼎盛的时代,四十多年不用刑罚。到了它衰弱的时候,也有三百多年,因此春秋五霸相继兴起。五霸常常辅助天子,为天子兴利除害,诛灭残暴,禁止邪恶,纠正海内各国,以此尊崇周天子。等到五霸消亡以后,再无圣贤继起,周天子孤立衰微,他的命令无法执行。诸侯肆意胡来，以强凌弱，以众欺寡，田常篡夺齐国政权，六卿瓜分晋国的土地，共同造成战国纷争的局面，这是百姓困苦生活的开始。于是强国致力于进攻别人，弱国则设法守备，合纵连横，战车相互进攻，兵士不解盔甲，以致生满了虮虱，百姓的苦楚没地方去诉说。

"到了秦王嬴政的时代，秦国蚕食天下，吞并列国，确立了皇帝的尊号，主宰国家的政治，拆毁诸侯的城墙，销毁诸侯的兵器铸成钟虡，以表示不再使用。黎民百姓得以免除战国的苦难，他们人人自以为遇到了圣明的天子，获得了新生，如果秦朝能够缓轻刑罚，减少赋税，节省劳役，倡导仁义，轻视权利，崇尚敦厚，看轻智巧，移风易俗，教化海内的百姓，则世世代代都会太平无事的。

"秦不推行这种圣明的政策，反而因循旧的政策，奸诈狡猾争权夺利的人被任用，笃实敦厚忠诚有道义的人被斥退；法令森严，政治冷酷，阿谀谄媚的人很多，秦始皇每天听到这些人的赞美话，野心越来越大。他打算到海外逞威风，便命蒙恬率兵向北进攻匈奴，开辟疆域，在河套北边设防，百姓运送粮草跟在大军的后面。又派尉佗、屠睢率领水师向南进攻百越，使监禄开渠运粮，深入越境，越人逃跑。军队旷日持久地进行作战，粮食匮乏，越人趁机进攻，使得秦军大败。秦又命尉佗带兵在越地驻防。

"在这个时候，秦朝在北边与胡人结仇，在南边与越人结怨，将军队驻扎在无用的地方，一去就无法撤回十多年间，丁男身披盔甲，丁妇从事运输，生活困苦难以生存。在树上吊死的人一个接着一个。秦始皇死后，天下大乱，陈胜、吴广在陈举兵，武臣、张耳在赵起兵，项梁在吴举兵，田儋在齐举兵，景驹在郢起兵，周市在魏举兵，韩广在燕举兵，漫山遍野的豪杰人士一起起义，数量多得无法全部统计，但他们都不是公侯的后代，也不是大官的属吏。他们没有一尺一寸土地的势力，起自里巷，拿着棘木制成的戟柄，顺应时势而举兵反抗，没有预谋而同时起义，没有约定而一起发动，不断夺取地盘，最后成为霸王，这是时势发展的结果。

"秦皇帝虽贵为天子，富有天下，结果弄得灭绝了后代祭祀，这就是穷兵黩武的祸害造成的。所以周的失误在于软弱，秦的失误在于逞强，都是不知道变通而造成的祸患。

"现在皇上想招降南夷，使夜郎朝贡，征服羌僰，经营沨州，建立城镇，深入匈奴境内，烧毁他们的龙城，议论政事的人都说好。这是人臣想从中获取利益，不是治理天下的长久计策。现在中原之内连狗叫引起的惊恐都没有，却要受到防守国外的连累，使国家耗费而民生凋敝，这不是爱惜百姓的行为。

"满足无穷尽的欲望，使心意痛快，但却和匈奴结下怨仇，这也不是安定边境的办法。祸患一旦结下了就很难解除，战争停下了又会再发起，离得近的百姓痛苦万分，离得远的则惊恐不已，这不是能长久的办法。现在天下打造甲胄、磨刀擦剑、矫揉弓弩、系捆弓弦，运送辎重粮草，没有停下来的时候，这是天下人共同忧虑的事情啊。战争一久就会产生叛乱，事情烦劳就会产生忧虑。现在外郡的土地有几千里大，城池有数十座，地形可以控制势力范围，并可以威胁邻近的诸侯国，这不是朝廷的益处。

"考察以前齐、晋之所以灭亡的原因,是因为公室受到侵略而变得卑弱,六卿的力量得到壮大兴盛;近观秦朝之所以灭亡的原因,是由于法律严峻苛刻,欲望大得无止境。现在郡守的权势,不是六卿所能比得上的;土地上千里,不是里巷所能比拟的,甲胄兵器,也不是棘木做的戟柄能赶上的;如果遇到天下大乱,其结果就不用再说了。"

奏书上呈天子以后,天子召见了三人,对他们说:"三位以前都在哪里?真是相见恨晚啊!"于是皇上任命主父偃、徐乐、严安为郎中。主父偃多次晋见皇上,上奏议论国事,皇上下诏任命主父偃为谒者,提升为中大夫。一年之中四次提升主父偃的官职。

主父偃的威信

主父偃官居要职后,越加接近国君,也越有机会向国君上书言事提出劝谏。主父偃劝说皇上:"古代的诸侯领地方圆不过百里,所以它们的力量容易控制。现在的诸侯有的拥有数十座城邑,领地方圆有上千里,太平时他们骄纵奢靡,容易做出淫乱之事;形势危急时他们封锁边界,与其它诸侯国联合起来对抗朝廷。现在如果用法令来分割削减他们的土地,他们就会萌发叛乱念头,以前晁错的措施就是这样。现在每位诸侯的子弟都有十多个,而只有嫡长子承袭爵位,剩下的人虽说都是亲生骨肉,但没有一尺一寸的土地受封,这使仁孝之道无法得到弘扬。希望陛下让诸侯推广恩惠分给子弟们,拿出土地让子弟们受封为侯。这样诸侯子弟人人都很高兴实现了愿望,表面上是皇上施行仁德,实际上是分裂了诸侯国力量,不用削减土地就使诸侯国的力量衰弱了。"于是皇上采纳了他的计策。

主父偃又劝谏皇上:"茂陵才刚建好,可以将天下豪杰、富有人家和乱民都迁到茂陵附近去住,这样对内可充实京师的力量,对外可消除奸诈狡猾的人,这叫做不杀他们而又除掉了害。"皇帝又听从了他的这个计谋。

从此,大臣们都畏惧他那张嘴,贿赂他的钱财多达千金。有的人劝说主父偃:"你太横行无忌了。"

主父偃说:"我从成年时就开始游学,达四十多年,一直没有得志,父母不把我当成儿子,兄弟不收留我,宾客嫌弃我,我穷困的日子太久了。大丈夫活着的不能列五鼎而食,死的时候受五鼎烹之刑算了。我年老前程还远,等不及了,所以就违背情理横行地干下去了。"

主父偃极力宣称朔方土地肥沃,对国外有黄河为险阻,蒙恬曾在那里建城以驱逐匈奴,对国内来说可以节省车载漕运的耗费和人力,而且还扩大了疆域,因而这里是灭胡的根本。皇上看了他的建议,让公卿商讨,公卿们都说不方便。

公孙弘说:"秦朝时常常征集三十万人在黄河套北边筑城,最后也没能筑成,不久就放弃了。"

主父偃却极力说非常方便,皇上最终采纳了主父偃的策略。设立朔方郡。

元朔二年,主父偃说齐王淫佚放荡、行为怪僻,皇上就任命主父偃为齐相。

主父偃到了齐国,将兄弟宾客全都召来,散发给他们五百金,斥责他们说:"我以前贫穷时,兄弟们不给我衣食,宾客们不让我进门;现在我做了齐相,你们中有人竟跑出千里以外来迎接我。现在我与你们断绝关系,不要再进我的门。"

主父偃于是使人用齐王与姐姐通奸的事来动摇齐王抗拒的意志,齐王认为自己最终也不能开脱罪行,害怕像燕王那样被朝廷论罪处死,于是自杀了。主管部门将此事上报皇上知道。

主父偃以前做平民时,曾在燕、赵游历,等他地位显贵发达后,揭发了燕王的隐私。赵王担心他成为赵国的祸害,想上书揭发主父偃的隐私,但因为主父偃身居朝廷要职,所以没敢告发。

等他任齐相出了函谷关,赵王就派人上书,告发主父偃接受诸侯的贿金,诸侯的子弟多因此受封。

等到齐王自杀,皇上听说此事非常生气,认为是主父偃逼迫齐王自杀,于是将他召回京,交给狱吏问罪。

主父偃承认接受过诸侯的贿赂,但实在没有威逼齐王让他自杀。

皇上想不杀主父偃,这时公孙弘担任御史大夫,他说:"齐王自杀,没有后代,国家取消变成郡,土地归入朝廷,这事的罪魁祸首是主父偃,陛下不杀主父偃,无法向天下谢罪。"于是诛杀了主父偃的全族。

主父偃受宠显贵时,他的宾客有上千人,等到他全族被诛时,没有一人替他收尸,最后有洨地人孔车将他收葬。天子听到后,认为孔车是一个忠厚长者。

司马迁说:"公孙弘的品德行为虽然修养得好,但他能显达也是遇到了时机。汉朝建国已经有八十多年了,皇上正重视文学,招集才俊,以此推广儒家、墨家的学说,公孙弘是第一个被选中的。主父偃当道时,公卿大臣们都给他说好话,等到他身败名裂被诛杀时,士人都争相说他的坏话。真是可悲啊!"

南越列传第五十三

南越王尉佗

南越王尉佗是真定人,姓赵。秦统一天下之后,平定了杨越,设置桂林、南海、象郡等郡,用来安置被发配迁徙的人,与越国人混居了十三年。尉佗在秦朝时被任命为南海郡龙川县的县令。

到秦二世的时候,南海尉任嚣病重快死了,召见龙川令赵佗说:"我听说陈胜等谋反作乱,秦朝的政治残忍无道,天下人由此而痛苦,项羽、刘季、陈胜、吴广等所属州郡各自组织军队,聚集民众,龙争虎斗地争夺天下,中原已经发生动乱,不知何时安定下来,豪杰们相继叛秦自立。南海郡地处偏远,我怕叛军侵略土地到这里来,我打算发动军队断绝新道,自我防备,等待诸侯的变化,正赶上我病得很严重。况且番禺这个地方背负高山为险阻,濒临南海作为屏障,东西长达数千里,有许多中原人辅助治理,这也是能成为一州之主的地方,也可以建立国家。郡中的官吏中没有人值得商量,所以我召您相告。"

随后,任嚣就授予赵佗文书,让他担任南海尉的职务。任嚣死,赵佗马上通知横浦、阳山、湟溪关说:"乱军将要到了,赶紧断绝通道自我防备!"因此稍微利用法令诛杀了秦朝所任命的官长,任用他的党羽代为守备。

此时秦朝已经灭亡,赵佗就出兵攻击桂林、象郡,自立为南越武王。汉高帝平定天下后,由于虑及中原百姓劳苦,所以放过赵佗不去诛杀他。汉高帝十一年,派陆贾去封赵佗为南越王,和他剖符定约,互通使节,让他安定百越,不要成为南方边境的祸患,他的领地与长沙郡交界。

高后的时候,主管部门请求撤销和南越设立的关市和禁止出售铁器。赵佗说:"高帝封我为南越王,并且互通使节和货物,现在高后听取臣子的谗言,想要区分汉朝与蛮夷之邦的不同,止出卖物品,这一定是长沙王献上的计策,他想倚靠中原朝廷,灭掉南越,兼并我的领地,为自己谋取功劳。"

于是赵佗自立尊号为南越武帝,发动军队攻打长沙王边境的城镇,攻取几个县又退回去了。高后派将军隆虑侯灶带兵去攻打南越,正赶上暑热潮湿,许多士兵得了瘟疫,军队无法翻越南岭。一年多以后,高后去世了,就罢兵回朝了。赵佗由于以兵力威胁边境,赠送财物贿赂闽越、西瓯、骆,使用领属他们,土地从东至西有一万里多。于是赵佗乘着天子坐的黄屋车,车后竖立起大旗,诏书称制,和中原的朝廷一样。

到了孝文帝元年,天子开始抚慰天下人心,遣使告诉诸侯和四夷自己从代来到京城即位的意图,晓谕皇帝的盛德。于是为赵佗双亲在真定的陵墓设置看守人员,每年按时祭祀。征召赵佗的堂兄弟,给他们高官厚禄和丰厚的赏赐来表示宠幸。下诏命丞相陈平等人举荐可以出使南越的人,陈平说好畤人陆贾,在先帝时曾多次出使南越。于是文帝征召陆贾,任命他担任太中大夫,出使南越。趁此机会责备赵佗自立为皇帝,连派一个使者到朝廷报告都没有。

陆贾到了南越,南越王非常恐惧,上书谢罪,书中说:"蛮夷大长老夫臣赵佗,因以前高后歧视南越,我私下认为是长沙王进谗言陷害我,又遥闻高后诛灭了我的全部宗族,掘毁焚烧了我祖先的坟墓,由此自暴自弃,侵犯长沙边境。而且南方地势低而潮湿,处于蛮夷之中,东边的闽越只有千人之众号称王,西边的瓯骆裸国也称王。老臣我妄自窃称帝号,只是为了暂时地自己娱乐一下,岂敢以此报告天王呢!"于是叩头谢罪,希望永远成为汉朝的藩属臣子,遵奉朝贡的责任。

于是赵佗给国中的人下令:"我听说两雄不能并立,两位圣哲也不能同处在一个时代。当今的皇帝是一位贤明的天子,因此从今往后,我要去掉皇帝才能使用的黄屋和左纛。"陆贾回朝报告,孝文帝非常高兴。到了孝景帝的时期,赵佗仍然称臣,并派人到朝廷晋见。但南越王赵佗在自己国内仍然像以前那样擅自使用皇帝的名号,他派人朝见天子,则自称王,像朝廷的诸侯一样。到了建元四年,赵佗去世了。

赵佗的孙子赵胡承袭了南越王的王位。这时闽越王郢派军队进攻南越的边邑,赵胡派人上书报告朝廷:"两越都是朝廷的藩臣,不能擅自派兵相互攻击。现在闽越兵进攻臣国,臣不敢发兵反击,请求天子下诏予以处理。"

于是天子称赞南越忠义,遵守责任和盟约,就为南越派遣军队,命令两位将军去讨伐闽越。军队还没过阳山岭,闽越王的弟弟余善就杀死了哥哥郢投降,于是朝廷就收回了军队。

天子派庄助去将朝廷派兵攻伐闽越的经过告诉南越王,赵胡叩头说:"天子为了臣而发兵攻伐闽越,我就是死了也无法报答天子的大恩大德!"因此赵胡就派太子婴齐去汉朝的宫廷中当宿卫。

赵胡又对庄助说:"敝国刚刚遭受侵扰,请使者您先回去。我将日夜整装入朝晋见天子。"

庄助走后,赵胡的大臣劝谏他说:"汉朝发兵攻伐闽越王郢,这也是以行动威吓南越。而且先王以前说过,侍奉汉朝天子只要不失礼就可以,关键是不能轻易答应去晋见,一旦入朝晋见就不能再回来了,这是亡国的情形。"于是赵胡假称生病,终未去汉晋见天子。

过了十多年,赵胡确实病重了,他的太子婴齐请求回国。赵胡去世了,谥号为文王。

三朝元老吕嘉

南越的丞相吕嘉年岁很大,辅佐过三个王,他的宗族担任官吏的有七十多人,他家的男子都娶王的女儿,女儿都嫁给王子兄弟宗室,甚至和苍梧秦王有婚姻关系。他在国内的地位很重要,南越人都非常信任他,做他耳目的人很多,他比起南越王更得人心。

南越王向汉朝上书晋见,他多次劝谏,可南越王不听。因此吕嘉生了反叛之心,多次声称有病不接见汉朝使者。使者都注意吕嘉的行动,但由于局势而不能杀死他。

南越王、王太后也惧怕吕嘉等人先发动叛乱,于是就准备酒宴,想凭借汉使者的权力诛杀吕嘉等人。酒席上,使者们都面向东,太后面向南,南越王面向北方。丞相吕嘉和大臣们面向西侍奉,坐下来饮酒。吕嘉的弟弟是将军,统领士兵在宫外。

敬酒的时候,南越王太后对吕嘉说:"南越归顺朝廷,这对我国来说很有好处,但丞相认为这没有好处,为什么呢?"王太后想作此话来激怒汉朝使者。但使者由于丞相的权势而有些犹豫,终于不敢发动诛杀吕嘉。

吕嘉看左右附近都不是自己的亲信,就站起身来要出去。南越王太后很生气,想用矛来撞杀吕嘉,却被南越王阻止了。

吕嘉于是出去,将其弟弟所率领的军队分出一部分带回自己的住所,谎称生病,不肯出来见南越王和汉朝的使者。吕嘉便与大臣密谋叛乱。南越王一向没有诛杀吕嘉的意思,吕嘉明白这一点,因此几个月来一直没有发动叛乱。南越太后有淫乱的行为,国人都不亲附她,她想独自诛杀吕嘉,又没有这个力量。天子听说吕嘉不服从南越王的命令,南越王、王太后孤立衰微不能控制,使者又胆怯没有决断,又认为南越王、王太后已经归顺了汉朝,只有吕嘉独自作乱,所以不值得发动大军,想让庄参带领两千人出使南越。

庄参说:"如果按照和好的愿望去,几个人就够了;如果想动武征讨,两千人不够用。"推让说不行,天子就罢免了庄参。

郏县的壮士、过去的济北相韩千秋自告奋勇地说:"小小的南越,又有南越王、王太后做接应,只是丞相吕嘉为害,我带领勇士两百人,一定将吕嘉斩首回报朝廷。"

于是天子派遣韩千秋和王太后的弟弟樛乐率领两千士兵去,进入了南越境内。

吕嘉等人终于造反了,他在国中下令:"我们的国王年龄轻,王太后是中原人,又与汉朝使者私通,一心想归附内地,将先王的宝物都进献给天子,以取媚于天子,她带了很多随从人员,准备到长安后,将他们卖给中原人做奴役。她只为了自己逃脱而走的一时利益,完全不顾赵氏的社稷和子孙万代的长远计划。"

于是吕嘉和他的弟弟率兵杀死了南越王、王太后以及汉朝的使者。吕嘉派人去告诉苍梧秦王以及苍梧各郡县,立明王长子的南越妻子生的儿子术阳侯赵建德为王。

韩千秋的军队进入南越,攻取了几个小镇。后来南越直接为他们开辟道路供给粮食,距番禺还有四十里,南越的军队攻击韩千秋的部队,将他们消灭了。

吕嘉派人把汉朝使者的符节用匣子封好,放在关塞上,说了许多好话向汉朝谢罪,同时发动军队据守要害地方。

天子说:"韩千秋虽然没有成功,但仍然是军中的勇士。"

因此天子封韩千秋的儿子韩延年为成安侯。至于樛乐,由于他的姐姐是南越王太后,最先愿意归顺汉朝,所以封樛乐的儿子樛广德为龙亢侯。

天子接着颁布赦令说:"天子的权威衰弱,诸侯王极力涉政,讽刺朝臣不能讨伐叛逆。现在吕嘉、赵建德等造反,安然自封为王,所以下令让罪犯和江淮以南的楼船水师十万人去讨伐。"

吕嘉、建德闻讯连夜逃亡海上,乘船向南逃去。征讨的伏波将军审讯已经投降的吕嘉部下,得知了吕嘉逃跑的方向,于是派人水陆同时追赶,终于俘获了吕嘉、赵建德等百十人。

东越列传第五十四

闽越王、东越王

闽越王无诸和越东海王摇的祖先都是战国时越王勾践的后代,姓驺。

秦朝统一天下之后,将他们的王号都废除掉,而任命他们为君长,把他们的领地设为闽中郡。

到诸侯都背叛秦朝的时候,无诸和摇率领越人投奔鄱阳令吴芮,也就是所谓的鄱君,跟随诸侯攻秦。那个时候,项羽掌权,他不封无诸和摇为王,所以他俩不归顺楚王。刘邦攻击项羽,无诸、摇率领越人帮助刘邦。

汉朝建立后五年,刘邦重新立无诸为闽越王,统治闽中原来的领地,都城在东冶。汉孝惠帝三年,列举汉刘邦时期越人立下的功劳,认为闽君摇的功劳多,他的人民都愿附他,于是立摇东海王,都城在东瓯,世人俗称他为东瓯王。

过了几代,到了孝景帝三年,吴王刘濞起兵造反,想让闽越也跟从反叛,但闽越不肯,只有东瓯跟随吴王一起反叛。到了吴国被打败之后,东瓯被汉朝收买,在丹徒杀了吴王,因此这两王都免除了被朝廷诛杀的死罪,回到了本国。

吴王的儿子子驹逃到闽越,怨恨东瓯杀了他的父亲,因此常常劝越出兵攻打东瓯。到了建元三年,闽越发兵围攻东瓯。东瓯的粮食吃光了,陷入了困境,将要投降,就派人向天子告急。

天子向太尉田蚡征询意见,田蚡回答:"越人之间互相进攻,本来就是很平常的事情,况且他们的态度反复无常,不值得我们中原朝廷去救助。自从秦朝时就放弃它们不加管理。"

而中大夫庄助斥问田蚡:"只怕力量不够去援救,恩德不能泽被它们;如果真的能的话,为什么要舍弃呢?而且秦朝最后连自己的咸阳都抛弃了,何况是越地呢!现在小国由于陷于困境而来向天子告急,天子若不加以拯救,那么它要到哪里去诉说?天子又将凭什么统治万国呢?"

皇上说:"太尉的意见不值得计议。但是我刚继皇帝位,不想拿出虎符征发郡国的军队。"

于是派遣庄助拿着信节到会稽征调军队。会稽太守想拒绝发兵,庄助于是斩杀了一位司马,向大家告谕皇帝的旨意,就调动军队渡海去救东瓯。还未等到达,闽越就撤军回国了。东瓯请求把全国迁往中原,就率领所有的百姓前来,安置在长江、淮河之间。

到了建元六年,闽越又出兵进攻南越。南越遵守天子的约束,不敢擅自派军队反击,而将这件事报告了朝廷。皇上派遣大行王恢由豫章出兵,大农韩安国从会稽出兵,两人皆担任将军。汉朝军队还未翻过阳山岭,闽越王郢就派军队凭险拒守。

郢的弟弟余善与丞相、宗族商议说:"我们的国王擅自派兵攻打南越,没有向天子请示,因而天子派遣军队来讨伐。现在汉朝军队人多势众,目前我们即使侥幸取得胜利,以后来的军队会更多,最后肯定要将我们的国家消灭掉。现在如果我们将国王杀死来向天子谢罪,天子如果接受我们的请求,全国就会安然无恙;天子如果不接受我们的请求,我们就奋力拼战,假如不能取胜,我们就逃向大海。"

大家都说:"好。"于是就刺杀了闽越王郢,并让使者带着郢的头颅献给大行。

大行说:"我们到这儿来的目的就是诛杀闽越王郢,现在他的头颅已经送来了,并且向天子谢罪,不必作战就将他除掉,这是最大的好处。"于是大行自作决定按兵不动,并通告大农的军队,同时派遣使者带着闽越王的头颅飞驰报告天子。

天子下诏撤回两位将军的部队,说:"郢等是罪魁祸首,唯独无诸的孙子繇君丑没有参与反叛。"于是派郎中将册立丑为越繇王,侍奉对闽越祖先的祭祀。

余善杀死郢后,在国内很有权势,国中的人大多都归顺他,私下自立为王,繇王丑不能矫正臣民拥护自己这个名正言顺的王。

天子听说后,认为为了一个余善不值得再发兵征讨,说:"余善曾多次与郢密谋作乱,但后来又是他第一个发动诛杀郢,所以不必劳师征伐他。"因此立余善为东越王,与繇王并列。

到了元鼎五年,南越造反,东越王余善上书,请求允许他带领八千人的军队跟随楼船将军进攻吕嘉等人。东越军队到了揭扬的时候,以海上有大风为借口,不再前进,抱着两边观望的态度,偷偷派使者去南越。直到汉朝的军队攻克番禺,东越的军队也没抵达。这时楼船将军杨仆派遣使者到朝廷上书,希望允许他顺便率军进攻东越。皇上说士兵已经太疲乏了,没有批准杨仆的请求,下令撤军,命诸校将军队驻扎在豫章、梅岭等候命令。元鼎六年的秋天,余善听说楼船将军向天子请求攻伐他,汉朝的军队已临近边境,就要打过来了,于是起兵造反了,派遣军队扼守汉军所要过往的道路。余善还封他的将军驺力等人号为"吞汉将军",率领军队攻入白沙、武林、梅岭,杀死了汉朝的三个校尉。这时汉朝派遣的大农张成、原山州侯齿带领的军队驻扎在那里,他们都不敢率军进攻,反而撤退到安全的地方,后来他俩都由于犯了畏缩懦弱的罪而被朝廷诛杀。

余善刻了有"武帝"号的印玺自立为帝,说了很多狂妄的言论蒙骗他的百姓。天子派遣横海将军韩说由句章出兵,渡海从东方前往东越;楼船将军杨仆自武林出兵;中尉王温舒由梅岭出兵;两位越侯任戈船、下濑将军,从若邪、白沙出兵。元封元年的冬天,这些军队全部进入东越的境内。

东越原来就派出军队据守险要的地方,这时又派徇北将军驻守武林,打败了楼船将军的几位校尉,杀死了长吏。楼船将军杨仆率领钱唐人辕终古的军队斩杀了徇北将军,后来,被封为御儿侯。杨仆自己的军队却没有前往。

原越衍侯吴阳以前就留在汉朝,汉朝派他回国去劝告余善,余善不听劝说。等到横海将军率先到达时,越衍侯吴阳就率领自己城邑中的七百人反叛余善,在汉阳攻打越军。

东越的建成侯敖和他的部属跟繇王居股商议说:"余善是罪魁祸首,劫持了我们成为他的部属。现在汉朝的军队到了,人多势众,我们不如设计杀死余善,归附汉朝诸将,也许侥幸能够免除罪过。"于是就共同杀死余善,带领兵众向横海将军投降。因此天子封繇王居股为东成侯,食邑万户;封建成侯敖为开陵侯;封越衍侯吴阳为北石侯;封横海将军韩说为按道侯;封横海校尉刘福为缭嫈侯。

刘福是成阳共王的儿子,过去是海常侯,因犯法削去了侯爵。他以前曾从军,但没能立下战功,这次由于是皇帝宗室的缘故而被封侯。其它诸位将军都没有什么战功,所以也就都没有受封。东越的将军多军在汉军到达时,放弃了他的军队而归降，因此封他为无锡侯。

于是天子认为东越地势狭窄，险阻众多；闽越强悍，反复无常，因而下诏命军中的官吏将那里的百姓迁往长江、淮河一带安置。东越的领土就几乎成为一片空旷的地方。

西南夷列传第五十六

夜郎国

西南夷的君长有数十位，其中以夜郎的君长权势最大。它西边的靡莫夷也有数十个君长，其中以滇最大。滇的北面也有数十位君长，其中以邛都最大。

这些夷人都梳着椎髻，以耕田种地为生，并且居住在城镇村落。它们的外围，西面由同师以东，北到楪榆，名称叫嶲、昆明，这些夷人都梳着发辫，过着游牧生活，没有一定的居所，没有君长，活动的范围大概有几千里之多。

从嶲向东北，君长有数十位，其中徙、筰都的君长最大。自筰向东北，君长有数十位，其中冉駹的君长最大。

关于他们的生活习俗，有的是定居土著族，有的属于迁徙流动的部落，都在蜀郡的西边。自冉駹向东北，君长也有数十位，其中白马的君长最大，它们都是氐族。这些都是巴蜀西南以外的蛮夷部族。当初楚威王时，曾派遣将军庄蹻率领军队逆江而上，占领了巴、蜀，以及黔中以西地方。庄蹻是原楚庄王的后代。庄蹻到了滇池，那个地区的范围方圆有三百里，旁边都是平地，肥沃的土壤有数千里，庄蹻倚仗军队的力量平定了该地并使其归属楚国。庄蹻正要班师报告楚王，正赶上秦国攻取了楚国的巴郡和黔中郡，道路堵塞不畅，因此退回滇，利用他的军队当了滇王，改易了楚国的服装，遵循当地人的风俗，以利于统治当地的民众。秦朝时常频开辟了五尺道，在这些蛮夷国家设置了不少官吏。十多年以后，秦朝灭亡了。到了汉朝建立后，朝廷将这些国家都放弃了，并且关闭了蜀郡原来的关塞。巴、蜀的百姓有时偷偷地出关做生意，换回了筰国的马、僰国的奴仆和髦牛，因此巴、蜀开始变得富饶起来。

建元六年，大行王恢攻打东越，东越杀死了王郢作为对汉朝的回答。王恢趁机派遣番阳令唐蒙，将出师的意图明白地告诉南越。

南越用蜀地产的枸酱做食品招待唐蒙，唐蒙询问枸酱从哪里而来，回答说"从西北牂柯江转运而来，牂河江宽有好几里，流经番禺城下。"

唐蒙回到长安，询问蜀地的商人，蜀地商人说："只有蜀地才出产枸酱，当地有很多人暗地出关拿到夜郎出卖。夜郎面临牂柯江，江面宽有几百步多，足以行船。南越想用财物使夜郎归属它并可以奴役，向西一直到同师，但毕竟不能像对待臣下之国那样使唤它们。"

史 记

唐蒙便上书建议皇上:"南越王坐着天子的黄屋车,车左竖立着纛,他的领地东西长达一万多里,它在名义上是汉朝的外臣,实际上是一州之主。现在如果从长江、豫章前往南越征讨,水道多有阴绝,难以通畅。臣下听说夜郎的所有精兵集中起来,可多达十几万,如果乘船沿牂柯江而下,能够产生出其不意的效果,这是征服南越的一条奇计。若凭借我们汉朝的强盛,加上巴蜀的富饶,打通夜郎的道路,并在那里设置官吏,是非常容易的。"

皇上批准了这个建议,便任命唐蒙为郎中将,统率一千人的军队和运输粮食、辎重的一万多人,从巴蜀筰关进入夜郎,便见到了夜郎侯多同。唐蒙赏赐给夜郎侯多同很丰厚的物品,向他说明汉朝的强大和恩德,与他约定在此设置官吏,让他的儿子做守令官。夜郎旁边的一些小城邑都贪图汉朝的缯帛,认为汉朝到这儿的道路艰险,肯定不能到此占领,暂且接受唐蒙的约定。唐蒙报告朝廷,朝廷将这里设为犍为郡。征调巴蜀的士兵修道路,从僰的道路一直通到牂柯江。

蜀人司马相如也说西夷的邛、筰可以设为郡。朝廷便任司马相如为郎中去西夷那里去告谕,一切全依照南夷一样,在西夷设置了一个都尉,十几个县,归属蜀郡统辖。

这时,在巴蜀四郡通往西南夷的路上,运送粮饷的士兵和车辆不停地来往。过了几年之后,由于道路不通畅,士兵由于疲劳、饥饿和湿热,死了很多人;西南夷又多次起兵造反,派军队去进攻,耗费很多却没有收获。皇上对此很忧虑,就派公孙弘到那里调查了解。

公孙弘回来说,那里很不方便。到了公孙弘担任御史大夫的时候,正赶上修筑朔方城来占据河套赶走匈奴,公孙弘由于多次上奏说经营西南夷带来的祸害,希望暂且停止,集中力量对付匈奴。皇上就取消了对西夷的经营,只设置了南夷、夜郎的两县和一个都尉,稍后命令犍为郡太守独自防守。

到了元狩元年,博望侯张骞出使大夏归来,说他在大夏时见到了蜀布、邛竹杖,使询问当地人这些东西是从哪里得来的,当地人回答说:"从东南方的身毒国来的,那儿大概有几千里,有蜀地的商人卖布。"有人听说邛地以西大约两千里有一个身毒国。张骞因此极力进言:"大夏在汉朝的西南,非常倾慕中国,只是由于受匈奴阻碍交通道路的苦痛,如果能打通蜀地向西的道路,身毒国的路就很近,对汉朝有利无害。"

于是天子命令王然于、柏始昌、吕越人等人,暗中向西夷以西的地方出发,寻找身毒国。到了滇国,滇王尝羌就留下了他们,派了十几批人帮他们寻找向西去的道路。过了一年多,道路都由于被昆明所封闭,无法通往身毒国。

滇王问汉朝使者:"汉朝和我们国家比起来那一个大?"使者到了夜郎国,夜郎侯也是这样问。由于道路不通,他们各自认为自己是一州之主,不知汉朝疆域的广大。汉使者班师回朝后,极力说滇是个大国,值得招他们来归顺汉朝。天子便留意了此事。

到南越起兵造反时,皇上派驰义侯以犍为郡的命令征调南夷的军队。且兰君担心出征路途遥远,附近的国家会乘虚掠走他们老弱百姓,于是就和他的部众一起造反,杀死了汉朝使者和犍为郡太守。

汉朝便派遣曾经进攻过南越的八位校尉带领巴蜀的罪犯进攻且兰,平定了该地。正好南越已被打败,汉朝的八校尉也就不再沿牂柯江向下了,而率军返回,在途中又诛杀了头兰君。头兰就是经常阻塞汉朝通往滇的道路者。平定了头兰,南夷就被平定了,设为牂柯郡。夜郎侯原本倚仗南越。南越已经被消灭,又碰上汉朝回师的军队诛灭敢于造反的国家,夜郎侯于是入朝晋见天子。皇上册封他为夜郎王。

南越被打败以后,以及汉朝诛杀了且兰君、邛君,并且杀了筰侯,冉駹等国都非常恐惧,向汉朝请求臣服,并设置官吏。汉朝就将邛都设为越巂郡,筰都设为沈犁郡,冉駹设为汶山郡,广汉西边的白马设为武都郡。皇上派王然于去滇出使,将汉朝打败南越以及诛杀南夷君长的威势告诉滇王,劝滇王入朝称臣归顺。滇王的部众有数万人,它的旁边东北面有劳浸、靡莫,他们与滇王同姓,相互扶持,他们都不听从归服汉朝的建议。劳浸、靡莫还屡次侵犯汉朝的使者及官吏。

元封二年。天子派巴蜀军队攻击灭掉了劳浸、靡莫两国,并逼近滇国。滇王从此开始有顺服的善意,因此没有被诛杀。滇王离难请求举国投降,请求设置官吏,入朝称臣。于是汉朝将他的领地划属益州郡,赐给滇王王印,让他仍旧统治他的百姓。

西南夷的君长有几百位,只有夜郎、滇被授予了王印。滇是个小国,最受汉朝的宠信。

司马相如列传第五十七

文君当垆卖酒

司马相如,字长卿,蜀郡成都人。其人豪气冲天,才情纵横,却出身清寒。他有个朋友在蜀中临邛当县官,于是,他就投奔到那里去,暂且安身。

临邛的一帮有身份的望族士绅久闻司马相如的文名,现在,听说这位当今第一才子光临本县,无不感到脸上有光;他们都想借机结识司马相如,附庸风雅,日后也好向人吹嘘。这天,由富甲一方、门第高贵的卓王孙做东,在府上设宴款待司马相如,那情景真称得上"群贤毕至,老少咸集"了。当时的大才子,讲究的是琴棋书画样样皆能,而不独是写得一手好文章,司马相如自然也不例外。所以,那些宾客虽然平时早已拜读过司马相如的华章,却不以此为满足,他们欲乘此良机,非亲耳聆听司马相如的一曲清奏不可。司马相如自有其名士风范,毫不忸怩作态,当即焚香净手,为众人抚奏了一首《凤求凰》。

卓王孙有一个女儿,芳名文君,生得姿容绰约,更难得的是,她极其聪慧灵颖,能诗善文,精晓音律。她知道今日父亲在家中请客,但是作为一个新寡的年轻女子,她是不能参与其间的。正当她闲坐内室之时,忽然发觉一直充满寒暄应酬之声的客厅竟然静悄悄的,接着便有一缕古远高洁的琴声袅袅传来。她本是行家,一听便知这弹琴之人绝非等闲之辈,指法精湛,丝丝入扣,再兼琴声中另有一种超世逸法的胸襟和境界。卓文君听了一会儿,再也坐不住了,款款移步,隔帘一觑,原来竟是这样一个儒雅风流的人儿,不觉出了神。司马相如本来正沉浸在自己的琴声之中,也许是鬼使神差,这时他恰好抬头朝帘内看了一眼。这一看不要紧,两人都是心头一震,谁都不可能再忘掉谁了。不过,弹者有心,听者无意,那些粗鄙浅陋、不解音律的陪客们无一听得出来司马相如已在假琴音而传递情意了。

曲终人散,司马相如回到住处,情结难解,他自知以一介寒士的身份,是不可能直截了当地去卓府求婚的。但他却又心有不甘,于是,他派人暗中买通文君的侍女,两人由此通了心迹。卓文君确实是一个敢作敢为的女子,既然认定了司马相如是自己所爱之人,当机立断,便逃至相如住处,相如喜出望外,连夜同文君一道私奔,离开了临邛。果然,卓王孙闻讯大怒。他之所以愿意结识司马相如,完全是装腔作势,以骗取虚名,如要他把女儿嫁给这个家徒四壁的穷书生,则是绝对不可接受的。因此,他断然斩断了父女之情,发誓不予文君一文钱。

私奔后,这对大胆的恋人虽直接面临着贫穷的威胁,但他们并不动摇。司马相如卖掉了他仅有的财产——外出游历时必不可少的车马,再用这笔钱买下一家小酒店。文君亲任老板娘,一点也不觉得作为豪门之女干这个丢人现眼;司马相如,虽是一代文豪,此时也坦然换上脏兮兮的"工作服"与跑堂一道刷盘子。

随着时间的推移,卓王孙对女儿与司马相如私奔一事的恼恨渐渐有所平息,再加上很多人一再劝他,说司马相如虽出身低微,可到底是当代才子,文君嫁了他也不见得多么有辱卓门清誉。这样,卓王孙才回心转意,出钱资助文君和相如的生活,使他们摆脱了贫困。

子虚赋

司马相如很有文采,曾写有一篇《子虚赋》。武帝读了这篇文章对它赞不绝口,说:"可惜我不能够和这个人生活在一个时代。"当时蜀人杨得意任狗监,陪同汉武帝左右,听了这话,他说:"这是我的老乡司马相如写出来的。"武帝感到很惊讶,把司马相如找来问,他回答说:"有这回事。然而《子虚赋》都是诸侯的事,没有什么值得看的。我愿意写一篇《游猎赋》给您。"皇帝给他纸笔,于是相如在赋中假托一问一答的形式,先陈述天子园囿的丰富和壮丽,然后用提倡节俭结尾,通过它来进行婉转的劝说。这篇赋呈上之后,武帝大喜当即委任他为郎。

有一段时间,正赶上唐蒙在修通往夜郎、僰中的西南夷的道路。由于他征集民工过多,又杀了他们的首领,引起了巴蜀人民的惊恐和不安,发生了骚乱。汉武帝知道了这件事情,便让司马相如去责备唐蒙,并且让他写一篇文告,向巴蜀人民作一番解释。

司马相如在文告中说:"调集民夫、士兵修筑道路是应该的,但是惊扰了长老、子弟并不是陛下的意思。有人不晓得国家的法令制度,惊恐逃亡或自相残杀是不对的。士兵作战的时候,应该迎着刀刃和飞箭而上,绝不容许回头看,宁可战死也不能转过脚跟逃跑。你们应该从长计议,急国家之难,尽人臣之道……"

司马相如将这件事完成得很好,修路的工程又顺利地进行了。汉武帝非常高兴,又拜司马相如为中郎将。

淮南衡山列传第五十八

淮南王刘安

淮南王刘安为人喜好读书弹琴,不喜欢打猎、玩狗、骑马奔跑等,也想用暗中做好事来抚恤百姓,流传美名于天下。经常怨恨厉王早死一事,就想叛逆朝廷,却没有机会。

等到建元二年,淮南王入朝。他平时和武安侯关系友善,武安侯这时担任太尉,就在霸上迎接淮南王,和淮南王说道:"当今皇上正没有太子,大王是高帝的亲孙子,广施仁义,天下没有人没听说过。如果皇上一旦驾崩,不是大王又会是谁继位呢!"

淮南王很高兴,厚赠武安侯金钱财物。暗中结交宾客,安抚百姓,准备叛逆的事。

建元六年,彗星出现,淮南王心中对此感到奇怪。有人劝谏淮南王道:"当初吴国军队兴起时,彗星出现,彗尾长达好几尺,然而还是千里境内流血伤亡。如今彗星的彗尾很长,贯通天际,天下该会大举起兵了。"

淮南王心中认为皇上没有太子,天下将有事变,诸侯一起争斗,越发加紧修整军械和备战用具,并积累金钱贿赂馈赠各郡国诸侯和游士、奇才。那些制定方针策略的善辩人士,胡乱造作妖言,谄媚阿谀淮南王,淮南王很高兴,赏赐他们很多金钱,而图谋反叛的想法更加严重了。

淮南王有个女儿叫刘陵,聪慧,有口才。淮南王很喜爱刘陵,常常给她很多金钱,让她在长安刺探内情,结交皇上身边的人。

元朔三年,皇上赐给淮南王几案手杖,让他不必入朝觐见。淮南王的王后名荼,淮南王很宠幸她。王后生下了太子刘迁,刘迁娶了王皇太后的外孙修成君的女儿做王妃。

淮南王谋划制作反叛的器具,担心太子妃知道了而从内部泄露此事,就和太子商议,让他假装不喜爱太子妃,三个月不同床。淮南王便假装对太子很生气,把太子关起来,让他和太子妃同住一屋三个月,太子始终不亲近妃子。太子妃请求离开,淮南王便上书谢罪送她回去。

淮南王后荼、太子刘迁,以及女儿刘陵得到淮南王的喜爱宠幸,擅自收揽封国大权,侵夺百姓的田地宅舍,胡乱加罪拘禁别人。

元朔五年,淮南王太子学习使剑,自认为没有人比得过他。听说郎中雷被剑艺精通，就召来和他比试。雷被一再退让，还是因失误击中了太子。

太子发怒，雷被很惧怕。那时若有想从军的人就可以到京城去，雷被就说愿意去奋力击杀匈奴。

太子刘迁屡次在淮南王那里诽谤雷被，淮南王让郎中令斥责罢免了雷被，想借此禁绝后人。

雷被就逃跑到长安，上书自我表白，皇上下诏把他的事交给廷尉、河南郡处理。河南郡审理此案，要逮捕淮南太子。淮南王、王后商议想不遣送太子，而是趁机发兵反叛，但犹豫不决，十多天没定下来。恰逢有诏书，让就地审讯太子。

这时，淮南国相恼恨寿春县丞滞留太子，名义上逮捕，却没遣送，上书弹劾他不敬。淮南王将此事请托国相，国相不听从。淮南王派人上书控告国相，将此事交给廷尉处理。一些迹象牵涉到淮南王，淮南王派人打探汉廷公卿们的看法，公卿们请求拘捕审理淮南王。

淮南王担心事情败露，太子刘迁建议说："汉廷使者如果来逮捕父王，父王派人穿上卫士的衣服，拿着戟站在院子里，父王身边一旦有不测的事情发生，就刺杀汉廷使者，我也派人暗中刺杀淮南中尉，于是兴兵起事，还不算晚。"

这时皇上不同意公卿的请求，而派汉朝中尉段宏来就地审讯查验淮南王。淮南王听说汉廷使者前来，就像太子建议的那样做了准备。汉朝中尉到了，淮南王看他脸色温和，审问淮南王贬斥雷被的事，淮南王自己考虑没有什么，便没有发作。中尉回朝，把查询到的情况上奏。

公卿中办案的人说："淮南王刘安阻遏想奋力抗击匈奴的雷被等人，废弃法令和明文诏令，应当处死，弃尸示众。"皇上下诏不同意。公卿请求废掉淮南王的王位，皇上下诏又不同意。公卿请求削去淮南王五个县，诏令削去两个县。

派中尉段宏去赦免淮南王的罪过，用削地的办法来惩罚他。中尉进入淮南地界，宣告说赦免淮南王。淮南王当初听说汉廷公卿请求诛杀他，不知道只是来削地，听到汉廷使者来了，担心他拘捕自己，就和太子商议，欲像以前计议的那样刺杀使者。等中尉到了，就祝贺淮南王，淮南王因此又没有发作。

那以后他自己伤感地说："我施行仁义却被削地，我为此感到很羞辱。"然而淮南王被削地以后，他欲行反叛的图谋愈发严重了。

伍被答淮南王

淮南王日夜同伍被、左吴等人查看地图，部署军队进发的路线。淮南王说："皇上没有太子，皇上如果驾崩了，朝廷大臣必定征请胶东王，要不然就是常山王。诸侯一起争斗，我怎么能没有准备呢！况且我是高帝的孙子，亲自施行仁义，陛下待我优厚，我一直容忍被他管制；皇上驾崩以后，我怎么能面向北面以臣礼侍奉小儿呢？"

淮南王曾经坐在东宫中，召伍被来和他商议，说："将军上殿来。"

伍被不高兴地说："皇上宽赦了大王，大王怎么又说出这种亡国的话呢！我听

史 记

说伍子胥曾经劝谏吴王,吴王不听从,伍子胥就说:'我现在看到麋鹿漫游在姑苏台上了',现在我也看见宫中生满了荆棘,露水浸湿了衣服。"

淮南王很生气,囚禁了伍被的父母有三个月时间。又召来伍被说:"将军答应寡人么?"

伍被说:"不,我正是来为大王筹划的。我听说听力好的人能在无声中听出动静,眼力好的人能在事物未成形之前看到征兆,所以圣人做一万件事就会有一万件事成功。以前周文王一行动而功勋就显扬于万世,周朝被列为贤圣的三代之中,这就是人们所说的顺应上天的旨意来做事,所以四海之内的人不约而同前来追随他。这是可以见到的千年前的事实。一百年前的秦朝,近代的吴国、楚国,也完全可以昭明国家存亡的道理。我不敢躲避伍子胥所受的惩罚,希望大王不要像吴王那样处理事。以前秦王弃绝圣人之道,坑杀儒士,焚毁《诗》、《书》,废弃礼义,崇尚奸诈武力,滥施刑罚,转运海边的粟米到西海去,那个时期,男子奋力耕作却吃不饱糟糠,女子纺纱织布却不足以遮盖身体。派遣蒙恬修筑长城,东西绵延几千里,军兵暴露在野外的经常有几十万人,死了的人不计其数,僵硬的尸体倒伏千里,流血盈顷盈亩,百姓精疲力尽,想叛乱的十家中就有五家。

"又派徐福入海求取神奇异常的东西,徐福回来,编造假话说:'我看见海中有大神,神说道:'你是西土皇帝的使臣么?'我回答说:'对。'神说:'你想求取什么?'我说:'希望请求能延年益寿的药。'神说:'你们秦王的礼物太少了,能看却不能拿走。'就带了臣向东南方来到了蓬莱山,看到了灵芝做成的宫阙,有个使者肤色如铜,形态似龙,身光上映天际。于是我拜了两次问道:'应该拿什么来进贡呢?'海神说:'用良家童男、童女和百种工匠的制品,就能得到延年益寿药了。'秦朝皇帝非常高兴,派遣童男童女三千人,供给他们五谷的种子和各种工匠而出行。徐福找到了坦荡的原野、宽阔的湖泽,留在那里称王不回来。于是百姓们悲哀痛苦相互思念,想作乱的十家中有六家。又派尉佗逾越五岭攻打百越。尉佗知道中原人民劳苦已极,留在那里称王不回来,派人上书,想要没有婆家的女子三万人,来为士卒们缝补衣裳。秦朝皇帝同意给他一万五千人。于是百姓人心涣散犹如土崩瓦解,想作乱的十家中有七家。

"宾客对高皇帝说:'时机可以了。'高帝说:'等等,圣人应该在东南方兴起。'不到一年,陈胜、吴广起事发难了。高帝刚刚在丰、沛一带倡议,天下不约而同响应的人不计其数。这就是人们所说的抓到弱点等待时机,借助秦朝的危亡而行动。

"百姓希望这样,好像旱天盼望下甘雨,所以高帝在军队中兴起而被拥立为天子,功勋超过了三王,德业流传后世。如今大王看见高帝得天下的容易之处,唯独不观察近世的吴国、楚国么?吴王被赐号为刘氏祭酒,皇上又恩准他不必入朝觐见,掌管着四个郡的民众,领地方圆几千里,国内冶炼铜矿来铸钱,东部蒸煮海水来制盐,溯江而上采用江陵的木材来造船,一条船运载的货物相当于中原几十辆车的载重量,封国富裕,人口众多。用珍珠美玉金钱丝帛贿赂诸侯、皇室成员和大臣们,唯独不给窦氏。

"吴王策略商定阴谋形成,发动军队向西进发。叛军在大梁被打垮,在狐父被击败,向东逃跑,到了丹徒,东越人擒住了他,他自己死了,又断绝了祭祀,被天下人所耻笑。凭借吴国、楚国的强大实力还不能够成功,是什么原因呢?确实是他们背逆天道而不了解时势。

"现今大王的兵力还不到吴国、楚国的十分之一,而天下安定太平相当于秦朝时的一万倍,希望大王听从我的建议。大王如果不听从我的计策,现在就可以看到大王的反事必定不成功而话语先就泄露了。

"我听说微子经过旧时的国都而悲伤,于是创作了《麦秀之歌》,这是痛惜商纣王的不肯任用王子比干。所以《孟子》说:'商纣贵为天子,死时却还不如普通百姓。'这是商纣王早就自绝于天下人了,不是他死的那天天下人才抛弃他的。现在我也私下悲叹大王抛弃拥有千辆战车的国君的君位,必定将会留下绝命的遗书,在群臣之前,死在东宫。"

说完伍被的义气、怨恨凝结于心而精神不振,满眼泪水而涕泗横流,马上起身,一级级慢慢走下台阶而离去。

后院起火

淮南王有一个庶出的儿子叫刘不害,年龄最大,淮南王不喜爱他,淮南王、王后、太子都不把他当做儿子或哥哥。

刘不害有个儿子叫刘建,才能出众有气节,常常怨恨太子不看望他的父亲;又怨恨当时诸侯都能分封子弟为列侯,而淮南王只有两个儿子,其中一个当太子,刘建的父亲唯独不能成为列侯。

刘建暗中结交人,想告倒太子,让他的父亲来取代他。太子知道了这件事,多次拘捕囚禁并拷打刘建。刘建完全知道太子要杀死汉朝中尉的阴谋,就派与他友善的寿春人庄芷在元朔六年上书天子道:"良药苦口却对疾病有利,忠耳逆耳却对行为有利。现在淮南王的孙子刘建,才能出众,淮南王的王后荼、荼的儿子太子刘迁常常嫉妒并陷害刘建。刘建的父亲刘不害没有罪过,他们屡次擅自拘捕他,想杀死他。现今刘建在,可以征召询问,他完全了解淮南王的隐私。"

奏书上呈后,皇上把这件事交给廷尉处理,廷尉又派给河南郡处理。这时原来的辟阳侯的孙子审卿和丞相公孙弘关系友善,他怨恨原淮南王刘长杀死了他的祖父,便在公孙弘面前极力构陷淮南王的罪状,公孙弘便怀疑淮南王有叛逆的阴谋,深入彻底地调查这个案件。

河南郡府审理刘建,他供出了淮南王的太子和他的同党。淮南王对此很担心,想发动叛乱,问伍被说:"汉朝朝廷安定还是混乱?"

伍被说:"天下安定。"

淮南王心里不高兴,对伍被说:"你凭什么说天下安定呢?"

伍被说:"我暗地观察朝廷的政治,君臣的礼义、父子的亲情、夫妇的分别、长幼的秩序,都能合乎它们的道理,皇上的举措遵循古代的道义,风俗法令没有缺失。满载货物的富商遍布天下,道路没有不通畅的,所以贸易之事盛行。南越人臣服,

史 记

羌人、僰人入朝进贡,东瓯人入朝归降,拓广长榆,开辟朔方,匈奴人羽翼受伤,失去援助不能振作。虽然不及古代的太平盛世,然而还算得上太平的。"淮南王很生气,伍被拜谢死罪。

淮南王又对伍被说:"山东如果有战乱,汉廷肯定派大将军领兵来征服山东,你认为大将军是怎样的人呢?"

伍被说:"我的朋友黄义,曾经跟随大将军攻击匈奴,回来后告诉我说:'大将军对待士大夫有礼貌,对兵卒有恩惠,大家都愿意让他所用。大将军骑马上下山冈就如飞一样,才干没有人比得上。'我认为他有这样的才能,屡次领兵,熟习军事,不容易抵挡。至于谒者曹梁从长安出使归来,说大将军号令严明,对敌作战勇猛,经常身先士卒。安营休息时,凿井还没有凿通,必须等士卒都喝到了水,他才敢喝水。战事结束,士卒都已经渡过了河,他才渡河。皇太后赐给他的金钱丝帛,他都拿来赏赐给军中将士。即便是古代的名将也比不过他。"淮南王沉默不语。

淮南王看到刘建已经被征召调查,担心封国中的隐私将被发觉,想发兵反叛,伍被又认为很难成功,淮南王就又问伍被说:"你认为吴国兴兵是对的还是错的?"

伍被说:"我认为是错的。吴王极富贵了,行动不恰当,自己死于丹徒,身首异处,子孙后代没有存活下来的。我听说吴王对此很后悔。希望大王仔细考虑此事,不要做吴王后悔过的事。"

淮南王说:"男人会因为一句话而死。况且吴王怎么知道造反以后,汉朝将领一天中经过成皋的就有四十多人。如今我让楼缓事先扼守住成皋的关口,周被攻下颍川,领兵堵塞辕辕、伊阙的道路,陈定发动南阳的军队把守武关。河南太守只拥有洛阳,有什么值得畏惧的。然而这北面还有临晋关、河东、上党、河内、赵国。人们说:'阻绝成皋的关口,天下就不能畅通。'占据三川的险地,招集山东的军队,像这样起事,你认为怎么样?"

伍被说:"我只看到它的祸患,没有看到它的福运。"

淮南王说:"左吴、赵贤、朱骄如都认为有福运,十拿九稳,只有你认为有祸无福,为什么呢?"

伍被说:"大王的群臣中受亲信宠幸,平时能够驱使众人的,以前都在皇上下诏处理的案件中被拘禁过,其他人没有可以任用的。"

淮南王说:"陈胜、吴广没有立锥之地,聚集了一千人,在大泽乡起事,挥舞手臂大声呼喊而天下人响应,西进到戏水而军兵多达一百二十万。现在我的封国虽然小,然而胜任战斗的人可以找到十多万,不只是前去戍边的乌合之众手持工具木杖,你凭什么说有祸无福呢?"

伍被说:"以前秦王做无道之事,残害天下人。征发一万辆车子,建造阿房宫,收取百姓大半收入作为赋税,征集里巷的人去戍边,父亲不能安顿儿子,哥哥不能便利弟弟,政治苛严,刑罚峻酷,天下人像被烤焦了一样受煎熬,百姓都伸长脖子翘望,侧着耳朵倾听,仰望苍天悲恸号哭,捶打胸膛而怨恨秦皇。所以陈胜大声呼号,天下人响应。当今陛下亲自治理天下,海内统一,广泛地爱抚百姓,垂布德泽施行恩惠。嘴里虽然还没说话,但声威传布得像雷霆一样快,政令虽然还没发出,教化的变化像神明一样快。心里有所想,声威振动万里,下面的人响应皇上,如影随形,如响随声。而大将军的才能不只是同章邯、杨熊相同。大王用陈胜、吴广时的情况与现在比喻,我认为是不对的。"

淮南王说:"如果真像你说的那样,不能侥幸成功吗?"伍被说:"我有愚昧的计谋。"

淮南王说:"怎么办?"

伍被说:"现今诸侯们没有二心,百姓们都没有怨气。朔方郡田地广阔,水草丰美,百姓迁移去的不足以充实那里。我的愚蠢的计策是:可以伪造丞相、御史大夫请示的奏书,请求迁移各郡国中的豪杰、仗义行侠人士,以及判刑两年以上的犯人,下令赦免他们的罪过,家产在五十万钱以上的,把他们的家属都迁徙到朔方郡,征调更多的带甲士卒,催促他们赶快集合前往。再伪造左右都司空、上林苑、京师官府按诏书办理的案件的文书,捉捕诸侯的太子和受宠信的臣子。像这样就会百姓怨恨,诸侯畏惧,如果再派遣能言善辩的人随后游说他们,或许可以侥幸得到十分之一的可能吧?"

淮南王说:"这样可以。既然这样,我认为不至于像你说的那么困难。"

于是淮南王就命令官奴进入宫中,制作皇帝的玺印,丞相、御史大夫、大将军、军吏、中二千石、都官令、丞的官印,连同附近郡国的太守、都尉的官印,汉朝使者的官帽,想依照伍被的计策行事。派人假装犯罪后西逃,去侍奉大将军、丞相;一旦发兵起事,所派的人就刺杀大将军卫青,之后劝说丞相屈服他,像揭开蒙布一样。

谋叛未遂

淮南王想发动封国内的军队,但担心他的国相、食禄两千石的官员不听从,淮南王就与伍被商议,打算先杀死国相和食禄两千石的官员;伪装宫内失火,国相、食禄两千石的官员来救火,一到就杀死他们。商议没定,又想让人身穿捕捉盗贼的人的衣服,手持紧急檄文,从东方前来,口称:"南越军队入境了",想以此来发兵。

于是派人到庐江、会稽实行假装抓捕盗贼的计谋,没有发兵。淮南王问伍被说:"我发动军队西向,诸侯必定有响应我的人;如果没有人响应,怎么办?"

伍被说:"向南收复衡山国来攻打庐江国,占有寻阳的船只,据守下雉的城池,封锁九江的入口,阻碍豫章的河口,用强劲的弓弩临江守卫,来防止南郡军队沿江而下,向东收取江都、会稽,向南通好强劲的越国,征服强大的江、淮地区,还可以拖延一些时间。"

淮南王说:"好,这个计策无可替代。如果形势危急就逃往越国吧。"

于是廷尉把淮南王的孙子刘建的供词连累到淮南王太子刘迁的事上奏。皇上派廷尉监趁着去拜访淮南中尉的机会,拘捕太子刘迁。廷尉到了淮南,淮南王听说了,便和太子商议召来国相、两千石官员,想杀死他们而后发兵起事。征召国相,国相到了;内史由于外出得以解脱。

中尉说:"我接受诏令出使,不能拜见大王。"

淮南王考虑只杀死国相而内史、中尉不来,没有好处,就中止了杀国相的事。

淮南王犹豫不决,计策定不下来。太子考虑自己所犯的罪是诛杀汉朝中尉,所参与谋划的人已经死了,认为口供已绝,就对淮南王说:"群臣中可以任用的都是过去被囚禁过的,现在没有能够协同办大事的人。父王不在适当的时候发兵,恐怕不会成功,我愿意被逮捕。"

淮南王也暗中想罢休,就答应了太子。太子于是自己割破脖子,没有死成。伍被自己去见司法官吏,并告发了淮南王谋反的事,谋反的迹象就是这些。

司法官吏因此逮捕了太子、王后,包围了王宫,寻找逮捕在封国中的所有与淮南王商议反叛起事的宾客。索取他们谋反的器具上报。皇上交给公卿们进行处理,所牵涉的和淮南王共谋造反的列侯、食禄两千石的官员、豪杰有几千人,都依据罪过的轻重接受惩罚。衡山王刘赐,是淮南王的弟弟,应当被收捕治罪,负责办案的官员请求逮捕衡山王。

天子说:"诸侯王各自用他们的封国为根本,不应当相互牵连治罪。和诸侯王、列侯会同丞相、诸侯们商讨吧。"

赵王彭祖、列侯臣让等四十三人商议,都说:"淮南王刘安太大逆不道了,图谋造反的事很明显,应当被诛杀。"

胶西王刘端建议说:"淮南王刘安废弃法令,行事奸邪,内怀狡诈虚伪之心,来扰乱天下,蛊惑百姓,背叛祖宗,胡乱制造妖言惑众。《春秋》说:'臣子不能叛乱,叛乱就要被诛杀。'刘安的罪过比叛乱还严重,图谋造反的趋势已经形成。臣刘端所看到的他伪造的文书、符节、玺印、图册,以及他大逆不道的事已经查验清楚,实在太大逆不道了,应当对他依法惩办。又应惩处淮南国中食禄二百石以上以及相当等级的官吏,宗室中受亲近宠信的大臣没有触及法律的人,他们不能正确教导淮南王等人,应当一律免去官职,削夺爵位贬为士卒,不能当官任吏。那些不是官吏的,可以用二斤八两金赎买死罪。要公布刘安的罪状,来使天下人明白知晓为臣之道,不敢再有邪恶乖僻背叛的意图。"丞相公孙弘、廷尉张汤等人上奏皇上,天子派宗正拿着符节审理淮南王。宗正还没有到,淮南王刘安就自己割破脖子自尽了。王后茶、太子刘迁这些参与谋反的人都被灭族。天子由于伍被曾说好话多次称引汉朝的德政,不想杀他。廷尉张汤说:"伍被首先为淮南王谋划造反的阴谋,伍被的罪不能赦免。"于是诛杀了伍被。淮南国最后被废为九江郡。

衡山王刘赐的王后乘舒生了三个孩子,长男刘爽是太子,次男叫刘孝,次女叫刘无采。另外王姬徐来生了四个孩子,美人厥姬生了两个儿子。衡山王、淮南王兄弟曾经相互责备抱怨一些礼节事情,关系疏远不和睦。衡山王听说淮南王制造叛逆造反的器具,心中也想交结宾客来对付他,担心被他吞并。

元光六年,衡山王入朝觐见,他的谒者卫庆懂得方术,想上书侍奉天子。衡山王生气,故意揭发卫庆犯有死罪,严刑拷打逼他认罪。衡山国的内史认为这样做不对,不愿接受这个案子。衡山王派人上书污告内史,内史被审讯,述说衡山王不对的事。衡山王又屡次侵夺别人的田地,毁坏别人的墓冢充当田地。有关官员请求逮捕审问衡山王,天子不同意,为衡山国设置了食禄两百石以上的执法官吏。衡山王因此愤恨,和奚慈、张广昌谋划,寻找能运用兵法和占卜星气的人,他们日夜怂恿衡山王起兵造反。

衡山王的王后乘舒死后，便立徐来为王后。厥姬也一起被宠爱。两人相互嫉妒，厥姬便在太子那里诬陷徐来说："徐来派婢女用巫蛊术杀死了太子的母亲。"太子心中怨恨徐来。徐来的哥哥到了衡山国，太子与他一起饮酒，用刀刺伤了王后的哥哥。王后恼恨发怒，屡次在衡山王那里毁谤诬陷太子。太子的妹妹刘无采，出嫁后被休弃回归娘家，和奴仆通奸，又与宾客通奸。太子屡次责备刘无采，无采便发怒，不和太子交往。王后听到此事，就善待无采。无采以及她的二哥刘孝年少时失母，依附王后，王后依计宠爱他们，与他们一起诋毁太子，衡山王因此多次拷打太子。元朔四年中，有人打伤了王后的继母，衡山王怀疑是太子派人伤害她，笞打太子。后来衡山王生病，太子时常自称有病不去服侍。刘孝、王后、无采给太子告状说："太子实际上根本没有病，自己说有病，脸上露喜色。"衡山王非常生气，想废除太子，立他的弟弟刘孝。王后知道衡山王决定废掉太子，又想一并废除刘孝。王后有一个服侍她的人善于舞蹈，衡山王宠幸她，王后想让这个女仆和刘孝淫乱来污蔑他，想一并废掉兄弟二人而立她的儿子刘广为太子。太子刘爽知道了此事，想到王后屡次诬陷自己没有止境的时候，想和她通奸来堵住她的嘴。一次王后饮酒，太子上前给她祝寿，趁机靠着王后的大腿，请求与王后共卧。王后发怒，将此事报告给衡山王。衡山王便召来太子，想捆绑起并笞打他。太子知道衡山王时常想废掉自己而改立他的弟弟刘孝，就对衡山王说："刘孝和父王宠爱的女仆通奸，无采和奴仆淫乱，父王努力加餐吧，我请求上书。"就转身背对衡山王离去。衡山王派人阻拦他，但没有人能拦住，就亲自驾车捉捕太子。太子胡乱说坏话，衡山王给太子戴上刑具幽禁在宫中。刘孝日益受到亲近宠幸。衡山王惊喜刘孝的才能，就给他佩上王印，号称将军，让他居住在宫外的住宅中，给他很多钱财，让他招徕宾客。前来的宾客，暗中知道淮南王、衡山王有谋逆的阴谋，日夜怂恿他。衡山王就派刘孝的宾客江都人救赫、陈喜制作战车和箭头、箭支，刻制天子玺印、将、相、军官的官印。衡山王日夜寻找像周丘等人那样的壮士，屡次称赞引述吴国、楚国造反时的计谋，来修正自己的计策。衡山王并不是敢于仿效淮南王寻求继天子之位，是害怕淮南王兴起会吞并他的封国，认为等淮南王已经西进以后，自己发兵平定江、淮地区而占有该地，他希望能这样。

元朔五年秋天，衡山王应当入朝觐见，（六年）时经过淮南国，淮南王竟然说出了兄弟间才说的话，消除了以前二人的嫌隙，相约一同制作造反的用具。衡山王即刻上书推托有病，皇上赐书信恩准他不用入朝。

元朔六年中，衡山王派人上书请求废掉太子刘爽，改立刘孝为太子。刘爽听到了，就派和他关系友好的白嬴到长安上书，说刘孝制造战车、箭头、箭支，与衡山王宠幸的女仆通奸，想以此败坏刘孝。白嬴到了长安，还没来得及上书，就被官吏逮捕了，因为淮南王的事而囚禁他。衡山王听说刘爽派白嬴上书，担心他说出封国中的隐私，就上书反过来控告太子刘爽所做的大逆不道、罪当弃市之事。此事交给沛郡处理。元狩元年冬天，负责办案的公卿下到沛郡查找逮捕参与淮南王谋反一事的人，没有找到，在衡山王儿子刘孝家捕获了陈喜。官吏弹劾刘孝首先藏匿陈喜，刘孝认为陈喜多次和衡山王商议谋反的事,担心他揭发此事,听说法律规定事先自首的人可以免掉他的罪过,又疑心太子派白嬴上书揭发了他的事,就先行自首,告发参与谋反的救赫、陈喜等人。廷尉审理验证,公卿请求逮捕衡山王审理他。天子说:"不要逮捕。"派遣中尉司马安、大行令李息就地审讯衡山王,衡山王都根据实情答对。官吏们把王宫都包围了起来而看守它。中尉、大行令还朝,上奏皇上。公卿请求派宗正、大行令与沛郡联合审问衡山王。衡山王听说了,就自己割破脖子自尽了。刘孝事先自首,免除了他的罪过;但由于犯有和衡山王宠幸的女仆通奸的罪过,被处死弃尸示众。王后徐来也犯有用巫蛊术杀害前皇后乘舒的罪过,以及太子刘爽犯有衡山王告发的不孝罪行,都被处死示众。那些参与衡山王谋反之事的人都被族灭。衡山国被废为衡山郡。

太史公说:"《诗经》上说:'抗击戎、狄,征伐荆、舒。'这话确实是对的呀。淮南王、衡山王是骨肉至亲,拥有的封疆国土广阔至千里,被封为诸侯王,却不尽忠遵循藩臣的职责来秉承辅佐天子,而专门心怀奸邪乖僻的计谋,图谋进行反叛篡逆,父子两代,两度亡国,都不能尽享天年,结果被天下人耻笑。这不只是淮南王、衡山王的过错,也是那里的民俗浅薄,臣下浸染腐化使他们这样的。荆楚人勇猛轻狂凶悍,喜欢兴兵作乱,是自古以来就有记载的。"

循吏列传第五十九

贤能之士孙叔敖

孙叔敖,是楚国一位隐居的贤能之士,虞丘把他推荐给楚庄王,以便让他接替自己为宰相。孙叔敖当宰相三个月,实施教化,开导人民,就使全国上下和睦同心,社会风气很好,政情和缓,却有禁即止;官吏没有耍奸使邪的,盗贼案件不再发生。每逢秋冬时节,就劝导人民进山采伐竹木等产品;春夏之际,乘雨水多通过河流运出来,老百姓人人都能找到适合于自己的谋生门路,个人都安居乐业。

楚庄王认为楚国的钱币太轻,于是下令把小币改铸为大币。老百姓感到不方便,纷纷放弃自己原来从事的职业。管理市场的长官市令向宰相孙叔敖报告说:"市场混乱了,老百姓都不愿在这里居住、谋生了,秩序很不安定。"宰相问道:"这样的情况有多久了?"市令答道:"有三个月了。"宰相说:"不要再说了,我现在就来让它恢复原来的样子。"过五天后,举行朝会,孙叔敖对庄王说:"前些日子更改钱币,是认为原来的钱币太轻了。现在市令来报告说:'市场混乱了,百姓不能安居乐业,市场秩序很不安定'。臣请求下令恢复使用原来的钱币。"庄王应允。命令下达三天,市场就恢复得和原来一样。

楚国民间有个喜好矮车的风俗,楚庄王认为矮车不便驾马,要下令全国都用高车。宰相孙叔敖说:"大王命令发布得多了,会使百姓不知所从,这不可取。大王一定要使全国的车子增高,我请大王只需通告管理里巷大门的人,让他们加高各个里巷大门的门槛。乘车的都是些有身份的人,有身份的人是不愿意经常下矮车过高门槛的。"楚王同意了。过了半年,全国果然都自觉地用上了高车。

汲郑列传第六十

汲黯为官

汲黯,字长孺,濮阳县人。他的祖先曾经受到过古代卫国国君的宠幸。到汲黯为止的七代,世代都担任卿大夫。汲黯由于父亲的任职,孝景帝时出任太子洗马,因为严肃而受人敬畏。

孝景帝驾崩,太子继位,汲黯成为谒者。东越人互相攻打,皇上派遣汲黯前往探察此事。没有到达,只到了吴县就返回了,报告说:"东赵人互相攻打,本来是他们的习俗,不值得劳烦天子的使者。"

河内郡发生火灾,大火延续烧了一千多家,皇上派汲黯前去探视此事。他回来报告说:"普通人家发生火灾,房屋相连,大火蔓延燃烧,不值得忧愁。我经过河南郡,河南郡的穷人受水旱灾害困苦的有一万多家,有的父子相食,我恭谨地凭借出使之便,拿着符节发放了河南郡官仓中的粟米来赈济贫苦农民。我请求交还符节,接受假托皇上敕命的罪过。"

皇上认为他贤良而释放了他,将他改任为荥阳令。汲黯认为做县令让人羞愧,称病回到了乡下。皇上听到了,就征召并任命他担任中大夫。

由于他屡次直言进谏,不能长期留在朝廷里,便将他改任为东海太守。汲黯学习道家黄老学说,治理官员和平民,喜好清静无为,挑选丞史而重用他们。他处理政事,把握大的原则,不苛求细节。

汲黯身体多病,躺在家里不出去。一年多以后,东海郡却得到了很好的治理,人们广泛称颂他。皇上听到了,召回他让他出任主爵都尉,位列九卿之中。他处理政事务求无为,弘扬大的原则,不拘泥于条文法令。

汲黯为人性情傲慢,缺少礼仪,当面斥责别人,不能包容别人的过错。与自己相合的就友好地对待他,与自己不相合的不能容忍、相处,士人们也因此不归附他。然而他爱好学问,四处行侠仗义,任性有气节,平日居家品行端正美好,喜欢直言进谏,屡次冒犯君主的颜面,常常钦慕傅柏、袁盎的为人。汲黯和灌夫、郑当时以及宗正刘弃友善。又由于屡次直言进谏,不能长久居处官位。

当时,太后的弟弟武安侯田蚡出任丞相,食禄中二千石的官员来拜访谒见他,田蚡不行礼答谢。然而汲黯拜见田蚡从来不行跪拜礼,经常是给他作揖。

天子正在招揽文学人士和儒生,皇上说我想要怎样怎样,汲黯回答说:"陛下内心有很多奢望而表面上实施仁义,怎么能仿效唐尧、虞舜的治绩呢!"

皇上沉默无语,很生气,变了脸色并停止朝会。公卿们都替汲黯感到恐怖。皇上退朝后,对身边的人说:"太厉害了,汲黯的愚戆!"群臣中有人责备汲黯,汲黯说:

"天子设置公卿辅弼大臣,难道是让我们顺从阿谀奉承皇上旨意,使君主陷入不仁不义吗?况且我已经处在这个位置上,纵然珍爱自身,怎么能辱没朝廷呢!"

汲黯多病,一次生病将满三个月,皇上经常赐给他假期,但最终也没有痊愈。最后一次生病,庄助替他请假。皇上说:"汲黯是怎样的人呢?"庄助说:"让汲黯任职当官,他无法超越他人。然而让他辅佐年少的君主,他能忠于职守,招诱他不会前来,驱逐他不会离开,即使是自称有孟贲、夏育那样的勇力的人也不能夺去他的志节。"皇上说:"是的,古代有保守社稷的臣子,而汲黯正好近似他们。"

汲黯为人

大将军卫青入内廷服侍君主,皇上蹲在厕所里接见他。丞相公孙弘平时拜见皇上,皇上有时不戴冠帽。而至于汲黯来拜见,皇上不戴冠帽就不接见。有一次皇上坐在武帐中,汲黯上前奏事,皇上没戴冠帽,见到是汲黯,就躲避到帐中,派人批准了他的奏议,汲黯被尊敬礼待到了这种地步。

张汤正由于修订法律条令而担任廷尉,汲黯多次在皇上面前质问责备张汤,说:"你是正卿,对上不能褒颂先帝的功业,对下不能抑制天下的邪恶观,使国家安定、民众富裕,使监狱空虚没有犯人,两者没有一样做到。使别人获罪受苦来成就自己的事业。为什么竟然把高帝定下的法令乱改一气呢?你因此会无后的。"汲黯经常与张汤辩论,张汤辩论的方法通常是深究条文,苛求细节,汲黯则刚直严肃,志气高洁,不肯屈服,发怒骂张汤说:"天下人说不能让刀笔小吏出任公卿,果真是这样。如果按照张汤说的办,将会使天下人两脚肃立,不敢正眼相视了。"

这时,汉朝正在征伐匈奴,安抚怀柔四方少数民族。汲黯务求减少战事,趁着皇上有空暇,经常建议与匈奴和亲,不要兴兵。皇上正专心儒学,敬重公孙弘。等到事端更多了,官吏百姓玩弄奸诈,皇上就分析法律条文,张汤等人屡次上奏他们决断的案件来博取宠信,而汲黯经常谤毁儒生,当面指责公孙弘等人内怀狡诈外饰智巧来阿谀君主,赢取皇上欢心,而刀笔吏们专门深究法令条文,巧妙地诽谤别人,诬陷别人到有罪的境地,使事情不能恢复真相,以他们取胜为有功。皇上更加看重公孙弘、张汤,公孙弘、张汤内心恼恨汲黯,即使天子也不喜欢他,想借口诛杀他。公孙弘出任丞相,就对皇上说:"右内史管辖范围内有很多权贵和皇室成员,难于管理,不是平时有声望的大臣不能胜任,请调汲黯任右内史。"汲黯担任右内史多年,政事没有被废置的。

大将军卫青已经更加显贵了,他的姐姐又成了皇后,然而汲黯却向他行平等的礼,有人劝说汲黯道:"自从天子想让群臣尊敬大将军,大将军就受尊敬更加高贵了,你不能不跪拜他。"汲黯说:"作为大将军若有向他作揖的朋友,岂不更足以提高大将军尊重的地位吗?"大将军听说了,越发认为汲黯贤明,屡次向他询问国家朝廷的疑难问题,对待汲黯超过了他一生结交的任何其他人。

淮南王图谋造反,害怕汲黯,说:"他喜欢直言谏诤,恪守节操为道义而死,很难用不对的事情扰乱他。至于劝说丞相公孙弘,就像揭开蒙布和摇落枯叶一样容易。"

儒林列传第六十一

申培公

申培公是鲁国人。汉刘邦路过鲁国，申培公以弟子的身份跟从老师进入鲁地的南宫拜见刘邦。吕太后时期，申培公到长安游学，和刘郢师从同一个老师。后来刘郢成为楚王，命令申培公做他的太子刘戊的老师。刘戊不喜好学习，忌恨申培公。

到楚王刘郢去世以后，刘戊被立为楚王，让小吏压制申培公。申培公对此感到羞辱，回到鲁地，隐居在家中教书，终身不再出门，又谢绝与宾客交往，只有鲁王下令征召他他才去。

弟子们从远方到他那里求学的有一百多人。申培公只对《诗经》的正文作解释来传授弟子，不传授疑难困惑文章，有疑义的经文就留下来不传授。

兰陵人王臧向申培公学习《诗》以后，凭此侍奉孝景帝，成为了太子少傅，后来免职离任。武帝刚刚即位时，王臧便上书请求值宿卫护皇上，多次提升，一年之内就做了郎中令，而代国的赵绾也曾经向申培公学习《诗经》。

赵绾是御史大夫，赵绾、王臧恳请天子，想要设立明堂来朝会诸侯，没有成就这件事，就推荐老师申培。于是天子派遣使者拿着束帛玉璧，驾着四匹马拉的安稳大车迎请申公，两名弟子乘坐轺车跟从。申公到达以后，拜见天子。

天子询问治理国家的事，申培公此时已经八十多岁，年岁老了，回答说："处理好政务的方法不在于多说话，要看实际做得怎么样。"

这时天子正喜好文词，听到申培公的对话，沉默不语。然而天子已经招来了申培公，就让他出任太中大夫，让他居住在鲁王在京城的公馆里，商议建立明堂的事。

太皇太后窦氏喜好老子的学说，不喜欢儒术，查处赵绾、王臧的过失来责备皇上，皇上就废置了修建明堂的事，把赵绾、王臧都下交给司法官，后来他们都自杀了。申培公也由于生病免官回家，几年后就去世了。

申培公的弟子中担任博士的有十多人。孔安国被赐官至临淮太守，周霸官至胶西内史，夏宽官至城阳内史，砀鲁赐官至东海太守，兰陵人缪生官到长沙内史，徐偃出任胶西中尉，邹地人阙门庆忌任胶东内史。他们治理官民都有清廉的节操，人们称赞他们爱好学问。学官弟子们的品行虽然不完美，但官至大夫、郎中、掌故的要用百来计数。讲论《诗》虽然有所不同，但大多来源于申培公的见解。

儒者伏生

伏生是济南人，以前作过秦朝的博士。孝文帝时，想寻找能够研究《尚书》的人,到处找寻不到,后来听说伏生能够研究,想征召他。这时伏生已经九十多岁了,年老不能远行,于是就诏令太常派掌故晁错前去受教。

秦朝时焚烧儒书,伏生把《尚书》藏在墙壁里。那以后战乱重重,伏生逃亡。汉朝平定以后,伏生寻找他的书,丢失了几十篇,只找到了二十九篇,就用这些在齐地鲁地教授。学者们自此渐渐能够谈论《尚书》了,那些山东地区的经学大师没有不涉猎《尚书》并传授它的。

伏生曾经教授济南的张生和欧阳生,欧阳生又教授千乘人儿宽。儿宽通晓了《尚书》之后,以儒学之士资格接受郡里的举荐,到博士那里学习,师从孔安国。儿宽贫穷没有钱,经常给博士弟子们做饭,又经常偷偷给别人做工,来供给自己的衣食。他外出时常常带着经书,停下来休息时就诵读研习它。根据考试成绩的名次,儿宽补任廷尉史。这时张汤正喜好儒学,让儿宽担任上奏案情的属官,用古代法令议论判决疑难大案,而喜爱宠信儿宽。儿宽为人温和贤良,有廉洁智慧的好名声,自重,又善于立书和书写奏章,文思敏捷,嘴上却不能阐述清楚。

张汤认为他是忠厚人,屡次称颂赞誉他。等到张汤出任御史大夫,让儿宽任属吏,把他推举给天子。天子召见并询问他,很喜欢他。张汤死后六年,儿宽官至御史大夫。九年以后在任上死去。

儿宽官居三公的高位,由于温和善良,秉承皇上旨意而得以长久任职,但他没有匡正劝谏过皇上的过失。当官时,官员属吏都轻视他,不为他竭力办事。张生也是博士。伏生的孙子由于研究《尚书》被征召,但他并不精通《尚书》。

从此以后,鲁人周霸、孔安国,洛阳人贾嘉,渐渐都能够讲论有关《尚书》的事了。孔家有用古代文字写的《尚书》,而孔安国用现在的文字改写诵读它,由此兴起了他的学术流派。过去失传的《尚书》如今又获得了十多篇,可能《尚书》篇目就是这样增多的。

大儒董仲舒

董仲舒是广川人。由于研究《春秋》,孝景帝时期成为了博士。他放下帷幕讲解诵读《春秋》,弟子们依据入学时间长短辗转互相传授,有的弟子都没有见过董仲舒的面,大约有三年时间董仲舒都没到家中的花园游玩,已专心到了这种地步。

他出入时的仪态举止,不合礼仪的就不做,学者们都效法尊敬他。当今皇上即位后,任命他为江都王的丞相。他用《春秋》所记述的自然灾害和特异现象的变化来推究阴阳交替运行的原因,所以求雨时就闭塞各种阳气,释放各种阴气。他止雨的方法与此相反。将此法在江都国推行,全都得到了想要的结果。

他曾被中途贬为中大夫,就居住在家里,撰写《灾异之记》。这时辽东高帝庙发生火灾,主父偃嫉妒他,窃取他的书上奏给天子。天子召集众儒生给他们看那书,书中有讽刺的内容。

董仲舒的弟子吕步舒不知道这是他老师的书,认为此书下流愚蠢,便把董仲舒交给司法官,判处死刑,皇上下诏赦免他。于是董仲舒不敢再谈论灾异之事了。

董仲舒为人廉洁公正。这时正在排除四方外族的侵略,公孙弘研究《春秋》比不上董仲舒,但因顺合世俗处理事情,官至公卿。

董仲舒认为公孙弘为人善于逢迎阿谀,公孙弘就忌恨他,对皇上说:"只有董仲舒可被派去作胶西王的国相。"

胶西王平时听说董仲舒有操行,也友善地对待他。

董仲舒担心时间长了获罪,托病辞官回家了。直到他去世,始终不置办产业,只以研究学问著书立说为事业。所以自汉朝兴起到第五代帝王期间,只有董仲舒因为精通《春秋》而扬名,他教授的是公羊氏解说的《春秋》。

胡毋生是齐地人。孝景帝时担任博士,由于年纪大回家教授学生。齐地讲述《春秋》的人大多受教于胡毋生,公孙弘也从他那里学到了很多。

瑕丘人江生研习谷梁氏解说的《春秋》,自从公孙弘得到重用,曾经会集比较他们的经义,最终采纳了董仲舒的解说。

董仲舒弟子中有成就的人有:兰陵人褚大,广川人殷忠,温人吕步舒。褚大官至梁王国相。吕步舒官至长史,曾经持旄节出使去决断淮南王的案件,对于诸侯王案件敢于自行决断,不上报,用《春秋》的经义公正断案,天子都认为正确。弟子中通达的,做到了天子任命的大夫,担任郎官、谒者、掌故的为数以百计。而董仲舒的儿子以及孙子都因为有学问而做了大官。

酷吏列传第六十二

"苍鹰"郅都

郅都,河东大杨人。曾以郎官的身份侍奉孝文帝。孝景帝时期,郅都是中郎将,敢于直言谏诤,当面训斥大臣于朝堂之上。

济南姓瞷的族人有三百多家,豪强奸猾,食禄两千石的太守没有能管制他们的,于是景帝就任命郅都担任济南太守。他一上任就把姓瞷的为首作恶的族人都杀死了,其余的人都吓得大腿发颤。一年多以后,济南郡中路不拾遗。附近的十多个郡的太守就像害怕高官那样惧怕郅都。

郅都为人勇敢,有气魄体力,做事公正廉洁,不拆阅谈论私事的书信。别人送他的礼物从不接纳,请求委托他的私事从不照办。并经常自称道:"已经背离双亲来做官,自身本来就应当秉公尽职,为节操而死,终究不能顾及自己的妻子儿女了。"

郅都后来升任为中尉,丞相条侯最尊贵傲慢,而郅都也只是对他作揖而已。这时民风淳朴,畏惧犯罪而自我持重,而郅都独自率先实施严刑峻法,以致执法时不避讳贵族国戚,列侯和皇室人员看见郅都,全都侧目而视,叫他为"苍鹰"。

临江王曾被召到中尉府受审,临江王想用刀笔等书写工具向皇上写信谢罪,而郅都约束手下官吏不让给刀笔。魏其侯派人暗中给了临江王。临江王给皇上写完信谢罪后,就自尽了。窦太后听到这件事,很生气,用峻法中伤郅都,郅都被免官回家。

孝景帝就派遣使者拿着旌节任命郅都为雁门太守,而且让他直接赴任,可以依据情况随机处理事务。匈奴人平时听说过郅都的行事,知道他来居守边地,就领兵退去。到郅都死都不敢靠近雁门。

匈奴甚至做了一个像郅都的木偶人,命令骑兵奔驰射击,但没有人能够射中,他们竟被吓到了这种地步。匈奴人很畏惧他。

张汤审鼠

张汤,杜县人。他的父亲是长安丞,有一次外出,那时张汤还是小孩,父亲让他留守家中。父亲回来后发现老鼠偷了肉,就很生气了,鞭打张汤。张汤便挖掘老鼠洞,抓获了偷东西的老鼠和剩下的肉,报告老鼠偷掠的罪行,记录审讯的经过,反复审问拷打,将论处的结果汇报,并拿来老鼠和剩下的肉,最后定案,把老鼠当堂分尸处决。他的父亲看到此事,看他的判决文辞就像是老练的法官所写的,异常吃惊,就让他练习写判案文书。

周阳侯田胜起初做卿官的时候,曾经被囚禁在长安,张汤竭尽全力帮助他。等到他出狱被封为侯后,和张汤交往很密切,把张汤引见给了所有的权贵人物。张汤在内史供职,是宁成的属官,因为张汤的能力无人可及,宁成把他举荐给了丞相府,张汤被调任为茂陵尉,主管为天子预修陵墓的事。

武安侯田蚡担任丞相,征召张汤作内史,经常向天子推荐他,补任他为御史,让他查办案件。主持处理陈皇后巫蛊案件时,深入地追查同党。于是皇上认为他很能干,渐渐升职为太中大夫。和赵禹一起制定各种法令,务求严订法律条文,约束在职的官吏。制定完后赵禹升迁为中尉,又改任少府,而张汤任廷尉,两人结交甚欢,张汤用对待兄长的礼节侍奉赵禹。

赵禹为人廉洁傲慢,当官以来,家中没有食客。公卿们登门拜请赵禹,赵禹始终不回报酬答,务求断绝至交朋友宾客的委托,独自一意孤行。看到属官的判词就听取,也不再审理案件,录求官吏下属的隐私罪行。

张汤为人很狡诈,善用智谋来驾驭别人。起初当小吏时,就白白吞没别人的财物,和长安的富商田甲、鱼翁叔等人私下交往。到位列九卿时,便拉拢结交天下名士大夫,自己心里虽然跟他们不合,然而表面上却假装仰慕他们。

这时皇上正向往儒家学说,张汤判决大的案件,想附和古书经义,就请博士弟子研究《尚书》、《春秋》,让他们补任廷尉史,平断疑案。上奏进呈疑难案件时,张汤一定事先为皇上分析辨别那件事的原委,皇上认为正确的,就接受并记录下来,作为判决案件的法规,按廷尉的名义公布,颂扬君主的贤明。上奏事情被谴责了,张汤就认错谢罪,顺承皇上的心意,一定列举出正、左右监、掾史中贤能人才,说:"他们本来向我建议过,就像皇上责备我的那样,我没有采纳,才愚蠢到了这种地步。"于是罪过就常常被赦免了。有时上奏事情,皇上认为他很对,他就说:"我不知道这个奏议,是正、左右监、掾史某人做的这事。"他想推举官吏,宣扬别人的善行,掩饰别人的过错到了这种地步。他所审理的案件如果是皇上所想加罪的,就交给监史中苛酷严刻的人办理;如果是皇上所想宽待的,就交给监史中宽疏平和的人办理。所处理的如果是豪强,就必定会舞弄条文巧妙地毁谤;如果是平民屠弱之人,就时常向皇上口头汇报,虽然依据条文要判罪,但请皇上明察裁度。皇上于是常常宽待了张汤所说的人。张汤当了大官,是因为他自己的行为美好。他喜欢结交宾朋,和他们一起饮酒吃饭,对于故友子弟当官的和贫穷的兄弟们,照顾爱护他们尤其优厚。他拜访问候诸位公卿,不回避寒暑时节。因此张汤虽然执法严酷,内心好嫉妒,办事不完全公正,然而还是获得了这样的好声誉。而那些苛刻严酷的官吏大多成为了他的爪牙,为他所利用。

他又依从儒学之士。丞相公孙弘多次称赞他的优点。他处理淮南王、衡山王、江都王谋反的案件时,都追根究底。严助和伍被,皇上本想释放他们。张汤争辩说:"伍被本来是筹策反叛阴谋的人,而严助是受皇上亲宠的出入宫廷禁门的护卫之臣,竟然私自结交诸侯到了这种地步,如果不杀他,以后就不能管理了。"于是皇上同意了对他们的判处。

他处理案件排挤大臣自己邀功的事,大多数如此。于是张汤更加受尊崇重用,升迁为御史大夫。

大宛列传第六十三

张骞出使西域

张骞,汉中人,汉武帝建元年间担任郎官。

当时武帝听投降的匈奴人叙说,匈奴打败了月氏王,用他的头盖骨制成饮酒的器皿,月氏人逃离远去,时常怨恨匈奴,但没有人和他们一起出兵打击匈奴。汉武帝正想要灭掉匈奴,听到这话,便想派使者去联络他们。

但是通往月氏的道路必须经过匈奴统辖区,汉廷便招募能出使的人。张骞以郎官的身份应征,得以出使月氏,和堂邑县的甘父(下称堂邑父)一起由陇西出发。

经过匈奴地区时,匈奴人拘捕了他们,送到单于那里。

单于扣押了他们,说:"月氏在我的北面,汉朝凭什么派使者去呢?如果我想通使越国,汉朝肯让我那样做吗?"

于是匈奴扣留张骞十多年,让他娶妻,还生了孩子。然而张骞始终持有汉朝的符节,不曾丢失。

居留在匈奴人中,匈奴人对他的看管逐渐放宽,张骞乘机与他的部属一起逃向月氏,向西走了几十天,到了大宛。

大宛王早就听说汉朝财富丰饶,想与汉沟通却实现不了。看到张骞,大宛王非常高兴,问道:"你想到哪儿去呢?"

张骞说:"我为汉朝出使月氏,却被匈奴扣留,现在逃出来,只希望大王能派人护送我到月氏。如果我真能到达那里,返回汉朝后,汉廷馈赠给大王的财物会多得无法说尽。"

大宛王认为他说得对,就同意他走,并为他派遣了向导和翻译。张骞顺利抵达了康居,康居人又将他送到了大月氏。

大月氏王已被匈奴人杀害,他的太子被拥立为新王。这时月氏已经征服了大夏而居于该地。那里土地肥沃富饶,少有寇贼,月氏王便沉溺于安逸和享乐,又以为离汉朝很远,所以根本就没有报复匈奴人的意志了。张骞从月氏到大夏,竟然还没能得到月氏王的明确答复。

居留了一年多,张骞返回。他沿着南山走,想从羌人居住的地区回来,却又被匈奴人俘虏。扣留了一年多,单于死了,左谷蠡王攻打老单于的太子而自立为单于,匈奴国内大乱。张骞与他的匈奴妻子和堂邑父一起逃跑,回到了汉朝。汉廷加封张骞为太中大夫,堂邑父为奉使君。

张骞为人坚韧而有毅力,宽容大度,诚信待人,外族人都喜欢他。堂邑父原本是匈奴人,善于射箭,穷困时就射猎飞禽走兽来补给食粮。当初,张骞出发时有一百多人,离开汉朝十三年,只有他们两人得以返还。

张骞描述西域

张骞自己所到的地方有大宛、大月氏、大夏、康居,还从传说中听到了它们附近的五、六个大国的情况,他把这些都汇报给了天子。张骞说:

大宛位于匈奴的西南方,地处汉朝的正西方,距离汉朝大约一万里。那里的民俗是喜欢定居,耕田种地,种植水稻和麦子。大宛出产有葡萄酒,盛产好马,马出汗如血,它的祖先是天马之子。那里建有城镇和屋室。大宛所属的城镇大大小小有七十多座,人口约有几十万人。他们的士兵使用弓箭和长矛,善于骑马射箭。大宛的北面就是康居,西面是大月氏,西南是大夏,东北是乌孙,东是扜罙和于阗。

于阗的西边,河水都向西流,注入西海;它的东边的河水则向东流,注入盐泽,盐泽水流入地下;它的南边就是黄河的发源地,盛产玉石,黄河水流入中原。

楼兰、姑师的城镇建有围墙,紧临着盐泽。盐泽离长安大约有五千里。匈奴的右部居住于盐泽以东,直到陇西的长城,南面与羌人的居住地相临,于此阻隔了通往汉朝的道路。

乌孙位于大宛东北部大约两千里的地方,那里的人民不定居,过着游牧生活,与匈奴的风俗相同,能弯弓射箭的人有几万,勇于征战。乌孙过去曾臣服于匈奴,等到他们强大以后,就领回了他们的受控于匈奴的亲属,不愿再朝拜匈奴。

康居位于大宛西北约有两千里的地方,人民迁徙不定,与月氏的风俗大致相同,能拉弓射箭的人有八、九万,与大宛国相邻。康居国力弱小,南边受控并侍奉月氏,东边受控并侍奉匈奴。

奄蔡位于康居西北大约两千里的地方,人民迁徙不定,和康居的风俗大致相同,能弯弓射箭的人有十多万。它紧挨着一大片湖水,漫无边际,大概就是北海吧。

大月氏在大宛西面约有二三千里的地方,位于妫水的北面。它的南面是大夏,西边是安息,北边是康居。月氏人流动不定居,随放牧的需要转移迁徙,与匈奴的风俗相同,能拉弓射箭的人大约有一二十万。月氏过去曾经强大过,轻视匈奴,等到冒顿立为单于,便出兵打败了月氏,到匈奴老上单于时期,杀死月氏王,用他的头盖骨制成饮酒的器具。

起初月氏人居住在敦煌、祁连一带,被匈奴打败后,便远远地离开了那里,经过大宛,向西攻打大夏并使他们臣服,随后建都在妫水之北,以此作为王庭。那些余下来的小部分月氏人不能离开故地,就守卫着南山和羌人居住的地方,被称为小月氏。

安息位于大月氏西面约有几千里的地方。那里的民俗是定居,耕种田地,种植稻子、麦子,并出产葡萄酒。那里的城镇与大宛相似。它领属着大大小小几百座城镇,国土方圆几千里,是最大的国家。紧临着妫水,有进行交易的集市,百姓和商人使用车和船运送货物去附近国家,有的可到几千里以外的地方。那里用银制作钱币,钱上铸有国王的头像,国王死后就要更换钱币,要在上面铸新国王的头像。他们在皮革上横着书写,以此作为书面记录。安息的西边是条枝,北边有奄蔡、黎轩。

条枝地处安息西面几千里的地方,紧临着西海,天气炎热潮湿。百姓耕种田地,种植水稻。那里有一种大鸟,鸟蛋像酒瓮那么大。条枝人口众多,各处都有较小的君长。安息役吏并领属条枝,把它当做外围属国。条枝国人擅长施行幻术。安息的老年人从传说中听说条枝有条弱水河,又有西王母,却从来没有见到过。

大夏位于大宛西南两千余里以外的妫水南面。那里的民俗是喜欢定居,有城镇房屋,与大宛的民俗相似。大夏没有可以统领全国的大的国王君长,各处城镇设置小君长。那里的兵力弱小,惧怕打仗,但善于经商做买卖。后来大月氏向西迁徙,攻打击败了他们,征服统治了整个大夏。大夏的人口很多,大约有一百多万,它的国都名叫篮市城,有集市,贩卖各种物品。大夏的东南部有身毒国。

张骞的再次建议

张骞将自己的所见所闻描述了一番之后,又向皇上提出再次出使西域的意见。他说:"臣在大夏的时候,曾看到过邛地出产的竹杖和蜀地出产的布匹。我问他们说:'怎么得到的这些呢?'大夏国的人说:'我们的商人去身毒买的。身毒在大夏东南方大约几千里的地方。那里的风俗是喜欢定居,基本与大夏的风俗相同,但地势较低,气候湿润炎热。那里的居民骑着大象来作战。那里临近江河。'根据我的推测,大夏距离汉朝一万二千里,地处汉朝的西南方。现在身毒国又位于大夏东南几千里的地方,那里有蜀地的物品,这说明它离蜀地不远。现在出使大夏,从羌人的居住地经过,很危险,羌人反感我们这样做;略微向北走,就会被匈奴擒获;从蜀地走应该是直路,又没有贼寇。"

天子听说大宛和大夏、安息等国都是大国,盛产奇珍怪物,人民定居,与汉朝的生产方式很接近,而且兵力较弱,看重汉朝的财富物资;它的北面有大月氏、康居等国家,兵力强大。可以用馈赠财物,给他们益处的办法使他们前来朝拜。而且如果真能如此并进一步用道义使他们归属,就能扩张国土上万里,经过多次翻译,招徕不同风俗的人们,汉朝天子的声威恩德就可以遍布四海。

天子很高兴,认为张骞的话正确,便命令张骞从蜀郡的犍为派遣秘密行动的使者,分四路同时出发:一路从駹出发,一路从冉出发,一路从徙出发,一路从邛僰出发,各自向前走了一二千里路。其中的北路被氐、筰挡住了,南路被嶲、昆明阻截了。昆明等的部族没有君长,善于抢掠偷盗,经常杀害劫抢汉朝的使者,汉朝使者最终也没有人能够通过该地。但却听说昆明的西面大约一千多里远的地方有个人人骑象的国家,国名为滇越,而蜀郡的商人偷偷运出货物时曾有人到过那里。于是汉朝为了寻求通向大夏的道路而开始联络滇国。

当初,汉朝曾想联络西南夷人,但费用太多,道路又不畅通,便放弃了。到张骞说可以借此联络大夏,就又从事沟通西南夷人的事了。

张骞以校尉的身份跟随大将军卫青攻打匈奴,他知道有水和草的地方,军队得以不疲乏,天子便封张骞为博望侯。这一年是汉武帝元朔六年。第二年,张骞出任卫尉之职,跟随李广将军一起从右北平出发去攻打匈奴。匈奴人包围了李将军,军队散失伤亡很多。张骞救援误期,应当斩首,他用钱赎罪成了平民。

这一年汉朝派遣骠骑将军霍去病出兵打败了在西域的匈奴人几万人,到达祁连山下。第二年,浑邪王率领他的部众归降了汉朝,从此金城、河西西部及南山到盐泽地区再也没有匈奴人了。有时也有匈奴侦察兵到来,但很少。此后两年,汉朝攻打匈奴单于,使他逃回了漠北。

此后天子多次询问张骞大夏等国的事。张骞已经失去了侯位,于是就说:"臣居留在匈奴的时候,听说乌孙王叫昆莫。昆莫的父亲是匈奴西边一个小国的国王。匈奴攻打并杀害了他的父亲,昆莫出生以后,被抛弃在旷野中。乌鸦叼着肉飞聚到他身上,狼去给他喂奶。单于很奇怪,认为他是神,便收留并养大了他。等到他成年后,让他率兵打仗,多次建有战功,单于又把他父亲的遗民给了昆莫,命令他长期驻守在西域地区。昆莫收养了他的部民,攻打附近的小城镇,部下能够拉弓射箭的人有好几万,都熟习进攻作战。单于死后,昆莫便带领他的部众迁徙到远处,保持中立,不愿朝拜匈奴。匈奴派遣奇兵攻打他,也不能取胜,认为他是神人就远离他,于是只约束牵制他,不怎么进攻他了。现在单于刚刚受困于汉朝,而过去浑邪王的领地空旷无人居住。蛮夷人的风俗是贪恋汉朝的财富宝物,现在如果用很多钱贿赂乌孙,招引他们东来,居守在过去浑邪王的领地,与汉朝结为兄弟,看情形乌孙会听从,那就相当于斩断了匈奴的右臂。既然联络了乌孙,它西边的大夏等国也都可以招来成为汉朝的外臣属国。"

天子认为这话很对,任命张骞为中郎将带领三百人,每人配备两匹马,牛羊数以万计,所带金钱丝绸等价值几千万,还有多名手持节杖的副使,如果道路通畅可以出使,就派他们再出使附近的其他国家。

张骞二次出使西域

张骞到达了乌孙,乌孙王昆莫用对待单于的礼仪会见汉朝使者。

张骞很羞愧,知道蛮夷为人贪婪,便说:"天子馈赠礼物,大王如果不拜谢就退还吧。"

昆莫起身拜谢赐物,其他方面还像原来一样。

张骞告谕昆莫他出使的目的说:"如果乌孙能东迁居守浑邪王旧地,那么汉朝就派遣诸王的女儿作昆莫的夫人。"

这时乌孙国已经分裂,国王年老,而乌孙远离汉朝,不知道汉朝的大小。乌孙长期臣服隶属于匈奴,而且又临近匈奴,乌孙大臣都畏惧匈奴,不愿迁徙,国王不能自行决断,张骞无法得到他的明确答复。

昆莫有十几个儿子,其中有一个儿子叫大禄,凶猛强悍,善于统领部队,带领着自己的部众另外居住,有一万多名骑兵。

大禄的哥哥是太子,太子有个儿子叫岑娶,而太子早就死了。临死时太子对他的父亲昆莫说:"一定要让岑娶继任太子,不要让其他人代替他。"

昆莫心中悲哀便答应了他,让岑娶作了太子。大禄对他不能继任太子很生气,便纠集他的诸位兄弟,率领他的部众反叛,图谋攻打岑娶和昆莫。

昆莫年老,经常担心大禄杀害岑娶,就给了岑娶一万多名骑兵单独居住,而昆莫也有一万多名骑兵自行防备。乌孙国分成了三部分,但总体上归属于昆莫,昆莫也因此不敢独自与张骞定约。

张骞便分别派遣副使出使大宛、康居、大月氏、大夏、安息、身毒、于阗、扜罙,及其他附近国家。乌孙国派出向导和翻译护送张骞回国,张骞和乌孙派遣的使者几十人、马几十匹一同返还,以回报答谢汉朝,顺便让他们察看汉朝,了解汉朝的广大。

张骞回到了汉廷,被任命为大行,列位于九卿之中。一年多以后,张骞便死了。

乌孙使者看到了汉朝人口众多财富充足,回去报告了他的国王,他的国王便更加重视汉朝了。那以后一年多,张骞派遣去沟通大夏等国的使者大部分和该国的使者一起回来了,这样西北方各国开始与汉朝交往了。由于是张骞首先开辟了汉与西域的通道,此后出使和前往西域的人都称为博望侯,以取信于外国,外国也因此而信任他们。

丝绸之路

自从博望侯张骞开辟了去西域的道路并获得尊位富贵以后，跟随他去的官吏士卒都争着上书讲述外国奇异怪诞的事情和利弊之处，请求充当使者。

天子认为那些国家非常遥远，不是普通人愿意去的，就听从他们的话，颁发给他们符节，为他们配备随行人员派他们出发，借此扩大与外国的交往。

王恢曾多次出使西域，在楼兰受到攻击和抢劫。他报告了天子，天子派王恢辅佐浞野侯赵破奴率领军队攻占了楼兰，并封王恢为浩侯。于是自酒泉修筑亭障，一直修到了玉门关。

乌孙王以一千匹良马聘娶汉朝女子。汉朝让江都王刘建的女儿去作乌孙王的妻子，乌孙王昆莫让她作了右夫人。匈奴也送女子给昆莫做妻子，昆莫让她作了左夫人。昆莫说"我老了"，就让他的孙子岑娶娶了汉朝公主为妻。乌孙盛产良马，那里富有的人能有多达四五千匹马。

当初，汉朝使者到了安息，安息王派人带领二万骑兵到东部边界上来迎接。东部边界距离王都有几千里远。走到王都，要路过几十座城，城中的民众很多。汉朝使者还朝，安息王随后派遣使者跟随汉朝使者来观察汉朝的广大，将大鸟蛋和黎轩擅长幻术的人进献给汉朝。大宛西面的小国欢潜、大益，大宛东面的姑师、扞罙、苏薤等国家，都跟从汉朝使者来进献贡品和拜见天子。天子很高兴。

汉朝使者找到了黄河的源头，在于阗国。那里的山上盛产玉石，使者们采运回来。天子考查古代图书，命名黄河发源的山脉为昆仑山。

大宛西面的国家，都以为远离汉朝，骄傲放纵，安然自适，汉朝还不能用礼仪使他们屈服，并约束和役使他们。从乌孙以西到安息，临近匈奴，匈奴又侵扰了月氏人，因此匈奴使者拿着单于的一封信，各国就竞相奉送食物，不敢让他们受苦。至于汉朝使者，不拿出钱币布帛就不给食物，不买牲畜就得不到坐骑使用。之所以这样，是由于远离汉朝，而汉朝又富有财物，所以必须买才能得到想要的东西，当然也是因为他们畏惧匈奴的程度超过了害怕汉朝使者。

大宛附近的国家用葡萄造酒，富有的人储藏的酒可以多达一万多石，最久的几十年都不坏。那里的人喜欢饮酒，马喜欢吃苜蓿。汉朝使者将它们的种子带回来，于是天子开始在肥沃的土地上种植苜蓿、葡萄。等到天马多了，外国使者来的人多了，离宫别苑附近都种上了葡萄、苜蓿，一望无际。

自大宛以西到安息，各国虽然语言不同，但风俗却大致相同，能够相互理解。那里的人都是深眼窝，多胡须，善于经商做买卖，分钱必争。习俗尊重女子，女子所说的话她的丈夫就得完全照办。那里都没有丝和漆，不懂得铸造钱币和器皿。等到汉朝使者的逃亡士卒投降了他们，教他们铸造制作兵器和器具。他们得到了汉朝的黄金、白银，就用来制作器皿，不用来制作钱币。

游侠列传第六十四

侠士郭解

郭解,轵县人,字翁伯,是看相名家许负的外孙。郭解的父亲由于行侠,在秦孝文王时被处死。

郭解身材矮小但精明强悍,不喝酒。郭解年纪大些以后,常以德报怨,多施舍而少索取,对行侠仗义之事更为喜好。救人性命之后,他也不炫耀功劳。郭解姐姐的儿子依仗郭解的势力,和人喝酒时,要人家干杯痛饮;人家不能喝了,便上去硬灌。那人大怒,拔刀杀死郭解的外甥后逃跑了。郭解的姐姐很气愤地说:"凭你郭翁伯的威望,别人杀了我儿子,你连凶手都抓不到。"她将儿子的尸首扔在路上,不去埋葬,想借此羞辱郭解。郭解派人暗中查找凶手的住处。凶手觉得无处可逃,就回来自首,把当时的情况详细告诉了郭解。郭解回答说:"你杀他是应该的,我家的孩子没有理。"于是放走凶手,归罪于自己的外甥,并将外甥的尸体埋葬了。许多人听说这件事后,都称赞郭解的义举,对他更为信赖了。

郭解出门或回家时,路上的人都给他让道。唯独有一个人伸开双腿坐在地上,瞧着他走过去。郭解派人去打听那人的姓名。有门客想要去杀那人,郭解说:"同住在一起而得不到人家的尊敬,是我的德行不够,人家有什么罪过!"

郭解暗中嘱托尉史说:"这个人是我所关心的,轮到他当差时请免了他的差事。"派差时,几次该轮到那个人,尉史都没有派他。那人感到奇怪,询问原因,才知道是郭解帮忙免掉的。于是那个人袒衣露体向郭解请罪。年轻人听说后,越发仰慕郭解的为人。

洛阳有一对仇家,城中贤豪从中调停十来次,双方始终没有听从。门客因此请郭解去调解。郭解在夜间去见仇家,双方屈服,听从了郭解的调解。郭解便对双方说:"我听说洛阳的多位贤豪从中间调解,你们都没有听从。今天你们同意和解使我深感荣幸,但我又怎么敢夺你们城中贤豪的权力呢!"于是郭解准备连夜离开,不让别人知道,并对仇家双方说:"你们暂且不要和解,等我走以后,让洛阳贤豪从中调解,那时你们再和解吧。"

郭解为人谦和恭谨,不敢坐车进入县衙。他到附近的郡国为人办事,事情能够解决的,就一定办好;不能解决的,也要尽量做到人人满意,然后才坐下来吃饭。大家因此很尊敬他,争相为他效力。本县的年轻人及邻县的贤豪,常常在夜里带十多辆车登门,请求把郭解收留的客人接回去供养。

后来,朝廷下令迁各地豪富去茂陵。郭解家财够不上搬迁的数目,但地方官吏害怕,不敢不让郭解搬迁。大将军卫青替郭解向皇帝说情:"郭解家中贫穷,没有达到搬迁的标准。"皇帝说:"郭解一介平民而能让你这个大将军替他说情,这说明他家不穷。"于是郭解家奉命搬迁。大家为郭家搬迁送的礼钱竟多达一千多万。

郭解迁入关中地区后，关中贤豪无论相识还是不相识的，听到郭解的名声，都争相与郭解结友交欢。

太史公说，"郭解容貌比不上普通人，说话口才一般。然而，天下无论贤者或不贤者，相识或不相识的，都仰慕他的名声，自称为游侠的人都把郭解作为自己的荣耀。正如谚语所说：'享有盛誉的人，名扬千古！'"

滑稽列传第六十六

诙谐善辩的淳于髡

淳于髡是齐国的一个上门女婿，身高不足七尺。他诙谐善辩，多次出使各诸侯国，从未受过屈辱。

齐威王在位时，喜欢隐语，爱好尽情享乐、通宵宴饮，沉湎于酒色而不理政事，把国家大事都委托给了卿大夫。朝中百官职务荒废紊乱，各诸侯国都趁机侵略，齐国危在旦夕。齐威王身边近臣没有一人敢于进谏。

淳于髡便用幽默的隐语劝说齐威王："国中有一只大鸟，栖息在大王的庭院中，三年不飞不叫，大王知道这是怎么回事？"

齐威王顿时明白了淳于髡的意思，说："这鸟不飞则罢，一飞就直冲天际；不叫则已，一鸣就会使人惊奇。"

齐威王立即下令召见各县长官七十二人，奖赏一人，诛杀一人，并振作士气、出战迎敌。

各诸侯国极为震惊，都把以前侵略的土地送还给齐国。齐国的威势一直持续了三十六年之久。

齐威王八年，楚国大举出兵进攻齐国。齐威王派淳于髡到赵国请求援兵，让他携带礼品黄金百斤、车马十辆。

淳于髡仰天大笑，以致把帽带子都弄断了。

齐威王说："先生嫌礼物太少了吗？"

淳于髡说："我哪里敢！"

齐威王说："那你发笑是什么道理？"

淳于髡说："今天我从东边来，看见路旁有一个向田神祈祷的人，拿着一只猪蹄，端着一杯酒，祈祷说：'高坡贫瘠土地的谷物盛满箩筐，低洼易涝土地的谷物装满车辆，五谷生长繁茂，米粮满仓。'我见他拿的祭品少而想要的却太多，因此笑他。"

于是齐威王就把礼品增加到黄金一千镒、白璧十对、车马百辆。淳于髡立即告辞起行。到了赵国，赵王接受了礼物，拨给他精兵十万、战车千辆。楚人听说后，连夜退兵撤去。

齐威王十分高兴,在后宫设下酒宴,召见淳于髡,赏赐给他酒,说:"先生能喝多少酒才会醉倒?"

淳于髡回答说:"我喝一斗也会醉,喝一石也会醉。"

威王说:"先生喝一斗就醉,怎么还能喝一石呢?能将原因说给我听吗?"

淳于髡说:"在大王座前承蒙赐酒,执法官在旁边,御史在后面,我心惊胆战,俯地而饮,不过一斗就醉了。如果双亲有尊贵的客人,我挽起衣袖,曲身跪坐,在席前侍奉酒菜,尊长不时赐给我残酒,我连连起身举杯祝寿,也不过二斗就醉了。如果是好久不见的朋友偶然相遇,高高兴兴地讲述往事,倾吐友谊,喝上五六斗就会醉。如果是乡中聚会,男女杂坐,缓缓地相互敬酒,玩六博、赛投壶,自行结伴,男女之间任意谈笑而没有忌惮,前有掉落的耳珰,后有丢失的发簪,我从心眼里喜欢这样,喝上八斗也只有两三分醉意。太阳落山了,酒也差不多喝完了,将剩余的酒菜并成一席,男女同桌,大家脚碰着脚,桌上杯盘狼藉,堂上的蜡烛也已熄灭,主人留下我而将别的客人送走,绫罗短袄解开了,略微闻到阵阵香气,此时此刻,我心里最为畅快,能喝上一石。所以说喝酒过度就会生乱事,快乐到了极点就会带来悲哀,世上一切事情都是这样。"

齐威王说:"好。"于是停止通宵宴饮,任命淳于髡担当接待各国宾客、使节的官员。后来宫里举行酒宴,淳于髡常常在场。

一天,齐王派遣淳于髡送只天鹅到楚国。出了都城门,天鹅在半路上飞走了。淳于髡只得提着空笼,编造了一套假话,前去见楚王。他说:"齐王派我来进献天鹅,在河上经过时,我不忍心让天鹅干渴,就放它出来喝水,天鹅便离开我高飞而去。我想剖腹上吊自杀,又担心别人会议论大王由于鸟兽的缘故而迫使士人自杀。天鹅,是长羽毛的动物,多有相像的,我想买一只代替,可这不诚实而且又欺骗大王。我又想逃到他国,但担心这会使齐楚两国的交往半途而废。所以前来认罪,向大王叩头认罚。"楚王说:"好,齐王有你这样的贤士。"楚王给了淳于髡重赏,钱财比天鹅在时还多了一倍。

马的葬礼

战国时期,楚国出了个优孟。优孟本来是楚国的乐人,身高八尺,能言善辩,常以说笑的方式劝谏楚王。

楚庄王在位时,有一匹爱马,楚王给它穿锦绣做的衣服,把它安置在华美的房子里,用没有帷帐的床给它做卧铺,用枣脯喂养它。马最后因得肥胖病而死,楚庄王叫大臣们为它治丧,要用棺椁收敛尸体,根据大夫的葬礼来埋葬。身边的大臣都劝阻庄王,认为不应该这样做。庄王下令说:"有谁胆敢为葬马之事进谏,将处以死罪。"

优孟听说以后,跑进宫殿大门,仰天大哭。楚王吃了一惊,问他为什么而哭。优孟说:"那匹马是大王的心爱之物,凭着楚国这样的堂堂大国,有什么办不到的,大王下令按照大夫的葬礼埋葬,太轻待它了。我请求大王按君王的葬礼来厚葬它。"

庄王说:"那是怎么个葬法?"

优孟说:"我请求用雕花的美玉做棺材,用纹理漂亮的梓木做外椁,用梗枫、豫章等名木做题凑,发动士卒挖掘墓穴,命令老弱群众背土筑坟,叫齐、赵的代表陪侍在前,让韩、魏的代表护卫于后,为它建宗庙,使它享受太牢的祭礼,赏赐给万户之邑的赋税以供祭祀、洒扫。各诸侯国听说后,就都明白大王是重马轻人了。"

庄王说:"我的错误竟然到了这种地步吗!该怎么办?"

优孟说:"请允许我为大王以对待六畜的通常办法来安葬它。用土灶做外椁,用铜锅做棺材,用姜枣做调料,再加上些香料,用稻米做祭品,用火光做衣服,然后把它埋葬在人的肠肚里。"这番秀中带辣的话,顿然使庄王明白了自己的错误,于是派人将马交给了掌管膳食的太官,并说不要让天下人长期宣扬这件事了。

优孟衣冠

当时,楚国的宰相是孙叔敖,他深知优孟这个人很贤明,所以待他很好。孙叔敖临死之前,嘱咐儿子说:"我死了以后,你们必定要穷困的,那时你可以去找优孟,对他说'我是孙叔敖的儿子!'他会帮助你的。"

几年之后,孙叔敖的儿子果然穷得靠砍柴为生,有一天他遇见优孟,就对他说:"我是孙叔敖的儿子,父亲临死前曾告诉我,叫我穷困的时候找您帮助。"优孟说:"好吧,我想办法来帮助你。请你别走太远,不然该找不到你啦!"

优孟回家以后,找到孙叔敖的衣服、帽子,穿在自己身上,并且模仿他的音容笑貌。经过一年的时候,他已经装得很像孙叔敖了。在楚庄王过生日那天。他去祝寿。楚庄王见到他,非常惊讶,以为宰相死而复生了,因此很喜欢他,想请优孟做楚国的宰相。优孟说:"我需要回家与我的妻子商量一下,请给我三天期限。"楚庄王答应了他的请求。

三天过后,优孟来见楚庄王。楚庄王问他:"你的妻子是怎样说的啊?"

优孟答道:"她说楚国的宰相不值得一当,比如孙叔敖作了宰相,忠心耿耿地帮助治理国家,才使楚国变成一个强国。可是他死了以后,他的儿子连一块立锥之地都没有,穷得只好去卖柴禾。与其做孙叔敖那样的宰相,还不如自杀好些!"

接着唱道:"居住山野耕田种地真辛苦,难以吃饱肚子。出山做官,自身贪婪的人积下余钱,不顾廉耻,死后能使家室富足;却又害怕贪赃枉法,触犯禁令犯下大罪,导致身死家灭,贪官哪能做呢! 想做清官,守法尽忠,至死也不敢做坏事,可这清官又怎能做呢!楚国宰相孙叔敖,一生至死都为官清廉,但如今他的妻子儿女却穷得靠打柴为生,这样的官不值得做啊!"

庄王立即向优孟表示歉意,并传令召见孙叔敖的儿子,把寝丘四百户的土地封给他。后来一直传了十代不曾断绝。优孟的这种智慧,可以说是抓住了机会。

优旃的幽默

优旃是秦国的侏儒艺人，擅长说笑，但所说基本符合大道理。

秦始皇时期，有一次举行酒宴时天下大雨，卫士们站在台阶上淋雨受寒。优旃见了觉得很可怜，对他们说："你们想休息吗？"

卫士们说："非常想。"

优旃说："我如果喊你们，你们就赶紧说'诺'。"

过了一会儿，殿上群臣向秦始皇敬酒祝寿，高呼万岁。

优旃靠近栏杆大声喊道："卫兵们！"

卫兵们回答："诺！"

优旃说："你们虽然身材高大，但有什么好处！还不是站着淋雨。我虽然长得矮小，却很幸运能在屋中休息。"

秦始皇听明白了，于是叫卫士们减半值班，轮番交替。

秦始皇曾经计划要扩大皇家苑囿，使之东到函谷关，西到雍县、陈仓。优旃说："很好。在里面多放养禽兽，敌人如果从东部打来，命令麋鹿用角去抵挡就足够了。"秦始皇因此停止了扩建之事。

秦二世即位后，又想用漆涂饰城墙。优旃说："很好。陛下即使不说，我也要请求您这样做。涂饰城墙虽然会使百姓耗费财物、增加忧愁，但看起来漂亮啊！城墙漆好后高大明亮，敌人来了爬也爬不上。如果真要做，漆倒是容易弄到，但要造一处未上过漆的城墙、遮雨的房子却有困难。"

二世笑了起来，并放弃了漆城墙的想法。过了不久，秦二世被杀，优旃归附了汉朝，几年以后就死了。

太史公说："淳于髡仰天大笑，然后齐威王所向无敌；优旃走近栏杆大声叫喊，卫士因而得以减半值勤、轮流休息。这些人的行为难道不伟大吗！"

东方朔传奇

汉武帝时，齐地有一个名叫东方朔的先生，喜好古代史籍，喜好儒术，博览百家著述。

东方朔刚到长安，至公车府上书言事，奏书总共用了三千枚木牍。公车府派两人去抬他的奏书，才刚刚能抬动。

武帝读东方朔的奏书，每读完一段要停下时，就划一个钩作为记号，读了两个月才读完。

武帝下诏任命东方朔为郎，让他常在身旁听候差遣。多次召他来跟前谈话，每次都说得皇帝很高兴。皇帝经常下诏赏赐东方朔在跟前吃饭。吃完后，东方朔把剩余的肉揣在怀中拿走，将衣服弄得尽是油污。皇帝多次赏赐缣帛，他扛着就走。

史　记

东方朔专门用赏赐得到的钱和布帛，娶长安城中的漂亮女子为妻，大概一年换一个。所得赏赐全都用在了女人身上。

皇帝身旁的郎官有一半的人叫他为"狂人"。武帝听说以后，说："假若东方朔做事没有这些举动，你们这些人哪能比得上他呢！"东方朔保举自己儿子做了郎官，又做了谒者，经常持节出使。

东方朔有一次在殿上经过，一个郎官对他说："别人都认为先生是狂人。"

东方朔说："像我东方朔这种人，就是所谓避世在朝廷的隐士。古时的隐士，多避世居在深山之中。"

他经常在酒席上喝得正酣时，便趴在地上唱道："隐居尘俗，避世金马门。宫殿中也可以避世隐居、苟全性命，何必非要到深山中、茅屋下！"金马门，是做官的人办公的地方，门旁立有金马，故称为"金马门"。

有一次恰逢朝廷召集学宫的博士先生们商讨国事，大家一起非难东方朔说："苏秦、张仪一遇上大国的君主，就能高居卿相的尊位，恩泽遍及后世。如今先生您精通先王的治国方术，仰慕圣人的仁义，熟读《诗经》、《尚书》及诸子百家的言论，可以说难以一一列举。写出的文章，自以为海内无人能比，已可以称作博学善辩之人。然而您虽然竭力尽职侍奉圣明的天子，旷日持久，已几十年了，但官职不过是侍奉皇帝的郎官，地位不过是执戟之郎，莫非是德行有失吧！这是什么原因？"

东方朔说："这本来不是你们能完全明白的。此一时，彼一时，怎能相提并论呢！且说张仪、苏秦的时候，周朝王室十分衰微，诸侯不去朝觐，都凭借势力把持政权、争权夺利，兵戎相见，天下兼并为十二国，尚未分出最后的胜负。当时谁得到人才谁就能获胜，谁失去人才就会失败。所以士人能使诸侯言听计从，因此身居高位，泽被后世，子孙后代长久荣耀。

"今天已经不是那样的情况了：圣明的天子在朝廷执政，恩德遍布天下，诸侯朝贡臣服，威势震慑四方，疆域到了四海之外，比覆置的盘盂还要安稳。天下统一均衡，融合为一个整体，凡有所行动，就像在手掌中运转一样。贤与不贤，用什么来区别呢？如今天下广阔，士民众多，竭尽精力、驰骋游说，从四面八方归向朝廷的人才，多得数不胜数。士人虽然尽力仰慕道义，却往往被衣食所困扰，有的竟连入仕的门路也没有摸到。假若张仪、苏秦和我同处于当今时代，他们连'掌故'的小官也做不到，怎么敢奢望能当上经常侍奉皇帝的郎官呢！古书说：'天下没有灾难，即便有圣人出现，也无法施展才华；君臣上下齐心协力，即使有贤人出现，也无法建立功业。'所以说时代不同了，事情也会起变化。

"尽管这样，又怎么可以不努力加强自身的修养呢！《诗经》上说'在宫室内敲钟，声音必会传到外面'，'鹤在水泽深处鸣叫，声音可以传到天上'。如果能加强自身修养，哪用担心不会获得荣耀！姜太公亲行仁义，七十二年以后遇见周文王，得以实现自己的主张，受封在齐国，传国七百年未曾断绝。这就是士人之所以要夜以继日、孜孜不倦地研究学问，推行自己的主张而不敢停息的原因。现在的隐士，虽不能为时代所用，却能像山石那样矗立，像土块那样安稳，远观许由，近看接舆，和范蠡一样有谋略,同伍子胥一样忠贞。如今天下太平,以义修身,很少有同道,这本身是很平常的事情。你们怎么对我有疑虑呢!"

于是诸位先生都默不做声,无言以答。

建章宫后阁的双重栏杆里走出一种动物,形状与麋鹿相像。有人将这件事汇报了,武帝亲临观看,问群臣侍卫中通晓事理、精通经术的人,都答不上是什么东西。于是下诏叫东方朔去观看。

东方朔说:"我知道这个东西,但希望陛下赐我美酒好饭一顿,我才说。"武帝说:"行。"

东方朔吃过饭后,又说:"某处有公田、鱼塘、蒲苇地数顷,请陛下赏给我,我才说。"武帝下诏说:"行。"

于是东方朔讲道:"这就是所谓驺牙。远方的人要前来归附,驺牙便先出现。它的牙齿前后一样,只有门牙而没有犬齿,所以叫驺牙。"

此后一年左右,匈奴混邪王果然带着十万多人来归降汉朝。武帝便再次赏赐东方朔许多钱财。

到年纪老了,快要去世的时候,东方朔劝谏汉武帝说:"《诗经》上说:'飞来飞去的苍蝇,停落在篱笆上。良善的君子,不要听信谗言。谗言没完没了,搅得天下不得安宁。'恳望陛下远离奸佞谄媚之人,摒斥谗言!"

武帝说:"今天东方朔怎么反而说起正经话来了?"觉得很奇怪。

过了不久,东方朔果然就病死了。古书上说:"鸟到快死的时候,其叫声很悲凄;人到快死的时候,所说的话很和善。"说的就是这种情形吧。

东郭先生

汉武帝时期,出了个奇人,人称东郭先生。他凭借为卫青出了一个好主意而使自己出人头地。大将军卫青是卫皇后的哥哥,被封为长平侯。他参军进攻匈奴,追到余吾水边才返回。斩敌首、捉俘虏,立功而归,武帝下诏赏赐黄金千斤。当卫将军领赏走出宫门时,因擅长方术而在公车署等待皇帝召见的齐地人东郭先生,拦路挡住了卫将军的车马,拜谒说:"希望向将军禀告一件事。"卫将军停下车,让东郭先生走过来。东郭先生挨近车边说:"王夫人刚刚得到皇上的宠幸,她家里贫穷,现在将军得到黄金千斤,如果将其中的一半送给王夫人的父母,皇上听了肯定高兴。这就是所谓巧妙便捷的计策。"卫将军感谢说:"幸亏先生告诉我了这一便捷的妙计,请让我按照您的教导去做!"

于是卫将军就用黄金五百斤为王夫人的父母祝寿。王夫人将这事告诉了汉武帝,汉武帝说:"大将军不知道这样做。"武帝就问卫青从哪里学来这个办法,卫青回答说:"从待诏的东郭先生那里听来的。"

武帝立即下诏召见东郭先生,任命他为某郡的都尉。东郭先生由于长时间待诏公车署,饥寒贫困,衣服破烂,鞋子也不完整。他在雪中行走,鞋子有面无底,脚完全踩在雪地上。路上行人都讥笑他,东郭先生回答说:"谁能在雪中行走,让人看去,脚上面是鞋子,鞋子下面竟像是人脚的样子呢?"

到他被任命为二千石的高官以后,佩着青绶从宫门出来,去向房东道谢时,以前和他一起待诏的人,都成群在都门外为他饯行,一路上荣华显耀,在当时出了大名。这就是所谓身穿粗布衣服,怀中揣着珍宝的人。当他贫困时,没有人去理睬;而等到他尊贵后,人人都争相去接近。

谚语说:"相马的人往往由于马瘦而看错其材质,求才的人往往由于人穷而忽视其才干。"说的就是这种情况吧!

西门豹治邺

魏文侯时,西门豹任邺县令。西门豹到任后,见街市萧条,百姓很少,便召当地的父老到来,问民间有什么疾苦,弄得这般凄凉!父老异口同声说,苦就苦在为河伯娶媳妇上了。

"奇怪!河伯又怎能娶妇呢?"西门豹不无惊讶地问道。

其中一位说:"漳水自漳岭而来,由沙城而东,经过邺县,是为漳,河伯就是漳河之神。传闻这个神喜欢美女,每年要奉献一个夫人给他,就可保风调雨顺,年丰岁稳。不然的话,河神一怒,必致河水泛滥,漂溺人家。"

西门豹问:"这究竟是谁玩的花样?"

"是那一帮神棍搅的。这一带经常闹天灾,人民甚苦,对于这件事又不敢不从。每年那帮神棍串同一班土豪和衙役,乘机搜刮民财几百万,除少许作为河伯娶妇费用外,其余便二一添作五,落入私囊去了。"

"老百姓任其瓜分,难道一句话也不说?"

"唉!"父老说:"试问在公势与私势的夹迫之下,谁敢说半个不字呢?何况他们打着为百姓服务的旗号。每当初春下种的时候,那帮主事神棍及乡绅等,便到处去寻女子,见有几分姿色的,便说此女人可以做河伯的夫人了。父母不愿意的,便多出些钱,叫他们找别人;没有钱的唯有把女孩送上。这样,神棍便领这女孩到河边的'行宫'住下来,沐浴更衣,然后择一吉日,把女孩打扮一番,放在一条草垫上,浮在河上,漂流一会儿,便自行沉下去做河伯夫人了。这样一来,凡有女孩的人家都纷纷迁徙逃避,所以城里的人越来越少。"

西门豹一面听,一面眉头越皱越紧。问:"这里的水灾情况怎样?"

"还好,近年来,没有发生过倾家荡产的大水灾,但毕竟因本处地势高,有的地方没有水源,虽没有水灾,可又有旱灾之苦!"

"好吧!"最后西门豹说:"既然河伯有这么灵,当河伯娶新夫人的时候,请来告诉我,我好去观观礼!"

不久,好几位父老果然来告诉西门豹,说本年度的新夫人已选出,行礼的日期也已定了。

列　传

　　这是一个十分隆重的日子,西门豹特别穿起官袍礼服,下令全城官绅民都参加,远近百姓也闻风从各地跑来看热闹,河边聚集了几千人,盛况空前。

　　一位"媒人"乡绅,把主事的大巫找过来了。西门豹一看,原来是一个老妇人,一副了不起的样子,她后面跟着二十多位女弟子,衣冠楚楚,侍候在左右。

　　西门豹开口问:"请把那河伯夫人带来给本官看看好不好?"

　　老巫不说话,示意弟子把河伯夫人带来。

　　西门豹很注意审视这未来的河伯夫人,见她衣着素服,不怎样漂亮,而且愁容满面,便转身对老巫及左右官绅说:"河伯是位显赫的贵神,娶妇必定是位绝色的女子才相称,我看这位女子丑陋得很,不配做河伯夫人。现请大巫先去报告河伯,说本官再给他找一位漂亮的夫人,然后改期献给他。"

　　西门豹便叫左右卫士把老巫婆丢下河去,左右的人大惊失色。西门豹若无其事地静立等候。

　　一会儿,又说:"老妇人做事太没劲了,去报个信儿这么久还不见回来,还是派一位能干的弟子走一遭吧!"

　　又让卫士把为首的一位女弟子抛下河去。过了一会,又说:"连弟子都不回话,再派一位去吧!"

　　连续抛了三个弟子下去,一个回来的也没有。

　　"哦! 是了,"西门豹还像演戏一样,说:"他们都是女流之辈,不会办事的,还是请一位能干的绅士去吧!"

　　那绅士还要恳求,西门豹却大喝一声:"毋容推搪,速去速回!"

　　卫士左牵右拉,不由分说,"嗵"的一声,将绅士丢下河去,溅起一阵水花。旁观者皆为之而咋舌,靠近的不敢出声,远站的在交头接耳。

　　只见西门豹整衣正冠,向河里深深作揖叩头,恭敬等候。过了好一会,他又说话了,似埋怨地说:"这位乡绅简直是个窝囊废,平日只知鱼肉乡民,连这点小事也办不来,真是岂有此理! 也罢! 既然年老的无济于事,你们这班年轻的给我走一走吧!"他顺手向班衙役里一指。吓得他们面如土色,汗流浃背,一齐跪下去,连连叩头哀求。

　　"且再等一会吧!"西门豹自言自语地说。

　　又过了一刻钟光景,西门豹感叹一声,对大家说:"河水滔滔,去而不返,河伯安在? 枉杀民间女子,你们要负起全部责任!"

　　"启禀大老爷! 我们是被骗的,受女巫指使!"众人异口同声说。

　　"混蛋!"西门豹斥责道:"好人怎么能跟坏人做坏事? 今日姑且饶你们一次,给你们重新做人的机会!"

　　"多谢大老爷!"

　　"可是,今朝主凶的神棍已死,以后再有人要为河伯娶妇的话,即令其人做媒,往河伯处去报信!"

　　继之,便把这班助巫为虐者的财产没收,全部发还给老百姓,将那批女弟子配给年长的人做老婆。巫风邪说遂绝,逃避他乡的居民也纷纷回乡里安居。

西门豹又考察过附近的地势,发动群众,兴建水利,把漳河之水引入十二条渠中。既减轻了河床负担,不致泛滥,又能使干旱的地方有水灌溉,免旱灾之虞。因此庄稼倍收,百姓温饱乐业。

日者列传第六十七

司马季主所说

司马季主是楚地人,在长安东市占卜。

宋忠担任中大夫,贾谊任博士。他们同日休假出朝,一边走一边议论,讲述先王圣人的治国方略,纵论人情世故,不禁相视感慨。贾谊说:"我听说古代的圣人如果不在朝廷做官,则必寄身于卜人、医师之中。现在我已见识了三公九卿及在朝的士大夫,对他们已很了解。让我们试着去卜者中间察看一下。"二人就一同乘车到了市区,在占卜摊里游逛。当时刚下过雨,路上行人很少。司马季主闲坐馆中,三四个弟子陪侍在旁边,正在探讨天地的法则、日月的运行规律、阴阳吉凶的本源。宋、贾二位大夫两次向司马季主施礼。司马季主看他们的模样像是有些见识,就对他们还礼,并叫弟子迎请他们入座。坐下来后,司马季主重新解说前面的内容,分析天地的始终和日月星辰的运行规律,阐述仁义的关系,陈述吉凶符的原应。他讲了好几千言,没有一句不合乎道理的。

宋忠、贾谊猛然醒悟,整理好冠带,正襟危坐,说:"我们看先生的容貌,听先生的言辞,觉得先生是我等在今世从未见到过的人物。但现在先生的地位为什么这样卑贱,职业为什么这样低微?"

司马季主捧腹大笑,说:"看两位大夫像是有道术的样子,可为什么见识如此浅薄,言辞如此世俗?先生们所说的贤者是什么样的人?而先生们认为高尚的又是什么样的人?刚才为什么将长者看作卑微低贱的人呢?"

宋忠、贾谊二人说:"高官厚禄,被世人所看重,为贤能之士所拥有。现今您未能享有,所以称为卑微;您干活时说的不是真话,做的事没有成效,取财无道,所以称为低贱。卜筮这个行当,是世俗所轻视的。世人都说:'占卜者大部分自夸其术来迎合人情世故,抬高求卜者的禄命来取悦人心,乱说灾祸来刺痛人心,假称鬼神来诓骗钱财,贪图重谢来为己谋利。'这是我们认为可耻的做法,所以说您卑微低贱。"

司马季主说:"二位先生暂时安坐。先生们见过披头散发的童子吗?日月照着他们时就走路,不照就止步,若问他们日月运行的毛病和人事吉凶的关系,就说不清楚了。由此看来,能分辨出贤与肖的人很少啊!"

"高官厚禄,不是每个人都能得到的。你们做官的人想过没有,人们总在推荐和选拔优秀的人才荣升官位,总将最大的权和利交给他们,总在俯首贴耳地服从和尊崇他们,又总在以做官的人为榜样,并去教诲自己的子女。因为人们总在按上古时代的三皇五帝的品行来衡量当官的,总在希望他们也和上古圣贤们一样,为天下百姓做官,为天下百姓办事。所以,人们总在认为:做官的人最有才能,又最辛苦,应该受到百姓的拥戴。就像一棵树苗,让它长在最肥沃的地方,靠近向阳的最佳方位,得到最多的雨露,长成了有用之才是它应该做到的。如果它没有做到这一点,樵夫就一刀砍下,背到街市上,当做柴料贱卖了。高官厚禄就是这样,你得到了该得到的,但你没能做到该做到的,终究会是祸患。

"贤者行事,依据正道直言劝谏主上,劝谏三次未获听从就引退。称誉别人,不指望得到回报;批评别人,也不怕遭受忌恨;总是以利国利民为自己的任务。所以,不是自己胜任的官职就不做;不是自己应得的俸禄就不接受;看见人不正派,即使其是显贵之辈也不敬重;见人有污点,即使其地位尊贵也不屈居下峰;有所得不感到高兴,有所失而不觉得遗憾;如不是自己的罪过,即使被关进监狱受到侮辱也不感到羞愧。

"现在先生们所说的贤者,都是些可耻之辈。低三下四地侍奉,奴颜婢膝地吹捧;以权势相互勾引,以私利相互引诱;结党营私,排挤正人君子,以求尊宠名誉,享受公家的俸禄;谋求私利,歪曲国家法令,抢掠农民;凭借官位作威作福,将法律当做自己的工具,来行逆施暴。他们与手持利刃劫人财物的人没有什么区别。刚做官时,竭力弄巧使诈,虚报功绩,用空洞无物的文书去欺骗主上,以便爬上高位;做官不肯让贤,炫耀功绩,以假乱真,以无为有,以少为多,来获取权势高位;大吃大喝,携带美女歌儿,驱车游玩,却不管自己的父母,触犯法律,残害百姓,挥霍国家财产。这其实是做强盗而未拿弓矛,劫掠攻杀而不用刀箭,欺凌父母而未被治罪,弑杀君主而未遭诛伐的家伙。凭什么认为他们是高人贤才呢?

"盗贼出了不能禁绝,蛮夷不服不能震慑,奸邪升起不能遏止,官吏胡作非为不能惩治,时节不和不能协调,五谷不丰不能调剂。有才能而不做事,这是不忠诚;没有才能却占据官位,贪图俸禄,阻碍贤者做官,这是窃取官位;有靠山的人就重用,有钱财的人就礼待,这是虚伪。你们难道没有看见鸱、枭和凤凰一起飞翔,兰草、白芷、芎䓖被抛弃在旷野,青蒿、艾蒿却在庭院里茂密成林。使君子隐退而不能在世上扬名的,正是你们这种人啊。

"述而不作,是君子信奉的道义。现今的占卜者,必须效仿天地,取象四时,合乎仁义,分辨筮策,确定卦象,旋转式盘,整理筮状,然后才解说天地阴阳的利害和事情的成败。从前先王建国立家,总是要先占卜日月,然后才登基治民;先选定吉利日期,然后才进入都城;生了孩子,一定要先占卜吉凶,然后再养育。自从伏羲创作八卦,周文王推演为三百八十四爻,此后天下大治。越王勾践效法周文王的八卦行事,因而灭掉了敌国,称霸天下。由此看来,卜筮又有什么对不起人的呢?

"况且进行卜筮的人,总是先清扫地面,设置座位,整理好帽子和腰带,然后再说吉凶之事,这是合乎礼仪的行为。他们所讲的,使鬼神获得祭祀,使忠臣侍奉君王,使孝子奉养父母,使慈父抚育子女,这是积德的事啊。而求卜者完全出于道义,放上几十上百个钱,生病者有的因此痊愈,快死的人有的由此生还,遇祸者有的因此免祸,办事的有时因此成功,嫁女娶妻有的因此而生儿育女。这样的恩德,难道只值几十上百个钱吗!这正是老子所说的'有崇高品德者不以有德自居,所以才有德'。如今占卜者对人益处多而所获却少,他们与老子所称许的人难道有什么不同吗?

"庄子说:'君子在家没有挨饿受冻的忧愁,出门没有遇到抢劫的忧愁,居于尊位而恭敬谨慎,位居人下而不妒忌,这就是君子之道。'现今以卜筮为业的人,积累的钱财没有成堆,储存的货物用不上仓库,搬家用不着辎车,行装不多,停下来过日子却使用不完。拿着取之不尽的东西,在广袤的人世间遨游,即使是庄子的做法也不会比这更好。你们怎么说不能从事占卜呢?上天不足西北,星辰就转移向西北;大地不满东南,就把大海作为水池;太阳到了中午就肯定向西移落,月亮到圆满之时就一定要亏损;先王的道术,忽存忽亡。先生们要求占卜者说的话一定真实,不也令人迷惑吗!

"先生们见过那些能言善辩的人吗?考虑事情,做出计划,必定是这些人的事。但是他们不能用一两句话使君王满意,因此言必称先王,语必提上古。出谋划策,先要夸耀先王的功绩,说明败亡祸害的形势,使君王有所喜有所惧,从而实现自己的期望。浮言虚华,没有比这更厉害的了。然而要想使国家富强、成功大业,为君王尽忠,还非得这样做不可。如今的卜者,是解除迷惑、开启愚昧的人。愚昧迷惑的人,怎么能靠一句话就令他们聪明起来呢!所以,说话要不厌其烦。

"因此良马不能与疲驴同驾一车,凤凰不能与燕雀同在一群,贤者也不能与不肖小人并存。所以,君子身处卑贱隐晦之地以避开世俗之人,自我隐匿以摆脱人伦束缚,暗中察看事理以除去种种祸害,以彰明天性,助上养下,多立功德却不求高位。你们这些叽叽喳喳的人,怎能明白长者之道呢!"

宋忠、贾谊恍恍惚惚,恍然若失,神情茫然,脸色苍白,默然闭口不言。于是二人整衣起身,拜揖两次,告辞而去,走路时精神恍惚,出门后只能自己爬上车,趴在车轼上,低着头,怎么也喘不过气来。

三天以后,宋忠在殿门外见到贾谊,二人便一起避开众人交谈起来,感叹道:"道行越高越安全,权势越高越危险。身居煊赫高位,丧命之时也就指日可待了。占卜即使有不灵验的时候,也不至于丢掉饭碗;为君王出谋而不周密,就没有立身之地了。这中间相隔太远了,如同顶天的帽子和着地的鞋子一样。这就是老子所说的'无名是天地万物的本源'啊。天地广阔无垠,万物兴盛繁多,有的安全,有的危险,没有人知道该身处何地。你我二人,哪够得上去批评人家卜者呢!人家愈久愈安乐,即便是按曾子(庄子)的主张,也和他们没有什么不同。"

过了好久,宋忠奉命了使匈奴,没有到达目的地就返回了,受到处罚。贾谊任梁怀王的太傅时,梁怀王从马上摔下而死,贾谊引咎绝食,含恨而终。这都是因为追求显贵而丧失了性命啊。

货殖列传第六十九

陶朱公

　　范蠡辅佐越王勾践二十多年，终于打败了吴，报了会稽之仇。他因为功绩卓著，被封为"上将军"。范蠡受封之后，想到越王勾践的为人，可以共患难，不可以同安乐，自己盛名之下是难以久安的，不如辞官回乡。于是他便携妻带子辞官而走了。范蠡曾对别人说："计然的策略有七项，越国只用了五项，就成了强国，过去我用他的计策强国，现在我要用他的计策行之于治家。"

　　计然是春秋战国时期晋国的一位公子，姓辛名研，字文子。他游学来到越国，结识了范蠡。范蠡向他请教治国大计，两人愈谈愈投机，于是成了亲密的朋友。那时候越国已沦为吴国的附属国，越王勾践刚刚被吴国释放回国，他始终不忘复仇雪耻，他也向计然请教复国之策。计然便为越国出了七计。他说："吴越之战后，国家已元气大伤，要想重新富强起来，只有艰苦奋斗，上下同心，同时还要有一定的计划。贵国的情况是十二个年头里有六个丰年，六个灾年。掌握了丰歉循环的规律，丰年时多储备粮食，以备歉年之需，就不会盲目乐观，任意浪费，歉年也不会饿死人了。"计然告诉勾践，民以食为天，粮食的生产是维持国家安危和人民生死的特殊商品，应由国家进行控制，而且国家应该鼓励农业生产。他一口气讲了七条计策，越国执行了五条。十年之后，越国变得国富民强，所以范蠡很佩服计然。他弃官从商之后，运用计然的理论经营，不久也成了巨富。

　　范蠡辞官之后，首先来到了齐国，隐姓埋名，自称是鸱夷子皮，意思是"酒囊子的外皮"，这样开始自己的创业历程。齐国是东方的大国，农业和贸易都很发达。范蠡父子在海边以耕种为生，辛勤劳作，合力整治生产。由于同心协力，功夫不负有心人，没有多久，他就积聚了数十万财产。由于他的能力和才干，在齐国很快成了名人。齐人听说范蠡很勤劳，很贤能，便请他出来做卿相，并且送来了相印。这是与范蠡本意相违的。他感叹说："在家能够艰苦奋斗聚集千金，做官则能位至卿相，这是一个布衣平民最得意的事情了，但是长久授受尊名却是不祥的事情。"于是他奉还相印，并把家产分给了朋友及邻里，自己一家只带了金银珠宝秘密地离去了。

　　他来到定陶，认为这里是四通八达的商业枢纽，位于天下的中部，在这里谋生治产是完全可以致富的。于是在这里住下来，自称朱公，人们都称他为陶朱公。面对新的形势，范蠡带领儿子们亲自耕种和牧畜，战胜了各种困难，获得了庄稼的丰收，六畜的兴旺。他又不失时机地进行商业活动，积累资金，大胆地买进卖出，只谋取十分之一的利润，买卖做得十分红火。没有过多久，他又积累了数百万的财富。天下人都知道定陶有个陶朱公，富甲天下。

列 传

太史公自序第七十

司马迁自传

老太史公是册命祭典,不治理民事的官职。老太史公司马谈有个儿子叫司马迁。

司马迁出生在龙门,早年在黄河以北龙门山以南种田放牧。十岁时学习古文经书。二十岁时南下游历了长江、淮河流域,曾经登上会稽山,去探寻禹的足迹,探察九疑山,遨游于沅水、湘水之上,向北渡过汶水、泗水,在齐、鲁的大都会中讲学,考察孔子传下来的习尚,在邹县、峄山参加乡射之礼,在鄱县、薛县、彭城等地遭受困厄,最终经过梁地、楚地而回到了家乡。后来司马迁出仕为郎中。奉皇帝使命向西征伐巴、蜀以南地区,向南巡视邛、笮、昆明等地,然后返还朝廷复命。

元封元年,汉武帝开始举行汉朝皇家的封禅大典。可是老太史公司马谈却被滞留于洛阳,不能参与此事,心中焦急万分。而他的儿子司马迁恰巧于此时完成了使命而返归朝廷,在黄河、洛水之间的地方拜见了父亲。

老太史公握着司马迁的手哭着说:"我们的祖先是周朝的太史。远祖就曾张显功名于虞舜时期及夏代,主管的就是册命祭典之事。虽后代中途衰微,但祖业将会断绝在我的手中吗?如果你能再任太史,就能接续我们祖先的事业。

"现在天子承接千年大业,封禅泰山,而我却不能随行,这是命运如此啊!是命啊!我死后,你一定要担任太史的职务。当了太史,不要忘记我所要完成的论著啊。行孝开始于侍奉双亲,中间体现于奉事君主,最终完成自己的事业。让后世传扬好名声,以此来显扬父母,这是最大的孝。

"天下人称赞颂扬周公,说他能够论述歌颂文王和武王的功德,宣扬周公与召公的风尚,通达太王和王季的思虑,并上推到公刘,这样尊崇始祖后稷。周幽王、周厉王之后,王道残缺,礼乐衰微。孔子编修原有的典籍,宣传被废弃的礼乐,整理《诗》、《书》,编著《春秋》,学者们到现在都以此为依据。自从鲁哀公西狩获麟以来,已经四百多年了,可是诸侯们相互攻击兼并,史实记载散失断绝了。

"现在汉朝兴旺发达,四海之内均是汉家的一统天下。对那些圣明的君主,忠直的臣子和死于道义的人士,我作为太史却没能进行论述和记载,荒废了天下的历史文书,我对此很忧虑啊!你要念及此事呀!"司马迁低下头流着眼泪说:"我虽然不聪敏,还是请允许我详尽论撰父辈们所依次编辑的旧史轶闻吧,我不敢有所缺略。"

司马谈去世三年后,司马迁果然当了太史令,遂阅读和整理了古史记录和国家收藏于石室金匮中的图书。司马迁出任太史令五年后,正当太初元年。此年十一月初一天明时分正是冬至,汉武帝于明堂宣布自此时起汉朝改用太初历,并祭告诸神,接受天命并开始记载。

太史公司马迁说:"先父曾说过这样的话:'自周公去世后,经历了五百年而有了孔子；孔子去世后，到现在又是五百年了，有人能够继承重任，整理《易传》，接续《春秋》，推考《诗》、《书》、《礼》、《乐》的精义吗？'他的用意就在这里吧！用意就在这里吧！我怎么敢推让呢。"

上大夫壶遂曾问道："过去孔子为什么要编著《春秋》呢？"

司马迁回答说："我听董仲舒先生说过：'周朝王道衰败废弛，孔子担任鲁国司寇，诸侯都妒忌他，大夫排斥他。孔子知道自己的主张没有人采用，自己提倡的王道也没有人施行，于是将自己对人、事的褒贬寄寓于《春秋》二百四十二年的历史记述中，想以此作为天下人的是非标准。孔子贬斥昏庸无道的天子，谴责胡作非为的诸侯，声讨祸国乱政的大夫，是要成就王道。'孔子说：'我与其用空洞的说教记载我的主张，不如就历史事实论述我的学说，这样说理会更加深刻透彻而明显。'《春秋》这部著作，往上阐明三王的治道，往下辨别人事的纲纪，分别嫌疑，明辨是非，论定难以取舍之事，赞美善事，诅咒恶行，尊重贤才，贬抑不才，记录已灭亡的国家，续写已断绝了世系，补充缺漏之处，宣扬废置之礼，这是王道的要点啊。

"《易》这部书，论述了天地、阴阳、四时、五行的规律，所以善于通变。《礼》，规范人与人之间的关系，所以长在正行。《书》，记载的是先王的政事，所以擅长论政。《诗》，则记载的都是山川溪谷、禽兽草木、牝牡雌雄，所以有助于风化。《乐》，是谱写音乐的依据，所以主旨是调和。《春秋》，明辨是非，所以用来治理人事。

"因此可以说，《礼》是用来节制人们行为的，《乐》是用来抒发人的平和心气的，《书》是论述政事的，《诗》是用来表达情意的，《易》是述说阴阳四时的变化的，《春秋》是阐述道义标准的。

"平定乱世，使它回复太平盛世，没有什么著作像《春秋》那样切近有效。《春秋》经文不过万余字，但它蕴含的大义却有上千条。会盟、征伐等各国的聚散之事都记录于《春秋》。《春秋》之中，记载了被弑杀的君主三十六人，被灭亡的国家五十二个，诸侯出奔逃亡而不能保全自己的国家的，多不胜数。考察分析他们败亡的原因，都是因为他们丢失了为君为主的根本啊。

"所以《易》说：'失之毫厘，差之千里。'所以说'臣下弑杀君主，儿子弑杀父亲，不是一朝一夕的原因造成的，它的浸染发展的过程是很长久的'。

"所以领导国家的人不可以不知道《春秋》，否则面前站着阿谀小人就会看不见，后面跟着乱臣贼子也会不察觉。作为人之臣子的，不可以不知道《春秋》，否则办事就不知道该采取什么适宜的办法，遭遇突然事变不知道该采用怎样的应变之策。作为别人的君主和父亲如不能通晓《春秋》大义，必定会蒙受首恶的坏名声。作为别人的臣下和儿子如不通晓《春秋》大义，必定会陷入篡权弑上的迷途而遭诛杀，留下死罪的恶名。其实他们都以为是自己该做的而去做了，却不知《春秋》大义，结果被人贬咒而不能摆脱罪名。

"不通晓礼、义的要旨，会造成君主不像君主，臣下不像臣下，父亲不像父亲，儿子不像儿子。如果君主不像君主就会被臣民们欺瞒，臣下不像臣下就会被诛杀，父亲不像父亲就会无道，儿子不像儿子就会不孝。

"这四种行为是天下最大的过失，给予天下最大的罪名只有接受而不能辞脱。

所以《春秋》这部书,是礼义的根本呀。礼可以在坏事未发生之前就禁绝它,法是在坏事已发生之后才施行的;法的制裁作用是很容易看到的,而礼的杜绝坏事的功效却难以被人明白。"

壶遂说:"孔子所处的时代,因其上没有圣明的君主,下得不到任用。所以编著《春秋》,留下空泛的史文来裁断礼义,想以此当做统一的王法。现在先生上则遇到了圣明的天子,下则能够为官任职,万事已经具备,并且各得其所宜。先生的论著,是想要阐明什么呢?"

司马迁说:"是呀是呀,不过也不完全是这样的。我曾听先父这样说:'伏羲最为纯朴忠厚,创作《易》的八卦。尧、舜的盛德,《尚书》进行了记载,礼乐就起始于那时。商汤王、周武王功业卓著,诗人们进行了歌咏赞叹。《春秋》赞美善举贬抑恶行,推崇三代的盛德,褒扬周朝王室,并不仅是讽刺讥诮而已。'

"汉朝建国以来,至当今英明的天子,曾获得祥瑞符兆,到后来封禅泰山,改订历法,变易服饰的颜色,皆因受命于天,且恩泽流传不尽。海外不同风俗的国家,经过几道翻译前来拜关奉书,请求来汉廷贡献礼物拜见汉帝者,多不尽述。臣下百官尽力歌颂圣德,还不能完全表达他们的心意,况且如果贤明能干却不被任用,那是国君的昏聩。如果君主圣明,而他的德行却不能传播宣扬,便是有关臣子的过错了。

"我曾经担任了这样的官职,如果放置君主圣明的大德不予记载,埋没功臣、世家、贤能大臣的功业也不予传述,忘却了先父的遗言,那罪过没有比这更大的了。我只是记述旧事,整理那些世代传讲的史事,并不是创作。而您将此与《春秋》相比,那就错了。"

于是司马迁论述和编写了那些史文。经历七年,司马迁因替李陵辩冤而遭遇惨祸,幽闭于牢狱,枷锁加身。

司马迁喟然悲叹说:"这是我的罪过呀!这是我的罪过呀!身体被毁伤了,没有用了啊!"随后又深思道:《诗》、《书》的意旨隐微,文辞简约,是因为作者想藉此表达他心中的思虑。过去周文王被拘囚于羑里,推演出了《周易》;孔子被困厄于陈、蔡之间,编著了《春秋》;屈原被放逐,遂成《离骚》;左丘双目失明,便著《国语》;孙子双腿被处以膑刑,能论撰《兵法》;吕不韦被流放到蜀地,为世人传下了《吕氏春秋》;韩非被囚禁于秦国,写下《说难》、《孤愤》;《诗》三百余篇,大都是先贤先圣为抒发悲愤之情而作。这些人心中有郁闷积结,又不能实现自己的理想,所以才追述往事、向往未来。"

这样终于编述了自陶唐以来直到汉武帝获得麒麟那一年为止的历史。从黄帝开始。

史 记

附：

从前，黄帝效法天地，颛顼、帝喾、尧、舜四位圣人先后相继，并各自为世人立下法度。唐尧让出帝位，虞舜谦逊而不敢自居。这些帝王的丰功美德，万世传扬。作《五帝本纪》第一。

大禹治水的功绩，使九州之人同享安乐太平。荣耀于唐虞时期，恩德泽及后代子孙。而夏桀淫佚骄横，因此被放逐到鸣条。作《夏本纪》第二。

契是商的始祖，世代相续到成汤。太甲迁至桐地，因国相伊尹盛德的感召而悔过。武丁又得到傅说的辅佐，才被尊称为高宗。但纣王辛又沉湎酒色，诸侯不再朝拜贡献。作《殷本纪》第三。

弃开创种植谷物。西伯姬昌功德隆盛。周武王于牧野攻灭殷纣，安抚天下百姓。但周幽王、周厉王昏庸迷乱，丧失了丰、镐两京。周王室逐渐衰败，洛邑最终断绝了周室宗庙的祭祀。作《周本纪》第四。

秦的祖先伯翳曾经辅佐大禹。秦穆公思念节义之士，祭悼覆灭于崤山的秦国将士。但是用人殉葬，国人作《黄鸟》之诗咏叹哀伤。又传到秦昭襄王才奠定了秦的帝业。作《秦本纪》第五。

秦始皇即位，兼并了六国。销毁兵器，铸成钟镰，希望从此停息干戈兵革，定尊号称始皇帝，耀武扬威，滥行暴力。秦二世承受了国运不久，子婴就投降做了俘虏。作《始皇本纪》第六。

秦朝无道，众豪杰纷纷造反。项梁的反秦大业，由项羽接续。杀死庆子冠军，拯救了赵国，诸侯共同拥立他为统帅。但诛杀子婴、又背叛怀王，天下人都认为他做得不对。作《项羽本纪》第七。

项羽残酷暴虐。刘邦建功行德，发愤于蜀、汉之地，后率军北还，平定三秦，诛灭项羽，奠定了帝业，天下安宁。刘邦还改革制度，移风易俗。作《高祖本纪》第八。

汉惠帝早逝，外戚诸吕专权，十分不得民心。吕后重用吕禄、吕产，诸侯皆图谋铲除。吕后杀害赵隐王刘如意，囚禁赵幽王刘友，朝中大臣人人惶恐。最终导致吕氏宗族覆灭之祸。作《吕太后本纪》第九。

因汉朝初建，惠帝死后帝位继承人不明确。大臣们迎立代王即帝位，天下人心归向文帝。文帝废除肉刑，开通关卡，广泛施行恩惠于民，死后被尊称为太宗。作

《孝文本纪》第十。

此后诸侯骄横放肆，吴王刘濞首先叛乱。朝廷逐年发兵征讨，吴楚七国的叛乱者先后伏罪。天下和顺，太平富裕。作《孝景本纪》第十一。

汉朝兴建传国第五代，最兴盛的时期是在汉武帝建元年间。对外排斥夷狄，对内修正法度；举行封禅大典，修订历法，改易服饰。作《今上本纪》第十二。

夏、商、周三代距今历史久远，准确的纪年无法考证，只能根据传世的谱书牒册及以往的传说略加推算。作《三代世表》第一。

幽王、厉王之后，周朝王室衰微，诸侯各自为政，《春秋》对这段历史记载不详。而谱书牒册所记，反映了春秋五霸更替和兴盛衰败的情况。为了考察周朝诸侯世系的先后关系，作《十二诸侯年表》第二。

春秋以后，诸侯国内皆由家臣执政，较强的侯国君主自立称王。到了秦朝，终于兼并中原各国，尽收六国封地，独称始皇帝。作《六国年表》第三。

因秦王暴虐，楚人陈胜首先起义。项氏溃乱，刘邦得以匡扶正义。征战讨伐八年，其间天下三易其主，事情繁冗，变故甚多。所以详尽著述《秦楚之际月表》第四。

汉自兴建以来，到了太初已有百年，诸侯或废或立，封地或分或削，谱书记载皆不够清楚，史官无从接续，以向世人说明强弱变化的本原。作《汉兴已来诸侯年表》第五。

汉刘邦创业时，有过许多开国元勋和得力辅臣，刘邦和他们剖分符节，又封赐给他们爵位，世袭传位到他们的后代子孙。但是他们的后代却废掉了宗法制度，有些人招致了杀身亡国的结果。作《高祖功臣侯者年表》第六。

汉惠帝至景帝年间，又重新给功臣宗属封爵赐邑。作《惠景间侯者年表》第七。

汉武帝向北征讨凶悍的匈奴，向南诛灭强劲的越人，且连年征战攻伐蛮夷，因武功而受封的人就更多了。作《建元以来侯者年表》第八。

诸侯日益强大，如吴、楚等七国因诸侯的子弟众多，又都没有爵位和封邑。由于朝廷对他们广施恩惠遍行仁义，致使王室势力被削弱，而得到爵位的诸侯子弟也将恩德归于朝廷。作《王子侯者年表》第九。

国家有贤相良将，他们是民众的师表。曾看到原有的《汉兴以来将相名臣年表》，对贤能的人就记载着他的政绩，对不肖之人则披露了他的劣行。作《汉兴以来将相名臣年表》第十。

夏、商、周三代的礼制，时有减少，时有增加，各不相同，然而都以切近人情，通达王道为要领。所以礼制也会因为人们的质朴而减少条文规定，大体与古今时势的变化是一致的。作《礼书》第一。

音乐是用来变移风气改易习俗的。自从《雅》、《颂》的歌声兴起后，人们就已经喜好郑国、卫国的音乐。郑、卫音乐已流传很久了。人的情绪会受到音乐的感染，远方奇俗的人也会感化而归附，遂编辑《乐书》，以述说自古以来音乐的发展状况。作《乐书》第二。

没有军队就不会强大，不施德政就不会昌盛。黄帝、商汤王、周武王因深明此理而兴盛,夏桀、商纣、秦二世却因不谙此道而崩解,对此能不慎重吗!《司马法》流传很久了,太公、孙子、吴子、王子成甫,都能够继承发扬进一步阐明它,使它更切合近世情况,并极尽人事的变化。作《律书》第三。

乐律处于阴却可以整治阳,历法处于阳却可以整治阴。乐律与历法互相整治,其间不容许有丝毫误差。黄帝、颛顼、夏、商、周时期的历书的文辞相悖甚多,只有汉朝太初纪元的方法最为正确。作《历书》第四。

讲述星象气数的书,大多掺杂有吉凶祸福方面的内容,是没有根据的。推敲那些文词,考察它们应验的情况,也没有什么特殊之处可言。于是汇集专家专门讨论有关星象方面的情况,并依据日、月、星运行的轨道并加以验证。作《天官书》第五。

承受天命而为帝王者,很少举办封禅之类的吉瑞大典。如果举办,则所有神灵应没有不受祭祀的。追溯祭祀诸神和祭拜名山大川的典礼。作《封禅书》第六。

大禹疏浚河川,九州得以安宁。治理江河的方法或疏通河道或构筑堤防,开挖水渠,贯通水沟。作《河渠书》第七。

货币的发行,是为了使农夫和商人相互沟通。但是交易兴旺以后,一些人便玩弄手段,彼此欺诈,以求增加钱财,为获得利益而争斗,舍弃农耕这一本业而趋向商贸这一末业。于是作《平准书》以观察世事的演变,这是书中的第八篇。

太伯为回避幼弟季历使他得以继位,便到了江南蛮族聚居的地方。后来周文王周武王兴起,接续了古公亶父的王业。阖庐则弑杀了吴王僚,又降服了楚国。夫差战胜齐国,逼杀了伍子胥并用马革裹尸。他又听信伯嚭的谗言而与越国亲善,吴国最终被越国消灭。为了赞颂太伯让国的美德,作《吴世家》第一。

申、吕的后代衰弱,尚父生而微贱。最终投归西伯,文王、武王都尊他为国师。他的功劳超过群臣,皆因周密筹划了权谋策略。皓首白发时,受封于齐之营丘,又不背弃柯地的盟约,齐桓公以此而昌盛。曾经多次会合诸侯,成就霸业,功绩显著。田恒与阚止争宠,姜姓的齐国瓦解灭亡。为了赞美尚父的谋略,作《齐太公世家》第二。

诸侯对周朝王室或顺或背,周公皆安抚他们。他努力发展文教德化,普天下都响应附和。又辅佐和保护成王,使诸侯都尊崇周天子。鲁隐公、鲁桓公之际,鲁国违背礼义的事相继发生,这是为什么呢?孟孙、叔孙、季孙三桓相互争斗,鲁国便不再昌盛。为赞美《尚书·金縢》中所记述的周公旦的嘉言懿行,作《周公世家》第三。

周武王攻灭商纣王,但天下还未安宁他便去世了。成王年幼,周公摄政,管叔、蔡叔怀疑摄政的周公要篡位,淮夷也乘机反叛,当时召公坚持大义,安抚团结周朝王室成员,使周之东部得以安宁。燕王哙让位于其相子之,酿成了大祸乱。为赞美《甘棠》之诗,作《燕世家》第四。

管叔、蔡叔辅佐武庚,管理商朝遗民,到周公摄政,二叔不服。周公杀死管叔鲜,放逐蔡叔度,周公立盟誓以示忠于成王。文王的妃子大任生了十个儿子,周朝凭借宗族繁盛而强大。为赞美蔡叔度之子蔡仲替父忏悔,作《管蔡世家》第五。

圣王的后嗣延续不绝,舜、禹的在天之灵对此会感到欢悦。他们的功德美好,后代子孙得以享受荣光。世代享受祭祀,到了周朝他们的后人分别被封于陈国、杞国,后来被楚国灭掉了。后来田(陈)氏作为舜的后裔又兴旺于齐,舜是那么伟大的人啊!作《陈杞世家》第六。

周朝收罗殷的遗民,最初将康叔封于卫邑。为了向他阐明商朝乱政亡国的教训,周公写了《酒诰》《梓材》这几篇文告。到卫公子朔出生后,卫国开始日益不宁。卫灵公的夫人南子憎恶世子蒯聩,庄公、出公父子名分颠倒,周朝王室日渐衰微,战国七雄愈见强大,卫国国小势弱,国君角却在最后才灭亡。赞美那《康诰》,作《卫世家》第七。

可叹箕子啊!可叹箕子啊!忠正的进言不被人采用,反而作了奴仆。武庚死后,周朝封微子于宋国。宋襄公在泓水之战中受了伤,君子中又有谁会称扬他呢。景公有谦逊的美德,天星为之退行。因剔成暴虐无道,宋国便灭亡了。赞美微子先请教太师然后才出走,作《宋世家》第八。

周武王去世后,叔虞被封于晋,并在唐地建都邑。世人都讥讽晋穆侯给儿子们取名不恰当,后来晋文侯果真被曲沃武公攻灭了。献公宠爱骊姬,又造成了五代的祸乱。公子重耳起初不得志,最终成就了霸业。后来智伯、范、中行、韩、魏、赵六卿操揽大权,晋国因此衰亡。赞美晋文公勤王,被赐予圭玉和黑黍酿制的甜酒,作《晋世家》第九。

重黎开创功业,吴回接续光大。殷朝末年,鬻熊之后服侍周室,楚国就有谱牒可考了。周朝任用熊绎,熊渠接续。楚庄王贤明,攻克陈国后仍恢复了陈的国号,既已赦免郑伯,又因华元说出宋人饥饿的实情而撤走围宋的军队。怀王客死在秦国,子兰又谗害屈原。喜好阿谀,听信谗言,致使楚国最终被秦国吞并。为赞美楚庄王的仁义,作《楚世家》第十。

少康的庶子无馀,被封处于僻远的南海,纹身剪发,终日与鼋鱼、鳄鱼等水族相处,往守于封禺山,奉祀大禹。勾践曾被困在那里,于是重用文种、范蠡不忘复国。赞美勾践身处蛮夷,仍能勤修德义,最终攻灭强大的吴国而尊奉周王室,作《越王勾践世家》第十一。

郑桓公东迁,本是采用了周太史伯的建议。到庄公强行收割成周的庄稼,周王和臣民对此议论纷纷。祭仲被宋国胁迫订盟,郑国很久不再昌盛。子产推行仁政,后人称赞他贤明。三分晋国的韩、赵、魏侵伐郑国,郑国最终被韩国吞并。赞美郑厉公拥立周惠王,作《郑世家》第十二。

只有骥、骆这样的良马,才能显示出造父驭马的技能。赵夙侍奉晋献公,赵衰接续先人的事业,辅佐晋文公尊奉周天子,最终成为了晋国的股肱辅臣。赵襄子曾被围困而蒙受屈辱,但擒灭了智伯。主父赵武灵王被臣子围困,掏雀窝抓小鸟充饥,最后被活活饿死。赵王迁继位后乖僻淫乱,贬斥良将。赞美赵鞅讨平周王室的内乱,作《赵世家》第十三。

毕万被封于魏地,卜官预知他的后代必将昌盛。魏绛因杀了晋悼公的弟弟杨干的侍卫而侮辱了杨干,又派人去与戎翟议和。魏文侯尊崇儒学,拜子夏为师。惠王骄矜自满,齐国、秦国遂攻伐他。而魏王怀疑颇有声望的信陵君,诸侯不再与魏亲善，以至最终魏王假被俘虏而成了养马的奴仆。赞美魏武子辅佐晋文公伸张霸道，作《魏世家》第十四。

韩厥暗中积德行善保护了赵氏孤儿，赵武才得以复兴赵氏，维系将要断绝的世系，重立已被废置祭祀。晋人都尊崇韩厥。韩昭侯显名于诸侯，因重用了申不害。韩王安怀疑韩非而不用他，秦国人攻袭了韩国。赞美韩厥辅佐晋君，匡正周天子之赋，作《韩世家》第十五。

田完子避难，去到齐国求援，暗中施恩济贫，五代相续，齐人都歌颂田氏。田成子获得了齐国的政权，田和最终成了齐侯。齐王建不战而降秦，遂被秦迁徙于共邑。赞美齐威王和齐宣王拯救乱世，独尊周室，作《田敬仲完世家》第十六。

周朝王室已经衰落，诸侯随意行事。仲尼痛惜礼仪废置乐制崩坏，于是修史著书，以此宣扬王道，匡正乱世，使它返归太平。他为天下制定礼仪法度，给后世留下了《易》、《诗》、《书》、《礼》、《乐》、《春秋》六艺的大义和条理。作《孔子世家》第十七。

夏桀、商纣丧失王道，而商汤王、周武王兴起。周室失去王道，而孔子作《春秋》。秦王丧失王道，而陈涉发动起义，诸侯造反，风起云涌，终于灭亡了秦国。天下的亡秦事端，均起始于陈涉的首先发难。作《陈涉世家》第十八。

刘邦登成皋台，薄氏得以受宠。窦姬被遣送到代地，反使窦氏家族受到了尊崇。栗姬恃贵骄横，王氏却遂愿而成了皇后。陈皇后过于骄纵，被帝废掉，卫子夫被尊为皇后。赞美卫子夫那样的懿德，作《外戚世家》第十九。

汉刘邦施用诡诈的计谋，在陈县擒获了楚王韩信。越地、楚地的民俗剽悍轻狂，刘邦便封弟弟刘交作楚王，建都于彭越，以此加强对淮水、泗水流域的统治，成为汉朝宗室的屏藩。刘戊因参与叛乱被杀，刘礼继承了先祖的家业。赞美元王刘交能够辅佐汉刘邦，作《楚元王世家》第二十。

汉刘邦兴兵时，刘贾带兵相随，后来被英布攻袭，丧失了他的荆、吴封地。营陵侯刘泽，因有人游说感动了吕后，便被封为琅邪王；后来被祝午诱骗而轻信了齐王，前往齐国却无法归还，便用计西奔入关，与诸将联合共同拥立孝文帝，因功又被封为燕王。当天下还没有安定时，刘贾、刘泽以同族人的身份，成为了汉室的藩王辅臣。作《荆燕世家》第二十一。

天下已定，皇室亲属不多，悼惠王因最年长继位，镇守东部疆土。齐哀王擅自兴兵，讨伐吕氏族人。但他的舅父驷钧粗暴乖戾，朝廷大臣遂不同意哀王即帝位。厉王的亲属内部淫乱，因主父偃威逼，厉王自杀。赞美悼惠王刘肥所发挥的股肱辅臣的作用，作《齐悼惠王世家》第二十二。

楚霸王的军队曾围困汉军于荥阳，楚、汉相持三年。萧何镇守华山以西之地，登记户口，输送兵员，供给粮食不断，使老百姓均爱戴刘邦，不愿为楚王出力。作《萧相国世家》第二十三。

曹参与韩信一同平定魏地，又击赵攻齐，削弱了楚霸王的势力。曹参后来接续萧何担任相国，"萧规曹随"，制度作法无所变更，百姓得以安宁。赞美曹参不夸功不逞能，作《曹相国世家》第二十四。

在营帐之中筹划谋略,在无形之中克敌制胜。子房谋划这些大事,从没有显赫的名声,也没有勇猛的武功。从易处着手解决难题,从细处起步做成大事。作《留侯世家》第二十五。

陈平的六个奇巧的计谋都被采用,使得诸侯归附于刘邦。铲除诸吕的事情,陈平是最主要的策划者,最终得以安宗庙,稳定了国家。作《陈丞相世家》第二十六。

诸吕相互勾结,图谋削弱皇室。周勃的平乱方法虽违反常义却合于权宜之道。吴、楚七国起兵叛乱,周亚夫驻军于昌邑,以此扼制齐、赵的军队,故意放弃梁国的危急不肯往救,实则借梁军以牵制吴楚,以绝其粮道,最终取胜。作《绛侯世家》第二十七。

吴、楚等七国反叛,藩屏京师的,只有梁国保卫了朝廷。但梁孝王凭恃窦太后的宠爱骄横夸功,几乎招致杀身之祸。赞美他能抵御吴、楚叛军,作《梁孝王世家》第二十八。

景帝五妃所生的皇子都受封为王,皇室亲属融洽和睦,诸侯或大或小都是王室的藩王,各得其所。僭位越轨之事,逐渐减少了。作《五宗世家》第二十九。

当今皇上的三位皇子受封为王,有关的疏策文辞华丽,值得观赏。作《三王世家》第三十。

殷朝末年,人们争权夺利,只有伯夷、叔齐趋赴仁义,互相推让国君的权位,双双饿死在首阳山,天下人都称颂他们。作《伯夷列传》第一。

晏子很俭朴,管夷吾却很奢侈。齐桓公因重用管仲而得称霸,齐景公因任用晏子也使齐国得到了治理。作《管晏列传》第二。

李耳主张君主无为而百姓自受教化,君主清静而国民自归正途。韩非揣度事物的情理,主张遵循时势而治国。作《老子韩非列传》第三。

自古以来的帝王都很重视《司马法》,田穰苴能够阐明发挥它。作《司马穰苴列传》第四。

如果不是诚信、清廉、仁慈、勇敢的人,便不能传授兵法讲论剑术。兵法剑术与道相符,则内可以修身,外可以应变,君子认为这就是武德。作《孙子吴起列传》第五。

楚太子建遭遇谗言毁谤,其祸殃及伍奢。伍尚前往救父,伍员逃奔吴国。作《伍子胥列传》第六。

孔子传述文籍,弟子们继承他的事业。有人还做了老师,崇尚仁德,奉行礼义。作《仲尼弟子列传》第七。

商鞅离开卫国去到秦国,阐明他的治国之术,使秦国强大起来,孝公称霸西戎,后世犹遵循他制定的法则。作《商君列传》第八。

天下诸侯都忧虑秦国的连横策略,因秦王贪得无厌,而苏秦游说各国使诸侯保存权位,相约合纵以抑制秦国的贪婪强横。作《苏秦列传》第九。

六国已经合纵相亲,而张仪利用他的主张,又分散瓦解了诸侯。作《张仪列传》第十。

秦国之所以能够向东侵夺,称雄于诸侯,是由于樗里、甘茂的计策。作《樗里甘

史　记

茂列传》第十一。

　　攻取魏国河东和太行山地区，围困魏都大梁，使诸侯都臣服于秦王，是魏冉的功劳。作《穰侯列传》第十二。

　　南攻鄢郢，北摧长平，并进一步围困了邯郸，武安君白起是秦军的统帅。攻破楚国，消灭赵国，是王翦的计策。作《白起王翦列传》第十三。

　　涉猎了儒家、墨家留下的文论，明白了礼义的系统纲要，拒绝了梁惠王唯利是图的动机，陈述往世的兴盛衰亡。作《孟子荀卿列传》第十四。

　　喜好结交宾客文士，士人们都归附薛公，为齐国抵御楚国、魏国。作《孟尝君列传》第十五。

　　以权宜之计争得冯亭所献韩国上党之地，去楚国求援解除邯郸之围，使他的君主得以重新称名于诸侯。作《平原君虞卿列传》第十六。

　　以富贵之身尊重贫贱之人，自己贤能而能屈身于无才之人，只有信陵君能够这样做。作《魏公子列传》第十七。

　　用自己的生命护卫君主，使之逃脱强大的秦国；使游说的士人，都向南奔赴楚国的，是黄歇的忠义。作《春申君列传》第十八。

　　能够在魏国、齐国忍受屈辱，却在强大的秦国树立了威信。推举贤才，让出相位，范雎、蔡泽二人正有这样的美德。作《范雎蔡泽列传》第十九。

　　出任统帅，施行谋略，联合五国的军队，替弱小的燕国报了受强大的齐国侵略的深仇，洗雪先君的耻辱。作《乐毅列传》第二十。

　　敢于在强横的秦王面前大义凛然申明自己的意见，又能委屈自己而忍让的廉颇，尽忠于他的君主。将相二人都受到了诸侯的尊重。作《廉颇蔺相如列传》第二十一。

　　齐湣王已丢失临淄而逃奔莒邑，田单能够以即墨为基地，打败并驱逐燕将骑劫，保住了齐国的社稷。作《田单列传》第二十二。

　　能够用诡谲的说辩，解除邯郸被围的急难，轻视爵位、利禄，以实现自己的志趣为乐。作《鲁仲连邹阳列传》第二十三。

　　用创作诗赋文章来讽刺谏诤，列举同类事物以伸张正义，《离骚》便有这样的功效。作《屈原贾生列传》第二十四。

　　结交子楚，使各国中的贤士相随，争相进入秦国，侍奉秦君。作《吕不韦列传》第二十五。

　　曹子用匕首胁迫齐桓公订盟，鲁国得以收回失地，也使齐君借此取信于诸侯。豫让忠义没有二心。作《刺客列传》第二十六。

　　能够阐明自己的谋划，顺应时势，推尊秦国，使秦国得志统一海内，李斯是筹谋定计的主谋。作《李斯列传》第二十七。

　　为秦国开拓疆土增加民众，于北部击败匈奴，凭据黄河修筑要塞，依傍山岭构筑长城，建置榆中。作《蒙恬列传》第二十八。

　　镇守赵国，据守常山，以此拓广河内地区，削弱西楚霸王的势力，在天下人面前显扬刘邦的诚信。作《张耳陈馀列传》第二十九。

魏豹收取西河、上党之兵,跟随刘邦攻至彭城。彭城侵夺梁地,以此困扰项羽。作《魏豹彭越列传》第三十。

在淮南之地反叛楚王而归投刘邦,刘邦又利用他得到了西楚的大司马周殷,终于在垓下打败了项羽。作《黥布列传》第三十一。

楚军将汉军困逼于京、索,而韩信却攻取了魏、赵,平定了燕、齐,使刘邦占有了天下的三分之二,以此消灭了项羽。作《淮阴侯列传》第三十二。

楚、汉双方在巩、洛一带对峙,而韩信为刘邦镇守颍川,卢绾断绝了项羽大军的粮草辎重。作《韩信卢绾列传》第三十三。

诸侯叛离楚霸王项羽,只有齐王在城阳牵制了项羽。刘邦得以乘机攻入彭城。作《田儋列传》第三十四。

攻城野战,获得军功回报刘邦,樊哙、郦商功在于此。不仅为刘邦执鞭策马,任其驱遣,又能与刘邦一起挣脱危难。作《樊郦列传》第三十五。

汉朝初定天下,文治条理还不清楚。张苍担任主计官,统一度量衡,制订律历。作《张丞相列传》第三十六。

游说他国,互通使节,约会慰勉诸侯,使诸侯都亲近刘邦,归投汉朝成为藩屏辅臣。作《郦生陆贾列传》第三十七。

详尽了解秦末和楚汉相争时的史事,只有周𬘓最详,经常跟随在汉高祖刘邦左右,平定诸侯。作《傅靳蒯成列传》第三十八。

建议迁徙豪族,定都关中,和亲结好匈奴。阐明朝廷礼仪,条列宗庙的仪则法度。作《刘敬叔孙通列传》第三十九。

能够摧毁刚强化为柔顺,终于成为汉朝的大臣;栾公不屈服于威势而背叛死者。作《季布栾布列传》第四十。

敢于直言冒犯天颜,以使君主的言行合乎于义理,不顾自身安危,为国家作长远谋划。作《袁盎晁错列传》第四十一。

遵守法度不失大理,称颂古代贤人,增加君主的贤明。作《张释之冯唐列传》第四十二。

淳朴、宽厚、仁慈、孝顺,虽语言迟钝而行事机敏,一生谦恭谨慎,堪称君子长者。作《万石张叔列传》第四十三。

坚守节操保持正直,守义刚正称为清廉,行事机敏激励贤能。担任重要职位,不能用无理的言行使他屈服。作《田叔列传》第四十四。

扁鹊讲论医道,被同仁们尊崇。他的医术精湛高明,后世遵循他的疗法,不能改易。仓公可说是接近他了。作《扁鹊仓公列传》第四十五。

刘仲被削夺王爵后,他的儿子刘濞被封为吴王。恰逢汉朝刚刚建立,让他镇守安抚江、淮地区。作《吴王濞列传》第四十六。

吴楚七国作乱,宗室亲族中只有窦婴贤能而喜欢结交士人,士人都归附他。他率军在荥阳抵抗叛军。作《魏其武安列传》第四十七。

史 记

　　智谋之高以应付近世的变故,宽厚之德以用来收揽人才。作《韩长孺列传》第四十八。

　　奋勇抗击敌军,仁义爱护士卒,发号施令不烦琐,军卒将士衷心归附他。作《李将军列传》第四十九。

　　夏、商、周三代以来,匈奴成为了中原之国的祸患危害。要了解或强或弱的时势,常设武备,相机征讨,作《匈奴列传》第五十。

　　拓展整治边界,扩大黄河以南的国土,打击祁连山的敌寇,打通通往西域的道路,击溃北方的匈奴。作《卫将军骠骑列传》第五十一。

　　朝中大臣和宗室亲族,都以奢侈豪华而相互炫耀攀比。只有公孙弘能节约衣食用度,乃是百官的表率。作《平津侯列传》第五十二。

　　汉朝平定了中原以后,南越王赵佗能够安抚南越民众,以此保持南方藩属,向汉廷纳贡尽职。作《南越列传》第五十三。

　　吴国反叛,东瓯人斩杀了吴王刘濞,守卫封山、禺山,仍为汉朝的臣属。作《东越列传》第五十四。

　　燕太子丹的旧部逃散到辽东地区,卫满收容了这些逃亡的流民,屯聚海东,以此安抚真番等邦,保卫了边塞,成为了汉朝的外臣。作《朝鲜列传》第五十五。

　　唐蒙奉命出使巡视西南,通好夜郎国,而邛、笮等地的君主都请求成为汉朝的内臣,并愿意接受朝廷派来的官吏。作《西南夷列传》第五十六。

　　《子虚赋》用于寓事,《大人赋》使皇帝喜悦。文辞华丽,而多有浮夸,然而赋的旨意在于讽喻劝谏,最终主张无为而治。作《司马相如列传》第五十七。

　　黥布反叛,刘邦封少子刘长为淮南国王,来镇守江、淮以南地区,去安抚剽悍的楚地民众。作《淮南衡山列传》第五十八。

　　奉守法令,遵循情理的官吏,从不自夸有功,也不自称贤能。百姓对他们没有什么称誉,但他们也没有什么不法的行为。作《循吏列传》第五十九。

　　整理好衣冠端立于朝堂之上,群臣中没有谁敢对他说虚妄不实的话,汲长孺就很注重这些。喜好推荐贤人,被称誉长者,郑庄是一位很有气节的君子。作《汲郑列传》第六十。

　　自孔子去世以后,京城里没有什么人能重视学校教育。只有武帝建元、元狩年间,儒学兴起,学风日盛。作《儒林列传》第六十一。

　　人们背弃本业,增长巧诈行径,作奸犯科的人玩弄法令,善良的人也不能感化他们。只有依法严惩打击,才是整肃他们的办法。作《酷吏列传》第六十二。

　　汉朝既已通使大夏,而西方极远的蛮族,也都引颈向内,想瞻仰中原大国的风采。作《大宛列传》第六十三。

　　能拯救别人于困厄之中,又赈济他人于贫困之时,仁侠者才有这样的行为。既不丧失诚信,也不违背诺言,守义者有可取之处。作《游侠列传》第六十四。

　　侍奉君王,能使君主心情愉快、脸上高兴,从而得以亲近君主,他们不仅是因有美色而受宠爱,论技能也是各有所长的。作《佞幸列传》第六十五。

不与世俗人等同流合污,不去争权夺利,上下通顺没有什么阻碍,也没有谁能伤害他们,这是因为他们善于运用"道"。作《滑稽列传》第六十六。

　　齐、楚、秦、赵等国从事占测时日吉凶的人,因其所处地域的风俗不同,而各有其用以卜筮占测的方法。想要通览他们的大略要旨,作《日者列传》第六十七。

　　夏、商、周三代君王龟占的办法不同,四方蛮夷筮卜的方式更加有别,却都以占卜来决断吉凶祸福。粗略地考察了占卜的要义。作《龟策列传》第六十八。

　　普通的平民,既不触犯国家的政令,也不妨碍百姓的生活,适时贸易而增殖财富,这在智巧方面也有可取之处。作《货殖列传》第六十九。

　　我们汉朝继承五帝的遗风,接续被中断了的三代大业。而周朝末年王道衰废,秦朝又废弃古代文籍,焚毁《诗》、《书》等。因此明堂、石室、金匮、玉版等处收藏的图书典籍已经散失错乱。此时汉朝兴起,萧何编订法律条令,韩信申明兵法,张苍拟订规章,叔孙通制定礼仪。于是品学兼优的文人学士逐渐得到使用。《诗》、《书》等古籍也在各地陆续地出现了。自从曹参推荐盖公讲论黄帝、老子的学说以后,贾谊、晁错也阐明了申不害、商鞅的理论,公孙弘则因为通晓儒家学说而显贵。一百年之间,天下的遗文古事没有不齐集到太史公这里的,太史公父子又相继承袭这一职务。太史公说:"哎呀!我的先祖曾经掌管这一事务,显名于唐、虞时代,到了周朝,仍然主持此事,所以司马氏是世代主管册命祭典事务的。直到我自己,要敬记啊!要敬记啊!"我收集普天下散失的旧籍佚闻,从帝王兴起的事迹,溯察根源,考察结局,展示盛况,显现衰落的过程,再依据事实进行论述考订,简略推究三代之事,记录秦朝、汉朝的历史,往上追述到轩辕,往下记到现在,著作了十二本纪,科别条举纲目齐备。或同时,或异世,年代先后不易明了,作了十表。礼、乐减损增益,律、历改换变易,兵法计谋,山川地势,鬼神祭祀,天人关系,承其弊通其变,作了八书。二十八星宿环绕着北斗,三十条车辐齐集于车轴,运行不止。那些像臂腿一样的辅佐大臣正与此相当。他们忠实守信,厉行臣道,以此侍奉君主,作三十世家。一些行义洒脱之士,不失时机,立功扬名于天下,作七十列传。共计一百三十篇,五十二万六千五百字。名为《太史公书》。序述大略,以拾遗补缺,成为一家之言。协合六经传注,整齐百家杂说。正本藏于名山,副本留在京师,留待后世圣人君子观览。第七十。

　　太史公说:我撰述自黄帝以来直到汉武帝太初年间而止,共一百三十篇。